신 경제정책론

신경제정책론

New Economy Policy

박추환 지음

율곡출판사

들어가는 글

본 교재는 저자가 영남대학교에서 경제정책론을 강의하면서, 학생들의 현실경제에 대한 이해수준이 이론적인 면에 너무 국한되고 있음을 알고, 학생들이 현실적인 경제이슈와 경제정책을 접함으로써 이해의 폭을 넓히는 데 도움을 주고자 저술하게 되었다. 저술하는 내내, 응용경제학으로서 경제정책을 학문적 그리고 현실적 영역에 어떻게 부합시킬 것인가에 대한 고민을 놓지 않았다.

경제정책이란 경제문제에 관련된 국가의 정치적 행위로서, 경제주체의 기본 행동원리와 경제활동의 변화에 영향을 주는 행위를 의미한다. 즉, 경제정책은 정부가 경제문제에 단순하게 개입하는 협의의 의미뿐만 아니라, 현실적 경제문제로 인한 많은 피해를 보정하기 위한 광범위한 노력까지도 포함한다. 정부가 경제문제에 개입하는 근본적인 이유는 외부효과 등으로 인한 시장실패를 보정하기 위한 수단이 필요하다는 시각에서 출발한다. 또한, 현실적인 경제환경과 바람직한 경제환경 사이에 상당한 차이가 존재하는 한, 이를 해소하기 위한 정부의 노력과 개입은 필요하게 된다. 이런 정부의 역할을 이해하고자 할 때 경제학의 이론적 측면에만 의존한다면 다소 어려움이 있을 것이다.

이런 배경 하에서 학생들이 경제정책을 쉽게 이해할 수 있고 경제정책 관련 업무 담당자들이 참고할 수 있는 기초 교재가 필요하다고 판단하였다. 즉, 경제활동이 글로벌화되면서 경제정책 수행 시 고려할 요소가 복잡해지고, 정책의 집행에 따른 파급효과 및 경로의 예측이 어려워지고 있지만, 그럴수록 경제정책과 시장의 기본적인 관계를 파악하고 분석하는 능력이 더욱 필요하다. 경제학은 잘 알고 있듯이 가시적 또는 비가시적으로 경제활동에 영향을 미치는 현상 및 재화, 서비스 등을 분석할 뿐 아니라, 무엇보다도 사람들이 원활한 경제활동을 하여 풍요롭게 살아가도록 돕는 학문이다. 즉, 사회과학 내에서도 경제학은 현실적인 경제문제와 연계되고 있는 정부정책과 밀접한 관련이 있는 분야이다. 따라서 경제정책을 집행할 때 현실경제에 대한 체계적인 이론과 파급 메커니즘을 이해하지 못하면 정책실패, 나아가서 정부실패라는 결과를 야기할 수 있다. 이에 따라 본 교재에서는 경제이론과 경제정책의 파급과정을 이해하고 분석하는 능력을 함양하여 정책의 효율성과 유용성을 증가시킬 수 있도록, 실천적인 관점에서 관련 이론과 사례 그리고 분석체계를 정리하였다.

경제정책의 궁극적인 목표는 국민복지의 증대, 즉 사회후생의 극대화라고 할 수 있다. 본 교재에서는 이를 위한 다양한 목표변수들을 경제성장, 물가안정, 국제수지, 소득분배, 노동시장 및 산업구조 조정 등의 측면에서 설명하고 있다. 특히 경제정책을 거시경제학의 통합적인 시각에서 다룬다. 다양한 스펙트럼을 지닌 수많은 경제문제들을 각각 독립적인 시각에서 분석하는 동시에 경제문제 간의 상호 연관성을 정책적 관점에서 모색함으로써 한권의 체계적인 교재로서의 모습을 갖추고 있다.

본 교재를 저술하면서 많은 사람들의 도움을 받았다. 무엇보다도, 하나님께 영광을 돌리고 싶다. 또한, 헌신적인 사랑으로 항상 희망과 용기를 준 가족에게 감사하고, 함께 일하면서 많은 학문적 도움을 주신 영남대학교 경제금융학부 동료 교수님들께도 감사를 드리며, 관련 분야에서 조언과 귀중한 코멘트를 주신 많은 교수님들께도 감사를 드리고 싶다. 마지막으로 이 책이 출판되기까지 물심양면으로 도와주신 율곡출판사 사장님을 비롯한 직원분들의 적극적인 도움에 감사를 표한다. 특히 편집과 교정 과정에서 많은 노력을 마다하지 않은 신재혁 과장님께 깊은 감사를 표한다. 아무쪼록 이 책이 경제와 경제정책을 이해하고, 이를 기반으로 보다 심층적인 현실경제의 문제들을 해결하는 데 도움이 되기를 기대한다.

영남대 연구실에서

2015년 12월

저자 박추환

※ 이 책의 각주에서는 인용 및 참고한 도서명을 다음과 같이 약식으로 표기했습니다(출판연도는 쇄 기준).

- 정운찬, 김영식 공저, 『거시경제론』, 율곡출판사, 2014. → **정운찬 외(2014)**
- Campbell R. McConnell, Standley L. Brue, Sean M. Flynn 공저, 최광 외 공역, 『경제학 이해』(Economics), 생능출판사, 2013. → **최광 외 공역(2013)**
- 조순, 정운찬, 전성인, 김영식 공저, 『경제학원론』, 율곡출판사, 2015. → **조순 외(2015)**
- N. Gregory Mankiw 저, 이병락 옮김, 『거시경제학』(Macroeconomics), 시그마프레스, 2007. → **이병락 옮김(2007)**
- Andrew B. Abel, Ben S. Bernanke, Dean Croushore 공저, 박성휘 외 옮김, 『거시경제학』(Macroeconomics), 지필미디어, 2012. → **박성휘 외 옮김(2012)**

차 례

chapter 3 재정정책

chapter 4 통화정책

chapter 5 노동정책

경제정책 개요 및 자본주의 체제

chapter one

1

제1절 경제정책의 개요

1.1 경제정책의 의의와 대상

경제정책이란 경제문제와 관련된 국가의 정치적 행위로서, 경제주체의 기본 행동원리와 경제활동의 변화에 영향을 주는 행위를 의미한다. 즉, 경제정책은 정부가 경제문제에 개입한다는 것을 의미하고 있다. 정부가 경제문제에 개입하는 근본적인 이유는 외부효과 등으로 인한 시장실패를 보정하기 위한 수단이 필요하다는 시각에서 출발한다. 또한, 경제현실과 가장 바람직한 상태 사이에 일정한 차이(gap)가 존재하는 한, 이를 해소하기 위한 정부의 개입은 필요하다. 이런 배경 하에서 경제정책은 사회적 기본가치를 실현하고 현실경제를 바람직한 상태로 유도하기 위한 경제목표를 설정하게 된다.

경제정책은 일반적 경제정책문제와 특수적 경제정책문제를 대상으로 하고 있다. 일반적 경제정책문제는 경제 전반과 경제주체에 관련되는 문제를 의미한다. 예를 들면 경제질서, 정책목표 설정, 수단의 선택과 투입의 문제, 정책추진 체계 간의 관계, 의사결정 과정 등을 포함하고 있다. 반면, 특수적 경제정책문제는 국민경제의 특정 부문이나 특정 산업과 관련되는 정책문제, 즉 부문별 경제정책을 포함하고 있다.

이러한 경제정책을 추진하는 주체는 법률에 의하여 특정 정책수단의 투입을 결정하는 국가기관과, 국가로부터 권한을 위임받은 기관을 총칭한다. 이러한 경제정책의 주체는 정책을 결정하는 기관별로 직접적으로 조치를 취할 수도 있고, 하위기관을 통해 간접적으로 조치를 취할 수도 있다. 따라서 경제정책의 주체는 경제정책의 의사결정 또는 집행을 담당하는 국가기관 내지 국가로부터 권한을 위임받은 기관을 의미한다.

경제정책의 궁극적인 목표는 국민복지의 증대, 즉 사회후생의 극대화라고 할 수 있다. 그런데 사회후생의 극대화란 여러 가지 목표변수들에 의해 도출된다. 여기서 목표변수란 고용수준, 경제성장, 물가안정, 국제수지, 소득분배, 산업 구조조정 등과 같이 사회후생을 극대화할 수 있는 요인들을 말한다. 경제정책의 목표는 상위목표와 하위목표로 구분할 수 있다. 상위목표란 사회적 가치실현을 위한 궁극적인 목표를 말하고, 하위목표란 상위목표를 실현시키기 위한 수단을 말한다.

경제학자들은 경제활동의 성과 개선 및 운영의 효율화를 촉진하고 경제의 건전성과 발전을 평가하기 위해 주요 통계자료에 초점을 맞춘다. 대표적인 거시경제 통계자료에는 GDP, 실업, 그리고 인플레이션이 있다. 이러한 거시경제 자료들은 단기적 경기변동과 장기적 경제성장 추이를 파악하는 데 용이하다. 이 자료를 이해함으로써 거시경제모형을 수립할 수 있고, 이 모형을 통해 실업률과 인플레이션을 최소화하면서 성장을 극대화하는 방법을 도출할 수 있다. 또한, 정부의 정책이 거시경제 자료에 어떻게 영향을 미칠지도 도출해낼 수 있다.

1.2 경제정책의 목표

경제정책의 상위목표는 경제생활의 안정과 향상, 국민의 경제적 복지의 증진이라는 사회적 가치의 실현에 있으며, 이 가치실현을 위한 수단으로 하위목표가 설정될 수 있다. 이러한 경제정책의 목표는 시대와 학파에 따라서 목표의 설정과 수단의 차이를 보이기도 한다.

아담 스미스(A. Smith)가 주장하였던 자유방임의 자본주의 하에서는 철저한 자유경쟁이 개개 구성원의 최선과 국민경제 전체의 최선과 조화를 이룬다고 생각하였다. 따라서 정부가 이에 제약을 가할 수 없고, 정부 자신이 경제활동의 주체가 되는 경제정책이 존재할 수 없다. 경제정책의 목표는 자유경쟁이 가능한 한 완전하게 이루어지도록 배려하고, 부정과 폭력에서 이를 지키는 성격을 지니게 된다. 이와 같은 국가를 야경국가라고 일컫는다.

하지만 1928년 대공황이 발생한 이후로 시장실패에 따른 정부개입의 필요성이 제기되고, 케인즈(J. M. Keynes)는 경제가 단기적으로 스스로 균형에 도달하는 것이 불가능하다는 측면에서 경제에 대한 정책적 개입의 정당성을 주장하였다. 한 국민경제가 처해 있는 상황을 대내외적 상황으로 분류하여 살펴보면, 대외적 균형에서는 국제수지의 균형, 자국통화의 가치문제 등이 주된 문제이고, 대내적 균형에서는 물가수준과 실업수준이 중요한 문제가 된다. 이러한 대내외적 불균형을 치유하기 위해서 정부는 재정정책과 통화정책을 통해 경제적 균형상태인 완전고용과 물가안정의 목표를 이루기 위해 노력해야 하는 것이다.

즉, 오늘날 경제정책의 목표는 복지국가의 개념이 널리 퍼지고, 정부의 개입이 인정됨에 따라 그 대상과 범위가 월등히 넓어지고 다채로워진다고 할 수 있다. 대표적인 상위목표로는 경제안정과 경제성장, 국제수지균형, 자본의 공정한 분배가 있다. 그리고 이를 실현하기 위한 하위목표로 물가안정과 고용안정, 경제성장을 위한 기술개발 투자촉진, 국제수지균형을 위한 수출촉진 및 수입억제 정책, 자본의 공정분배를 위한 자산소득 중과세, 노동소득 경과세 등이 있다.

특히 대표적인 경제정책 수단인 재정정책과 통화정책은 완전고용과 물가안정을 목표로 삼고 있다고 할 수 있으며, 안정적인 경제성장을 위해서는 고용안정과 물가안정이 전제조건이라고 할 수 있다. 즉, 경제의 대내외적 불균형을 균형에 도달시키기 위한 정책수단으로 존재한다고 할 수 있으며, 이와 같은 정책을 경제안정화 정책(economic stabilization policy)라고도 한다.

1.2.1 완전고용

완전고용이 경제적 목표로 설정된 이유는 노동이라는 생산요소를 사회적으로 유효하게 이용하여야 한다는 경제적 요인과 사회적 요인이 모두 포함되어 있는 정책목표이기 때문이다. 즉, 유효자원을 효율적으로 관리한다는 측면과, 실업으로 인한 가처분소득의 손실 등으로 노동자가 겪는 고통을 고려한다는 측면이라고 볼 수 있다. 경제정책의 대상이 되는 실업은 구조적 실업과 경기적 실업이고, 마찰적 실업은 그 대상이 아니다. 구조적 실업은 경제

발전 단계에 따라 발생되고, 경기적 실업은 유효수요의 부족으로 인하여 생산물의 판매가 되지 않음으로 인하여 생산을 감축함에 따라 노동자를 해고해야 하는 경우 발생한다.

실업을 해소하기 위한 정부의 경제정책에 대해 학파 간 견해 차이가 존재하나, 정부개입을 통하여 적절하게 해결하여야 한다는 것은 공통된 생각이다. 즉, 유효수요의 부족으로 인한 경기적 실업을 해소하기 위해서 케인즈학파는 정부가 재정정책이나 통화정책을 실시하여 총수요를 늘려야 한다고 주장하고 있다. 유효수요의 부족으로 인하여 발생한 경기적 실업은 노동시장의 수요공급의 조정기능 결함으로 인해 발생되기 때문에 단기적으로는 정부정책을 통해 노동수요를 창출하면 해소될 수 있다고 본다.

구조적 실업의 발생 이유는 노동의 공급과 수요를 일치시킬 수 있도록 임금이 조절되지 못하는 임금 경직성(wage rigidity)에 있다. 노동시장의 균형모형에서는 실질임금이 조절되어 공급과 수요가 균형을 이루게 되나, 임금이 언제나 신축적인 것은 아니며 때때로 실질임금이 시장청산 수준 이상에 고정되어 있는 경우가 있다. 이와 같이 임금 경직성과 일자리 제한으로 인한 구조적 실업은 노동자들이 개인의 능력에 가장 적합한 직업을 찾기 때문이 아니라, 일자리를 구하려는 노동자의 수와 제공되는 일자리의 수가 근본적으로 일치하지 않기 때문에 발생하는 실업이다.

임금 경직성과 구조적 실업을 이해하기 위해서 노동시장이 왜 청산되지 않는지를 검토하여야 한다. 실질임금이 균형수준을 초과하여 노동의 공급이 수요를 초과하는 경우 우리는 일반적으로 기업이 지불할 임금수준을 낮출 것으로 기대하지만, 실제적으로 임금은 하방경직성이 존재하기 때문에 기업이 임금을 낮출 수 없게 되어 구조적 실업이 발생한다. 실제 임금의 하방경직성이 존재하는 이유는 주로 최저임금법과 같은 제도와 노동공급을 주도하는 노동조합의 독점권에 있다. 또한, 효율성 임금 이론에 근거하여 임금은 노동자들의 효율성에 의해 영향을 받기 때문에 노동자들의 효율성은 시간이 지나면서 증가하게 되어 있으므로 이 역시 임금의 하방경직성을 설명할 수 있다.

경제학에서는 마찰적 실업만 존재하는 상태를 완전고용이라 일컫는다. 마찰적 실업이란 노동시장이 구직자와 일자리를 잘 연결시켜주지 못할 때 발생하는 실업을 말한다. 다른 형태의 실업은 비자발적으로 발생하지만 마찰적 실업은 근로자가 근로여건 등을 고려하여 자발적으로 선택하는 실업이다. 이는 구인 또는 구직 정보의 유통을 촉진하여 일정 부분 줄일 수는 있지만 완전히 제거하는 것은 거의 불가능하다.

그렇다면 완전고용 상태 하에서, 즉 마찰적 실업만이 존재할 때, 경제는 효율적인가 혹은 비효율적인가? 이 상황은 경제가 비효율적임을 의미하지 않는다. 왜냐하면 현실에서 모든 주체가 불완전한 정보를 가지고 있기에 예측할 수 없는 공급과 수요에 대처하는 방식으로 불가피한 현상이기 때문이다. 즉, 인위적으로 실업을 줄일 수가 없는 것이다. 또한, 어느 정도의 마찰적 실업은 노동의 효율적 배분을 유도하여 성장을 촉진할 수 있다. 시행착오를 거쳐 노동자의 기술력과 작업환경이 적합하게 조성된다면, 장기적으로 경제의 효율성이 증진되고 이는 경제성장으로 이어질 수 있다.

1.2.2 물가안정

물가안정이란 재화와 용역의 절대가격을 안정시키기 위한 경제적 목표를 의미한다. 물가안정이 이루어지지 않을 경우 시장의 가격조절 기능을 저해하여 자원배분에 악영향을 미치게 되고, 또한 물가상승(물가하락)으로 인한 통화가치의 하락(상승)을 일으켜 실질소득을 감소시키며, 이는 실질잔고유지비용(shoe leather costs)[1]을 발생시킨다. 또한, 기대하지 않은 물가상승(하락)이 발생할 경우 채무자와 채권자 간의 소득재분배 문제, 경제적 불확실성의 증대, 상대가격 체계의 왜곡에 따른 자원배분의 비효율성 증대 등 안정적인 경제성장을 방해하는 요인들이 증가한다. 물가상승(하락)은 국제경쟁력의 악화를 초래하여 국제수지에 악영향을 미치게 된다는 측면에서 정부가 개입을 통해 해결하여야 한다는 당위성을 가지게 된다.

1958년 필립스(A. W. Phillips)는 임금 상승률과 실업률 간의 상충관계

---

1. 실질잔고유지비용(shoe leather costs)은 보다 빈번하게 현금을 찾거나 예치하기 위해 또는 인플레이션에 대한 예상의 변화 등으로 보유 금융자산의 포트폴리오 구성을 바꾸기 위해 은행을 더 자주 방문하는 데 소요되는 비용(구두가 닳는 비용)을 말한다.

(trade-off)가 존재하는 필립스곡선(Phillips Curve)을 통해 완화적 통화정책이 경제성장을 촉진하고 실업률을 낮춘다고 주장하였다. 그러나 1970년대 및 80년대는 세계적으로 인플레이션을 경험하면서 물가안정 없이는 지속적인 경제성장이나 국제수지균형이 불가능하다는 인식이 확산됨에 따라 각국은 중앙은행을 중심으로 한 통화정책의 최우선적 목표를 물가안정에 두는 경향을 나타내고 있다. 우리나라의 한국은행 또한 1998년 4월 1일 개정 한은법이 발효되기 전까지는 통화정책의 목표가 국민경제의 건전한 발전, 화폐가치 안정, 은행제도의 안정 등으로 목표를 다양화하였지만, 현재는 물가안정으로 일원화하고 있다.

〈그림 1-1〉의 필립스곡선은 총산출과 인플레이션율의 관계, 즉 성장과 물가안정의 관계를 실업과 인플레이션율 간의 관계로 재해석하였다. 그래프를 보면 실업과 임금 상승률은 안정적인 역의 상관관계를 띠고 있다. 실업률이 높을 때 임금 상승률은 비교적 낮고(그래프가 완만하고), 실업률이 낮을 때 임금 상승률은 높다(그래프가 급하다). 이 점을 고려했을 때 물가안정과 완전고용이라는 두 가지 경제정책 목표는 동시에 달성될 수 없으며, 하나를 달성하기 위해서는 다른 하나가 희생되어야 한다.

그림 1-1

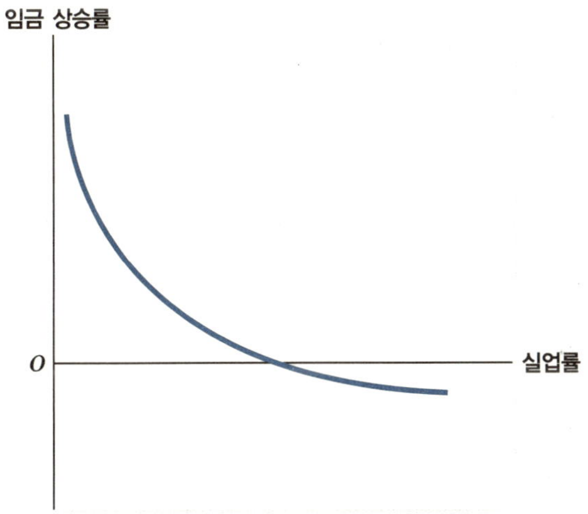

필립스곡선(Phillips Curve)

실업과 임금 상승률은 안정적인 역의 상관관계를 띠고 있다. 실업률이 높을 때 임금 상승률은 비교적 낮고, 실업률이 낮을 때 임금 상승률은 높다.

1.3 경제정책 수단의 의의와 종류

경제정책을 위한 정책수단이란 정책목표의 실현을 위해 경제정책의 주체가 선택하고 통제할 수 있는 경제적 및 경제와 관련한 행위를 말한다. 즉, 경제주체인 개인, 기업, 정부, 금융기관 등 개별 경제주체의 행동규칙과 각종 경제 관련법을 포함하여 경제주체에 영향을 주는 경제적 변수, 즉 가격 및 수량 등을 변화시키는 행위를 의미한다.

경제정책은 크게 거시적인 정책과 미시적인 정책으로 나눌 수 있다. 거시경제정책은 성장률, 고용, 물가와 같은 국민경제 전체를 대표하는 거시경제지표를 대상이나 목표로 하는 정책으로, 산업, 노동, 부동산 정책 등과 같은 미시적인 정책과 구분된다. 거시경제정책은 다시 정부의 예산을 조절하는 재정정책(fiscal policy)과 금리와 통화량을 조절하는 통화정책(monetary policy)으로 나눌 수 있다.

재정정책은 그 주체가 의회와 행정부이며, 정부예산과 세금을 조절하여 경기의 급등락 현상에 대응한다. 경기가 침체할 시 정부예산을 적극적으로 풀고 각종 세율을 낮추는 경기부양책을 추진하고, 경제가 너무 활기를 띠어 물가가 급등하는 시기에는 예산을 긴축적으로 운용하거나 세율을 높여 경기 급등에 따른 물가상승 압력을 완화하게 된다.

이에 비해 통화정책은 중앙은행에 의해 주도되며, 이에는 재할인금리(discount rate), 지불준비율(reserve requirement) 그리고 공개시장조작(open market operation) 등의 정책수단이 있다. 경기침체 시 중앙은행은 시중은행에 빌려주는 금리(재할인금리)를 내리거나 시중은행이 수신예금 중에서 지급준비금으로 보유해야 하는 지준률을 낮춤으로써 시중에 풀리는 통화량을 늘리는 정책을 시행하며, 시중에 돌고 있는 채권을 매입하는 공개시장조작을 통해 시중에 유동성을 공급한다. 경기가 급등할 시에는 위와 반대가 되는 행위를 하며, 즉 통화량과 금리의 조정을 통해 경기조절 정책을 시행한다.

거시경제정책의 기본은 총수요를 적절히 관리하여 호황과 불황의 진폭을 줄이는, 즉 변동성 축소를 주된 목표로 한다는 점에서 기본적으로 안정화

정책이라고 할 수 있다. 거시경제정책의 장점은 경기침체 시 유효수요를 늘림으로써 기업의 생산량과 고용을 늘리는 효과이며, 재정정책의 경우 승수효과가 있기 때문에 거시경제정책의 파급효과 또한 크게 나타난다. 하지만 거시경제정책의 효과의 시차가 너무 길고 예측하기가 어렵다는 점에서 경기안정화 정책에 대한 반대논의도 존재한다. 통화정책의 경우 외부시차가 길고, 재정정책의 경우 내부시차가 길게 나타나는데, 정책을 집행하고 효과가 나타나는 시점에서 경기상황이 바뀌게 되면 경기의 진폭을 확대시키는 부작용이 발생할 수 있다는 것이다.

최근의 사례를 보면 거시경제정책의 실효성과 효과에 대해서 살펴볼 수 있다. 미국의 경우 지난 2001년 GDP 성장률이 0.5%로 내려앉자 정부의 두 차례에 걸친 대규모 감세정책과 FRB의 열세 차례에 걸친 금리인하를 통하여 미국의 경기를 부양시켜 2014년에는 4%의 성장률을 기록하기도 하였다. 이에 비해 일본의 중앙은행인 일본은행은 1980년대 중반 주가와 부동산 가격이 치솟기 시작하자 1989년 중반부터 금리를 2.5%에서 6.0%까지 인상하였는데 이후 주가와 부동산 가격이 폭락하자 1991년 7월부터 금리를 인하하기 시작하였다. 1999년 3월에는 금리를 0.04%로 떨어뜨려 사상 초유의 '제로금리' 시대를 열었지만 금리인하의 속도와 정도가 너무 느리고 약했다는 분석이다. 즉, 거시경제정책에 미온적인 입장을 취하다 최근까지 장기불황에 빠졌다고 보고 있다.

이러한 거시경제정책의 양면적 속성은 수요의 부양 또는 억제에 있다. 둘 중에 어떠한 측면이 필요한지는 경제상황에 대한 객관적 분석에 따라 결정된다. 소비, 투자, 건설 등 총수요가 잠재 GDP 수준 이상이어서 강력한 수요의 견인으로 인플레이션이 발생하거나 그럴 가능성이 크다면 수요억제 정책을 쓰는 것이 당연하고, 총수요가 잠재 GDP 수준에 못 미쳐서 정상적으로 투입 가능한 노동과 자본이 모두 활용되지 못하는 불황기에는 경기부양 정책을 통해 고용과 실질소득을 증가시켜야 한다는 것이다.

총수요를 확대시킨다고 잠재 GDP가 증가하지는 않는다. 즉, 총수요정책은 경제의 중장기 성장추세를 강화시키는 성장정책이 아니라 이미 결정된 잠재 GDP 수준을 추정하고 이에 맞추어 수요를 관리하는 정책적 속성을 가진다.

1.4 경제정책의 효과와 시차

정책의 효과가 즉각적이라면 경제안정화 정책은 용이한 수단이나, 경제정책의 목표가 실현되는 데는 정책의 준비부터 정책수단의 투입과 이로 인한 효과까지 적지 않은 시차가 발생하게 된다. 정책효과에 대한 시차는 3단계로 구분할 수 있다. 첫 번째 단계는 준비시차이다. 준비시차에는 인식시차와 행동시차로 구분할 수 있는데, 인식시차란 어떤 문제가 생겼을 때 이에 대한 자료와 정보를 수집해서 상황에 대한 진단과 전망을 하는 등 상황분석에 소요되는 시간을 의미한다. 행동시차는 경제문제에 대한 상황분석에 입각해서 어떤 경제정책적 조치가 필요한지에 대한 계획 및 효과분석에 소요되는 시간을 의미한다. 두 번째 단계는 집행시차이다. 집행시차는 결정된 정책을 실제로 집행하는 데 요구되는 시간을 의미한다. 마지막으로 세 번째 단계는 효과시차이다. 효과시차는 정책수단이 투입되어서 실제로 효과가 나타나기까지 소요되는 시간을 의미한다. 여기서 준비시차와 집행시차는 내부시차(inside lag)를 의미하고, 효과시차는 외부시차(outside lag)를 의미한다.

경제안정화를 위해 재정정책을 시행할 경우 장기간의 내부시차가 핵심적인 문제가 된다. 입법과정은 서서히 이루어지고 여러 단계를 거쳐야 하므로 지연되기 쉽고, 이로 인해 재정정책은 경제를 안정시키는 데 시기적절한 수단이 되지 못할 수도 있기 때문이다. 하지만 재정정책의 외부시차는 짧기 때문에 정책이 실효된 순간부터 효과는 즉각적으로 나타나게 된다.

중앙은행의 정책변화 결정은 매우 짧기 때문에, 통화정책은 재정정책보다 훨씬 더 짧은 내부시차를 갖게 되는 반면, 상당한 외부시차를 갖게 된다. 통화정책은 통화공급을 변화시켜 금리를 변동시키며, 이를 통해 투자에 영향을 미침으로써 작동된다.

통화 및 재정정책과 관련된 장기적이고 변화하는 시차로 인해 경제를 안정시키는 일이 더욱 어렵게 된다. 수동적인 정책을 주장하는 사람들은 이런 시차들로 인해 안정화 정책이 성공하기는 거의 불가능하다고 주장한다. 즉,

적극적인 정책을 통해 경제가 불황일 때 경기부양적인 완화정책을 수행할 경우, 정책의 시차 내에서 경기의 국면이 반대가 된다면 이는 오히려 불균형을 더욱 심화시키는 방향으로 진행될 수 있기 때문이다. 이와 같은 단점을 지적하는 사람들은 자동안정화 장치(automatic stablizer)와 같은 정책을 이용해야 한다고 말한다. 자동안정화 장치는 필요할 때 계획된 정책변화 없이 경제를 부양하거나 진정시키는 정책을 말한다. 대표적으로 조세가 있으며, 소득세 체계상 경기과열 시에는 조세가 증가하고 경기하락 시에는 조세가 감소하기 때문에 정부의 별다른 정책결정 수단이 없더라도 경기과열을 진정시키고 경기침체를 부양시키는 효과가 존재한다. 이와 유사하게 실업보험, 복지계획 등이 있으며, 이들은 경제가 후퇴기로 접어들면 자동적으로 이전지급을 증대시키는 효과가 있다. 이러한 자동안정화 장치들을 내부시차가 없는 재정정책으로 간주할 수 있다.

1.5 장단기 관점에서의 경제정책

정부정책은 크게 나누면 단기정책과 장기정책으로 분류할 수 있다. 물론 하나의 정책이 엄격하게 어느 한쪽에 속한다고 딱 잘라 말하긴 힘들다. 경제는 호수와 같아 돌멩이(=정책)를 던지면 그것이 일파만파로 퍼져나가는 파급과정을 거친다.

먼저 자연산출량은 완전고용(일하고자 하는 의사를 갖고 있는 사람들이 모두 고용된 상태)을 달성했을 때 한 나라의 경제가 창출해낼 수 있는 재화의 양이다. 즉, 그 나라의 시장참여자들이 모두 일을 한다고 가정했을 때 얼마나 재화를 생산할 수 있는지 '최대한'의 추정치를 알아보는 것을 의미한다. 장기적으로 자연산출량은 단기적인 호황, 불황에 상관없이 완전고용 수준의 노동력과 정상가동 상태의 물적 자본이 투입되어 생산된 산출량 수준에서 결정된다. 한편, 실제산출량은 실제로 그 나라의 경제가 생산하는 재화의 양이고, 일반적으로 국내총생산(GDP)를 가리킨다.

〈그림 1-2〉에서 보듯이, 자연산출량은 일반적으로 지속적인 증가세를 보이는 반면, 실제산출량은 경기변동에 따라 변동된다. 대개 자연산출량은

그림 1-2

자연산출량과 실제산출량의 관계
자연산출량은 일반적으로 지속적인 증가세를 보이는 반면, 실제산출량은 경기변동에 따라 변동된다.

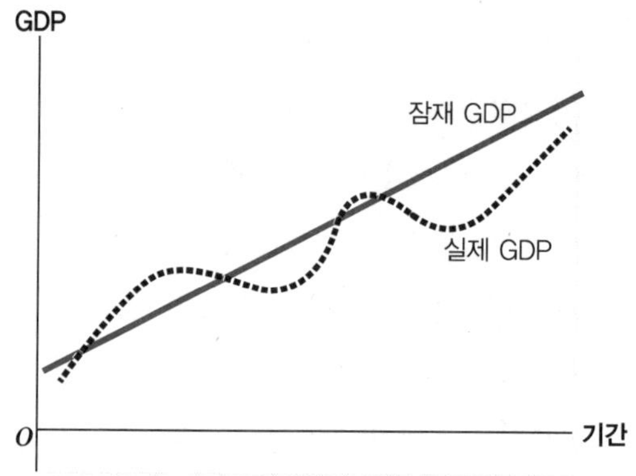

공급충격의 영향을 크게 받고, 실제산출량은 수요충격의 영향을 크게 받는 것으로 알려져 있다.

실제 GDP와 잠재 GDP 간의 격차를 GDP 갭이라고 부른다. 즉,

GDP 갭 = 실제 GDP − 잠재 GDP

인 것이다. GDP 갭이 음(−)(실제 GDP < 잠재 GDP)이면 경기가 위축되었음을 의미한다. 실제로 달성할 수 있는 GDP보다 낮은 수준을 달성하고 있으므로, 더 많은 자원과 자본을 이용해 더 많은 GDP를 산출해낼 수 있기 때문이다. 반대로 양(+)(실제 GDP > 잠재 GDP)이면 경기가 과열되었음을 의미한다. 잠재적 수준보다 많은 양의 GDP를 생산하여 오히려 손해를 보고 있는 것이다.

1.5.1 단기정책의 목표와 수단

실제산출량이 자연산출량보다 지나치게 높으면 버블(거품)이라고 부르는 현상이 발생한다. 경기호황에 따라 주식과 부동산을 비롯한 자산가격이

폭등하고, 시장참여자들이 기대감에 부풀어 투기심리를 보이게 된다. 이로 말미암아 결국 거품이 꺼지게 된다. 그 결과 실제산출량이 자연산출량보다 지나치게 낮아져, 불황이 찾아오면 무더기 실업사태와 자산가격 폭락이 발생하게 된다. 그렇기 때문에 주류경제학 관점에서는 정부 당국 및 독립적인 중앙은행의 개입을 통해 거품을 통제 및 관리하여야 한다고 본다. 즉, 거품이 발생하게 되면 자연스럽게 정부의 개입을 초래하게 된다.

즉, 정부가 개입해 실제산출량과 자연산출량 사이의 격차를 최대한 좁혀줘야 한다는 의미이고, 안정(stabilization)을 추구하는 것이야말로 단기정책의 목표이다.

단기정책에 사용이 가능한 수단은 통화량 변화, 정부지출, 세금 등이 있다. 위에서 실제산출량은 수요충격에 영향을 받는다고 했듯이, 이 수단들은 주로 수요에 영향을 주게 된다. 통화량 변화는 1980년대 이후 대부분의 중앙은행들이 즐겨 사용하는 금리와 은행 지급준비율이라든지 양적 완화 등으로 가능하다.

다른 조건이 모두 같다면 정부지출을 늘릴 때엔 단기적으로 총수요가 늘어나고 정부지출을 줄일 때엔 단기적으로 총수요가 줄어든다. 또한, 다른 조건이 모두 같다면 세금을 많이 거두면 민간 소비와 투자가 위축되어 단기적으로 총수요가 줄어들고, 세금을 적게 거두면 민간 소비와 투자가 활발해져 단기적으로 총수요가 늘어날 수도 있다. 경제란 자동판매기와는 다르기 때문에 하나의 정책을 시행했을 때 반드시 예측에 맞는 결과가 나오지는 않는다. 즉, 정책의 효과가 어떻게 될지 예측할 수는 있어도, 그 예측이 들어맞으라는 법이 없다는 것이다.

단기 경제정책을 시행한 결과, 실제산출량과 자연산출량 사이의 격차가 좁혀질 수 있는가 하면, 반대로 전혀 효과가 없을 수도 있다. 단기적인 효과가 나왔어도 장기적으로 격차가 벌어지기도 하고, 단기와 장기 두 마리 토끼를 모두 놓칠 때도 많이 발생할 수 있다.

1.5.2 장기정책의 목표와 수단

장기 경제정책은 자연산출량의 곡선을 상향 이동시키는 경제성장이 목적이다. 경제성장은 ① 사유재산권 보호, 계약준수, 독립적인 사법기구, 회계 투명성, 언론의 자유로 대표되는 정보교류 등의 전제조건과 ② 노동력, 자본재, 기술자본, 인적 자본 등의 요인으로 설명할 수 있는데, 경제정책만으로 한정한다면 ②를 집중적으로 육성하고 장려하는 정책수단을 사용한다.

구체적으로 말하자면, 기술개발이나 시설투자 비용에 대한 면세라든지 일반적인 감세(소득세나 소비세), 공교육에 대한 투자 혹은 사교육비 지원, 국가 주도의 선진기술 도입 등이 있다. 심지어 육아복지 확충으로 인한 출산율 증가도 포함될 수 있다. 흔히 '성장동력' 이라고 부르는 개념이 바로 장기 경제정책과 연관되어 있는 개념이다.

마찬가지로, 장기 경제정책을 시행한 결과, 자연산출량이 높아질 수 있는가 하면, 반대로 전혀 효과가 없을 수도 있고, 오히려 장기적으로 자연산출량이 낮아지는 경우도 많이 있다.

1.5.3 고전학파와 케인즈학파[2]

경제학은 역사적으로 크게 고전학파와 케인즈학파를 중심으로 발전되어 왔다. 시장의 가격조절 능력에 대해 고전학파는 시장이 스스로 가격을 조절하는 능력이 있다고 보고 있는 반면, 케인즈학파는 그렇지 않다고 보기 때문에 경제현실을 바라보는 눈이 극명하게 대비가 된다.

고전학파의 기원은 약 200여 년 전 경제학자 아담 스미스(A. Smith)이다. 그는 그의 저서 『국부론』(*The Wealth of Nations*)에서 자유로운 시장에서 사익을 추구하는 개인이 경제행위를 하면 경제가 잘 돌아갈 것이라는 '보이지 않는 손(invisible hand)' 의 개념을 처음 제안하였다. 반면, 케인즈학파는 비교적 근래에 태동했다. 1929년 미국발 대공황이 발생하고, 당시 경제 데

2. 정운찬 외(2014) 참조.

이터는 고전학파 이론과 모순적이었다. 이때 경제학자 케인즈(J. M. Keynes)가 새로운 이론을 제안한다.

고전학파는 가격변수의 신축성을 가정하고 있기 때문에, 불일치 시 신속히 조정되어 항상 수요와 공급이 일치할 것이라고 주장한다. 이들에 의하면 초과공급, 초과수요는 일시적인 현상이고 스스로 치유될 현상이라고 본다. 이에 반해 케인즈학파는 가격기구가 상당히 비신축적이라고(적어도 단기에는 비신축적이라고) 주장한다. 즉, 임금과 물가는 매우 느리게 조정되기에 초과상태가 지속이 될 수 있고, 이는 문제를 유발할 수 있다고 본다. 따라서 이를 해결하기 위해 정부가 직접적으로 개입하는 경제정책이 필요하며, 결론적으로 케인즈학파는 고전학파와 달리 보이지 않는 손에 대해 회의적인 태도를 보이며, 급격한 경제변동을 정부의 정책개입을 통해 완화해야 한다고 주장한다. 이는 시장의 가격조절 능력을 믿어 정부가 경제에서 제한적인 혹은 최소한의 역할만 해야 한다고 주장하는 고전학파와 대조된다. 고전학파는 정부의 개입은 경제에 아무런 역할을 할 수 없고, 오히려 해악만 끼친다고 주장한다.

1929년 발생했던 대공황은 고전학파에 대한 신뢰를 바닥으로 떨어뜨렸기에 케인즈학파의 접근방식은 1970년대까지 큰 영향력을 띠고 있었다. 당시 많은 경제학자들은 정부가 경제정책을 능숙히 활용한다면 인플레이션이나 경기침체 없이도 경제성장을 추진할 수 있다고 믿었다. 하지만 1970년대에 미국에 스태그플레이션(stagflation)이 발생했고, 이로 인해 케인즈학파에 대한 굳건한 신뢰가 약해졌다.

앞으로 교재에서 두 학파에 대해 균형 있고 통합된 접근방식을 통해 편협한 사고방식에서 벗어나 두 학파의 공통된 의견과 대조적인 시각까지 고려하고자 한다.

1.6 경제정책의 이슈

1.6.1 적극적 vs. 수동적 정책[3]

앞에서의 내용을 토대로 볼 때, 정부는 시장에 적극적으로 개입하여야 하는가? 즉, 적극적인 정책을 시행해야 하는가? 정부의 개입 없이 시장이 스스로 안정된다면, 혹은 정부의 개입을 통해 불균형한 시장이 균형상태가 이루어진다면 좋겠지만 현실에선 그렇지 않다.

현실에서 정부의 경제정책의 효과가 즉각적으로 발생한다면, 경제안정화 정책은 용이한 수단이다. 하지만 현실에서는 시행상의 시차뿐만 아니라 준비시차, 집행시차 그리고 효과시차가 발생한다. 그리고 정책을 수립하는 데 있어 앞으로 경기가 어떻게 변할지 예측하는 것도 하나의 걸림돌이다. 시차가 발생함으로 인해 해당 정책이 경제를 안정시키는 데 시기적절하지 못하게 될 수도 있기 때문이다.

경제정책은 장기적이고 변화하는 시차로 인해 성공적으로 달성되기가 어렵다. 수동적인 정책을 주장하는 사람들은 이런 시차로 인해 정부의 안정화 정책은 성공하기 어렵다고 주장한다. 이들은 정부가 인위적으로 개입을 하기보다는 조세와 같은 자동안정화 장치를 이용해야 한다고 주장한다.

1.6.2 규칙 vs. 자유재량

정부는 상황을 분석한 후, 재량에 따라 경제정책을 수립할 수 있다. 하지만 이는 통화를 이용한 자의적인 경제개입 가능성이 있고, 개인의 자유에도 큰 영향을 미칠 수 있다. 또한, 앞에서 논했던 시차의 문제(시간 불일치성)로 인한 역효과도 빼놓을 수 없을 것이다. 결국 정부의 재량적인 정책 수립 및 변경은 일관된 규칙에 따른 정책보다 열등한 결과를 가져올지도 모른다.

이에 대응하여 일부는 자유재량에 따른 정책이 아니라 정책과정을 준칙

---

3. 정운찬 외(2014) 참조.

화한 일관된 규칙에 따른 정책을 지지한다. 민간이 예상하지 못한 정책을 원천적으로 억제할 수 있어서 정책의 신뢰성이 더욱 제고되기 때문이다. 하지만 규칙에 따른 정책에도 분명 문제점이 존재하므로 어떤 방식이 더 유용한지, 어떤 방식이 더 신뢰성 있고 유효한지는 고려해보아야 할 것이다. 잘못된 통화정책은 경제에 대한 충격의 근원이 될 수 있는 반면에 적절한 통화정책은 경제를 안정시킬 수 있기에 보다 신중한 정책시행이 필요하다.

토의과제

01. 경제정책의 의의와 대상에 대해 설명하시오.

02. 경제정책의 목표를 기술하시오.

03. 경제정책의 수단별 경제적 의의를 기술하시오.

04. 경제정책의 시차효과의 종류별 경제적 시사점을 기술하시오.

05. 경제정책의 장단기 구분을 통해 각각에서의 목표 및 수단 그리고 경제적 시사점을 설명하시오.

06. 경제정책을 장단기 관점에서 구분하여 설명하시오.

07. 경제정책을 케인즈학파와 고전학파로 구분하여 각각 사용하는 모델을 이용하여 설명하시오.

08. 경제정책 시행방법 선정(적극적 혹은 소극적)에 따라 발생되는 문제가 무엇인지 설명하고 어느 방법이 더 효과적인지 본인의 생각을 서술하시오.

핵심단어

경제정책	아담 스미스	케인즈
고전학파	케인즈학파	경제안정화 정책
완전고용	물가안정	필립스곡선
거시경제정책	미시경제정책	재정정책
통화정책	재할인금리	지불준비율
공개시장조작	수요억제 정책	경기부양 정책
시차	내부시차	외부시차
준비시차	인식시차	행동시차
집행시차	효과시차	자동안정화 장치
자연산출량	실제산출량	GDP 갭

제2절 자본주의 경제체제[4]

2.1 정부

2.1.1 정부란 무엇인가?

정부활동의 적정 범위를 정하는 것은 국가와 개인 간의 관계에 대한 이념적 관점(ideological views)에 의해 영향을 받는데, 로젠(Harvey S. Rosen)과 게이어(Ted Gayer)의 『재정학』(*Public Finance*)에 따르면 유기체적 관점(organic view)과 개인집합체적 관점(mechanistic view) 두 가지 견해로 정부의 역할을 보고 있다.

유기체적 관점에서는 사회는 자연발생적 유기체로 간주되며, 각 개인은 이 유기체의 한 부분을 차지하고 있으며, 정부는 유기체의 심장으로 여겨진다. 즉, 사회 전체 입장에서의 선(good)이 개인 입장에서의 선으로 정의되며, 따라서 개인보다도 공동체의 이익이 더 강조된다. 사회의 목표는 국가에 의해 설정되며, 국가는 목표의 실현을 가능하게 한다. 사회의 목표는 매우 다양하기 때문에 사회의 목표가 선택되는 방식이 유기체적 관점에서 가장 중요한 문제라고 할 수 있다.

개인집합체적 관점에서는 집단보다는 개인이 무대의 중심을 차지한다. 즉, 정부는 사회라는 유기체의 한 부문이 아니며, 사회구성원들이 자신들의 개인적인 목표달성을 용이하게 하기 위해 만든 하나의 장치로 인식되는 것이다. 개인집합체적 관점은 자유지상주의자와 사회민주주의자로 다시 나눌 수 있다.

---

4. 최광(2009), 『자본주의 시장경제와 정부』, 율곡출판사 인용.

아담 스미스(A. Smith)로 대표되는 자유지상주의자(libertarians)들은 정부가 더 이상의 경제적 역할을 하여서는 안 된다고 주장하였으며, 아담 스미스는 "모든 사람들은, 정의와 관련된 법(laws of justice)을 위반하지 않는 범위에서, 완벽한 자유의지로 자기 자신의 이익을 자신이 원하는 방법으로 추구할 수 있다" 라고 밝힌 것처럼 정부가 사회후생을 증진시킬 수 있다는 견해에 대해서 매우 회의적인 의견을 가지고 있었다. 이와는 대조적으로 소위 '사회민주주의자(social democrats)' 로 불리는 사람들은 상당 수준의 정부 간섭이 개인의 이익을 위해 필요하다고 주장한다. 정부의 규제와 간섭이 필요하다고 주장하는 사회민주주의자들은 자유라는 것은 육체의 억압이 없다는 것 이상의 의미를 가지며, 가난한 사람들에게도 자신의 소득을 자신이 하고 싶은 대로 소비할 자유가 있으나 이러한 자유는 매우 제한적이기 때문에 정부 역할의 중요성을 강조하고 있다.

이와 같이 현대의 경제환경에서 자본주의 시장경제의 본질과 부합되는 것은 개인집합체적 관점이라고 할 수 있으나 개인주의가 팽배한 사회에서도 국민들은 때로는 국가를 위해서 행동하고, 또한 자신의 생명을 바쳐야 한다고 느끼는 경우가 있기 때문에 암암리에 유기체적 관념 또한 존재한다고 볼 수 있다. 그리고 개인집합체적 관점 내에서도 정부의 개입 혹은 자유방임이 옳은지에 대한 의견은 불가피하며, 부분적으로는 윤리적 혹은 정치적인 가치 판단에 의존할 수밖에 없기 때문에 경제정책은 경제학적 분석만으로 결정될 수 없는 문제이다.

2.1.2 정부의 존재이유

민주주의 체제 하에서 정부란 사회구성원들이 집단적으로 의사결정을 하고 수많은 활동을 수행하는 하나의 제도적 과정(institutional process)으로서의 사회를 조직화하는 한 가지 방법(method of social organization)을 말한다. 정부의 역할을 두고 많은 논의가 진행되었으며, 대표적으로 뷰캐넌(J. M. Buchanan)과 아담 스미스(A. Smith)의 견해를 보도록 하겠다.

뷰캐넌은 정부의 역할을 기본적으로 두 가지로 정의하였는데, 첫 번째는 정부의 보호적 기능(protective function)으로 경제적 번영을 구가하기 위한 경제체제의 기본 틀을 잘 짜주는 것이고, 두 번째는 생산적 기능(productive function)으로 정부가 시장을 통하여 제공되지 못하거나 제공되더라도 완벽하게 제공되지 못하는 재화나 용역을 공급하는 것이라 하였다.

정부의 보호적 기능은 국민들이 자유로운 환경에서 자신들의 능력을 최대한 발휘할 수 있도록 기본적인 제도를 마련해주는 것으로, 이에는 법과 질서의 유지가 포함된다. 개개인이 타인으로부터 고통을 당하지 않고 살 수 있도록 하고, 수많은 사람들이 조화를 이루어 서로 소통할 수 있도록 각종 법령체계를 확립해주는 것이 정부의 보호적 기능의 핵심이라 할 수 있다. 정부의 생산적 기능은 소위 말하는 시장의 실패를 교정하는 기능이다. 시장실패는 시장지배력에서 발생하는 자연독점, 혹은 가격경직성에서 오는 불황이나 실업 등을 말하며 부정적인 외부효과, 공공재, 비용체감 산업, 불확실성 등으로 규정할 수 있다. 즉, 정부는 개개의 자유로운 경제활동을 보장할 수 있도록 제도적인 뒷받침을 통해서 보호적 기능을 수행하고, 시장실패로 인해 발생하는 시장의 비효율성 및 소득분배의 불공정성을 해결하기 위해 규제와 정책을 통하여 시장의 기능을 보완하는 생산적 기능을 수행한다.

아담 스미스는 정부가 해야 할 일을 세 가지로 정의하였다. 첫 번째는 다른 독립된 사회로부터의 침입이나 전쟁으로부터 사회를 방위하는 임무이고, 두 번째는 가능한 한 사회구성원 간의 억압, 불법을 막는 일로서 법질서의 확립이며, 세 번째는 공공사업과 공공기관을 설립하고 운영하는 일이다. 첫 번째와 두 번째 의무조항은 명백하고 직설적이다. 외부 혹은 내부적 요인이든 강제로부터 사회구성원을 보호하는 것은 당연한 일이며, 그러한 보호가 없다면 진실로 선택할 자유가 있다고 할 수 없다. 하지만 세 번째 의무는 다소 논란이 많은 항목인데 아담 스미스가 아주 좁은 의미에서 설파한 이 대목은 그 후에 수많은 정부활동을 정당화해주는 데 일조를 하였다. 본래의 의도는 자유사회를 유지하고 발전시키는 데 필요한 정부활동을 올바르게 지적하는 것이었지만, 이 세 번째 기능이 정부 역할을 무한하게 확대시키는 구실로 작용해왔다.

외부효과로 인하여 정부의 개입을 정당화하지만, 정부의 조치 그 자체가 또 다른 외부효과를 발생시킬 수 있다. 민간 당사자들은 누가 누구에게 비용을 부담시키는지 누구에게 편익을 제공하는지를 가려낼 수 없고, 또한 정부도 민간보다 능력이 있다고 할 수 없다. 따라서 시장실패를 교정하기 위한 정부의 시도 또한 사태를 악화시킬 가능성이 있고, 선의의 제3자에게 비용을 부담시키거나 재수 좋은 사람에게 의도하지 않은 행운을 안겨줄 가능성이 존재하는 것이다. 아담 스미스가 지적한 제3의 정부의 임무를 오용했을 때의 교훈은 정부의 개입이 정당화될 수 없다는 것이 아니라 그 정당성을 언제나 그 주장자에게 물어야 한다는 것이다. 따라서 정부가 개입할 경우, 비용과 효과 분석방법을 개발하고 정부개입 시 효과가 비용을 초과하는가를 분명히 짚고 넘어가야 한다. 경험적 측면에서 볼 때 정부가 일단 사업을 시작하게 되면 그 사업이 비효율적이라 하더라도 축소되거나 폐쇄되기보다는 오히려 규모가 점점 더 커지고 예산도 비대해지는 경우가 많기 때문이다.

따라서 시장경제체제에서는 법이 허용하는 범위 내에서 자유로이 창업을 하고 새로운 상품이나 서비스를 만들어 팔도록 허용하며 그것을 소비할 소비자 주권을 인정하는 것이 시장경제를 역동적으로 이끌어가는 원동력이라 할 수 있으며, 일부 사람들이나 정책당국이 특정한 도덕적 · 윤리적 가치를 기준으로 어떤 재화나 서비스의 사회적 윤리성을 결정하려는 시도는 매우 위험하다고 할 수 있다.

2.2 자본주의 시장경제체제

2.2.1 자본주의 시장경제란?[5]

경제체제로서의 자본주의는 1776년 스코틀랜드의 도덕철학자 아담 스미스(Adam Smith)가 『국부론』을 저술한 이래 2백여 년도 넘게 연구되어 왔다. 아담 스미스는 『국부론』에서 '보이지 않는 손(invisible hand)'을 언급하며 수많은 사람들이 각자의 사익을 추구하면서 자유로운 시장에서 서로 경쟁

5. 최광 외 공역(2013) 인용.

을 한다면 최하위계층의 사람들에게까지 미치는 보편적인 풍요가 창출된다고 예언하였다. 즉, 인간의 본성과 사회문제의 해결이라는 관점에서 볼 때, 아담 스미스는 자본주의를 자연질서적인 현상으로 파악했다고 볼 수 있다.

자본주의에서 '자본' 이란 의미는 돈만을 의미하는 것이 아니고, 돈 또한 한 가지 의미만 있는 것이 아니다. 돈은 교환의 매개체로서의 화폐, 부의 의미로서의 재산, 얻는 의미로서의 소득, 소요되는 비용의 의미로서의 자금 등 다양한 의미로 사용된다. 자본은 일반적으로 경제학 교과서에서 생산에 필요한 기계, 설비 등 생산수단으로 정의되고 있으며, 기계, 설비와 같은 물질적 재화만이 자본이 아니고 미래의 소득을 창출하며 생활수준을 향상시켜 주는 것이라면 무엇이든 자본이 될 수 있다. 즉, 사람들이 가지고 있는 특별한 재주, 능력, 의지 등과 같이 미래의 소득을 창출할 수 있는 인적 자본 또한 무형자본 중 하나인 것이다. 이 '자본' 은 사회주의 경제에서도 물적 자본과 인적 자본으로 존재하기 때문에 자본주의의 고유한 것이라고만 할 수는 없다.

이러한 자본의 개념을 바탕으로 '자본주의 시장경제' 를 정의하는 데 있어서 다음과 같은 속성의 유무를 통해 사회주의 경제체제와 구분할 수 있다. 그 하나는 사유재산권이 인정되는지 여부이고, 다른 하나는 교환 및 거래의 자유가 인정되는지 여부이다. 즉, 두 가지 조건이 성립될 때 '자본주의 시장경제' 환경으로 정의할 수 있다. 현재 소수의 사회주의 국가를 제외하고는 대부분의 국가들이 '자본주의 시장경제' 를 형성하고 있다고 볼 수 있다.

자본주의 경제체제의 대척점이 사회주의 혹은 공산주의로 잘 알려진 통제경제체제이다. 이 체제 내에서는 정부가 대부분의 물적 생산요소를 소유하며 경제적 의사결정은 개인이 아닌 중앙의 경제계획에 의해 이루어진다. 즉, 정부가 대부분의 사업체를 소유하며, 정부의 지침에 따라 생산이 이루어진다. 이에 반해 자본주의 경제체제에서는 사익을 추구하는 참여자가 자원을 사적으로 소유하며, 시장과 가격이 중요한 역할을 한다. 즉, 자본의 사적 소유가 허용되고 가격을 통해 의사결정이, 시장을 통해 경제활동이 이루어진다. 누구나 의지가 있으면 재화와 서비스를 생산 · 공급할 수 있다.

자본주의 경제체제에서 정부는 사유재산을 보호하고 시장이 원활하게 작동할 수 있는 환경을 조성하는 역할만을 한다. 특히 순수자본주의, 즉 자유방임 자본주의에서는 자유방임이라는 언어에서도 알 수 있듯이 정부가 경제에 개입하지 못하도록 한다. 왜냐하면 정부의 개입이 시장경제의 효율적인 작동을 방해한다고 생각하기 때문이다. 하지만 실제로 대부분의 자본주의 국가에서 정부는 경제활동의 규칙을 제공하고 경제의 성장과 안정을 도모하는 등 상당한 역할을 하고 있다. 또한, 시장에서 과소생산 혹은 미생산되는 재화와 서비스를 공급하며 소득분배를 조정하기도 한다. 반면, 순수 통제경제체제에서는 중앙의 계획에 전적으로 의존하여 정부 소유의 물적 생산요소를 배분한다. 하지만 현실에서는 대부분의 통제경제체제 국가들이 개혁을 통해 어느 정도 자본주의적인 시장 지향의 경제체제로 전환시켰다. 정부가 아직 광범위하게 자원과 자본을 소유하고 있지만, 자유 시장에 의존하여 경제를 조직하는 바가 점차 커지고 있다. 북한과 쿠바는 아직까지 중앙 통제에 의존하는 바가 크고, 이 두 국가가 이러한 경제체제를 채택하고 있는 마지막 주요 국가이다.

2.2.2 사유재산권 제도

사유재산권은 개인이 합법적으로 취득한 재산에 대한 이용이나 편익으로부터 얻는 수입을 주장할 수 있는 권리이며, 사람들이 스스로 무엇인가를 추구하기 위해 일을 열심히 하도록 하는 주요한 유인 및 동기부여이다.

사유재산권은 기본적으로 세 가지로 정의되는데, 첫 번째는 재산권(property right)을 갖고 있음으로써 그 무엇을 배타적으로 사용할 권리를 갖는 것이며, 두 번째는 특정인의 소유물을 제3자가 무단으로 사용하려 할 경우 그 무단 사용으로부터 보호를 받는 것이 법적으로 보장되는 것이다(저작권). 셋 번째는 재산권을 갖고 있는 그 무엇을 폐기하거나 양도할 권한을 갖는 것이다. 사유재산권의 설정대상은 건물, 기계, 토지 등 물리적 자산뿐만 아니라 노동서비스, 새로운 아이디어, 예술품, 천연자원 등 사용가치나 교환가치가 있는 모든 것이 포함된다.

사유재산권의 확립 및 유지는 권력을 분산시키고 자발적 활동영역을 넓히는 역할을 한다. 사유재산권이 존재함으로써 교환이 성립되며, 서로의 사유재산권을 존중하는 가운데 서로가 상대방에게 가치 있다고 생각하는 그 무엇을 적정 수준까지 제공하여야만 한다. 교환 및 거래는 관련 당사자 모두에게 이득을 가져오는데, 교환이나 거래가 성립되기 위해서는 사유재산권의 설정이 전제조건이라고 할 수 있다. 이렇듯 사유재산권 제도는 사회주의와 자본주의 시장경제를 구분하는 핵심적인 기준이라고 할 수 있다.

사유재산권이 초래한 다양한 결과 중 가장 중요한 것은 사람들 간의 협동을 조정한다는 것이다. 이는 경제의 모든 거래가 상호 동의 시에만 이루어지게 하여 협동을 만들게 되는 것이다. 만일 사유재산권이 법적으로 보호되지 않는다면 강자는 원하는 대상을 약자로부터 보상 없이 강탈할 것이다. 그러나 사유재산권이 법적으로 보호되면, 타인이 당신에게서 원하는 것이 있다면 당신의 동의를 얻어야만 한다. 이를 위해 당신에게 상호 동의할 수 있는 경제 거래를 제안하게 되고, 이는 모두에게 이익이 되며 협동을 유도한다.

사유재산권은 개인의 재산권 보장을 통해 교환, 투자, 기술혁신, 재산의 보존 그리고 경제성장을 촉진한다. 재산권이 있음으로 인해 재산의 소유자는 재산 가치의 보존 혹은 증대를 위해 재산을 관리하며, 사람들은 더 많은 자원을 재화와 서비스 생산에 투입하게 된다. 사유재산권이 보장되지 않는다면 이런 행위가 일어나지 않을 것이고 궁극적으로 경제성장을 저해할지도 모른다.

2.2.3 선택의 자유

거래와 교환은 관련자 모두에게 이득을 가져다준다. 경제학에서는 아담 스미스(A. Smith)와 리카르도(D. Ricardo)의 절대우위론과 비교우위론을 통해서 거래와 교환의 이득을 설명하고 있다. 아담 스미스는 『국부론』에서 각 개인이 절대우위를 가진 재화를 특화해서 거래할 경우 거래하기 전보다 이득이 증가하는 것을 증명하였고, 리카르도는 1817년 『경제학 및 과세의 원리』[6]

6. D. Ricardo (1817), *Principles of Political Economy and Taxation* 참조.

에서 한 개인이 재화의 생산에 있어서 절대적 열위에 있다 하더라도, 재화생산의 기회비용을 비교했을 때, 상대적인 우위에 대한 재화를 특화하여 거래할 경우 이 역시 거래 전보다 이득이 증가함을 증명하였다. 위 두 학자는 국제 관계에서 무역의 중요성을 강조하고 있지만 이는 개개인의 거래와 교환에서도 유효한 개념이라 할 수 있다. 이러한 개인의 교환과 거래가 가능하기 위해서는 선택의 자유(free to choose)가 선행되어야 한다고 볼 수 있다.

교환 및 거래의 자유는 선택의 자유의 일부분이며, 선택의 자유란 각자가 경제활동을 함에 있어서 자신에게 가장 가치 있고 적합하다는 판단에 따라 자신이 가진 것을 사용하거나 처분하는 자유를 말한다. 소비자들은 자신의 소득범위 내에서 자신의 효용을 최대화할 수 있는 재화와 용역을 선택하는, 즉 자신이 필요하다고 여기는 재산이나 화폐를 처분할 수 있는 자유를 가진다. 노동자들은 자신의 능력을 고려하여 가장 선호하는 직업에 참여할 자유를 갖는다. 기업인들의 경우 선택의 자유는 경영의 자유를 의미한다. 마지막으로 소비자 또한 예산범위 내에서 자신의 욕구를 가장 잘 충족시키는 재화와 서비스를 자유롭게 구매할 자유를 지닌다.

자본주의 시장경제체제에서는 법이 허용하는 범위 내에서 자유로이 창업을 하고 새로운 상품이나 서비스를 만들어 팔도록 허용하며 그것을 소비할 소비자 주권을 인정하는 것이 시장경제를 역동적으로 이끌어 가는 원동력이다. 경제활동에서 어떠한 경우에도 자신의 가치관을 타인에게 강요하는, 즉 선택의 자유를 제한하는 경우가 있어서는 안 된다. 오히려 이러한 판단은 시장이 결정하는데, 소비자가 원하지 않는 상품이나 서비스를 생산 · 판매하는 기업은 도산하는 것이 시장원리에 부합하는 것이다.

이렇게 시장경제에서는 다양한 경제단위가 일정한 선택을 해야 하며 이런 선택은 여러 시장에서 표출되어 실현된다. 이러한 선택의 자유는 법적 제한 내에서 가능하다. 금지 약물의 구입, 범법 행위 등의 불법적인 선택은 인정되지 않고 법적으로 처벌된다.

2.2.4 자본주의와 경기규칙

현대 사회에서 경제적 측면의 혼란과 고통은 기본적으로 경제 원리와 자본주의의 본질을 제대로 이해하지 못하고, 자본주의를 뒷받침하는 사회질서, 즉 경기규칙(role of game)을 무시하는 데서 발생하는 문제들이다.

경기규칙은 자본주의 시장경제의 참가자들이 다같이 지키자고 합의한 원칙을 의미하고, 규칙을 위반한 경우 그에 상응하는 벌칙이 가해지게 된다. 경기에 관련된 당사자들로는 경기 참여자(선수, 주로 기업), 경기 진행자(심판, 주로 정부), 경기 관람자(관중, 주로 소비자), 그리고 경기 보호자(경찰, 주로 정부) 등이 있으며, 이들에게는 각자 경기가 공정하게 진행되도록 할 의무가 주어진다.

모든 경기에서 경기 시작 전에 경기와 관련된 당사자 모두가 경기의 규칙에 대해 만장일치의 의견합의, 즉 사전적 합의 또는 국민적 합의를 보아야 한다. 발생된 소득을 놓고 사회구성원 간에 어떻게 분배하느냐 하는 문제를 사회구성원들이 논의하여 합의를 보는 것은 불가능하다. 그러나 경기의 시작 전에 어떠한 규칙에 따라 경기를 할 것인가에 대해 합의를 보는 것은 비교적 쉬운 일이다. 합의된 규칙에 따라 치른 경기에 대해서는 비록 마음에 차지 않는다 해도 본질적으로는 결과에 대해서 패자도 승복할 것이기 때문이다.

이러한 측면에서 민간이 경제운영을 주도하고, 정부가 새로운 경기규칙을 제정하고 엄격히 집행하는 심판자로서의 역할을 하는 것은 종전과 다름없이 유지되어야 한다. 정부의 개입은 법규의 테두리 내에서 이루어져야 한다. 법규는 그 운용상 예방적 기능을 할 수 있도록 마련되어야 하며, 그 내용이 가능한 한 명확해야 하고, 예외나 차별조치 없이 모든 개인에게 동등하게 적용되어야 할 것이다.

경제운영의 기본 전제는 존중되는 경기규칙을 제정하고 이를 엄격히, 그리고 예외 없이 적용하는 것이다. 경기규칙을 존중하게 만드는 가장 확실한 방법은 신뢰할 수 있는 경기규칙을 제정하고, 그 집행과정에서 공감을 얻으며, 법을 제정하는 사람들의 도덕성이 일반의 인정을 받는 것이다.

개인의 경제적 자유를 최대한 보장한다는 전제 하에 자본가는 근검한 자본가의 윤리를, 근로자는 신성한 노동의 윤리를 가짐으로써 경제윤리가 회복되고, 공정한 경기규칙에 의해 경기가 진행될 때 기업가의 경영의지, 근로자의 근로의지, 국민의 경제활동 의지가 확립될 것이다. 이렇게 할 때 오늘날 우리 경제가 당면한 각종 문제들을 해결할 수 있으리라 판단된다.

2.2.5 시장경제체제와 경제순환

1) 시장경제의 5가지 문제

시장경제체제는 근본적으로 다음과 같이 5가지 문제를 가지고 있다.

첫째, '무엇을 생산할 것인가?' 에 대한 문제이다. 다시 말해, 생산자는 지속적인 이윤을 낼 수 있는 재화와 서비스를 생산한다. 하지만 기업이 결정권을 지니는 것이 아니라 소비자 주권이 생산될 대상을 결정하는 데 절대적인 역할을 한다. 소비자 주권은 특정 생산물의 생산 여부를 결정할 뿐만 아니라 어떤 산업의 존폐 여부 또한 결정한다.

둘째, '어떻게 생산할 것인가?' 에 대한 문제이다. 생산자는 생산물의 단위당 비용을 최소화하는 요소결합과 생산방법으로 자원과 기술을 결합하여 생산한다. 그렇지 않을 경우 비용을 높이고 이윤을 낮추는 비효율성이 발생하기 때문이다. 따라서 이윤을 극대화하고자 하는 기업은 생산비용을 최소화하기 위해 노력해야 한다.

셋째, '누가 소비할 것인가?' 에 대한 문제이다. 모든 산출물은 일반적으로 현재의 시장가격에 대한 소비자의 지불능력과 지불의사에 따라 분배된다. 다시 말해, 소비에 대한 선택은 소비자의 소득수준과 재화의 가격, 선호에 의존하기 때문이다.

넷째, '시장경제체제가 변화를 어떻게 수용하는가?' 에 대한 문제이다. 시장경제 내에서는 소비자 선호, 기술, 요소공급량 등이 모두 변한다. 이러한 변화는 산업을 성장시키고, 성장에 꼭 필요한 자원을 획득할 수 있는 수입을 가져다준다.

소비자 기호의 변화는 가격과 이윤에 영향을 줌으로써 일부 산업의 확장과 다른 산업의 위축을 결정한다. 이러한 조정은 요소시장에 전달되어 확장 산업은 더 많은 자원을 고용하고 위축 산업의 고용은 줄어들게 된다. 그 결과 나타나는 요소의 가격과 소득흐름의 변화는 위축 산업의 자원이 확장 산업으로 흘러가도록 만든다. 이러한 가격과 이윤의 신호 기능은 시장경제의 핵심 요소라고 할 수 있다.

다섯째, '시장경제체제가 기술혁신을 어떻게 장려하는가?' 에 대한 문제이다. 시장경제는 기술진보를 달성하기 위한 인센티브를 제공하며 개선된 생산물과 생산과정이 이전의 것을 대체할 수 있게 만든다. 기술진보를 통해 절감된 비용의 일부가 소비자에게 돌아가도록 가격을 낮춤으로써 기업은 매출을 늘리고 경제적인 이윤을 확보하게 된다. 게다가 시장경제는 산업 전반에 기술진보가 확산되도록 조장한다. 이 과정에서 창조적 파괴가 발생하고 기술은 더욱더 진보하게 된다.

2) 경제순환 모형

동태적 시장경제는 재화, 서비스, 생산요소 그리고 화폐의 반복적인 순환을 창출한다. 〈그림 1-3〉을 보면 정부를 제외한 단순 경제의 순환이 제시되어 있다. 이 경제순환도에서는 의사결정 주체를 기업과 가계로 나누었으며 시장은 요소시장과 생산물시장으로 나누어져 있다.

가계는 기업이 생산물시장에 공급한 재화와 서비스를 구매하며 이들을 구매하는 데 필요한 소득을 얻기 위해 요소시장에 생산요소를 공급한다. 또한, 소유한 토지와 자본을 통해 임금뿐만 아니라 지대, 이자, 이윤 등을 얻는다.

기업은 재화와 서비스의 판매를 통해 자신의 소유자가 이윤을 얻을 수 있게 힘쓰는 상업조직이다. 기업은 수입을 올리기 위해 생산물시장에 재화와 서비스를 판매하며, 이들 생산에 필요한 노동, 토지, 자본 및 경영능력을 요소시장에서 구매하기 위해 비용을 지불한다.

생산물시장에서 가계는 생산요소를 판매하여 얻은 소득을 사용해서 재화와 서비스를 구매하며, 여기서 지출된 화폐는 기업의 수입이 된다. 생산요소시장에서 가계는 소득 창출을 위해 생산요소를 판매하고 기업은 재화와 서

그림 1-3

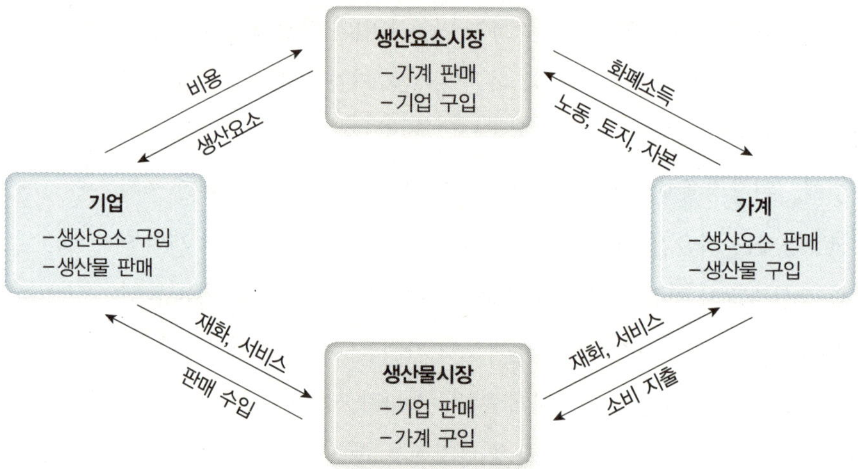

경제순환도

경제순환도에서는 의사결정 주체를 기업과 가계로 나누었으며 시장은 요소시장과 생산물시장으로 나누어져 있다. 가계는 기업이 생산물시장에 공급한 재화와 서비스를 구매하며 이들을 구매하는 데 필요한 소득을 얻기 위해 요소시장에 생산요소를 공급한다. 기업은 재화와 서비스의 판매를 통해 자신의 소유자가 이윤을 얻을 수 있게 힘쓰는 상업조직이다.

비스의 생산을 위해 생산요소를 구입한다. 생산요소는 가계에서 기업으로 흘러가고 화폐는 임금, 지대, 이자, 이윤의 형태로 기업에서 가계로 흘러간다.

생산요소와 최종생산물은 〈그림 1-3〉에서 안쪽 화살표의 방향(시계 반대방향)으로 순환하고, 이러한 순환에 대한 지불은 바깥쪽 화살표의 방향(시계 방향)으로 순환한다. 이렇게 경제순환 모형은 거미줄의 형태로 복잡하며 기업과 가계는 서로 판매자와 구매자로 등장하게 되는 것이다.

토의과제

01. 유기체적 관점과 개인집합체적 관점에서 정부의 역할을 설명하고, 둘 중 어느 관점이 현대사회와 부합하는지 설명하시오.

02. 뷰캐넌(J. M. Buchanan)의 주장에 따른 정부의 존재이유 2가지에 대해 설명하시오.

03. 자본의 정의를 바탕으로 자본주의 경제체제와 사회주의 경제체제를 비교, 설명하시오.

04. 사유재산권의 정의와 사유재산권 제도가 자본주의 경제체제에서 하는 역할에 대해 설명하시오.

05. 선택의 자유의 정의와 선택의 자유가 자본주의 경제체제 내에서 필요한 이유에 대해 설명하시오.

06. 시장경제체제의 5가지 근본문제에 대해 설명하시오.

07. 경제순환 모형의 주체를 가계와 기업으로 두고 순환과정에 대해 설명하시오.

핵심단어

정부	자본주의 시장경제	자본주의 경제체제
사회주의 경제체제	자본	사유재산권
선택의 자유	소비자 주권	창조적 파괴
경제순환 모형	경제순환도	가계
기업	생산물시장	생산요소시장

제3절 정부 및 시장실패와 외부효과

3.1 정부의 실패[7]

시장실패는 정부 개입의 필요조건이지 충분조건은 아니다. 왜냐하면 정부 개입 자체가 경우에 따라서는 자원배분의 왜곡을 수반하여 경제 전반의 비효율을 더욱 크게 할 수 있기 때문이다. 정부실패의 구체적인 원인으로 규제자의 불완전한 지식과 정보, 규제수단의 비효율성 또는 불완전성, 규제의 경직성, 정치의 제약조건, 근시안적 규제의 가능성, 규제자의 개인적 목표나 편견의 영향 등이 통상적으로 언급된다. 정부의 실패는 정부의 정책결정자가 무지하거나 나쁜 의도가 있어서가 아니다. 공공서비스에 대한 선호가 정확히 표출되지 않거나, 서비스의 공급에 따른 투입과 산출이 제대로 계측되지 않거나, 정책결정자 개인의 목표나 편견이 개입되는 등과 같은 제약조건으로 인하여 공공부문의 활동결과는 민간부문에서와 같은 형태로 나타날 수 없으며, 이 결과 사회구성원에 비친 공공부문의 이미지는 부정적일 수밖에 없다.

정부실패는 관료의 특징과도 관계가 있다. 관료는 선거를 통해 선출된 정치가의 통제를 받기 때문에 경제논리보다 정치논리에 의거한 의사결정을 할 가능성이 높다. 또한, 관료는 자신의 돈이 아닌 납세자의 돈을 관리하며, 그 관리의 결과도 자신이 전적으로 향유하지 않거나 못하므로 시장에서 자신의 모든 것을 걸고 자신의 돈을 관리하는 일반 투자가와는 달리 최고의 결과를 위해 최선을 다하리라고 기대할 수 없다. 그리고 관료에게 제공되는 정보도 이익집단에 의해서 제공되는 객관적이지 않은 잘못된 정보일 가능성이 높

7. 최광 외 공역(2013) 인용.

으며 중앙집권적 의사결정 하에서 시장에 객관적으로 접근하는 완벽한 정보를 관료가 갖는 것은 거의 불가능에 가깝다. 관료가 가지는 이러한 한계가 정부실패를 유발하는 원인이 되기도 된다. 그리고 재정지출과 복지정책의 경우 의사결정자(관료), 돈의 소유자(국민 세금), 지출 대상자(특정 계층 혹은 지역의 국민) 간의 갭이 발생하기 때문에 주인 · 대리인의 문제를 겪을 가능성이 크다.

마지막으로 정부실패의 가능성을 높이는 요인은 예측할 수 없는 사태의 발생과, 정책이 수립 및 집행되어 기대효과가 달성되기까지의 시간 차이(time lag), 즉 시차(時差)의 존재이다. 문제가 발생한 연후에도 문제 발생 자체를 파악하는 데 걸리는 시간(인식시차), 필요한 대책의 마련에 걸리는 시간(이행시차), 마련된 대책이 소기의 성과를 나타내기까지 걸리는 시간(반응시차) 등이 존재한다. 즉, 정부는 경기의 단기적인 변동에 따라 경기를 부양 혹은 과열을 억제하기 위한 정책 등을 시행할 수 있는데, 예를 들어 경기를 부양시킬 정책을 결정한 후 시행하더라도 재정정책은 이행시차가 길고 통화정책은 반응시차가 길어, 경기 국면이 반대로 전환되는 경우가 발생하면(예를 들면 경기가 과열되면) 이전에 결정했던 정책이 오히려 부정적인 영향을 미칠 수 있는 것이다. 따라서 보수주의 경제학자인 프리드먼(M. Friedman)은 정부의 적극적 개입에 의한 안정화 정책(stabilization policy)을 어떤 경우에도 시행하지 말 것을 권고하고 있다.

3.2 시장실패와 외부효과

3.2.1 시장실패의 의의[8]

아담 스미스(A. Smith)가 주장한 '보이지 않는 손(invisible hand)'은 대부분의 경우 시장이 자원을 효율적으로 배분하도록 하지만 반드시 그런 것은 아니다. 이와 같이 시장이 자유롭게 기능하도록 맡겨놓을 경우, 효율적인 자

8. 조순 외(2015) 참조.

원배분을 달성하지 못하는 상태인 시장실패(market failure)가 발생하게 된다. 뷰캐넌(J. M. Buchanan)은 시장실패의 원인으로 크게 시장의 기능장애, 시장의 내재적 결함, 시장의 외재적 결함에 의한 소득분배의 불공정성을 제시하였다.

시장의 기능장애 요인으로는 주로 시장지배력(market power)에서 발생하는 독점을 들 수 있다. 시장지배력이란 한 사람 혹은 소수의 사람, 기업 등의 경제주체가 시장가격에 대해 임의로 영향을 미칠 수 있는 힘을 의미한다. 한 사람이 하나의 재화에 대한 독점 공급력을 가지고 있다면 이는 개인의 이기심이 보이지 않는 손의 효력에 미치지 않는 것을 의미한다. 즉, 경쟁에 노출되어 있지 않기 때문에 시장의 효율성에 의한 사회후생 증진효과가 나타나기 어려우며, 사회후생의 증진을 위해서는 정부가 유효경쟁(effective competition)을 위한 규제를 적용해야 할 필요성이 있다. 또 다른 시장의 기능장애 요인으로는 가격경직성(price stickiness)을 들 수 있는데 단기적으로 메뉴비용(menu cost)과 같이 가격이 경직적이기 때문에 단기적인 경기변동에 의하여 고용의 갭이 발생할 수 있는 것이다. 이에 따라 불황과 함께 실업이 발생할 가능성이 크다.

시장실패의 또 다른 주요 원인인 시장의 내재적 결함은 주로 외부효과(externality)로 인해 발생한다. 외부효과란 한 사람의 행위가 제3자의 경제적 후생에 영향을 미치는 현상을 의미한다. 외부효과는 긍정 혹은 부정적인 경우가 있는데 우선 부정적인 경우의 예로는 환경오염을 들 수 있다. 공기오염물질을 배출하는 공장이 설립될 경우 그들이 생산에 지불하는 비용과는 별개로 환경을 오염시키는 부정적인 외부효과가 발생한다. 특히 오염물질의 배출에 대한 규제가 전혀 없다면 공장주는 순수 영업활동을 위해 지나친 오염물질을 배출할 것이고 부정적인 외부효과는 커지게 된다. 이러한 상황에서 정부가 환경오염에 대한 책임으로 오염물질 배출에 대한 규제를 실시하게 되면 공장주에 대한 이윤은 감소시키더라도 사회 전체의 경제적 후생을 증가시킬 수 있다. 긍정적인 외부효과로는 새로운 지식의 발명 및 기술의 진보가 있다. 새로운 지식의 발명은 이용 가능한 경제주체의 후생을 증진시키고 또한 응용이 가능함에 따라 타 사업자 혹은 경제주체에 의해 기술진보의 바탕이 되기 때문에 긍정적인 외부효과가 크다고 볼 수 있다. 이러한 측면에서 정부는 지식을 창출할 수 있는 연구활동의 지원을 통하여 경제적 후생 증진에 기여한다고 볼 수 있다.

즉, 미시경제적 관점에서 보이지 않는 손은 사회 전체 후생이 공정하게 분배되지 않을 수 있음을 시사한다. 시장경제는 사람들이 구입하고 싶은 것을 생산 능력과 노력에 비례하여 사람들이 보상을 받도록 하는 체제이다. 각 개인이 가지는 능력의 기회비용, 즉 경제적 지대가 다르기 때문에 모든 사람들이 좋은 음식과 좋은 옷, 충분한 의료혜택을 누리도록 보장하지는 못한다. 소득세와 사회보장제도 등과 같은 제도들이 경제적 후생을 보다 공평하게 누리도록 하기 위해 만들어진 정책들이다.

하지만 정부가 반드시 시장성과를 개선하는 것은 아니다. 따라서 시장실패에 따른 정부의 개입에 대해서는 정부실패의 가능성을 염두하여 정부의 개입 정도를 항상 고민할 수밖에 없으며, 시장경제의 효율성, 소득분배의 공평성을 목표로 한 정책들이 효과 있고 정당한가를 올바르게 판단하기 위한 논의는 지속될 수밖에 없다.

시장실패는 19세기에서 20세기에 걸쳐 많이 발생했다. 그 대표적인 예가 1929년 미국에서 발생하여 전세계를 휩쓴 대공황(Great Depression)이다. 당시 사람들은 자유경쟁시장에서 발생한 경기변동과 실업의 문제를 경쟁이 다 해결해줄 것으로 믿고 있었다. 따라서 노동인구의 25%가 실업에 처해도 사람들은 그저 시간이 지나면 자연스레 해결될 일이라고 믿었다. 이에 대해 케인즈(J. M. Keynes)는 경쟁이 자동적으로 실업을 해소해주지 않으며, 이를 해결하기 위해 정부가 직접적으로 개입해야 한다고 주장했다.

오늘날과 같은 자유경쟁시장에서 균형은 모든 시장에서 가격조정에 의해 수요과 공급이 일치하는 곳에서 이루어진다. 즉, 수요자의 한계편익(marginal benefit)과 생산자의 한계비용(marginal cost)이 일치하는 점에서 이루어진다. 이 상황에서는 사회적으로 상품의 생산과 소비에 대한 한계적인 편익과 비용이 일치하여 더 이상 개선할 필요가 없는 것이다. 하지만 현실에서는 독점시장과 같이 한계편익과 한계비용이 일치하지 않는 점에서 균형이 성립되기도 한다. 또한, 수요곡선과 공급곡선이 일치하는 곳에서 균형이 성립하더라도 이것이 사회적 한계편익과 한계비용의 일치를 보장하지 못하는 경우가 생길 수 있다. 결국 이는 시장이 효율적인 자원분배에 실패하여 비효율을 초래한 것이다. 외부효과와 공공재가 이 예라고 할 수 있다.

3.2.2 외부효과

외부효과는 한 사람의 행위가 제3자의 경제적 후생에 영향을 미치지만 그 영향에 대한 보상이 이루어지지 않는 경우에 발생한다. 제3자의 경제적 후생수준을 낮추는, 즉 비용을 발생시키는 외부효과를 부정적 외부효과(negative externality)라고 하고, 제3자에게 이득을 줄 수 있는 외부효과를 긍정적 외부효과(positive externality)라고 한다.

시장은 개인이 서로 경쟁하면서 누리는 편익에 대한 비용을 지불하게 한다. 이 과정에서 자원은 효율적으로 분배가 되고 개인과 사회의 편익이 가장 커진다. 즉, 시장은 완전경쟁 상태에 있을 때 가장 효율적으로 자원이 배분되는 것이다. 외부효과는 이런 시장의 가격기구의 기능을 제한하기에 자원의 비효율적 배분을 초래한다.

1) 부정적 외부효과

부정적 외부효과와 시장의 비효율성을 설명하기 위해 어느 한 공장의 생산과정에서 공해가 배출된다고 가정하자. 외부효과가 존재하면 재화를 생산하기 위해 사회가 치르는 비용은 공장주가 부담하는 사적 비용보다 크다. 즉, 한 제품을 생산하기 위해 치르는 사회적 비용은 사적 비용에 제3자가 부담하는 비용을 더한 것이다. 〈그림 1-4〉에 제품 생산의 사회적 비용이 표시되어 있다. 사회적 비용곡선이 공급곡선보다 위쪽에 위치하는 것은 공장주들이 생산 과정에서 초래하는 외부비용을 반영했기 때문이며, 두 곡선 높이의 차이는 오염으로 인한 사회적 비용을 나타낸다.

여기서 공장주가 생각하는 최적 생산량은 Q_1이 되지만, 경기 진행자인 정부가 생각하는 최적 생산량은 Q_2가 되어야 할 것이다. 정부의 목표는 시장에서 창출되는 총잉여를 극대화하는 것에 목표를 두고 있고 재화 생산에 오

그림 1-4

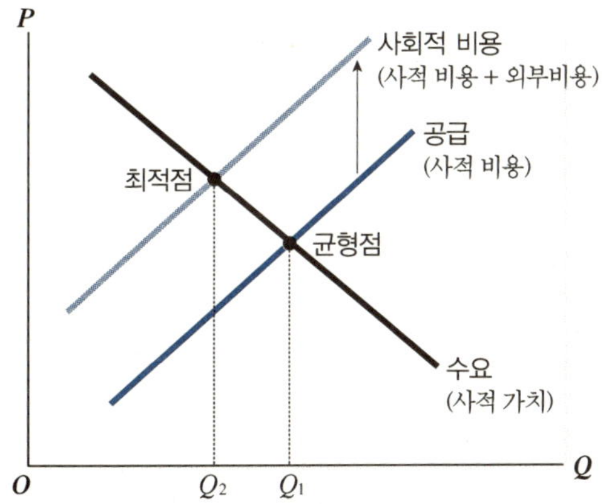

환경오염과 사회적 최적

사회적 관점에서 Q_2가 최적 생산량인 이유는 생산량이 이 수량보다 작으면 소비자가 누리는 제품의 가치(수요곡선의 높이)가 제품에 대한 사회적 생산비용(사회적 비용곡선의 높이)보다 크기 때문이다.

염물질로 인한 외부효과 비용이 포함되어야 하는 것을 알고 있다.

사회적 관점에서 Q_2가 최적 생산량인 이유는 생산량이 이 수량보다 작으면 소비자가 누리는 제품의 가치(수요곡선의 높이)가 제품에 대한 사회적 생산비용(사회적 비용곡선의 높이)보다 크고, 생산량이 이 수량보다 크면 소비자가 누리는 가치가 사회적 비용보다 작기 때문이다. 여기서 제품의 최적 생산량 Q_2는 시장균형 생산량 Q_1보다 작게 된다. 이는 시장균형에서 한계소비자가 누리는 효용가치가 사회적 비용보다 작기 때문이며, 제품의 생산량과 소비량을 시장균형 거래량 이하로 줄이면 경제적 후생이 증가하게 된다.

따라서 정부는 최적 생산량 달성을 위해 제품 생산자에게 생산량에 비례한 세금을 부과하게 된다. 세금이 부과되면 공급곡선이 세금만큼 위로 이동하게 되며, 세금이 오염물질로 인한 사회적 비용을 정확하게 반영한다면, 위로 이동한 새로운 공급곡선은 사회적 비용곡선과 일치하게 된다. 따라서 새로운 시장균형에서 제품의 생산량은 사회 최적 생산량과 같아진다. 이와 같이 세금을 통해 시장성과를 개선하는 것을 외부효과의 내부화(internalizing an externality)라고 표현할 수 있다.

예를 들어 자동차를 생각해보자. 개인은 편리성으로 인해 자가용을 몰지만 전체적으로 본다면 교통체증이나 환경오염 등의 피해가 본인을 넘어선 타인에게까지 나타나게 된다. 의도치 않게 다른 사람에게까지 피해를 입혔으므로 이는 부정적 외부효과가 발생했다고 볼 수 있다. 이는 사적 비용(private cost)과 사회 전체의 사회적 비용(social cost)이 괴리되어 비효율적인 자원분배를 초래하였다.

2) 긍정적 외부효과

제3자에게 비용을 초래하는 경제활동이 있지만 제3자에게 이득을 주는 경제활동도 있다. 신기술의 개발은 그동안 존재하지 않는 시장의 개척을 가능하게 하고, 개발자 외의 경제주체의 시장진입 또한 가능하게 함으로써 긍정적인 외부효과를 초래한다. 신기술의 개발은 기존 대체기술에 비해 생산성이 높기 때문에 한계비용을 낮추도록 하며, 또한 최근의 스마트폰과 같은 신기술은 소비자들의 구매에 대한 효용을 높임으로써 생산 및 소비의 수량을 증진시키는 파급효과를 가진다.

긍정적 외부효과의 경제학적 분석은 부정적 외부효과의 경우와 비슷하다. 〈그림 1-5〉에서 볼 수 있듯이 긍정적 외부효과를 창출하는 재화에 대한 수요곡선은 그 재화의 사회적 가치를 반영하지 못한다. 이 경우 사회적 가치

그림 1-5

기술발전과 사회적 최적

사회적 가치는 사적 가치보다 크기 때문에 최적 생산량은 사회적 한계가치곡선이 공급곡선과 만나는 점에서 결정된다.

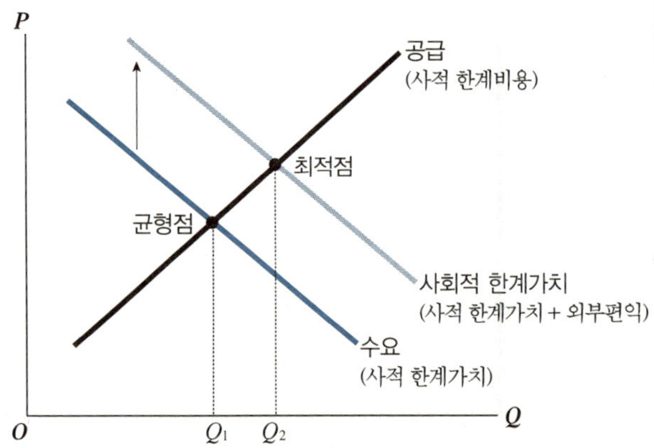

는 사적 가치보다 크기 때문에 사회적 가치곡선은 수요곡선보다 높은 곳에 위치한다. 최적 생산량은 사회적 가치곡선이 한계비용을 나타내는 공급곡선과 만나는 점에서 결정된다. 따라서 사회적으로 바람직한 생산량은 시장에서 결정되는 균형거래량보다 많다.

이 경우 정부는 시장 참여자들에게 외부효과를 내부화하도록 유도함으로써 시장실패를 바로잡을 수 있다. 즉, 시장균형을 최적의 상태로 바꾸려면 긍정적 외부효과에 대해 보조금을 지급하여야 한다. 실제로 신기술과 같은 R&D 프로젝트에는 정부의 지원금 및 연구장려비가 포함된 경우가 많으며, 또한 정부는 신기술의 로열티와 같은 제도로 저작권을 보호해줌으로써 외부효과를 내부화하고 있다.

예를 들어 독감 예방접종을 생각해보자. 독감 예방접종을 나 자신을 위해 했으나 내가 독감에 걸리지 않음으로써 다른 사람 또한 나로부터 옮는 일이 없게 된다. 즉, 내가 맞은 독감주사가 의도치 않게 타인에게 긍정적인 영향을 끼쳤으므로 이는 긍정적 외부효과가 발생했다고 볼 수 있다.

토의과제

01. 정부실패의 정의와 원인에 대해 설명하시오.

02. 시장실패의 정의와 원인에 대해 설명하시오.

03. 시장실패의 원인 중 하나인 외부효과에 대해 설명하고, 긍정적 외부효과와 부정적 외부효과의 예시를 설명하시오.

04. 부정적 외부효과와 긍정적 외부효과를 해결하기 위한 각각의 방법에 대해 설명하시오.

핵심단어

정부실패	시장실패	시장지배력
유효경쟁	가격경직성	외부효과
부정적 외부효과	긍정적 외부효과	외부효과의 내부화

제1절 수요 및 공급과 시장균형

제2절 가격규제

가격규제정책

chapter two

2

제1절 수요 및 공급과 시장균형

1.1 수요와 수요의 법칙

수요(demand)란 소비자가 그 재화나 용역을 구매하고자 하는 의도나 계획을 의미한다. 수요량(quantity demanded)은 소비자가 가격을 치르고 구입할 의사와 능력이 있는 재화나 서비스의 양을 의미한다. 수요는 다음과 같은 두 가지 중요한 성질을 가진다. 수요란 반드시 실제로 구매한 양을 나타내는 것은 아니며 초과수요가 존재할 수 있다. 단, 구매 능력이 뒷받침되지 못하는 의도나 계획까지 포함하는 것은 아니다. 어떤 일정 기간 동안의 구매의 흐름(flow, 유량)을 말한다. 따라서 수요량을 말할 때에는 "한 달에 100개" 처럼 기간을 반드시 명시해야 한다.

수요량 및 수요의 결정요인을 살펴보면 다음과 같은 것들이 있다. 가격, 소득, 연관재의 가격, 기호 등을 들 수 있다. 수요곡선은 가격과 수요량 사이의 관계를 그래프로 그린 것이다. 다른 조건이 동일하다(other things being equal, ceteris paribus)고 가정하고 수요량과 가장 밀접한 관계를 지니고 있는 가격만을 고려한다. 즉, 가격이 오르면 수요량은 줄고 가격이 내리면 수요량은 늘어난다. 이러한 관계를 수요의 법칙(law of demand)이라고 부르고, 이는 가격과 수요량 사이의 역의 관계를 말한다. 따라서 수요곡선은 우하향한다. 그러나 수요의 법칙과는 달리 비쌀수록 수요량이 증가하는 품목이 있다(전시효과).

수요함수란 재화의 가격과 수요량 사이에 존재하는 함수관계로서 각 가격수준에 대응하여 소비자들이 구매하려 하는 재화의 양을 규정하는 함수이다. 경제학에서는 수학에서와는 달리 종속변수와 설명변수의 위치를 바꾸어 설명하는데, 이에 따라 가격이 세로축에 놓이고 수량이 가로축에 놓이는 것이 일반적이다. 수요곡선의 의미는 어떤 가격에서 구입하고자 하는 최대량을 의미하거나 또는 일정량을 구입할 때 지불하고자 하는 최대 가격을 의미한다.

1.2 수요의 결정요인 및 그 영향

가격은 수요량을 결정하는 요인이다. 즉, 가격이 높을 때 수요량은 적고 가격이 낮을 때 수요량은 많다(수요의 법칙). 소득(income)은 수요를 결정하는 요인이다. 즉, 소득이 증가할 때 수요가 증가하거나 감소하는 두 가지 종류의 재화가 존재한다. 정상재(normal goods)의 경우 소득이 증가함에 따라 수요가 증가한다. 열등재(inferior goods)의 경우 소득이 증가함에 따라 수요가 감소한다. 예를 들면 부채, 대중 교통수단, 소형 승용차, 연탄 등을 들 수 있다. 연관재의 가격도 수요의 결정요인이다. 즉, 한 재화의 가격이 오를 때 다른 재화의 수요가 영향을 받을 수 있는데 수요가 증가하거나 감소하는 두 가지 종류의 재화가 존재한다. 대체재(substitute goods)의 경우, 한 재화의 가격이 상승할 때 다른 재화에 대한 수요가 증가한다. 예를 들면 쇠고기와 돼지고기, 한우 쇠고기와 수입 쇠고기, 대중 교통수단과 자가용, 지하철과 버스 등을 들 수 있다. 보완재(complementary goods)의 경우 한 재화의 가격이 상승할 때 다른 재화에 대한 수요가 감소한다. 예를 들면 커피와 설탕, CD 플레이어와 CD, 자동차와 휘발유 등을 들 수 있다. 독립재의 경우 다른 재화의 가격변화에 의해 영향을 받지 않는다. 소비자의 기호(taste) 혹은 선호(preference)도 수요의 결정요인이다. 즉, 건강에 대한 선호가 커짐에 따라 건강식품, 무공해식품에 대한 수요가 증가한다. 인구 혹은 인구구성의 변화도 수요의 결정요인이다. 인구의 증가에 따라 수요가 증가하며 노인층의 비중이 증가함에 따라 의료서비스, 실버산업에 대한 수요가 증가한다. 예상, 기대도 수요의 결정요인이다. 즉, 재화의 가격이 상승할 것으로 예상되면 수요가 증가한다(주식에 대한 수요, 사재기).

1.3 수요량의 변화와 수요의 변화

가격이 변하면 수요량의 변화를 가져온다. 즉, 이는 수요곡선 상에서 점의 이동(movement along the demand curve)을 의미하고 있다. 그러나 가격 이외의 요인이 변하면 어떻게 되는가? 수요곡선은 가격과 수요량 사이의 관계를 나타내고 있기 때문에 가격 이외의 요인이 변할 때 이는 수요곡선 상에 표시할 수 없으며 수요곡선 자체의 이동으로 표시할 수 있다. 이를 그래프로 나타내면 〈그림 2-1〉과 같다.

가격 이외의 요인이 변하면 수요의 변화를 가져온다. 즉, 수요곡선 자체의 이동(shift of the demand curve)을 의미한다. 즉, 수요는 가격과 수요량 사이의 관계를 나타내는 개념이다. 수요량의 변화와 수요의 변화를 제대로 이해하지 못하여 오류를 범하는 경우가 많다. 예를 들면 가격이 상승하면 수

그림 2-1

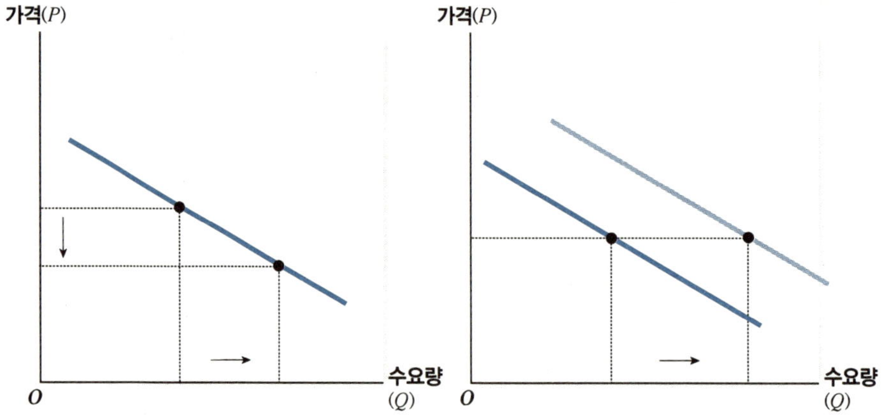

(I) 가격의 변화 (II) 가격 이외의 변화

수요곡선에 영향을 미치는 요인

수요곡선은 가격과 수요량 사이의 관계를 나타내고 있기 때문에 가격 이외의 요인이 변할 때 이는 수요곡선 상에 표시할 수 없으며 수요곡선 자체의 이동으로 표시된다.

요가 감소한다고 하거나 수요가 감소하니까 가격이 하락한다고 하는 등이다.

1.4 수요의 탄력성

1.4.1 수요의 가격탄력성

수요의 가격탄력성(price elasticity of demand)은 가격변화에 대해 수요량이 얼마나 민감하게 반응하는가를 나타내는 척도이다. 즉,

$$\text{수요의가격탄력성} = -\frac{\text{수요량의변화율}}{\text{가격의변화율}}$$

을 말한다. 정의에서 맨 앞에 "–" 부호가 있는 이유는 가격의 변화율과 수요량의 변화율은 수요의 법칙에 따라 항상 반대방향으로 움직여 탄력성이 음수가 되므로 이를 양수로 바꾸기 위해 인위적으로 붙이는 것이다. 수요의 가격탄력성은 기업의 입장에서 수입을 최대화하기 위해 매우 중요한 개념이다. 가격이 상승하거나 하락할 때 수요량이 얼마나 큰 폭으로 감소하고 증가할 것인가에 대해 알고 있어야 한다. 예를 들면 프로야구 입장료를 20% 인상할 때 수요가 얼마나 줄어 전체 입장료 수입은 어떻게 될 것인가를 알 수 있다. 이에 대한 결론은 탄력성이 1보다 큰 상품은 가격을 인하하면 매출이 증가하고 반대로 탄력성이 1보다 작은 상품은 가격을 인하하면 매출이 감소한다.

수요곡선의 기울기와 수요의 가격탄력성의 관계를 보면 수요곡선의 수학적인 기울기와 가격탄력성 사이에는 역의 관계가 있다는 것을 알 수 있다. 수요곡선이 수직선이면 기울기는 무한대이지만 가격탄력성은 0이다. 수요곡선이 수평선이면 기울기는 0이지만 가격탄력성은 무한대이다. 그리고 수요곡선이 직각쌍곡선의 모양을 가지고 있다면 모든 점에서 가격탄력성은 1의 값을 가진다.

수요 탄력성을 결정하는 요인으로는 밀접한 대체재의 존재 유무를 들 수 있다. 즉, 대체재가 존재할 때 탄력성은 커진다. 예를 들면 커피와 홍차, 코카콜라와 펩시콜라 등이다. 다음으로 재화에 대한 지출이 소득에서 차지하는

비중이 커질수록 탄력성은 커진다. 예를 들면 자동차 vs. 연필의 관계이다.

1.4.2 수요의 소득탄력성

수요의 소득탄력성(income elasticity of demand)은 수요에 영향을 주는 가격 이외의 변수들 중에서 소득이 변화했을 때 수요가 얼마나 변하는지를 측정한다. 즉,

$$\text{수요의 소득탄력성} = \frac{\text{수요의 변화율}}{\text{소득의 변화율}}$$

로 표시할 수 있다. 소득탄력성이 1보다 큰 재화를 사치재(superior goods), 0보다 크고 1보다 작은 재화를 필수재(necessities), 0보다 작은 재화를 열등재(inferior goods)라 한다. 또한, 사치재와 필수재를 합하여 정상재(normal goods)라 한다. 독일의 통계학자인 엥겔은 소득이 높아짐에 따라 식료품 소비의 비중이 준다는 사실을 발견했는데, 이를 엥겔의 법칙(Engel' s law)이라 한다. 수요의 소득탄력성이 높은 제품을 생산하는 산업은 경제성장의 선도부문이 되므로 국가의 산업구조에 대한 정책에 매우 중요한 시사점을 가진다.

1.4.3 수요의 교차탄력성

수요의 교차탄력성(cross elasticity of demand)은 다른 재화의 가격이 변할 때 어떤 재화의 수요의 반응의 정도를 측정한다. 즉,

$$\text{수요의 교차탄력성} = \frac{\text{한 재화의 수요의 변화율}}{\text{다른 재화의 가격의 변화율}}$$

로 표시할 수 있다. 교차탄력성의 값이 0보다 큰 재화를 대체재, 0보다 작은 재화를 보완재라 한다.

사례연구 2-1

밀 시장에서의 공급 증가

풍작이 난 해마다 아이러니하게도 풍작인데 농민들의 앓는 소리를 들을 수 있다. 이는 농작물의 수요가 비탄력적인 데에서 기인한다.

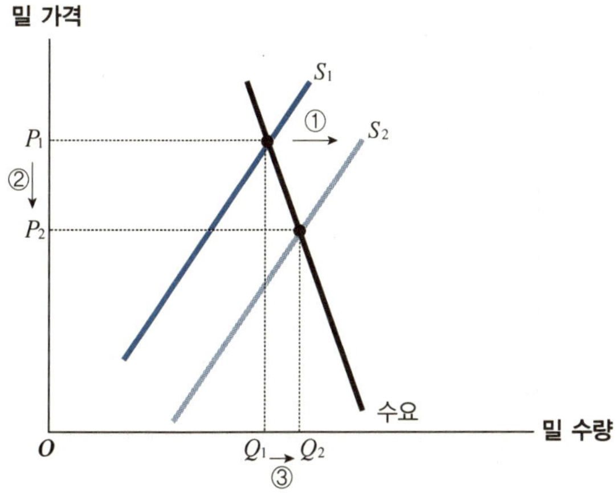

〈밀 시장에서의 공급 증가〉

수요가 비탄력적일 때 공급이 증가하면, 가격이 대폭 하락하게 된다. 가격이 하락하였으나 소비량은 한정적이기 때문에 상대적으로 거래량은 소폭 상승하게 된다. 이러한 과정으로 유전공학을 이용해 산출량이 증가된 기적의 볍씨를 발명했다면, 쌀 시장과 쌀 농민에게 어떤 효과가 있을지 유추할 수 있을 것이다.

사례연구 2-2

OPEC과 석유가격

석유수출국기구인 OPEC은 장기간 동안 담합을 통해 석유가격을 높게 측정해왔다. 하지만 최근 높은 석유가격을 유지하는 데 실패했다. 이는 시간의 흐름에 따라 변하는 수요와 공급의 탄력성에서 기인한다.

단기적으로는 석유의 수요와 공급 모두 비교적 비탄력적이다. 하지만 장기적인 시선에서는 수요, 공급 모두 탄력적이다. 공급측면에서는 OPEC 회원국이 아닌 다른 나라의 생산(예 : 미국 셰일가스)이 증가하여, 비탄력적으로 유지되던 공급이 유동적으로 변한 것이다. 수요측면에서는 소비자들이 에너지 절약을 함에 따라 탄력적으로 변하는 것이다. 따라서 수요와 공급이 탄력적으로 변하여 OPEC이 석유가격을 높게 유지하는 데 실패한 것이다.

사례연구 2-3

마약 소비를 줄이기 위한 정책

마약 수입에 대한 단속을 강화하면 마약관련 범죄를 줄일 수 있을까? 단속을 강화하는 것은 공급자에게 큰 영향을 미친다. 다음 〈그림〉에서 보듯이 단속에 따라 공급이 감소하나, 수요의 비탄력성으로 인해(중독성) 마약 소비자들의 수요는 크게 변하지 않는다. 따라서 균형가격은 상승하고 거래량은 소폭 감소하게 된다.

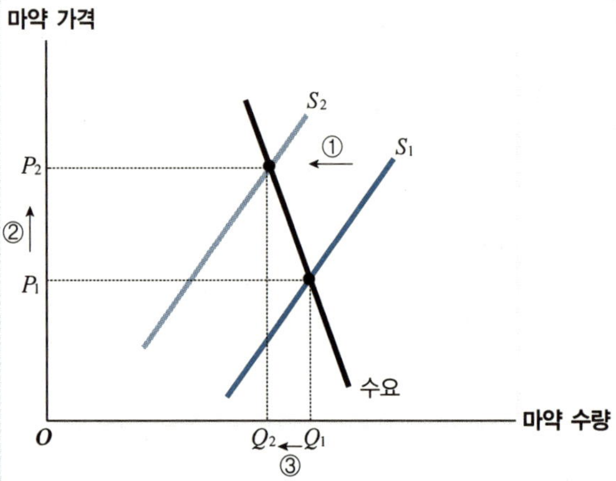

〈마약 공급 억제〉

반면, 마약 폐해에 대한 계몽은 공급자보다 마약 소비자에게 영향을 미친다. 이는 소비자의 수요가 줄어들게 만들고 다음 〈그림〉처럼 균형가격이 하락하고 이에 따라 거래량이 비교적 많이 감소하는 결과를 초래한다.

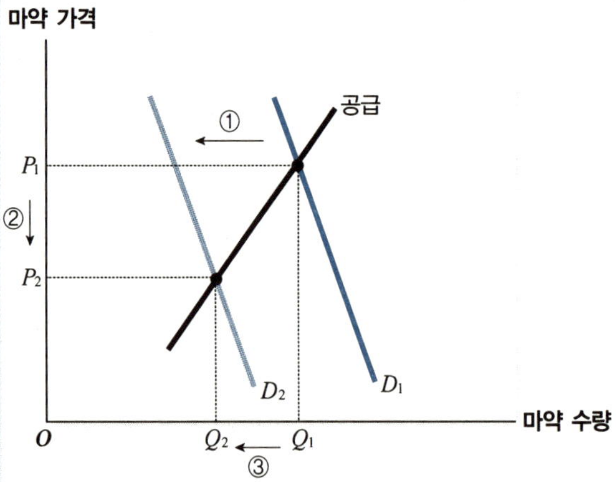

〈마약 퇴치 교육〉

1.5 공급과 공급의 법칙

공급(supply)은 생산자가 재화나 용역을 판매하고자 하는 의도를 말한다. 수요와 마찬가지로 공급은 다음과 같은 두 가지 중요한 성질을 가진다. 즉, 공급은 어떤 일정 기간 동안의 판매의 흐름(flow, 유량)을 말한다. 예를 들면 하루에 100개 등을 의미한다. 공급량(quantity supplied)이란 생산자가 팔 의사와 능력이 있는 수량을 의미한다. 공급량의 결정요인으로는 가격, 연관재의 가격, 생산요소의 가격, 기술 등을 들 수 있다. 여기서 공급곡선은 가격과 공급량 사이의 관계를 그래프로 그린 것을 말한다. 다른 조건이 동일하다(other things being equal, ceteris paribus)고 가정하고 공급량과 가장 밀접한 관계를 지니고 있는 가격만을 고려하여 그린 그래프를 말한다. 즉, 가격이 내리면 공급량은 줄고 가격이 오르면 공급량은 늘어난다. 이러한 가격과 공급량 사이의 정의 관계를 공급의 법칙이라고 한다. 따라서 공급곡선은 우상향한다.

1.6 공급의 결정요인 및 그 영향

가격은 공급량의 결정요인으로 작용한다. 즉, 그 재화의 가격이 상승하면 생산자에게 더 커다란 이익을 가져다주므로 공급량이 증가한다. 공급의 변화에 영향을 주는 요인으로는 다음과 같은 것들이 있다. 먼저 연관재의 가격을 들 수 있다. 즉, 가격이 오른 재화를 생산하는 것이 기업에게 더 유리하므로 다른 재화의 가격이 상승하면 가격의 상승이 없는 재화의 공급은 감소한다. 농부의 경우 양파와 마늘 가운데 양파 가격이 상승하면 마늘의 공급은 감소한다. 또 다른 요인으로 생산요소의 가격을 들 수 있다. 즉, 생산요소의 가격이 상승했을 때 그 생산요소를 사용하는 재화의 생산비용이 증가하므로 공급이 감소한다. 가축 사료의 가격이 상승하면 가축 공급이 감소한다. 중요한 생산요소 가격에는 임금, 이자, 지대, 석유가격, 세금 등이 있다. 이밖에도 기술수준, 예상, 기대 등을 들 수 있다. 즉, 앞으로 가격이 오를 것이라 생각하면 공급을 줄인다. 예를 들면 앞으로 채권가격이 오를 것으로 예상되면 채권공급을 줄여 채권가격은 상승하고 이자율은 하락한다.

1.7 공급량의 변화와 공급의 변화

가격이 변하면 공급량의 변화를 가져온다. 즉, 공급곡선 상에서 점의 이동(movement along the supply curve)을 말한다. 가격 이외의 요인이 변하게 되면, 공급곡선은 가격과 공급량 사이의 관계를 나타내고 있기 때문에 가격 이외의 요인이 변할 때 이는 공급곡선 상에 표시할 수 없으며 공급곡선 자체의 이동으로 표시할 수 있다.

가격 이외의 요인이 변하면 공급의 변화를 가져온다. 즉, 공급곡선 자체의 이동(shift of the supply curve)을 의미한다. 공급의 가격탄력성(price elasticity of supply)은 가격변화에 대해 공급량이 얼마나 민감하게 반응하는가를 나타내는 척도이다. 즉,

그림 2-2

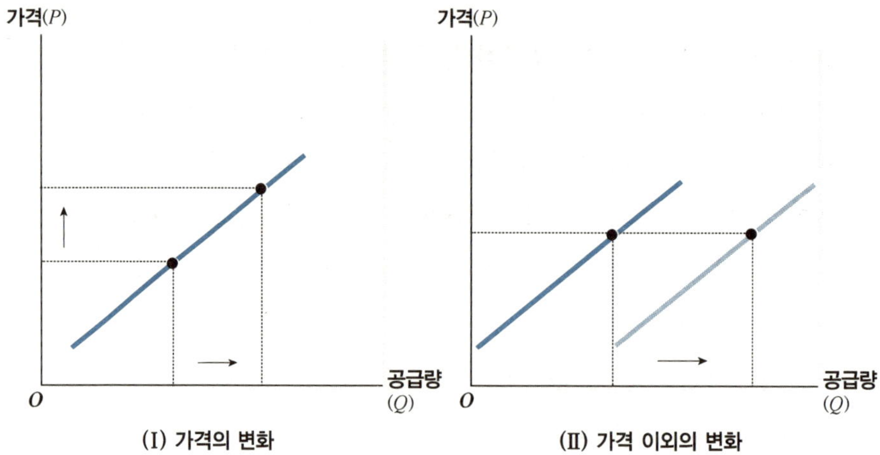

공급곡선에 영향을 미치는 요인

가격 이외의 요인이 변하게 되면, 공급곡선은 가격과 공급량 사이의 관계를 나타내고 있기 때문에 가격 이외의 요인이 변할 때 이는 공급곡선 상에 표시할 수 없으며 공급곡선 자체의 이동으로 표시된다.

$$공급의 가격탄력성 = \frac{공급량의 변화율}{가격의 변화율}$$

로 표시할 수 있다. 가격과 공급량의 변화방향은 항상 일치하므로 수요의 가격탄력성과는 달리 앞부분에 "–" 부호를 붙이지 않더라도 값은 항상 (+)가 된다.

공급곡선의 기울기와 공급의 가격탄력성 관계를 보면 수요곡선에서와 마찬가지로 공급곡선이 수직선이면 기울기는 무한대이지만 가격탄력성은 0이다. 공급 탄력성을 결정하는 요인을 보면 다음과 같다. 생산량의 증가에 따라 생산비용이 빨리 증가할수록 공급이 그만큼 빨리 증가하지 못하므로 공급 탄력성은 작아진다. 다음으로는 재화의 저장 가능성이 작고 저장비용이 클수록 공급 탄력성이 작다.

1.8 균형가격의 결정

수요곡선과 공급곡선은 동일한 축에 있으므로 두 곡선을 하나의 축에 모을 수 있다. 즉, 수요곡선과 공급곡선이 만나는 점에서 균형이 이루어지고 이때의 가격을 균형가격, 이때의 거래량을 균형거래량이라 한다. 가격이 균형가격이 아닌 상태에 있으면 다음과 같은 변화가 생겨 균형가격으로 복귀하려는 힘이 생긴다. 만약 어떤 가격이 균형가격보다 높아 공급이 수요보다 클 때, 즉 초과공급이 존재할 때 가격이 하락하려는 압력이 발생한다. 즉, 가격이 하락하면 수요량이 증가하고 공급량이 감소해 수요와 공급의 격차가 줄어들기 시작한다. 또한, 초과공급이 있는 한 가격의 하락은 지속되고 수요량의 증가와 공급량의 감소도 계속된다. 반면, 초과공급이 사라지면 가격의 하락 압력이 사라지고 가격은 제자리에 머문다. 이로 인해 균형가격이 성립하고 수요량과 공급량이 일치하므로 비로소 균형거래량이 성립한다.

만약 어떤 가격이 균형가격보다 낮아 수요가 공급보다 클 때, 즉 초과수요가 존재할 때 가격이 상승하려는 압력이 발생한다. 그로 인해 가격이 상승하면 수요량이 감소하고 공급량이 증가해 수요와 공급의 격차가 줄어들기 시작한다. 따라서 초과수요가 있는 한 가격의 상승은 지속되고 수요량의 감소

그림 2-3

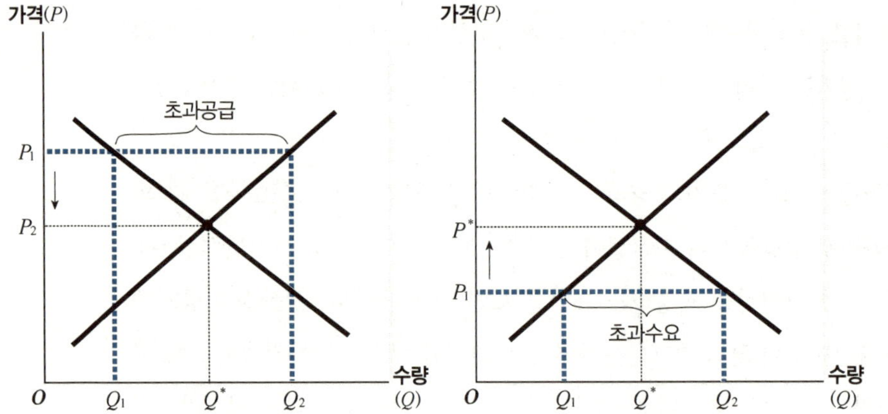

(I) 초과공급 (II) 초과수요

초과공급 및 초과수요가 균형점으로 회귀하는 과정

가격이 균형가격보다 높아 공급이 수요보다 클 때, 즉 초과공급이 존재할 때 가격이 하락하려는 압력이 발생한다. 즉, 가격이 하락하면 수요량이 증가하고 공급량이 감소해 수요와 공급의 격차가 줄어들기 시작한다. 또한, 가격이 균형가격보다 낮아 수요가 공급보다 클 때, 즉 초과수요가 존재할 때 가격이 상승하려는 압력이 발생한다. 그로 인해 가격이 상승하면 수요량이 감소하고 공급량이 증가해 수요와 공급의 격차가 줄어들기 시작한다.

와 공급량의 증가도 계속된다. 반면, 초과수요가 사라지면 가격의 상승 압력이 사라지고 가격은 제자리에 머문다. 이로 인해 균형가격이 성립하고 수요량과 공급량이 일치하므로 비로소 균형거래량이 성립한다.

균형(equilibrium)이란 두 개의 상반된 힘이 일치할 때 이루어지며 외부로부터 어떠한 충격이 없는 한 그로부터 이탈하려는 경향이 없는 상태를 의미한다. 외부로부터의 충격이 발생하면 이전 균형은 깨지고 새로운 균형으로 이동해간다.

1.9 균형의 이동

1.9.1 수요가 증가하는 경우

무슨 이유에서인지 충격이 발생하여(예를 들면 소득이 증가하여) 수요가 증가하게 되면 현재의 가격수준에서 초과수요가 발생하게 된다. 초과수요는 가격의 상승을 초래하고 가격이 상승하면서 수요량이 감소하고 공급량이 증가한다. 초과수요가 사라질 때까지 가격의 상승이 계속되고 마침내 새로운 균형에 도달하게 된다. 수요를 증가시키는 충격이 발생할 경우, 충격 이전의 균형에 비해 충격 이후의 균형에서는 균형가격이 상승하고 균형거래량이 증가함을 알 수 있다.

1.9.2 공급이 증가하는 경우

무슨 이유에서인지 충격이 발생하여(예를 들어 생산요소의 가격이 하락하여) 공급이 증가하게 되면 현재의 가격수준에서 초과공급이 발생하게 된다. 초과공급은 가격의 하락을 초래하고 가격이 하락하면서 수요량이 증가하고 공급량이 감소한다. 초과공급이 사라질 때까지 가격의 하락이 계속되고 마침내 새로운 균형에 도달하게 된다. 공급을 증가시키는 충격이 발생할 경우, 충격 이전의 균형에 비해 충격 이후의 균형에서는 균형가격이 하락하고 균형거래량이 증가함을 알 수 있다.

토의과제

01. 수요와 수요량의 차이 및 각각에 영향을 미치는 요인에 대하여 설명하시오.

02. 정상재와 열등재의 개념 설명 및 각각에 대한 예를 제시하시오.

03. 실제 예를 들어 수요의 법칙을 설명하시오.

04. 수요의 탄력성 개념을 설명하시오.

05. 공급과 공급량의 차이 및 각각에 영향을 미치는 요인에 대하여 설명하시오.

06. 실제 예를 들어 공급의 법칙을 설명하시오.

07. 공급의 탄력성 개념을 설명하시오.

08. 균형가격과 균형수량은 어떻게 결정되는지 설명하시오.

핵심단어

수요	수요량	수요곡선
수요의 법칙	전시효과	수요함수
연관재	정상재	열등재
대체재	보완재	독립재
수요의 가격탄력성	수요의 소득탄력성	사치재
필수재	엥겔의 법칙	수요의 교차탄력성
공급	공급량	공급곡선
공급의 법칙	공급의 가격탄력성	균형가격
균형거래량	초과공급	초과수요

제2절 가격규제

2.1 가격규제의 개요

경제학자는 정책 조언자로서 경제이론을 적용하여 보다 나은 세상을 만들기 위해 노력하나, 수요 · 공급모형만을 이용하여 다양한 정책을 분석해볼 경우 정책 조언자들이 의도하거나 예상하지 않은 효과들이 나타나는 경우가 발생한다. 수요 · 공급과 관련 있는 가장 대표적인 정부정책은 최저임금제, 부동산 가격 규제 등과 같은 가격규제가 있다. 가격규제는 정책 조언자들이 시장에서 결정되는 재화나 서비스의 가격이 소비자 혹은 생산자에게 공평하지 못하다고 판단할 때 도입된다. 하지만 가격규제가 오히려 불공평한 결과를 초래하는 경우도 발생한다.

본 장에서는 수요 · 공급모형을 이용하여 가격규제와 같은 정책이 시장경제에 미치는 영향에 대해서 분석해보고자 한다.

2.2 효율적으로 작동하는 시장[1]

경쟁시장에서 효율적인 자원배분을 달성하기 위해서는, 첫째, 시장수요곡선이 소비자의 지불의사액을 정확히 반영해야 하고, 둘째, 시장공급곡선이 생산비용을 완전히 반영해야 한다. 그럴 경우에만 소비자가 얻는 혜택이 생산자의 비용보다 크거나 최소한 같은 수준까지만 상품을 생산하게 될 것이다. 이런 상황에서 소비자와 생산자 사이에 공유하게 되는 추가적인 편익의 합인 잉여가 극대화된다.

---

1. 최광 외 공역(2013) 참조.

그림 2-4

소비자잉여
소비자가 시장거래를 통해 얻는 편익의 잉여분을 소비자잉여라고 일컫는다. 소비자잉여는 소비자가 어떤 상품에 대해 지불할 의사가 있는 가격과 실제로 지불하려는 가격의 차이로 정의된다.

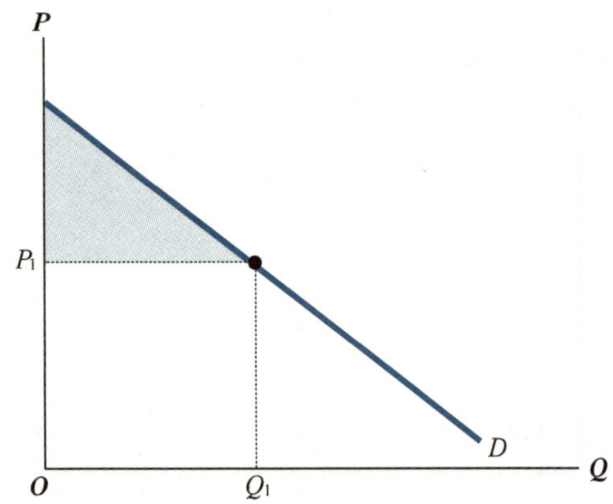

소비자가 시장거래를 통해 얻는 편익의 잉여분을 소비자잉여(consumer surplus)라고 일컫는다. 소비자잉여는 소비자가 어떤 상품에 대해 지불할 의사가 있는 최대가격과 실제로 지불하려는 가격의 차이로 정의된다.

〈그림 2-4〉는 개별 소비자가 얻는 소비자잉여와 소비자 전체 집단이 얻게 되는 소비자잉여의 총합을 그림으로 나타낸 것이다. 소비자는 Q_1만큼의 재화를 구매하기 위해 전체 소비자 집단은 그림에서 Q_1 왼쪽인 동시에 수요곡선 D 아래의 사다리꼴만큼의 금액을 기꺼이 지불할 의사가 있다. 하지만 실제로 소비자가 지불하는 금액은 사각형 부분(=$P_1 \times Q_1$)이다. 따라서 위의 색칠된 삼각형 부분이 소비자후생이 된다. 즉, 최대지불의사액과 실제지불가격의 차이를 모두 합한 것이다.

소비자잉여의 경우와 같이, 생산자가 시장거래를 통해 얻는 편익의 잉여를 생산자잉여(producer surplus)라고 부른다. 이는 생산자가 받는 실제가격과 생산자가 상품의 일정량을 공급하기 위해서 소비자로부터 받아야 하는 최소수용의사가격 사이의 차이로 정의된다.

〈그림 2-5〉에서 색칠된 삼각형 부분이 생산자잉여이다. 거래량 Q_1에 대해서, 생산자는 사각형 부분(=$P_1 \times Q_1$)만큼을 받는다. 하지만 생산자가 손해를 보지 않으면서 상품을 판매할 때 받아야 하는 최소한의 부분은 아래 사

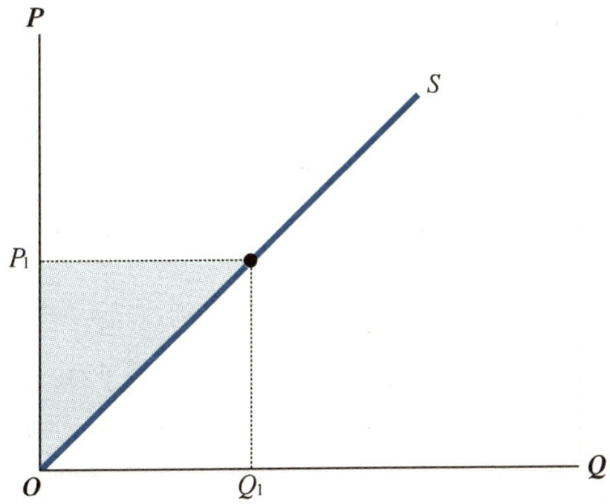

그림 2-5

생산자잉여
생산자가 받는 실제가격과 생산자가 상품의 일정량을 공급하기 위해서 소비자에게 지불받아야 하는 최소수용의사가격 사이의 차이로 정의된다.

다리꼴 영역이므로 위의 색칠된 삼각형만큼을 더 받은 셈이 된다. 이 부분이 생산자잉여인 것이다.

균형거래량에서 소비자잉여와 생산자잉여를 합하면 이는 최대가 되고, 이때 효율성이 달성된다. 이 균형에서 수요곡선 상의 점들은 소비자의 최대지불의사액을 의미하고, 공급곡선 상의 점들은 생산자의 최소수용의사액을 의미한다. 최대지불의사액과 최소수용의사액이 만나는 지점까지 상품을 생산한다면 경제 전체적으로 가장 효율적인 자원배분이 이루어진다.

2.3 가격규제

가격규제가 없는 경우 시장의 균형은 물건을 구매하고자 하는 수요자의 의지와 공급하고자 하는 공급자의 의지가 정확하게 만나는 점에서 균형가격과 균형수량이 정해지게 된다. 하지만 이렇게 자유로운 시장에서 결정되는 가격이 누구에게나 만족스럽지는 않을 수 있다. 이때 소비자 단체의 경우 어떤 특정 재화의 가격이 높다고 불평할 수 있고, 공급자 단체의 경우 어떤 특정 재화의 가격이 낮다고 불평할 수 있다. 이런 경우 이 두 단체들은 제각기 정부에 로비를 하여 직접적인 가격규제를 통해 시장가격을 변동해달라고 요청한다. 가격규제의 유형으로는 가격상한제와 가격하한제를 들 수 있다.

2.3.1 최고가격제도(price ceiling, maximum price)

최고가격제도란 전쟁 등으로 일시적으로 재화의 공급이 부족하여 재화 가격이 폭등할 경우 정부가 현재가격보다 낮은 수준에(〈그림 2-6〉에서 (II)의 경우) 최고가격을 설정하고, 그보다 높은 가격을 받을 수 없게 만드는 제도이다. 이는 통상적으로 소비자들이 원하는 낮은 가격을 정부가 수용하여 시장 균형가격을 규제하는 경우에 발생한다. 이러한 가격상한제는 가격상한이 균형가격보다 높게 설정되는 경우(〈그림 2-6〉에서 (I)의 경우) 실효성을 가지기가 어렵고, 시장에 영향을 미칠 수 없게 된다. 이 경우에는 시장수요와 공급에 의하여 가격은 원래의 균형에서 형성되고 가격상한은 아무런 영향을 미치지 못한다.

가격상한이 시장에 실질적인 영향을 미치기 위해서는 가격상한이 균형

그림 2-6

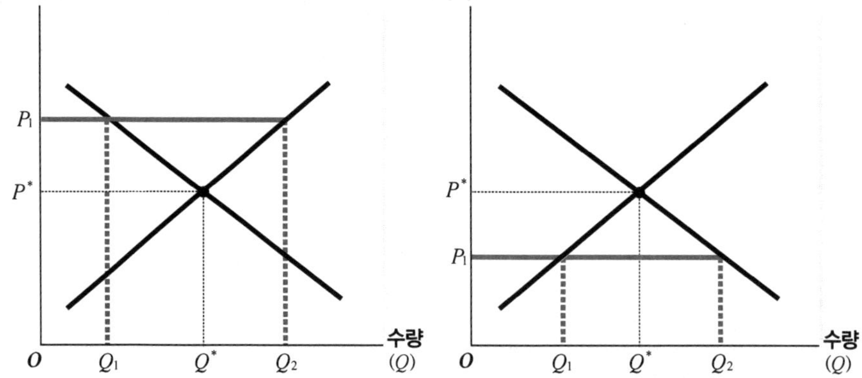

(I) 균형가격보다 높게 설정된 최고가격(×) (II) 균형가격보다 낮게 설정된 최고가격(○)

최고가격제도의 실효성 유무

가격상한이 시장에 실질적인 영향을 미치기 위해서는 가격상한이 균형가격보다 아래에서 결정되어야 한다. 이 경우, 수요량이 공급량보다 많으므로 재화에 대한 초과수요가 발생하게 된다.

가격보다 아래에서 결정되어야 한다. 가격상한이 이루어지게 되면, 수요량이 공급량보다 많으므로 재화에 대한 초과수요가 발생하게 되어 특정 재화를 구매하고 싶어 하는 소비자들은 뜻을 이루지 못하게 된다.

이와 같은 가격상한제를 실시할 경우 이에 대한 부작용은 다음과 같다. 첫째, 균형가격보다 낮은 가격에 최고가격을 설정했기 때문에 수요가 증가하고 공급은 감소해 초과수요가 발생한다. 그 결과 부족한 재화를 많은 사람에게 합리적으로 나누어주어야 하는 배분(allocation) 문제가 발생한다. 주지하다시피, 배분은 원래는 가격이 배분의 기능을 수행하는 것이지만, 이 경우 가격 상승이 법으로 금지되어 있으므로 가격 이외의 다른 배분방법을 채택해야 한다. 고려할 수 있는 배분의 방법으로는 우선 선착순(first-come-first-served)을 들 수 있다. 즉, 소비자는 원하는 재화를 팔고 있는 상점에 대한 정보를 얻는 데에 많은 시간을 소비하고 줄서기를 하는 데에 시간을 낭비하게 된다.[2] 다음으로는 판매자의 선호(seller' s preference)를 들 수 있다. 즉, 판매자가 원하는 대로 나누어주는 것을 말한다.[3] 다음으로는 정부의 쿠폰(coupon) 발행, 마지막으로 추첨을 들 수 있다. 즉, 이는 선착순의 낭비를 예방할 수는 있으나 재화의 습득 여부가 운에 의해 좌우된다.[4]

둘째, 암시장(black market)이 형성될 가능성이 높다. 암시장이란 재화가 법정 최고가격 이상의 수준에서 비합법적으로 거래되는 시장을 의미한다. 이는 생산자는 최고가격 수준에서 더 많이 생산할 유인을 갖지 못하는 반면, 부족한 재화에 대해 소비자는 최고가격 이상의 가격을 지불할 용의가 있기 때문에 발생한다. 이러한 사실을 알고 있는 암거래업자는 생산자로부터 재화를 빼돌려 소비자에게 암시장에서 최고가격보다 높은 가격을 받고 판매한다. 소비자는 기꺼이 그 가격에 재화를 소비한다(예 : 극장의 암표, 농구 결승전의 암표). 그 결과, 재화의 질이 저하되는 것은 자명하다.

결론적으로 가격상한으로 인한 배분의 경우 소비자들의 부담을 덜어주려는 취지에서 특정 재화에 대한 가격상한제가 도입되지만, 모든 소비자들이

2. 예 : 운동시합의 표, 극장표, 두 전직 대통령의 공판 관람권
3. 예 : 동네 비디오 가게, 동네 정육점, 일부 후진국에서의 은행의 자금 배분
4. 예 : 아파트

그 혜택을 누리지 못한다는 것이다. 가령, 어떤 소비자들은 줄을 서서 오래 기다린 끝에 원하는 재화를 구입할 수 있겠지만, 어떤 소비자들은 그렇지 못할 수 있기 때문이다.

가격상한제에서 고안되는 할당방식은 대부분 바람직하지 못하다. 줄을 서서 기다리게 하는 선착순은 시간의 낭비를 초래하므로 비효율적이고, 판매자들의 편견 또는 취향에 근거한 배당은 불공평할 뿐만 아니라 그 재화에 대해 높은 가치를 부여하는 소비자에게 소비기회가 주어지지 않으므로 비효율적이다.

사례연구 2-4

가격상한제의 실효성(아이스크림 시장)

〈그림〉의 (I)은 정부가 가격상한을 4,000원에 설정하는 경우이고, (II)는 가격상한을 2,000원으로 설정하는 경우이다. (I)의 경우는 가격상한액(4,000원)이 시장의 균형가격(3,000원)보다 높아서 실효성이 없으며, 시장의 수요 · 공급 원리에 의해 가격은 원래의 균형(3,000원)에서 형성된다. 균형가격에서 수요량과 공급량은 똑같이 100개가 된다. (II)의 경우는 정부가 설정한 가격상한액(2,000원)이 시장균형가격(3,000원)보다 더 낮기 때문에 가격상한제가 실효성을 가지고, 시장가격은 2,000원에서 형성된다. 이 경우 수요량은 125개이고 공급량은 75개이므로 아이스크림은 50개가 부족하게 된다.

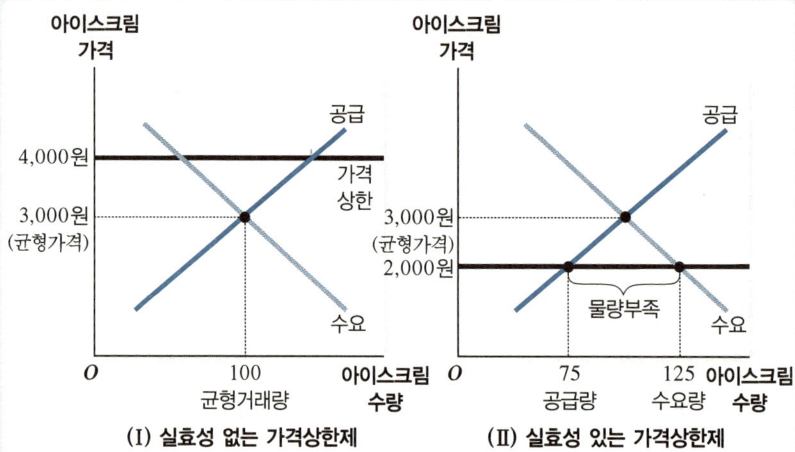

〈가격상한제가 있는 아이스크림 시장〉

사례연구 2-5

가격상한제의 실효성(휘발유 시장)

[사례 2-4]에서 보았듯이 균형가격보다 가격상한이 높게 설정되어 있을 경우 가격상한제는 실효성이 없다. 하지만 외부요인에 의한 공급충격(supply shock)이 발생할 경우 일시적으로 가격상한제의 실효성이 나타나기도 한다.

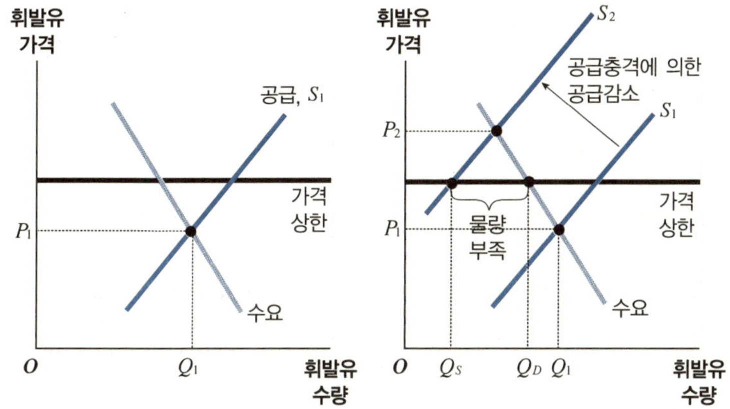

(I) 실효성 없는 휘발유 가격상한제 (II) 실효성 있는 휘발유 가격상한제

〈가격상한제가 있는 휘발유 시장〉

예를 들어 〈그림〉의 휘발유 시장의 가격상한제의 효과를 통해 살펴보도록 하자. (I)의 경우 휘발유 시장의 균형가격보다 가격상한이 높게 설정되어 있기 때문에 규제의 실효성이 없는 상황이다. 하지만 휘발유 가격의 기준이 되는 원유의 공급은 특정 국가에 의해 공급되고 있으며 이 국가의 내부 상황이나 국제환경에 영향을 받는 단기적인 공급충격이 발생할 가능성이 높다. 특히 중동국가의 내전상황, OPEC의 담합 등에 의한 공급충격의 발생 가능성이 높다고 할 수 있다. 따라서 (II)의 경우와 같이 원유가격이 상승하면 휘발유 시장의 공급충격으로 인해 공급곡선이 S_1에서 S_2로 감소(좌로 이동)하며, 균형가격 또한 P_1에서 P_2로 상승한다. 균형가격 P_2는 정부가 설정한 가격상한보다 높게 되기 때문에 이때 가격상한제의 실효성이 있는 상황이다. 따라서 시장가격은 정부가 형성한 가격상한 수준으로 결정되고, 생산자들은 Q_S만큼 생산하고, 소비자들은 Q_D만큼 소비하려 하기 때문에 $Q_D - Q_S$만큼 물량 부족이 발생하게 된다. 이 경우 소비자들이 휘발유를 구입하기 위해서는 선착순에 의거하여 주유소에 줄을 길게 서야 하는 문제점이 발생할 것이다.

사례연구 2-6

가격상한제의 장 · 단기 효과(임대료 규제)

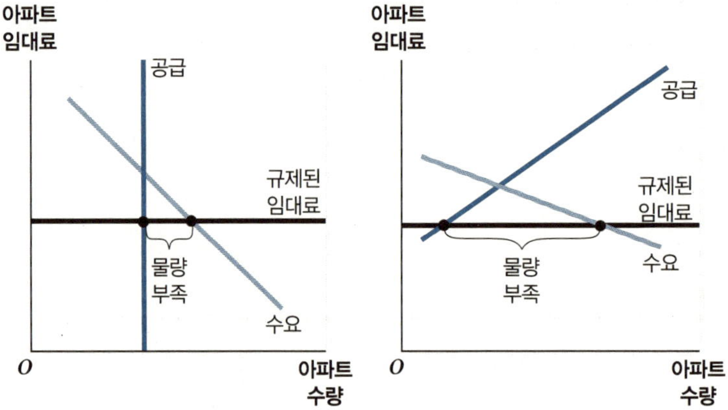

(I) 임대료 규제의 단기효과
(수요와 공급이 비탄력적)

(II) 임대료 규제의 장기효과
(수요와 공급이 탄력적)

〈임대료 규제의 단기효과와 장기효과〉

가격상한제는 임대료 시장에서 주로 자주 이용된다. 주택은 필수재 성격이 강하고, 재화의 특성상 투기 수단으로 이용될 가능성이 있기 때문에 정부는 임대료에 대한 가격상한제를 적용하고 있다. 따라서 가격상한제가 실효성이 있다고 가정하고, 가격상한제의 장 · 단기 효과를 〈그림〉을 통해서 보도록 하자. (I)은 임대료 규제의 단기효과를 나타내고 있다. 단기에는 수요 · 공급이 비탄력적으로 나타난다. 주택의 공급은 건설에 소요되는 시간이 길고 임대도 장기계약이 많기 때문에 단기적으로 공급은 완전 비탄력적이며, 수요 또한 전출, 결혼 등에 의해서 발생하므로 단기적으로 비탄력적이다. 하지만 (II)와 같이 장기적 측면에서는 단기에 비해서 수요와 공급이 탄력적으로 변화한다. 이 두 경우 임대료 규제를 적용하게 되면 장기적일수록 수요 · 공급이 탄력적이기 때문에 물량부족의 규모 또한 더 크다고 할 수 있다. 따라서 임대료 규제의 효과 및 물량부족의 문제는 장기일수록 심각하다고 볼 수 있다. 임대료 규제를 실시하는 도시의 임대주택 소유자들은 선착순에 의해서 주택을 배당하거나 혹은 거래가로 표시되지 않는 뇌물(초과금액)을 주는 사람에게 주택을 배정할 가능성이 높다. 이 경우 뇌물을 포함한 임대료는 시장 임대료에 보다 근접하다고 볼 수 있다.

2.3.2 최저가격제도(price floors, minimum price)

최저가격제도란 시장에서 결정된 가격이 너무 낮아 정부가 그보다 높은 가격을 설정하고 그 이하로 지불할 수 없도록 하는 제도이다. 가격하한제는 정부가 판매자들의 요구를 받아들일 경우 발생하는 가격규제의 형태이다. 정부가 가격하한을 균형가격보다 낮게 한다면, 이 가격은 균형가격보다 낮기 때문에 실효성이 없다. 이런 경우 시장수요와 공급에 의해 가격은 원래의 균형에서 형성되고 가격하한은 시장에 아무런 영향을 미치지 못하게 된다. 가격하한이 시장에 영향을 미치기 위해서는 정부가 설정한 가격하한이 균형가격보다 높게 설정되어야 한다. 이 경우 설정된 가격에서 공급량이 수요량보다 많으므로 특정 재화를 팔려는 일부 공급자들은 뜻을 이루지 못하게 된다. 즉, 실효성 있는 가격하한은 공급과잉을 야기하는 것이다.

가격하한제도의 유형을 살펴보면 다음과 같다. 첫째, 최저임금제

그림 2-7

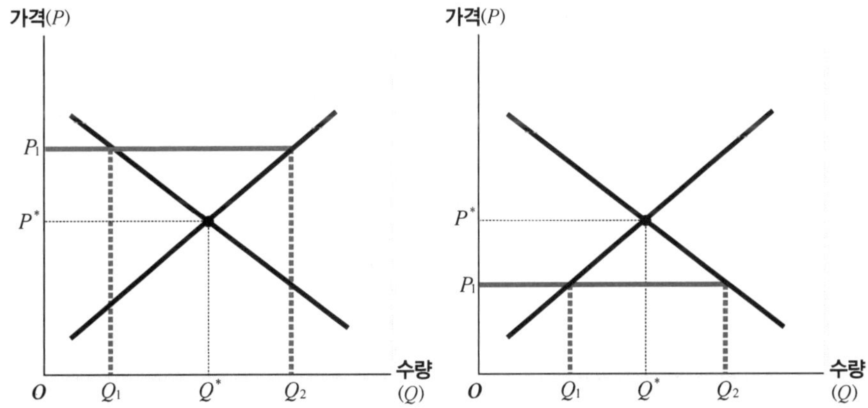

(I) 균형가격보다 높게 설정된 최고가격(○) (II) 균형가격보다 낮게 설정된 최고가격(×)

⇨ **최저가격제도의 실효성 유무**

가격하한이 시장에 영향을 미치기 위해서는 정부가 설정한 가격하한이 균형가격보다 높게 설정되어야 한다. 이 경우 설정된 가격에서 공급량이 수요량보다 많으므로 특정 재화를 팔려는 일부 공급자들은 뜻을 이루지 못하게 된다.

(minimum wage)를 들 수 있다. 이는 시장 임금이 생계비에 미달하는 경우 정부는 최저임금을 설정해 그 이하의 임금을 지불하지 못하도록 하는 제도이다. 최저임금제도가 도입되면 기업의 노동에 대한 수요가 감소하고 근로자의 노동의 공급이 증가하여 노동의 초과공급 현상(즉, 실업)이 발생한다. 즉, 기업은 기존에 채용하고 있던 근로자의 일부를 해고시켜 남는 임금을 남아있는 근로자에게 얹어주는 결과를 초래하는데, 이로 인해 해고된 근로자는 하나의 임금도 받지 못하는 실업자가 된다. 또한, 이들은 최저임금보다 낮은 임금을 받으며 기꺼이 고용될 용의가 있는 실업자이다. 하지만 이들은 최저임금이 적용되기 어려운 부문으로 이동하여 일을 하는데 이들이 받는 임금은 최저임금제가 실시되기 이전의 시장균형임금보다 더 낮다. 즉, 최저임금제의 적용을 받는 대상은 저기술, 저학력의 노동력인데 결국 직장을 잃는 것도 이들이어서 복지향상이라는 최저임금제도의 본래 의도와는 달리 이들의 고용기회 감소를 초래할 수 있다.

둘째, 농산물가격 지원정책(이중곡가제도)을 들 수 있다. 이는 시장에서 결정된 농산물 가격이 농가의 생산원가나 생계비에 미달할 경우, 농가의 소득을 보장하기 위해 높은 가격을 설정하는 제도이다. 이 역시 초과공급이 존재하게 되는데 이를 정부가 구매하여 소비자에게 구매가격보다 저렴한 가격에 판매하는 것을 이중곡가제도라 한다. 그 결과 농민은 혜택을 입지만 비농가는 비싼 농산물을 구입한다. 하지만 정부가 구매에 지출한 돈 역시 비농가의 세금이다.

사례연구 2-7

가격하한제의 실효성(아이스크림 시장)

〈그림〉을 통하여 가격하한제의 실효성을 살펴보도록 하자. (I)은 가격하한을 2,000원으로 설정하였으나 가격설정이 균형가격인 3,000원보다 낮아서 가격하한제의 실효성이 없으며, 가격과 수량은 수요 · 공급에 의해서 원래 균형인 3,000원과 100개로 거래된다. 하지만 (II)의 경우 가격하한이 4,000원으로 균형가격(3,000원)보다 높게 설정되어 있기 때문에 가격하한제의 실효성이 존재한다. 즉, 시장균형가격(3,000원)보다 가격하한으로 설정한 4,000원에서 시장거래가격이 형성되고, 그에 따라 수요량은 80개, 공급량은 120개가 된다. 따라서 40개(120 - 80)의 초과공급이 발생하게 된다.

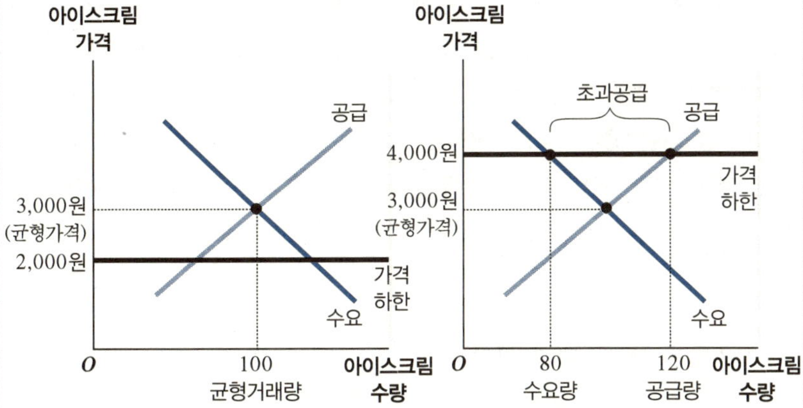

(I) 실효성 없는 가격하한제　　(II) 실효성 있는 가격하한제

〈가격하한제가 있는 아이스크림 시장〉

사례연구 2-8

최저임금제

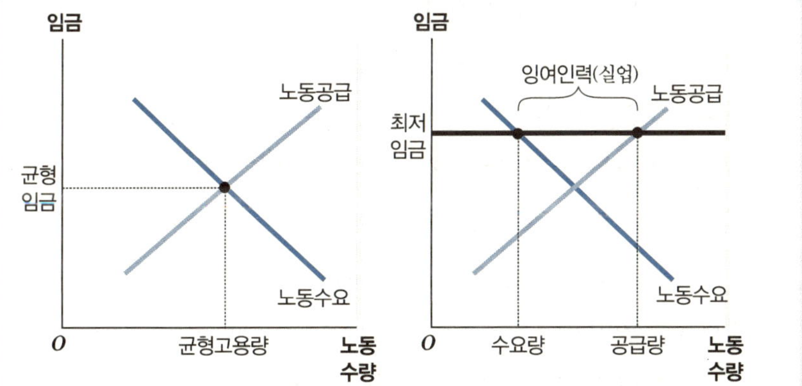

(I) 규제가 없는 노동시장　　(II) 규제가 있는 노동시장

〈최저임금제가 노동시장에 미치는 효과〉

가격하한제는 주로 노동시장에서 최저임금제로 많이 이용된다. 최저임금제는 교섭능력이 약한 개별 근로자를 보호하기 위하여 국가가 임금액의 최저한도를 결정하고 사용자에게 그 지급을 법적으로 강제하는 제도이며, 우리나라의 경우 1986년부터 시행해오고 있다. 미시경제학에서는 최저임금제가 비숙련노동시장에서 실업이 발생하는 원인으로 간주하고 있다. 〈그림〉을 보면 최저임금제의 효과를 볼 수 있는데, (I)의 경우 규제가 없는 노동시장에서는 임금의 조정을 통해 노동의 수요와 공급이 일치하는 완전고용의 효과를 보여주나, (II)

와 같이 실효성 있는 최저임금제가 적용된다면 노동의 공급량(구직자)이 수요량(고용자)을 초과하여 실업이 발생하게 된다. 이는 특히 수요가 탄력적인 비숙련노동시장(10대 아르바이트, 청년인턴)에서 가장 큰 영향을 미치는 것으로 나타난다. 비숙련노동자의 경우 숙련도와 경험이 가장 낮은 계층이기 때문에 균형임금도 낮은 편이고, 직장훈련 기회가 주어지면 낮은 임금에도 기꺼이 일을 하려 하기 때문이다. 따라서 최저임금제는 노동시장의 다른 계층보다 이와 같은 비숙련노동인력에 대해 실질적인 영향을 미치는 경우가 많다.

2.3.3 가격규제의 시사점

본래 가격은 인위적으로 결정되는 것이 아니라 가격결정 메커니즘에 따라 정해진다. 이는 살 사람과 팔 사람, 즉 수요와 공급 관계에서 결정이 되는 것이다. 수요가 공급보다 크면 가격은 오르고, 반대로 공급이 수요보다 상대적으로 크면 가격이 내려간다. 따라서 가격이 비싸면 수요가 줄고 공급은 늘어나게 되어 가격을 통해 수급이 균형을 이룬다고 할 수 있다. 이 같은 조정기능을 가격 메커니즘이라고 한다.

경제학자들은 가격을 우연의 일치로 보는 것이 아니라, 수요와 공급을 구성하는 수많은 소비자(수요)와 기업(공급)들의 의사결정의 결정체로 보기 때문에 가격상한제와 가격하한제를 항상 반대한다. 즉, 가격은 수요와 공급을 일치시키고 경제활동을 조정하는 중요한 역할을 수행한다는 것이다. 이러한 가격을 강제적으로 규제하게 되면 자원배분의 효율성이 감소하는 효과가 발생하는 것이다.

하지만 정부가 가격규제를 시행하는 이유는 시장에서 결정된 결과가 반드시 공평하지는 않다고 많은 사람들이 판단하기 때문이다. 가격규제의 기본 목적은 가난한 사람들을 돕기 위해 시행된다. 임대료 규제는 저소득층에게 주거비의 경제적 부담을 낮춰주기 위함이고, 최저임금제는 저소득층이 빈곤에서 탈출하는 것을 돕기 위함이다.

하지만 이러한 규제의 목적이 반드시 달성되는 것만은 아니다. 임대료 규제가 시행되면 낮은 수준의 임대료는 집의 소유주로 하여금 주택 유지 · 보수의 노력을 저해시키고, 초과수요로 인하여 오히려 수요자들이 집을 구하기가 어려운 상황이 발생한다. 마찬가지로 최저임금제는 일부 근로자들의 소득을 올려주지만 다른 근로자들은 일자리를 잃는 문제를 발생시킨다고 할 수 있다.

이처럼 가격규제라는 수단은 규제의 혜택을 일부에게 주기도 하지만 그와 동시에 초과수요 · 공급을 발생시키는 문제가 있다. 따라서 정책 입안자는 가격규제에 영향을 받는 대상자들의 특성을 잘 파악하여 정책의 실효성을 검토해야 할 것이다.

사례연구 2-9

철강가격 규제

2012년 정부는 철강재 등 산업재의 가격 인상을 규제하였다. 정부는 산업의 쌀로 불리는 철강제품 가격의 상한선을 정하여 자동차, 조선 등 관련 산업재 가격이 순차적으로 오르는 후방효과 확산을 막겠다는 의도를 가지고 실행하였다. 하지만 국제 원료가격이 크게 오르고 있어 기업 측에서는 가격 인상이 불가피한 상황이었다. 한 달 사이에 원료값이 최고 70% 급등하였으나 제품가격이 이를 전혀 반영하지 못한 것이다. 이는 기업의 수익성 악화를 유도하고, 기업의 정상적인 경영활동에 부담을 주는 것이었다.

후방효과 방지로 소비자를 보호하겠다는 의도는 충분히 이해가 가는 것이었으나, 기업은 정부가 가격상한선을 정함으로 인해 제품에 대한 투자나 개발을 줄일 수 있다. 이는 더 나은 품질을 생산할 수 없게 되고 품질 저하와 기업의 불법행동으로 이어질 수 있다. 물가안정을 위해 가격상한제를 실시하는 의도는 좋으나, 원료값이 급등하고 있는 현실은 외면한 것이다.

사례연구 2-10

해외 사례(미국) : 임대료 규제

뉴욕시, 보스턴, 샌프란치스코를 포함한 미국의 약 200개 도시에서 임대료 규제를 실시한 적이 있다. 이는 법에 의해 최고임대료를 지정하여, 알려진 주택부족 때문에 인상이 반복되는 임대료로부터 저소득층 가정을 보호하고 저소득층이 주택을 보다 부담 없이 임대하기 위한 목적으로 실시되었다.

정부의 목적은 좋았음에도 불구하고, 실제 경제적 효과는 저조했다. 수요측면에서 균형수준 이하의 임대료는 더 많은 세입자들을 끌어들였고, 한 주택을 쉐어하던 주민이 자신의 독립적인 주거지를 만들게 하였다. 더 큰 문제는 공급측면에서 발생했다. 가격규제로 집주인들은 임대시장에 주택을 내놓기를 꺼려 했고, 주택 투자자들은 임대료가 규제되지 않는 사무실빌딩, 쇼핑몰 등에 투자를 집중적으로 하기 시작했다.

임대료 규제는 시장의 신호를 왜곡시키고 자원이 잘못 배분되도록 한다. 역설적으로 임대료 규제는 인지된 주택부족의 효과를 완화시키기 위하여 법제화되었으나 규제는 실제로 그러한 부족의 주된 원인이 되고 말았다. 그런 이유로 미국 도시는 임대료 규제를 포기하였거나 해체하는 과정에 있다.

사례연구 2-11

해외 사례(중국) : 의약품 가격상한제

지난 6월, 중국은 의약품의 가격상한제를 폐지하여 실질적 매매가격이 시장경쟁을 통해 결정되도록 할 것이라고 발표하였다. 이는 약품가격의 시장화를 도모하려는 개혁의 신호로 받아들여지고 있다. 이 조치는 의약품 가격의 시장화 메커니즘을 형성하는 데 도움이 되고, 제약회사들의 기술개발에 도움이 될 것으로 여겨진다. 특히 기존에 찾기 힘들었던 저가 약품들이 약국에 재진열될 것이라는 전망을 보인다. 이전에는 약국에서 저가 약품을 찾기가 힘들었으며, 찾을 수 있는 것은 비교적 고가의 제품이었기 때문이다.

정부가 시행한 가격상한제 폐지가 잘 유지된다면 의약품 기업들은 끊임없이 기술개발에 매진할 것이고, 따라서 시장성을 갖춘 좋은 약들이 더 많이 생산되어 국민들이 더 좋은 신약을 쉽게 사용할 수 있게 될 것이다. 반면, 우려의 목소리도 있다. 특허로 보호되는 특허약품의 가격 상승을 부추길 수 있고, 상한제 폐지는 의약품 가격의 경쟁이 더욱 치열하게 만들 수도 있다.

본 개혁에 따라 중장기적으로 업계 내 적자생존을 통한 재조정이 등장할 것이며 기술력에 의존한 제대로 된 시장경쟁이 창출되길 기대한다.

토의과제

01. 가격규제의 목적과 경제적 시사점을 기술하시오.

02. 최고가격제의 의의와 실효성을 가질 수 있는 조건을 기술하시오.

03. 최고가격제의 부작용과 해결방법에 대해 서술하시오.

04. 최고가격제를 적용할 수 있는 사례를 들어서 설명하시오.

05. 최저가격제의 의의와 실효성을 가질 수 있는 조건을 기술하시오.

06. 최저가격제를 적용할 수 있는 사례를 들어서 설명하시오.

07. 가격규제의 시사점에 대해 논하시오.

핵심단어

가격규제	소비자잉여	생산자잉여
최고가격제 (가격상한제)	최저가격제 (가격하한제)	

재정정책

chapter three

3

제1절 실물경제의 이해

1.1 기초 거시경제 분석

1.1.1 소득 vs. 소비 vs. 저축[1]

소득과 소비의 관계를 파악하기 위해서는 우선 소득과 저축 간의 관계를 살펴보아야 한다. 저축이란 지출하지 않은 것, 혹은 가처분소득에서 소비되지 않은 부분을 의미한다. 즉, 저축은 가처분소득에서 소비를 뺀 것이다. 국민 소비와 저축 수준을 결정하는 다양한 요인 중 가장 중요한 요인은 가처분소득이다. 왜냐하면 저축은 실제로 사용할 수 있는 돈의 양으로부터 정해지기 때문이다. 실제로 가계의 가처분소득이 적을수록 저축이 차지하는 비중이 작다.

우리는 소득에서 소비가 차지하는 비중을 평균소비성향, 저축이 차지하는 비중을 평균저축성향이라고 칭한다.

$$\text{평균소비성향} = \frac{\text{소비}}{\text{소득}}, \quad \text{평균저축성향} = \frac{\text{저축}}{\text{소득}}$$

가처분소득이 상승하면 평균소비성향은 하락하는 반면, 가처분소득이 상승한 만큼 평균저축성향은 상승한다. 하지만 소득의 변화에 따라 소비가 항상 같은 비중으로 나타난다고 보기는 어렵다. 소득의 변화에 따라 나타나는 소비의 추가적인 변화를 한계소비성향이라고 하고, 저축의 변화를 한계저축성향이라고 한다.

1. 최광 외 공역(2013) 참조.

$$한계소비성향 = \frac{소비의 변화}{소득의 변화},\ 한계저축성향 = \frac{저축의 변화}{소득의 변화}$$

가처분소득이 변화하더라도 한계소비성향과 한계저축성향의 합계는 항상 1이다. 소비와 저축의 변화는 추가적인 가처분소득의 비중에서 결정되기 때문이다.

이렇게 가처분소득의 양이 가계의 소비와 저축의 양을 기본적으로 결정하지만, 이외에도 부(wealth), 채무, 기대, 실질이자율 등이 소비와 저축에 영향을 미친다. 가계의 부는 자산에서 부채를 제외한 것으로, 소득을 저축하여 만든 부는 소비의 증가를 가능하게 한다. 가계가 더 많은 부를 축적한다는 것은 현재와 미래에 있어서 더 많은 소비를 할 수 있다는 것을 의미한다. 채무는 현재의 가처분소득 이상의 소비를 가능하게 하지만, 이를 통한 현재소득의 증가는 채무부담이 증가함에 따라 미래소비를 줄이는 결과를 초래한다. 미래에 대한 기대, 예를 들어 물가가 상승할 것이라 기대하게 되면 물가가 상승하기 전, 오늘 지출을 증가시키려고 할 것이다. 혹은 미래소득의 하락이나 침체가 있을 것이라는 기대는 오늘의 가계 소비를 감소시키고 저축을 증가시키는데, 이렇게 저축이 증가할수록 부를 형성할 수 있고 나쁜 상황이 예상될 때 이를 대처하기 쉬워진다. 마지막으로 실질이자율이 하락할 때(물가가 상승할 때), 가계는 차입을 늘리고 소비를 늘리며, 저축을 줄이는 경향이 있다. 낮은 금리는 낮은 이자지급으로 이어져 저축에 대한 유인을 감소시키고, 이는 소비를 촉진하고 저축에 대한 유인을 감소시킨다.

1.1.2 실질금리와 투자의 관계

실질금리와 투자의 거시적 관계를 살펴보자. 투자는 새로운 공장, 자본장비, 기계, 재고 등에 대한 지출로 구성되어 있다. 투자의 결정은 한계이익과 한계비용의 의사결정으로부터 출발한다. 투자로부터 발생되는 한계이익은 기업이 실현하고자 하는 예상수익률을 의미하며, 한계비용은 자금을 차입한 것에 대해서 지불해야 할 이자비용을 의미한다. 기업은 예상수익률이 이자비용을 초과하는 프로젝트에 투자하려고 할 것이다. 그러므로 예상수익과 이자율은 투자지출을 결정하는 두 가지 요인이다.

투자지출은 이윤적 동기에 의해 진행된다. 예를 들어 새로운 기계를 도입하여 창출된 판매이윤과 산출량으로부터 나오는 순수익이 120만 원이라고 하자. 여기서 도입비용 100만 원을 제외하면 기업은 20만 원의 수익을 낼 수 있을 것이다. 기계 도입에 대한 100만 원의 비용으로 20만 원의 이익을 실현하게 되면 기계 구입에 대한 기대수익률이 20%(= 20만 원/100만 원)라는 것을 알 수 있다. 이 기대수익률이 수익을 보장하는 것은 아니다. 투자가 리스크를 안고 있기 때문에 기업은 투자를 통해 예상보다 많은 수익을 얻지 못할 수도 있다.

앞의 예에서 실물자산 구입에 든 100만 원의 비용이 금융기관 차입을 통해 이루어졌다고 가정한다면, 이때 이자비용은 고려하지 않았다. 여기서 발생하는 추가적인 비용과 기대수익률에 의한 순기대이익과의 비교를 통해 투자의 실행 유무가 결정된다. 즉, 기대수익률과 이자율이 같아지는 점이 투자를 결정하는 기준이 된다.

투자를 결정하는 데 있어서 이자율뿐만 아니라 취득 및 운용 비용, 기업의 조세, 기술의 변화, 보유 중인 자본재 스톡, 계획된 재고의 변화, 기대 등 많은 요인이 복합적인 영향을 끼치게 된다.

1.1.3 승수효과

지출의 변화와 실질GDP의 변화 사이에는 특정한 관계가 존재한다. 예를 들어 투자지출의 변화는 산출물과 소득의 변화를 투자지출에 의한 초기변화보다 더 크게 변화를 시킨다. 이렇게 총지출 구성요소의 변화로 GDP를 더 크게 변화시키는 것을 우리는 승수효과라고 한다. 이를 일반화하면,

$$\text{승수효과} = \frac{\text{GDP 변화}}{\text{초기 지출의 변화}}$$

이고, 이를 다시 정리하면 다음과 같다.

$$\text{GDP 변화} = \text{승수효과} \times \text{초기 지출의 변화}$$

승수효과에는 3가지 핵심이 있다. 첫째, 지출의 초기 변화는 투자의 변동성 때문에 투자지출과 관련이 있다. 소득의 변화와 관계되지 않은 소비, 순수출, 정부지출의 변화 역시 승수효과가 나타난다. 둘째, 지출의 초기 변화는 투자지출과 관련 있기 때문에 실질금리의 변화나 투자수요함수의 변화를 유발한다. 셋째, 초기 지출의 상승은 GDP를 승수만큼 증가시키나 반면에 지출의 감소 또한 동시에 유발시키기 때문에 이는 GDP를 감소시키기도 한다. 즉, GDP의 증가와 감소가 동시에 발생하는 것이다.

승수효과에는 2가지 원리가 있다. 첫째, 반복적이고 지속적인 지출의 순환을 계속하게 된다. A의 지출과 소득의 지속적인 흐름이 다시 B의 소득이 되고, B의 지출이 또다시 C의 소득이 된다는 것이다. 둘째, 소득의 변화가 발생하게 되면 소비와 저축도 동일한 방향으로 움직인다는 것이다.

앞에서 말했던 한계소비성향과 한계저축성향을 결정짓는 것은 승수의 크기이다. 한계소비성향과 승수는 직접적인 관계를 가지고 있고, 한계저축성향은 승수와 역의 관계를 가지고 있다.

$$\text{승수효과} = \frac{1}{1 - \text{한계소비성향}}, \quad \text{승수효과} = \frac{1}{\text{한계저축성향}}$$

지금까지 살펴본 승수효과에 의하면 총소득 증가에 따른 소비의 증가는 저축의 증가를 감소시킨다. 하지만 현실에서 총소비 증가는 한계저축성향에 의한 암묵적인 증가보다 각 단계에서 낮은 증가를 보인다. 저축 이외에도 가계는 해외에서 물품을 구입하고, 그에 따른 세금을 납부해야 각 단계에서 추가적인 소득의 일부를 사용하는 것이 가능하기 때문이다.

1.2 재화시장과 *IS*곡선

1.2.1 케인즈의 거시이론

1920년대 말부터 1930년대에 걸쳐 지속된 대공황은 장기적인 실업을 낳았다. 당시 시장의 자동조절기능이 제대로 발휘되지 않아 고전학파의 거시체계에 회의를 갖기 시작했다. 그 당시 미국의 실업률이 25%에 이르렀고, 고전학파의 주장과는 달리 대규모 실업이 존재함에도 불구하고 임금이 하락하지 않았다. 케인즈는 1936년의 『고용, 이자, 화폐의 일반이론』(*A General Theory of Employment, Interest and Money*)에서 고용수준은 노동시장만의 수요, 공급에 의해 결정되는 것이 아니라 재화시장의 총수요의 크기에 의해서 결정되는데, 총수요는 완전고용을 보장해주는 수준 이하에 머무를 수도 있고 이것이 실업의 원인이라고 주장하였다. 자유방임체제에서는 불완전고용이 일반적이고 완전고용은 오히려 특수한 상태라고 주장했으며, 케인즈 이론은 국민소득과 고용이 어떻게 결정되며 어떻게 이를 증가시킬 수 있는가에 대해 연구하였다. 이에 따라 케인즈는 실업 해결을 위해 정부의 공공사업을 통한 수요촉진 및 고용기회 창출을 주장하였다. 즉, 고용창출을 위해 정부의 적자재정도 무방하다고 주장하였다.

케인즈 이론은 1960년대까지 거시경제학의 주류를 이루었다. 불황으로 실업이 증가하면 수요를 늘릴 수 있는 정책을 취해야 하고 물가가 불안해지면 수요가 너무 많아 생긴 것이므로 수요를 억제하는 정책을 취해야 한다고 주장했다. 각국 정부는 이에 따라 경제를 이끌어갔다. 이렇듯 케인즈 이론은 근본적으로 수요에 관한 이론이다. 1960년대 호황으로 세계 경제는 불황을 걱정할 필요가 없다고까지 호언장담할 정도였다. 그러나 1970년대 들어와 스태그플레이션(stagflation)[2]이 발생하면서 케인즈 이론의 한계가 노출되었다. 이 경우 총수요 확대정책을 쓰면 실업은 줄지만 물가는 더욱 악화되고, 반대로 총수요 억제정책을 쓰면 물가는 잡지만 실업은 더욱 확대된다. 이 문

---

2. 스태그플레이션이란 상당한 실업이 존재하고 수요가 부족함에도 불구하고 물가는 상승하는 현상이다.

제를 해결하는 데 있어 케인즈의 처방대로 수요측면에 의한 접근을 하는 데에는 한계가 있음을 알게 되었다. 이 문제는 공급의 문제로 생긴 것이므로 공급측면을 보아야 한다는 주장이 대두되었다. 그 가운데 한 학파가 공급측면의 경제학(supply-side economics ; Reaganomics)이다. 케인즈 이론의 한계가 노출되면서 고전학파가 다시 부각되었다. 이번에는 합리적 기대이론, 고전학파의 이론, 케인즈의 소득이론을 접목시킨 신고전학파(neo-classical)가 등장하였다.

1.2.2 케인즈의 단순소득결정모형

가격에 의한 시장기구의 자율성이 시장경제의 효율을 높인다는 고전학파 주장을 무색하게 하는 대공황이 발생하자, 케인즈는 국민경제에 있어서 총수요[3]의 역할을 강조하였다. 즉, 대공황 당시 실업자가 넘쳐나고 기업의 생산물을 수요하려는 사람이 적어 생산시설을 가동하지 못하는 상황에서 총수요가 국민소득의 크기를 결정하는 가장 중요한 역할을 한다고 주장했다. 그 이유는 과잉된 공급상태에서 그 생산물에 대한 수요가 있을 경우 그 유휴시설물과 노동자를 이용하여 그 주문에 부응할 수 있기 때문이다. 이런 상황에서 총수요가 어떻게 정해지는지 이해한다면 국민소득이 어떤 과정을 통해 결정되는지를 쉽게 알 수 있을 것이다. 먼저 케인즈는 아래와 같은 경제 상황을 가정하였다. 물가와 이자율이 고정되어 있는 상황에서 소비, 투자, 정부지출 등 순수요의 합으로 정해지는 총수요결정모형의 합이 총수요를 결정하는 모형이라고 상정하였다. 따라서 총수요는

$$Y^D = C^D + I^D + G^D + NX^D \tag{3.1}$$

Y^D : 총수요, C^D : 소비수요, I^D : 투자수요

G^D : 정부지출 수요, NX^D : 해외부문 순수요[4]

---

3. 총수요는 국민경제가 생산한 재화에 대한 소비, 투자, 재정지출, 해외부문의 순수요를 합한 것을 말한다.
4. 해외부문 순수요는 수출에서 수입을 뺀 순수출과 같은 의미이다($EX-LM$).

로 표현될 수 있다. 그러나 위의 식 (3.1)은 단지 정의된 식일 뿐이다. 총수요를 결정하는 각 수요의 함수관계를 알아야 비로소 총수요가 어떻게 결정되는지 알 수 있는 것이다. 케인즈는 총수요를 결정하는 요인 중에 가장 큰 요인이 소비수요와 투자수요라고 가정하였다. 이는 둘의 관계에서 비롯되는데, 그것은 바로 가계측면의 소비수요의 결정은 소득에 의해 제약된다는 것이다. 따라서 소득이 많을 경우 소비가 많아지게 되고, 소비가 증가하면 기업의 판매량은 증가하기 때문에 투자수요를 늘리게 된다. 이는 고용의 형태로 비용이 다시 가계의 소득부문으로 전가되도록 유도하고, 상호작용을 이루게 되는 것이다. 그러나 대공황 당시 앞서 설명한 바와 같이 유휴설비 및 실업률이 과도하게 높은 상태에서 투자수요의 증대는 오로지 가계의 소비수요에 의해 결정될 수 있다고 본 것이다. 그 결과 케인즈는 총수요를 결정하는 가장 중요한 요인은 소비수요라고 하였고, 소비수요는 가처분소득의 증가함수라는 가설을 제시하였다. 식으로 나타내면 다음과 같다.

$$C^D = a + b(Y - T) \text{ 단, } a > 0,\ 0 < b < 1 \tag{3.2}$$

식 (3.2)를 보면, 총소득에서 세금을 제한 금액을 가처분소득으로 놓는다. 그리고 만약 가처분소득이 0인 경우에도 최저소비 수준은 존재하기 때문에 이를 a로 나타낸다. 그리고 b는 계수로서 한계소비성향(MPC : marginal propensity to consume)이라고 불리는데, 가처분소득이 변화할 때 총수요에 미치는 영향 정도를 나타낸다. 이 b의 값이 0과 1사이의 값을 가지는 것은 가처분소득이 증가할 때 그 증가분이 모두 소비로 전환되지 않을 것임을 의미하는 것이다.

투자수요는 이자율과 음(−)의 상관관계를 가지는 함수이다. 그리고 케인즈는 투자수요는 이자율과 함께 기업가 스스로의 장래 전망에 따라 변화되는 수요라고 하였다. 이런 상황 하에서 처음 가정에서 볼 때, 이자율이 고정되어 있는 것에 대해 투자수요는 기업가의 동물적 감각에 의한 장래 전망에 따라 정해지는 것이기 때문에 결국 이 투자수요는 외생변수라는 결론에 도달한다. 이를 수식으로 표현하면 다음과 같다.

$$I^D = I \tag{3.3}$$

위에서 설명한 바와 같이 투자수요가 경제변수와 상관없이 기업가의 독립적 판단에 의해 정해진다는 것은 식 (3.3)의 우변에 있는 I가 모형 밖에서 주어지는 외생변수라는 것과 같은 의미로 해석 가능하다. 그 밖의 해외부문의 순수요도 외생적으로 주어지는 것으로 보고 있고, 재정지출과 조세는 정부에 의한 정책변수로 그 값이 주어진다고 보았다. 이상의 논의를 정리하면 케인즈의 설명을 따를 때 총수요가 다음과 같아짐을 알 수 있다.

$$Y^D = a + b(Y - T) + I + G + NX \tag{3.4}$$

식 (3.4)를 보면 총수요는 소득의 증가함수이고, 기업이 투자수요를 늘리거나 정부가 재정지출을 증가시키고 해외부문의 순수요가 증가하면 총수요는 증가한다는 것을 알 수 있다. 이런 총수요는 결국 국민소득과 그 크기가 같아진다는 케인즈의 주장을 수식으로 나타내면 식 (3.5)가 되고, 따라서 식 (3.4)와 (3.5)를 동시에 만족시키는 값 Y가 균형국민소득이 된다.

$$Y^D = Y \tag{3.5}$$

이런 수식을 토대로 균형국민소득의 결정에 대해 식으로 도출해보면 식 (3.5)를 이용하여 식 (3.4)의 좌변을 Y로 대치한 다음 그 식을 만족하는 Y의 값을 구하면 되는데, 다음 식과 같다.

$$Y = a + b(Y - T) + I + G + NX$$

$$(1 - b)Y = a - bT + I + G + NX$$

$$Y = \frac{a + G - bT + I + NX}{1 - b} \tag{3.6}$$

그렇다면 과연 상기 균형국민소득 결정모형이 의미하는 바는 무엇인가? 균형국민소득을 결정하는 데 영향을 주는 요인인 최소소비 수준 a, 투자 I,

그림 3-1

케인즈 단순 교차 도표

케인즈는 물가와 이자율이 고정되어 있는 상황에서 소비, 투자, 정부지출 등 순수요의 합으로 정해지는 총수요 결정모형의 합이 총수요를 결정하는 모형이라고 상정했다. 국민소득인 Y와 계획된 지출 E가 만나는 점에서 균형국민소득이 결정된다.

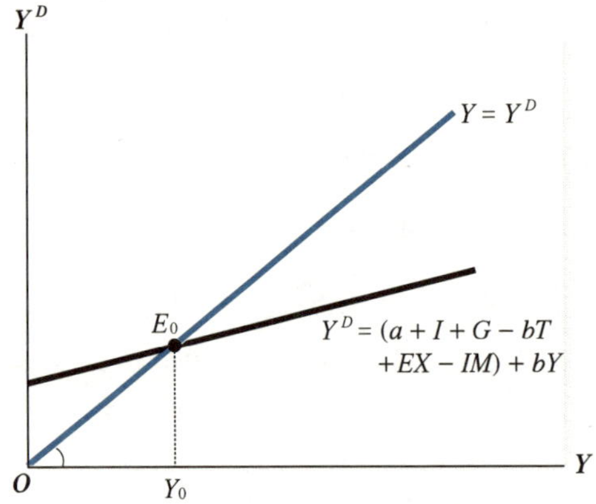

재정지출 G, 그리고 순수출인 NX가 증가하면 소득이 증가하게 되고, 조세 T가 증가하면 오히려 균형국민소득은 감소함을 알 수 있다. 위 식을 만족하는 그래프는 〈그림 3-1〉과 같다.

이제 총수요가 증가하게 될 경우 균형국민소득의 변화를 살펴보도록 하겠다. 케인즈의 모형을 따르면 총수요가 증가하게 될 경우 총수요를 변화시킨 요인의 크기보다 소득의 크기가 더욱 크게 정해짐을 알 수 있다. 이와 같이 총수요의 증가분보다 소득의 증가분이 더욱 크게 나타나는 효과를 승수효과(multiplier effect)라고 한다. 이는 한계소비성향에 의해 결정되는데 한계소비성향의 크기가 클수록, 즉 1에 가까워질수록 승수효과는 더욱 높아진다.

〈그림 3-2〉는 총수요를 구성하는 항목 중 투자수요가 증가하는 경우를 예로 들고 있다. 투자수요의 증가에 의해 총수요가 증가되고 그로 인해 총수요곡선이 상방으로 평행이동을 한다. 그러면 균형점은 E_0에서 E_1으로 이동하게 되고, 균형국민소득도 Y_0에서 Y_1으로 증가한다. 직관적으로 그림에서 볼 때 투자수요의 변화량보다 소득의 변화가 더욱 크게 나타난다. 식 (3.6)을 통해 보더라도 투자수요의 변화에 따라 한계소비성향의 영향으로 인해 소득의 크기는 더욱 커짐을 알 수 있다. 이런 변화량은 수학적 방식을 사용해보면 알 수 있는데 투자수요의 증가가 소득을 얼마만큼 증가시키는지를 나타내는

그림 3-2

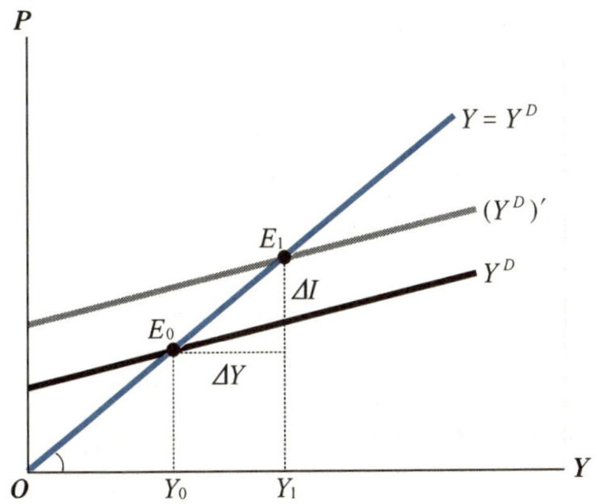

승수효과에 의해 더욱 증가된 소득
투자수요의 증가에 의해 총수요가 증가되고 그로 인해 총수요곡선이 상방으로 평행이동을 한다.

$\frac{\Delta Y}{\Delta I}$는 $\frac{1}{(1-b)}$의 값을 가진다. 굳이 투자수요에만 해당되는 것이 아니라 오른쪽에 있는 변수인 a, I, G, NX 중 어느 하나라도 증가할 때 그 증가의 크기를 ΔY^D로 나타낸다면 그로 인한 소득 증가는 $\frac{\Delta Y}{\Delta Y^D}$로 나타나고 이는 $\frac{1}{(1-b)}$와 같다. b는 0에서 1 사이의 값을 가지기 때문에 그 값은 항상 1보다 크게 된다. 이런 수식적 내용을 경제학적 의미로 풀어보면 총수요를 구성하는 항목 중 총수요와 정(+)의 관계에 있는 변수의 증가는 총수요를 증가시키고, 총수요의 증가는 곧 소득을 증가시키게 된다. 여기서 다시 소득의 증가에 따라 가처분소득의 증가는 소비수요를 b단위만큼 증가시키고 이것이 다시 총수요를 더욱 증가시키게 한다. 이에 총수요가 b단위만큼 증가하면 소비수요는 가처분소득의 증가에 따라 또다시 b^2만큼 증가한다. 이런 소비수요의 b^2만큼의 증가가 다시 소득으로 하여금 b^2만큼 더 증가하게 한다. 이런 일련의 과정이 무한정 반복될 것이기 때문에 각 단계에서 소득 증가를 모두 합치면 최종적으로 소득은 다음 식에서 주어진 것만큼 증가하게 되는 결론이 된다.

$$1 + b + b^2 + b^3 + \cdots = \frac{1}{1-b} \qquad (3.7)$$

식 (3.7)은 $\Delta Y = \Delta Y^D$와 같다. 그리고 식 (3.7)에서 주어지는 b가 한계

소비성향을 나타낸다면 $1-b$는 한계저축성향(MPS : marginal propensity to save)이 된다. $1-b$는 소득이 한 단위 증가했을 때 저축이 증가하는 정도를 나타낸다. 이 한계저축성향을 s로 나타내면 승수효과도 $\frac{1}{s}$로 나타낼 수 있다. 예를 들어 한계저축성향이 0.25라면 승수효과는 4가 되고, 0.5라고 한다면 승수효과는 2로 줄어들게 된다. 이처럼 소득의 증가에 따라 저축을 많이 할수록 승수효과가 줄어들게 됨을 알 수 있는데, 이는 재미있는 시사점을 제시해준다. 국민들이 증가된 소득을 저축에 많이 사용함에 따라 총수요의 증가가 지니는 승수효과가 줄어들기 때문에 소득의 증가가 더욱 적게 이루어짐을 의미한다. 케인즈는 이를 절약의 역설(paradox of thrift)라고 했다. 위와 같은 현상을 역설로 칭한 이유는 저축률이 높을수록 경제성장률이 높아져 국민소득이 더욱 증가한다는 통설과 배치되는 결론을 주기 때문이다.

1.2.3 *IS*곡선 도출

위 내용에서는 단순한 케인즈 모형(물가와 이자율이 고정되어 있는 상태)을 논하여 보았지만 이제는 금융부문과 화폐부문을 도입함으로써 케인즈 모형을 확장해볼 것이다. *IS–LM*모형에서 여전히 물가는 고정시켜 놓고, 이자율은 금융 및 화폐시장의 영향으로 소득과 동시에 모형 내에서 결정된다. 다시 말하면, 이 모형에서는 이자율과 소득은 저축과 투자, 그리고 화폐에 대한 수요와 공급이 동시에 균형을 이루는 상태에서 결정된다. 결국 이 *IS–LM*모형은 이자율이 소비, 투자, 저축 및 화폐에 대한 수요에 영향을 주는 현실을 고려한다는 점과 화폐공급량의 변화가 경제에 대해 미치는 영향에 대해서도 이해를 구한다는 점에서 단순 케인즈 모형에 비해 더 일반성이 크다고 할 수 있겠다.

앞선 단순 케인즈 모형에서는 투자수요는 외생적으로 주어지지만 *IS–LM*모형에서는 내생적으로 결정된다. 이는 이자율의 변화에 따라 투자수요가 바뀜을 의미하고, 정확히 말하면 투자수요는 이자율의 감소함수인 것이다. 이자율이 증가할 경우 투자수요는 감소하고 이자율이 감소할 경우 투자수요는 증가한다. 이런 조건이 의미하는 바는 이제 *IS–LM*모형에서 기업의

그림 3-3

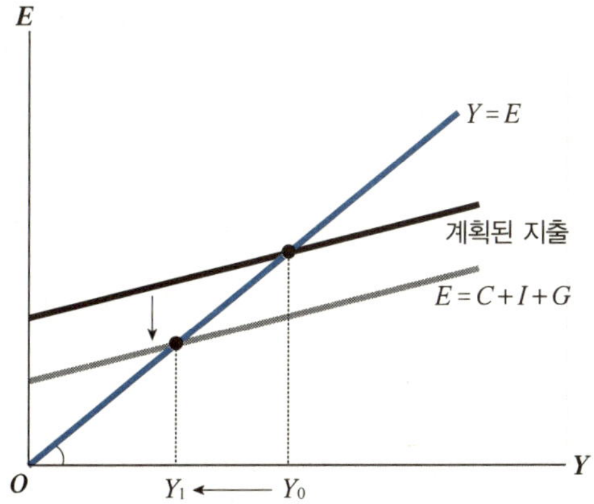

케인즈 교차도표 : 기업측면

이자율이 증가할 경우 투자수요는 감소하고 이자율이 감소할 경우 투자수요는 증가한다.

투자역할이 균형국민소득을 결정할 또 하나의 중요한 요인이 되는 것이다. 기업이 생산물의 판매행위를 할 경우 두 가지 기준에 의해 결정이 된다. 이는 기업이 당초에 계획한 판매량과 실제 판매량 중에서 만약 실제 판매량보다 계획한 판매량이 크다면, 즉 재고량이 넘쳐난다면 기업은 생산량을 감소시키기 위해 고용을 감소시킨다. 이런 행위는 실업의 증가로 이어지고 결국 소득은 감소한다. 반면, 실제 판매량이 계획한 판매량보다 크다면, 즉 재고량이 부족하다면, 생산량을 증가시키기 위해서 고용을 증가시킴에 따라 실업이 감소되는 효과를 유발한다. 이는 결국 소득을 상승시키게 된다. 이를 좀 더 일반화해본다면 균형국민소득 결정모형에서 산출물, 즉 소득은 계획된 지출이 실제 지출에 얼마만큼 떨어져 있는가에 따라 지출을 증가시키고 감소시키는가를 결정하는 메커니즘을 가진다는 것이다. 〈그림 3-3〉을 보면 국민소득인 Y와 계획된 지출 E가 만나는 점에서 균형국민소득이 결정됨을 알 수 있는데, 여기서 실제 판매된 양, 즉 소득이 어디서 결정되는가에 따라 지출을 늘리거나 줄이는 행위를 하여 국민소득이 균형점을 찾아가는 것을 볼 수 있다. 계획된 지출을 구성하는 항목은 소비, 투자, 정부지출 수요로 이루어져 있고 균형국민소득은 소득과 계획된 지출이 만나는 점에서 결정된다.

이러한 기본 전제조건[5]을 두고 만약 이자율이 상승할 경우에는 투자수요

그림 3-4

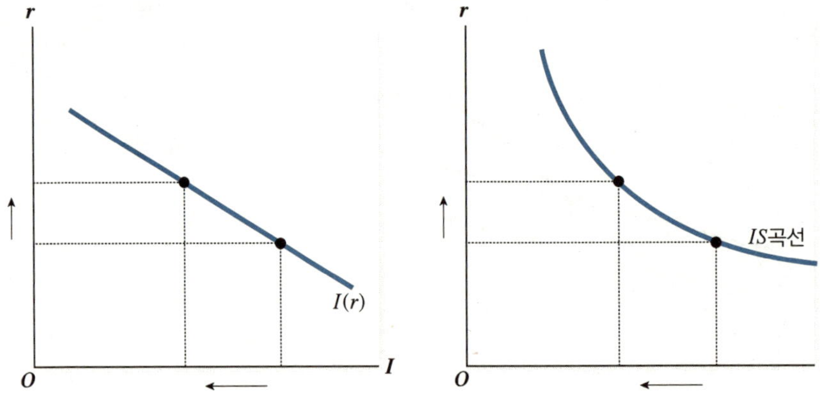

투자함수와 *IS*곡선

이자율이 상승할 경우에는 투자수요의 증가를 가져오기 때문에 계획된 지출은 하방으로 평행이동하게 된다. 그로 인해 균형국민소득은 줄어들게 된다.

의 감소를 가져오기 때문에 계획된 지출은 하방으로 평행이동하게 된다. 그로 인해 균형국민소득은 줄어들게 된다. 이와 같은 상황을 그래프로 표현하면 〈그림 3-4〉와 같다. 이 두 개의 그래프를 통해서 투자와 이자율 간 변화가 산출량(소득)과 이자율에 미치는 관계를 나타내는 *IS*곡선을 도출할 수 있다.

〈그림 3-4〉를 보면 소득을 결정하는 투자수요는 이자율에 대해 감소함수의 형태를 가진다. 앞에서 승수효과에서 다루었던 것처럼 만약 이자율이 감소할 경우 투자수요는 증가하게 되고, 그로 인해 가처분소득의 증대 및 한계소비성향의 변화에 따라 소득은 기하급수적으로 증가한다. 그러나 이자율이 상승할 경우 투자수요의 감소는 저축수요의 증가를 가져오고 그로 인해 한계저축성향에 의해 오히려 소득은 감소하게 되는 특징을 보여주고 있는 것이다.

이제 *IS*곡선의 도출을 식으로 재정리해보도록 하겠다. 이 모형에서도 소

5. 케인즈의 교차(Keynesian cross)도표라고 불린다.

득은 단순한 케인즈 모형에서와 같이 총수요의 크기와 같게 정해진다. 그리고 총수요를 구성하는 항목들 또한 소비, 투자, 정부지출, 해외부문 순수요로 구성되어 있다. 여기서 화폐 및 금융시장의 도입에 의해 이자율은 내생적으로 변화될 여지를 주기 때문에 결국 이자율의 영향을 받는 소비 및 투자 수요 역시 내생적으로 변화하여 총수요에 영향을 준다. 이외에도 정부지출, 해외부문 순수요의 경우 마찬가지로 외생변수로 존재한다. 이 모형에서 소비수요는 가처분소득과 이자율의 함수로서 다음과 같이 정의된다.

$$C^D = C(\underset{\oplus}{Y - T}, \underset{\ominus}{r}) \tag{3.8}$$

식 (3.8)은 소비는 가처분소득의 증가함수이고, 이자율에 대한 감소함수라는 것을 가정한다. 이는 소득 증가 시 소비도 증가하나 이자율이 증가하면 소비하는 것보다 저축을 함으로써 이자 상승 부문만큼 미래의 소득을 기대하기 때문에 소비를 줄이게 되는 것을 말한다. 소비수요 이외에도 투자수요 역시 이자율의 영향을 받는다. 여기서 투자수요는 이자율의 감소함수의 형태를 취하는데, 이는 이자율이 투자의 기회비용이 되기 때문이다. 즉, 이자율 상승 시 투자하기보다는 금융기관에 맡겨두었다면 이자수입을 얻는 것이 더욱 이득이 되기 때문이다. 따라서 이자율이 증가하면 투자수요는 감소된다. 따라서 투자수요함수는 다음과 같이 정의된다.

$$I^D = I(\underset{\ominus}{r}) \tag{3.9}$$

이 모형에서도 재정지출, 순수출은 여전히 외생변수로 주어져 있다고 본다. 이제 총수요 결정식과 함께 국민소득의 결정식을 도출하기 위해 한 가지 더 고려해야 한다. 그것은 총수요의 크기와 같은 크기로 소득이 정해진다는 것이다. 이 점을 고려하면 국민소득 결정식은 다음과 같이 정의된다.

$$Y = C(Y - T,\ r) + I(r) + G + NX \tag{3.10}$$

한편, 국민소득은 소비, 저축 그리고 조세납부에 쓰이기 때문에 다음과 같은 관계가 성립된다.

$$Y = C + S + T \tag{3.11}$$

우선 식 (3.11)을 변형하면 저축은 가처분소득과 이자율의 증가함수임을 알 수 있다. 이는 $S = (Y - T) - C(Y - T,\ r)$로 표현될 수 있다. 소득이 증가하면 미래에 대한 기대소득을 위해 저축을 늘리고, 이자율이 상승할 경우 저축 시 발생되는 이자소득이 높아지기 때문에 저축을 늘린다는 것이다. 그리고 식 (3.10)은 (3.11)과 서로 같아야 하기 때문에 다음과 같은 관계가 성립될 수 있다. 이는 식 (3.12)와 같다.

$$S(Y - T,\ r) = I(r) + [G - T] + NX \tag{3.12}$$

식 (3.12)에서 좌변은 저축함수를 나타낸다. 그리고 식 (3.12)는 외생변수인 재정지출에서 세금을 뺀 재정수지와 해외부문의 순수요가 주어진 상태에서 저축과 투자가 일치하는 점에서 소득과 이자율이 정해지게 된다는 것을 보여준다. 다시 말하자면, 저축과 투자가 균형을 이루려면 소득과 이자율이 어떤 관계에 있어야 하는가를 나타낸다. *IS*곡선은 결국 이자율이나 소득이 변동됨에 따라 저축과 투자가 균형을 이룬 상태에서 어떻게 다시 소득이나 이자율을 변동시키는가를 보여주는 셈이 되는 것이다. 예를 들면 소득이 증가했을 경우 저축이 늘어남에 따라 자원을 빌려주려는 사람이 빌리려는 사람보다 많아지기 때문에 이자율이 하락하게 된다. 이자율이 하락해야 저축과 투자의 불균형을 해소하고 균형으로 돌아가기 때문이다. 이처럼 *IS*곡선은 저축과 투자가 균형을 이룬 상태에서 소득과 이자율 간의 감소함수의 형태를 취한다. 만약 투자수요가 이자율에 대해 민감하게 반응한다면 *IS*곡선의 기울기는 완만해진다. 그리고 *IS*곡선은 재정지출 또는 수출이 증가하면 오른쪽으로 이동하고, 조세 또는 수입이 증가하면 왼쪽으로 이동한다. 앞에서 단순 케인즈 모형에서 보았듯이 외생변수로서의 재정지출이 증가하면 이자율에 변화를 주지 않고 소득이 상승하기 때문에 *IS*곡선 또한 오른쪽으로 이동하게 되는 것이다. 이런 *IS*곡선은 실물경제로 대표되는 소득 결정식에서 내생변수로 작용하여 이자율과 소득의 관계를 규명 지음으로써 실물시장, 즉 생산물시장에서의 균형을 내포한다.

1.2.4 *LM*곡선

여기서 제시할 *LM*곡선은 금융 및 화폐시장이 도입됨에 따른 이자율 변동에 영향을 미치는 관계를 설명하기 위함이다. 보다 자세한 내용은 통화정책 부문에서 다루게 될 것이므로 단순 금융 및 화폐시장의 균형조건과 이것이 소득과 이자율 사이에서 어떤 관계를 보여주는 것인지에 대해서만 설명할 것이다. 통화공급과 통화수요의 균형관계를 보여주는 *LM*곡선을 나타내는 식은 다음과 같다.

$$\frac{M^0}{\overline{P}} = L(\underset{\ominus}{r}, \underset{\oplus}{Y}) \tag{3.13}$$

식 (3.13)의 우변은 화폐에 대한 수요, 즉 화폐 자체에 대한 수요가 아닌 화폐가 가지는 구매력에 대한 수요이다. 화폐가 지닌 구매력은 화폐금액을 물가로 나눈 실질잔고(real balance)로 표시된다. 실질잔고에 대한 수요는 소득의 증가함수이고 이자율에 대해 감소함수이다. 그리고 좌변은 화폐공급을 보여준다. 화폐의 공급은 중앙은행의 판단에 따라 정해지는 것으로 가정한다. 종합해보면 실질잔고의 공급량이 주어져 있을 때, 즉 $P=\overline{P}$로 정해져 있을 때, 소득이 증가하면 이자율이 상승하고 이자율이 하락하면 소득이 감소해야만 실질잔고에 대한 수요와 공급이 균형임을 알 수 있다. 따라서 화폐시장의 균형을 보장하는 소득과 이자율은 같은 방향으로 움직인다는 결론을 내릴 수 있으며 〈그림 3-5〉와 같다. 덧붙여 설명하자면 실질잔고의 공급이 주어진 상황에서 소득이 증가함에 따라 화폐시장에 초과수요가 발생될 때 이자율이 얼마나 상승해야 화폐시장이 균형을 회복하는가를 나타내는 것이다.

그림 3-5

화폐시장의 균형 곡선(*LM* curve)

소득이 증가하면 이자율이 상승하고 이자율이 하락하면 소득이 감소해야만 실질잔고에 대한 수요와 공급이 균형임을 알 수 있다. 따라서 화폐시장의 균형을 보장하는 소득과 이자율은 같은 방향으로 움직인다.

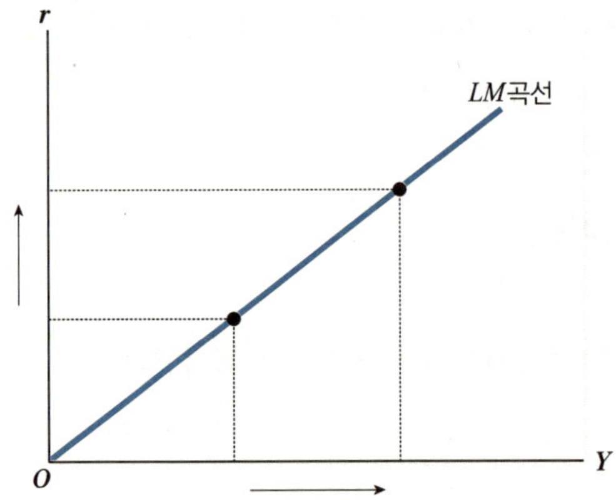

1.2.5 총수요곡선의 도출[6]

IS–*LM*모형이 총수요곡선으로 어떻게 전환되는지 알아보기 위해 물가수준이 변화할 경우 *IS*–*LM*모형에 어떠한 변화가 일어나는지 살펴볼 필요가 있다. 주지하다시피, 총수요곡선은 물가수준과 국민소득의 관계를 나타낸다. 쉽게 말해 물가가 상승했다는 것은 소득이 하락했음을 의미하고, 통화공급이 증가할 경우 총수요곡선은 오른쪽으로, 감소할 경우 왼쪽으로 이동하게 된다.

지금까지 알아본 *IS*–*LM*모형을 토대로 이제 총수요곡선을 도출할 수 있다. 상기에서 논의한 바와 같이 *IS*와 *LM*은 균형을 이루는 상태에 각각 이자율과 소득의 관계를 보여준다. 재화 및 용역 시장을 보여주는 *IS*곡선과 화폐시장의 균형을 나타내는 *LM*시장의 균형점에서 이자율과 총수요가 정해진다. 여기서 유의할 점은 바로 물가가 변화할 때 총수요가 어떻게 달라질 것인가 하는 것이기 때문에 물가를 변화시킨 후 그에 따른 총수요의 변화양상이 무엇인지 공부해보자.[7] 만약 물가가 하락하면 이는 화폐시장에 영향을 미친

6. 이병락 옮김(2007) 참조.
7. 여기서 추가 가정은 초기 설정된 물가가 고정되어 있는 점이 변화하게 되며 기대인플레이션은

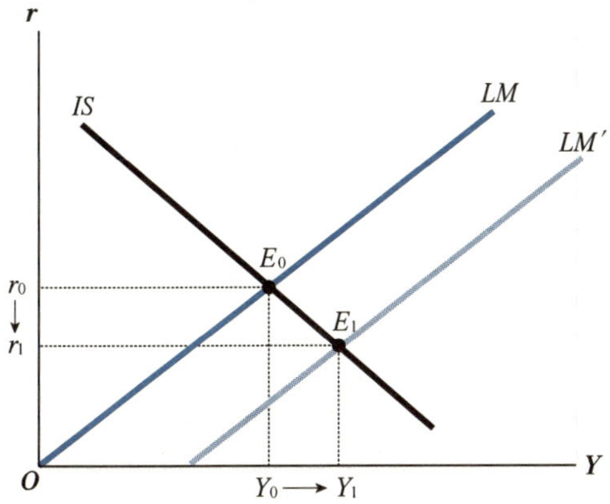

그림 3-6

⇨ *IS–LM*곡선에서의 *LM*곡선 이동

총수요곡선은 물가수준과 국민소득의 관계를 나타낸다. 즉, 물가가 상승했다는 것은 소득이 감소했음을 의미하고, 통화공급이 증가할 경우 총수요곡선은 우측으로, 감소할 경우 좌측으로 이동하게 된다.

다. 명목통화가 고정되어 있는 상황에서 물가의 하락은 실질잔고의 공급을 증가시키고 결국 국민소득이 증가하게 된다.

그로 인해 〈그림 3-6〉에서 물가수준이 감소하면 실질화폐잔고의 공급은 증가하고, 이로 인해 *LM*곡선은 우측으로 평행이동하게 된다. 그 결과 이자율은 하락하고 총수요는 상승하게 된다. 따라서 물가와 총수요는 반대방향으로 움직인다는 결론을 내릴 수 있다. 이런 관계를 〈그림 3-7〉로 나타낼 수 있는데 가로축은 총수요, 세로축은 물가를 나타낸다. 〈그림 3-7〉에서 보면 가격은 P_0에서 P_1으로 하락하며 총수요는 Y_0에서 Y_1으로 증가하게 된다. 그림에서 볼 수 있듯이 총수요와 물가의 관계는 우하향하는 형태의 곡선으로 그려진다(부의 관계). 이 우하향하는 곡선을 총수요곡선(aggregate demand curve)이라고 부르는데 이를 *AD*곡선으로 표시한다.

다시 말해, 총수요곡선은 물가수준을 변화시켜 소득에 나타나는 변화를 살펴보려는 경우 *IS–LM*모형에서 비롯되는 일련의 균형점들을 나타낸다. 왜 이런 형태를 가지게 될까? 이를 경제학적으로 음미해보면 3가지 효과에 따라

0이라는 것이다. 따라서 피셔방정식에 의한 실질이자율은 명목이자율과 기대인플레이션의 합으로 나타내는데 기대인플레이션이 0이므로 실질이자율은 명목이자율과 같게 된다. 그리고 명목통화는 중앙은행의 판단에 의해 정해지고 또한 M^0로 고정되어 있다고 본다.

그림 3-7

총수요곡선

총수요곡선은 물가수준을 변화시켜 소득에 나타나는 변화를 살펴보려는 경우 *IS–LM*모형에서 비롯되는 일련의 균형점들을 나타낸다.

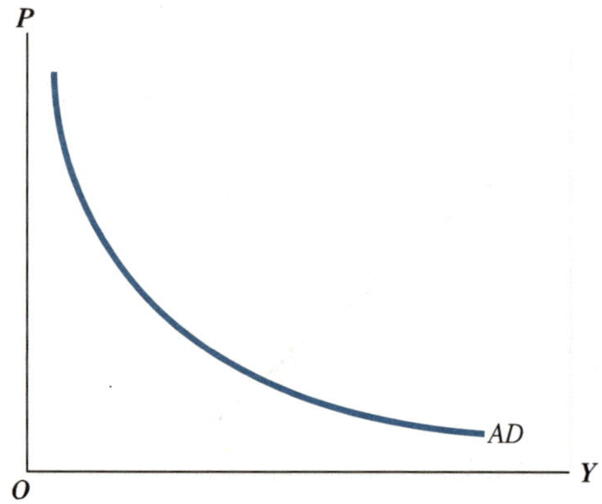

발생된다. 첫째, 소비의 자산효과이다. 이는 물가가 하락하면 실질잔고의 공급량이 증가함을 의미한다. 실질잔고의 공급량이 증가하면 각 경제주체들이 원래의 상황에서 최적이라고 판단해 보유하려던 것보다 더 많은 양의 실질잔고를 보유하게 되는 상황이라 인식함에 따라 소비를 증가시키는 것을 말한다. 둘째, 이자율 효과인데, 물가가 하락하면 이자율이 하락하게 되고, 이에 따라 차입비용이 감소하여 투자지출이 증가하게 된다. 마지막으로, 환율효과인데, 물가수준의 하락은 이자율 하락을 동반하고, 이는 자국화폐의 실질환율을 절하시키는 작용을 하여 결국 순수출이 증가함에 따라 총수요가 증가하게 된다. 따라서 물가의 하락은 3가지의 효과에 의해 총수요의 증가를 발생시킨다는 결론에 도달한다. 바로 이것이 총수요곡선이 우하향하는 까닭이다.

1.2.6 총수요와 수량방정식

화폐수량이론을 통해서 총수요 측면의 수량방정식을 살펴볼 수 있다.

$$MV = PY \tag{3.14}$$

M : 통화공급, V : 화폐유통속도, P : 물가수준, Y : 생산량

화폐유통속도가 일정한 경우 위의 방정식에 의하면 통화공급의 생산량이 명목가치를 결정하며, 이는 물가수준과 생산량의 곱이 된다. 화폐수량방정식을 실질화폐잔고의 공급과 수요의 관점에서 나타내면

$$\frac{M}{P} = \left(\frac{M}{P}\right)^d = kY \tag{3.15}$$

이고, 여기서 $k = \frac{1}{V}$이며 이는 각 소득에 대해 사람들이 보유하고자 하는 화폐의 양을 결정한다. 위의 식에 의하면 실질화폐잔고의 공급 $\frac{M}{P}$은 수요 $\left(\frac{M}{P}\right)^d$와 일치하며 수요는 생산량 Y에 비례한다. 화폐유통속도 V는 통화수요 매개변수 k의 다른 면이라고 할 수 있다.

통화공급이 일정한 경우 상기 화폐수량방정식에 의하면 물가수준 P와 생산량 Y는 부의 관계에 있다. 이 경우 화폐수량방정식을 만족시키는 P와 Y의 결합을 나타내면 〈그림 3-7〉과 같다. 〈그림 3-7〉에서 보듯이 총수요곡선의 기울기가 하향하는 이유는 수학적으로 쉽게 표현할 수 있다. 통화공급 M과 화폐유통속도 V가 생산량의 명목가치 PY를 결정하므로 PY가 일정한 경우 P가 증가하면 Y가 감소하여야 한다.

1.2.7 총수요곡선의 이동

통화공급이 고정되어 있는 경우, 위에서 보듯이 총수요곡선을 도출할 수 있다. 쉽게 말해, M이 주어진 경우 P와 Y의 결합을 연결하면 총수요곡선이 된다. 만약 중앙은행이 통화공급을 변화시키면 P와 Y의 결합도 변화하여 총수요곡선이 이동한다. 예를 들어 중앙은행이 통화공급을 감소시키면 $MV = PY$에 의해 생산량의 명목가치 PY는 비례적으로 감소한다. 생산량이 주어진 경우 물가수준이 감소하고, 물가수준이 주어진 경우 생산량이 감소한다. 따라서 총수요곡선은 좌측으로 이동한다. 반면, 중앙은행이 통화공급을 증가

그림 3-8

총수요곡선의 이동

만약 중앙은행이 통화공급을 변화시키면 P와 Y의 결합도 변화하여 총수요곡선이 이동한다.

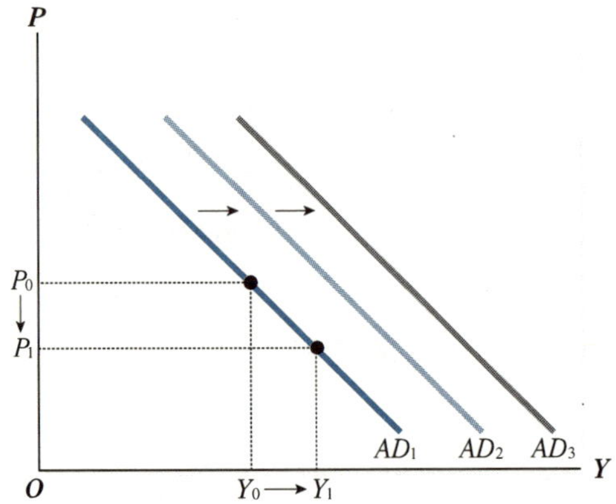

시키면 상황이 역전되어 총수요곡선은 우측으로 이동한다.

그렇다면 총수요곡선이 이동할 수 있는 이유는 무엇일까? 먼저 총수요곡선은 물가에 대해 마이너스의 기울기를 갖는다. 그러나 주어진 물가수준에서 다른 변수들도 재화와 서비스의 수요량에 영향을 미친다. 즉, 총수요를 구성하는 여타 변수들 중에 어느 하나가 변하게 되면 총수요곡선이 이동하게 되는 것이다. 예를 들면 *IS*곡선과 *LM*곡선이 만나는 점에서 균형이자율과 총수요가 결정이 되는데, 물가수준의 변동에 따라 이자율의 변화가 총수요의 변화로 이어지는 과정은 총수요곡선 상에서 물가와 산출량의 관계를 보여주는 것이다. 따라서 곡선 상의 어떤 한 점에서 다른 한 점으로의 이동에 해당되는 것이지만 재정지출과 같은 변동에 의해 *IS*곡선의 이동은 곧 바로 총수요곡선에 영향을 미쳐 총수요곡선이 이동하게 된다는 것이다. 〈그림 3-8〉은 총수요의 변화를 나타내고 있다.

〈그림 3-8〉의 총수요곡선은 〈그림 3-6〉의 *IS*-*LM*모형의 결과를 단순히 정리한 것이므로 *IS*곡선 혹은 *LM*곡선을 이동시키는 충격은 총수요곡선도 이동시킨다. 예를 들어 통화공급이 증가하면 *IS*-*LM*모형 상태의 소득을 증대시키며 총수요곡선을 오른쪽으로 이동시킨다. 정부구매가 증가하거나 조세가 감소하는 경우도 동일하다. 반대로 통화공급, 정부구매가 감소하거

나 조세가 증가하면 *IS-LM*모형 상의 소득을 감소시켜 총수요곡선을 왼쪽으로 이동시킨다.

종합해보면 물가의 변화는 화폐시장에 영향을 미치며, 그로 인해 *LM*곡선이 이동하게 되고, 이로써 재화 및 용역 시장을 나타내는 *IS*곡선과 새로운 균형점을 형성하게 된다. 위에서 논의한 것처럼 물가는 총수요와 반대방향으로 움직이며, 총수요는 물가에 대해 감소함수의 형태를 가진다.

*IS-LM*모형은 물가수준이 고정되어 있는 단기에 있어서의 경제를 설명하기 위해 도출되었다. 경제의 장기적인 분석을 위해 *IS-LM*모형을 사용하는 경우, 소득결정에 있어 케인즈학파와 고전학파가 어떻게 다른지 알 수 있다.

*IS-LM*모형과 총공급 및 총수요 모형에서 단기에 물가수준이 고정되어 있다고 가정한다. 재화 및 용역에 대한 수요가 자연율 수준에 미달하는 경우, 물가는 하락하고 경제는 자연율 수준으로 상승하게 된다. 그리하여 물가가 상승하면 경제는 장기균형점을 찾아가고, 그 점에서 재화 및 용역의 수요량과 자연율의 생산량이 일치하게 된다. 이 장기균형은 *IS-LM*모형에서도 달성이 된다. 즉, 물가수준이 하락하면 실질화폐잔고가 증가하여 *LM*곡선이 오른쪽으로 이동한다.

여기서 국민소득 결정에 대해 케인즈학파와 고전학파의 가정을 살펴보자. 케인즈학파의 가정은 물가수준이 고정되어 있다는 것이다. 생산량은 통화정책, 재정정책, 기타 다른 총수요 결정요소에 의존하며 자연율을 벗어날 수 없다고 본다. 반면, 고전학파는 물가수준이 신축적이라고 가정한다. 즉, 물가수준은 국민소득이 언제나 자연율 수준에 있도록 조절된다. 두 가정 중 어느 가정이 적절한지는 기간에 달려 있다. 고전학파의 가정은 장기를 잘 설명할 수 있고 케인즈학파는 단기를 잘 설명할 수 있는 것이다.

1.2.8 총공급곡선

총수요곡선 하나만으로는 한 경제의 물가수준이나 생산량을 알 수 없다. 여기서는 총수요곡선을 교차하는 *P*와 *Y*의 또 다른 관계인 총공급곡선에 대해 알아보고자 한다. 총수요곡선과 총공급곡선은 함께 물가수준과 생산량을 결정한다.

총공급은 공급되는 재화 및 용역량과 물가수준의 관계를 나타내며, 총공급함수는 그 나라 경제가 생산하는 재화와 용역의 총량을 그것에 영향을 주는 요인들의 함수형태로 나타낸 것을 말한다. 총공급곡선을 제대로 이해하기 위해 총생산함수, 요소투입량의 결정, 총생산물과 물가 간의 관계를 알아야 한다. 보다 자세한 내용은 거시경제학에서 참고하도록 하고, 우리가 관심을 가지는 케인즈의 재정정책의 실효성을 판단할 기준이 되는 총공급곡선의 형태에 대한 기본적인 가정과 함께 물가와 어떤 관계를 가지는가를 알아봄으로써 총수요곡선과 관계하여 재정지출이 이루어졌을 경우 어떻게 총수요 및 소득, 그리고 물가 등을 변화시키는지 살펴보고자 한다.

재화와 용역을 공급하는 기업은 장기적으로 신축적인 가격을 유지할 수 있지만 단기적으로는 비신축적인 가격을 유지하므로 총공급곡선은 고려하는 기간에 따라 다른 형태를 띠게 된다. 지금부터 단기, 장기의 2개의 총공급곡선과 단기에서 장기로 전환되는 과정에 대해 검토할 것이다.

케인즈의 총공급곡선은 초단기에서는 수평형태를 띠고 장기로 갈수록 우상향하는 형태로 변화하다 수직선으로 변화한다고 하였다. 케인즈는 대공황을 몸소 체험함으로써 총공급곡선을 중요한 요인으로 여기지는 않았다. 넘쳐흐르는 실업자와 유휴설비가 있는 상황에서 재화 및 용역에 대한 수요만 존재한다면 바로 놀리던 설비 및 노동력을 투입하여 제품을 판매할 수 있다고 생각했기 때문이다. 즉, 주문만 있다면 즉시 제품을 공급할 환경이 조성되어 있다고 말할 수 있다. 이 경우 재화와 용역의 공급곡선이 수평선을 이룰 것이다. 왜냐하면 수요가 증가하더라도 곧바로 그에 맞추어 생산량이 증가될 것이므로 제품가격이 상승한다는 요인은 없다고 볼 수 있기 때문이다.

단기적으로 가격은 비신축적이므로 수요의 변화에 따라 조절될 수 없다. 이런 비신축성 때문에 단기 공급직선은 수평선이다. 이렇게 총공급곡선이 수평으로 주어진다는 것은 주어진 물가수준 하에서 재화의 공급이 완전 탄력적이고, 이는 수요의 증가는 물가가 고정된 상태에서 생산량만 늘릴 수 있음을 시사한다. 이런 단기적 상황에서 시간이 지나면 제품 및 용역, 그리고 생산요소의 수요가 증가하게 되며, 이는 물가의 상승을 유발한다. 반대 상황의 예로 중앙은행이 갑자기 통화공급을 감소시키는 경우를 살펴보자. 이 경우 총수요곡선이 좌측으로 이동하는데 단기에 총공급곡선은 수평선이므로 균형점이 좌측으로 이동하게 되고, 결국 생산량이 감소한다. 가격이 즉각적으로 조절되지 않기 때문에 총수요가 감소할 경우 단기적으로 생산량이 감소하는 것이다.

다시 이전의 예(수요의 증가)를 살펴보자. 총공급에 영향을 주는 노동시장 역시 노동공급곡선이 수평[8]이기 때문에 물가의 상승에 따른 실질임금이 낮아짐에도 불구하고 그와 같이 임금이 오르지 않는다. 이때 기업가의 입장에서 더 싼 가격으로 노동력을 가질 수 있으므로 노동에 대한 수요가 증가함

그림 3-9

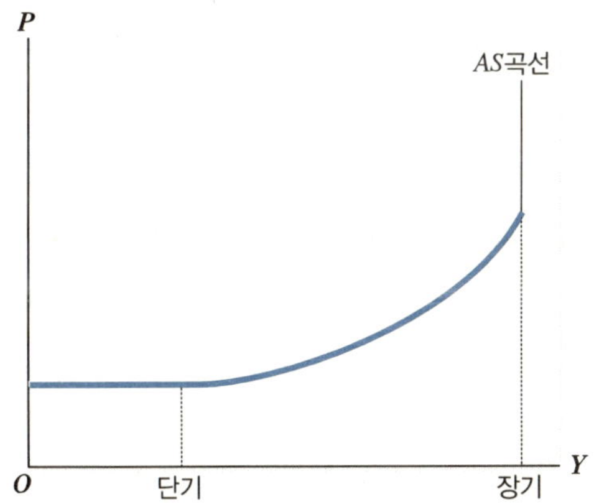

케인즈 가설 하에서의 총공급곡선

케인즈의 총공급곡선은 초단기에서는 수평형태를 띠고 장기로 갈수록 우상향하는 형태로 변화하다 수직선으로 변화한다. 즉, 일정 시점이 되면 경제 안에서 완전고용 수준에 도달하게 되며, 물가가 올라가도 생산량은 더 이상 늘어나지 않게 되므로 총공급곡선이 수직선이 된다.

8. 노동공급곡선이 수평인 까닭에 대해 케인즈는 노동자들은 임금이 얼마가 되는가를 중요하게 여길 뿐 그 임금이 얼마만큼의 구매력을 가지는가에는 관심이 없다고 보았다. 즉, 주어진 임금수준에서 일하고자 하는 사람이 많은 이유를 들며, 경기가 나빠 모두 다 채용이 되지 않더라도 임금을 깍이는 것보다는 차라리 실업자로 남길 바란다고 보았기 때문이다. 그리고 노동 수요자는 기업에 의해 정해지며 기업가는 노동의 한계생산성이 실질임금과 같아지는 점에서 고용을 한다고 하였다.

에 따라 생산량이 증가한다. 따라서 수평 이후 어느 일정 기간 동안 총공급곡선은 우상향하는 모습을 가진다. 마지막으로 일정 시점이 되면 그 경제 안에서 완전고용 수준에 도달하게 되며, 물가가 올라가도 생산량은 더 이상 늘어나지 않게 되므로 총공급곡선이 수직선이 된다. 이런 위의 가설을 설명하는 총공급곡선은 〈그림 3-9〉와 같다.

1.2.9 고전학파 대 케인즈학파의 *IS-LM*모형 해석[9]

고전학파의 모형에서는 경제가 장기적으로 어떻게 운영되는지를 설명하고 있기에 장기 총공급곡선을 그들로부터 도출할 수 있다. 이들은 한 경제의 생산량은 물가수준이 아닌 자본 및 노동의 고정된 양과 기술에 의존한다고 하였다. 따라서 생산량은 모든 물가수준에서 같기에 수직적인 총공급곡선이 도출된다. 이때 수직적인 총공급곡선과 총수요곡선이 만나는 점에서 물가수준이 결정된다. 수직적인 총공급곡선은 생산량이 통화공급과 독립적이라는 것을 의미하고, 이 장기적인 생산량 수준을 생산량의 완전고용 혹은 자연수준이라고 일컫는다. 이는 자연실업률 상태에서의 생산량 수준을 의미한다.

한 경제 내에서 어떤 종류의 경제적인 교란이 발생할 경우 케인즈학파와 고전학파 모두 균형으로 돌아간다는 것에 대해서는 동의하지만 속도에 대해서는 다른 시각을 가지고 있다. 가격이 신축적이라는 고전학파 가정 하에서는 조정과정이 빠르게 나타난다. 이때 경제는 효율적으로 스스로 교정되고, 충격에 의해 일반균형에서 벗어나더라도 곧 자동적으로 완전고용으로 되돌아간다. 예를 들어 기업이 수요 증가에 대해 일시적으로 생산을 증가시키는 대신 가격 인상으로 반응하면 조정과정은 거의 즉각적인 것이 된다. 하지만 이와 반대 입장인 케인즈학파의 견해에 따르면, 가격의 느린 조정으로 인해 일반균형이 회복되는 데에는 매우 긴 시간이 소요되고, 이는 수년이 걸릴지도 모른다.

9. 박성훠 외 옮김(2012) 참조.

고전학파와 케인즈학파는 화폐의 중립성(monetary neutrality)에 대해서도 대립적인 견해를 보이는데, 이는 가격조정의 속도 견해 차이에서 비롯된다. 경제가 얼마나 빨리 일반균형에 도달하는가의 문제는 명목 화폐공급의 변화가 경제에 어떤 영향을 미치는가의 문제와 밀접하게 연관이 되어 있다. 명목 화폐공급의 변화가 물가수준만 비례적으로 변화시키고 실질변수에는 아무런 영향을 미치지 않으면, 이는 화폐가 중립적이라고 말한다. 고전학파는 통화팽창은 빠르게 가격으로 이전되며 실질변수에 대해서는 일시적인 영향을 미친다고 생각했기에 단기에서도 화폐는 중립적이라는 견해를 수용하고 있다. 반면, 케인즈학파는 경제의 불균형이 장기간 유지되기에 이 기간 동안 화폐공급의 증가는 산출량과 고용을 증가시키고 실질이자율을 하락시킨다고 본다. 즉, 단기에는 화폐의 중립성이 성립하지 않는다고 생각하고, 장기적으로 가격이 완전히 조정된 후에는 화폐가 중립적이라는 데 동의하고 있다.

토의과제

01. 소비와 저축의 양을 정하는 데 있어서 가처분소득의 중요성과 소비와 저축의 양을 결정하는 요소에 대해 설명하시오.

02. 승수효과의 정의와, 한계소비성향과 한계저축성향의 관계에 대해 설명하시오.

03. 케인즈의 거시경제이론의 특징과 시대적 흐름을 설명하시오.

04. 단순소득결정모형의 기본체계 및 소득결정과정을 설명하시오.

05. *IS*곡선의 도출과정 및 소득결정과정, 이동요인을 설명하시오.

06. *LM*곡선의 도출과정 및 소득결정과정, 이동요인을 설명하시오.

07. *IS*-*LM*모형의 기본과정 및 소득결정과정을 설명하시오.

08. 총수요곡선의 도출과정과 그래프의 모양을 설명하시오.

09. 경제에 대한 장기적인 관점으로 *IS*–*LM*모형을 사용하는 경우, 고전학파와 케인즈학파의 시각 차이에 대해 설명하시오.

10. 총공급곡선의 도출을 케인즈적 관점에서 설명하시오.

핵심단어

소득
저축
소비
가처분소득
평균소비성향
평균저축성향
한계소비성향
한계저축성향
기대수익률
승수효과
케인즈학파
고전학파
신고전학파
단순소득결정모형
소비수요
투자수요
한계소비성향
균형국민소득
절약의 역설
*IS*곡선
*LM*곡선
IS–*LM*모형
총수요곡선
소비의 자산효과
이자율 효과
환율효과
총공급곡선
화폐의 중립성

제2절 재정정책의 메커니즘

2.1 의의 및 수단

재정은 국가의 경제활동으로서 국가 및 공공단체가 공공의 욕구(후생극대화)를 위해서 필요한 수단을 조달, 관리, 사용하고 국민경제의 질서유지와 민간경제의 비합리성을 시정 및 보완하는 정부의 경제활동을 분석 및 평가하는 것이다.

정부가 어떤 경제목표를 달성하기 위해 가장 직접적으로 이용할 수 있는 수단이 정부지출과 조세징수이며, 이와 관련된 정부의 제반 정책을 재정정책(fiscal policy)이라 한다. 재정경제부, 국세청 등이 재정정책을 집행 · 결정하는 주요 기관이라 할 수 있다.

정부지출의 종류로는 먼저, ① 재화 및 용역을 구입하기 위한 지출을 들 수 있다. 이는 정부지출이 증가하면 그 자체가 국민소득을 증가시킨다는 것을 의미한다. 예를 들면 정부의 소비지출(경상지출, current expenditure : 공무원의 급료 등)과 공공투자를 위한 투자지출(자본지출, capital expenditure : 도로 등 공공사업에 대한 투자나 교육에 대한 투자, 사회간접자본에 대한 지출)로 구성된다.

다음으로, ② 특정한 개인이나 단체에 대해 지출하는 보조금(subsidy)을 들 수 있다. 이는 이전지출(transfer payment)이라 불리며, 직접 국민소득을 증가시키지 않지만 수혜자는 이를 근거로 소비 또는 투자를 증대시키기 때문에 궁극적으로 국민소득을 증대시킨다. 예를 들면 실업자, 노령자, 질환자 등 개인에 대한 이전지출과, 수출보조금, 투자보조금 같은 기업이나 단체에 대한 이전지출로 구분된다. 마지막으로, ③ 직접 또는 간접으로 민간에게 대여하는 것을 들 수 있다. 예를 들면 중소기업은행이나 수출입은행을 통해 재정자금을 대여하는 것이다. 이러한 정부지출의 특징은 직접효과와 간접효과로 나눌 수 있다. 직접효과는 재정정책의 수단에 따른 지출이 이루어졌을 경우 국민소득에 바로 영향을 미치는 경우이다. 그 예로는 종류 ①과 같은 경우로 재화 및 용역의 직접 구입의 변화분이 승수효과에 따라 바로 국민소득의 변화로 이어지는 것을 말한다. 한편, 간접효과의 경우 ②나 ③과 같이 이전지출의 형태를 띠고, 이전지출의 혜택을 받은 자로 하여금 가처분소득의 상승을 유발하며, 그로 인해 소비의 증가에 따른 생산품의 수요 증대를 유발함으로써 국민소득을 증진시키는 형태로 변화를 가진다.[10]

과세대상이 되는 부 또는 소득을 세원(tax base)이라 하며, 과세대상인 세원의 크기에 대한 조세징수액의 비율을 세율(tax rate)이라 한다. 세원에 따라 직접세(개인소득세, 재산세, 상속세 등)와 간접세(물품세, 관세 등)로 구분된다. 간접세의 부담은 타인에게 전가될 수 있어 조세의 전가(귀착) 문제를 야기한다. 직접세는 조세 저항이 나타날 수 있는 반면, 간접세는 조세 저항이 작고 징수가 손쉬워 정부는 직접세 대신 간접세를 선호한다. 세율에 따라서는 비례세, 누진세, 역진세로 구분할 수 있다. 개인소득세는 누진세, 간접세는 역진세이다.

조세는 국가를 운영하기 위한 재원을 충당하기 위해 국민으로부터 세금을 거두는 것을 의미한다. 역사적으로 볼 때 조세정책은 그 나라의 흥망을 좌우한 경우가 많았다. 우리나라도 삼국시대에서부터 조선시대에 이르기까지 조세 저항에 따른 반란이 자주 발생하였고, 결국 나라의 근간을 뒤흔드는 상황이 연출된 적도 많았다.

과거에는 세금을 거두어들이는 부분 중 상당액이 왕실의 재정을 위한 경비로 많이 이용되었다. 이런 점에서 세금은 권리라기보다는 단지 의무의 대상처럼 생각되었을 것이다. 보다 자유로운 권리를 원하는 사람들이 많이 생겨나고 보다 합리적인 이유가 아니라면 세금을 내지 않을 수도 있었다. 이런

---

10. 직접효과 : $\Delta G \Rightarrow \Delta Y \uparrow$

간접효과 : $\Delta G \uparrow \Rightarrow \Delta C(Y-T) \uparrow \Rightarrow C \uparrow \Rightarrow \Delta Y \uparrow$

(G : 정부지출, $C(Y-T)$: 가처분소득, C : 소비, Y : 국민소득)

과정들 속에 현대로 오면서는 납세자의 권리가 보다 강화된 측면이 없지 않다. 합리적인 이유, 즉 법에 명시되어 있지 않다면 조세법률주의에 따라 세금을 거두어들일 수 없다. 현대는 납세자의 역량 강화로 세금을 거두어들이는 주체인 정부로서는 합리적인 조세정책 집행이 필수적일 수밖에 없고, 부당한 조세는 각 여론에 의해 비판을 받고 수정을 요구받게 된다.

조세는 정부재정지출의 재원을 충당하기 위한 가장 기초적인 수단이다. 대부분 국가의 정부세입 중 가장 큰 비중을 차지하고 있고 경제활동에 큰 영향을 미친다. 따라서 특정 국가경제를 이해하기 위하여 그 나라의 조세체계와 정책기조를 이해하는 것은 매우 중요한 일이다.

2.1.1 재정정책의 원칙

재정원칙을 살펴보면 다음과 같다. 적자재정(budget deficit)이란 정부지출이 조세수입보다 큰 경우를 말하고, 균형재정은 정부지출과 조세수입이 같은 경우, 흑자재정은 정부지출이 조세수입보다 작은 경우를 의미한다. 케인즈 이전에는 균형재정이 가장 바람직한 것으로 간주했었다. 케인즈는 총수요가 부족할 때 적자재정으로 실업을 해소하고 총수요가 과다할 때는 흑자재정이 바람직하다는 기능적 재정(functional finance)의 원칙을 주장했다. 즉, 경제대공황 때 케인즈의 주장에 따라 각국 정부가 적자재정을 편성하여 불황을 극복하였다. 그러나 경험적으로 이러한 기능적 재정의 결과 정부의 재정적자가 누적되는 예가 많았으며, 이는 미국, 유럽 등의 심각한 경제문제를 야기하였다. 왜냐하면 한번 늘린 정부의 지출은 다시 줄이기가 어렵기 때문이다. 이에 따라 최근 다시 균형재정 옹호론자의 목소리가 커지고 있다. 재정적자는 후손의 부담이므로 피해야 한다.

2.1.2 재정정책의 효과

재정정책의 효과를 살펴보면, 케인즈학파는 정부지출이 증가하면 국민소득도 증가하고, 조세수입이 증가하면 국민소득이 감소하게 되어 재정정책의 효과가 크다고 주장한다. 이에 비해 고전학파는 구축효과로 인해 재정정책의 효과가 없다고 주장한다. 여기서 구축효과(crowding-out effect)란 이제 금융부문을 고려하면 정부지출의 증가에 따른 소득 증가가 화폐에 대한 수요를 증가시켜 이자율이 상승하고, 이는 투자의 감소를 초래하여 정부지출의 효과가 줄어든다는 효과를 말한다. 이런 케인즈학파와 고전학파 간의 정부정책의 효과를 바라보는 관점이 다른 것은 실물경제의 메커니즘을 통해서 설명할 수 있고, 또한 정부 재정정책의 중요성을 강조한 케인즈학파의 거시경제모형을 도출하여 고전학파의 관점과 차별성을 비교할 수 있다.

2.2 정부지출과 재정

2.2.1 정부예산의 구성요소와 특징[11]

정부예산의 구성요소와 정부지출, 조세수입, 그리고 재정수지흑자 또는 재정수지적자 등 재정에 관하여 살펴보자. 정부지출이란 일정 기간 동안 정부가 재화와 서비스 수입에 지출한 총금액을 말하는데, 이는 정부구매, 이전지출, 순이자지급의 세 가지로 구성된다. 정부구매(G)는 정부가 재화와 서비스 및 자본재 구매에 사용하는 지출을 의미한다. 이전지출(TR)은 정부가 특정한 재화 또한 서비스를 대가를 받지 않고 개인에게 지급하는 지출을 의미한다. 예를 들면 사회보장연금 지출, 연금, 실업보험, 의료보장제도 등이 있다. 마지막으로 순이자지급(INT)은 정부가 국채 소유자에게 지불하는 이자에서 학자금 대출이나 농어민 대출 등과 같이 정부가 대출하고 받은 이자를 제한 금액이다. 이외에도 정부가 각종 상품의 생산이나 가격에 영향을 미치

11. 박성휘 외 옮김(2012) 참조.

기 위해 의도적으로 지출하는 정부지출과 같은 소규모 계정도 포함한다. 농산품 가격을 유지하기 위해 지급하는 보조금과 공공여객 운송제도를 위한 운임 장려금 등이 이에 해당한다.

정부의 재정수지 중 수입측면을 나타내는 것이 조세수입이다. 조세수입은 크게 개인세, 사회보험 납부금, 상품 및 수입품에 부과되는 세금, 법인세로 이루어져 있다. 이 중 개인세가 조세수입의 가장 큰 비중을 차지하며, 소득세, 개인세 등이 이에 해당한다. 조세수입 증가분 중 가장 큰 비율을 차지하는 것은 사회보험기금 납부액이다. 이는 노동자 봉급에 대해 고정비율로 부과되는 것으로 기부금 비율의 상승과 상한소득의 인상 등 두 가지 현상의 결과이다. 상품 및 수입품에 부과되는 세금은 생산물과 수입품에 대한 세금이다. 마지막으로 기업이윤에 대한 법인세는 최근 몇 년 동안 GDP의 2～3% 내외를 유지하고 있다.

매 기간 정부지출이 조세수입과 같을 필요는 없다. 만약 정부지출이 수입보다 많으면 재정수지적자가 되고, 반대로 수입이 지출보다 많으면 재정수지흑자가 된다. 이를 간단히 수식화하면 다음과 같다.

$$\begin{aligned} \text{재정수지적자} &= \text{정부지출} - \text{조세수입} \\ &= (\text{정부구매} + \text{이전지출} + \text{순이자지출}) - \text{조세수입} \\ &= (G + TR + INT) - T \end{aligned} \tag{3.16}$$

이와 비교하여 기초재정수지적자(primary government budget deficit)는 정부지출에서 순이자지출을 제한 것을 지출금액으로 고려한 것으로 다음과 같다.

$$\begin{aligned} \text{기초재정수지적자} &= \text{정부지출} - \text{순이자지출} - \text{조세수입} \\ &= (\text{정부구매} + \text{이전지출}) - \text{조세수입} \\ &= (G + TR) - T \end{aligned} \tag{3.17}$$

기초재정수지적자는 조세수입을 초과한 정부구매와 이전지출의 총합이며, 기초재정수지적자에 순이자지출을 더한 것은 재정수지적자와 같다. 이 두 적자의 개념은 서로 다르다. 일반적으로 재정수지적자는 정부차입금 규모, 즉 정부가 그해 차입해야 할 금액을 의미하고, 기초재정수지적자는 정부가 경상지출을 지급할 수 있는가를 의미한다. 기초재정수지적자가 0보다 크면, 정부구매와 사회 프로그램 지급액이 조세수입보다 큰 것을 의미한다.

정부구매는 정부투자와 정부소비지출로 구분되며, 재정수지적자는 경상적자(current deficit)와 기초경상적자(primary current deficit)로 구분된다. 경상적자는 식 (3.16)에서 정부지출을 정부소비로 바꾼 것이고, 기초경상적자는 여기서 이자지급을 뺀 것이다.

2.2.2 거시경제에서의 정부지출과 세금

재정정책이 거시경제지표에 영향을 미칠까? 경제학자는 정부지출과 조세수입 규모 결정이 생산, 고용과 같은 거시경제변수에 영향을 끼친다고 주장한다. 이 과정은 총수요, 정부자본 형성, 각종 유인제도를 통해 진행된다.

재정정책은 경제의 총지출 또는 총수요에 영향을 주기 때문에 경제활동에 영향을 미친다. *IS-LM*모형에서 정부지출의 증가는 국민저축을 감소시키고, *IS*곡선을 우측으로 이동시켜 총수요를 증가시킨다. 재정정책이 경기변동에 신속하게 대응한다는 것은 어려운 일이다. 왜냐하면 재정정책은 상대적으로 신축성이 상당이 결여되어 있고, 이를 수립하기 위해서는 오랜 정치적 의사결정을 거쳐야 하기에 때문이다. 쉽게 말해 비신축성과 시차 문제가 발생한다. 이 문제를 극복하는 한 가지 방법은 정부예산에 자동안정화 장치를 설정하는 것이다. 자동안정화 장치(automatic stabilizer)는 GDP가 하락할 때, 정부가 법률을 수정하지 않고 자동적으로 정부지출이 증가하거나 세금을 낮추도록 만들어진 예산조항이다. 예를 들어 이를 사용하면 GDP가 상승할 경우 직접적인 입법행위 없이 지출이 감소하거나 세금이 늘어나게 된다. 하지만 이 제도 또한 부작용이 존재한다. 비신축성과 시차의 문제점에 대해서는 대응을 할 수 있으나 정부의 재정수지적자가 경기침체 중 증가할 수 있다. 이는 GDP 하락 시 정부지출은 자동적으로 증가하는 반면, 세금은 자동적으로 감소하기 때문이다.

경제성장에 중요한 변수 중 하나는 도로, 교육, 의료와 같은 공공 경제기반시설이다. 따라서 정부가 보유하는 정부자본(government capital)의 형성은 재정정책이 거시경제에 영향을 끼치는 또 하나의 채널이 된다. 정부예산은 물적 자본 형성뿐만 아니라 인적 자본 형성에도 영향을 끼친다. 예를 들어 건강, 영양 및 교육에 대한 정부지출은 하나의 투자로, 미래 노동자의 생산성을 높이기 때문이다.

재정정책이 거시경제에 영향을 미치는 마지막 채널은 각종 인센티브의 부과이다. 특히 세금조절정책은 다양한 활동에 금전적 보상을 제공하여 경제활동에 영향을 끼칠 수 있다. 세금은 경제 인센티브를 바꾸기 때문에 경제활동 패턴을 변하게 한다. 자유경제의 보이지 않는 손이 적절히 작용하고 있다면 경제활동은 세금이 없을 때 가장 효율적인 성과를 가지고 온다. 따라서 세금부과에 따른 경제활동 변화는 경제후생을 감소시킨다. 이렇게 세금도입으로 인해 효율적인 자유경쟁시장으로부터 이탈하는 현상을 조세왜곡(distortion)이라 한다. 이는 임금에 세금이 부과되지 않을 경우, 노동자가 일했을 시간과 세금이 부과될 때 그가 실제로 일하는 시간 간의 차이를 의미한다. 세율이 높을수록 왜곡은 더 커질 가능성이 있다. 세금이 완전히 없는 것은 불가능하다. 이 때문에 재정정책 입안자는 조세왜곡을 비교적 작게 유지하면서 필요한 정부세입을 어떻게 조달하는가에 대한 문제를 해결해야 한다.

2.2.3 정부적자와 부채

국가부채라고도 하는 정부부채와 정부재정수지적자는 서로 다른 개념이다. 정부재정수지적자는 유량변수로 정부지출과 조세수입의 차이로 정의된다. 정부부채(government gap)는 특정 시기에 측정한 국채의 총가치이다. 정부지출이 조세수입보다 클 경우, 이 초과분은 바로 정부가 새로 차입해야 하는 액수와 같다. 따라서 특정 해에 재정수지적자 규모는 그해 정부부채 혹은 정부채권 발행규모의 변화량과 같다.

정부부채는 당해 세대에서 끝나는 것이 아니라 다음 세대 또는 그다음

세대들이 세금을 납부해 해결해야 하는 것이다. 국가채무가 많은 것은 현재 정부지출이 너무 높거나 세금이 너무 낮기 때문에 발생하는 현상으로 미래에 대한 부담을 증가시키는 것을 의미한다.

2.2.4 정부부채에 대한 리카디언 견해

정부부문에서 정부지출은 조세징수를 통한 세원을 기반으로 이루어진다. 즉, 세원이 클수록 정부지출을 증가시킬 가능성이 높으며, 이로써 균형재정 및 재정흑자를 유지할 가능성 또한 높아진다. 하지만 조세징수액보다 정부지출이 많아질 경우 재정적자가 발생하며, 정부는 재정적자에 대한 재원을 조달하기 위해 민간부문으로부터 차용을 한다. 즉, 과거로부터의 차용이 축적되어 합산된 것을 정부부채라고 한다.

정부부채가 경제에 어떠한 영향을 미치고 재정정책의 효과적인 운영을 위하여 재정을 어떻게 운영해야 하는지는 많은 경제학자들에 의해 지속적으로 논의되고 있다. 전통적인 정부부채에 대한 견해에 의하면 정부의 차용은 총저축을 낮추고 자본축적에 영향을 미치는 것으로 보고 있으나, 일부 경제학자들에 의해서 주장되고 있는 리카디언 등가법칙에 의하면 정부부채는 총저축 및 자본축적에 영향을 미치지 않는 것으로 보고 있다. 이와 같은 견해의 차이는 정부의 부채정책에 대해서 소비자가 어떤 반응을 하느냐에 따라서 그 결과가 달라지는 데서 발생한다. 여기서 정부부채에 대한 전통적인 견해와 리카디언 등가법칙의 주요 메커니즘을 살펴보자.

1) 전통적인 견해

정부부채는 조세가 고정된 상황에서 정부지출이 변화하거나 혹은 정부지출이 고정된 상황에서 조세가 변화할 경우 발생한다. 정부지출은 일반적으로 지출을 늘리거나 유지하는 방향으로 정책을 조정하기 때문에 주로 조세 삭감에 의해서 정부부채가 증가할 가능성이 높다.

단기적 측면에서 정책변화는 앞서서 확인한 *IS-LM*모형을 이용하여 파악하는 것이 가능하다. *IS-LM*모형에 따를 경우 조세 삭감은 소비지출을 증대시키며, 이는 *IS*곡선을 팽창적으로, 즉 우측으로 이동시키는 것을 의미한다. 통화정책의 변화가 없는 경우 *IS*곡선의 이동은 총수요곡선의 팽창적 이동으로 이어진다. 가격이 비신축적인 단기에 있어 총수요가 팽창하면 생산량이 증대하고 실업이 낮아진다. 시간이 흐름에 따라 가격이 조절되면 경제는 생산량의 자연율 상태로 돌아가게 되고 총수요의 증대는 물가 상승으로 나타난다.

장기적 측면에서 조세 삭감은 소비자 지출을 증대시키고 총저축을 감소시킨다. 저축의 감소는 이자율을 상승시켜 투자를 감소시키게 되며, 투자가 감소하면 궁극적으로 보다 낮은 안정상태의 자본량, 그리고 낮은 수준의 생산량으로 이어진다. 안정상태 자본의 감소는 소비를 낮추고 경제복지를 축소시킨다.

이와 같은 측면에서 조세 삭감을 통한 정부부채의 증대는 현재 세대의 소비 증대 및 고용 증가를 유발하는 긍정적인 효과를 낳지만, 장기적으로는 장래 세대에 재정적자의 부담을 안길 뿐 아니라 생산량을 낮추고 경제복지를 축소시키는 부정적인 효과를 낳을 수 있다. 즉, 정부부채에 대한 전통적인 견해는 정부부채의 증가가 경제에 있어서 장단기적으로 영향을 미치는 것으로 보고 있다.

2) 리카디언 견해

정부부채에 대한 전통적인 견해는 정부가 조세를 삭감하여 재정적자를 영위하게 되면 소비자는 증대된 세후소득을 갖고 지출을 증가시킨다고 보고 있으나, 리카디언 등가(Ricardian equivalence)법칙에 따르면 소비자는 장래를 고려하기 때문에 자신들의 소비를 현재소득뿐만 아니라 기대되는 장래소득을 고려하여 결정하는 것으로 보고 있다.

장래를 고려한 소비자는 오늘날의 정부차용이 장래의 조세 증가를 의미한다는 것을 알고 있다. 이는 정부부채에 의해 조달된 조세 삭감은 조세부담을 감축시킨 것이 아니라 단지 유예한 것임을 의미하기 때문에 이를 알고 있는 소비자들은 지출을 증대시키지 않는 것이다.

리카디언 등가의 일반적인 원칙에 따르면 정부부채는 장래의 조세와 같다. 소비자가 충분히 장래를 고려한다면 장래의 부채를 현재의 조세와 같은 것으로 간주할 수 있다. 그리고 부채를 통하여 정부의 재정을 확보하는 것은 조세를 통해 확보하는 것과 같아진다. 여기서 리카디언 등가의 의미는 부채를 통해 재원이 조달된 조세 삭감은 소비에 영향을 미치지 않는다는 것을 의미한다.

가계는 조세 삭감이 의미하는 장래의 조세채무를 지불하기 위하여 여분의 가처분소득을 저축한다. 개인저축의 증가는 공공저축의 감소를 상쇄하여 개인저축과 공공저축의 합인 총저축은 불변이 된다. 따라서 조세 삭감은 전통적인 분석을 이용하여 예측한 어떠한 효과도 발생시키지 않게 된다.

리카디언 등가의 논리는 재정정책상의 모든 변화가 관련이 없다는 것을 의미하지는 않는다. 재정정책의 변화가 현재 및 장래의 정부구매에 영향을 미친다면 소비지출에도 영향을 미친다. 예를 들어 정부가 장래의 정부구매를 낮추려는 계획으로 오늘 조세를 삭감했고, 소비자는 조세 삭감이 장래조세의 증대를 의미하지 않는다고 이해했다고 하자. 이때 소비자는 부유해졌다고 판단하여 소비를 증가시킬 것이다. 그러나 여기서 소비를 증가시킨 것은 조세 삭감이 아니라 정부구매의 감소라는 점을 유념해야 한다.

3) 경제적 시사점

앞에서 본 것과 같이 정부부채에 대한 두 가지 상반된 견해는 소비자들이 정부부채에 대한 인식을 어떻게 하느냐에 따라서 정부부채가 경제에 미치는 효과가 상반될 수 있음을 시사한다. 두 가지 견해 중 어떠한 견해가 실제 경제를 잘 반영하고 있는지 선택을 하는 데 있어서 경험적 자료들이 근거가 될 수 있지만, 경제학자들이 대규모 재정적자에 관한 역사적 사건들을 분석할 때 실제 자료들이 결정적인 근거가 되는 것은 아니다.

예를 들면 1981년 미국의 레이건 대통령이 시행한 조세 삭감으로 인하여 대규모 재정적자가 발생함에 따라 앞에서 언급한 정부부채에 관한 두 가지 견해가 나타나는지를 실험할 수 있는 상황이 되었다. 대규모 재정적자가 낮은 저축률, 높은 실질이자율, 대규모 무역적자와 동시에 발생함에 따라 전통적인 정부부채에 대한 견해를 가지고 있는 사람들에게 그들의 주장이 설득력 있음을 증명하였다.

하지만 정부부채에 관하여 리카디언 견해를 주장하는 사람들은 이와 같은 상황을 다르게 해석하였다. 1980년대 저축이 낮았던 이유는 호황을 누리고 있는 주식시장이 경제에 반영되어 사람들이 장래의 경제성장에 대한 낙관적 견해를 가지고 있었기 때문이라 설명하였다. 또한, 조세 삭감이 레이건이 약속한 것처럼 높은 조세로 연계되지 않고 낮은 정부지출로 연계될 것을 기대하였기 때문에 저축이 낮을 수 있다는 가능성을 제시하였다. 즉, 두 가지 견해가 상반됨에도 불구하고 동시에 나타나는 것이 가능하기 때문에 하나를 완전히 배제하는 것은 불가능하고 오늘날까지 두 견해가 대립되고 있는 상황이라 볼 수 있다.

4) 기타 견해

일부 경제학자들은 재정적자와 인플레이션 사이의 관계 측면에서 부채수준이 높아지면 정부가 인플레이션을 촉발시킬 수 있음을 지적하고 있다. 대부분의 정부부채는 명목가치로 계산되기에 물가수준이 상승함에 따라 부채의 실질가치가 하락한다. 이 경우 기대하지 않은 인플레이션으로 인해 채권자와 채무자 사이에 통상적인 재분배가 발생한다. 여기서 채권자는 민간부문이며 채무자는 정부이다. 다른 채무자와는 달리 정부는 통화를 발행할 수 있기에 부채수준이 높아짐에 따라 정부는 통화를 발행하게 되고 이로 인해 물가수준이 상승하여 부채의 실질가치가 감소한다. 정부부채와 통화정책 사이에 이런 연계 가능성에 대한 우려에도 불구하고 대부분 선진국에서 이런 연계성이 중요한지에 관한 증거는 거의 없다.

일부 경제학자들은 부채를 통해 정부지출의 재원이 조달될 수 있기 때문에 정치과정이 더욱 불완전해질 수 있다고 본다. 따라서 그들은 재정정책의 균형예산을 선호한다. 왜냐하면 예산이 균형되도록 하는 엄격한 예산규제가 정치가들로 하여금 지출을 통해 얻을 수 있는 이익이 비용을 정당화할 수 있는지 여부를 판단할 수 있게 하기 때문이다.

마지막으로 정부부채는 세계 경제에서 일국의 역할에 영향을 미친다. 만약 정부부채 수준이 높아지면 한 나라의 경제는 세계 금융시장에서 자본도

피를 경험할 위험성이 증대된다. 즉, 자국의 자산에 대한 수요가 급격하게 줄어드는 것이다. 그리고 해외차용을 통해 조달된 정부부채의 수준이 높아지면 세계문제에 대한 한 나라의 정치적 영향력이 감소할 수 있다.

2.2.5 재정적자와 인플레이션[12]

재정수지적자와 인플레이션 간 이론적 관계는 특정 상황에서 재정수지적자는 통화공급률을 높이고, 통화공급률의 상승은 인플레이션을 유발한다는 사실에 기초한 것이다.

인플레이션은 총수요가 총공급보다 매우 빨리 증가할 때 발생한다. 생산능력에 영향을 미치는 장기 총공급곡선이 고정되었다고 가정하면, 물가가 상승하려면 총수요곡선이 우측으로 계속 이동해야 한다. 이런 총수요의 증가는 물가상승의 원인이 된다. 조세 감면 및 이전지출의 증가로 인한 재정수지적자 역시 저축을 감소시키고 총수요를 증가시켜 물가상승을 유발한다. 따라서 확장재정정책이 실시되면 재정수지적자는 물가상승을 유발하게 된다.

그러나 정부지출 증가 또는 조세 감면은 단지 일시적인 총수요의 증가만을 초래한다. 일시적인 확장재정정책은 물가상승을 유발하는 지속적인 인플레이션을 초래하지 않는다. 일반적으로 인플레이션을 지속시키는 총수요 증가요인은 지속적인 통화공급 증가이다. 따라서 재정수지적자와 인플레이션 간의 관계는 정부재정수지적자가 지속적인 통화공급을 야기하는가? 하는 질문으로 대변될 수 있다.

이 질문에 대해 경제학자들은 그렇다고 대답한다. 정부는 세금을 징수하거나 국민으로부터 차입해 재정을 충당할 수 없을 때 통화를 발행한다. 예를 들어 정부가 잠수함을 건조하기 위해 100억 원을 지출해야 하는데, 세금을 걷거나 차입할 능력이 없다면 100억 원을 현금으로 발행해 잠수함 건조비용으로 사용해야 한다. 이때 정부가 얻게 되는 수익을 통화주조이차(seignorage)라고 한다. 한편, 정부는 재정수지적자를 해결하기 위해 통화주조이차를 사

12. 박성휘 외 옮김(2012) 참조.

용하기도 하지만, 직접 통화를 발행하기보다는 정부차입을 승인하고 새로운 정부채권을 발행하여 판매하는 좀 더 간접적인 방법을 사용한다.

그렇다면 계속되는 통화발행이 결국 인플레이션을 야기한다는 것을 알면서도 왜 정부는 이를 사용할까? 일반적으로 선진국은 통화주조이차를 거의 사용하지 않는다. 통화주조이차는 전쟁 또는 사회적 조건이 악화되어 국민으로부터 차입하거나 세금 인상을 통해 정부지출을 충당하기 어려운 전시국가나 개발도상국에서 대체로 사용한다.

2.3 재정정책의 파급 메커니즘

2.3.1 정부구입의 변동

정부가 통화량을 조정하거나 조세수준을 변동시키면 기업과 가계의 지출이 영향을 받으며, 이에 따라 총수요곡선이 이동한다. 반면에 정부가 재화와 서비스 구입을 위한 지출을 변동시키면 총수요곡선이 직접적으로 이동한다. 예를 들어 우리나라 국방부가 군수품제작업체인 X사에 2,000억 원 상당의 군수품 구입을 발주한다고 가정하자. 이 주문으로 인해 X사가 생산하는 제품에 대한 수요가 증가하므로 이 회사는 근로자를 더 고용하고 생산을 늘릴 것이다. 그런데 X사도 우리나라 경세의 일부이므로 이 회사가 생산하는 군수품에 대한 수요가 증가하면, 재화와 서비스에 대한 총수요가 증가한다. 따라서 총수요곡선은 오른쪽으로 이동한다.

위 예에서 정부가 2,000억 원 상당의 주문을 하면 총수요곡선은 얼마만큼 이동할까? 승수효과와 밀어내기 효과라는 두 가지 효과 때문에 총수요곡선의 이동폭은 정부지출의 이동폭과 같지 않다. 구체적으로 승수효과에 의거 총수요곡선이 2,000억 원보다 큰 폭으로 이동할 수 있고, 반면에 구축효과 때문에 총수요곡선의 이동폭이 2,000억 원보다 작을 수 있다. 자세하게 살펴보기로 한다.

1) 승수효과

우리나라 정부가 2,000억 원 상당의 재화를 구입하면 그 효과는 경제의 다른 부문으로 확대 파급된다. 정부지출 증가의 직접적인 효과는 X사의 고용과 이윤의 확대로 나타난다. 이 회사 근로자들의 임금소득이 증가하고 주주들에게 돌아가는 이윤이 증가하면, 이들의 소비지출도 증가한다. 따라서 정부가 재화를 구입하면 다른 기업들이 생산하는 여러 가지 다른 재화와 서비스에 대한 수요도 증가한다. 이와 같이 정부지출이 1원 증가하면 재화와 서비스에 대한 수요는 1원보다 큰 폭으로 증가하기 때문에 정부구입은 총수요에 승수효과(multiplier effect)를 미친다고 말한다.

이러한 승수효과는 다음 단계에서도 계속 진행된다. 소비지출이 증가하면, 이들 소비재를 생산하는 기업들의 고용이 늘고 이윤도 증가한다. 이들의 근로소득과 이윤배당이 증가함에 따라 소비지출이 다시 증가한다. 이처럼 수요가 증가하면 소득이 늘고, 다시 총수요가 증가하는 상승작용이 일어난다. 이러한 모든 효과를 종합하면 당초 정부가 지출한 금액보다 증가액이 많아지게 된다. 케인즈는 이런 정부지출이 승수효과를 통해 정부지출의 증가분보다 소득의 증가분이 더욱 많아질 것이라고 말했고, 이 배경 자체가 바로 대공황 상태였다. 앞에서 케인즈의 가설에 의한 총공급곡선 자체가 수평선

그림 3-10

승수효과

정부지출이 1원 증가하면 재화와 서비스에 대한 수요는 1원보다 큰 폭으로 증가하기 때문에 정부구입은 총수요에 승수효과를 미친다.

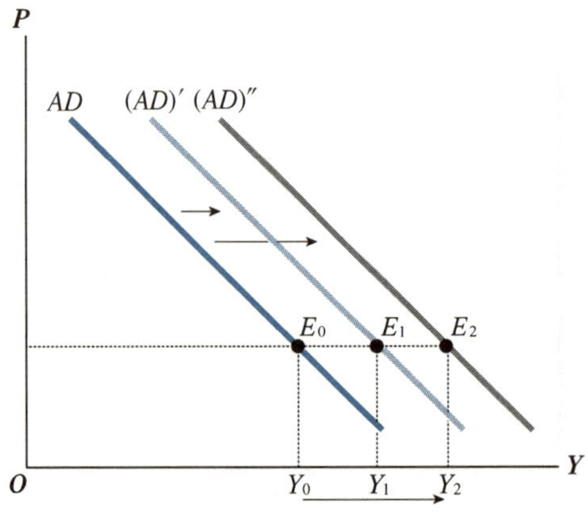

의 형태를 가지기 때문에 승수효과가 그대로 다 나타난다고 믿었던 것이다.

2) 구축효과

구축효과(crowding out effect)라 함은 재정지출이 증가됨으로써 민간부문이 차지하고 있던 지출을 밀어내는 효과를 말한다. 이 상황을 조금 더 쉽게 이해하기 위해 한 방에 수용 가능한 인원이 100명이고 출구와 입구는 각각 하나뿐이다. 이런 상태에서 외부에서 어떤 새로운 인원 1명이 입구를 통해서 그 방에 들어가면 자연스럽게 그 방 안에 있던 인원 중 1명이 출구로 나올 수밖에 없는 것이다. 이렇듯 구축효과는 일명 밀어내기 효과라고도 한다. 다시 원점으로 돌아가서 구축효과가 어떻게 발생되는지 알아보자. 재정지출의 증가로 인해 *IS*곡선이 우측으로 평행이동하게 된다. 그래서 새로운 *IS*곡선과 기존에 존재하고 있던 *LM*곡선과 만나는 새로운 점에서 균형이자율과 산출량이 결정된다. 만약 물가수준이 고정되어 있는 상황, 즉 케인즈가 말하는 초단기에 공급곡선이 수평으로 놓여 있다면 *LM*곡선 자체도 수평으로 놓여져 *IS*가 이동한 만큼의 산출량을 가지겠지만, 물가수준이 변동하는 상황을 가정하고 있기 때문에 그에 따른 이자율의 변화가 나타나게 된다. 화폐시장(*LM*)은 우상향하는 곡선, 즉 이자율이 증가할수록 산출량도 증가하는 형태의 곡선을 가진다. 따라서 기존의 *IS*의 이동에 따른 소득의 증가분이 다시 화폐시장에서의 실질잔고의 공급량에 대한 수요의 증가를 가져온다. 이에 따라 이자율이 상승하고, 그로 인해 투자가 감소함에 따라 감소한 일정 투자분만큼 소득이 다시 감소하게 되는 효과를 구축효과라 한다. 〈그림 3-11〉을 보면 ΔG에 따라 ΔY의 값은 정해지고, 이는 다음 식 (3.18)과 같이 정의할 수 있다.

$$\Delta Y = \left(\frac{1}{1 - MPC}\right)\Delta G \qquad (3.18)$$

여기서 *MPC*는 한계소비성향이다. 식 (3.18)은 재정지출의 변화분에 따른 승수효과의 작용에 의해 변화되는 총소득을 나타낸다. 〈그림 3-11〉에서 볼 때, 원래의 승수효과는 $\overline{Y_1 - Y_0}$가 되지만 구축효과 $\overline{Y_1 - Y_2}$에 의해서 줄어

그림 3-11

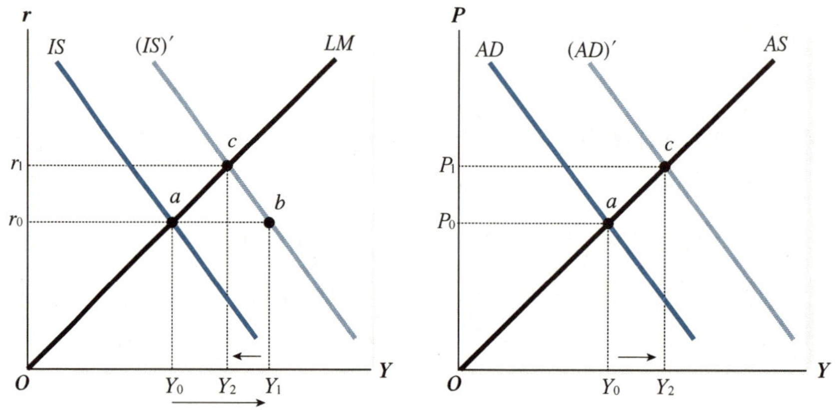

구축효과에 의해 줄어든 승수효과

기존의 *IS*의 이동에 따른 소득의 증가분이 다시 화폐시장에서의 실질잔고의 공급량에 대한 수요의 증가를 가져온다. 이에 따라 이자율이 상승하고, 그로 인해 투자가 감소함에 따라 감소한 일정 투자분만큼 소득이 다시 감소하게 되는 효과를 구축효과라 한다.

들게 된다. 그래서 최종 승수효과에 의한 소득 증가분은 $\overline{Y_2 - Y_0}$가 되고, 이는 총수요가 변화된 양과 똑같아지게 된다.

2.3.2 재정정책의 변화에 따른 *IS*곡선의 이동 및 단기균형의 변화[13]

재정정책상의 변화는 계획된 지출에 영향을 미치고, 이에 따라 *IS*곡선은 이동하게 된다. 정부구매와 조세가 변함에 따라 균형이 어떻게 변하는지, *IS-LM*모형을 통해 *IS*곡선이 이동할 경우 소득 및 이자율에 어떤 영향을 미치는지 알아보자.

정부구매가 ΔG만큼 증가하는 경우, 〈그림 3-12〉에서 보듯이 *IS*곡선은 오른쪽으로 이동한다. 이에 따라 균형점은 A에서 B로 이동하며, 소득은 Y_1에서 Y_2로, 이자율은 r_1에서 r_2로 상승한다. 정부구매가 증가하는 경우 해당 경

13. 이병락 옮김(2007) 참조.

그림 3-12

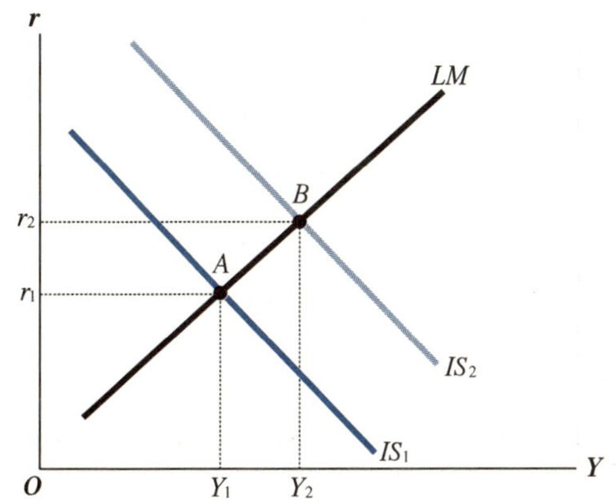

IS-LM모형에서 정부구매의 증가

정부구매가 증가하는 경우 해당 경제의 계획된 지출이 증가하고, 이에 따라 재화 및 서비스의 생산이 촉진되며 총소득 *Y*가 증대된다.

제의 계획된 지출이 증가하고, 이에 따라 재화 및 서비스의 생산이 촉진되며 총소득 *Y*가 증대되는 것이다. 여기서 화폐시장을 고려해보면, 한 경제의 통화수요는 소득에 의존하므로 총소득이 증가하면 각 이자율에 대해 수요되는 통화량이 증가한다. 그러나 여기서는 통화공급이 변하지 않으므로 통화수요가 증대하면 균형이자율 *r*도 상승하게 되는 것이다. 이 이자율의 상승은 다시 재화시장에 파생적인 영향을 미친다. 이자율이 상승하면 기업은 투자계획을 축소하고 이는 정부구매에 따른 팽창적인 효과를 부분적으로 상쇄하게 된다. 따라서 재정팽창에 따른 소득 증대는 균형국민소득 결정모형에서보다 *IS-LM*모형에서 축소된다. *IS*곡선이 수평적으로 이동한 규모는 균형국민소득 결정모형에서 증대된 균형소득과 같으며, 이는 *IS-LM*모형에서 이루어진 소득 증가보다 크며 그 차이는 이자율 상승에 따른 투자의 구축으로 설명할 수 있다.

조세상의 변화가 발생한다면, 소비를 통해 지출에 영향을 미친다는 점을 제외하고는 정부구매의 변화와 마찬가지로 경제에 많은 영향을 미친다. 만일 조세가 감면되면 소비자는 지출을 증대시키고, 이로 인해 계획된 지출이 증가한다. 마찬가지로 *IS*곡선은 오른쪽으로 이동하며 소득과 이자율 모두 상승한다. 이자율이 상승하면 투자가 위축되므로 *IS-LM*모형에서 이루어진 소득의 증대는 균형국민소득 결정모형에서보다 작다.

2.3.3 케인즈 모형에서 재정정책

초기 케인즈학파는 재정정책이 산출량과 고용수준에 상당한 영향을 미칠 수 있다고 강조했다. 정부지출 증가와 조세 감면이 산출량과 고용을 증가시킬 수 있다는 케인즈학파의 결론을 살펴보자.

정부지출의 증가가 경제에 어떤 영향을 미치는지 알아보기 위해 먼저 경제는 완전고용이라고 가정하자. 〈그림 3-13〉에서 위의 그래프는 *IS-LM*분석, 아래의 그래프는 유효노동수요에 대해 보여주고 있다. 먼저 최초의 균형

그림 3-13

정부지출의 증가

먼저 최초의 균형상태인 *E*점에서 시작하면, 정부지출의 증가는 상품에 대한 수요를 증가시키고 바람직한 국민소득을 감소시켜 *IS*곡선을 IS_1에서 IS_2로 상방 및 우측으로 이동시키는 팽창적 변화를 일으킨다.

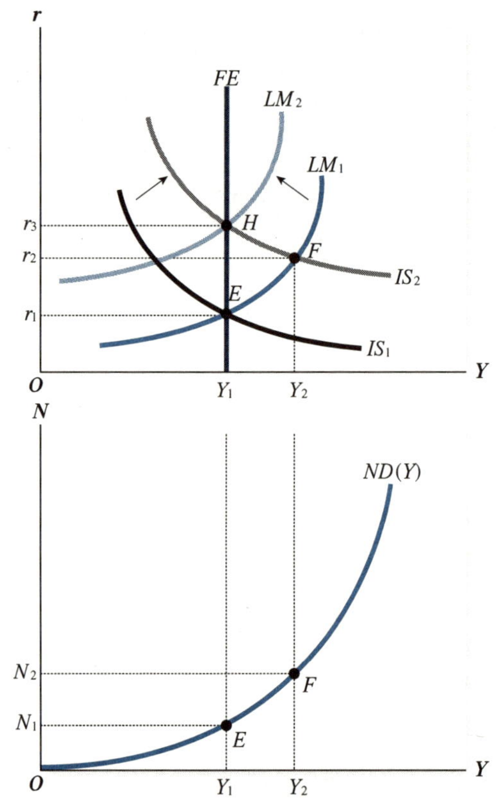

상태인 E점에서 시작하면, 정부지출의 증가는 상품에 대한 수요를 증가시키고 바람직한 국민소득을 감소시켜 IS곡선을 IS_1에서 IS_2로 상방 및 우측으로 이동시키는 팽창적 변화를 일으킨다. 여기서 단기균형은 F점이 되며, 산출량은 Y_2로 증가하며 실질이자율은 r_2로 상승한다. 이때 기업은 수요충족을 위해 생산을 증가시키므로, 유효노동수요 곡선에서 보는 것처럼 고용은 N_1에서 N_2로 증가한다. 그러나 경제는 F점에서 계속 머무르지 않는다. 단기에 총수요량이 Y_1을 초과하기 때문에, 물가수준은 상승하고 이에 따라 실질화폐공급이 감소함으로써 LM곡선은 LM_1에서 LM_2로 상방 및 좌측으로 이동하는 긴축적 변화가 일어난다. 장기에서 균형은 H점이 되며 산출량은 Y_1으로, 고용은 N_1으로 되돌아온다. 그러나 실질이자율은 r_3로 더 높아진다. 케인즈학파 모형에서 정부지출 증가가 산출량에 미치는 영향은, 물가수준 조정에 필요한 기간 동안만 지속된다.

케인즈학파는 정부지출 증가와 같이, 현재 조세의 삭감은 팽창적 효과를 갖는다고 믿고 있다. 다시 말해, 조세 삭감은 IS곡선을 상방 및 우측으로 이동시키고, 단기에서 산출량과 고용을 증가시킬 것으로 기대하고 있다. 마찬가지로 조세 증가는 IS곡선을 하방 및 좌측으로 이동시킴으로써 긴축적 효과를 가질 것으로 기대하고 있다. 왜냐하면 소비자가 조세 감면을 받게 되면 그것의 일부를 소비 증가에 쓰게 되고, 이는 국민저축을 감소시키기 때문이다. 바람직한 국민저축의 감소는 상품시상을 청산하는 실질이자율을 상승시키고 IS곡선을 상방으로 이동시킨다. 이렇게 했을 때 일어나는 경제적 효과는 정부지출 증가의 효과와 비슷하게 된다. 단기에서 조세 삭감은 총수요를 증가시키고 산출량과 고용 또한 증가시킨다. 장기에서 완전한 가격조정이 일어난 후, 경제는 완전고용 수준으로 돌아가며 실질이자율은 최초의 수준보다 더 높게 된다. 조세 삭감과 정부지출 증가의 유일한 차이점은, 전자는 완전고용 산출량에서 소비의 비중을 높이게 되고 후자는 정부지출의 비중을 높이게 된다는 것이다.

1) 확장재정정책

이상의 논의 내용을 바탕으로, 정부가 확장적 재정정책을 실시할 경우

그림 3-14

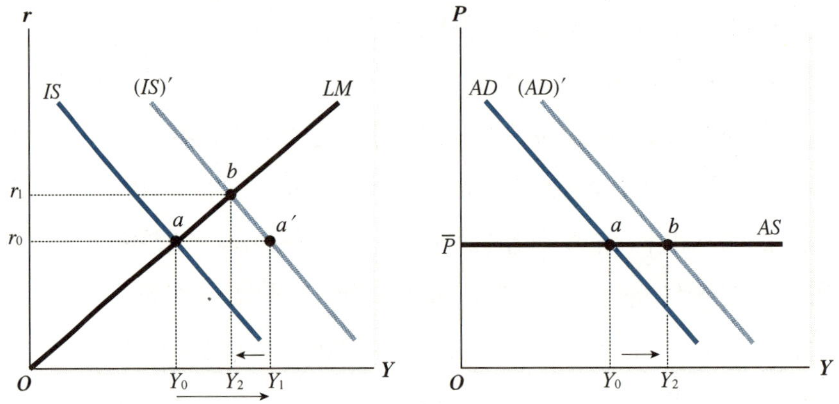

단기 확장재정정책의 효과

재정지출의 증가로 인해 *IS*곡선이 우측으로 평행이동한다. *IS*곡선의 이동으로 이자율과 총수요의 균형점이 *a*점에서 *b*점으로 이동한다.

단기와 장기의 관점에서 논의해보고자 한다. 이를 통해 확장적 재정정책이 단기와 장기에서 어떤 실효성을 가지는가를 판단해보는 것에 큰 의의를 둔다고 할 수 있다. 확장적 재정정책이 이루어졌을 경우 물가, 소득, 이자율, 투자, 소비, 국가채무 등이 어떻게 변화하는지 살펴보도록 하자. 우선 정부는 확장재정정책을 통해 총수요를 증가시킨다는 목표를 가진다고 상정한다.

확장재정정책을 사용하기 위해 우선 정부는 재정지출을 증가시킨다. 재정지출의 증가는 한계소비성향에 영향을 어느 정도 받느냐에 따라 총수요를 증가시킨다. 그리고 재정지출의 증가로 인해 *IS*곡선이 우측으로 평행이동한다. 〈그림 3-14〉에서 보면 *IS*곡선의 이동으로 이자율과 총수요의 균형점이 *a*점에서 *b*점으로 이동한다. 승수효과는 구축효과의 상쇄된 부분만큼 Y_0에서 Y_2로 증가되었고, 이자율은 r_0에서 r_1으로 증가되었다. 단기에서 케인즈의 가설에 의해 총공급곡선이 수평선의 형태를 가지기 때문에 *IS*의 이동만큼 총수요(*AD*)곡선이 이동하면 총소득은 $\overline{Y_2 - Y_0}$만큼 증가한다. 그리고 물가는 아무런 영향을 받지 않아 $P = \overline{P}$로 고정되어 있다. 그리고 소득의 증가로 인해 거둘 수 있는 세금의 양이 많아지게 됨에 따라 국가채무($\downarrow b = g - \uparrow t$)는

그림 3-15

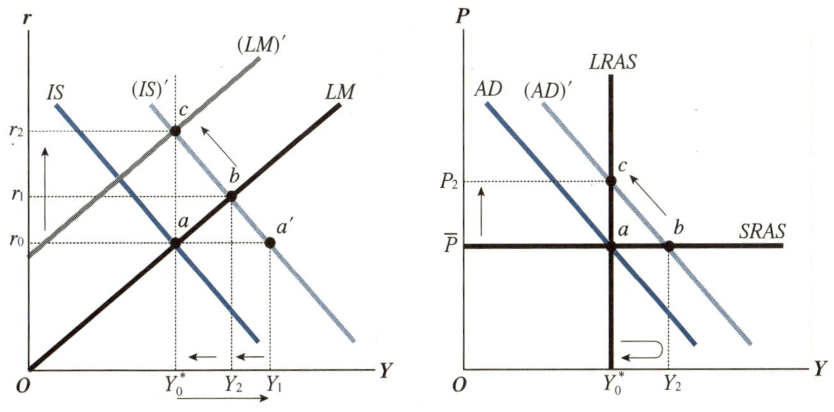

장기 확장재정정책의 효과

장기가 되면 고전학파가 주장하는 것처럼 노동시장이 물가에 대해 완전 신축적으로 움직이며, 완전고용 상태에 도달해 있기 때문에 물가의 변화가 산출량에 아무런 영향을 줄 수가 없다.

감소한다. 이상을 종합해보면 균형국민소득, 이자율, 소비는 증가하고 투자는 감소하며 물가는 변동 없다.

이와 상반되게 장기가 되면 고전학파가 주장하는 것처럼 노동시장이 물가에 대해 완전 신축적으로 움직이며, 완전고용 상태에 도달해 있기 때문에 물가의 변화가 산출량에 아무런 영향을 줄 수가 없다. 따라서 장기에서는 총공급곡선이 수직선의 형태를 가짐을 인식하며 분석에 들어가 보자. 〈그림 3-15〉에서 보면 단기에서 이동된 균형점 *b*점은 총공급곡선의 변화에 따라 *AD*곡선과 *AS*곡선이 만나는 점으로 회귀하려고 할 것이다.

그렇게 되면 산출량은 그대로인 상태에서 물가만 상승하게 되는 결과를 가져온다. 이런 물가의 상승은 다시 화폐시장에 영향을 주게 되는데, 물가의 상승에 따른 실질잔고의 하락은 화폐의 구매력에 대한 수요를 감소시키게 되고, 그로 인해 *LM*곡선은 좌측으로 평행이동하게 된다. 단기에서 균형점이었던 *b*점에서 다시 *c*점으로 이동함에 따라 총수요는 원점으로 회귀하게 되고 이자율만 더욱 높아지게 된다. 이런 과정에서 총소득의 감소에 따른 변화량이 0이 됨에 따라 국가채무를 구성하는 세금에 대해 다시 징수를 줄이게 되고, 그 결과 국가채무는 다시 높아지게 되는데 원래의 국가채무와 같아지는 수준까지 높아진다. 이를 종합해보면 균형국민소득, 소비, 국가채무의 변동은 없고 물가와 이자율만 상승하며 투자는 단기보다 더 많이 감소[14]하게 된다.

2) 긴축재정정책

일반적으로 불황과 같은 침체가 발생했을 때, 정부는 총수요 증진을 위하여 확대재정정책을 추진한다. 하지만 경기가 단기적으로 급과열되었을 때, 이를 조절하기 위하여 긴축재정정책을 펼치기도 한다. 이제 긴축적 재정정책이 이루어졌을 경우 장 · 단기적으로 물가, 소득, 이자율, 투자, 소비, 국가채무 등이 어떻게 변화하는지 살펴보도록 하자. 우선 정부는 긴축재정정책을 통해 총수요를 감소시키고자 할 것이다.

긴축재정정책을 사용하기 위해 우선 정부는 재정지출을 감소시키거나 조세를 증가시킨다. 재정지출의 감소와 조세 증가의 경우 승수효과와 구축

그림 3-16

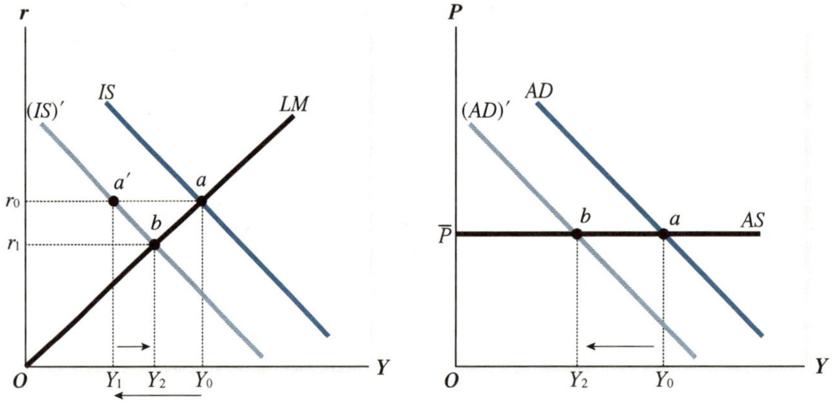

단기 긴축재정정책의 효과

재정지출의 감소와 조세 증가의 경우 승수효과와 구축효과가 역의 방향으로 발생한다.

14. 이자율이 단기에서 보다 더 많이 증가하였기 때문이다.

효과가 확장재정정책과 비교 시 역의 방향으로 발생한다. 승수효과에 의한 총수요 감소와 구축효과에 따른 총수요 증가 역시 한계소비성향에 따라 최종적인 총수요 증가폭이 정해진다. 결국 재정지출의 감소(혹은 조세 증가)로 인해 *IS*곡선이 좌측으로 평행이동한다. 〈그림 3-16〉에서 보면 *IS*곡선의 이동으로 이자율과 총수요의 균형점이 *a*점에서 *b*점으로 좌하향하게 된다. 여기서 승수효과는 확대재정정책과는 반대로 Y_0에서 Y_1만큼 감소한 것을 의미하고 그에 따라 이자율은 r_0에서 r_1만큼 감소하기 때문에 구축효과는 이자율 하락에 의한 투자증가효과를 발생시킴에 따라 Y_1에서 Y_2로 총수요를 증가시킨다. 따라서 긴축재정정책에 의해서 총수요(*AD*)는 최종적으로 Y_0에서 Y_2로 감소한다. 단기에서 케인즈의 가설에 의해 총공급곡선이 수평선의 형태를 가지기 때문에 *IS*의 이동만큼 총수요(*AD*)곡선이 좌로 이동하면 총소득은 $\overline{Y_0 - Y_2}$만큼 감소한다. 그리고 물가는 아무런 영향을 받지 않아 $P = \overline{P}$로 고정되어 있다. 그리고 소득의 감소로 인해 거둘 수 있는 세금의 양이 적어지게 됨에 따라 국가채무($\uparrow b = g - \downarrow t$)는 증가한다. 이상을 종합해보면 균형국민소득,

그림 3-17

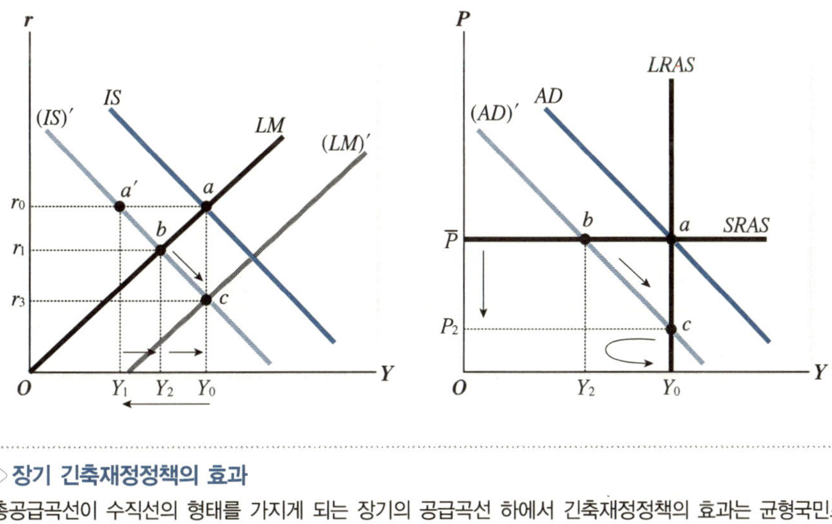

⇨ **장기 긴축재정정책의 효과**

총공급곡선이 수직선의 형태를 가지게 되는 장기의 공급곡선 하에서 긴축재정정책의 효과는 균형국민소득, 소비, 국가채무의 변동은 없고 물가와 이자율만 하락하며 투자는 단기보다 더 많이 증가하게 된다.

이자율, 소비는 감소하고 투자는 이자율의 하락으로 인하여 증가하며 물가는 변동 없다.

이어서 총공급곡선이 수직선의 형태를 가지게 되는 장기의 공급곡선 하에서 긴축재정정책의 효과를 살펴보도록 하자. 〈그림 3-17〉에서 보면 단기에서 이동된 균형점 *b*점은 장기 총공급곡선이 수직이 됨에 따라 *AD*곡선과 *AS*곡선이 만나는 *c*점으로 회귀하려고 할 것이다.

그렇게 되면 물가의 하락으로 인하여 산출량은 Y_2에서 Y_0로 되돌아올 것이다. 물가가 하락하면 실질잔고는 오히려 상승하여 화폐의 구매력에 대한 수요를 증가시키고, 그로 인해 *LM*곡선은 우측으로 평행이동하게 된다. 단기에서 균형점이었던 *b*점에서 다시 *c*점으로 이동함에 따라 총수요는 원점으로 회귀하게 되고 이자율은 r_3로 더욱 하락하게 된다. 이런 과정에서 총소득이 다시 증가하여 최종적인 변화량이 0이 됨에 따라 국가채무를 구성하는 세금에 대해 다시 징수를 늘리게 될 것이고, 그 결과 원래의 국가채무 수준으로 감소하게 될 것이다. 이를 종합해보면 균형국민소득, 소비, 국가채무의 변동은 없고 물가와 이자율만 하락하며 투자는 단기보다 더 많이 증가하게 된다.

2.3.4 재정정책이 총수요에 미치는 영향

앞서 기술한 내용을 정리하면 다음과 같다. 재정정책은 정부지출 또는 조세에 관한 정부의 결정과 관련되어 있다. 재정정책은 장기 저축, 투자, 경제성장에 영향을 미치고, 단기에는 재정정책이 총수요에 영향을 미친다. 그러나 케인즈의 기능적 재정정책 중에 적자재정정책을 계속 사용한다면 국가의 저축이 낮아지고 동시에 국가채무를 증가시킨다. 이를 감소시키기 위해 정부는 세금을 높이게 될 것이고, 이는 국민저축을 감소시키는 결과를 가져온다. 국민저축의 감소는 대부자금 공급량은 낮추고 균형이자율을 높이게 되는 결과를 초래한다. 이로 인해 투자가 줄어들게 됨에 따라 고용은 감소하고 실업은 증가하게 되어 미래자본 축적, 즉 미래 성장동력을 확보하지 못하게 된다. 이런 실업은 또한 생산 및 소득을 감소시키게 되고, 이는 소비를 감소시켜 결론적으로 균형국민소득을 감소시키게 된다.

2.3.5 재정정책과 관련된 다양한 문제

정부는 재정정책과 관련하여[15] 정책의 입안 및 실시 시기의 문제, 정치적 고려 문제, 미래에 발생할 정책 번복 문제 등 다양한 문제에 직면할 수 있다.

재정정책의 시기와 관련된 문제에는 앞에서 다루었던 시차의 문제가 있다. 여기서 발생하는 시차는 인식시차, 집행시차, 그리고 운영시차 세 가지가 있으며, 이는 정책을 원활하게 집행하는 데 걸림돌이 된다.

재정정책은 정치적 영역에서 수행되기에 이러한 현실은 재정정책의 입안을 느리게 할 뿐만 아니라 그 과정에서 정치적 고려를 가능하게 하는 요인이 될 수 있다. 이런 정치적 고려는 재정정책을 고안하는 과정에서 경제적 고려사항들을 전복시키는 경향이 있다. 현실에서 살펴보자면 선거를 통해 선출된 관리들이 자신들의 이익과 정치적 목적을 위해 재정정책을 집단적으로 집행하고, 총수요의 부당한 변화를 야기시켜 경제변동을 피하기보다는 오히려 초래하는 경우가 있다. 예를 들면 선거가 있기 전에 정치인들은 자신들의 재선 가능성을 높이기 위해 경기를 인위적으로 부양하려고 한다. 그리고 선거가 끝나면 선거 전에 발생한 경기부양으로 인해 초래된 과도한 총수요를 억제하기 위하여 긴축적 재정정책을 취하려 한다.

정책이 한번 실행되고 나서 미래에 바뀔지도 모른다면, 즉 가계가 미래에 정부정책이 바뀌거나 취소될 것이라고 기대한다면 재정정책은 애초에 의도했던 목적을 달성하기가 어렵다. 이러한 상황을 우리는 정책반전(policy reversal)이라고 부른다. 세율 인하의 예를 들어 보자. 만약 납세자들이 세율 인하가 일시적인 것이라고 판단한다면 납세자들은 세율 인하의 상당 부분을 소비하는 대신에 저축하려고 할 것이다. 그들은 미래에 세율이 다시 인상된 경우에 자신들의 미래 소비수준을 일정하게 유지하는 데 여분의 저축액을 사용하려 할 것이다. 그 결과 납세자들이 일시적이라고 생각하는 세율 인하는 현재의 소비지출과 총수요를 기존에 정부가 원하는 만큼 증가시키지 못할 것이다. 반대의 경우인 세율 인상도 같은 메커니즘으로 정부가 원하는 만큼 총

15. 최광 외 공역(2013) 참조.

수요를 감소시키지 못할 것이다. 여기서 우리는 가계의 소비와 총수요를 변화시키려면 세율변화가 영구적으로 이루어져야 함을 알 수 있다.

재정정책의 이러한 복잡성과 불확실성으로 인해 일부 경제학자들은 재량적 재정정책은 아예 취하지 않는 것이 더 바람직하다고 주장한다. 이러한 경제학자들은 안정화 수단으로서 재정정책보다는 통화정책이 우월하다고 주장하며, 대부분의 경제적 변동은 크지 않으며 자체적으로 조정되는 경향이 있다고 믿고 있다. 하지만 대부분의 경제학자들은 재정정책은 정부의 거시경제적 수단으로서 유용한 정책수단이라고 믿고 있다. 현재 가장 지배적인 견해는, 재정정책은 경제를 특정한 방향으로 유도하는 데에는 유용하지만 정확한 거시경제적 결과를 가져오도록 미세조정하는 데에는 어려움이 있다는 것이다.

2.4 주요 재정정책 이슈

2.4.1 개방경제 환경 하에서의 재정정책

1) 소국개방경제 하의 저축과 투자

소국개방경제(small open economy)는 완전한 자본이동이 가능한 상태에서 해당국의 경제가 세계 시장에서 차지하는 비중이 작기 때문에 해당국이 세계이자율에 미치는 영향이 매우 미미한 것을 의미한다. 여기서 '완전한 자본이동' 이란 일국의 거주자들이 세계 금융시장에 자유롭고 완전하게 접근할 수 있으며, 정부가 국제적 차용이나 대출을 규제하지 않음을 의미한다.

소국개방경제에서는 완전한 자본이동을 가정하고 있기 때문에 소국개방경제의 이자율 r은 세계 금융시장에서 결정된 실질이자율인 세계이자율(worl interest rate) r^*와 일치한다.

$$r = r^* \tag{3.19}$$

소국개방경제의 거주인들은 언제나 해외로부터 r^*로 대출을 받을 수 있으므로 r^*를 초과하는 이자율로 차용을 할 필요가 없으며, 또한 해외로 대출을 제공하면 언제나 r^*를 받을 수 있기 때문에 r^* 아래로 대출을 제공할 필요가 없다. 즉, 세계이자율이 언제나 소국개방경제의 이자율을 결정하게 된다.

그리고 개방경제를 가정할 때 소득의 회계방정식은 $Y=C+I+G+NX$로 나타나며, 이를 좌변에 NX를 두고 다시 정리하면 무역수지(NX)는 다음 식과 같이 나타낼 수 있다.

$$NX=(Y-C-G)-I \tag{3.20}$$

여기서 $Y-C-G$는 총저축(S)과 같기 때문에 최종적으로 무역수지(NX)는 다음과 같은 관계가 된다.

$$NX=S-I \tag{3.21}$$

그리고 이자율은 세계이자율과 같기 때문에 I 대신에 $I(r^*)$를 대입할 수 있으며, 최종적으로 무역수지(NX)는 다음과 같이 전개할 수 있다.

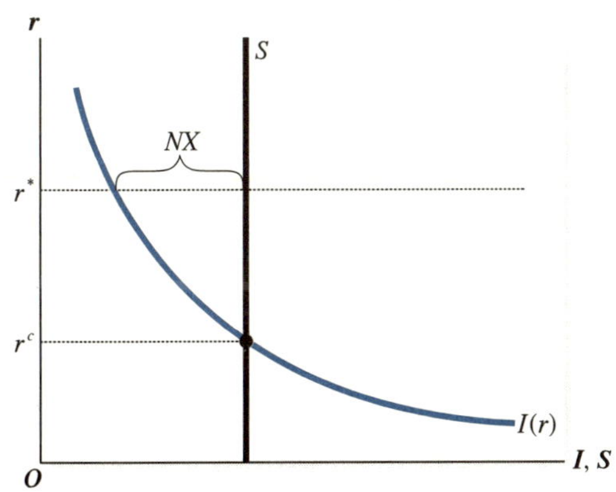

그림 3-18

소국개방경제 하에서의 저축과 투자

소국개방경제 하에서 이자율은 세계이자율(r^*)과 같아지기 때문에 세계이자율 수준에서 국내의 저축과 투자가 결정되고, 무역수지(NX) 또한 결정된다.

$$NX = [\overline{Y} - C(\overline{Y} - T) - G] - I(r^*)$$
$$= \overline{S} - I(r^*) \quad (3.22)$$

따라서 무역수지(NX)는 저축 S와 투자 I를 결정하는 변수들에 의존하게 되며, 저축(S)은 재정정책(G 혹은 T)에 의존하고, 투자(I)는 세계이자율 r^*에 의존하므로 무역수지 또한 이 변수들에 의존하게 된다. 위 식과 같은 관계를 그림으로 나타내면 〈그림 3-18〉과 같다.

〈그림 3-18〉에서 $S=I(r)$인 점의 이자율은 폐쇄경제 하에서 실질이자율(r^c)을 의미하는데, 소국개방경제 하에서 이자율은 세계이자율(r^*)과 같아지기 때문에 r^*의 이자율 수준에서 국내의 저축과 투자가 결정되고, 따라서 무역수지(NX) 또한 결정된다. 즉, 무역수지(NX)는 세계이자율 수준에서 저축과 투자의 차이를 의미한다.

2.4.2 소국개방경제 환경에서의 정부의 재정정책

재정정책에는 주로 정부지출을 증대시키거나 조세 감소를 시행하는 확대재정정책이 있고, 조세를 증가시키는 긴축재정정책이 있다. 이와 같은 정부의 재정정책이 국내지출에 영향을 미칠 경우 소국개방경제에 미치는 영향을 검토해보고자 한다.

정부가 확대재정정책을 시행하기 위하여 정부구매를 늘리게 될 경우 총저축은 $S=Y-C-G$이기 때문에 정부구매(G)가 증가하면 총저축(S)은 감소하게 된다. 반면에 소국개방경제 하에서 세계 실질이자율(r^*)은 불변이므로 투자는 변동이 없다. 따라서 총저축은 감소하였으므로 저축이 투자에 못 미치게 되어 투자의 일부는 해외로부터 차용을 통해 조달되어야 한다. $NX=S-I$이므로 S의 감소는 NX의 감소를 의미하게 된다.

또한, 조세 감소가 발생할 경우 T는 작아지고 가처분소득 $Y-T$는 증대하여 소비는 증가하고 총저축은 감소한다. $NX=S-I$이므로 총저축의 감소는 NX의 감소로 이어진다. 이와 같은 소국개방경제 하에서 확대재정정책(정부구매 증가 또는 조세 감소)의 효과를 그림으로 나타내면 〈그림 3-19〉와 같다.

그림에 나타난 것처럼 확대재정정책(정부구매 증가 또는 조세 감소)은 총저축계획을 감소시켜 S_1에서 S_2로 이동시키게 되며, 세계 실질이자율(r^*)은 고정이기 때문에 무역수지가 초기의 균형상태($NX=0$)에서 현재는 적자상태($NX<0$)에 놓여진 것을 확인할 수 있다. 만약 재정정책이 확대가 아니라 긴축재정정책(조세 증가 등)을 시행한다면 결과는 그림과 반대방향으로 움직여서(총저축이 증가할 것이다) 무역흑자($NX=0$)가 발생할 것이다.

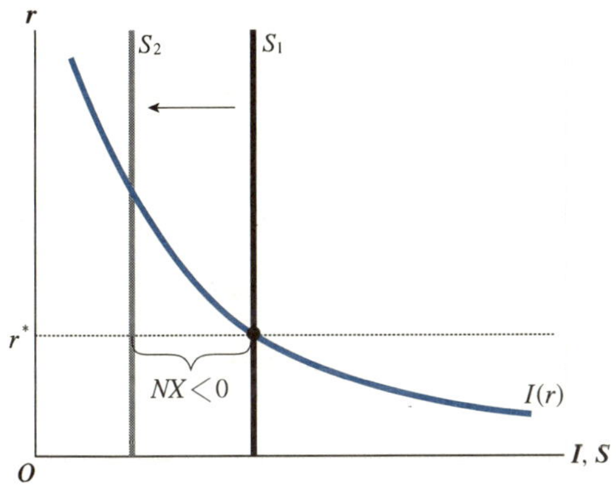

그림 3-19

소국개방경제 하에서의 확대재정정책

소국개방경제 하에서 세계 실질이자율(r^*)은 불변이므로 투자는 변동이 없다. 따라서 총저축은 감소하였으므로 저축이 투자에 못 미치게 되어 투자의 일부는 해외로부터 차용을 통해 조달되어야 한다.

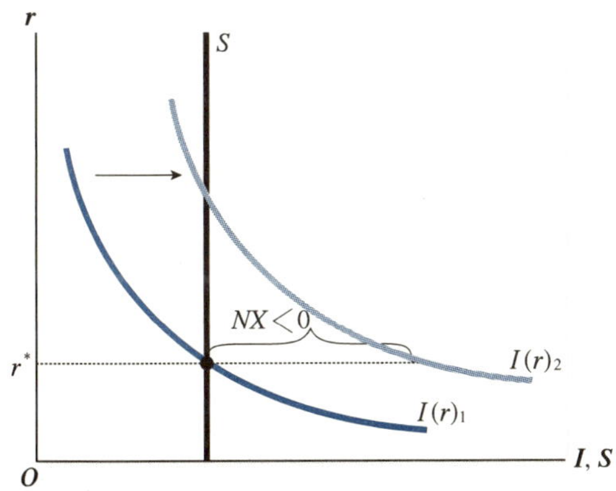

그림 3-20

소국개방경제에서의 투자계획 이동

투자계획이 우측으로 이동하게 되면 세계이자율이 고정되어 있다 할지라도 투자는 증가하게 된다. 저축은 불변이기 때문에 투자의 일부는 해외로부터의 차용을 통해 재원이 확보되어야 한다.

지금까지는 정부의 재정정책이 직접적으로 총저축에 영향을 미쳐서 나타난 파급효과를 살펴보았지만 간접적으로 투자에 영향을 미치는 경우도 있다. 예를 들면 정부가 투자세액공제 등을 통하여 국내투자를 촉진하는 방향으로 조세법을 개정하는 경우 국내의 투자계획은 우측으로 이동하게 된다. 이를 그림으로 나타내면 〈그림 3-20〉과 같다.

〈그림 3-20〉에 나타난 것처럼 정부의 투자촉진을 유도하는 정책으로 인하여 투자계획이 우측으로 이동하게 되면 세계이자율(r^*)이 고정되어 있다 할지라도 투자는 증가하게 된다. 저축은 불변이기 때문에 투자의 일부는 해외로부터의 차용을 통해 재원이 확보되어야 한다. 증가된 투자에 재원을 조달하기 위해서 자본이 유입되므로 순자본유출은 (−)가 된다. 또한, 무역수지(NX)는 $S-I$이기 때문에 I의 증가는 NX의 감소를 유발하게 된다.

그리고 미국과 같이 세계 경제에서 차지하는 비중이 큰 대국들이 정부구매를 증가시킬 경우 이 또한 국내투자에 영향을 미치게 된다. 미국정부가 정부구매를 증가시키면 이는 세계 저축을 감소시키게 되므로 그에 따라 세계이자율(r^*)을 상승시키게 된다. 이를 그림으로 나타내면 다음 〈그림 3-21〉과 같다.

〈그림 3-21〉에서 나타난 것처럼 미국의 정부구매 증가에 의해서 세계

그림 3-21

소국개방경제 하에서의 해외 재정정책

미국의 정부구매 증가에 의해서 세계이자율이 상승하게 되면 동일한 국내 투자계획($I(r)$) 곡선 위에서 투자가 세계이자율 하에서 감소하게 된다.

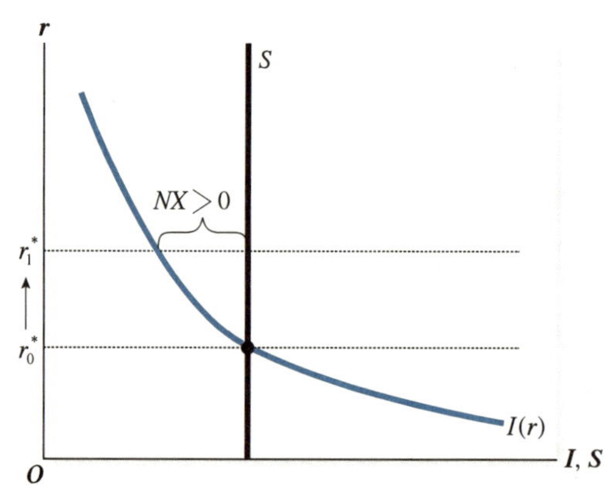

이자율이 r_0^*에서 r_1^*로 상승하게 되면 동일한 국내 투자계획($I(r)$) 곡선 위에서 투자가 세계이자율 r_0^* 하에서 감소하게 된다. 국내저축은 변화가 없으므로 저축(S)은 투자(I)를 초과하게 되어 저축의 일부는 해외로 유출되기 시작한다. $NX = S - I$이므로 투자가 감소할 경우 NX를 증가시킨다. 따라서 해외에서 저축이 감소할 경우 국내에서는 무역흑자가 발생한다.

2.4.3 경제적 시사점

개방경제 하에서 정부의 재정정책이 미치는 영향을 살펴보면 정부구매와 조세의 변동이 직접적으로 국내의 총저축에 영향을 미치고 간접적으로 투자에 영향을 미침에 따라 순자본유출($S - I$) 및 무역수지(NX)에 영향을 미치는 것을 확인할 수 있었다. 투자를 증가시키거나 저축을 감소시키는 정책은 무역수지를 감소시키나, 저축을 증대시키는 정책은 무역수지를 증가시킨다.

이와 같은 메커니즘 하에서 일국이 무역적자를 경험할 때 정책 입안자들은 무역적자가 국가적인 문제인지의 여부를 알고자 할 것이다. 이와 같이 개방경제 하에서 무역적자가 발생할 경우 실증적인 분석을 통하여 원인을 규명할 수 있으나 정책의 방향이 바람직한지의 여부에 대해서 항상 적절한 해답을 제시할 수 있는 것은 아니다. 즉, 무역적자 자체가 문제가 되는 것은 아니지만 문제의 징조로 간주할 수 있는 것이다. 예를 들면 무역적자 자체가 낮은 저축을 반영한다고 볼 수 있는데, 폐쇄경제 하에서 낮은 저축은 낮은 투자와 장래 자본축적의 축소로 이어지고, 개방경제 하에서 낮은 저축은 무역적자와 대외부채의 증대로 이어지며, 이는 결국 국제적인 차용을 통한 현재의 높은 소비는 미래의 낮은 소비와 함께 장래 세대가 낮은 저축의 부담을 가지게 되는 것을 의미하기 때문이다.

반대로 개발도상국의 경우 저소득의 농업경제에서 현대적 산업경제로 전환을 하기 위해 해외차용을 통해 높은 투자수준에 대한 재원을 조달하기도 하는데, 이 경우 무역적자는 경제발전의 전조현상이라고 볼 수 있다. 예를 들면 우리나라는 1970년대 대규모 무역적자를 경험하였으나 오늘날에는 경제성장을 성공적으로 이룬 국가 중 하나로 평가받는다. 따라서 무역수지 자체만으로 경제적 성과를 판단하기는 어렵다고 볼 수 있다.

이를 종합하면 정부의 재정정책이 무역수지에 영향을 미치는 것은 가능하지만 정책의 목표가 무역수지 흑자만을 위한 것은 아니며, 종합적인 상황을 판단하여 재정정책을 운용할 필요성이 있는 것으로 정리할 수 있다.

1) 고려사항 1 : 정부는 균형재정을 실현해야 할까?

이에 대한 찬반론을 생각해보기 전에 재정정책을 설명하는 초반부에 얘기한 바를 상기해보자. 먼저 재정정책에는 고전학파가 주장한 균형재정정책과 케인즈의 기능적 재정정책이 있었다. 따라서 균형재정을 실현해야 한다는 것을 주장하는 사람들은 고전학파적 관점에서 얘기할 것이고 반대하는 사람들은 케인즈의 관점에서 얘기할 것이다. 그렇다면 고전학파적 관점에서 균형재정의 실현을 왜 찬성하는지 알아보자. 먼저 이들은 기능적 재정정책에서 적자재정정책을 반대하고 있다. 재정적자는 장래 세대들의 세금을 올리고 소득을 낮추어 미래 세대들에게 부당한 부담을 안긴다고 설명한다. 이로 인해 정부부채가 지속적으로 증가함과 더불어 누적된 이자의 만기가 도래하게 될 경우 장래의 납세자는 기존의 세대들보다 더욱 나쁜 환경에 살게 된다. 먼저 기존의 세대보다 세금을 더 많이 내게 되고, 재정지출의 혜택은 적게 받게 된다. 그리고 현재 사용되는 지출의 증가분이 클수록 이 혜택은 현재 살고 있는 사람들이 받게 되는 것이지, 이것이 미래에 쓸 수 있는 지출은 아니란 것이다. 따라서 미래의 납세자에게 현재 정부지출에 대한 비용을 전가하게 되는 꼴이 되어버린다. 또한, 재정적자는 국민저축을 줄여 자본형성을 늦추고 그로 인해 생산성이 낮아지고 실질성장을 제약한다고 주장하며, 균형재정정책이 사용되어야 할 당위성을 설명하였다.

반면에 케인즈적 관점의 사람들은 균형재정 실현을 반대하였다. 먼저 재정적자는 재정정책의 작은 일부일 뿐이며, 재정적자가 갖는 문제가 과장될 가능성이 있다고 하였다. 그리고 세대 간의 재정지출의 비용 이전은 정당화될 수 있고, 어떤 정부지출은 장래에도 훌륭히 혜택을 줄 수 있다고 하였다. 특히 사회적 자본, 예를 들면 교육지출과 같은 경우에는 균형재정을 이루어낼 기준이 명확하지 못하다. 또한, 교육지출의 증가는 장래에 긍정적 외부효과를 발생시키며, 이는 생산성을 높여 국민소득을 증가시킴에 따라 국가채무를 갚을 수 있는 여력을 제공해주는 역할을 한다고 설명하였다. 덧붙여 설명하면 인구 증가와 교육에 의한 기술진보는 채무이자 지불능력을 증대시킨다고 하였다. 이와 더불어 균형재정에 대한 요구는 그 자체가 가지는 정책선택의 폭을 좁혀 정책의 유연성을 떨어뜨린다고 하였다. 예를 들면 전쟁이나 공황 등과 같은 비상상태와 미래의 경제위기를 대처하는 데 필요한 정책이 줄어들게 되어 오히려 더욱 경제를 악화시킬 가능성을 준다고 하였다. 이처럼 어떤 상황에서 어떤 관점으로 바라보느냐에 따라 정책의 실효성은 달라진다.

2) 고려사항 2 : 예산은 왜 지속적으로 증가하는가?

19세기 독일의 경제학자 와그너(A. Wagner) 이래 경제학자들은 정부의 지출규모가 지속적으로 증가하는 현상에 대한 관심을 가져왔다. 이런 현상을 와그너의 이름을 따서 와그너 법칙이라고 부른다. 와그너 법칙이란 어떤 사회의 산업화가 진전될수록 국민경제에서 차지하는 정부의 역할은 더 증대되고, 따라서 정부지출 또한 증가하게 된다는 것이다. 이런 지출의 증가원인에 대해 두 가지의 측면에서 논의되고 있는데, 먼저 소모적(exhaustive) 지출 증가이다. 이를 설명하는 모형으로는 발전모형, 와그너의 설명, 피콕-와이즈만의 분석 등이 이용된다. 또 다른 하나는 이전(transfer)지출의 증가이다. 이 이전지출은 정해진 조건을 충족시키는 사람들에게만 지불되는 특성을 지닌다. 예를 들어 정치인들은 투표에서 더 많은 지지를 얻기 위해서 그러한 이전지출의 수혜조건을 완화할 수도 있으며, 또한 이전지출의 수준을 높일 수가 있다는 것이다. 정부의 지출과 관련하여 구조적인 측면에서 재미난 법칙이 하나 있어서 소개하도록 하겠다. 파킨슨(Parkinnson) 법칙이라고 불리는 이 법칙은 행정기관이 그 실질적인 기능과는 관계없이, 자신의 지위를 유지 및 확대하기 위해 계속적으로 팽창한다는 주장이다. 예를 들어 동네 동사무소를 보라. 아주 오래전 모든 일을 손으로 하였던 시대로 거슬러 올라가 보자. 그 당시 동사무소에서 일하던 공무원들은 모든 작업을 손과 펜으로 다해야 했었다. 그러다가 세월이 흘러 기술이 진보하기 시작하여 복사가 가능한 시대가 되었다. 그렇다면 복사기로 인해 오히려 공무원의 숫자는 감소해야 함에도 불구하고 그 복사기를 운영해야 하는 사람이 한 명 더 늘게 된다. 자, 이제 우리가 흔히 접할 수 있는 컴퓨터가 보급되었다고 치자. 그렇다면 컴퓨터로 인해 일의 효율성이 증대되어 공무원의 수는 줄어야 할 성싶으나 오히려 그 컴퓨터를 관리해야 하는 사람이 한 명 더 늘어나게 되는 것이다. 이렇듯 행정기관의 실질적 기능과 관계없이 부수적으로 일하는 사람의 수가 늘어난다면 그들에게 지불되는 임금은 국민들의 혈세로 충당할 수밖에 없는 것이다. 그리고 이러한 정부지출의 지속적인 증가가 과연 총수요를 자극시킬 만한 요인이 될 수 있겠는가 하는 의문이 든다.

토의과제

01. 재정정책의 의의, 종류, 수단 및 경제적 시사점을 설명하시오.

02. 정부지출의 구성요소와 정부수입의 요소를 설명하시오.

03. 재정정책이 거시경제(지표)에 영향을 미치는 채널과 과정을 설명하시오.

04. 정부부채에 대한 전통적인 견해 그리고 리카르도의 견해에 대해 비교, 설명하시오.

05. 구축효과와 승수효과를 이용하여 재정정책의 메커니즘에 대해 설명하시오.

06. 재정정책의 변화에 따른 *IS*곡선의 이동과 단기균형의 변화에 대해 설명하시오.

07. 확장재정정책의 의의 및 경제적 시사점을 설명하시오.

08. 긴축재정정책의 의의 및 경제적 시사점을 설명하시오.

09. 재정정책과 관련된 여러 문제에 대해 설명하시오.

10. 개방경제 환경에서의 재정정책의 의의 및 파급 메커니즘을 설명하시오.

11. 개방경제 환경에서의 재정정책의 효과를 설명하시오.

핵심단어

재정	재정정책	소비지출
투자지출	이전지출	세원
세율	조세	직접세
간접세	적자재정	균형재정
흑자재정	기능적 재정	구축효과
정부구매	이전지출	순이자지급
재정수지적자	기초재정수지적자	경상적자
기초경상적자	자동안정화 장치	정부자본
조세왜곡	정부부채	정부재정수지적자
리카디언 등가법칙	통화주조이차	승수효과
정치적 경기순환	정책반전	

제3절 조세(세금)와 실물경제

3.1 조세(세금)란?

조세는 정부지출의 재원구축을 위하여 국민과 주민으로부터 강제로 거두어들이는 화폐를 의미하며, 정부재정의 수입을 의미한다. 정부가 이렇게 민간의 소득을 강제적으로 이전하는 이유는 자발적으로 세부담을 한다고 가정할 때 공공재의 특성에서 나타나듯이 모든 사람들이 무임승차 유인을 가지기 때문이다.

그런데 공공재는 민간부문에 있어서 필수재이기 때문에 반드시 충분한 양이 공급되어야 하며, 이를 위하여 정부는 재원조달을 목적으로 민간부문의 재원을 정부부문으로 강제로 이전하게 되고, 이로 인하여 조세가 발생하게 된다.

이렇게 거두어들인 조세를 정부가 정부지출의 형태로 사용할 때, 그 지출편익은 민간에게 돌아오게 된다. 사적재의 경우 개인이 수혜하게 되는 편익은 본인이 기여한 정도에 따라 차별적으로 보상받게 되지만, 공공재의 경우 본인의 능력에 따라 조세부담은 차등적으로 주어지는 것에 반해 지출편익 측면에서는 개인 간 아무런 차별 없이 일반적으로 보상이 이루어지게 된다.

따라서 조세는 강제적으로 징수되는 것이며, 이를 재원으로 공급되는 공공재의 편익은 일반적으로 귀착된다고 볼 수 있다. 조세는 국가가 징수하는 국세와, 지방정부가 징수하는 지방세로 구분할 수 있다. 그리고 국세에 포함되는 항목으로는 우리나라의 경우 소득세, 법인세, 부가가치세, 특별소비세,

증권거래세, 관세, 교육세, 교통세 등이 있다.

전체 조세액 중 국세가 70%, 지방세의 비중이 30% 수준이며, 국세에서 가장 큰 비중을 차지하는 것이 부가가치세로 2010년 기준으로 전체 조세 중 20% 수준이다. 그 뒤로 소득세와 법인세가 약 16%를 차지하고 있다. 관세와 교통세가 각각 4%, 5% 수준이며, 나머지 특별소비세와 증권거래세, 교육세는 2% 이하를 차지하고 있다.

3.2 조세의 실물경제 파급 메커니즘

조세는 실물경제에 있어서 자원의 효율적 배분, 소득의 공평한 분배, 그리고 경제의 안정적 성장에 영향을 미친다.

첫 번째로, 조세가 자원의 효율적 배분에 기여하는 원리를 살펴보자. 주류세와 담배소비세와 같은 부과를 통하여 자원의 효율적 배분에 기여할 수 있으며, 공해세의 부과를 통해 비효율적인 경제의 상태를 효율적인 상태로 전환시키는 것이 가능하다.

두 번째로, 소득의 공평한 분배에 미치는 영향을 살펴보자. 예를 들어 누진세율을 적용할 때 고소득자들의 부담은 상대적으로 증가하게 되며, 이를 재원으로 저소득계층을 위한 제반 정부지출을 통하여 계층 간 소득을 재분배하는 데 조세가 기여한다고 볼 수 있다.

세 번째로, 조세는 경제의 안정적 성장에 기여하는 것이 가능한데, 경기가 호황국면이라면 누진세율 강화를 통하여 고소득계층의 부담을 증가시켜 경기의 과열을 진정시키는 데 도움을 준다. 반대로 경기가 불황국면이라면 세율의 인하를 통하여 가처분소득을 증가시키고, 가처분소득의 증가는 소비지출을 증가시켜 총수요(*AD*)를 증가시키는 것이 가능하다. 이와 같이 조세는 경제안정화를 가능하게 하는 기능 또한 수행하고 있다.

3.3 래퍼곡선이란?

래퍼곡선(Laffer curve)이란 미국의 경제학자 아서 래퍼(A. Laffer)가 주장한 세금수입과 세율 간의 역설적 관계를 그래프로 나타낸 것을 말한다. 래퍼곡선을 도출하기 위하여 다음 조세수입 식을 살펴보도록 하겠다.

$$T = \tau Y \tag{3.23}$$

여기서 T는 조세수입을 의미하고, τ는 소득세율, Y는 총소득이다. 만약 Y가 일정하다면, 소득세율 τ가 증가하면 조세수입도 증가하게 된다. 그러나 τ가 증가하면 노동공급이 감소하므로 Y가 감소한다. 따라서 소득세율과 소득은 반대방향으로 움직이며, 소득세율의 증가폭이 그에 따른 소득의 감소폭보다 크면 조세수입이 증가하고, 반대로 소득의 감소폭보다 작으면 조세수입이 감소할 것이다. 또한, 소득세율이 증가할 때 조세수입이 감소하는 현상은 소득세율이 지나치게 높을 때 나타난다. 예를 들어 소득세율이 1인 경우는 모든 소득을 조세로 징수하는 경우인데, 이 경우에는 그 누구도 일을 하려고 하지 않을 것이기 때문에 소득이 0이 되어 조세수입도 0이 된다.

〈그림 3-22〉를 보면 세율이 증가할수록 세금의 수입이 증가하는 모습을 보이다가 최적세율을 넘어서는 시점에서는 오히려 세금수입이 감소하는 모습을 보여준다. 이는 세율이 증가함에 따라 세수도 증가하나 일정 수준 이상으로 세율이 오르면 사람의 근로의욕을 해쳐서 소득이 줄어들기 때문에 세수도 줄어든다는 현상을 보여주는 곡선이다. 즉, 높은 세율은 민간부문을 위축시켜 낮은 경제성장을 유발하기 때문에 감세를 통해 이를 극복하자는 것이 그의 주장의 요지였다. 래퍼의 이 같은 주장은 감세를 통해 총공급을 변화시킬 수 있다는 내용으로, 공급주의 경제학으로 분류된다. 공급주의 경제학자들은 세율 인하가 단기적으로 조세수입의 감소와 재정적자를 불러오지만 장기적으로는 기업의 투자와 노동공급을 확대해 조세수입을 증가시킨다고 주장한다. 이때 당시 래퍼와 친분이 있던 레이건 대통령은 공급주의 경제학을 적용해 감세정책을 폈다. 이들은 세금을 줄임으로써 노동에 대한 동기를 고

그림 3-22

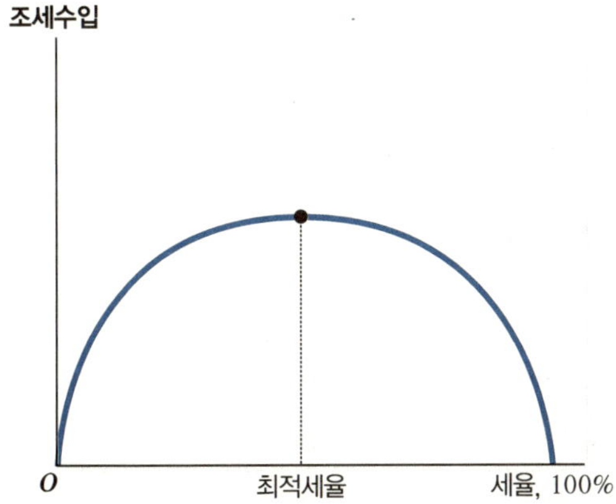

래퍼곡선
세율이 증가할수록 세금의 수입이 증가하는 모습을 보이다가 최적세율을 넘어서는 시점에서는 오히려 세금수입이 감소하는 모습을 보여준다.

무시켜 생산을 증가시키고 부를 창출할 필요가 있다고 주장하였다.

이런 재정정책의 도구로서의 세금이 과연 어떤 경로를 통해 총수요를 변화시키는지 보면, 우선 정부가 세금을 인하할 때, 원래 정부가 의도하는 바는 세금의 인하에 따라 가계의 가처분소득이 늘어나서 소비를 늘리는 것이다. 이렇게 늘어난 소비에서 일부는 저축하거나 투자하고 나머지 일부는 소비재 구입에 지출하면, 이것이 총수요곡선을 우측으로 평행이동시킴에 따라 총수요를 증가시키게 된다. 그러나 정부가 시차의 문제를 보일 경우 일반 소비자 및 기업은 그 정책에 대한 신뢰성을 문제 삼게 된다. 그로 인해 세금의 감소가 바로 가계나 기업에게 가처분소득의 증가로 연결되지 못하고,[16] 세금이 다시 오를 것을 대비해 저축을 늘리는 행위가 나타남으로써, 한계소비성향이 줄어들고 한계저축성향이 늘어나는 결과에 따라 결국 승수효과가 줄어들게 되는 상반된 결과를 가지게 된다. 다시 말하자면, 세금의 감소분만큼을 저축하게 되면 자원을 빌려주려는 사람이 빌리려는 사람보다 많아짐에 따라 이자율은 하락한다. 이자율 하락은 투자를 일으키기 때문에 *IS*곡선을 우측으로 이동시키게 된다. *IS*곡선의 우측이동은 이자율 상승을 다시 유도하기 때문에

16. '조만간 세금을 다시 올릴 거야' 라고 생각한다.

이자율 상승은 다시 투자를 감소시키게 되고, 그로 인해 원래 기대하였던 총수요의 증가분보다 작은 결과를 초래하게 된다.

3.4 조세부담의 전가와 귀착

3.4.1 조세부담의 전가

조세부담의 전가는 조세가 부담되었을 때, 각 경제주체들이 자신의 경제활동을 조정하여 조세의 실질적인 부담의 일부를 타인에게 이전시키는 현상이다. 이는 조세부담이 법률상의 납세의무자로부터 법률상의 납세의무자가 아닌 타인에게 이전되는 현상을 말한다. 조세전가의 형태를 보면 전방전가(forward shifting)와 후방전가(backward shifting)가 대표적이다. 먼저 전방전가의 경우 생산요소의 공급자로부터 생산자, 도매업자, 소매업자, 최종소비자에 이르는 방향으로 조세가 전가되는 것을 말한다. 후방전가의 경우 전방전가와 반대의 방향으로 조세가 전가되는 것을 말한다.

3.4.2 조세부담의 귀착

조세부담의 귀착이란 앞에서 본 조세전가에 의해 조세부담이 최종적으로 낙착되는 현상을 말한다. 이런 조세귀착은 법적 귀착(statutory incidence)과 경제적 귀착(economic incidence)으로 구분되는데, 법적 귀착은 법적으로 납부할 책임을 가진 사람이 지게 되는 조세부담을 말하며 형식적 귀착(formal incidence)이라고도 한다. 반면, 경제적 귀착은 조세에 의해 실질적으로 소득이 감소하게 되는 사람이 지게 되는 조세부담을 말하며 실질적 귀착(effective incidence)이라고도 한다. 여기서 법적 귀착은 경제적으로 아무런 의미를 가지지 못한다. 왜냐하면 조세는 전가를 통해 타인에게 실질적인 귀착이 이루어졌을 경우 법적인 귀착 당사자가 아닌 타인이 조세를 부담해야 하기 때문이다. 따라서 일반적인 조세귀착에 대한 연구방법은 경제적 귀착에 대한 접근방법임을 주지해야 한다.

3.4.3 조세귀착에 대한 접근방법

정부는 조세와 정부지출이 납세자들의 실질소득의 분배에 어떤 영향을 미치는가에 관심을 갖는다. 그러나 이런 관심에 대한 연구는 다음과 같은 문제점을 가지게 된다.

첫째, 어떤 조세의 귀착을 정확히 파악하기 위해서는 조세제도가 전혀 존재하지 않았을 때의 소득분배 상태와 비교해야 한다. 그러나 현실에서는 여러 조세제도가 이미 존재하고 있는 상태이기 때문에 이와 같은 정태적 비교분석이 어려운 문제를 안고 있다. 둘째, 정부지출에 있어서 편익이 납세자들 사이에서 어떻게 분배되는가를 파악하기가 용이하지 않은 측면이 있다. 예를 들면 국방이나 교육과 같은 경우 단순히 모든 사람에게 골고루 분배된다고 볼 수 있으나, 납세자의 신분이나 소득수준에 따라 실질적인 편익이 분배되는 정도에 차이가 발생하는 문제점이 있다. 셋째, 일반균형에 대한 효과를 분석하기 어렵다. 조세제도의 적용 후에 실현되는 거시경제로의 파급효과는 각 변수들 간의 시차문제뿐만 아니라 파급효과에 의해 실질적으로 변화될 소득을 계산하기가 용이하지 않은 문제점을 갖고 있다.

이런 문제점을 감안하여 조세의 귀착에 관한 연구들은 대체로 다음과 같은 세 가지 접근방법을 택하고 있다. 먼저, 절대적 조세귀착을 들 수 있다. 절대적 조세귀착(absolute tax incidence)은 정부지출이 변하지 않는다는 가정하에 어떤 조세가 분배에 미치는 효과를 분석하는 것을 말한다. 이 방법은 간단하다는 장점이 있으나 정부지출이 고정된 상태에서 한 조세의 증가는 자연스럽게 다른 조세의 감소를 유발한다는 점을 간과하고 있다. 즉, 어떤 조세의 증가가 정부가 관심 있게 보는 총수요 및 고용 등에 어떤 효과를 가져오는지 정확히 알 수 없게 된다. 이러한 거시경제변수의 효과는 다시 소득의 분배에 영향을 미치게 되는 경로를 가지는데, 이에 대한 설명 역시 부족해지는 문제점을 유발한다. 다음으로, 차별적 조세귀착(differential tax incidence)이 있다. 차별적 조세귀착은 절대적 조세귀착에서 나타나는 가정의 문제점을 보완하기 위해 도입되었다. 즉, 정부지출이 변하지 않는다는 가정을 그대로 둔 상태에서 어떤 조세를 다른 조세로 대체하였을 경우 분배에 미치는 효과를 분석한 결과이다. 이 방법 또한 문제점을 가지는데, 분석대상이 되는 조세를 대체하는 기준조세에 따라 조세귀착이 다르게 나타날 수 있다는 것이다. 이 문제점을 보완하기 위해 기준조세는 대체로 정액세를 적용한다. 마지막으로, 예산귀착(budget incidence)인데, 이는 어떤 조세와 그것에 의한 정부지출을 혼합하여 분배에 미치는 효과를 분석하는 것이다. 이런 방법은 앞의 두 조세귀착의 문제를 해결하기 위한 방법이 될 수 있으나 정부지출이 분배에 미치는 효과를 정확히 파악하기 어렵다는 문제도 내포하고 있다. 이런 방법은 주로 전체 정부예산이 분배에 미치는 효과를 파악하고자 할 때에 사용한다.

3.5 조세귀착의 균형분석

일반적으로 균형분석은 부분과 일반으로 나누어진다. 부분균형분석은 그 조세가 부과되는 시장만을 고려하는 것이고, 반대로 일반균형분석은 조세가 부과될 경우 전체 시장에 미치는 영향을 분석하는 것이다. 여기서는 부분균형분석을 이용하여 조세가 시장에 미치는 영향을 분석하고자 한다.[17] 이는 조세부과에 따른 시장 내의 조세부담의 분배가 어떻게 이루어지는가에 대한 논의의 간편함을 추구함으로써 보다 독자들에게 이해도를 높이기 위함이다.

3.5.1 완전경쟁시장

1) 종량세의 조세귀착

종량세라 함은 재화의 양에 따라 단위별로 부과되는 조세를 일컫는다. 이런 종량세는 소비자나 생산자 중 어느 한 경제주체에 부과될 수 있는데, 결론적으로 어느 쪽에 조세를 부과하더라도 조세의 귀착은 똑같이 나타난다고 할 수 있다. 먼저 소비자에게 전가되는 경우를 보자. 〈그림 3-23〉을 보면 종량세가 부과되기 이전에 재화 X에 대한 수요와 공급곡선을 D, S라고 하면

17. 보다 자세한 내용은 재정학이나 공공경제학을 참조하기 바란다.

그림 3-23

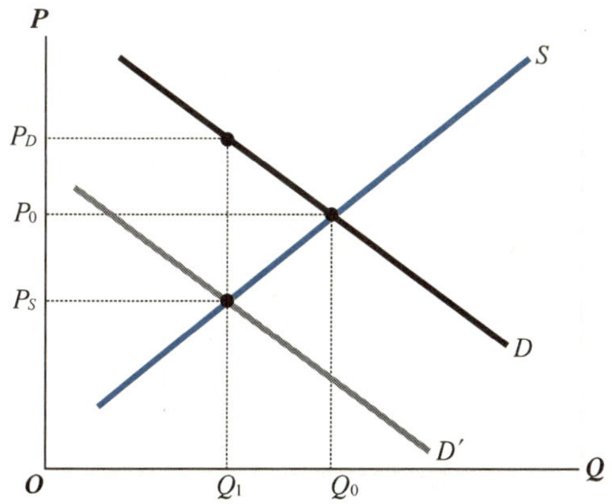

종량세 부과 후 조세귀착(소비자)
정부가 소비자에게 물건 한 단위 구입에 대한 종량세를 *T*만큼 부과할 경우에 소비자는 주어진 재화의 양에 대한 세금부과 전과 동일한 가격을 지불하고자 할 것이다. 종량세가 소비자나 생산자 중 어느 누구에게 부과되는 것과는 상관없이 동일한 결과를 보여준다.

균형가격과 공급량은 각각 P_0, Q_0로 표현된다. 이제 정부가 소비자에게 물건 한 단위 구입에 대한 종량세를 *T*만큼 부과할 경우에 소비자는 주어진 재화의 양에 대한 세금부과 전과 동일한 가격을 지불하고자 할 것이다. 따라서 소비자의 수요곡선은 원래의 수요곡선과 동일하다. 그러나 생산자는 소비자가 지출할 가격에서 세금을 뺀 만큼 받게 되므로 생산자가 직면하는 수요곡선은 종량세 *T*만큼 하방으로 평행이동한 수요곡선인 *D′*이 된다. 이때 새로운 균형가격과 산출량은 각각 P_D와 Q_1이 된다. 따라서 조세 *T*에 대하여 소비자에게는 $(P_D - P_0)$만큼이 전가되고, 생산자에게는 $(P_0 - P_S)$만큼이 전가된다. 게다가 생산량은 Q_0에서 Q_1으로 줄어들었음을 알 수 있다.

이제 반대로 종량세가 생산자에게 부과된 경우를 살펴보자. 먼저 위의 기본 전제조건은 동일하다고 가정한다. 다른 점은 종량세가 생산자에게 부과되었다는 점이다. 〈그림 3-24〉에서 보면 종량세 *T*가 부과되면 생산자는 자신이 원래 받을 수 있던 생산자 가격으로 계속 받기를 원하기 때문에 공급곡선은 원래의 *S*에서 *T*만큼 평행이동한 *S′*이 된다. 그리고 새로운 균형가격과 산출량은 역시 P_D와 Q_1이 되고, 조세 *T*에 대해 소비자에게는 $(P_D - P_0)$만큼이 전가되고, 생산자에게는 $(P_0 - P_S)$만큼이 전가된다.

그림 3-24

종량세 부과 후 조세귀착(생산자)

종량세 T가 부과되면 생산자는 자신이 원래 받을 수 있던 생산자 가격으로 계속 받기를 원하기 때문에 공급곡선은 원래의 S에서 T만큼 평행이동한 S′이 된다. 종량세가 소비자나 생산자 중 어느 누구에게 부과되는 것과는 상관없이 동일한 결과를 보여준다.

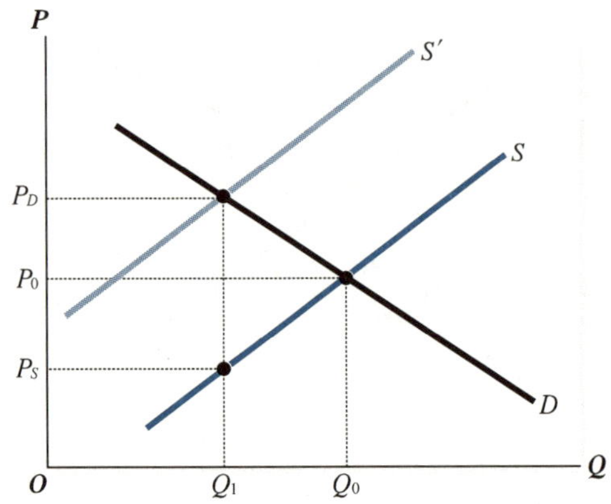

따라서 〈그림 3-23〉이나 〈그림 3-24〉에서와 같이 종량세가 소비자나 생산자 중 누구에게 부과되는 것과는 상관없이 동일한 결과를 보여줌을 알 수 있다. 다시 말하면, 소비자에게로의 귀착은 $(P_D - P_0)$만큼이 될 것이고, 생산자로의 귀착은 $(P_0 - P_S)$만큼이 될 것이다.

그렇다면 과연 조세귀착이 동일하게 생산자와 소비자에게 부과될 것인가? 아니면 누구에게 더 많이 전가되는가? 결론은 그래프를 잘 보면 알 수 있겠지만 재화의 특성에 따라 달라진다고 할 수 있다. 예를 들어 재화가 필수재화처럼, 공급자와 관계없이 소비자가 그 재화를 수요하는 데 있어서 완전 탄력적인 경우 종량세가 누구에게 부과됨에 관계없이 생산자가 부담하게 되어 있다. 〈그림 3-25〉를 잘 보면 수요자나 공급자의 가격탄력성이 큰 쪽이 크지 않은 쪽보다 조세부담을 덜 하게 된다는 것을 알 수 있다. 따라서 소비자로의 귀착은 다음 식으로 나타낼 수 있다. 세금을 T, 소비자 가격을 P_D, 수요의 가격탄력성을 ε, 그리고 공급의 가격탄력성을 η이라 하면, 세율이 변할 때 소비자 가격의 변화는 식 (3.24)와 같다.

$$\frac{dP_D}{dT} = \frac{\eta}{\varepsilon + \eta} \tag{3.24}$$

그림 3-25

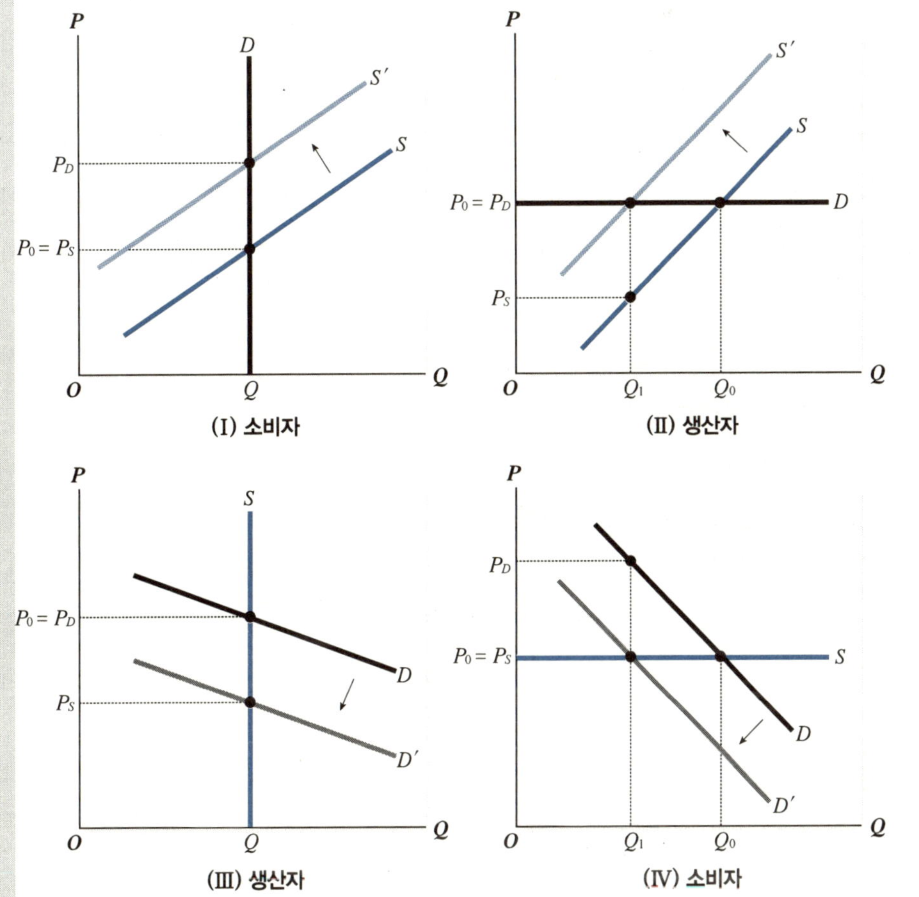

탄력 정도에 따른 종량세의 귀착

재화가 필수재화처럼, 공급자와 관계없이 소비자가 그 재화를 수요하는 데 있어서 완전 탄력적인 경우 종량세가 누구에게 부과됨에 관계없이 생산자가 부담하게 되어 있다.

식 (3.24)는 조세의 변화량에 따른 소비자 가격의 변화량을 나타내고 있는데 수요의 가격탄력성 ε이 완전 탄력적으로 기울기가 무한대와 같다면 $\frac{dP_D}{dT}$는 0이 되기 때문에 공급자가 모든 조세부담을 하게 된다. 반대로 가격탄력성이 완전 비탄력적인 경우 $\frac{dP_D}{dT}$는 1이 되기 때문에 수요자가 모든 조세를 안게 된다.

조금 더 이해를 돕기 위하여 그래프를 이용하여 설명해보겠다. 〈그림 3-25〉에서 (I)의 그래프를 보면 수요의 가격탄력성이 0인 경우 생산자에게 조세가 전가되면 공급곡선은 조세만큼 좌측으로 평행이동하게 되고, 그로 인해 소비자가 부담해야 하는 조세는 ($P_D - P_0$)가 되고 생산자가 부담해야 하는 조세는 ($P_0 - P_S = 0$)이 된다. 따라서 조세부담은 소비자가 모두 하게 되는 것이다. 반대로 (II)와 같이 수요곡선이 가격에 완전 탄력적인 경우, 수요곡선은 수평형태의 직선을 가진다. 그리고 마찬가지로 생산자에게 조세가 부과될 경우 공급곡선은 조세부과분만큼 좌측으로 평행이동하게 된다. 그리고 소비자가 부담해야 하는 조세는 ($P_D - P_0 = 0$)이 되고 생산자가 부담해야 하는 조세는 ($P_0 - P_S$)로 생산자가 모든 조세부담을 하게 된다.

2) 종가세의 조세귀착

종가세의 경우 종량세와 달리 재화의 가격에 따라 부과되는 조세이다. 가격에 따라 세금이 부과되기 때문에 앞에서 본 종량세와 달리 종가세의 경우 조세부과에 따른 수요 및 공급곡선이 평행이동을 하지 않는다는 점이 다

그림 3-26

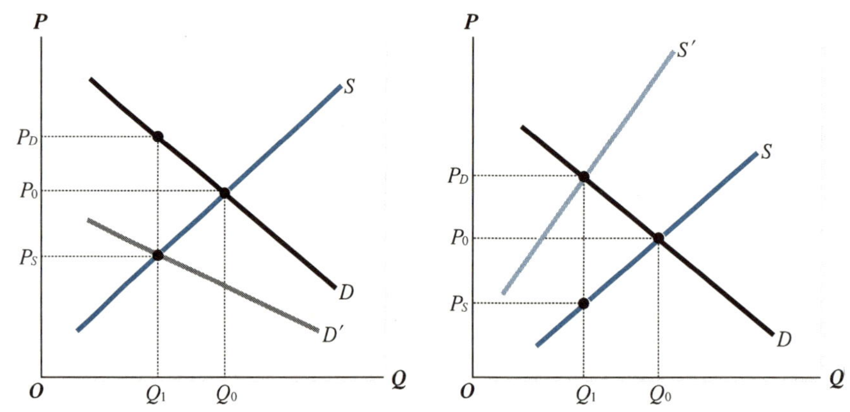

종가세 부과 후 조세귀착

결과는 종량세와 마찬가지로 소비자에게 부과되든 생산자에게 부과되든 상관없이 조세부담은 동일하게 나타난다.

르다. 〈그림 3-26〉에서 좌, 우 그래프는 각각 소비자와 생산자에게 종가세가 부과될 경우를 나타낸 그래프이다. 결과는 종량세와 마찬가지로 소비자에게 부과되든 생산자에게 부과되든 상관없이 조세부담은 동일하게 나타난다. 그리고 누가 더 많은 조세부담을 하는가에 대한 질문 역시 종량세와 동일하다.

3.5.2 독점시장

독점시장도 앞에서 본 경쟁시장과 마찬가지로 적용하여 분석하면 된다. 즉, 독점시장의 경우 경쟁시장과 다른 이윤극대화 체계를 갖고 있다는 점만 빼고 똑같이 적용할 수 있을 것이다. 완전경쟁에서는 $P = MC = MR$의 이윤극대화 조건이었다면 독점시장에서는 $P > MC = MR$의 이윤극대화 조건을 적용하면 된다. 〈그림 3-27〉에서 독점시장의 그래프를 볼 수 있다. 이 독점기업은 $MC = MR$인 점에서 산출량을 결정한다. 그리고 이 기업의 총수입은 $\square P_0 A Q_0 O$가 되고, 총비용은 $\square P_{AC} B Q_0 O$가 된다. 따라서 이 기업의 초과이윤은 $\square P_0 A B P_{AC}$가 된다.

여기서 종량세 T가 소비자에게 부과될 경우 기업이 직면한 수요곡선을 본래의 D에서 D'으로 좌측으로 평행이동시킨다. 그로 인해 이 기업의 한계수입곡선 또한 수요곡선이 이동한 만큼(조세가 부과된 만큼) 좌측으로 평행이동을 하게 된다. 이 기업은 새로운 한계수입곡선인 MR'과 한계비용 MC곡선이 만나는 점에서 균형산출량을 결정하고 가격은 기업이 직면한 수요곡선 위에서 결정된다($P' > MC = MR'$). 또한, 이 가격은 소비자의 지불용의가격이기도 하다($P' = P_D$). 그리고 생산자가 부담할 가격은 P_S가 된다.

따라서 종량세가 부과될 경우 독점시장에서 생산량은 $Q_0 - Q_1$만큼 줄어들게 되고, 세금을 포함한 소비자의 지불가격은 $(P_D - P_0)$만큼 증가하며, 생산자가 받을 수 있는 가격은 $(P_0 - P_S)$만큼 내려간다. 그리고 독점의 이윤은 〈그림 3-27〉과 〈그림 3-28〉을 비교해보면 줄어들게 됨을 알 수 있다.

그림 3-27

독점시장의 균형

독점시장에서는 $P > MC = MR$의 이윤극대화 조건을 적용하면 된다.

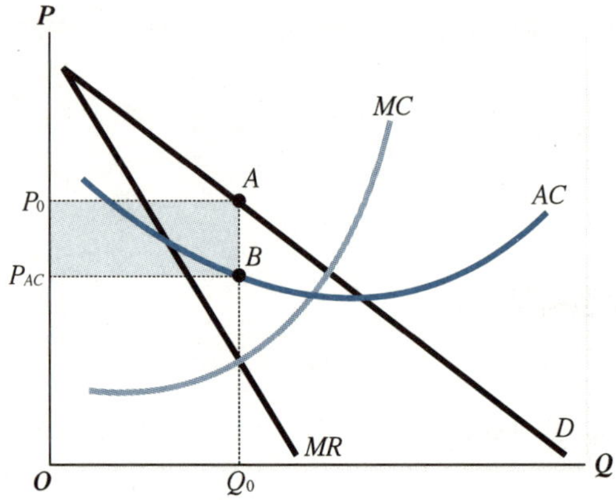

그림 3-28

종량세 부과 후 독점시장의 변화

종량세 T가 소비자에게 부과될 경우 기업이 직면한 수요곡선을 본래의 D에서 D'으로 좌측으로 평행이동시킨다. 그로 인해 이 기업의 한계수입곡선 또한 수요곡선이 이동한 만큼(조세가 부과된 만큼) 좌측으로 평행이동을 하게 된다.

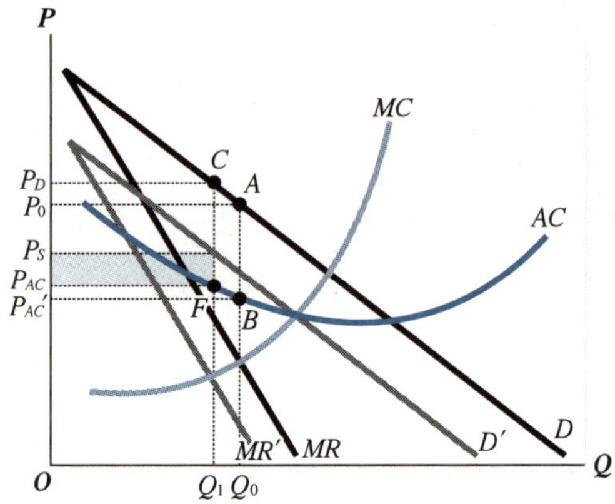

3.6 조세와 효율성

조세는 소비자나 기업이 선택의 문제에 직면하였을 때, 그들의 선택이 경제적 결정으로 이어지는 과정을 왜곡시킴으로써 초과부담을 야기시킨다. 따라서 최선의 조세는 가능한 한 이런 초과부담을 최소화해야 하는 것이다.

3.6.1 초과부담의 정의

초과부담은 조세가 징수되는 과정에서 납세자들이 실제로 지게 되는 부담의 크기[18]가 일반적으로 세금으로 납부한 것보다 더 큼을 의미한다. 이런 결과가 나오게 되는 것은 조세가 민간부문과의 의사교환을 통해 효율성 있게 부과되지 못하고 납세자로 하여금 추가적인 부담을 지게 하는 메커니즘을 가지기 때문이다. 이 추가적 부담을 초과부담이라고 하며, 다르게는 자중손실 혹은 후생비용이라고도 한다. 인두세(정액세)의 경우는 민간부문의 의사결정을 교란하지 않아 아무런 초과부담을 일으키지 않는다. 그러나 인두세와 같은 경우 이론적으로 가능할 뿐이고, 현실세계에서 보는 조세는 모두 어느 정도의 초과부담을 일으킨다고 보아도 무방하다.

한편, 이런 초과부담에 대한 접근방법은 크게 2가지가 있는데, 하나는 어떤 특정한 조세를 고려대상으로 삼아 그것이 부과될 때 발생하는 초과부담을 이론적 측면과 실증적 측면에서 분석하는 접근방법이다. 초과부담에 대한 대부분의 연구가 이 접근법을 사용한다. 다른 하나는 한 나라의 조세제도 전체를 고려대상으로 삼아 이것으로 인해 발생하는 초과부담의 크기를 재는 접근방법이다.

3.6.2 초과부담의 발생원인

조세가 초과부담을 일으키게 되는 것은 조세의 부과로 인해 효율적 자원배분의 조건이 충족될 수 없기 때문이다. 예를 들어 어떤 제품에 물품세가 세율 T_x만큼 부과되는 경우를 가정하자. 이로 인해 각 경제주체들이 자신의 이익을 고려해 의사결정을 한 결과는 $MRS_{xy} = (1 + T_x)MRT_{xy}$의 관계가 성립하게 된다. 이렇게 되면 한계대체율과 한계생산변환율 사이에 괴리가 생겨 자원의 효율적 배분의 조건이 충족되지 못한다는 것은 자명한 사실이다. 이에 대해 정확하게 이해하기 위해 자원의 효율적 배분에 대한 전제조건을 상기해

18. 납세자의 효용이 상실된 정도를 뜻한다.

보자.

$$\frac{P_x}{P_y} = \frac{MC_x}{MC_y}$$

$$MRS^A_{xy} = \frac{P_x}{P_y} = MRT_{xy} \tag{3.25}$$

위 식 (3.25)는 파레토 최적 조건을 나타낸다. 여기서 T_x만큼의 세율이 부과될 경우 소비자는 가격을 물품세가 포함된 가격인 $(1+T_x)P_x$로 인식하게 된다. 한계대체율은 $\frac{P_x}{P_y}$이기 때문에 조세가 부과된 후 한계대체율은 다음과 같이 변화를 통해 효용극대화를 추구한다.

$$MRS_{xy} = \frac{(1+T_x)P_x}{P_y} \tag{3.26}$$

식 (3.26)은 식 (3.27)과 같이 변형될 수 있다.

$$MRS_{xy} = (1+T_x)\frac{P_x}{P_y} = (1+T_x)MRT_{xy} \tag{3.27}$$

식 (3.27)에서 보면 한계대체율과 한계생산변환율 사이에 괴리가 생겨 자원의 효율적 배분 조건을 충족시키지 못함을 알 수 있다. 결국 이러한 조세의 부과에 따른 초과부담의 발생은 결국 사회적 후생을 감소시키는 효과를 가져온다.

3.6.3 초과부담의 효과

조세부과에 따른 초과부담의 효과를 사회적 후생을 이용하여 분석해보자. 먼저 초과부담을 설명하기 위해 하나의 재화 X에 종량세가 부과되는 경우를 살펴보도록 하자. 이 종량세는 법적 귀착이 생산자에게 낙착되어 있다고 가정한다면 다음 〈그림 3-29〉와 같이 나타난다.

종량세가 부과되기 전의 균형가격과 산출량은 P_0, Q_0이다. 종량세 부과

그림 3-29

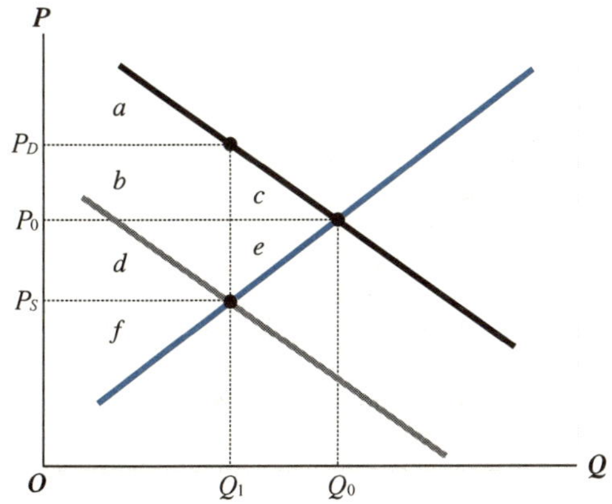

종량세가 부과된 경우 초과부담 효과

재화 X에 종량세가 부과되는 경우, 이 종량세는 법적 귀착이 생산자에게 낙착되어 있다고 가정하는 경우를 설명하고 있다. 종량세가 부과되기 전의 균형가격과 산출량은 P_0, Q_0이다. 종량세 부과 후 소비자에게 전가된 부분은 $P_D - P_0$이고 생산자에게 전가된 부분은 $P_D - P_S$가 된다.

후 소비자에게 전가된 부분은 $P_D - P_0$이고 생산자에게 전가된 부분은 $P_D - P_S$가 된다. 이제 사회적 후생측면에서 초과부담을 설명하기 위해 종량세가 부과되기 전 사회적 후생부분은 $(a+b+c+d+e+f)$였다. 이 중에 소비자 후생은 $(a+b+c)$가 되고, 생산자 후생은 $(d+e+f)$가 된다. 그러나 종량세가 부과되고 난 뒤에는 소비자 후생은 $(a+b+c)$에서 (a)로 바뀌고 생산자 후생은 $(d+e+f)$에서 (f)로 바뀐다. 그리고 정부의 조세수입이 $(b+d)$가 된다. 따라서 종량세 부과 후 총후생의 변동은 종량세 부과 전 총후생 정도와 비교해보면 알 수가 있다. 종량세 부과 전과 후를 비교해보면 $(a+b+c+d+e+f)-(a+b+d+f)=(c+e)$가 된다. 여기서 $(c+e)$는 후생 감소분이다. 이 감소분은 사회적으로 볼 때 조세의 도입에 따르는 자중손실 또는 초과부담이 되는 것이다.

3.6.4 초과부담의 측정

이런 초과부담에 대해 하버거(Harberger, 1964)는 수식을 이용하여 초과부담을 측정할 수 있는 방법을 고안하였다. 분석의 편의를 위해 먼저 공급의

그림 3-30

하버거의 삼각형

생산자에게 종량세를 T 만큼 부과하면 공급곡선은 T만큼 상방으로 평행이동을 하게 된다.

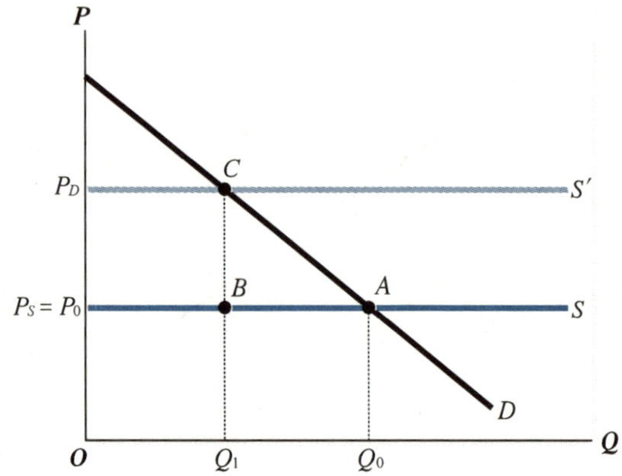

가격탄력성은 완전 탄력적이라고 가정한다. 따라서 공급곡선은 수평선의 형태를 가진다. 이 경우 생산자에게 종량세를 T만큼 부과하면 공급곡선은 T만큼 상방으로 평행이동을 하게 된다.

초과부담은 〈그림 3-30〉에서 보듯이 △ABC가 됨을 알 수 있다. 그리고 여기에서 주어지는 수요곡선은 보상수요곡선임을 가정한다. 그 이유는 일반 수요곡선일 경우 세금부과에 따른 상대가격의 변화 시 소득효과에 의한 실질소득의 변화를 제거함으로써 진정한 수준의 후생변화를 측정하기 위함이다. 이제 초과부담을 식으로 표시해보면 다음과 같다.

$$\begin{aligned}\text{초과부담} &= -\frac{1}{2}tP\Delta Q \\ &= \frac{1}{2}t\left(\frac{\Delta QP}{\Delta PQ}\right)Q\Delta P \\ &= \frac{1}{2}t^2\varepsilon_p S \qquad (3.28)\end{aligned}$$

여기서 t는 세율이고, ε은 수요의 가격탄력성($\varepsilon_p = -\frac{\Delta QP}{\Delta PQ}$)을 나타내고, S는 $P \times Q$로서 거래액을 나타낸다. 그리고 ΔP는 $t \times P$이다. 이 식으로부터 우리는 다음과 같은 사실을 알 수가 있다. 먼저 초과부담은 ① 세율, 보상수요의 가격탄력성, 상품의 거래액이 커질수록 더욱 커진다. 그리고 ② 극단적으로 수요의 가격탄력성이 0인 경우에는 종량세 부과에 의한 가격 상승이 수요량에 아무런 변화도 가져오지 않게 되고, 따라서 초과부담도 0이 된다. ③ 세율이 증가할수록 초과부담은 세율의 제곱에 비례하여 커진다. ④ 일정한 조세수입을 얻는 과정에서 발생하는 초과부담이 클수록 상대적으로 비효율적이라고 말할 수 있다. ④와 관련하여 비효율성을 구체화하여 표현한 것이 비효율성계수(coefficient of inefficiency) 또는 효율성상실률(efficiency-loss ratio)인데, 이는 초과부담을 조세수입으로 나눈 비율로 구해진다. 식 (3.28)의 우변을 조세수입(=tPQ)으로 나누어 다음과 같은 비효율성계수를 구할 수 있다. 비효율성계수는 세율과 보상수요의 가격탄력성에 따라 비례적으로 커지는 특징을 보인다.

$$\text{비효율성계수} = \frac{1}{2} t\varepsilon_p \tag{3.29}$$

이렇듯 조세의 부과에 따른 초과부담은 사회적 후생손실을 수반하게 된다. 이런 사회적 후생손실을 수반함에도 불구하고 조세제도의 이점은 다분하게 퍼져 있다. 재정정책을 사용하기 위한 도구로서 조세제도가 가장 보편화되어 있으며, 이를 통해 사회복지 수준 향상을 도모하고 앞에서 본 것처럼 사회안정화도 꾀한다. 지금까지는 조세제도의 정의 및 개념을 비롯하여 조세부담 시 소득분배, 효율성 등의 이론적 측면에서 논의하였다.

3.7 조세와 탄력성

정부는 도로, 교육, 국방 등 공공의 목적에 사용할 재원을 조달하기 위해 세금을 거둔다. 세금은 중요한 정책수단이고, 소비자, 생산자를 포함한 모든 경제주체들의 삶에 영향을 미친다고 할 수 있다. 정부가 세금을 부과하기로 결정하면 소비자, 생산자 모두 세금을 부담하기 싫어할 것이다. 하지만 정부가 어떤 재화에 대해서 세금을 부과하기로 결정한다면 세금은 소비자와 생산자 사이에서 부담의 몫이 정해질 것이다. 이러한 현상을 조세의 귀착(tax incidence)라고 하며, 이 또한 수요 · 공급모형에 의해서 결정될 수 있다.

3.7.1 구입자에 대한 과세가 시장에 미치는 효과

만약 한 지역에 빵이 판매되고 있는 상황에서 소비자들에게 세금이 부과되는 경우를 가정하자. 즉, 1,000원짜리 빵에 300원의 세금이 부과된다면 〈그림 3-31〉의 수요 · 공급모형과 같은 형태가 될 것이다.

이 300원의 세금은 우선 빵의 수요에 영향을 미친다. 세금이 부과되어도 판매자들의 경제적 유인에는 변화가 없으므로 공급곡선은 불변이다. 반면에 소비자들은 빵에 대한 재화의 값을 치러야 할 뿐만 아니라 정부에 세금을 납부해야 하므로 수요곡선은 이동한다. 세금의 부과는 소비자들에게 전반적인 가격의 인상(재화가격 + 세금)이기 때문에 수요곡선은 하락하게 된다.

세금은 개당 300원씩 부과하기 때문에 실질적으로 개당 300원씩 재화의 가격이 상승한다고 볼 수 있다. 따라서 빵의 균형가격은 1,000원에서

그림 3-31

소비자(구입자)에 대한 과세가 시장에 미치는 효과

세금이 부과되어도 판매자들의 경제적 유인에는 변화가 없으므로 공급곡선은 불변이다. 반면에 소비자들은 빵에 대한 재화의 값을 치러야 할 뿐만 아니라 정부에 세금을 납부해야 하므로 수요곡선은 이동한다. 세금의 부과는 소비자들에게 전반적인 가격의 인상(재화가격 + 세금)이기 때문에 수요곡선은 하락하게 된다.

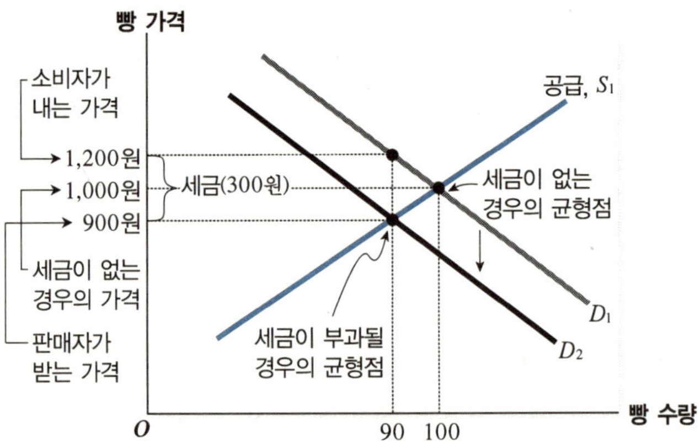

900원으로 하락하게 되고 균형거래량은 100개에서 90개로 하락한다. 세금의 부과로 인해 시장 균형거래량이 감소하게 되었다. 여기서 조세의 귀착 정도를 알기 위해서는 균형수량에서 수요 · 공급곡선이 만나는 지점의 가격을 살펴봐야 한다. 우선 소비자의 경우 시장의 새로운 균형가격인 900원에서 300원의 세금이 더해진 1,200원의 가격으로 빵을 구입할 수 있다. 세금이 부과되기 전의 가격은 1,000원이었으므로 세금의 부담분이 재화당 200원임을 알 수 있다. 소비자가 지불하는 가격은 1,200원이지만 실질적으로 판매자에게 지급되는 가격은 재화가격에서 세금을 뺀 900원이다. 세금이 부과되기 전보다 100원이 감소했기 때문에 판매자의 세금 부담분은 재화당 100원이 된다.

즉, 소비자에게만 세금이 부담된다 할지라도, 시장 균형거래량이 감소하기 때문에 판매자의 후생도 감소하게 되고 조세의 귀착 정도는 소비자 200원, 판매자 100원이 된다. 즉, 결과적으로 세금의 부과는 소비자와 생산자 모두의 후생을 감소시키게 된다.

3.7.2 판매자에 대한 과세가 시장에 미치는 효과

이번에는 세금이 판매자(공급자)에게 부과되는 경우이다. 위와 마찬가지로 300원의 세금이 공급자에게 부과된다면, 이는 공급자가 수입이 (단위당 판매가격 – 단위당 세금)에서 결정되기 때문에 세금증가분 만큼 공급곡선은 위(좌)로 이동한다($S_1 \rightarrow S_2$, 공급의 감소).

원래의 수요 · 공급에 의한 균형수량은 100개이고 균형가격은 1,000원이었지만 공급자에게 부과된 세금은 판매가격을 상승시키고 균형수량 또한 변화시킨다. 세금이 부과될 경우의 균형점에서 가격은 1,200원이 되고 균형수량은 90개로 감소하였다. 여기서 소비자는 빵을 구입하기 위해서 1,200원을 내야 하고 판매자들은 세금부과 전보다 높은 가격을 받게 되지만 세금을 내야 하기 때문에 실질적으로 수입으로 계산되는 금액은 개당 900원이 된다. 즉, 원래의 가격인 1,000원보다 소비자는 200원을 더 부담해야 하고, 판매자는 100원의 세금을 부담하게 된다. 그리고 균형거래 수량이 감소하였기

그림 3-32

판매자에 대한 과세가 시장에 미치는 효과

세금이 판매자(공급자)에게 부과되는 경우, 이는 공급자가 수입이 (단위당 판매가격 – 단위당 세금)에서 결정되기 때문에 세금 증가분만큼 공급곡선은 위(좌)로 이동한다.

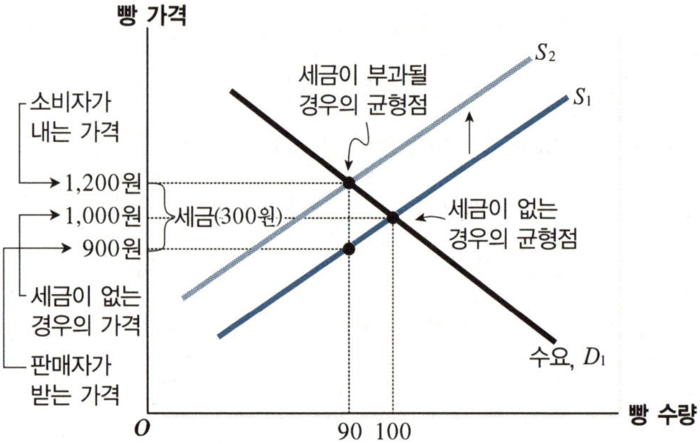

에 최종적으로 사회후생은 감소하게 된다.

3.7.1과 3.7.2의 사례를 종합해보면, 동일 금액의 세금이 소비자에게 부과되든, 판매자에게 부과되든 조세의 귀착은 동일하다는 결과가 나온다. 즉, 세금의 주체가 공급에 있든 수요에 있든 공급과 수요곡선이 동일한 시장이라면, 조세의 귀착효과 또한 동일한 것을 의미하는 것이다. 즉, 정부가 300원의 세금을 부과하게 되면 그 과금의 대상자가 소비자든 판매자든 관계없이 조세의 귀착은 소비자에게 200원, 판매자에게 100원으로 결정된다. 조세의 귀착을 결정하는 것은 과금의 대상자가 아니라 공급 · 수요곡선의 형태(기울기 및 탄력성)에 의해 결정되는 것이다.

사례연구 3-1

국회가 급여세 부담의 배분을 정할 수 있는가?

대부분의 국가들이 임금 노동자에게 급여세를 부과하고 있고, 우리나라의 경우 소득세 안에 근로소득세로 포함되어 있다. 이 급여세의 부과는 기업이 지불하는 임금과 근로자가 수령하는 임금 사이에 차이를 야기한다. 이와 같은 경우 국회에서는 급여세 부담을 기업과 노동자 간 50:50으로 배분하기를 원하더라도 실질적으로 조세의 귀착은 그와 상관없이 이루어진다.

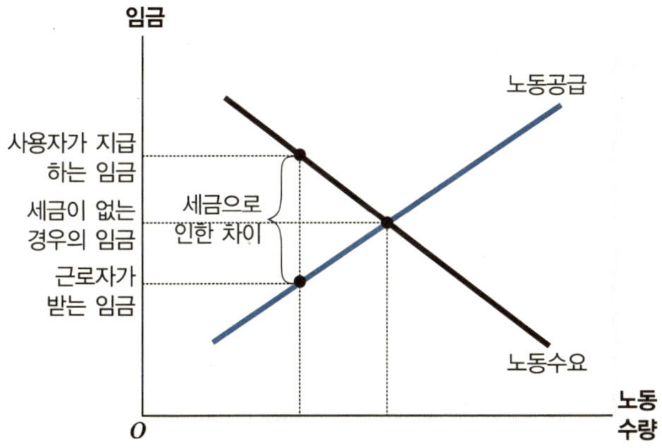

〈급여세〉

〈그림〉을 보면 급여세의 효과를 알 수 있다. 급여세가 부과되면 근로자들이 받는 임금은 하락하고 기업이 지급하는 임금은 상승한다. 하지만 위에서 본 것처럼 급여세가 기업에게 주어지든 근로자에게 주어지든 조세의 귀착은 국회의 법 통과 여부와 상관없이 수요 · 공급 곡선의 형태에 따라 주어진다는 것이다. 즉, 세금부담을 기업과 소비자에게 50 : 50으로 하더라도 실제 조세의 귀착은 그 배분과는 상관없이 시장의 수요 · 공급에 의해서 결정된다는 의미이다.

이 사례는 조세의 귀착에 관한 정책토론에서 자주 간과되고 있는 중요한 결론을 보여주고 있다. 어떤 세금이 소비자의 주머니 혹은 판매자의 주머니에서 나올지는 입법부가 정할 수 있지만, 진정한 세금부담은 법으로 정할 수 없다는 것을 의미한다.

사례연구 3-2

기업소득환류세제

기업소득환류세제란 기업이 향후 발생하게 될 당기 소득의 일정액이 투자, 임금 인상, 배당재원에 활용되지 않을 경우 미활용액에 대해 추가로 과세를 하는 제도이다. 이는 기업과 가계소득 간 격차가 확대되고 있는 상황에서 기업소득의 증가가 가계소득의 증대로 이어지는 선순환을 유도하기 위하여 '2014년 세법 개정안'의 가계소득 3대 패키지 중 하나로 도입되었다. 이 제도는 세제로 투자를 유도하는 독특한 방식인데 현재 한국뿐만 아니라 미국, 일본, 대만 등 해외에서도 유보분에 대한 추가과세 제도를 운영 중에 있다. 다음의 〈그림〉은 기업소득환류세제의 예시를 그림으로 표현한 것이다.

기업소득환류세제의 과세방식

기업소득환류세 과세 추정치(2013년 회계자료를 대상으로 분석한 것)

대상	추정세액	추정기관
3,300개 과세대상 기업	8,000억~1조원	정부
10대 그룹 계열사 151곳	1조800억원	CEO스코어

세후이익이 100억원인 기업은 투자·배당·임금 증가분을 합쳐 80억원 이상을 쓰도록 유도하자는 것이 제도의 취지

〈기업소득환류세제의 예시〉

3.7.3 탄력성과 조세의 귀착

어떤 재화에 세금이 부과되면 그 재화의 소비자와 판매자들이 세금을 나누어 부담하게 되는데 일반적으로 조세의 귀착이 50:50이 되기는 힘들다. 왜냐하면 실제 시장에서 수요와 공급의 탄력성이 다르기 때문이다.

〈그림 3-33〉의 (I)은 공급은 매우 탄력적(기울기가 완만한)이고 수요는 상대적으로 비탄력(기울기가 가파른)적인 시장을 나타낸다. 이 경우 세금이 부과되면 판매자가 받는 가격은 큰 폭으로 하락하지 않으므로 판매자의 세금 부담은 작다. 반면에 소비자들이 내는 가격은 큰 폭으로 상승하므로 소비자가 세금의 대부분을 부담한다. 반면에 (II)는 공급은 상대적으로 비탄력적(기울기가 가파른)이고 수요는 매우 탄력적(기울기가 완만한)인 시장을 나타낸다. 이 시장에 세금이 부과되면 소비자가 내는 가격은 큰 폭으로 상승하지 않지만 판매자가 받는 가격은 큰 폭으로 하락한다. 따라서 판매자가 세금을 대부분 부담하게 된다.

그림 3-33

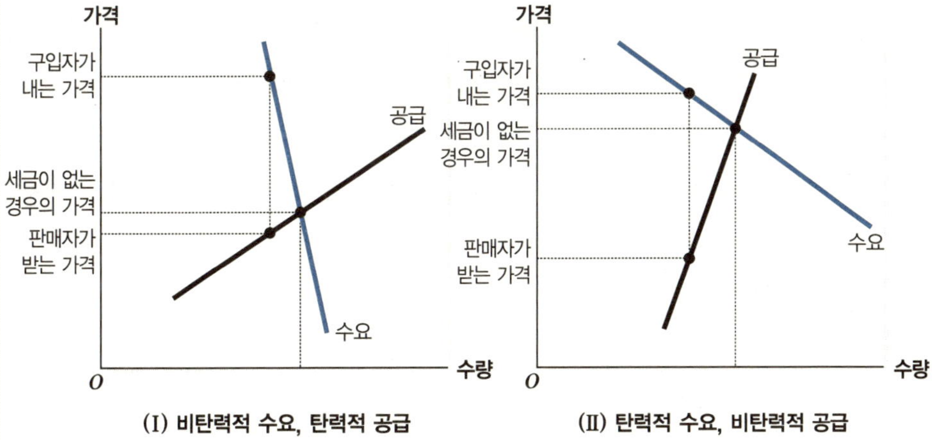

세금부담의 배분

(I)은 공급은 매우 탄력적(기울기가 완만한)이고 수요는 상대적으로 비탄력적(기울기가 가파른)인 시장을 나타낸다. 반면에 (II)는 공급은 상대적으로 비탄력적(기울기가 가파른)이고 수요는 매우 탄력적(기울기가 완만한)인 시장을 나타낸다.

〈그림 3-33〉은 세금부담의 배분에 관한 일반적인 원칙을 보여주고 있는데, 그 원칙은 탄력성이 낮은 쪽이 더 많은 세금을 부담한다는 것이다. 탄력성이란 소비자나 기업의 시장여건이 불리해졌을 때 시장을 떠나려고 하는 가능성을 보여준다. 즉, 수요의 탄력성이 작다는 것은 소비자가 세금이 부과된 재화를 대체할 다른 재화를 찾기 어렵다는 뜻이다. 또한, 공급의 탄력성이 작다는 것은 판매자가 세금이 부과된 재화를 대체할 재화를 생산하기 어렵다는 것을 의미한다.

이와 같은 의미를 급여세에 적용하면 다음과 같다. 노동경제학자들 대부분이 노동의 공급이 수요보다 비탄력적이라고 간주하기 때문에 급여세의 부담은 대부분 기업주가 아니라 근로자들이 진다고 보고 있다. 또한, 부자들을 규제하기 위해 이용되는 사치세의 귀착 또한 부자(소비자)가 아닌 판매자들이 부담한다고 볼 수 있다. 부자들은 돈이 많기 때문에 한 가지 재화뿐만 아니라 여러 가지 사치재를 고를 능력이 있기 때문에 수요가 탄력적이고, 사치재를 생산하는 노동자 및 판매자들은 업종을 쉽게 바꾸지 못하고 재화를 판매하기 위한 계층 또한 한정되어 있기 때문에 공급은 비탄력적이라고 간주할 수 있다. 이에 따라 사치세의 부담은 공급자들이 크게 질 수밖에 없고, 세금을 부과하기 위한 목적과는 다르게 조세의 귀착이 발생하는 것을 알 수 있다.

따라서 정책적으로 조세를 부과하기 전에 앞서서 부과대상의 수요 · 공급곡선이 비탄력적인가를 미리 검토할 필요성이 있다. 과금대상을 통해 조세의 귀착이 결정되는 것이 아니라 수요 · 공급모형 안에서 탄력성에 의해 결정되기 때문이다.

3.8 조세부과가 소비/저축에 미치는 영향

조세가 소비와 저축에 미치는 영향을 살펴보기 위하여 정부구매(G)가 일정하게 유지되고 있을 때, 정부가 조세를 변화시키는 상황을 가정해보겠다. 정부가 납세자들에 대해서 동일한 양을 부과하는 정액(lump sum)조세를 증가 혹은 감소시킨다면 정부구매(G)와 생산량(Y)이 일정하게 유지되는 상태에서 소비(C)를 변화시켜야 총저축($S = Y - C - G$) 또한 변화시키는 것이 가능하다.

즉, 가장 큰 논점은 조세의 부과가 소비자들의 현재소득과 기대 미래소득에 영향을 미친다는 것이다. 만약 정부가 현재 일정한 금액의 조세를 감면한다면 소비자들의 현재 가처분소득을 증가시키며, 이는 소비자들의 바람직한 소비를 증가시킬 것이다. 그러나 현재의 조세 감면은 사람들로 하여금 미래에 더 낮은 세후소득을 예상하게끔 유도한다. 그 이유는 정부가 지출의 크기를 동일하게 유지하는 상황에서 현재의 조세 감면을 실시한다면 부족한 재정을 메꾸기 위해서는 반드시 차입을 증가시켜야 할 것이기 때문이다.

여기서 정부부채가 발생하게 되며, 이 정부부채는 미래에 이자와 함께 상환해야 하므로 미래의 조세가 상승할 것을 의미한다. 즉, 합리적인 소비자들은 미래의 가처분소득이 더 낮아질 것을 예상할 수 있으며 기대 미래소득의 감소는 사람들로 하여금 바람직한 소비에 대한 증가된 현재소득의 양(+)의 효과를 상쇄시킴으로써 오늘의 소비를 덜 하도록 유도할 것이다. 따라서 조세 감면은 기본적으로 현재소득을 증가시키지만, 기대 미래소득을 감소시킬 것으로 예상되는 현재의 조세 감면은 현재의 바람직한 소비를 증가 혹은 감소시킬 수 있다.

여기서 조세 감면으로 인하여 증가된 현재소득의 양(+)의 효과와 감소된 미래소득의 음(−)의 효과가 정확히 상쇄되어 조세가 소비에 미치는 영향이 정확히 0이 된다고 하자. 이는 조세 감면이 바람직한 소비에 아무런 영향을 미치지 않을 뿐만 아니라 바람직한 국민저축에도 영향을 미치지 않게 되는데, 이와 같은 상황을 리카도의 대등 정리(Ricardian equivalance proposition)라고 한다.

토의과제

01. 조세란 무엇인가?

02. 조세가 가지는 성질에 대해 설명하시오.

03. 조세의 실물경제 파급 메커니즘에 대해 설명하시오.

04. 래퍼곡선을 그리고, 그에 대해 설명하시오.

05. 조세부담의 전가와 귀착의 정의와 각각의 종류에 대해 설명하시오.

06. 조세귀착 연구의 접근방법에 대해 설명하시오.

07. 완전경쟁시장에서의 세금별 조세귀착에 대해 설명하시오.

08. 독점시장에서의 세금별 조세귀착에 대해 설명하시오.

09. 조세의 초과부담의 정의와 발생원인에 대해 설명하시오.

10. 초과부담의 효과에 대해 설명하시오.

11. 하버거의 삼각형에 대한 그래프를 도출하고, 초과부담을 측정해보시오.

12. 조세부담 시 지불주체에 대해 탄력성을 이용하여 설명하시오.

13. 조세부과가 소비와 저축에 미치는 영향에 대해 서술하시오.

핵심단어

조세	공공재	사적재
국세	지방세	시차
래퍼곡선	조세부담의 전가	전방전가
후방전가	경전	소전
상각	조세부담의 귀착	법적 귀착
경제적 귀착	절대적 조세귀착	차별적 조세귀착
예산귀착	종량세	종가세
초과부담	하버거의 삼각형	리카르도의 대등정리

부록 재정관련 주요 지표[19]

1. 실질GDP의 성장률 추이

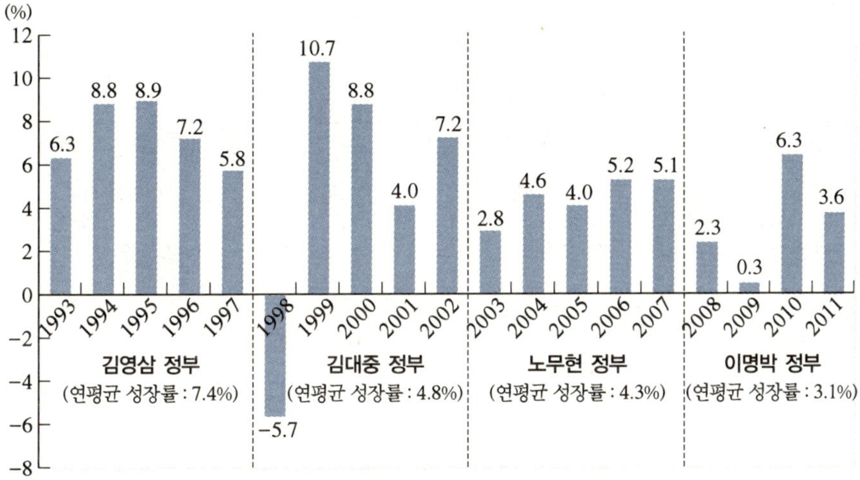

19. 출처 : 최광 외 공역(2013).

2. 가계소득

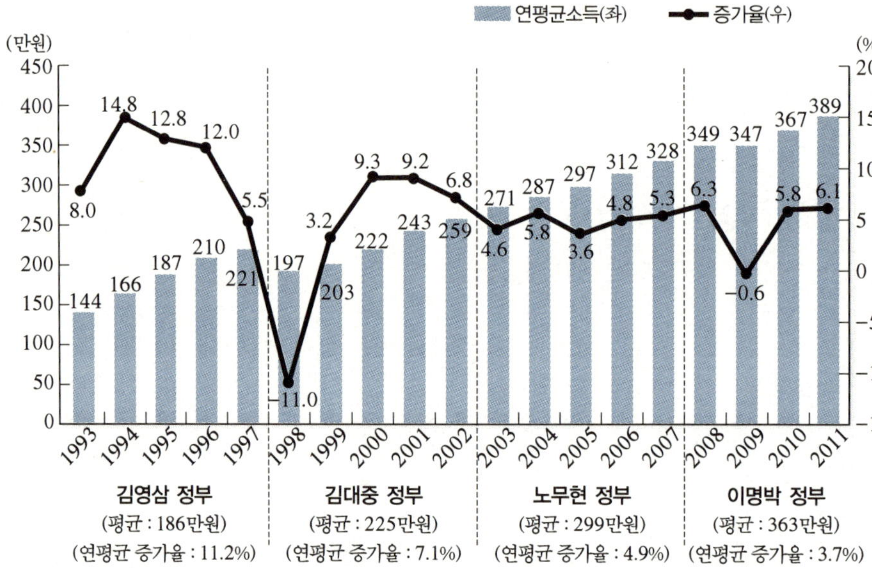
연평균소득(좌)
증가율(우)
(만원)
(%)
144 166 187 210 221 197 203 222 243 259 271 287 297 312 328 349 347 367 389
8.0 14.8 12.8 12.0 5.5 −11.0 3.2 9.3 9.2 6.8 4.6 5.8 3.6 4.8 5.3 6.3 −0.6 5.8 6.1
김영삼 정부
(평균 : 186만원)
(연평균 증가율 : 11.2%)
김대중 정부
(평균 : 225만원)
(연평균 증가율 : 7.1%)
노무현 정부
(평균 : 299만원)
(연평균 증가율 : 4.9%)
이명박 정부
(평균 : 363만원)
(연평균 증가율 : 3.7%)

3. 재정수지

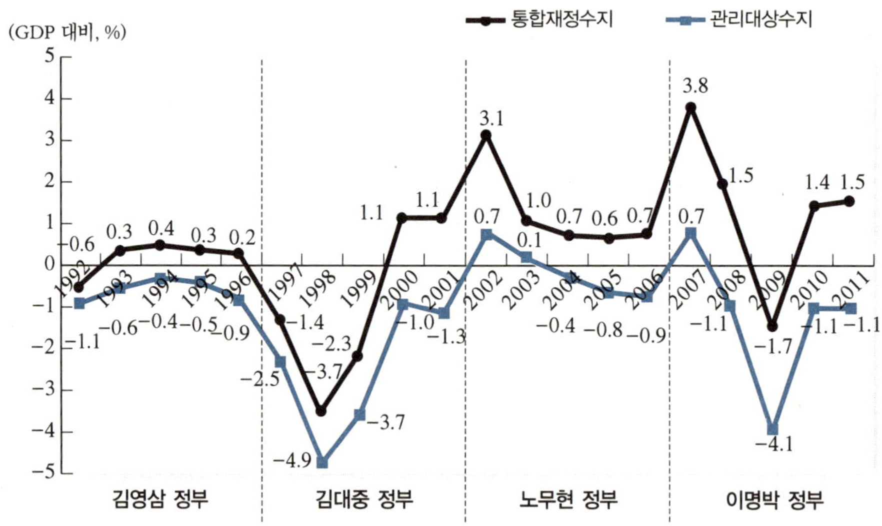
통합재정수지
관리대상수지
(GDP 대비, %)
김영삼 정부
김대중 정부
노무현 정부
이명박 정부

4. 국가채무

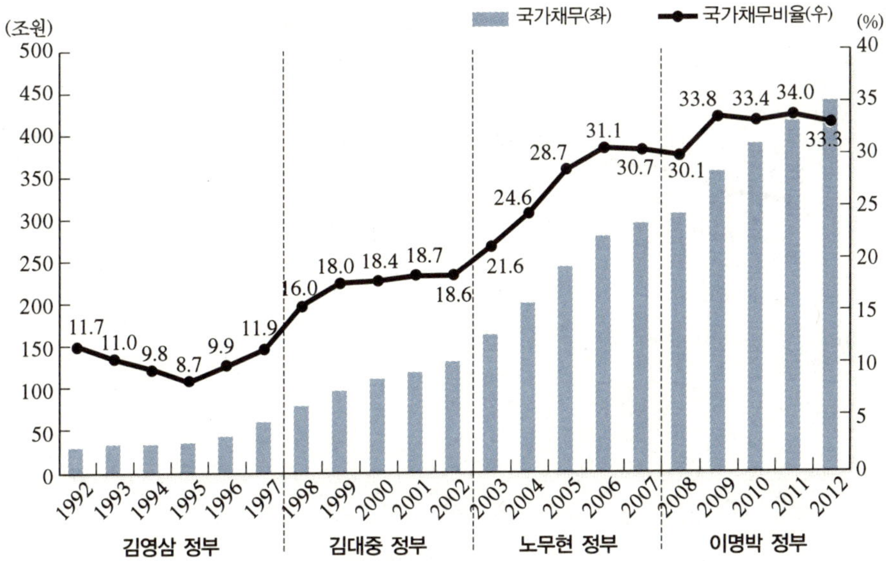

5. GDP 대비 일반정부 총지출 추이

(단위 : %)

	1995	2000	2005	2006	2007	2008	2009	2010	2011
한국	20.4	22.4	26.6	27.7	28.7	30.4	33.1	30.9	30.9
미국	37.1	33.9	36.2	36.1	36.9	39.1	42.7	42.5	41.9
영국	44.1	36.6	44	44.2	43.9	47.9	51.1	50.6	49.8
프랑스	54.4	51.6	53.4	52.9	52.6	53.3	56.7	56.7	56.2
독일	54.8	45.1	46.9	45.3	43.5	44.1	48.1	48.0	45.5
일본	36.0	39.0	38.4	36.2	35.9	37.2	42.0	40.4	42.5
스웨덴	64.9	58.1	53.9	52.7	51.0	51.7	55.0	52.9	51.8
노르웨이	50.9	42.3	42.3	40.5	41.1	40.7	47.3	46.1	43.8
핀란드	61.4	48.3	50.2	49.3	47.5	49.4	55.9	55.3	53.2
덴마크	59.3	53.7	52.8	51.6	50.8	51.9	58.4	58.5	59.3
OECD 평균	42.7	38.9	40.4	39.7	39.8	41.5	45.2	44.6	44.0

6. 국민(조세)부담률

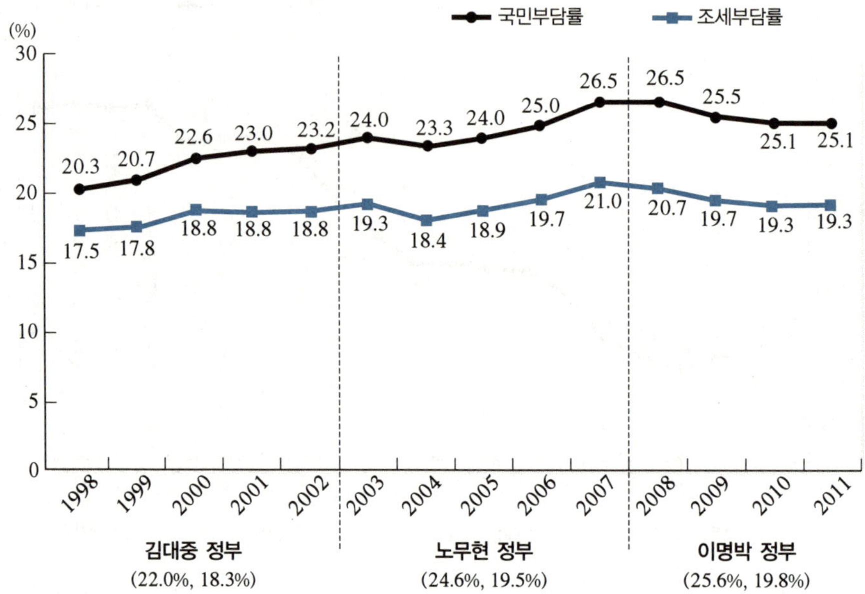

국민부담률
조세부담률
(%)
30
25
20
15
10
5
0
20.3
20.7
22.6
23.0
23.2
24.0
23.3
24.0
25.0
26.5
26.5
25.5
25.1
25.1
17.5
17.8
18.8
18.8
18.8
19.3
18.4
18.9
19.7
21.0
20.7
19.7
19.3
19.3
1998
1999
2000
2001
2002
2003
2004
2005
2006
2007
2008
2009
2010
2011
김대중 정부
(22.0%, 18.3%)
노무현 정부
(24.6%, 19.5%)
이명박 정부
(25.6%, 19.8%)

통화정책

chapter four

4

제1절 금융시장의 이해

금융시장은 한 사람의 저축이 다른 사람의 투자와 만나는 것을 도와주는 시장이라고 할 수 있다. 소득의 일부를 저축한 사람들로부터 투자하기 위해 차입하려는 사람들로 자원의 이동이 발생한다. 여기서 보통 금융중개기관이 저축한 사람들과 차입하려는 사람들을 서로 만나게 해주는 역할을 한다. 금융중개기관의 유형을 보면, 우리가 흔히 알고 있는 은행, 주식시장, 채권시장, 뮤추얼펀드 등이 있다. 은행의 경우는 저축하려는 사람들에게서 예금을 받아 돈을 빌리려는 사람에게 대출을 한다. 그를 통해 은행은 예금자들에게 이자를 지급하고, 대신 대출자들에게 예금자보다 높은 이자를 부과함으로써 수익을 창출한다. 또한, 은행은 교환의 매개가 되는 현금 이외에 예금을 기저로 하여 수표를 발행함으로써 통화를 창출한다. 다음으로 채권시장은 돈을 빌린 사람이 그 증서를 보유한 사람에게 특정한 금액을 갚아야 하는 의무가 있음을 나타내는 증서인 채권이 거래되는 시장을 말한다. 여기서 채권은 여러 특징을 가지는데, 이는 주식과 대별되는 성향을 가진다. 주식은 만기가 따로 존재하지 않으나 채권은 만기가 존재한다. 채권은 이자율에 따라 능동적 변화를 하나, 주식시장은 수동적으로 대처된다.[1] 채권은 신용의 위험이 존재하긴 하지만 주식시장의 위험보다는 상대적으로 작다. 채권의 소유가 그 기업의 소유를 의미하는 것은 아니다. 반면, 주식시장은 한 회사의 소유권을 나타내는 주식이 거래되는 시장이라고 할 수 있다. 따라서 이 주식을 보유한 자

1. 채권의 경우 이자율 변화 시 채권가격이 직접적으로 변화하지만 주식시장에서는 이자율의 변화에 따라 간접적인 변화의 양태를 보인다. 이자율이 하락하면 은행의 저축시장 수익률이 낮아지기 때문에 보다 기대수익이 높은 주식시장으로의 유입을 야기하고, 반대로 이자율이 높아지면 일반적으로 주식시장에서 저축시장으로 자원의 이동을 유발한다.

는 그 회사의 이윤에 대한 청구권을 갖는다. 그리고 기업은 이 주식을 발행하여 판매함으로써 그 주식을 보유하게 되는 자로부터 자금조달을 받을 수 있기 때문에 직접금융의 성격을 가진다. 즉, 주식은 채권에 비해 위험도가 높지만 그만큼 기대수익도 높다. 마지막으로 뮤추얼 펀드는 일반 대중들에게 주식을 공모하여 조성한 자금으로 다양한 주식과 채권, 혹은 두 가지를 병행하여 적절한 비율로 섞은 포트폴리오(portfolio) 형태로 구입하여 운용하는 투자회사를 말한다. 이렇게 적절한 비율을 통해 위험을 분산시키기 때문에 소액 투자자들에게 분산투자의 기회를 제공하는 특징을 가진다.

1.1 금융시장과 금융기관

금융제도(financial system)는 금융시장 및 금융기관과, 이들이 형성되고 운영되기 위해 필요한 법규와 관행을 총칭하는 것이다. 금융제도의 중요한 역할은 자금이 잉여주체에서 부족주체로 원활히 흐르도록 하는 것이다. 또 지급결제의 보장과 보험서비스 제공도 금융제도가 지니는 중요한 역할이다. 따라서 금융제도가 제대로 작동하지 않으면 사회 전체적으로 후생이 감소할 뿐만 아니라 자원의 효율적인 배분이 이루어지지 않게 된다. 예를 들어 기업이 자금을 원활히 조달할 수 없다면 투자활동이 위축되어 재화나 용역의 생산이 위축된다. 자금의 잉여주체인 가계도 마땅한 저축수단이나 보험수단이 없으면 미래의 소비나 노후, 질병 등 미래의 위협에 대한 적절한 대비를 할 수 없을 것이다. 그리고 경제적 측면에서는 원활한 거래가 형성되지 않기 때문에 후생을 감소시키는 결과를 가져오게 된다.

금융시장(financial market)은 자금거래가 이루어지는 조직화된 장소를 의미한다. 여기서 조직화된 장소란 반드시 증권거래소와 같이 구체적인 형체를 지닌 시장만을 의미하는 것이 아니며, 거래가 체계적 · 반복적으로 이루어지는 장외시장이나 인터넷 같은 가상공간 상에서의 추상적인 시장도 포함한다. 금융시장의 주요 기능은 자금의 공급자와 수요자가 집합적으로 거래가격을 결정할 수 있도록 하는 가격탐색의 장을 제공하는 것이다.

금융시장은 거래되는 상품의 성격에 따라 일반적으로 예금 · 대출시장,

단기금융시장, 자본시장, 외환시장 및 파생금융상품시장으로 구분된다. 외환시장과 파생금융상품시장에서는 자금의 대차거래가 이루어지지 않지만, 여기에서도 자금이 운용되고 있다는 점에서 금융시장의 범주에 포함시키고 있다. 예금 · 대출시장은 금융중개기관을 통해 예금상품 및 대출상품이 거래되는 시장이다. 단기금융시장은 콜, CP 등 만기 1년 미만의 단기자금 조달수단이 거래되는 시장이다. 자본시장은 장기자금 조달수단인 주식 및 채권이 거래되는 시장이다. 외환시장은 외국과의 무역 및 자본거래에 따른 국제 간 자금결제를 위해 서로 다른 두 가지 통화를 교환하는 시장이다. 그리고 파생금융상품시장은 금융수단을 보유하는 데에 따르는 금리, 주가, 환율의 변동위험을 회피하기 위해 형성된 시장을 말한다.

다음으로 금융거래가 금융중개기관을 통해서 이루어지느냐에 따라 직접금융시장과 간접금융시장으로 구분하는 경우도 있다. 직접금융시장에서는 자금의 최종수요자가 발행한 채무증서나 회사채 등 직접증권 또는 본원적 증권을 자금공급자가 직접 매입하는 형태의 시장을 말한다. 반면, 간접금융시장에서는 은행과 투자신탁회사와 같은 금융중개기관이 예금증서나 수익증권과 같은 간접증권을 발행하여 조달한 자금으로 자금의 최종수요자가 발행하는 직접증권을 매입하여 자금을 공급하는 방법으로 이루어지는 시장을 말한다.

금융기관은 취급하는 금융서비스의 성격에 따라 은행,[2] 은행예금과 유사한 금융상품을 취급하는 비은행예금취급기관, 보험회사, 증권회사, 기타 금융기관으로 분류할 수 있다.

2. 은행에는 은행법에 의해 설립된 일반은행과 각각의 특수은행법에 의해 설립된 특수은행이 있다. 일반은행은 시중은행과 지방은행, 그리고 외국은행 국내지점으로 구성되어 있다. 비은행예금취급기관에는 종합금융회사, 투자신탁회사, 상호신용금고, 신용협동기구 및 우체국예금이 있다.

1.1.1 통화란 무엇인가?[3]

1) 화폐의 기능

화폐는 가치저장, 계산단위, 교환의 매개수단의 세 가지 기능을 한다.

첫째, 가치저장(store of value)으로서의 화폐는 구매력을 현재로부터 미래로 이전하는 수단이다. 물가가 상승할 경우 일정 규모의 화폐로 미래에 구입할 수 있는 양은 감소하듯이 불완전한 가치저장 수단이지만 사람들은 재화 및 서비스와 교환할 수 있으므로 화폐를 소지한다.

둘째, 계산단위(unit of account)로서의 화폐는 가격을 견적하고 부채를 기록하는 기준이 된다. 대상을 판매할 때 가격을 화폐단위로 나타나는 것처럼 화폐는 경제적 거래를 측정하는 기준이 된다.

마지막으로, 교환의 매개수단(medium of exchange)으로서의 화폐는 상품과 용역을 구매하는 데 사용된다. 예를 들어 상점에서 상품을 구매할 때 가게주인이 판매하는 물건을 얻기 위해 화폐를 지불하는 것이다. 이는 화폐의 유동성이라고도 불리며, 과거와 달리 복잡한 현대사회에서는 물건 사이의 교환보다는 화폐가 항상 사용된다.

2) 화폐의 형태

한국에서는 원, 미국에서는 달러로 거래를 하는 것처럼 화폐는 여러 형태를 가지고 있다. 이 화폐들은 정부 법률 또는 명령에 의해 화폐로 확정되었기 때문에 통용되는데, 이처럼 자체적인 가치가 없는 화폐를 법정불환지폐(fiat money)라고 한다. 법정불환지폐는 오늘날 경제에서 통용화되어 있다. 반대로 자체적으로 가치를 가지고 있는 화폐는 상품화폐(commodity money)라고 한다. 금이 가장 널리 통용되었던 상품화폐의 예인데, 금이 화폐로 통용되는 경제를 금본위제(gold standard)라고 일컫는다.

3. 이병락 옮김(2007) 참조.

3) 통화량의 관리 및 측정

유통되는 화폐량을 우리는 통화공급(money supply)이라고 하고, 이에 대한 관리를 통화정책(monetary policy)라고 한다. 많은 국가에서 통화공급에 대한 통제권을 중앙은행(central bank)에서 관리하고 있다. 통화공급을 조절하는 방법의 예를 하나만 들어보면, 공개시장조작(open-market operations)을 들 수 있다. 통화공급을 증대시키기 위해서 중앙은행은 일반으로부터 정부채권을 구입하고, 반대로 감소시키기 위해서는 정부채권의 일부를 매각한다. 이를 통해 시중에 유통되는 통화의 양을 조절하는 것이다.

다음으로 통화량 측정방법에 대해서 살펴보면, 화폐는 거래를 위해 사용되는 자산의 저량이므로 통화량은 이런 자산의 양을 측정하는 것이다. 여기서 발생하는 문제는 통화의 종류가 다양하므로 그 범주를 정하기가 모호하다는 것이다. 통화량에 포함되는 가장 기본적인 자산은 현금(currency)이고, 이는 지폐와 동전의 합계이다. 거래를 하기 위해 사용되는 자산의 두 번째 형태는 요구불예금(demand deposits)으로, 이는 사람들이 당좌예금 계좌에 가지고 있는 자금을 말한다. 요구불예금 계좌의 자산 또한 현금과 거의 같을 정도로 편리하게 이용하기에 통화량 측정 시 요구불예금을 현금에 합한다. 이런 논리를 인정하면 많은 다른 자산 또한 통화량에 더할 수 있다. 즉, 정확히 어떤 자산이 통화량에 포함되어야 하는지 판단하기가 곤란하다. 따라서 우리는 다양한 측정방법을 이용하는데, 이를 작은 순서부터 나열하면 C, M1, M2, M3, L이 된다.

① **C** : 현금

② **M1** : 현금, 요구불예금, 여행자수표, 기타 요구불예금의 합계

③ **M2** : M1, 소매 금융시장 투자신탁 잔고, 보통예금(금융시장예금계정 포함), 소규모 정기예금 합계

④ **M3** : M2, 대규모 정기예금, 기한환매협정, 유로달러, 기관 금융시장 투자신탁 잔고 합계

⑤ **L** : M3, 저축채권 및 단기 재무성 증권과 같은 기타 유동성 자산 합계

1.1.2 통화공급과 통화수요

1) 통화공급의 결정원리[4]

한 국가의 통화공급은 중앙은행에 의해 직접적으로 조절된다. 하지만 현실적으로 이외에도 예금기관, 비은행 민간 등의 경제주체들이 영향을 미친다. 중앙은행이 통화공급을 조절하는 방법 중의 하나는 공개시장조작이다. 시중에 유통되는 통화의 양이 많을 경우, 정부는 민간에게 채권을 판매한다. 따라서 시중에 있는 돈이 중앙은행으로 유입되고, 통화량이 감소하는 것이다. 이를 공개시장매각(open-market sale)이라고 부른다. 반대로 시중에 유통되는 통화의 양이 부족할 경우, 정부는 중앙은행을 통해 자산을 구매하여 통화의 양을 증가시킨다. 이를 공개시장매입(open-market purchase)이라고 부른다. 이러한 공개시장매입과 공개시장매각을 통틀어 공개시장조작이라 하고, 이 공개시장조작은 중앙은행이 자국의 화폐공급을 조절하는 직접적인 방법이 된다.

앞서 언급한 것처럼 중앙은행은 공개시장조작을 통해 본원통화의 크기를 조절한다. 일반적으로 본원통화 1,000원이 증가하면, 통화공급은 1,000원보다 많이 증가하게 된다. 이때 이러한 본원통화와 통화공급의 관계(본원통화 1,000원이 증가하면 얼마만큼의 통화공급이 증가하는지)에 대해 살펴보자.

M = 통화공급

$BASE$ = 본원통화

DEP = 총은행예금

RES = 총은행지급준비금

CU = 일반 대중의 현금보유

res = 은행이 원하는 지급준비금-예금 비율, $\frac{RES}{DEP}$

cu = 일반 대중이 원하는 현금-예금 비율, $\frac{CU}{DEP}$

4. 박성휘 외 옮김(2012) 참조.

일반 대중이 현금을 보유한 것을 CU라고 하고 은행의 예금을 DEP라고 한다면 통화공급 M은 다음과 같다.

$$M = CU + DEP \tag{4.1}$$

본원통화는 대중에 의해 보유되거나 은행의 지급준비금으로 보유되기에 다음과 같이 나타낼 수 있다.

$$BASE = CU + RES \tag{4.2}$$

정부는 본원통화를 조절하지만, 직접적으로 통화량을 조절할 수는 없다. 본원통화에 대한 화폐공급의 관계에 있어 식 (4.1)을 식 (4.2)로 나누면 다음과 같은 식이 성립한다.

$$\frac{M}{BASE} = \frac{CU + DEP}{CU + RES} \tag{4.3}$$

식 (4.3) 우변의 분자와 분모를 DEP로 나누어주면 다음과 같다.

$$\frac{M}{BASE} = \frac{\left(\frac{CU}{DEP}\right) + 1}{\left(\frac{CU}{DEP}\right) + \left(\frac{RES}{DEP}\right)} \tag{4.4}$$

식 (4.4)의 우변은 두 가지 중요한 변수를 포함하고 있다. 첫째, $\frac{CU}{DEP}$는 비은행 일반인이 보유하고 있는 현금의 요구불예금에 대한 비율, 즉 현금-예금 비율(currency-deposit ratio)이다. 이 비율은 대중이 현금과 은행예금 중 어떤 것을 더 선호하는지에 따라 결정된다. 대중은 은행으로부터 인출하여 이 비율을 높일 수 있고, 비슷하게 예금을 늘리게 되면 비율은 낮아진다. 둘째, $\frac{REP}{DEP}$는 지급준비율인데, 이는 은행이 받은 예금 중 얼마만큼을 대출하고 얼마만큼을 보유하는지에 따라 달라진다.

예금과 대출에 통화승수 과정이 완료되었을 때, 현금-예금 비율은 일반이 원하는 수준인 cu로 될 것이며, 예금지급준비율은 은행이 원하는 수준인

res가 될 것이다. 식 (4.4)에서 $\frac{CU}{DEP}$ 대신에 cu를 대입하고, $\frac{REP}{DEP}$를 대신하여 res를 대입하고, 양변에 $BASE$를 곱해주면 다음과 같은 식이 완성된다.

$$M = \left(\frac{cu+1}{cu+res}\right) \times BASE \tag{4.5}$$

식 (4.5)는 통화공급이 본원통화의 일정한 배수임을 보여준다. 통화공급과 본원통화의 관계는 대중이 선택한 현금-예금 비율과 은행이 선택한 지급준비율에 의존한다. $\frac{cu+1}{cu+res}$은 본원통화 1,000원으로부터 창출할 수 있는 통화공급량인 통화승수(money multiplier)가 된다. 1단위의 본원통화는 $\frac{1}{res}$단위만큼의 화폐를 창출하므로 통화공급은 본원통화의 배수로 나타난다. 1단위의 본원통화는 여러 단위의 통화량을 창출하기 때문에, 본원통화는 고성능 통화라고도 한다.

중앙은행이 통화공급을 조절하는 가장 주된 방법이 공개시장조작이긴 하지만, 또 다른 방법으로는 법정지급준비금의 조절, 재할인정책이 있다. 법정지급준비금(reserve requirements)은 은행이 법률에 따라 예금의 일정 비율을 지급준비금으로 반드시 보유해야 하는 준비금을 의미한다. 이 법정지급준비금이 증가하면 은행은 반드시 지급준비금을 더 보유해야 하므로 지급준비율이 상승한다. 지급준비율이 상승하면 통화승수가 하락하므로 법정지급준비금의 증가는 통화공급을 줄이는 역할을 한다.

중앙은행이 지급준비금을 은행에 대출하는 것을 재할인정책(discount window lending)이라 하고, 이 지급준비금에 부과되는 이자율을 재할인율(discount rate)이라고 한다. 이 정책을 통해 은행에게 지급준비금을 대출하면 본원통화가 영향을 받게 된다. 예를 들어 민간은행이 1억 원을 대출받아 대출금이 중앙은행의 은행지급준비금계좌에 예금된다고 하자. 이때 금융기관 대출이 1억 원 증가함과 동시에 부채 측면에서 금융기관이 보유한 예금이 1억 원만큼 증가해 1억 원만큼의 본원통화가 증가한다. 따라서 재할인정책을 통한 대출의 증가는 본원통화를 증가시키고, 대출의 감소는 본원통화를 감소시킨다.

2) 통화수요[5]

가치저장으로서의 통화의 역할을 강조하는 통화수요이론을 자산선택이론(portfolio theory)이라 한다. 이 이론에서는 사람들이 통화를 자산선택의 일부로 보유한다고 여긴다. 통화는 안전한 수익을 보장해주는 반면에 주식 및 채권 가격은 상승하거나 하락할 수 있다. 즉, 가계가 화폐를 자산선택의 일부로 보유한다는 것을 시사한다. 이 이론에 따르면 통화수요는 화폐소유에 따른 위험 및 수익과, 화폐 대신 소유하는 다양한 자산에 따른 위험 및 수익에 의존한다. 통화수요함수를 다음과 같이 나타낼 수 있다.

$$\left(\frac{M}{P}\right)^d = L(r_s, r_b, \pi^e, W) \tag{4.6}$$

r_s : 주식에 대한 기대실질수익

r_b : 채권에 대한 기대실질수익

π^e : 기대인플레이션율

W : 실질가치로 측정한 부

r_s와 r_b가 증가하는 경우 이들 자산이 더 투자가치가 있으므로 통화수요가 감소한다. π^e가 증가하는 경우 화폐는 투자가치가 덜 하므로 통화수요가 감소하며 W가 증가하는 경우 통화수요가 증가한다. 왜냐하면 부가 증가하면 자산선택도 증가하기 때문이다.

자산선택이론이 현실에서 유용한지는 어떤 통화를 대상으로 측정하는가에 의존한다. 경제학자들은 화폐(M_1)를 지배적 자산(dominated asset)이라 한다. 가치저장 수단으로서 화폐는 언제나 더 나은 기능을 하는 다른 자산과 같이 존재한다. 따라서 사람들이 화폐를 자산선택의 일부로 보유하는 것은 최적이 아니며, 자산선택이론은 이런 화폐의 지배적 형태를 설명할 수 없다. 반면, 화폐를 넓게 측정하여, 즉 M_2, M_3에 대한 수요를 설명하는 데는 적합한 이론이다.

이번에는 통화수요에 관한 거래이론에 대해서 살펴보자. 우리는 교환의 매개수단으로서의 화폐의 기능을 강조하는 통화수요이론을 거래이론

---

5. 이병락 옮김(2007) 참조.

(transcations theory)이라고 한다. 이 이론은 화폐가 지배적 자산이라는 점을 인정하고 다른 자산과 달리 어떤 것을 구입하기 위해 화폐를 소유하는 점을 강조한다. 이 이론은 사람들이 보통예금이나 재무성 증권 같은 자산을 소유하는 것과는 대조적으로 현금 및 당좌예금 같이 좁은 범위로 측정한 화폐를 왜 소유하는지를 설명할 수 있다. 통화수요에 관한 거래이론에서는 사람이 화폐를 보유하고 거래하는 과정에 따라 많은 다른 형태를 가질 수 있다고 본다. 여기서 화폐는 낮은 수익률을 올리지만 거래를 편리하게 하는 장점을 가진 자산이다. 따라서 사람들은 이런 단점과 장점을 고려하면서 얼마나 많은 통화를 보유할 것인가 결정한다.

1.2 화폐와 인플레이션

1.2.1 화폐수량이론

통화량이 물가 및 소득과 같은 다른 경제변수들과 어떻게 연계되는지 알아보자. 한 나라 경제의 통화량은 거래 시 교환되는 원, 즉 화폐의 규모와 밀접히 연계된다. 이 연계는 수량방정식(quantity equation)이라고 불리며, 식 (4.7)과 같다.

$$M \times V = P \times T \tag{4.7}$$

M : 화폐, V : 유통속도
P : 가격, T : 거래

식 (4.7)을 보다 자세히 살펴보면, 수량방정식의 우변은 거래를 의미한다. 일정 기간 동안 총 거래 수가 표현되는 것이다. 좌변은 거래를 하기 위해 사용된 화폐와 관련된 사항을 알려준다. 그 중 V는 화폐의 거래유통속도(transactions velocity of money)라 하며, 화폐가 한 경제 내에서 유통되는 속도를 측정한 것이다. 다시 말해, 유통속도는 주어진 기간 동안 화폐의 소유주가 변하는 횟수를 말한다.

화폐수량방정식은 변수 하나가 변할 경우 다른 변수들도 등식을 유지하기 위해 변하여야만 하는 항등식이다. 화폐가 경제에 미치는 영향을 분석할 경우 실제로 구입할 수 있는 재화 및 용역의 양으로 나타낸 통화량을 이용하는 것이 편리할 때가 많다. 이는 $\frac{M}{P}$으로 나타낼 수 있으며, 실질화폐잔고(real money balances)라고 한다. 실질화폐잔고는 통화량의 구매력을 측정한 것이다.

통화수요함수(money demand funtion)는 일반인들이 소유하고 싶어하는 실질화폐잔고의 양을 결정하는 요소들을 나타내는 방정식이다. 단순 통화수요함수는 아래 식과 같다.

$$\left(\frac{M}{P}\right)^d = kY \tag{4.8}$$

여기서 k는 일정하며, 각 소득당 얼마만큼의 통화를 보유하려는지 나타낸다. 통화수요함수는 특정 상품에 대한 수요함수와 같으며, 이 경우 실질화폐잔고의 소유에 따른 편리함이 상품에 해당된다. 통화수요함수로부터 수량방정식을 도출해낼 수 있다. 이를 위해 실질화폐잔고의 수요($\left(\frac{M}{P}\right)^d$)는 공급($\frac{M}{P}$)과 일치한다는 조건을 첨부한다. 따라서 이는 식 (4.9)와 같다.

$$\frac{M}{P} = kY \tag{4.9}$$

이 식을 재정리하면 식 (4.10)과 같다.

$$M\left(\frac{1}{k}\right) = PY \tag{4.10}$$

그리고 식 (4.10)은 식 (4.11)과 같다.

$$MV = PY \tag{4.11}$$

여기서 $V = \frac{1}{k}$이다. 식 (4.11)의 단순한 수식은 통화수요와 화폐유통속도 간의 관계를 나타낸다. 예를 들어 사람들이 소득의 많은 부분을 화폐로 보유하려는(즉, k가 큰) 경우 화폐의 유통속도는 작아진다(즉, V가 작아진다). 반대의 경우는 같은 원리로 화폐가 빈번히 유통된다. 통화수요 매개변수 k와 화폐유통속도 V는 동일한 동전의 서로 다른 면이라고 할 수 있다.

지금까지 살펴본 것을 토대로 무엇이 경제의 전반적인 물가수준을 결정하는지 알 수 있다. 이를 세 부분으로 나눠서 정리하면, 첫째, 생산요소와 생산함수가 생산량 수준 Y를 결정하며, 둘째, 통화공급이 생산량의 명목가치 PY를 결정한다. 마지막으로, 물가수준 P는 이때 생산량 수준 Y에 대한 생산량의 명목가치 PY의 비율이 된다. 다시 말하면, 한 경제의 생산능력이 실질GDP를 결정하고 통화량이 명목GDP를 결정하며, GDP 디플레이터는 실질GDP에 대한 명목GDP의 비율이다. 이 이론은 중앙은행이 통화공급을 변화시켰을 경우의 상황 변동에 대해 추론할 수 있도록 한다. 유통속도가 고정되어 있으므로 통화공급이 변화할 경우 이에 비례하여 명목GDP가 변화한다. 생산요소와 생산함수가 이미 실질GDP를 결정하였으므로 명목GDP의 변화는 물가수준의 변화를 의미한다. 즉, 수량이론에 따르면 물가수준은 통화공급에 비례한다고 할 수 있다.

1.2.2 인플레이션과 이자율

경제학에서 다루는 이자율에는 두 가지 종류가 있다. 바로 실질이자율과 명목이자율이다. 실질이자율(real interest rate)은 구매력의 증가를, 명목이자율(nominal interest rate)은 은행이 지불하는 이자율을 의미한다. 쉽게 말하면, 연이율 3%의 이자를 받는다고 해서 일 년 후 작년에 비해 3% 더 부유해졌다고 말할 수 없는 것이다. 여기서 수치적으로 받는 3%는 명목이자율, 그리고 인플레이션율을 고려한 이자율이 바로 실질이자율이다. 만일 인플레이션율이 3%보다 높다면 부가 축적된 것이 아니라 오히려 감소했다고 볼 수 있다. 명목이자율 i, 실질이자율 r, 그리고 인플레이션율 π, 세 변수 사이의 관계는 다음과 같다.

$$r = i - \pi \tag{4.12}$$

쉽게 말해, 실질이자율은 명목이자율과 인플레이션율의 차이이다. 이 식을 재정리하면 다음과 같다.

$$i = r + \pi \tag{4.13}$$

식 (4.13)은 피셔(I. Fisher)의 이름을 빌어 피셔방정식(Fisher equation)이라고 한다. 이 식에 따르면 명목이자율은 실질이자율의 변화 그리고 인플레이션율의 변화로 인해 변화한다.

화폐수량이론과 피셔방정식을 이용하여 통화 증가가 명목이자율에 미치는 영향을 분석할 수 있다. 화폐수량이론에 따를 경우 통화가 1% 증가하면, 이는 인플레이션율 1% 증가로 이어진다. 피셔방정식에 따를 경우 인플레이션율이 1% 증가하면, 이는 명목이자율 1% 증가로 이어진다. 인플레이션율과 명목이자율의 일대일 관계를 피셔효과(Fisher effect)라고 한다.

1.2.3 통화량 증가와 인플레이션

기대인플레이션율과 명목이자율을 결정하는 요인을 살펴보자. 일반적으로 미래 인플레이션율을 결정하는 요인으로는 통화공급 증가 예상치, 실질소득 증가율, 통화수요의 소득의 추정치 등을 들 수 있다.

일반적으로 기대인플레이션율은 설문조사나 그와 유사한 방법을 통하여 관찰할 수 있다. 하지만 기대인플레이션에 의해 강하게 영향을 받는 경제변수로서 관찰이 가능한 것이 명목이자율이다. 바람직한 저축과 바람직한 투자가 같아야 한다는 재화시장의 균형조건으로부터 결정되는 실질이자율이 주어지면, 명목이자율은 기대인플레이션율이 변하는 크기만큼 그대로 변화한다. 그러므로 사람들로 하여금 장래에 인플레이션이 가속화될 것이라고 두려워하게 하는 정책활동은, 다른 조건이 그대로라면 명목이자율을 상승하게 할 것이다. 하지만 통화공급 증가율이나 실질소득 증가율이 크게 변화할 것으로 모두 예상하지 않는다면 기대물가상승률은 현행 물가상승률과 크게 다르지 않을 것이다. 이 경우 명목이자율과 현행 물가상승률은 같이 움직여야 한다. 예를 들어 현행 인플레이션이 높다면 기대인플레이션이 높을 가능성이 많고, 높은 인플레이션은 또한 명목이자율을 높은 수준으로 올라가게 할 것이다.

역사적으로 살펴보면, 명목이자율과 인플레이션율은 같이 움직이는 성향을 보인다. 하지만 물가상승률의 움직임이 명목이자율의 움직임과 완벽하게 일치하지는 않았다. 이렇게 일치하지 않는 이유는 해당 기간 동안 실질이자율이 일정하지가 않았기 때문이다.

1.3 대부자금시장이론

여러 종류의 금융시장 중에 특히 대부자금시장에서 저축과 투자가 통합된다. 또한, 대부자금시장에서 공급은 여유자금을 빌려주려는 저축으로부터 제공되고, 수요는 투자자금을 마련하기 위한 대출로부터 형성된다. 〈그림 4-1〉은 대부자금시장에서의 수요와 공급곡선을 나타내고 있다.

즉, 수요자는 대출자라고 할 수 있고, 공급자는 저축자라고 할 수 있다.

그림 4-1

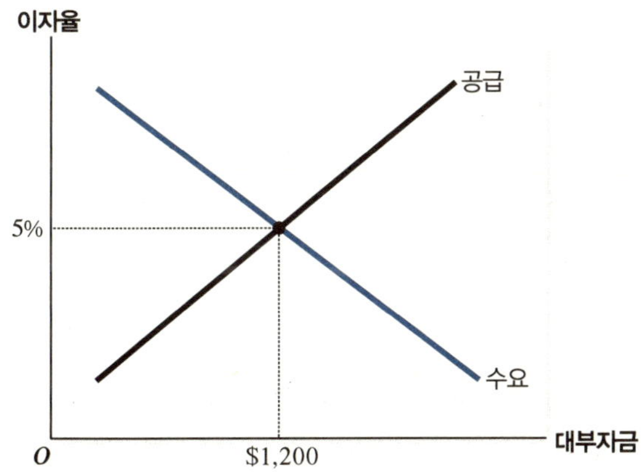

대부자금시장

대부자금시장에서 공급은 여유자금을 빌려주려는 사람들로부터 제공되고, 수요는 투자자금을 마련하기 위해 대출을 받으려는 사람들에게서 나온다.

공급자의 경우 이자율이 상승하면 더 많은 이자소득을 가져올 수 있으므로 더 많은 대부자금을 공급하려고 할 것이다. 반대로 수요자는 이자율이 상승할수록 대출 시 갚아야 하는 이자비용이 커지기 때문에 대출수요는 감소하게 되는 것이다. 이런 대부자금의 수요와 공급은 실질이자율에 의해서 결정되는데, 〈그림 4-1〉에서 보는 것처럼 수요곡선과 공급곡선이 만나는 점에서 실질이자율이 결정된다. 수요와 공급곡선이 만나는 점에서의 균형은 안정적인 상태를 말한다. 만약 일시적 불안정으로 인해 이자율이 변동하더라도 수요와 공급의 변화에 따라 균형으로 회귀한다. 예를 들면 이자율의 상승은 대출자로 하여금 수요를 줄이고 저축자로 하여금 공급을 늘리게 하여 초과공급이 발생하게 한다. 이에 따라 실질이자율이 하락하고 균형점에서 안정을 찾게 되는 것이다. 이런 균형으로의 이동은 실질이자율이 결정되는 과정이라고 할 수 있다. 이 대부자금시장을 확장해 금융시장이라는 틀에 놓고 보면, 금융시장은 차입과 대부를 통합시켜서 경제의 희소한 자원을 효율적으로 배분하는데 도움을 준다. 그리고 금융시장은 다른 시장과 마찬가지로 수요와 공급에 의해 가격과 이자율이 결정된다.

1.3.1 이자소득에 대한 과세가 저축과 투자에 미치는 영향

이자소득에 대한 세금을 인하하면 저축에 대한 인센티브가 증가한다. 그 결과 저축금액(대부자금의 공급)이 증가하고, 이로 인해 공급곡선이 우측으로 이동한다. 그 결과, 균형이자율은 하락하고 주어진 수요곡선을 따라 자금 수요량이 증가한다.

1.3.2 투자에 대한 세제지원이 저축과 투자에 미치는 영향

투자에 대한 세금의 감면(투자세액공제제도)은 자금에 대한 수요를 증가시킨다. 즉, 투자세액공제제도는 대부자금에 대한 수요를 증가시킴으로 인해 수요곡선이 우측으로 이동하고, 이에 따라 이자율이 상승하며 저축이 증가한다.

그림 4-2

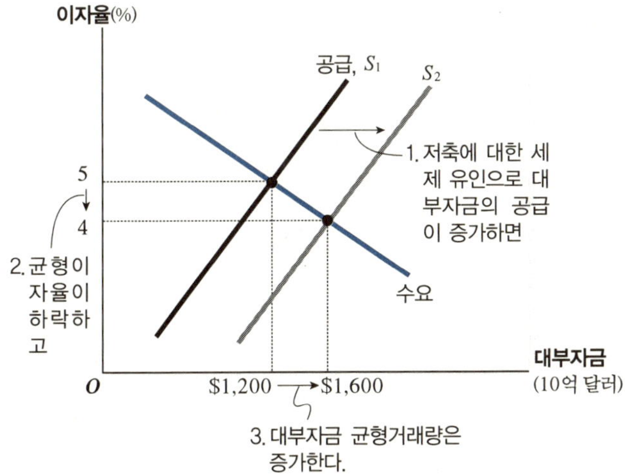

이자소득에 대한 과세 효과

이자소득에 대한 세금을 인하하면 저축에 대한 인센티브가 증가한다. 그 결과 저축금액(대부자금의 공급)이 증가하고, 이로 인해 공급곡선이 우측으로 이동한다.

그림 4-3

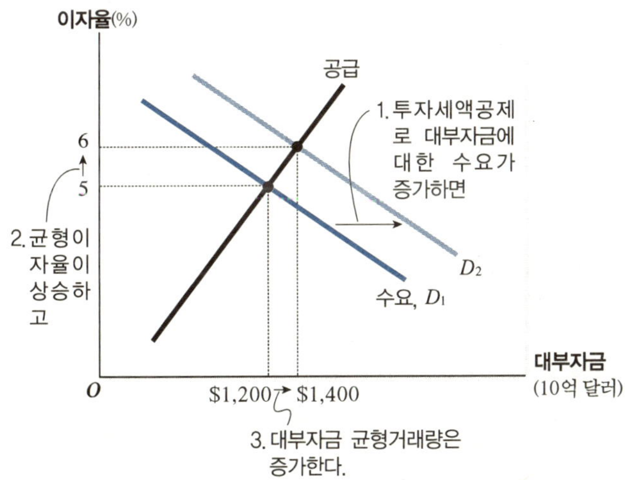

투자에 대한 세제지원 효과

투자세액공제제도는 대부자금에 대한 수요를 증가시킴으로 인해 수요곡선이 우측으로 이동하고, 이에 따라 이자율이 상승하며 저축이 증가한다.

1.3.3 재정적자가 저축과 투자에 미치는 영향

재정적자란 정부의 지출이 조세수입을 초과하는 현상이다. 재정적자의

그림 4-4

재정적자 효과
재정적자로 인해 대부자금의 공급을 감소시킴에 따라 공급곡선이 좌측으로 이동한다. 그 결과, 이자율이 상승하고, 밀어내기 또는 구축효과로 인해 민간투자가 위축되는 현상이 발생한다.

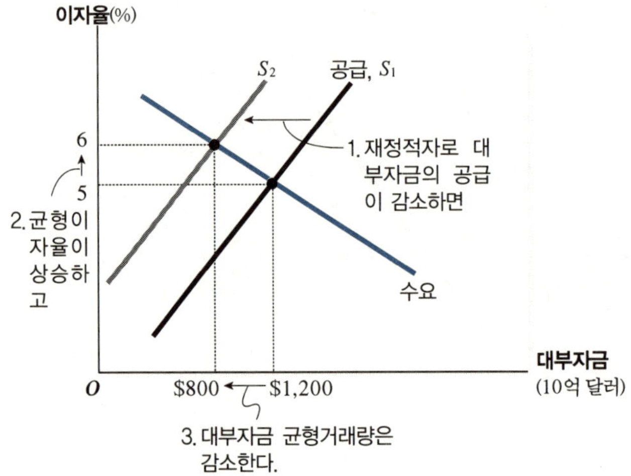

경제적 효과로는 대부자금의 공급을 감소시킴에 따라 공급곡선이 좌측으로 이동한다. 그 결과, 이자율이 상승하고, 밀어내기 또는 구축효과로 인해 민간투자가 위축되는 현상이 발생한다.

1.4 화폐시장과 *LM*곡선

1.4.1 유동성선호이론

화폐란 생산물과 생산요소의 교환에서 거래비용을 최소화하게 하는 매개물이다. 화폐의 공급은 중앙은행이 발행하는 현금화폐와 예금은행이 발행하는 예금화폐의 크기에 따라 결정된다. 그러나 케인즈의 가설에 의하면 화폐의 공급은 중앙은행의 결정에 따르기 때문에 이자율에 영향을 받지 않으므로, 화폐공급곡선은 수직선의 형태를 가진다. 이는 〈그림 4-5〉와 같다.

그리고 중앙은행은 공개시장조작을 통해 화폐공급을 늘리거나 줄일 수 있다. 예를 들어 중앙은행이 국공채를 사들이면 은행의 지불준비금이 증가하여 화폐공급이 증가한다. 반대로 중앙은행이 국공채를 팔게 되면 은행 지

그림 4-5

화폐시장에서의 공급곡선

화폐의 공급은 중앙은행이 발행하는 현금화폐와 예금은행이 발행하는 예금화폐의 크기에 따라 결정된다.

불준비금이 감소하여 화폐공급이 줄어들게 된다. 전자는 〈그림 4-6〉의 (I)과 같고 후자는 (II)와 같다.

반면, 화폐에 대한 수요는 공급과 달리 여러 요인에 의해 결정이 된다.

그림 4-6

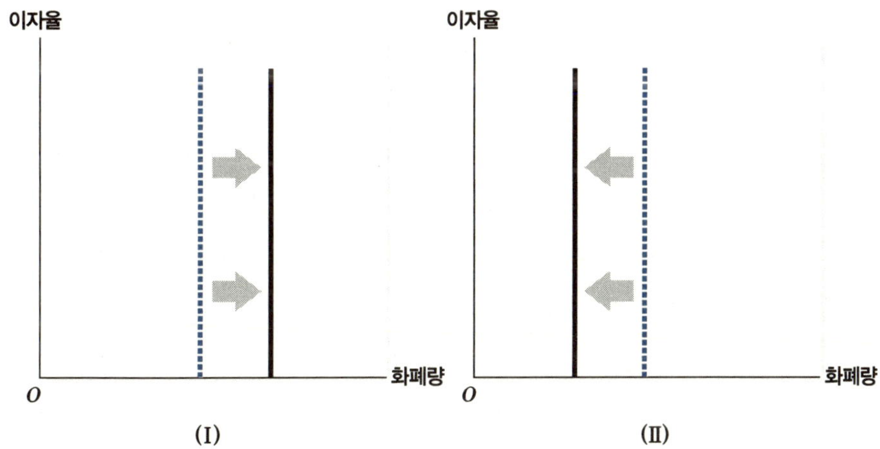

공개시장조작 후 화폐시장

중앙은행이 국공채를 사들이면 은행의 지불준비금이 증가하여 화폐공급이 증가한다. 반대로 중앙은행이 국공채를 팔게 되면 은행 지불준비금이 감소하여 화폐공급이 줄어들게 된다.

그림 4-7

화폐시장에서의 수요곡선

화폐에 대한 수요는 공급과 달리 여러 요인에 의해 결정이 된다. 결론적으로 여러 요인 중에서 가장 중요한 것은 이자율이다. 이자율이 높아지고 낮아짐에 따라 화폐수요의 구매력에 대한 변동이 직접적으로 영향을 받기 때문이다.

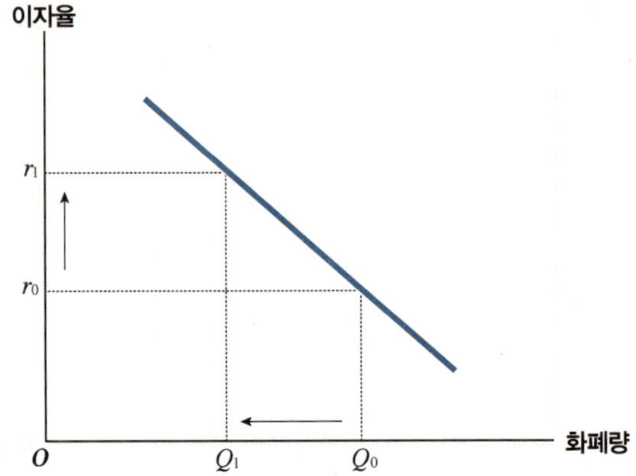

결론적으로 여러 요인 중에서 가장 중요한 것은 이자율이다. 이자율이 높아지고 낮아짐에 따라 화폐수요의 구매력에 대한 변동이 직접적으로 영향을 받기 때문이다. 우선 화폐는 재화와 서비스를 구매하는 데 사용할 수 있는 구매력을 나타내기 때문에, 시장의 거래자는 기본적으로 화폐보유를 선택하게 된다. 그리고 이 화폐를 보유해서 얻는 편리함에 따른 기본적 기회비용은 현금 또는 수표를 보유할 때 포기하게 되는 이자율과 같다. 예를 들어 이자율이 상승하게 되면 화폐를 보유하는 비용이 증대됨에 따라 사람들은 보유하고자 하는 화폐량을 감소시킨다. 따라서 화폐수요는 이자율과 부(−)의 관계를 가진다고 할 수 있다. 이런 관계를 그래프로 나타내면 〈그림 4-7〉과 같다.

지금까지 유동성선호이론을 통한 화폐의 수요와 공급곡선을 도출하였다. 이제 화폐시장에서 균형을 찾아보자. 화폐시장에서는 수요와 공급곡선이 만나는 점에서 균형이자율과 균형화폐량이 결정된다. 이를 바꾸어 말하면 화폐의 수요량과 공급량이 일치하도록 이자율이 변동한다는 것이다. 이런 동적 움직임에 따른 화폐 수요량과 공급량이 정확하게 같게 되어 정적 안정성을 갖게 될 때 균형이자율이라는 단 하나의 이자율이 존재하게 되는 것이다. 이를 식으로 표시하면 다음과 같다.

그림 4-8

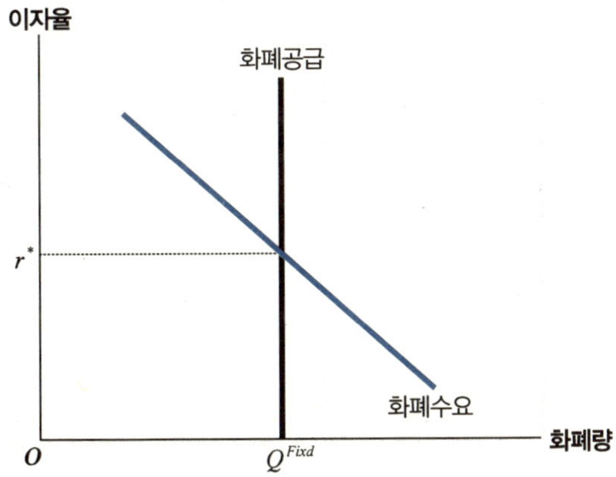

화폐시장의 균형
화폐시장에서는 수요와 공급곡선이 만나는 점에서 균형이자율과 균형화폐량이 결정된다. 이를 바꾸어 말하면 화폐의 수요량과 공급량이 일치하도록 이자율이 변동한다는 것이다.

$$\frac{M}{P} = L(\underset{\ominus}{r}, \underset{\oplus}{Y}) \tag{4.14}$$

식 (4.14)에서 좌변은 화폐의 공급을 나타내고, 우변은 화폐의 수요를 나타낸다. 화폐의 공급과 수요가 일치하게 되는 점에서 균형이자율과 화폐량이 정해진다고 했는데, 이를 그래프로 나타내면 〈그림 4-8〉과 같다.

여기서 화폐수요에 영향을 주는 소득이 증가할 경우, 소득의 증가분만큼 화폐의 구매력에 대한 수요의 증가로 이어지기 때문에 수요곡선을 우측으로 이동시킨다. 그 결과, 이자율이 상승하는데, 이는 실질잔고의 공급이 주어진 상황에서 소득의 증가로 인해 실질잔고에 대한 수요가 증가하면 화폐시장에 초과수요가 발생하기 때문이다. 이런 초과수요를 상쇄시켜 화폐시장이 균형을 회복하기 위해, 이자율이 상승하여 실질잔고에 대한 수요를 줄이게 되는 것이다. 이를 그래프로 나타내면 〈그림 4-9〉와 같다.

〈그림 4-9〉에서 볼 수 있듯이 소득이 증가함에 따라($Y_0 \rightarrow Y_1$) 이자율은 r_0^*에서 r_1^*로 증가하였다. 우리는 여기서 이자율과 소득은 같은 방향으로 움직이는 것을 알 수 있다. 이는 화폐시장이 균형을 이루기 위해서는 이자율과 소득이 같은 방향으로 움직여야 한다는 것을 의미한다. 가로축은 소득, 세로축은 이자율로 나타낼 경우 화폐시장의 균형을 나타내는 *LM*곡선을 도출 할

그림 4-9

소득이 증가할 경우 화폐시장의 균형

소득이 증가함에 따라 이자율도 증가하였다. 여기서 이자율과 소득은 같은 방향으로 움직이는 것을 알 수 있다.

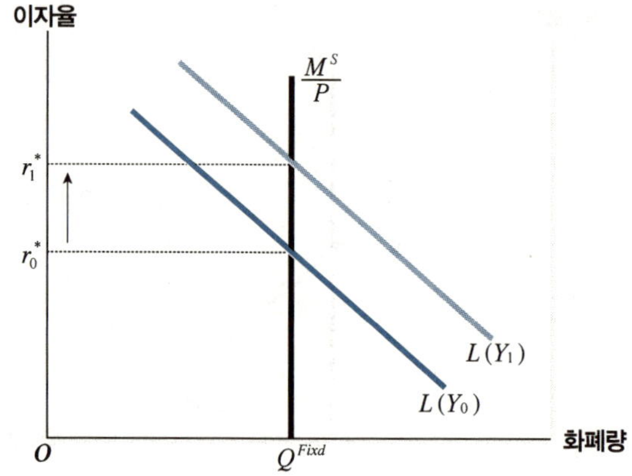

수 있다.[6]

1.4.2 소득, 통화수요, *LM*곡선[7]

*LM*곡선은 금융 및 화폐시장이 도입됨에 따른 이자율 변동에 영향을 미치는 관계를 설명하는 곡선이다. 여기서 수요는 화폐 자체에 대한 수요가 아닌 화폐가 가지는 구매력에 대한 수요이다. 따라서 화폐가 지닌 구매력은 화폐금액을 물가로 나눈 실질잔고(real balance)로 표시된다. 그리고 여기서 화폐공급은 중앙은행의 판단에 따라 정해지는 것으로 가정한다.

한 경제의 소득수준을 나타내는 *Y*가 변화할 경우, 소득수준이 통화수요에 영향을 미치는 것은 다들 알고 있을 것이다. 쉽게 말하면, 소득이 높아지면 지출도 증가하여 화폐사용이 필요한 결제도 증가한다. 즉, 소득이 증가할수록 통화수요도 증가한다. 따라서 통화수요함수는 다음과 같다.

$$\left(\frac{M}{P}\right)^d = L(r, Y) \tag{4.15}$$

6. 재정정책부문의 *LM*곡선 그래프를 참조하기 바란다.

7. 이병락 옮김(2007) 참조.

그림 4-10

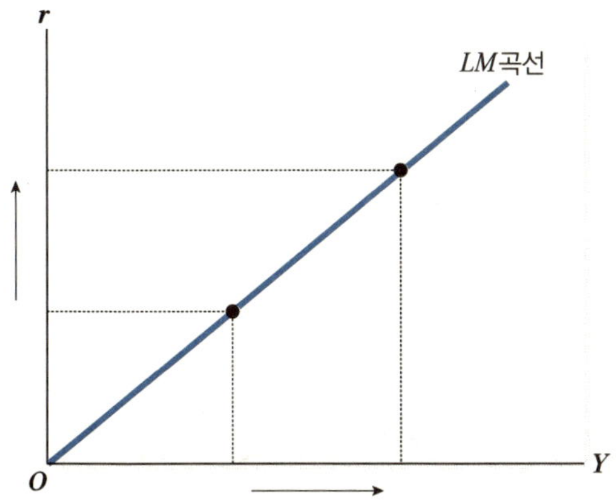

화폐시장의 균형 곡선(*LM* curve)
*LM*곡선은 금융 및 화폐시장이 도입됨에 따른 이자율 변동에 영향을 미치는 관계를 설명하는 곡선이다.

실질화폐잔고의 수요량은 이자율과 부의 관계, 소득과 정의 관계에 있다. 소득이 증가하면 통화수요곡선이 오른쪽으로 이동한다. 이 상황에서 실질화폐잔고의 공급이 불변이라면 화폐시장은 균형을 유지하기 위해 〈그림 4-10〉에서 보듯이 이자율은 상승하게 되고 소득 또한 증가하는 것이다. 이 때문에 *LM*곡선은 우상향한다.

1.4.3 통화정책과 *LM*곡선의 이동

*LM*곡선은 주어진 소득수준에 대해 화폐시장을 균형으로 만드는 이자율을 알려준다. 다시 말해, *LM*곡선은 실질화폐잔고 시장이 균형인 경우 이자율과 소득수준 사이의 관계를 나타내는 것이다. 이는 실질잔고의 공급인 $\frac{M}{P}$에 의존하며, 쉽게 말하면 *LM*곡선이 주어진 실질화폐잔고의 공급에 대해 도출된다는 의미이다. 즉, 중앙은행이 통화공급을 변화시키는 것처럼 실질잔고가 변화할 경우 *LM*곡선이 이동한다.

중앙은행의 통화정책이 *LM*곡선을 어떻게 이동시키는지 알아보자. 만일 통화공급을 감소시킨다면 실질잔고의 공급 또한 감소할 것이다. 이 상황에서 소득수준이 일정하다고 하면 실질잔고에 대한 수요도 일정하며, 이럴

그림 4-11

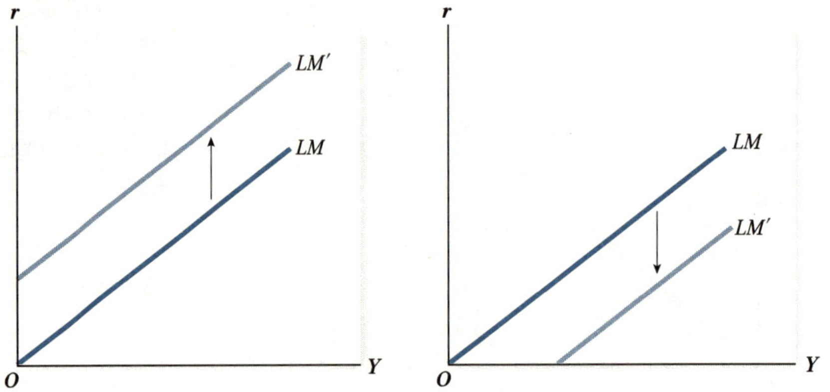

LM곡선의 이동

중앙은행이 통화공급을 변화시키는 것처럼 실질잔고가 변화할 경우 *LM*곡선이 이동한다. 통화공급을 감소시킨다면 실질잔고의 공급 또한 감소할 것이다. 이 상황에서 소득수준이 일정하다고 하면 실질잔고에 대한 수요도 일정하며, 이럴 경우 실질잔고의 공급이 감소하면 수요공급의 원칙에 따라 화폐시장을 균형시키는 이자율이 상승한다.

경우 실질잔고의 공급이 감소하면 수요공급의 원칙에 따라 화폐시장을 균형시키는 이자율이 상승한다. 따라서 실질잔고가 감소할 경우 〈그림 4-11〉의 왼쪽 그래프처럼 *LM*곡선은 위쪽으로 이동한다. 반대로 실질화폐잔고의 공급이 증가할 경우 〈그림 4-11〉의 오른쪽 그래프처럼 *LM*곡선은 아래로 이동한다.

1.5 총수요(*AD*)곡선의 도출

이제 물가수준이 변동하게 될 경우 화폐시장의 경로를 거쳐 총수요에 어떤 영향을 미치는가에 대해 알아보자. 우선 물가수준의 변화는 화폐수요와 이자율에 영향을 미치게 된다. 만약 물가가 상승하게 되면 구매력이 떨어지게 되고, 사람들은 예전의 구매력을 유지하기 위한 거래적 동기의 화폐수요를 증가시킨다. 그로 인해 화폐수요곡선은 우측으로 이동하게 되고 이자율

그림 4-12

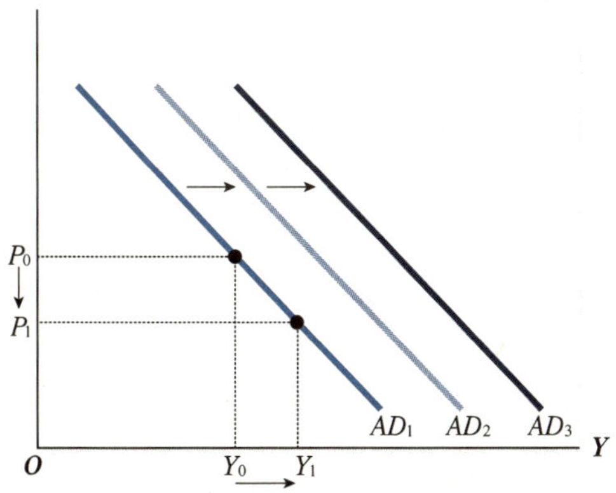

총수요(AD)곡선
물가수준과 총수요의 관계는 반비례 관계이다. 즉, *IS-LM*모형을 토대로 총수요곡선을 도출할 수 있다. 재화 및 용역시장을 보여주는 *IS*곡선과, 화폐시장의 균형을 나타내는 *LM*곡선의 균형점에서 이자율과 총수요가 정해진다.

은 상승한다. 이자율이 상승하면 투자가 줄어들게 되고, 따라서 재화와 서비스의 총수요는 줄어들게 된다. 즉, 이자율이 상승함에 따라 차입의 비용과 저축의 수익이 더 커지는 것이다. 이로 인해 가계와 기업들은 자금차입을 줄이고, 지출을 줄이게 된다. 결국, 물가수준과 총수요의 관계는 반비례 관계이다.[8] 즉, *IS-LM*모형을 토대로 총수요곡선을 도출할 수 있다. 상기에서 논의한 바와 같이 *IS*와 *LM*은 균형을 이루는 상태에서 각각 이자율과 소득의 관계를 보여준다. 재화 및 용역 시장을 보여주는 *IS*곡선과, 화폐시장의 균형을 나타내는 *LM*곡선의 균형점에서 이자율과 총수요가 정해진다.

토의과제

01. 금융시장의 역할에 대해 설명하시오.

02. 금융시장에서의 금융기관의 역할에 대해 설명하시오.

8. 즉, 우하향하는 기울기를 가진 총수요곡선을 의미한다.

03. 통화의 3가지 기능과 측정방법에 대해 설명하시오.

04. 통화공급을 조절하는 방법에 대해 설명하시오.

05. 통화수요에 있어서 가치저장 역할, 교환의 매개수단으로서의 역할에 대한 이론의 명칭에 대해 각각 언급하고, 정의와 한계를 설명하시오.

06. 화폐수량이론을 토대로 보았을 때, 경제의 물가수준을 정하는 3가지 요인에 대해 설명하시오.

07. 기대인플레이션율과 명목이자율 사이의 관계와 도출되는 과정에 대해 설명하시오.

08. 대부자금시장이론에서 수요와 공급의 주체에 대해서 설명하시오.

09. 대부자금시장에서 결정되는 것은 무엇인지 설명하시오.

10. 대부자금시장에 영향을 주는 3가지 정책에 대한 효과를 논의하시오.

11. 유동성선호이론에서 화폐에 대한 수요와 공급을 설명하고, 화폐에 대한 수요를 결정하는 요인이 무엇인지 설명하시오.

12. 유동성선호이론에서 화폐공급의 주체 및 공급을 결정하는 요인을 설명하시오.

13. *LM*곡선과 총수요곡선의 도출과정을 화폐수요와 공급의 관점에서 설명하시오.

핵심단어

금융시장	금융중개기관	금융제도
통화	법정불환지폐	상품화폐
통화공급	통화정책	중앙은행

공개시장조작	통화승수	법정지급준비금
재할인정책	통화수요	자산선택이론
지배적 자산	거래이론	화폐수량이론
거래유통속도	실질화폐잔고	통화수요함수
실질이자율	명목이자율	피셔방정식
피셔효과	기대인플레이션율	대부자금시장이론
대부자금시장	유동성선호이론	화폐의 수요
화폐의 공급	*LM*곡선	실질잔고
총수요곡선		

제2절 통화정책의 메커니즘

2.1 개요

통화정책은 재정정책과 더불어 한 나라의 대표적인 경제정책 중 하나이다. 한 국가의 경제가 호황인지 불황인지에 따라 통화정책도 변화하게 된다. 대표적으로 1930년대의 경제대공황 때부터 정부가 통화정책에 깊숙이 관여하기 시작하면서 재화의 공급에 대한 화폐공급을 조절하기 시작하였다. 이후 1970년대는 석유파동이 일어나면서 제조원가가 급격하게 상승했고, 이에 따라 물가가 치솟기 시작하였다. 이렇게 화폐의 가치가 하락함에 따라 인플레이션 문제가 크게 대두되기도 하였다. 이렇게 통화와 관련된 제반 문제는 경제의 상태와 밀접한 관련을 갖는다. 잘못된 통화정책은 그 나라의 경제를 파탄으로 몰아갈 수도 있고, 반대로 생기를 불어넣을 수도 있다.

1980년대부터는 금융에 대한 규제가 풀어졌고, 그 이후 환경이 많이 변화하였다. 이로 인해 통화정책도 기존의 방법을 보다 향상시킬 필요가 생겨났다. 현재는 시장이 전 세계적으로 개방됨에 따라 많은 종류의 금융상품도 생겨나고, 통화정책도 자국의 통화정책뿐만이 아니라 경제적 의존성이 높은 나라의 통화정책에 의해서도 많은 영향을 주고받고 있다. 예를 들어 우리나라의 콜금리도 미국이나 일본의 영향을 많이 받는다고 할 수 있다.

2.2 통화정책의 목표

통화정책이 지향하는 목표와 시대에 따라, 그리고 국가마다 처한 경제상황에 따라 통화정책의 목표는 조금씩 차이를 보여왔다. 금본위제도 하에서 통화목표는 금의 유출입에 따라 발생하는 대외불균형, 다시 말해 국제수지의 불균형을 해소하는 것이었다. 그러다가 1930년대의 대공황을 계기로 많은 국가들이 관리통화제도로 이행하면서, 통화의 방만한 공급 가능성을 차단하여 물가를 안정시키는 것이 통화정책의 주된 목표로 인식되기 시작하였다. 특히 1970년대 두 차례의 석유파동으로 세계 경제가 인플레이션의 폐해를 직접 경험하고부터는 관리통화에 대한 인식이 더욱 확고해졌다.

제2차 세계대전 이후의 복구과정과 1960년대의 세계적인 호황, 그리고 1970년대의 극심한 경기침체를 거치면서 각 국가의 중앙은행은 완전고용과 경제의 안정적인 성장에도 관심을 가지기 시작했다. 한편, 1980년대 이후 본격화된 금융자유화와 금융개방으로 금융시스템의 불안정성이 커지고, 실제 여러 나라가 금융위기를 겪게 되면서 최근에는 금융안정이 통화정책의 주요 관심사로 등장하고 있다.

이와 같이 통화정책은 여러 가지를 목표로 할 수 있다. 그러나 국민경제의 지속적 성장은 결국 물가안정과 금융안정이 뒷받침되지 않으면 불가능하다는 점에서 물가안정과 금융안정의 두 가지를 통화정책의 목표로 보는 것이 타당할 것이다.

2.2.1 물가안정

물가를 안정시키는 것은 매우 중요하다. 만약 물가가 안정되지 않으면 소비, 저축, 투자, 생산 등 경제 전반에 걸친 불확실성이 커져 경제활동이 크게 위축되기 때문이다. 이론적 관점에서 보면, 통화정책은 장기적으로 경제성장에 영향을 줄 수 없고, 오직 물가에만 영향을 미친다는 주장이 일반적이다. 따라서 물가안정을 통화정책의 최우선 목표로 삼는 것은 당연하다. 즉, 경제가 지속적으로 성장하기 위해서는 물가안정이 필수적이다. 물가가 안정되지 않을 경우 각종 폐해가 유발되기 때문이다.

일반적으로 진정한 의미의 물가안정은 제로 인플레이션보다 적정 수준의 인플레이션이 바람직하다고 주장하고 있다. 물가안정이 바람직하기는 하

그림 4-13

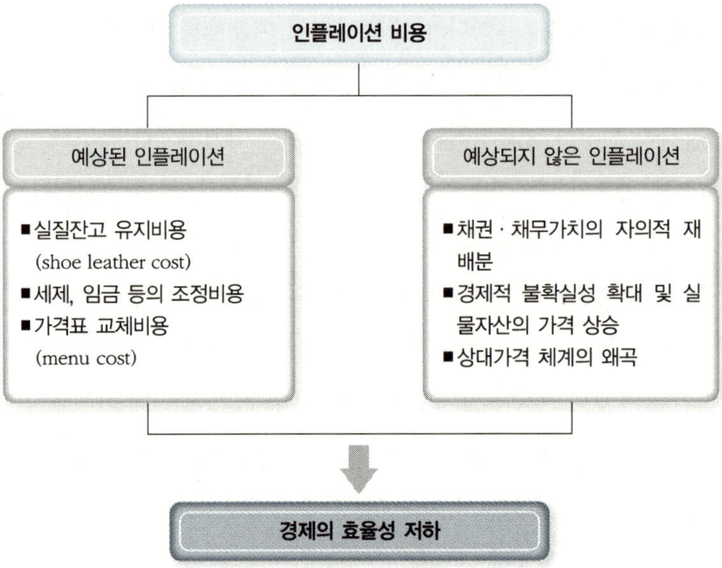

인플레이션 비용

물가안정을 통화정책의 최우선 목표로 삼는 것은 당연하다. 즉, 경제가 지속적으로 성장하기 위해서는 물가안정이 필수적이다. 물가가 안정되지 않을 경우 각종 폐해가 유발되기 때문이다.

지만, 임금의 하방경직성과 같은 경제의 구조적 문제들로 인해 어느 정도의 인플레이션은 불가피하고, 물가상승률을 과도하게 낮추려는 것이 오히려 성장을 저해하는 등 높은 비용을 치르기 때문이다. 하지만 어느 정도의 인플레이션이 적정한가는 결국 그 나라의 경제구조, 과거 인플레이션 경험, 사회정치 환경 등 복합적인 요인에 달려 있다고 할 수 있다.

2.2.2 금융안정

금융안정이 통화정책의 목표로 중시되는 것은 다음과 같은 이유에서이다. 첫째, 금융의 발전과 안정은 경제의 지속적이고 안정적인 성장을 위해 없어서는 안 될 필수적 토대이기 때문이다. 둘째, 금융불안은 급속한 신용경색을 수반하기 때문이다. 중앙은행은 이에 대처하기 위하여 독점적 발권력을 바탕으로 금융시장에 필요한 유동성을 신속히 공급한다. 셋째, 통화정책의 효과는 금융부문을 통해 생산활동과 물가로까지 파급되기 때문이다. 금융부문이 불안하거나 제 기능을 수행하지 못하면 통화정책의 파급경로가 원활하게 작동하지 않게 되고, 이로 인해 통화정책의 효과를 기대만큼 얻을 수 없다. 넷째, 금융시장은 통화정책 결정에 유용한 많은 정보를 제공해주기 때문이다. 중앙은행이 통화정책을 효과적으로 수행하기 위해서는 통화정책의 파급경로와 효과 등에 관한 정보가 필요하다.

2.3 통화정책의 운영체계

과거 우리나라의 통화 운영체계는 앞에서 언급한 바와 같이 통화를 중간목표로 하는 통화목표제(monetary targeting)를 사용하였다. 이는 최종목표와 밀접한 인과관계를 가지고 있는 경제변수를 중간목표로 삼아 이의 달성에 주력하는 제도인 중간목표 전략(intermediate target strategy)을 중점으로 한다. 여기에 사용되는 경제변수는 여러 가지가 있을 수 있다. 예를 들면 통화량, 환율, 명목GDP 등을 들 수 있는데, 이것들이 각각 중간목표가 된다면 통화목표제(monetary targeting), 환율목표제(exchange rate targeting), 명목GDP 목표제(nominal GDP targeting)로 나타낼 수 있다.

과거 통화목표제와 달리 현재 우리나라 통화정책의 기본 운영체계는 인플레이션 타게팅(inflation targeting)을 사용하고 있다. 이 인플레이션 타게팅은 명시적인 중간목표 없이 운용목표인 단기금리의 조정을 통해 사전에 설정된 물가목표를 직접 달성하고자 하는 통화정책 운영체계라고 할 수 있다. 이런 방법은 1990년대 들어 각국 중앙은행들이 채택하는 사례[9]가 증가됨에 따라 사용하게 되었다. 우리나라는 1998년 4월 개정된 한은법 시행과 함께 인플레이션 타게팅을 도입하여 현재까지 운용하고 있다. 우선 과거 통화량 목표제 하에서 중간목표 전략을 살펴보자. 〈그림 4-14〉에서 보듯이, 중간

9. 1990년 3월 뉴질랜드가 최초로 도입한 이래 캐나다, 영국, 스웨덴 등이 도입하였으며, 이후 점차 신흥시장으로 확산되었다.

목표 전략은 통화정책 운영 시에 정책수단과 최종목표 사이에 중간목표를 개입시켜 통화량을 중간목표로 사용하는 것을 말한다. 여기서 정책수단에는 공개시장조작, 재할인, 지급준비금 정책이 있으며, 그 운용목표는 단기금리 혹은 본원통화로 할 수 있다. 그리고 중간목표는 앞에서도 얘기했듯이 통화량, 환율, 명목GDP, 장기금리 등이 될 수 있다. 즉, 정책수단을 사용하여 운용목표 및 중간목표를 거쳐 최종목표인 경제성장이나 물가안정을 수행하는 형태이다. 이와 달리 인플레이션 타게팅의 경우 운용목표의 조정을 통해 사전에 설정된 물가목표를 직접 달성하는 통화정책 운영체계라고 할 수 있겠다.

이런 인플레이션 타게팅의 경우 물가목표의 설정이 중요하다. 이는 중간목표 전략 없이 바로 최종목표인 물가목표에 도달해야 하기 때문이다. 물가목표의 설정에 있어서 목표대상 물가지수는 근원인플레이션(underlying or core inflation)을 사용한다. 인플레이션 타게팅 도입의 초기인 1998～99년까지는 소비자물가(CPI)를 목표대상 지표로 채택하였다. 이후 2000년부터 소비자물가에서 '곡물 이외 농산물 및 석유류' 품목을 제외하여 산출한 근원인플레이션으로 목표대상 지표를 변경하였다.

이런 목표달성에 대한 평가기간을 3년으로 두고 있다. 도입 초기의 경우 연간 단위의 물가안정목표를 설정하였으나, 2004년부터 중기 물가안정목표제로 이행[10]하면서 3년으로 변경되었다. 목표수준은 2004～2006년 중에 근원인플레이션율의 평균 상승률 2.5～3.5%를 기준으로 정하였다. 이는 우리 경제의 안정적 성장을 뒷받침하고 기초경제여건에 부합할 수 있는 적정인플레이션이 3% 내외로 추정되는 점을 감안한 수치이다. 그리고 각종 불확실성을 고려하여 1% 포인트의 목표범위(range targeting)를 설정하고 있다.

이런 운용목표인 콜금리[11](단기금리)의 결정 혹은 변경은 다음과 같이 이

10. 한은법 개정 2004년 1월에 이루어졌다. 그리고 통화정책의 효과가 1년 이상의 시차가 있음을 고려하여 개정되었다.

11. 콜금리란 금융기관 상호 간 초단기로 돈을 빌리고 꿔줄 때 적용하는 금리를 의미한다. 일시적으로 자금이 모자라는 금융기관이, 자금이 넘치는 다른 곳에 자금을 빌려달라고 요청하는 것이 콜(call)이며, 이러한 금융기관 간에 발생한 과부족 자금을 거래하는 시장이 콜시장이다. 자금을 공급하는 쪽을 콜론(call loan), 수요하는 쪽을 콜머니(call money)라고 하는데, 일반적으로 약칭해서 콜이라고 한다. 콜금리는 이 거래에서 적용되는 이율이며, 이러한 대차가 이루어지는 추상적 자금시장을 콜시장이라고 한다. 통상 콜금리는 1일물(overnight)금

그림 4-14

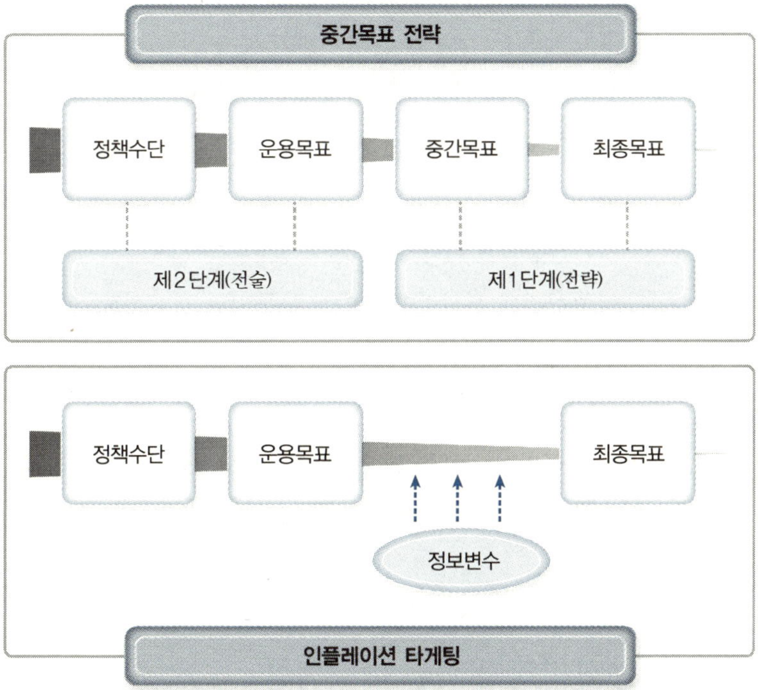

통화정책의 변화와 개념

우리나라 통화정책의 기본 운영체계는 인플레이션 타게팅을 사용하고 있다. 이 인플레이션 타게팅은 명시적인 중간목표 없이 운용목표인 단기금리의 조정을 통해 사전에 설정된 물가목표를 직접 달성하고자 하는 통화정책 운영체계라고 할 수 있다.

루어진다. 설정된 물가목표를 달성하기 위해 한국은행 금융통화위원회는 매월 콜금리 목표(운용목표)수준을 결정한다. 이러한 기준은 현행유지, 인상, 그리고 인하로 나누어진다. 이는 원칙적으로 매월 둘째 주 목요일에 개최되는 정기회의에서 결정된다. 그리고 콜금리 목표수준 결정을 위해 금통위는 다음과 같은 사항을 종합적으로 판단하여 결정한다.

① 국내외 여건변화가 장래의 인플레이션에 미치는 영향

리를 의미하며, 단기자금의 수요와 공급에 의하여 결정된다.

② 국내외 경제동향(물가, 소비, 투자, 수출, 수입, 생산, 고용, 자산가격, 경제성장, 경기 등), 금융시장 동향(통화, 금리, 증시, 수신, 여신, 가계 · 기업의 자금상황 등), 외환 및 국제금융 동향(환율, 외화자금수급, 외채, 외환보유액, 자본이동 상황 등) 등의 경제지표

③ GDP갭률, 안정실업률(NAIRU), 제조업 단위노동비율 상승률, P^*비율 등과 같은 지표를 활용(look-at-everything approach)하여 미래의 물가상승률을 예측

④ 물가안정에 우선적인 주안점을 두지만 경제성장, 금융시장 안정 등 여타 정책목표도 함께 고려

한편, 콜금리의 목표는 일반적으로 0.25% 포인트씩 점진적으로 조정하며, 조정의 필요성이 큰 경우에 0.5% 포인트씩 조정한다(Greenspan' s baby-step).

2.4 통화정책의 파급 메커니즘

금리가 인하되거나 통화의 공급이 확대되면 인플레이션에 대한 기대가 증가하게 되고 환율이 상승하게 된다. 환율이 상승한다는 말은 예를 들어 미국과 한국 간 무역을 가정할 때 우리나라 원의 구매력이 미국 달러의 구매력에 비해 떨어진다는 것을 의미한다. 즉, 국가 전체적인 측면에서 보면 수입을 위한 상대 나라의 재화나 용역의 가격이 상승하였다는 것을 의미하고, 가격이 상승하면 일반적으로 수입량은 감소하게 된다. 반대로 수출가격은 하락하여 수출량은 증가하게 된다. 수출이 증가하고 수입이 감소하면 외화의 유입이 많아지게 되고, 국내 원화에 대한 수요에 영향을 미치게 된다.

금리가 인하되고 통화량의 공급이 확대되었을 때 일어날 수 있는 변화로는 가용재원의 증가를 들 수 있다. 즉, 금리가 인하됨으로써 저축하려는 사람들이 줄어들고 대신 수익률이 더 높은 수단을 찾게 된다는 의미이다. 또한, 통화량 증가로 시중에 거래되는 화폐의 양이 늘어나게 된다. 보통 이러한 경우는 경기가 활황인 경우이다. 투자를 해야 할 곳이 넘쳐나고 물건은 거의 만

드는 족족 팔려나가는 경우를 상상해보면 될 것 같다. 가용재원이 증가함에 따라 은행으로부터의 대출도 따라서 증가하게 되고, 기업은 회사채를 발행하여 필요한 자금을 조달하게 될 것이다. 금리인하와 통화공급의 확대가 경제에 미치는 영향은 주가에서도 찾아볼 수 있다. 보통 금리인하를 단행한 나라의 경우 주가가 상대적으로 올라가는 경우를 볼 수가 있다. 이유는 시중자금이 증가하게 되어 기업의 자금여건이 개선되기 때문이다.

주가가 상승하면 개인이 보유한 주식의 가치가 올라가므로 개인의 부가 증대된다. 개인의 부 증대는 곧 소비와 저축의 증가에도 영향을 미치는데, 소비의 증가는 GDP에도 영향을 미친다. 주가 상승으로 인해 기업들의 가치도 증가하므로 기업투자가 증가하게 될 것이고, 마찬가지로 경제성장의 밑거름으로 작용하게 될 것이다. 경제성장은 곧 그 나라 전체의 물가에도 영향을 미치게 된다. 금리경로상으로는 단기시장의 금리가 하락함으로써 장기시장금리의 하락에도 영향을 미치게 되고, 은행들의 대출금리 하락에도 영향을 미쳐 대출의 증가를 가져오게 된다.

통화정책은 먼저 금융시장과 외환시장을 통하여 총수요로 파급되고, 궁극적으로는 그 나라의 GDP와 물가에 영향을 미치게 된다. 만약 가격변수가 변하였다면 어느 정도 시차를 두고 가계소비, 기업의 투자, 수출과 수입 등 총수요(*AD*)에 영향을 미치기 시작한다. 여기서 총수요가 변한다는 것은 곧 GDP의 변화를 의미한다고 볼 수 있다. 총수요의 변화로 나라 전체의 물가도 변하게 된다.

2.4.1 통화정책의 수단

통화정책의 수단은 일반적 정책수단과 선별적 정책수단으로 구분할 수 있다. 일반적 통화정책 수단은 통화정책의 효과가 국민경제 전체에 영향을 미치는 수단을 말하는데, 이에는 공개시장조작, 재할인율 조정, 그리고 지불준비율 조정 등 세 가지가 있다.

1) 공개시장조작

공개시장조작은 중앙은행이 증권시장에서 기관투자가나 민간을 대상으로 국공채 등 유가증권을 매입하거나 매각함으로써 통화량을 조절하는 정책을 말한다. 중앙은행이 채권을 매입하면 통화량이 증가하고, 채권을 매각하면 통화량이 감소한다.

2) 재할인율 조정

재할인율 조정은 중앙은행이 금융기관에 빌려주는 자금의 금리를 조절함으로써 금융기관의 중앙은행으로부터의 차입규모를 조절하는 정책을 말한다. 중앙은행이 재할인율을 인상하면 통화량이 감소하고, 재할인율을 인하하면 통화량이 증가한다.

3) 지불준비율 조정

지불준비율 조정은 지급준비율을 통하여 금융기관의 신용창조 능력을 조절하는 정책을 말한다. 중앙은행이 지불준비율을 높이면 통화량이 감소하고, 지불준비율을 낮추면 통화량이 증가한다.

선별적 정책수단이란 어떤 특정 분야에 영향을 미칠 것을 목적으로 하는 통화정책을 의미한다.

2.4.2 통화정책의 시차

통화량의 증가는 이자율을 변화시키고, 이는 투자지출에 영향을 미쳐 국민소득에 영향을 미친다. 케인즈는 이 경로가 약하고 고장이 잘 난다고 보았기 때문에 통화정책은 별 효과가 없다고 주장하였다. 통화정책의 파급효과를 설명하기 전에 일반적인 경제정책의 효과와 관련된 시차라는 용어를 이해할 필요가 있다. 시차는 내부시차와 외부시차로 나눌 수 있다. 내부시차는 정책의 필요성을 인지하고 적절한 정책을 실행하는 데 까지 걸리는 시간을 의미한다. 내부시차가 길어지면 정책의 시기적절성이 떨어지게 된다. 만약 경제가 침체기를 벗어나 부흥기를 맞으려고 하는 시점에 있다면, 침체기에 맞는 통화정책을 써서 보다 악화시키기보다는 부흥기를 대비한 정책을 쓰는 것이 보다 효율적일 것이다. 이런 타이밍을 정확하게 파악하는 것이 힘든 일이기는 하지만 매우 중요하다고 볼 수 있다.

외부시차는 실제로 정책이 실행이 되고 난 후, 그 효과를 불러오는 데 걸리는 시간을 의미한다. 이는 정책이 경제에 얼마만큼의 속도로 반응하고 효과를 나타내는가를 보여준다. 재정정책과 비교했을 때, 통화정책은 예산의 승인 및 세법의 개정 등 국회의 동의를 필요로 하지 않고 중앙은행이 단독적으로 실시한다는 점에서 내부시차는 짧다. 하지만 금리나 통화량 등이 간접적으로 실물부문에 영향을 준다는 점에서 외부시차가 길다고 할 수 있다.

일반적으로 인식시차, 실행시차는 통화정책이, 외부시차는 재정정책이 짧은 것으로 알려져 있다. 통화론자는 경제에 대한 우리의 지식이 불충분하며 불확실하므로 재량적인 정책 대신 준칙에 의한 정책이 바람직하다고 주장한다.

2.4.3 통화정책의 파급경로

한국은행이 콜금리 목표 조정을 하게 되면 금리, 자산가격, 신용, 환율, 기대경로를 통해 금융 및 실물부문에 파급된다. 먼저, 금리경로를 보면 한국은행의 콜금리 목표 변경[12]은 여타 단기시장금리의 변동을 가져온다. 이런 단기시장금리의 변동은 이후 장기시장금리 및 은행여수신금리의 변동을 가져온다. 그리고 이런 변동은 소비, 투자 등의 총수요의 변동을 가져오는 파급경로를 가진다. 다음으로, 자산가격 경로를 살펴보자. 금리의 조정은 주식 및 부동산과 같은 자산의 가치변동을 가져오고, 이는 부의 효과를 통해 소비, 투자 등의 총수요에 영향을 미친다. 신용경로의 경우 콜금리 목표 변경은 시중자금 가용량(availability) 및 자산가격 변화에 따른 담보가치 변동 및 금융

---

12. 콜금리가 변동하면 양도성 예금증서(CD) 등 단기금융상품의 금리, 은행의 여수신금리, 채권수익률도 변동된다. 금융기관 간의 직거래 방식도 허용되고 있으며 1~30일까지의 자금거래가 이루어지고 약 90% 이상이 1일물이다.

그림 4-15

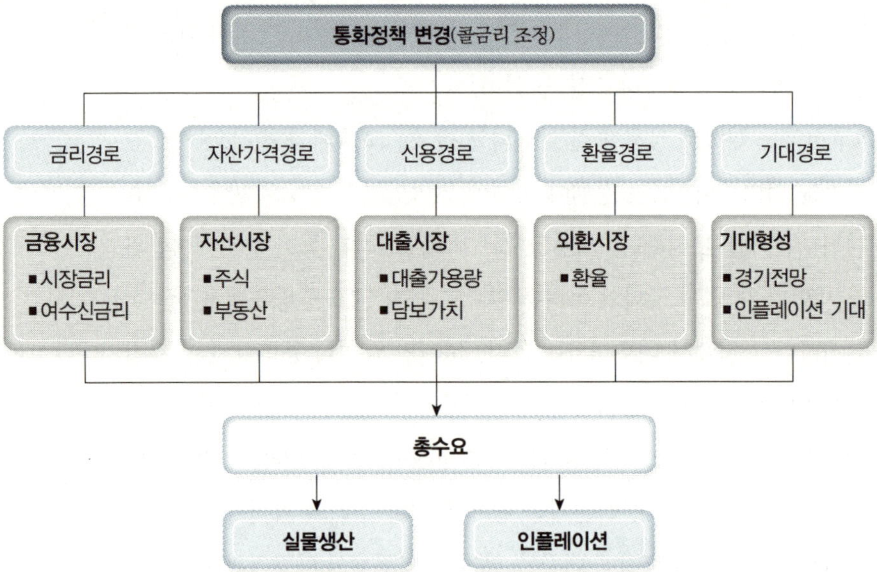

통화정책의 변경에 따른 파급경로

한국은행(중앙은행)이 콜금리 목표 조정을 하게 되면 금리, 자산가격, 신용, 환율, 기대경로를 통해 금융 및 실물부문에 파급된다.

기관의 대출변동을 가져온다. 그리고 환율경로의 경우, 만약 조정을 통해서 국내 금리가 하락하게 되면, 원화채권의 수익률이 상대적으로 외화채권에 비해 감소하게 된다. 이럴 경우 외화채권에 대한 수요의 증가와 더불어 자본의 해외 유출이 일어나게 되고, 이는 원화가치의 하락을 불러온다. 이는 실물시장에서 수출의 증가 혹은 수입의 감소를 가져오고, 이는 물가 상승을 유발하게 되는 경로를 가진다. 마지막으로, 기대경로의 경우, 정부정책의 신뢰성에 따라 달라진다. 즉, 통화정책 기조가 변경될 경우 경제주체들의 경기 및 물가 전망 등에 대한 기대를 변화시킴으로써 파급경로상의 각종 금융변수의 변화와, 직접 소비, 투자, 물가 등에 영향을 미치게 된다. 이런 통화정책의 변경은 각 경로가 동시다발적으로 발현되는 특성을 가진다. 이를 표현해보면 〈그림 4-15〉와 같다.

2.5 통화정책의 분석

중앙은행이 통화정책을 실시할 경우, 통화공급의 변화에 따라 총수요의 변화를 야기한다. 확장적 통화정책을 사용할 경우, 화폐수요의 변화가 없는 상태에서 화폐공급 증가[13]는 화폐공급곡선을 우측 방향으로 이동시키게 된다. 이는 이자율을 하락시켜서 중앙은행이 창출하는 추가 화폐공급에 대해 사람들이 이를 보유하도록 만든다. 이 경우 화폐공급의 변화에 따라 실물-금융 시장에서 *LM*곡선의 우측이동을 유발하고, 이로 말미암아 이자율이 하락하게 된다. 그리고 총수요의 증가분만큼 총수요곡선을 우측으로 이동시킴으로써 균형소득과 이자율 수준에 영향을 미치게 된다. 여기서 총공급곡선에 대한 가정을 어떻게 적용하는가에[14] 따라 서로 다른 결과를 가져오게 된다.

2.5.1 통화정책의 변화에 따른 *LM*곡선의 이동 및 단기균형의 변화[15]

*IS-LM*모형을 이용하면 *LM*곡선이 이동할 경우 소득 및 이자율에 어떤 영향을 미치는지 분석할 수 있다. 이를 위해 통화공급이 변화하면 일정한 소득수준에 대해 화폐시장을 균형시키는 이자율이 변동된다는 사실을 염두에 두도록 하자.

통화공급이 증가한 경우, 물가수준 P는 단기적으로 고정되어 있으므로 M이 증가할 경우 실질화폐잔고($\frac{M}{P}$) 가 증가된다. 이는 이자율 하락으로 이어지며 〈그림 4-16〉에서 보듯이 *LM*곡선은 아래로 이동한다. 균형점은 A에서 B로 이동하게 되고, 결론적으로 통화공급의 증가는 이자율을 낮추고 소득을 증대시키는 것이다.

이에 대해 좀 더 자세히 알아보자. 중앙은행이 통화공급을 증대시키면 기존의 이자율 수준에서 일반인들은 자신들이 보유하고자 하는 화폐보다 더

---

13. 예를 들면 국공채를 매입할 경우를 생각하기 바란다.
14. 케인즈학파의 관점과 고전학파의 관점으로 구분하였다. 이에 대한 자세한 내용은 재정정책 부문에서 설명하였기 때문에 따로 언급하지 않도록 하겠다. 자세한 내용을 알고 싶다면 다시 재정정책에서 가정을 살펴보기를 바란다.
15. 이병락 옮김(2007) 참조.

그림 4-16

IS–LM모형에서의 통화공급 증가

통화공급이 증가한 경우, 물가수준 P는 단기적으로 고정되어 있으므로 M이 증가할 경우 실질화폐잔고가 증가된다. 이는 이자율 하락으로 이어지며 LM곡선은 아래로 이동한다.

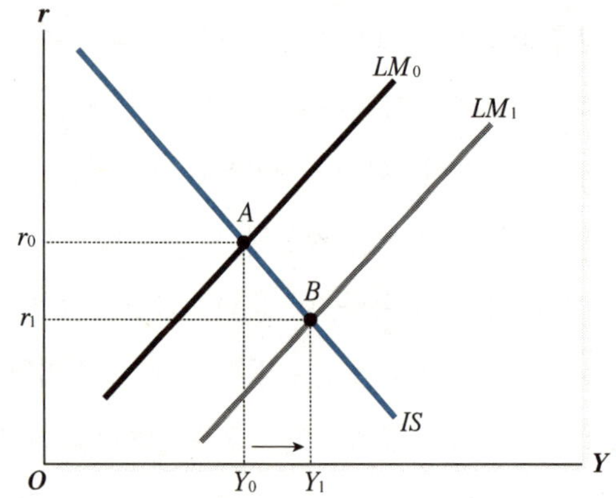

많은 양을 보유하게 된다. 결과적으로 이 여분의 화폐를 은행에 예금을 하거나 채권을 매입하는 데 사용하게 된다. 따라서 이자율 r은 중앙은행이 창출한 여분의 화폐를 일반인들이 모두 보유하려 할 때까지 하락하여 화폐시장은 새로운 균형에 도달한다. 이런 이자율의 하락은 재화시장에 파생적인 영향을 미친다. 계획된 투자를 촉진하고, 이는 다시 계획된 지출, 생산, 소득을 증대시키게 된다.

2.6 케인즈학파 모형에서의 통화정책

케인즈학파의 IS–LM모형은 앞서 논의한 IS–LM모형과 매우 비슷하다. 케인즈학파의 FE선은 완전고용 산출량 수준 $\bar{Y}$에서 수직이며, 이것은 노동시장에서 결정되는 완전고용량에 의존한다. 케인즈학파와 고전학파의 FE선의 차이점을 보자면, 첫째, 케인즈학파의 완전고용 수준은 노동수요곡선과 효율성 임금선의 교차점에서 결정된다. 하지만 고전학파 모형에서는 노동의 수요와 공급이 같아지는 점에서 결정된다. 둘째, 노동공급은 효율성 임금 모형에서 고용에 영향을 주지 않기 때문에, 노동공급의 변화는 케인즈학파의 FE선에 영향을 미치지 않지만 고전학파 모형에서는 영향을 미친다.

그림 4-17

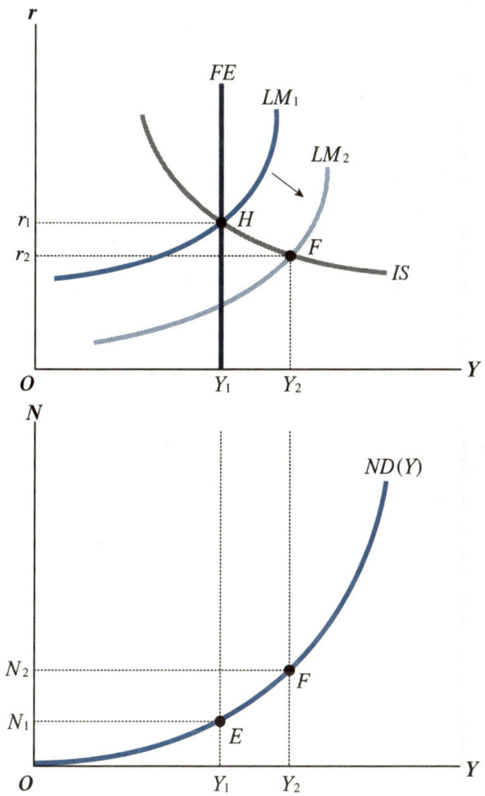

IS-LM모형에서의 화폐공급 증가

최초의 일반균형인 E점에서 시작하면, 화폐공급의 증가는 LM곡선을 하방 및 우측으로 이동시킨다. IS곡선과 FE선은 불변이다. 가격은 고정되어 있고 기업은 단기에서 산출량에 대한 수요를 충족시키기 때문에, 경제는 FE선의 우측인 F점으로 이동한다. 산출량은 증가하며 실질이자율은 하락한다.

〈그림 4-17〉은 케인즈학파의 IS-LM모형에서 명목 화폐공급이 증가했을 때의 효과를 분석하고 있다. 최초의 일반균형인 E점에서 시작하면, 화폐공급의 증가는 LM곡선을 LM_1에서 LM_2로 하방 및 우측으로 이동시킨다. IS곡선과 FE선은 불변이다. 가격은 고정되어 있고 기업은 단기에서 산출량에 대한 수요를 충족시키기 때문에, 경제는 FE선의 우측인 F점으로 이동한다. 산출량은 Y_2로 증가하며 실질이자율은 하락한다. 여기서 기업이 더 많은 산출량을 생산하기 때문에, 유효노동수요 곡선에서 보는 것처럼 고용은 N_2로 증가한다. 장기에서 물가수준은 화폐공급과 같은 비율로 상승하며, 실질 화폐공급은 원래의 수준으로 되돌아간다. LM곡선도 원래 위치인 LM_1으로 되돌아간다. 경제는 E점으로 되돌아가므로, 화폐는 장기적으로 중립적이다.

이 과정에서 *LM*곡선을 하방 및 우측으로 이동시키는 통화정책을 팽창통화정책 혹은 완화(easy)정책이라고 한다. 마찬가지로 긴축통화정책 혹은 압박(tight)정책은 화폐공급을 감소시키는 것이며, 그 결과 *LM*곡선이 상방 및 좌측으로 이동하고 산출량과 고용은 감소되는 것이다.

그러므로 케인즈학파 모형은 화폐가 단기에서는 비중립적이지만, 장기에서는 중립적이라고 예측한다. 이러한 관점에서 케인즈학파 모형의 예측은 오인이론에 바탕을 둔 고전학파의 확장모형과 같다. 케인즈학파 모형에서 단기 가격 경직성은 경제가 일반균형에 도달하는 것을 방해하지만, 장기적으로 가격은 신축적이며 일반균형을 보장한다.

2.6.1 케인즈학파 *AD–AS*모형에서의 통화정책

케인즈학파의 *AD–AS*모형을 이용하여 통화정책이 실질 산출량 및 물가수준에 미치는 영향을 분석할 수도 있다.

그림 4-18

AD–AS모형에서의 화폐공급 증가

일반균형점 *E*에서 출발하여 명목 화폐공급이 10% 증가하면 *AD*곡선은 우측상방으로 이동한다. 새로운 단기균형점 *F*에서 물가수준은 불변이며, 산출량은 완전고용 수준보다 더 높다. 새로운 장기균형점 *H*에서 산출량 $\overline{Y}$는 불변이며 물가수준 P_2는 최초의 물가수준 P_1보다 10% 더 높다. 따라서 화폐는 장기에 중립적이다.

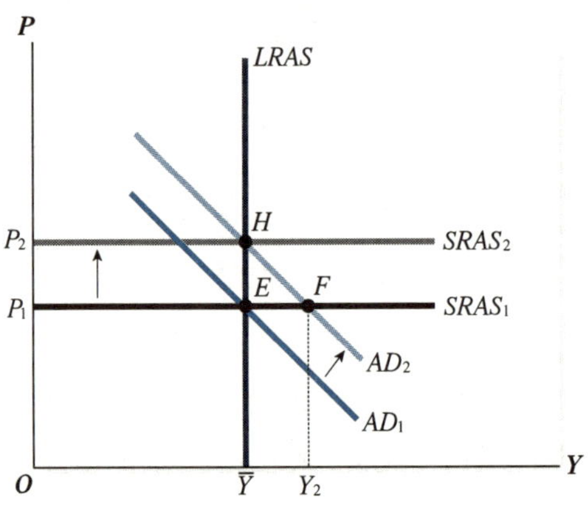

〈그림 4-18〉을 보면, 일반균형점 E에서 출발하여 명목 화폐공급이 10% 증가하면 AD곡선은 AD_1에서 AD_2로 우측상방으로 이동한다. 새로운 AD곡선 위의 점은 각 산출량 수준에서 물가수준이 10% 더 높다. 왜냐하면 실질통화량과 총수요량을 불변으로 유지하려면 물가수준이 10% 상승해야 하기 때문이다. 새로운 단기균형점 F에서 물가수준은 불변이며, 산출량은 완전고용 수준보다 더 높다. 새로운 장기균형점 H에서 산출량 $\overline{Y}$는 불변이며 물가수준 P_2는 최초의 물가수준 P_1보다 10% 더 높다. 따라서 화폐는 장기에 중립적이다.

사실 이 과정은 케인즈학파와 고전학파 모두 동의하는 바이다. 이것이 고전학파의 것인지 케인즈학파의 것인지를 결정하는 중요한 특징은 가격의 조정속도이다. 고전학파 경제학자는 가격이 재빨리 조정됨으로써 경제는 신속하게 장기균형에 도달한다고 주장한다. 반면, 케인즈학파 모형에서 보면, 메뉴 비용에 직면하는 독점적 경쟁기업은 일시적으로 가격을 고정시키며 고정된 가격에서 수요량만큼만 생산한다. 이러한 행태는 수평의 단기 총공급곡선으로 설명될 수 있다. 만약 기업이 고정된 가격을 유지하고 상당한 기간 동안 단순히 산출량에 대한 수요만 충족시킨다면, 그래서 장기균형으로부터의 이탈이 수개월 혹은 아마도 수년 동안 지속된다면 이는 〈그림 4-18〉의 분석으로 이어지는 것이다.

2.6.2 확장적 통화정책(단기)

케인즈적 관점에 따라 단기에서 총공급곡선이 수평선으로 놓여 있을 경우 어떤 결과를 보이는지 살펴보자. 먼저 화폐공급의 변화로 인해 LM곡선이 우측으로 이동한다. 그리고 LM곡선이 우측으로 이동한 만큼 총수요곡선의 이동을 유발하고, 그로 인해 단기에서는 물가는 고정되고, 총수요곡선이 이동한 만큼 소득은 증가하게 된다. 이상의 설명을 그래프로 나타내면 〈그림 4-19〉와 같다.

단기에서 통화정책의 효과를 보면 균형국민소득이 상승($Y_0 \rightarrow Y_1$)하게 되고 물가는 단기에서 고정($\overline{P} = P$)되어 아무런 변동이 없다. 그리고 이자율은 r_0

그림 4-19

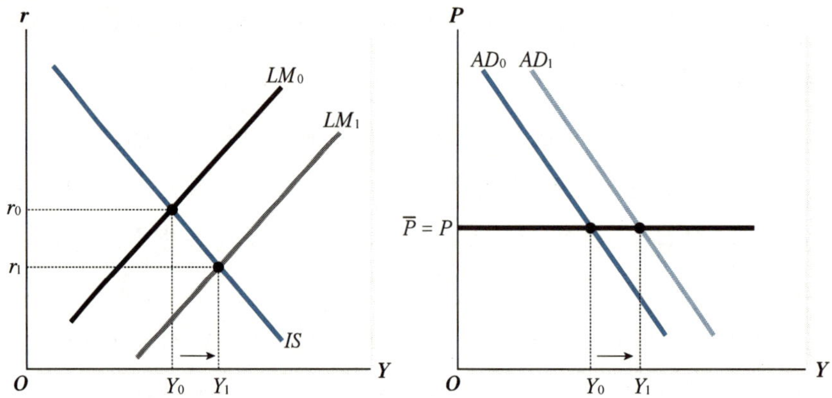

확장적 통화정책(단기)

화폐공급의 변화로 인해 *LM*곡선이 우측으로 이동하고, 총수요곡선의 이동을 유발한다. 그로 인해 단기에서는 물가는 고정되고, 총수요곡선이 이동한 만큼 소득은 증가하게 된다.

에서 r_1으로 하락하였으며, 소득의 증가로 인해 가처분소득은 $C\uparrow = C(Y\uparrow - T)$로 증가하였다. 그리고 이자율이 하락함에 따라 투자는 증가하였으며, 국가채무는 감소한다. 종합해보면, 균형국민소득, 소비, 투자가 각각 증가하였고 이자율과 국가채무는 하락하였으며 물가는 변동이 없다.

2.6.3 긴축적 통화정책(단기)

확장적 통화정책과 달리 과열된 경기나 물가의 하락을 유도하기 위하여 중앙은행은 긴축적 통화정책을 실시할 수 있다. 긴축적 통화정책은 주로 명목금리(기준금리)의 인상을 통하여 시중에 통화량을 중앙은행이 흡수함으로써 실시할 수 있다.

먼저 긴축적 통화정책을 실시하면 화폐공급의 감소로 인하여 *LM*곡선이 좌측으로 이동한다. *LM*곡선이 좌측으로 이동한 만큼 총수요곡선의 이동을 유발한다. 단기에서는 물가가 고정되어 있기 때문에 총수요곡선이 좌측으로 이동한만큼 총수요는 감소하게 된다. 이상의 설명을 그래프로 나타내면 〈그

그림 4-20

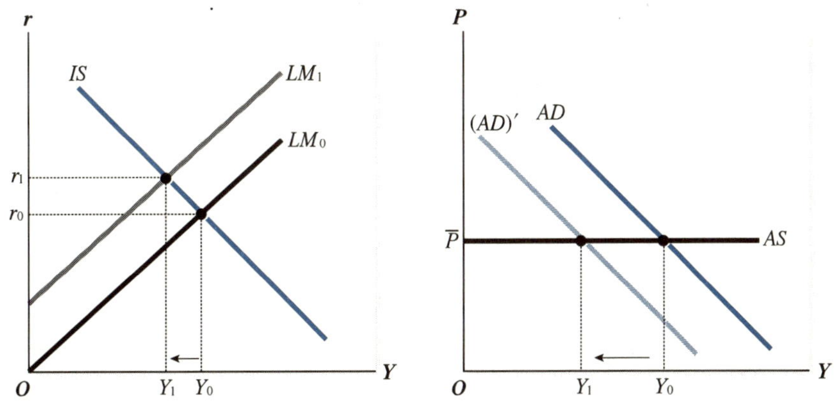

긴축적 통화정책(단기)

긴축적 통화정책을 실시하면 화폐공급의 감소로 인하여 *LM*곡선이 좌측으로 이동하고, *LM*곡선이 좌측으로 이동한 만큼 총수요곡선의 이동을 유발한다. 단기에서는 물가가 고정되어 있기 때문에 총수요곡선이 좌측으로 이동한 만큼 총수요는 감소하게 된다.

림 4-20〉과 같다.

단기에서 긴축통화정책의 효과를 보면 균형국민소득이 하락($Y_0 \rightarrow Y_1$)하게 되고 물가는 단기에서 고정($\overline{P} = P$)되어 아무런 변동이 없다. 그리고 이자율은 r_0에서 r_1으로 상승하였으며, 소득의 감소로 인해 가처분소득은 $C\downarrow = C(Y\downarrow - T)$로 감소하였다. 그리고 이자율이 상승함에 따라 투자는 감소하였으며, 국가채무는 증가한다. 종합해보면, 균형국민소득, 소비, 투자가 각각 감소하였고 이자율과 국가채무는 상승하였으며 물가는 변동이 없다.

2.7 고전학파 모형에서의 통화정책

통화정책은 중앙은행이 얼마나 많은 화폐를 경제에 공급할 것인가에 대한 의사결정을 지칭한다. 중앙은행은 국채를 민간에 팔고 화폐를 거둬들이는 방법(화폐공급의 감소), 혹은 새로 발행된 화폐로 민간이 보유하고 있는 국채를 사들이는 방법(화폐공급 증가), 즉 공개시장정책을 통해 화폐공급량을 조절할 수 있다.

2.7.1 화폐의 비중립성과 역인과관계

고전학파 경제학자는 화폐공급의 증가가 산출량 확장에 선행하는 경향이 있지만, 이러한 사실이 화폐공급의 증가 때문에 경제 확장이 발생했다는 것을 반드시 증명하는 것은 아니라고 주장한다. 즉, 여름이 오기 전에 에어컨을 설치한다고 해서, 여름이 에어컨 설치 때문에 오는 것을 의미하지 않는 것과 같다. 오히려 사람들은 여름이 올 것을 알기 때문에 집에 에어컨을 설치하는 것이다. 그들은 이를 역인과관계(reverse causation)라고 부른다. 구체적으로 말해서 역인과관계는 미래에 예상되는 산출량 증가가 현재의 화폐공급 증가를 유발하고, 마찬가지로 미래에 예상되는 산출량 감소가 현재의 화폐공급 감소를 유발한다는 것을 뜻하는 것이지, 그 반대의 관계가 아니라는 것이다.

역인과관계는 다양한 경로 중 하나에서 일어날 수 있다. 하나의 가능성은 화폐수요가 미래의 기대 산출량 및 현재의 산출량 모두에 의존한다는 데 기반을 두고 있다. 예를 들어 기업 관리자가 미래에 기업활동이 최고조에 달할 것으로 기대한다면, 예상되는 산출량 증가에 대비하기 위해 기업은 현재의 거래를 증가시킬 필요가 있을 것이다. 따라서 현재의 화폐수요가 증가하고, 많은 기업이 그렇게 한다면 총화폐수요는 실제 산출량 증가보다 미리 증가할 것이다.

역인과관계는 화폐가 산출량을 선행하는 경향의 일부를 설명하고 있다. 그러나 이러한 설명이 화폐공급의 변화가 때로는 산출량 변화를 유발하고, 따라서 화폐가 비중립적일 가능성을 배제하는 것은 아니다. 즉, 화폐의 비중립성과 역인과관계를 결합하면 화폐의 경기 순응적 행태를 설명할 수 있게 된다.

2.7.2 통화정책과 오인이론[16]

오인이론에 바탕을 둔 고전학파 모형을 확장하여 화폐의 중립성을 다시

16. 이병락 옮김(2007) 참조.

검토하는 분석방법은 화폐공급의 예상된 변화와 예상치 못한 변화의 차이를 구분하는 데 중요한 시사점을 던져준다. 즉, 명목 화폐공급의 예상하지 못한 변화는 실질적 효과를 가지며, 반면 예상된 변화는 중립적으로 실질적 효과를 갖지 못한다.

먼저 화폐공급의 예상치 못한 변화에 대해 살펴보자. 〈그림 4-21〉에서 보면, 경제의 최초 일반균형은 *E*점이다. 이 점에서 AD_1과 $SRAS_1$이 교차하며, 산출량은 완전고용 산출량 $\overline{Y}$와 같고, 물가수준과 예상 물가수준은 모두 P_1이다. 이 상황에서 화폐공급이 예상치 않게 10% 증가하면 *AD*곡선이 AD_1에서 AD_2로 우측상방으로 이동한다. 그러면 *Y*가 일정하게 주어졌을 때, AD_2에서의 물가수준은 AD_1에서의 수준보다 10% 더 높다. 단기균형은 *F*점에서 성립하며, 거기에서 물가와 산출량은 *E*보다 높다. 그러므로 화폐공급의 예상치 못한 변화는 단기에서 중립적이지 않다. 장기에서 사람들은 진정한 물가수준을 알게 되므로, 균형은 AD_2와 *LRAS*가 교차하는 *H*점으로 이동한다. 장기균형인 *H*점에서 물가수준은 10% 상승했지만 산출량은 원래의 고

그림 4-21

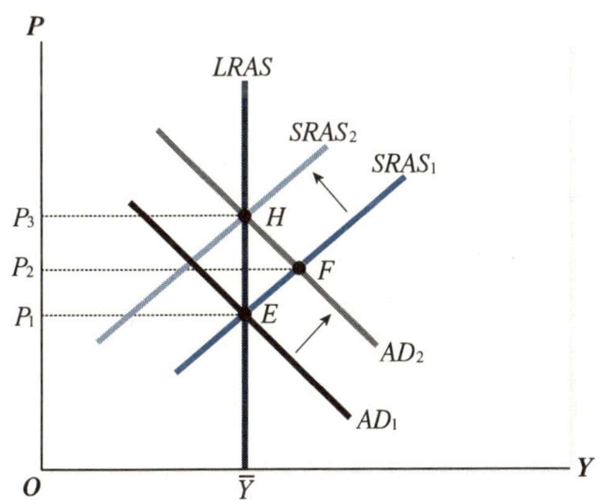

예상치 못한 화폐공급의 변화

경제의 최초 일반균형은 AD_1과 $SRAS_1$이 교차하는 *E*점이며, 산출량은 완전고용 산출량 $\overline{Y}$와 같고, 물가수준과 예상 물가수준은 모두 P_1이다. 이 상황에서 화폐공급이 예상치 않게 10% 증가하면 *AD*곡선이 우측상방으로 이동한다. 단기균형은 *F*점에서 성립하며, 거기에서 물가와 산출량은 *E*보다 높게 되어, 화폐공급의 예상치 못한 변화는 단기에서 중립적이지 않다.

용수준 $\overline{Y}$로 되돌아갔다. 그러므로 화폐는 장기에서 중립적이다. 예상 물가수준은 P_1에서 P_3로 상승하며 $SRAS$곡선도 H점을 통과할 때까지 상방으로 이동한다. 그러므로 오인이론에 따르면, 예상치 못한 화폐공급의 증가는 단기에서 산출량을 증가시키며 중립적이지 않다. 그러나 예상치 못한 화폐공급의 증가는 사람들이 진정한 물가수준을 알고 난 후인 장기에서는 중립적이다.

오인이론에 바탕을 둔 고전학파의 확장모형에서, 예상된 화폐공급의 증가 효과는 예상치 못한 화폐공급 증가 효과와는 다르게 나타난다.

〈그림 4-21〉과 마찬가지로 최초의 일반균형은 E점이며, 그 점에서 산출량은 완전고용 수준과 같고 실제 물가수준과 예상 물가수준도 P_1으로 같다. 중앙은행은 화폐공급을 10% 증가시킬 예정이라고 발표하고, 일반 대중은 이 발표를 믿는다고 가정하자. 이미 살펴본 것처럼 화폐공급이 증가하면 AD곡선은 AD_1에서 AD_2로 10% 상방으로 이동한다. 또한, 화폐공급 증가는 사람들이 예상한 것이기 때문에, 예상 물가수준도 P_1에서 P_3로 10% 상승한다. 따라서 단기 총공급곡선은 $SRAS_1$에서 $SRAS_2$로 상방으로 이동한다. 새

그림 4-22

예상된 화폐공급의 변화

최초의 일반균형 E점에서, 산출량은 완전고용 수준과 같고 실제 물가수준과 예상 물가수준도 P_1으로 같다. 중앙은행은 화폐공급을 10% 증가시킬 예정이라고 발표하고, 일반 대중은 이 발표를 믿는다고 가정하자. 또한 화폐공급 증가는 사람들이 예상한 것이기 때문에, 예상 물가수준도 P_1에서 P_3로 10% 상승한다. 따라서 단기 총공급곡선은 상방으로 이동한다.

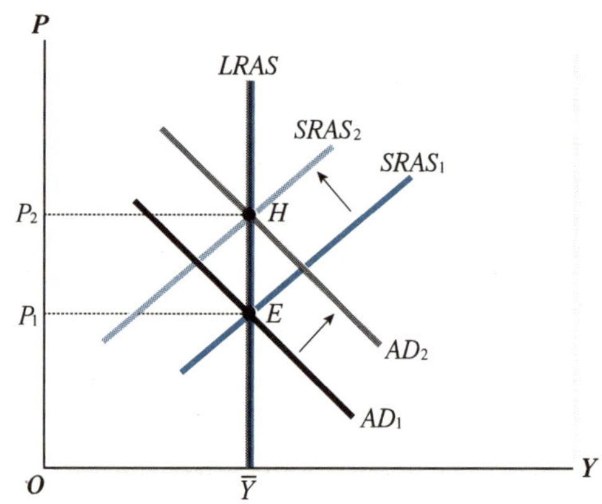

로운 단기균형은 장기균형과 마찬가지로 H점에서 성립한다. H점에서 산출량은 $\overline{Y}$로 불변이며 물가수준은 원래의 균형 E점보다 10% 더 높다. 따라서 예상된 화폐공급 증가는 장기에서뿐만 아니라 단기에서도 중립적이다. 왜냐하면 생산자가 그들 상품의 명목가격 상승이 화폐공급이 증가한 결과이며 상대가격 변화가 없다는 것을 알면, 물가가 오른다고 해서 생산량을 증가시키는 어리석음을 범하지 않을 것이기 때문이다.

2.7.3 확장적 통화정책(장기)

고전학파적 관점에 따라 총공급곡선이 수직선의 형태를 띠고 있는 경우 통화정책의 효과를 알아보자. 중앙은행의 통화공급의 증가로 인해 LM곡선이 우측으로 이동한다. 그로 인해 총수요곡선이 우측으로 평행이동하게 되고, 이때 총공급곡선이 수직선의 형태를 띠기 때문에 결국 균형국민소득의 변화는 없고 물가만 상승하게 된다. 그리고 물가가 상승함에 따라 LM곡선이

그림 4-23

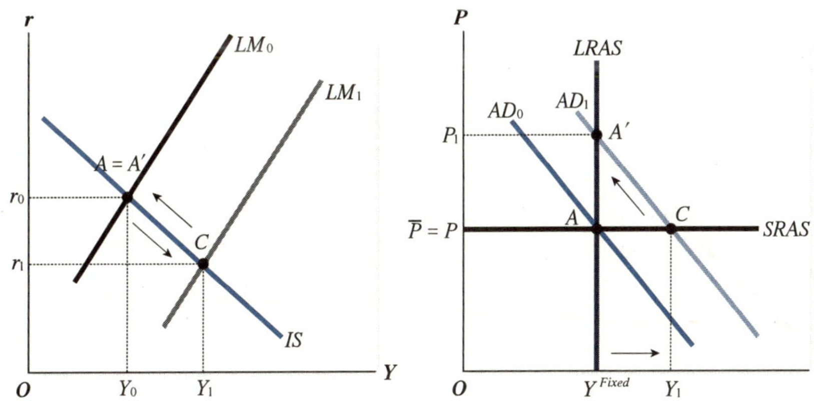

⇨ **확장적 통화정책**(장기)

중앙은행의 통화공급의 증가로 인해 LM곡선이 우측으로 이동하고, 총수요곡선이 우측으로 평행이동하게 된다. 이때 총공급곡선이 수직선의 형태를 띠기 때문에 결국 균형국민소득의 변화는 없고 물가만 상승하게 된다.

다시 좌측으로 이동하게 된다. 이는 초기의 통화공급 수준으로 돌아갈 때까지 계속된다. 이를 그래프로 나타내면 〈그림 4-23〉과 같다.

장기에서 확장적 통화정책의 효과를 보면 균형국민소득은 아무 변화가 없다. 장기 총공급곡선이 수직선의 형태를 띠기 때문에 총수요곡선의 이동은 물가만 상승시킬 뿐이다. 그리고 물가의 상승에 따라 *LM*곡선은 좌측으로 평행이동하는데, 이는 원래의 *LM*곡선의 위치로 돌아갈 때까지 계속된다. 따라서 물가 이외에 이자율, 소득, 투자, 국가채무의 변화량은 없게 된다. 고전학파의 관점에서는 화폐의 중립성으로 인해 이와 같이 물가만 상승하는 효과만 보인다고 하는데, 이는 중앙은행의 통화공급의 증가는 명목잔고의 변화이고 실질잔고에 영향을 주지 않기 때문에 물가만 상승한다고 본 것이다.

2.7.4 긴축적 통화정책(장기)

긴축적 통화정책이 장기의 상황에서는 어떤 결과로 나타나는지 살펴보

그림 4-24

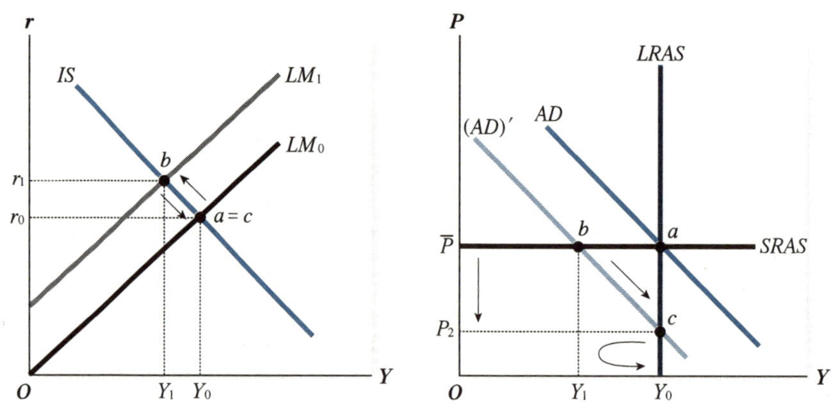

⇨ **긴축적 통화정책**(장기)

중앙은행의 통화공급 감소로 인하여 *LM*곡선이 좌측으로 이동하고, 그로 인해 총수요곡선이 좌측으로 평행이동하게 된다. 장기에서는 총공급곡선이 수직선의 형태를 띠기 때문에 결국 균형국민소득의 변화는 없고 물가만 하락하게 된다.

도록 하겠다. 중앙은행의 통화공급 감소로 인하여 *LM*곡선이 좌측으로 이동한다. 그로 인해 총수요곡선이 좌측으로 평행이동하게 되고, 장기에서는 총공급곡선이 수직선의 형태를 띠기 때문에 결국 균형국민소득의 변화는 없고 물가만 하락하게 된다. 그리고 물가가 하락함에 따라 실질화폐잔고($\frac{M}{P}$)가 상승하기 때문에 *LM*곡선은 다시 우측으로 회귀하게 된다. 이를 그래프로 나타내면 〈그림 4-24〉와 같다.

장기에서의 긴축적 통화정책 또한 균형국민소득에 아무런 영향을 미치지 못한다. 그 이유는 물가의 변화로 인하여 실질화폐잔고가 변화하기 때문에 명목통화량의 변화는 물가의 변화로 인하여 실질화폐잔고를 원래의 수준으로 유지시키기 때문이다. 따라서 물가 이외에 이자율, 소득, 투자, 국가채무의 변화량은 없게 된다.

2.7.5 합리적 기대와 통화정책의 역할

오인이론에 기초한 고전학파의 확장모형에서, 예상치 못한 화폐공급의 변화는 산출량에 영향을 미쳤으나, 예상된 화폐공급의 변화는 중립적이었다. 따라서 중앙은행이 산출량에 영향을 미칠 목적으로 통화정책을 사용하려고 한다면, 아마도 예상치 못한 화폐공급의 변화를 일으킬 가능성이 크다. 여기에서 문제는 금융시장에 민간 경제예측 전문가와 감시자가 존재한다는 것이다. 이들은 거시경제변수를 예측하는 데 많은 시간과 노력을 들이고 있으며 그들의 예측 결과는 시장에 공표된다. 즉, 중앙은행이 예상치 못한 행위를 한다 한들, 공표가 이루어지면 결과적으로 중앙은행의 화폐공급 조작은 더 이상 예상치 못한 것이 아니며, 화폐공급의 변화는 물가수준의 불안정성만 초래할 뿐 아무런 실질적 효과를 기대할 수 없다. 좀 더 일반적으로, 오인이론에 따라 산출량의 행태에서 어떤 체계적인 변화를 달성하려면, 중앙은행은 사람들을 체계적으로 어리석게 만드는 방식으로 통화정책을 수행해야 한다. 그러나 금융시장에서 사람들은 중앙은행이 무엇을 하고 있는지 파악하려는 강한 동기를 가지고 있다. 따라서 사람들을 체계적인 방법으로 놀라게 하려는 중앙은행의 시도는 어리석은 전략일 수밖에 없다.

합리적 기대(rational expectations) 가설은 일반 대중이 화폐공급, 물가수준, GDP를 포함한 다양한 경제변수를 예측할 때, 이용 가능한 경제 데이터를 합리적이고 명석하게 판단하여 예측할 수 있다고 본다. 이들의 기대가 합리적이라면, 순수하게 임의적인 화폐공급의 변화만이 예상치 못한 것이 될 수 있고, 따라서 비중립적이 될 수 있다. 그러나 중앙은행의 정책은 사람들을 체계적으로 놀라게 할 수 없기 때문에, 통화정책을 산출량을 안정화하는 수단으로 사용하는 것은 어려운 일이다. 따라서 오인이론과 합리적 기대를 결합한 가설에 따르면 경기순환을 조정하는 것이 바람직한 것이라고 해도, 중앙은행은 통화정책을 그런 목적을 위해 체계적으로 사용하는 것은 어렵다고 주장한다.

토의과제

01. 통화정책의 2가지 큰 목표에 대해 서술하시오.

02. 통화정책을 운용하는 방법인 통화목표제와 인플레이션 타케팅을 비교, 서술하시오.

03. 통화정책이 실행되고 나서 경제에 파급되는 과정에 대해 서술하시오.

04. 일반적 통화정책의 3가지 수단에 대해 서술하시오.

05. 통화정책과 재정정책을 시차의 관점에서 비교, 서술하시오.

06. 단기에서 확장적 재정정책의 파급경로, 결과를 그래프와 함께 도출하시오.

07. 장기에서 확장적 재정정책의 파급경로, 결과를 그래프와 함께 도출하시오.

08. 단기에서 긴축적 재정정책의 파급경로, 결과를 그래프와 함께 도출하시오.

09. 장기에서 긴축적 재정정책의 파급경로, 결과를 그래프와 함께 도출하시오.

10. 역인과관계의 정의와 발생경로에 대해 설명하시오.

11. 화폐의 비중립성에 대해 설명하시오.

12. 오인이론을 바탕으로 예상된 화폐공급의 증가, 예상치 못한 화폐공급의 증가, 두 상황을 비교, 설명하시오.

13. 합리적 기대의 정의와, 경제 내에서 합리적 기대의 역할에 대해 설명하시오.

14. 케인즈학파의 시각에서 통화정책을 *IS-LM*모형을 통해 설명하시오.

15. 케인즈학파의 시각에서 통화정책을 *AD-AS*모형을 통해 설명하시오.

핵심단어

통화정책	물가안정	금융안정
통화목표제	인플레이션 타게팅	공개시장조작
재할인율 조정	지불준비율 조정	시차
내부시차	외부시차	확장적 재정정책
긴축적 재정정책	화폐의 비중립성	역인과관계
오인이론	합리적 기대	

제3절 주요 통화정책 이슈

3.1 통화정책의 수행 : 준칙과 재량

통화정책이 어떻게 수행되어야 할지에 대해 많은 경제학자는 몇 가지 점에서 합의점을 갖는다. 먼저 고전학파와 케인즈학파 모두 장기에 있어 화폐가 중립적이라는 것에 동의한다. 반면, 단기적인 통화정책의 유효성과 적절한 사용방법에는 합의하지 못했다. 대부분의 케인즈학파는 통화정책이 경기순환을 조절하는 데 사용될 수 있다고 보지만, 고전학파는 이에 동의하지 않는다.

통화주의자와 고전학파 경제학자는 통화정책에 있어 준칙(rule)의 사용을 옹호했다. 준칙의 지지자는 통화정책이 특정 준칙에 의하여 자동적으로 실시되어야 한다고 믿는다. 이 준칙의 정확한 형태는 중요하지 않지만, 준칙의 지지자는 통화정책 준칙이 간결해야 한다고 믿는다. 즉, 준칙이 예외나 조건을 달고 있지 않아야 한다는 것이다.

준칙과 대조를 이루는 통화정책 수립방식은 케인즈학파 경제학자가 지지해온 재량적 통화정책이다. 재량(discretion)은 중앙은행이 낮은 인플레이션, 높은 경제성장, 그리고 낮은 실업률이라는 궁극적인 목표를 달성하기 위해서 자유롭게 통화정책을 수립하는 것을 의미한다. 즉, 경제환경의 변화에 따라 중앙은행이 적극적으로 반응하는 것을 의미하고, 이를 주장하는 경제학자는 행동주의자라고도 불린다.

통화주의(monetarism)는 거시경제에 있어 화폐의 중요성을 강조한다. 대표적인 통화주의자 경제학자인 프리드먼(M. Friedman)은 통화정책이 준칙에 의해 시행되어야 한다고 주장했으며, 통화정책은 단기적으로 실물경제에 큰 영향을 주지만, 장기에서 통화공급의 변화는 주로 물가에 영향을 미친다고 주장한다.

프리드먼은 통화공급의 변동이 역사적으로 가장 중요한 경기변동 원인 중 하나라고 주장하였다. 또한, 그는 물가가 통화공급에 따라 결정되기 때문에 화폐가 실질변수에 미치는 효과는 일시적이라고 처음으로 주장하였다.

프리드먼은 특정 준칙을 선택하는가는 크게 중요하지 않지만, 통화 증가율을 일정하게 유지하는 준칙이 좋다고 하였다. 이에 대한 근거는, 첫째, 중앙은행은 완벽하지 않지만 이 지표를 적절히 조절할 수 있기 때문이고, 둘째, 역사적으로 통화 증가율을 일정하게 유지하는 정책이 경기순환을 억제하기 위한 통화정책보다 경기안정에 더 기여한다고 하였다.

이에 반해, 정부의 능력을 좀 더 신뢰하는 경제학자는 준칙을 옹호하는 통화주의자의 입장에 의문을 품는다. 즉, 정책 낙관론자는 다음과 같이 주장한다.

> 과거 통화정책이 부적절하게 시행된 적이 있었다. 그러나 시간이 흐름에 따라 경제에 대한 이해도가 높아졌고, 그 결과 정책 활용도가 훨씬 나아졌다. 예를 들어 제2차 세계대전 이후 미국의 통화정책은 대공황기간보다 명확히 더 나은 수준으로 실시되었다. 준칙을 엄격하게 준수하는 것은 재량적 통화정책을 적절하게 사용하는 것에 비해 어리석은 행동이다. 정치적 신뢰성 측면에서도, 재정정책 입안자나 정부의 모든 부처가 더욱 눈에 띄게 개선되었다. 민주사회에서 정책 수립자가 사회복리를 극대화하도록 정책을 수립한다는 사실이 인정되어야 한다.

정책 낙관론자의 이 답변은 준칙을 옹호하는 통화주의자에 대한 매우 적절한 표현이었다. 하지만 새롭게 준칙을 옹호해야 한다는 논의가 전개되고 있다. 이는 통화준칙을 사용하는 것이 중앙은행의 신뢰성(credibility)를 향상시킬 수 있고, 중앙은행의 미래 통화정책 발표에 대한 일반 대중의 신뢰를 강화할 수 있으며, 그렇게 형성된 중앙은행의 신뢰성이 통화정책의 유효성을 개선한다는 것이다. 이 신뢰성은 사람들의 행동이 중앙은행의 행동에 대해 영향을 받기 때문에 중요하다. 사람들이 중앙은행의 정책 공표를 신뢰해야 정부가 원하는 결과를 도출해낼 수 있기 때문이다.

그렇다면 이 신뢰성을 어떻게 쌓을 수 있을까? 한 가지 방법은 중앙은행이 그들의 약속을 이행하면서 명성을 쌓는 것이다. 하지만 이 방법은 좋은 명성이 쌓이기까지 막대한 비용이 든다는 문제점이 있다. 또한, 명성을 확보하기까지 경제는 침체를 겪을 수 있다. 이를 극복하려면 중앙은행이 약속을 반드시 지켜서 신뢰를 쌓을 수 있도록 제도화하는 것이 필요하다. 외부기관이 강요하는 엄격한 준칙이 있다면 중앙은행이 이를 이행할 경우 사람들의 신뢰 또한 높아질 것이다. 이에 대해 재량적 정책수행 지지자는 신뢰와 신축성 간에 상충관계가 있을 것이라고 주장한다. 케인즈학파는 중앙은행이 충분한 신뢰성을 쌓게 될 정도로 엄격한 준칙을 수립하는 것은 중앙은행의 신축성을 제거하는 것이므로, 또 다른 위험을 만들어낸다고 주장한다.

사례연구 4-1

국가별 양적완화의 추진사례

1. 양적완화란?

중앙은행이 경기부양을 위해 시중에 돈을 푸는 정책으로, 정부의 국채나 여타 다양한 금융자산의 매입을 통해 시장에 유동성을 공급하는 것이다. 이것은 국채나 다른 자산을 사들이는 직접적인 방법으로 시장에 통화량 자체를 늘리는 통화정책이지만, 자국의 통화가치를 하락시켜 수출경쟁력을 높이는 것이 주목적이다.

양적완화 정책으로 금리가 인하되어 통화의 공급이 확대되면 인플레이션에 대한 기대가 증가하게 되고 환율이 상승하게 된다. 환율이 상승한다는 말은 예를 들어 미국과 한국 간 무역을 가정할 때 우리나라 원의 구매력이 미국 달러의 구매력에 비해 떨어진다는 것을 의미한다. 즉, 국가 전체적인 측면에서 보면 상대 나라의 재화나 용역을 수입할 때 수입가격이 상승하는 것을 의미하고 가격이 상승하면 일반적으로 수입량은 감소하게 된다. 반대로 수출가격은 하락하여 수출량은 증가하게 된다. 수출이 증가하고 수입이 감소하면 외화의 유입이 많아지게 되고 국내 원화에 대한 수요에 영향을 미치게 된다. 이처럼 통화정책은 먼저 금융시장과 외환시장을 통하여 총수요로 파급되고 궁극적으로는 그 나라의 GDP와 물가에 영향을 미치게 된다.

2. 미국의 양적완화

2008년 서브프라임 모기지 사태로 미국을 비롯한 전 세계가 금융위기에 빠졌다. 이에 미국은 다양한 통화정책들로 경기회복에 나선다. 그 중 하나가 양적완화 정책이다. 6년간 3차에 걸쳐 4조 달러에 달하는 천문학적인 자금을 시장에 쏟아부었다. 2008년 하반기부터 양적완화 정책을 실시했고, 1차에 1년간 1조 7,000억 달러, 2차에 6개월에 걸쳐 6,000억 달러를 투입, 그리고 2010년 8월 3차에서 고용개선이 이루어지고 경기가 살아날 때까지 매달 850억 달러를 투입하겠다고 미국 정부는 발표했다.

3. 일본의 양적완화

일본은행이 시중에 공급한 자금 총량인 본원통화(monetary base)가 2014년 기준 처음으로 300조 엔을 넘어섰다. 일본은행은 2015년 5월 말일 기준 본원통화가 2014년 동기대비 35.6% 증가한 305조 8,771억 엔(약 2,786조 원)을 기록했다고 밝혔다. 매달 말일 기준 본원통화는 2014년 8월부터 9개월 연속 증가했으며, 사상 처음으로 300조 엔을 돌파했다. 지난 2013년 5월 본원통화가 150조 엔을 달성한 이후 2년 만의 결과이다. 이처럼 빠른 속도로 일본의 본원통화가 증가하는 것은 아베 정부가 양적완화 정책을 펼치고 있기 때문이다. 일본은행은 물가상승률 2% 목표를 달성하기 위해 본원통화가 연간 80조 엔 정도 늘어나도록 통화완화 정책을 유지하고 있다.

4. 유럽의 양적완화

2015년 3월 ECB(유럽중앙은행)는 매월 600억 유로(약 74조 3,760억 원)의 국채를 매입하는 양적완화를 시작했다. 따라서 유로화의 가치는 점점 떨어져 달러의 가치가 급등하게 되고, 이른바 패리티(등가)현상이 나타날 것으로 기대했다.

3.2 통화정책의 운영방식과 정책수단의 문제점

현행 통화정책의 운영방식은 앞에서 본 바와 같이 '인플레이션 타케팅' 하에서 지급준비금 공급 조절을 통해 단기금리를 관리하는 방식이다.

3.2.1 인플레이션 타게팅의 구조와 한계

인플레이션 타게팅은 운용목표인 단기금리를 조절하여 최종목표인 물가안정을 직접 달성하는 구조로 되어 있다. 여기서 금리의 조절은 인플레이션 압력이 존재한다고 판단될 때 단기금리를 상향 조절하는 방식을 취한다.

이를 위해서는 장래 인플레이션 압력에 대한 정확한 판단이 중요하고, 그에 대응한 금리의 선제적 조절이 중요하다고 할 수 있다. 그러나 현실적으로 수요측면에서의 인플레이션 압력이 없는 경우, 금리의 선제적 조절은 불가능하다는 한계점을 가진다. 게다가 장래 3～5년 후의 인플레이션 압력을 정확하게 예측하는 것은 더욱이 어려운 일이라는 것이다. 또한, 장기적으로 물가가 안정되어 있는 상황에서 금리의 인하에 비해 금리의 인상은 상대적으로 비신축적일 수밖에 없다. 이는 자산가격 변동이나 금융 불균형을 사전에 예방하기 위해 금리 인상이 필요하더라도 경기가 좋지 않을 경우 금리 인상에는 기본적인 한계가 존재하고, 금융 인상에 대한 각 부문 이해당사자들(stakeholders)의 큰 저항이 존재하기 때문이다.

한편, 인플레이션 타게팅 제도 하에서 선제적 금리정책을 통해 자산가격 변동이나 금융 불균형을 사전에 예방하기가 실제로도 쉽지 않다. 선제적인 통화정책은 자산가격 버블과 금융 불균형을 방지하는 것에 효과적일 수 있으나, 통화정책을 선제적으로 수행하는 데 있어서 경제주체는 물론 정치권, 정부당국, 재계 등을 설득해야 하는 어려움이 존재하기 때문이다.[17] 바꾸어 말하면 인플레이션 압력이 현재화되지 않는 상황에서 긴축정책의 필요성을 경제주체와 정치권, 재계, 정부당국에게 설득할 필요가 있고, 이를 위해 통화정책의 새로운 역할에 대한 정치 및 사회적 공감대를 확산시키기 위한 노력이 필요하다는 것이다.[18] 이처럼 인플레이션 타게팅에 대해 여러 측면에서 다양한 이견들이 존재하는 이유는 바로 금융안정을 위한 정책수단의 부재라고 할 수 있다. 즉, 물가안정과 금융안정의 두 가지 목적에 금리라는 단 하나의 정책수단만 존재한다는 것이다. 결국 바로 이것이 인플레이션 타게팅의 큰 한계점이라고 할 수 있다.

---

17. Filardo (2003).

18. Crockett (2003), Filardo (2003).

3.2.2 통화정책 운영방식의 문제점

통화정책의 운영방식은 바로 지급준비금 공급 조절을 통해 단기금리를 관리하는 것이다. 이는 여러 측면에서 문제점을 가지는데 살펴보면, 첫째, 전자지급수단 발달 등으로 지급준비금 수요가 지속적으로 감소하는 경우 금리조절 능력이 약화될 수 있다. 둘째, 지급준비금 수요가 소멸하는 경우 지급준비금을 모두 흡수해야 한다면 더 이상 공개시장조작을 통한 금리조절은 불가능하다. 셋째, 명목 단기금리가 0(zero ldwer bound)에 이르면 거시경제 안정을 위해 더 이상 목표금리를 인하하지 못한다. 넷째, 지급준비금과 금리가 불가분의 관계에 있어 정책수단이 제약된다. 특히 넷째와 같은 경우 목표금리가 결정되면 상응하는 지급준비금의 양이 자동적으로 결정되어버린다. 이런 운영방식은 결론적으로 지급준비금을 조절하여 단기 목표금리를 관리하는 통화정책 운영방식 하에서는 지급준비금 수요가 지속적으로 감소하거나 소멸할 경우 금리조절 능력이 약화될 수 있다는 것이다.

3.2.3 유동성함정

통화정책은 주로 통화량(실질화폐잔고)의 조절을 통하여 시중에 유동성을 공급 혹은 회수함으로써 총수요를 조절하는 역할을 한다. 즉, 통화공급의 증가는 총수요를 증가시키기 위한 것이고, 유동성의 흡수는 과열된 성장을 진정시키기 위한 역할을 한다.

경기침체에서 회복하기 위하여 중앙은행은 주로 확대통화정책을 실시하며, 정책금리를 인하하여 시중의 유동성을 증가시키고자 할 것이다. 여기서 시중에 유동성을 늘리기 위하여 기준금리를 인하하여 확대통화정책을 실시하였을 때, 총수요, 즉 기업의 생산, 투자와 함께 가계의 소비가 늘지 않아 경기가 나아지지 않고 마치 경제가 함정(trap)에 빠진 것처럼 보이는 상태를 소위 유동성함정(liquidity trap)이라고 말한다.

유동성함정이 실제로 나타난 대표적인 예는 1990년대 일본이다. 당시 일본 경제는 성장이 매우 느렸고, 어떤 연도에는 GDP가 감소하기도 하였다.

당시의 일본 경제는 중앙은행이 경제를 부양시키기 위해 명목이자율을 더 이상 내릴 수 없는 유동성함정에 빠졌는데, 당시 이자율은 이미 영점 한계(zero bound)에 도달한 상태였다.[19]

이와 같이 유동성함정에 빠진 경제에서 통화정책의 효과가 나타나지 않을 가능성이 있으나, 일부 경제학자들은 다음과 같은 정책수단을 보유함으로써 정책을 유지할 수 있다고 설명하고 있다.

첫 번째는 중앙은행이 장래의 통화팽창을 약속함으로써 인플레이션 기대를 증가시킬 수 있다는 것이다. 명목이자율이 더 이상 하락할 수 없더라도 높아진 기대인플레이션으로 인하여 실질이자율이 낮아지면 투자지출을 촉진시킬 수 있다. 두 번째는 팽창적 통화정책으로 인하여 자국통화가 시장에서 외국통화와 교환될 때 가치가 하락한다는 것이다. 이러한 평가절하로 인하여 자국상품 가격이 해외에서 저렴하게 되어 수출수요를 촉진시키는 것이 가능하다. 세 번째는 중앙은행이 통상적으로 했던 것보다 더 다양한 통화정책 수단을 이용하여 팽창적인 공개시장조작을 시행하는 것이다.

3.3 대외경제환경 하에서의 통화정책

3.3.1 먼델–플레밍 모형

대외경제환경 하에서 통화정책의 파급효과를 살펴보기 위하여 우리는 먼델–플레밍 모형을 이용할 것이다. 먼델–플레밍 모형의 주요한 가정은 완전자본이동 하에서의 소국개방경제라는 것이다. 따라서 해당 경제의 이자율 r은 세계이자율 r^*에 의해 결정된다.

$$r = r^* \tag{4.16}$$

19. 당시 일본의 명목이자율은 제로금리에 가까웠는데, 명목이자율은 0보다 아래로 내려갈 수 없기 때문에 은행은 대출을 하기보다 그냥 현금을 갖고 있는 것이 더 이익인 상황에 처해졌기 때문이다.

그리고 먼델-플레밍 모형에서 *IS*곡선은 다음과 같이 나타난다.

$$Y = C(Y-T) + I(r^*) + G + NX(e) \qquad (4.17)$$

여기서 투자는 세계이자율 r^*에 의해서 결정되며 환율(e)에 따라서 순수출이 결정된다. 즉, 국내통화가 평가절상될 경우 외국상품은 국내상품에 비해 저렴해지기 때문에 수출이 감소하고 수입이 증가한다. 따라서 *IS*곡선은 환율(e)과 부(−)의 관계로 나타나며 우하향하는 곡선을 가지게 된다.

그리고 *LM*곡선은 다음 식과 같이 나타낼 수 있다.

$$\frac{M}{P} = L(r^*, Y) \qquad (4.18)$$

위의 식에 의하면 실질화폐잔고의 공급($\frac{M}{P}$)은 통화수요($L(r, Y)$)와 같으며 실질잔고에 대한 수요는 이자율과 부(−)의 관계에 있으며, 소득과 정(+)의 관계를 가진다. 통화공급(M)은 중앙은행에 의해 통제되는 외생변수이며 먼델-플레밍 모형은 단기적인 변동을 분석대상으로 하기 때문에 물가수준(P) 또한 외생적으로 고정되어 있다고 가정한다. 여기서 국내이자율은 세계이자율에 의해 결정되므로 $r = r^*$가 되기 때문에 위와 같은 식으로 도출할 수 있다.

*LM*곡선을 결정하는 식에서 살펴볼 수 있듯이 통화공급과 수요에 환율은 아무런 영향을 미치지 않기 때문에 먼델-플레밍 모형에서 LM^*곡선은 수직선이 된다. 즉, 세계이자율이 일정한 경우 LM^*방정식은 환율에 관계없이 총소득을 결정한다. 이와 같은 관계식에 의해서 먼델-플레밍 모형은 〈그림 4-25〉와 같이 나타난다.

그림에서 나타나듯 국내이자율이 세계이자율 수준으로 일정하다는 가정 하에서 재화시장의 균형상태인 IS^*와 화폐시장의 균형상태인 LM^*가 나타나 있고, 두 곡선의 교차점에서 재화시장과 화폐시장 모두를 균형시키는 소득과 환율이 결정된다.

그림 4-25

먼델-플레밍 모형
국내이자율이 세계이자율 수준으로 일정하다는 가정 하에서 재화시장의 균형상태인 IS^*와 화폐시장의 균형상태인 LM^*가 나타나 있고, 두 곡선의 교차점에서 재화시장과 화폐시장 모두를 균형시키는 소득과 환율이 결정된다.

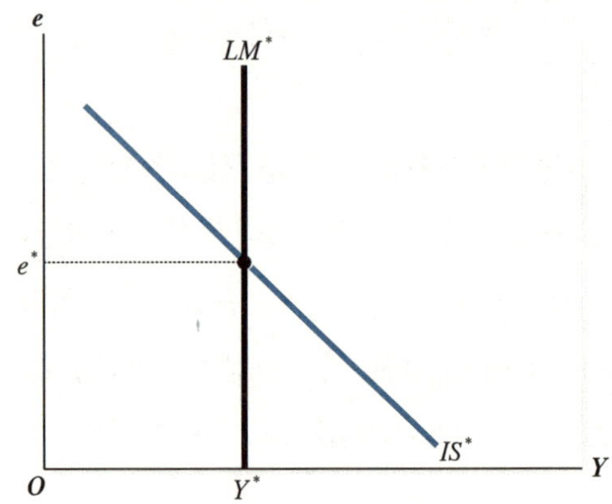

3.3.2 변동환율제 하에서의 통화정책

변동환율제(floating exchange rates)는 오늘날 대부분의 주요 국가들이 채택하고 있는 제도이며, 변동환율제 하에서 환율은 시장에서 결정됨과 동시에 변화하는 경제상황에 따라 자동적으로 조절된다. 이 경우 환율 e는 재화시장과 화폐시장을 동시에 균형시킬 수 있도록 조절된다.

이와 같은 변동환율제 하에서 통화정책의 파급효과를 살펴보도록 하자. 우선 중앙은행은 기준금리의 조정을 통하여 시중의 통화량을 변동시키는 통화정책을 실시할 것이다. 경기가 침체국면이라면 경기부양을 위하여 기준금리를 인하하여 시중에 유동성을 공급하는, 즉 확대통화정책을 실시할 것이고, 경기가 과열국면이라면 경기안정을 위하여 기준금리를 인상함과 함께 시중의 유동성을 흡수하는 긴축통화정책을 실시할 것이다.

중앙은행이 통화공급을 증가시키는 확대통화정책을 실시하면 물가수준은 고정되어 있다고 가정하기 때문에 통화공급의 증가는 실질잔고의 증가를 의미한다. 실질잔고가 증가할 경우 〈그림 4-26〉의 (I)과 같이 LM^*곡선은 우측으로 이동한다. 따라서 통화공급이 증가할 경우 소득은 증대하고 환율은 하락할 것이다. 즉, 통화공급 증가로 인해 더 높은 수익을 찾아 이동하는

그림 4-26

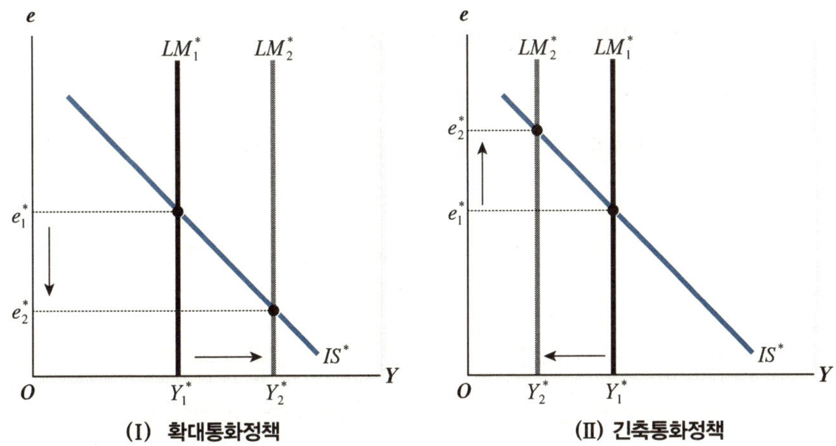

변동환율제 하에서의 통화정책

중앙은행이 통화공급을 증가시키는 확대통화정책을 실시하면 물가수준은 고정되어 있다고 가정하기 때문에 통화공급의 증가는 실질잔고의 증가를 의미한다. 실질잔고가 증가할 경우 (I)과 같이 LM^*곡선은 우측으로 이동한다. 따라서 통화공급이 증가할 경우 소득은 증대하고 환율은 하락할 것이다.

자본유출이 발생하기 때문이다. 이와 같은 자본유출로 인하여 국내이자율은 세계이자율 r^* 아래로 하락하지는 않는다. 또한, 자본유출이 발생할 경우 외환시장에서 국내통화의 공급이 증가하기 때문에 국내통화는 평가절하된다. 따라서 환율이 평가절하되면 외국상품에 비해 국내상품의 가격이 더 경쟁력이 생기므로 순수출이 촉진된다. 따라서 소국개방경제에서 통화정책은 이자율보다 환율을 변화시켜 소득에 영향을 미치게 된다.

반대로 중앙은행이 경기과열을 안정시킬 목적으로 긴축통화정책을 실시한다면 〈그림 4-26〉의 (II)와 같이 실질화폐잔고의 감소로 인하여 *LM*곡선이 좌측으로 이동한다. 따라서 소득이 감소하고 환율은 상승한다. 통화공급의 감소는 국내이자율이 높아지는 것을 의미하기 때문에 자본의 유입이 발생하며, 이로 인하여 국내이자율은 세계이자율 r^* 이상 상승하지는 못한다. 또한, 자본유입으로 인하여 국내통화의 수요가 증가하는데, 이에 따라 국내통화는 평가절상되며, 국내통화의 평가절상으로 국내상품의 가격이 상승하기 때문에 순수출이 감소한다.

3.3.3 고정환율제 하에서의 통화정책

고정환율제 하에서 통화정책을 살펴보도록 하자. 고정환율제(fixed exchange rate)를 운용하기 위하여 중앙은행은 환율을 발표하고 이 수준에서 환율을 유지하기 위하여 국내통화를 매입 혹은 매도할 준비를 하고 있다. 고정환율제를 운용한 사례를 살펴보면 1950년대와 1960년대의 대부분 국가들이 브레튼우즈 체제 내에서 고정환율을 운용하였으나, 1970년대부터 대부분의 국가들이 이 체계를 포기하고 변동환율제를 채택하였다. 최근에는 중국이 자국 통화가치를 미국 달러화에 고정시킨 고정환율제를 운용하고 있는 실정이다.

그렇다면 이와 같은 고정환율제 하에서 통화정책의 효과는 어떻게 나타날 것인가? 결론부터 말하면 아무런 효과가 없다는 것이다. 중앙은행이 이자율 조정이나 채권거래를 통화여 시중의 통화공급을 변경시켰다 할지라도 그에 따라 환율이 변화하기 때문에 재정거래인은 국내통화를 매도 혹은 매입하고 LM^*곡선은 원래 수준으로 회귀하게 된다.

다시 설명하면, 중앙은행이 확대통화정책을 실시할 경우 LM^*곡선이 우측으로 이동할 경우 환율은 e_2^*로 하락한다. 재정거래인은 이에 반응하여 다시 국내통화를 매입하여 환율을 e_1^* 수준까지 상승시키고자 할 것이다. 이에 따라 국내통화량은 다시 감소하게 되며, LM곡선은 원래 수준으로 돌아와 환율과 소득이 원래의 균형수준을 유지하게 된다.

마찬가지로 긴축통화정책을 실시한다 할지라도 환율은 상승하기 때문에 재정거래인이 국내통화를 매각하여 환율을 원래 수준으로 낮추고자 할 것이며, 그에 따른 통화량 증가로 인하여 LM곡선은 다시 원래 수준으로 회귀하게 된다. 따라서 종합적으로 고정환율제도 하에서 통화정책은 아무런 영향을 미치지 못한다.

그림 4-27

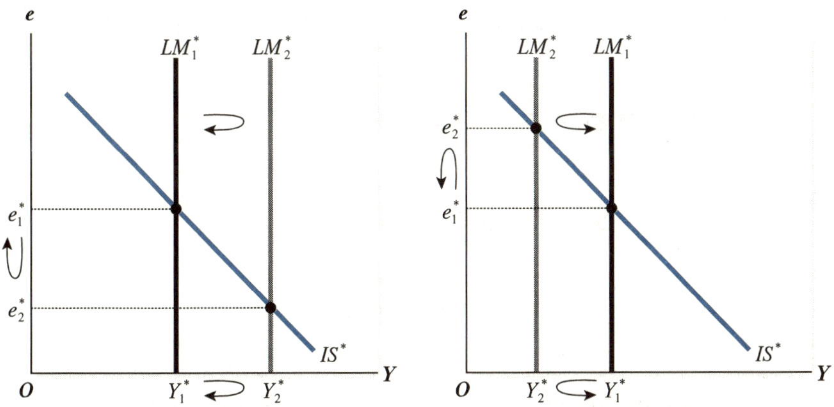

(I) 확대통화정책 (II) 긴축통화정책

고정환율제 하에서의 통화정책

중앙은행이 확대통화정책을 실시할 경우 LM^*곡선이 우측으로 이동할 경우 환율은 하락한다. 재정거래인은 이에 반응하여 다시 국내통화를 매입하여 환율을 상승시키고자 할 것이다. 이에 따라 국내통화량은 다시 감소하게 되며, LM곡선은 원래 수준으로 돌아와 환율과 소득이 원래의 균형수준을 유지하게 된다. 긴축통화정책의 경우 반대로 해석할 수 있다.

3.3.4 대외경제환경에서의 통화정책의 시사점

여기서는 먼델-플레밍 모형을 가정하여 대외개방경제환경에서 통화정책이 변동환율제와 고정환율제에서 어떠한 영향을 미치는지 살펴보았다. 일반적인 국가들이 이용하는 변동환율제에서는 통화정책이 단기적으로 총소득과 환율에 영향을 미치고 있었지만 중국과 같은 특수한 국가들이 이용하는 고정환율제에서는 통화정책의 효과가 나지 않는 것으로 나타났다. 따라서 고정환율제를 이용하는 국가들은 통화정책을 이용한 경기조절 정책을 이용할 수가 없으며, 오직 정부의 재정지출에 의존할 수밖에 없을 것이다.

토의과제

01. 통화정책을 수행하는 데 있어서 준칙과 재량을 비교, 설명하시오.

02. 통화 운영체계의 주요 내용을 설명하시오.

03. 통화 운영정책의 문제점 및 한계를 설명하시오.

04. 유동성함정의 의의 및 경제적 시사점을 설명하시오.

05. 먼델-플레밍 모형을 이용하여 대외경제환경 하에서 통화정책 파급효과를 설명하시오.

06. 변동환율제 하에서의 통화정책의 효과에 대해 설명하시오.

07. 고정환율제 하에서의 통화정책의 효과에 대해 설명하시오.

핵심단어

통화정책
준칙
재량
행동주의자
통화주의자
인플레이션 타게팅
유동성함정
먼델-플레밍 모형
변동환율제
고정환율제

부록 금융관련 주요 지표[20]

1. 소비자 물가상승률(역대 정권별)

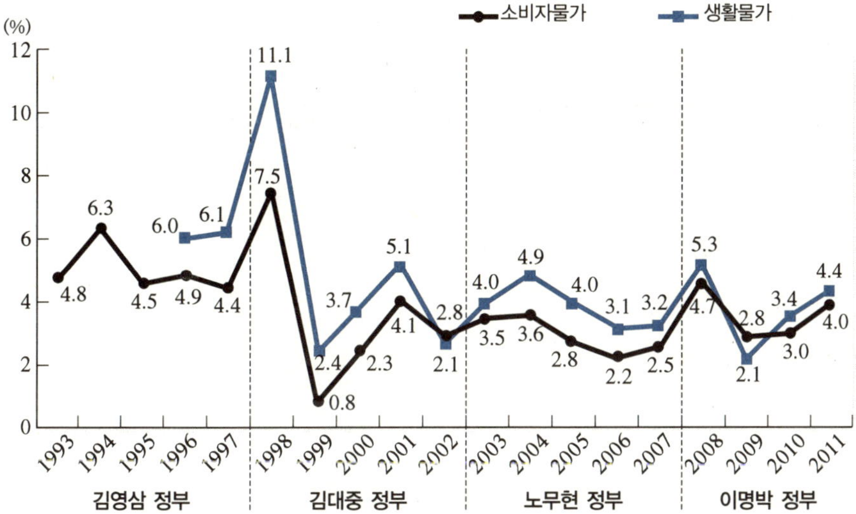

(단위 : 연평균, %)

	생활물가	소비자물가 총지수	식료품 및 비주류 음료	주류 및 담배	가정용품 및 가사 서비스	보건	교통	통신	교육	음식 및 숙박
김영삼 정부	6.1	5.0	4.7	6.7	2.2	4.1	7.9	−1.8	10.3	5.4
김대중 정부	5.0	3.5	5.1	5.2	1.0	5.0	5.7	−2.1	4.0	2.0
노무현 정부	3.8	2.9	3.8	3.8	1.2	1.9	4.1	−2.4	5.3	2.7
이명박 정부	3.8	3.6	6.8	0.7	3.2	1.9	4.3	−1.0	3.0	3.8

20. 출처 : 최광 외 공역(2013).

2. 기준금리의 변화

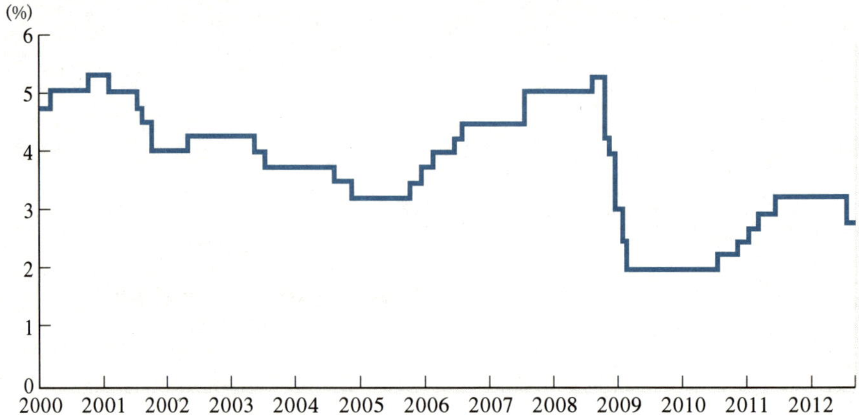
(%)
6
5
4
3
2
1
0
2000
2001
2002
2003
2004
2005
2006
2007
2008
2009
2010
2011
2012

제1절 노동시장의 이해

제2절 노동정책의 메커니즘

부 록 노동관련 주요 지표

노동정책

chapter five

5

제1절 노동시장의 이해

1.1 생산요소의 수요[1]

1.1.1 생산요소와 가격결정

생산요소의 가격은 다음 4가지 이유로 인해 매우 중요하다. 첫째, 생산요소의 가격은 가계의 소득을 결정짓는 중요한 요소이다. 경제적인 요소를 얻기 위한 임금, 지대, 이자에 지불되는 기업의 지출은 그러한 생산요소를 공급하는 가계소득의 원천이 된다. 둘째, 기업에게 비용인 생산요소의 가격은 잘 선택하면 기업 입장에서 가장 효율적인 선택을 할 수 있다. 셋째, 생산요소가격을 통해 생산요소를 산업과 기업에게 배분한다. 동적인 경제에서는 생산요소가 계속적으로 이동하는 방식을 통해 생산요소가 효율적으로 분배되게 된다. 마지막으로, 많은 정책이슈들이 생산요소시장과 관련 있다. 법정 최저임금을 올려야 할지, 정부가 노동조합을 지원해야 할지와 같은 정책 이슈들은 생산요소의 가격 결정에 근거를 두고 있다.

1.1.2 생산요소수요와 한계생산성

생산수요 관점에서 기업은 완전경쟁시장에서 재화를 판매하며, 고용 역시 완전경쟁적인 생산요소시장에서 거래된다고 가정하자. 따라서 기업은 가

1. 최광 외 공역(2013) 참조.

격수용자이며 생산요소가격에 어떠한 영향도 끼칠 수 없다.

생산요소의 가격을 이해하기 위해서는 먼저 생산요소수요에 대해 알아야 한다. 생산요소수요는 어떤 기간 내에서 다양한 시장가격 수준에서 구매자들이 구매할 수 있는 생산요소의 양을 나타내는 곡선이나 계획이다. 이는 재화수요로부터 파생된 파생수요로, 재화의 수요가 재화생산에 필요한 생산요소의 수요를 이끌어낸다. 따라서 생산요소에 대한 수요는 서비스나 상품생산에 투입되는 생산요소의 생산성과 생산에 도움을 주는 재화나 서비스의 시장가치 또는 재화의 가격에 의해 결정된다. 즉, 생산요소 한 단위를 추가로 투입할 때 얻을 수 있는 재화의 추가적인 생산량인 한계생산(*MP*)과, 가격과 결합하여 도출되는 한계수입생산(*MRP*)에 의해 결정되는 것이다.

이윤을 추구하는 기업은 이윤을 극대화하기 위해 생산요소의 고용량을 결정할 때, 생산요소 한 단위를 더 생산에 추가하여 발생하는 총수입과 그에 따른 비용의 증가분을 비교한다. 당연히 전자가 후자보다 클 경우 기업은 생산요소를 추가적으로 고용한다. 여기서 전자에서 발생하는 총수입의 증가량을 한계수입생산(*MRP*)이라고 부르고, 후자에서 발생하는 총비용의 증가량을 한계요소비용(*MRC*)이라고 지칭한다.

$$MRP = \frac{\text{총수입의 변화량}}{\text{생산요소 투입의 변화량}}$$

$$MRC = \frac{\text{총비용의 변화량}}{\text{생산요소 투입의 변화량}}$$

따라서 우리는 생산고용에 대한 결정원칙을 $MRP = MRC$가 되는 점이라고 할 수 있다. 만약 *MRP*가 *MRC*보다 크다면 그 기업은 노동력을 더 고용함으로써 이윤을 더욱 증가시킬 수 있다. 반대로 *MRC*가 *MRP*보다 더 크다면 오히려 근로자를 해고함으로써 이윤을 더욱 증가시킬 수 있다. 이는 가격과 산출량을 도출하는 공식인 $MR = MC$와 상당히 유사한 원리이지만, 재화의 산출량이 아닌 생산요소의 투입이라는 점을 잊지 말아야 할 것이다.

앞에서 말했다시피 완전경쟁적인 시장에서 기업은 임금 결정자가 아닌 임금 수용자이다. 기업이 노동력을 추가적으로 고용할 때, 기업의 생산요소비용은 기업이 추가 고용한 단위만큼의 총임금과 정확히 일치함을 의미한다. 즉, 노동의 *MRC*는 시장임금과 일치한다. 따라서 완전경쟁적인 요소시장에서 노동력을 고용하는 기업에게는 생산요소가격(시장임금)과 생산요소비용(한계요소비용)이 똑같다. 그 결과 *MRP* = *MRC* 법칙은 완전경쟁시장에서 기업은 *MRP*가 시장임금과 같아지는 지점까지 노동력을 고용함을 알려준다.

다른 조건이 일정할 때, 생산요소의 수요곡선은 기업이 생산요소를 다양한 가격수준에서 구입하거나 고용할 때의 생산요소의 총합계를 보여준다. 어떤 재화의 총수요 또는 시장수요곡선은 개별 소비자들의 수요곡선을 수평으로 더하여 구하는 것처럼 생산요소를 구매 또는 고용하려는 모든 기업의 생산요소수요 또는 *MRP*곡선을 더함으로써 생산요소에 대한 시장수요곡선을 도출할 수 있다.

1.1.3 생산요소수요의 결정요인

생산요소에 대한 수요 결정요인으로는 생산요소의 생산성, 재화수요에서의 파생성, 그리고 다른 생산요소의 가격을 들 수 있다.

먼저 다른 조건이 일정하다면, 재화수요 증가는 생산에 필요한 생산요소 수요를 증가시키는 반면, 재화수요의 하락은 생산요소수요를 감소시킨다. 예를 들어 새로운 주택에 대한 수요의 감소는 주택가격의 하락을 초래한다. 주택가격 하락은 건설업 근로자의 *MRP* 하락으로 이어지고, 따라서 건설업 근로자들에 대한 수요는 하락하게 될 것이다. 이와 같은 상황에서 생산요소의 수요곡선은 좌측으로 이동하게 될 것이다.

다른 조건이 일정하다면, 생산요소의 생산성 증가는 생산요소에 대한 수요를 증가시키고, 반대로 생산요소의 생산성이 하락한다면 생산요소에 대한 수요 역시 하락하게 될 것이다. 이러한 점은 선진국의 실질임금이 개도국의 실질임금보다 왜 높은지 설명할 수 있도록 해준다. 선진국의 근로자들은 교육수준이 더 높고 업무훈련도 많이 받은 편이며, 더 효율적이고 더 많은 양의 자본과 자원을 이용하며 일을 한다. 따라서 더 희소한 생산요소로 여겨지고, 노동에 대한 풍부한 수요와 비교적 희소하게 여겨지는 노동력의 공급이 선진국의 임금수준을 높게 만드는 것이다.

다른 생산요소의 가격변화는 특정 생산요소의 수요를 변화시킬 수 있다. 예를 들어 자본의 가격변화는 노동력 수요변화를 초래하는데, 이는 노동력과 자본의 관계가 생산에 있어서 대체적인지 보완적인지에 달려 있다. 먼저, 대체적인 재화의 수요는 대체효과로 인해 가격이 하락한 생산요소의 수요가 증가할 것이다. 반대로 생산요소의 가격이 하락하면 생산비용 또한 하락하는데, 이는 생산량의 증가로 모든 생산요소의 수요 증가를 초래한다. 따라서 이러한 산출효과로 인해 가격이 비교적 높은 생산요소의 수요 또한 증가할 수 있다. 이렇게 생산요소의 가격이 변하면 서로 반대방향으로 작용하는 대체효과와 산출효과가 동시에 발생하기에 여기서 발생하는 순효과는 두 가지 효과의 크기에 따라 달라지게 된다. 다음으로, 보완적인 재화의 수요는 같은 방향으로 함께 움직이기 때문에 대체효과는 발생하지 않는다. 그러나 산출효과는 발생하기 때문에 한 생산요소의 가격하락은 모든 생산요소의 수요 증가를 초래한다.

1.1.4 소득분배와 한계생산성

근로자의 임금은 근로자들이 생산한 재화와 수입의 한계 기여도와 같다. 노동 이외의 생산요소를 공급하는 경우에도 소유자들은 그들이 공급한 생산요소가 생산과정에 기여한 만큼을 대가로 받는다. 즉, 소득분배의 한계생산성 이론에 따르면 소득은 사회의 산출량에 기여한 만큼 분배된다. 소득이란 생산에 기여한 대가이므로 이 과정을 통해 공정하고 정당하게 분배된다고 생각하겠지만, 항상 그런 것은 아니다. 일단 생산요소의 분포가 매우 불평등하기 때문에 한계생산물에 따른 소득분배는 매우 불평등할 수 있다. 정신적, 육체적 차이뿐만 아니라 개인을 교육과 트레이닝을 통해 발전시킬 수 있는 기회가 각각 다르게 주어지기 때문이다. 한계생산성에 따라 소득이 분배되어야 한다는 주장을 따른다면 장애 때문에 생산활동에 참여할 수 없는 사람들은 그 어떤 소득조차 얻을 수 없게 된다. 따라서 비판가들은 분배의 불공평함을 유발하는 한계생산성에 따른 소득분배를 좀 더 공평하게 하는 것을 목표로 하는 진보적인 세금 정책과 정부지출 프로그램이 필요하다고 주장한다. 그리고 소득분배의 한계생산 이론은 기본적으로 경쟁시장을 가정하지만, 실제로 모든 노동시장이 경쟁적인 것은 아니다. 즉, 시장이 불완전하다. 자신의 의지대로 임금을 책정할 힘이 있는 고용주는 경쟁적인 시장보다 낮은 임금을 책정하고, 일부 근로자는 노동조합 등을 통해 보다 높은 임금을 받으려 한다. 협의를 통해 임금이 결정되는 경우에는 시장의 힘이 작동하지 못하는 것이다. 따라서 현실에서는 시장의 불완전성 때문에 임금 등의 생산요소가 격은 항상 재화생산 기여도에만 의존하지는 않는다.

1.2 노동수요

노동력은 생산요소로서 재화와 서비스를 생산하기 위해 투입되는 자원이다. 이런 노동에 대한 수요는 바로 기업에 의해 이루어진다. 생산요소로서의 노동에 대한 수요는 우리가 흔히 일컫는 수요와는 다르다. 일반적인 수요는 우리가 소비하기 위해 지불하려는 지불용의가격과 같은 것인데, 소비를 통해 다른 재화 및 서비스를 생산해내지는 못한다. 반면, 노동이나 자본과 같은 생산요소에 대한 수요는 그 생산요소를 통해 산출물을 만들어낼 수 있다는 점에서 일반적인 수요와 구분하여 파생수요(derived demand)라고 한다. 즉, 최종생산물이 수요자에 의하여 수요되기 때문에 그 최종생산물을 생산하는 데 투입되는 노동이 중간단계에서 수요된다는 것이다. 이런 노동에 대한 수요가 파생수요이기에 기업은 노동을 수요함에 있어 언제나 재화시장에서 최종생산물의 판매와 결부시켜 노동을 수요하려고 한다.

그리고 기업은 이 노동을 수요하고, 생산에 이용함에 따라 일정의 산출물을 가지게 된다. 이렇게 투입된 생산요소와 산출량의 관계를 나타내는 함수를 생산함수라고 한다.

$$Q = f(L, \overline{K}) \tag{5.1}$$

식 (5.1)에서 Q는 총산출량을 나타내며, L과 K는 생산요소가 된다. 그

그림 5-1

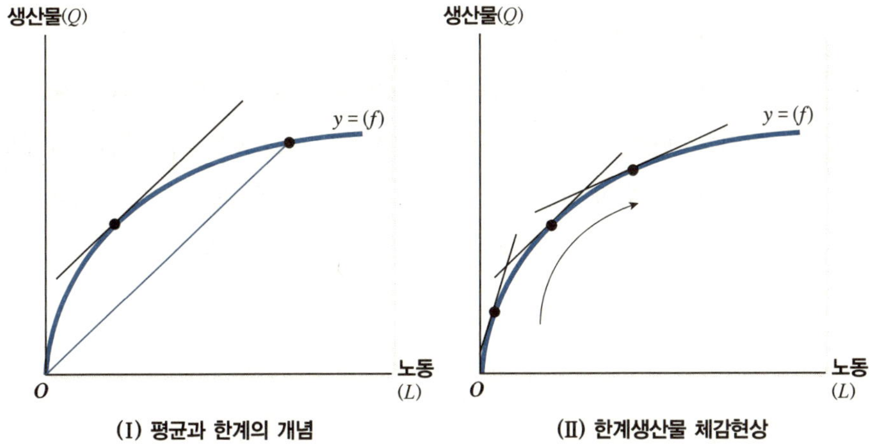

총생산함수와 AP, MP 그리고 한계생산물 체감현상

생산요소의 투입량이 증가할수록 한계생산이 감소하는 현상을 한계생산물 체감법칙이라고 하며, 일반적으로 노동의 투입량이 증가할수록 노동의 한계생산물이 감소한다. 이 때문에 (II)처럼 생산함수의 기울기가 요소투입량이 증가할수록 감소하게 되는 것이다.

리고 자본 K는 단기에 고정되어 있기 때문에 $\overline{K}$로 표시할 수 있다. 결국 노동의 투입 정도에 따라 산출수준이 달라지는 것이다. 그렇다면 산출에 대한 노동의 기여는 어떻게 될까? 여기서 우리는 평균(average)과 한계(marginal)의 개념을 사용하여 설명할 수 있다. 총산출량에 대한 총노동자의 기여도는 평균생산(average product)을 나타내고, 노동자 1인당 변화에 따른 산출량의 변화는 한계생산(marginal product)으로 나타날 것이다. 전자는 $\frac{Q}{L}$로 표현할 수 있고, 후자는 $\frac{\Delta Q}{\Delta L}$ 혹은 $\frac{(Q_2 - Q_1)}{(L_2 - L_1)}$으로 표현할 수 있다. 〈그림 5-1〉의 (I)에서 청색 선이 평균생산을 나타내며, 흑색 선이 한계생산을 나타낸다.

이때, 노동에 대한 수요를 무작정 늘림에 따라 총산출량은 증가하지만, 노동 한 단위 추가에 따른 한계생산은 감소하게 된다는 사실을 우리는 알고 있다. 이를 노동의 한계생산물 체감법칙(law of diminishing marginal productivity)이라고 한다. 다시 언급하면, 생산요소의 투입량이 증가할수록 한계생산이 감소하는 현상을 한계생산물 체감법칙이라고 하며, 일반적으로 노동의 투입량이 증가할수록 노동의 한계생산물이 감소한다. 이 때문에 〈그림 5-1〉의 (II)처럼 생산함수의 기울기가 요소투입량이 증가할수록 감소하게 되는 것이다.

그렇다면 기업은 얼마만큼의 고용, 즉 노동에 대한 수요를 하려고 할까? 기업은 산출량을 결정할 때와 마찬가지로, 요소 고용량을 결정할 때에도 이윤극대화를 위한 한계적 결정을 내리게 된다. 우리는 미시경제학에서 총이윤은 총수입에서 총비용을 뺀 것이라는 것을 알고 있다.

$$\Pi = TP - TC \tag{5.2}$$

식 (5.2)에서 총이윤을 얻기 위해 노동수요에 대한 지불, 즉 임금은 어떻게 정해질까? 우선 단기에 자본은 고정되어 있다고 볼 때, 식 (5.2)를 노동에 대해 편미분하면 식 (5.3)과 같이 나타낼 수 있고, 이 식 (5.3)이 0이 될 때, 노동투입에 따른 총이윤이 극대화될 수 있다.

$$\frac{d\Pi}{dL} = Pf_L'(q) - \frac{d(wL + rK)}{dL} = 0 \tag{5.3}$$

식 (5.3)에서 w는 노동 1단위에 대한 지불 대가이며, r은 자본에 대한 임대료와 같다. 우리는 자본이 고정되어 있다고 보기 때문에 노동수준의 변화에 따른 자본의 변화는 기대할 수 없으므로 다음 식 (5.4)와 같이 나타낼 수 있다.

$$Pf_L'(q) - wL = 0 \tag{5.4}$$

식 (5.4)에서 $Pf_L'(q)$에서 $f_L'(q) = MPL$이기 때문에 식 (5.5)와 같이 표현할 수 있다.

$$MPL = \frac{w}{P} \tag{5.5}$$

그림 5-2

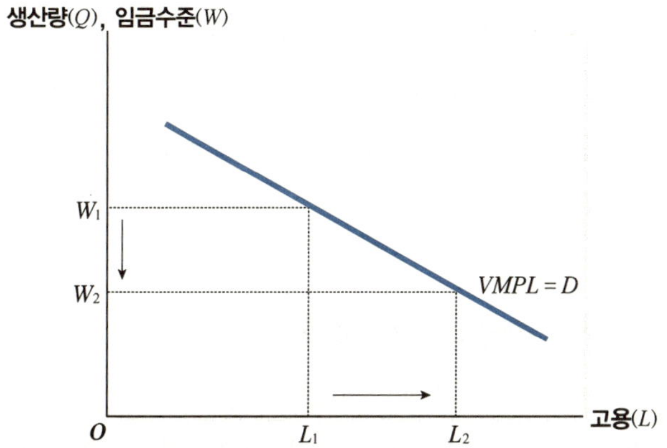

노동의 한계생산가치

노동의 한계생산물이 실질임금과 같아지는 수준에서 기업은 임금 및 수요량을 결정하게 되는 것이다. 그리고 명목임금은 한계생산가치와 같아진다.

식 (5.5)가 의미하는 것은 바로 노동의 한계생산물이 실질임금과 같아지는 수준에서 기업은 임금 및 수요량을 결정하게 되는 것이다. 그리고 명목임금은 한계생산가치(*VMPL* : Value of the Marginal Product of Labor)와 같아진다는 것을 알 수 있다.

$$VMPL = w = MPL \times P \tag{5.6}$$

한계생산가치는 요소의 한계생산에 산출물의 시장가격을 곱한 금액으로서 노동투입량이 증가함에 따라 한계생산물이 체감하기 때문에 산출물 가격이 일정[2]하다면 *VMPL*은 감소함을 알 수 있다. 〈그림 5-2〉에서처럼 *VMPL*은 각 고용수준에서의 한계생산물가치를 나타낸다.

종합해보면, 이윤극대화를 추구하는 완전경쟁시장의 기업은 노동의 한계생산가치가 임금과 같은 수준까지 노동을 고용할 것이다. 따라서 노동의 한계생산가치 곡선은 노동에 대한 수요곡선이 될 수 있는 것이다. 이때, 노동시장에서 결정되는 임금수준을 알면 이 기업의 적정고용 수준을 알 수 있다.

2. 완전경쟁시장은 다수의 공급자와 다수의 수요자가 존재하기 때문에 가격을 그대로 받아들일 수밖에 없으며(price taker), 또한 가격은 고정되어 있다는 것을 다시 상기하자.

〈그림 5-2〉에서 보면 시간당 임금이 W_1일 때에 균형고용 수준은 L_1이 되고, 임금이 W_2로 하락하면 고용수준은 L_2로 증가하게 된다. 보다 일반화해보면, 완전경쟁시장의 기업이 한계생산가치가 임금과 같아지는 수준까지 노동을 고용한다는 것은 산출물의 가격이 한계생산비용과 같아지는 수준에서 생산하는 것과 같아지게 된다. 즉, 시장가격이 시장임금과 같아지는 점에서 생산을 하고, 노동자를 수요하게 된다.

1.2.1 노동의 한계생산물과 노동수요곡선[3]

지금까지 실질임금과 한 기업의 노동수요량 간에 역의 관계가 있음을 알아보았다. 〈그림 5-3〉에서는 실질임금과 노동수요량의 관계가 어떻게 결정되는지 보여주고 있다.

*MPL*곡선은 노동의 한계생산성이 체감하기 때문에 우하향하고 있고 실질임금곡선은 시장에서 결정된 것을 기업이 무조건 수용해야 하기에 수평선으로 표시되어 있다. 어떤 실질임금 수준 W^*에서 최고의 이윤을 내는 노동고용량(노동수요량)은 실질임금선과 *MPL*곡선이 만나는 *A*점에서 결정된다. 그

그림 5-3

노동수요량의 결정
*MPL*곡선은 노동의 한계생산성이 체감하기 때문에 우하향하고 있고 시장에서 결정된 것을 기업이 무조건 수용해야 되기에 수평선으로 표시되어 있다.

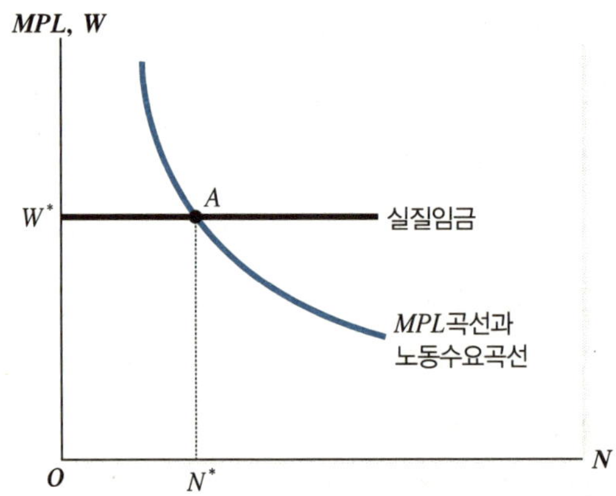

3. 박성휘 외 옮김(2012) 참조.

런데 왜 N^*가 한 기업의 이윤극대화를 위한 노동투입 수준인가? N^*보다 낮은 고용수준에서는 노동의 한계생산물이 실질임금을 상회한다. 그래서 당초 기업의 노동투입이 N^*보다 낮은 수준에서는 기업이 사용하는 노동력의 수량을 확대함으로써 이윤을 늘릴 수 있다. 마찬가지로 한 기업의 고용이 N^*보다 클 때는 노동의 한계생산물이 실질임금보다 작기 때문에 고용을 줄임으로써 기업의 이윤을 늘릴 수 있다. 고용량이 N^* 수준일 때만 그 기업은 현재 채용한 노동자 수에 만족할 수 있다. 좀 더 일반화하여 표현하면, 어떤 실질임금 수준이 주어졌을 때 이윤극대화를 위한 노동투입량, 즉 노동수요량은 *MPL* 곡선이 실질임금선과 교차하는 점과 일치한다.

기업의 노동수요량과 그 기업이 직면하는 실질임금의 관계를 나타내는 그래프를 노동수요곡선(labor demand curve)이라고 한다. *MPL*곡선은 각 실질임금 수준에 따른 노동수요량을 나타내기 때문에 노동수요곡선은 *MPL* 곡선과 같다. 이때 세로축은 노동수요곡선에 대해서 실질임금의 척도가 되고 *MPL*곡선에 대해서는 노동의 한계생산물의 척도가 되어야 한다. *MPL*곡선과 마찬가지로 노동수요곡선의 기울기도 오른쪽으로 가면서 내려가는 모양을 보이는데, 이는 실질임금이 오르면서 노동수요량도 줄어든다는 것을 의미한다.

1.2.2 노동수요곡선을 이동시키는 요인

노동수요곡선은 실질임금과 기업이 고용하기를 원하는 노동수요량의 관계를 나타내기 때문에 실질임금의 변화는 수요곡선을 따라서 나타난다. 실질임금의 변화는 노동수요곡선 자체를 이동시키지는 않는다. 노동수요곡선이 이동하는 것은 주어진 실질임금 수준에서 기업이 고용하기 원하는 노동량을 변화시키는 요인들에 반응할 때 일어난다. 여기서 긍정적인 공급충격이 일어나면 *MPL*곡선은 우측상방으로 이동하기에 주어진 실질임금 수준에서 노동수요량은 증가한다. 반면 부정적인 공급충격은 그 반대의 결과를 낳는다. 이렇게 공급충격이 노동수요곡선을 이동시킬 수 있고, 그 외에도 자본재재고의 규모 또한 노동수요곡선을 이동시킬 수 있다. 자본재재고의 증가는 노동자 각자에게 기계와 장비를 더 나누어주는 것과 같기에 노동자의 생산성을 향상시키게 되고, 따라서 *MPL*을 증가시킨다. 즉, 자본재재고의 증가는 노동수요곡선을 우측상방으로 이동시키며, 그에 따라 주어진 실질임금 수준에서 기업의 노동수요량을 증가시킨다.

1.2.3 총노동수요

거시경제분석을 위해서는 총노동수요(aggregate demand for labor), 또는 국민경제 내 모든 기업의 노동수요의 합계에 대한 개념이 필요하다. 총노동수요는 기업들의 노동수요를 전부 합친 것이기 때문에, 그 수요를 결정하는 요인은 개별 기업의 경우와 같다. 그러므로 총노동수요곡선은 개별 기업의 노동수요곡선과 같은 모양이다. 개별 기업의 노동수요곡선처럼 총노동수요곡선도 우하향의 기울기를 보이며, 이는 경제 전반에 걸쳐 실질임금이 상승하면 기업들의 노동수요량이 감소한다는 것을 나타낸다. 마찬가지로, 긍정적인 공급충격이나 총자본재재고의 증가는 총노동수요곡선을 우측상방으로 이동시키며, 그 반대로 부정적인 공급충격이나 총자본재재고의 감소는 총노동수요곡선을 좌측하방으로 이동시킨다.

1.3 노동수요의 탄력성[4]

임금변동에 대응하는 노동수요의 변화 정도는 기업이 수요하는 노동력의 종류에 따라 달라진다. 즉, 어떤 종류의 노동은 약간의 임금 상승에 대해 민감하게 반응하여 즉시 고용인원 감소를 유발하지만, 반면 어떤 종류의 노동은 상당한 임금 상승에도 불구하고 고용의 감소가 거의 없는 경우가 있다. 이와 같은 임금변화에 대한 노동수요의 변화를 각각의 변화율로 나타낸 것이 노동수요의 탄력성(elasticity of demand for labor)이라고 한다. 노동수요의 탄력성은 다음과 같이 4가지 요인에 의해 결정된다.

4. Hicks, J. R. (1963), *The theory of Wage*, 2nd ed., pp. 241～246.

1.3.1 생산물수요의 탄력성

노동에 대한 수요는 기업이 최종생산물을 생산하기 위해 요구되는 파생수요라는 측면에서 노동의 수요는 최종생산물의 수요탄력성에 의해 영향을 받게 된다. 예를 들어 임금이 10% 상승하였을 때 생산비가 5% 상승하고 제품가격도 5% 상승한다고 할 경우 생산물수요의 탄력성이 0.5와 같이 낮다면 판매액은 2.5%만 감소할 것이고, 고용량의 감소도 상대적으로 작게 될 것이다. 그러나 생산물에 대한 수요의 탄력성이 2.0과 같이 높다면 판매액은 동일한 임금 상승에 대하여 10%만큼 감소하게 되며, 고용량의 감소는 위 경우와 비교해 볼 때, 상대적으로 커짐을 알 수 있다. 즉, 생산물에 대한 수요가 탄력적일수록, 노동에 대한 수요 또한 더욱 탄력적이 된다.

1.3.2 총생산비에 대한 노동비용의 비중

노동수요의 탄력성은 총생산비 중에서 노동비용이 차지하는 비중에 의해서도 영향을 받는다. 예를 들어 노동집약적 산업인 신발, 목재, 섬유, 철강 등 노동임금이 총생산비용에서 차지하는 수준이 높으면 기업의 노동수요의 탄력성에 영향을 미칠 수밖에 없다. 만약 어떤 제품에서 노동비용의 비중이 5% 혹은 10% 정도로 낮은 수준이라면 임금 상승은 단위당 비용에 작은 영향을 미치게 되고, 따라서 생산물가격 혹은 판매액, 그리고 고용량에 대한 영향이 작게 될 것이다. 이런 노동집약적 산업에 있어서 일부 숙련 노동자끼리 조직한 직종별 노동조합이 여러 가지 직종과 여러 가지 숙련 정도의 근로자를 포괄하는 산업별 노동조합보다 단체교섭력이 강하다는 것이 노동경제학의 통념으로 되어 왔다. 기업의 입장에서 볼 때, 일부 숙련직종의 근로자들이 요구하는 임금 인상을 들어주어도 총생산비에 그다지 큰 영향이 없고, 따라서 기업 자체의 임금 인상에 대한 저항이 작을 뿐만 아니라, 임금 상승이 고용 감소에 미치는 영향도 작기 때문이다.

1.3.3 타 생산요소에 대한 노동의 대체성

기업이 생산물을 생산할 때에 노동 이외의 생산요소도 사용한다. 그런데 다른 조건은 일정하면서 노동의 가격인 임금만 상승한다고 가정한다면 상대적으로 비싸진 노동을 타 생산요소로 대체하려고 하는 유인이 발생한다. 이때 기술적으로 노동을 대체할 수 있는 다른 생산요소로의 대체 가능성이 높고 낮음에 따라 임금 상승의 고용 감소 효과는 달라질 수밖에 없다. 만약 대체 가능성이 크다면 동일한 임금 상승에 대한 고용 감소 효과는 높을 것이고, 대체 가능성이 작다면 고용 감소 효과는 작을 것이다. 예를 들어 전문직종에 종사하는 노동자들은 임금 상승의 유인이 있더라도 자본과 같은 생산요소로 대체하지 못하기 때문에 쉽게 해고되지 않는다고 할 수 있다.

1.3.4 노동 이외의 생산요소의 공급탄력성

임금이 상승하면 생산물의 생산비가 증가하며, 따라서 제품가격이 상승하여 제품에 대한 수요량이 감소하게 된다. 이는 곧 노동을 포함한 다른 생산요소들의 수요도 감소하게 될 유인을 제공한다. 이때 노동을 제외한 다른 생산요소의 공급곡선이 비탄력적일 경우 임금 인상에 따른 생산량 감소로 각 요소에 대한 수요가 감소할 때, 그 요소는 비탄력적인 공급곡선의 모양 때문에 약간의 수요 감소에 대해서도 가격이 크게 인하되며, 임금 상승에 따른 생산비용의 상승을 상쇄해주게 된다. 따라서 공급이 비탄력적인 생산요소의 존재는 노동을 포함한 다른 요소의 수요 감소를 어느 정도 줄여주는 완충작용을 할 수 있다.

이상의 노동수요에 대한 탄력성을 종합해보면, 동일한 임금 인상에서 오는 고용의 감소는 다음과 같을 때 작아지게 된다. 즉, 생산물의 수요가 비탄력적일수록, 총생산비 중 노동비용이 차지하는 비중이 작을수록, 생산에서 노동을 다른 요소로 대체할 수 있는 가능성이 작을수록, 노동 이외의 생산요소의 공급이 비탄력적일수록 노동수요도 비탄력적으로 되어 임금 상승에 대한 노동 감소 효과는 작게 된다.

노동수요의 탄력성은 근로자를 연령별, 학력별, 성별, 그리고 산업별과 직종별 등으로 구분해볼 때, 각각의 범주별로 차이를 가진다. 그로 인해 고용정책이나 실업대책을 수립할 때에 노동수요의 탄력성에 관한 지식이나 정보가 중요한 참고자료가 된다.

1.4 노동공급[5]

국민경제에서 노동공급의 규모와 그 내용을 결정해주는 것으로 ① 인구 또는 생산가능인구의 크기, ② 경제활동참가율, ③ 노동공급시간, ④ 노동력의 질을 들 수 있다.

먼저, 인구 및 생산가능인구의 규모 차이는 노동력의 공급규모를 근본적으로 결정짓는 요인이 되는 것이다. 전체 인구가 우리나라처럼 약 6,000만인가, 아니면 중국처럼 약 13억인가의 차이는 양적 규모로 볼 때 중국이 훨씬 더 노동공급에 유리한 측면을 보여주는 단적인 예라고 할 수 있다.

두 번째로, 경제활동참가율(labor force participation rate)은 생산가능인구 중에서 취업자와 실업자의 합계인 경제활동인구가 차지하는 비율을 말한다. 생산가능인구의 크기가 같은 두 나라에서도 경제활동참가율이 다름에 따라 실제로 노동력으로 공급될 수 있는 인구의 규모는 달라진다. 뿐만 아니라 선진국과 후진국의 경우 차이가 있으며, 하나의 국민경제 내부에서도 농업과 비농업 또는 연령계층별, 성별에 따라 다르게 나타난다.

세 번째로, 노동시간은 동일한 생산가능인구와 경제활동참가율을 가진 상황에서도 노동시간이 차지하는 비율이 어떻게 되는가에 따라 실제로 공급되는 노동량은 달라진다. 이 노동시간은 개인의 선호체계에서 시간을 노동에 투입할 것인가 혹은 여가에 투입할 것인가에 따라 달라진다. 보통은 후진국에서 선진국으로 갈수록 노동보다 여가가 더욱 선호되는 경향을 보이며, 소득과 노동시간 간의 후방굴절형곡선 형태를 가지게 된다. 이때, 노동시간

---

5. Hamermesh, D. S. and Rees, A. (1988), *The Economics of Work and Pay*, 4th ed., Harper & Row, pp. 3～4.

의 장기적인 변화 및 노동시간을 결정하는 요인을 파악하는 것은 대단히 중요한 문제이다.

마지막으로, 노동력의 질은 생산적인 노동에 투입될 노동력을 의미한다. 노동의 질적 수준이 높게 되면, 사실상 같은 규모의 노동공급을 가정하더라도 그것이 지니는 생산능력은 훨씬 더 높아지기 때문이다. 이런 노동력은 일반적 경제이론에서 제시하듯 균등한 것이 아니며, 실제로 근로자 사이의 지식이나 기술 측면에서 차이가 존재한다. 따라서 교육훈련을 통하여 기술이 축적되는 과정이 확실히 파악되어야 하며, 인적 자본에의 투자를 결정하는 요인이 무엇인가를 이해하는 것은 노동력의 질적 차원의 중요성을 고려할 때 중요한 과제임이 분명하다.

1.4.1 노동공급시간 결정이론

노동공급은 근로자가 노동과 여가의 기회비용의 변화에 대응하여 노동과 여가 사이에 어떤 선택을 하는가에 따라 결정된다. 여기서 여가(leisure)라 함은 일정한 주어진 시간 중 노동시장에서 보내지 않는 비취업시간을 가리킨다. 이때, 여가도 정상재(normal goods)이므로 사람들은 노동을 공급하여 얻게 되는 노동소득과 여가 사이의 일정한 상충관계(trade-off)를 바탕으로 한 선호체계를 가진다고 보는 것이다. 왜냐하면 노동시간을 늘리면 늘릴수록 소득은 증가하지만 여가시간이 줄어들게 되기 때문이다. 이런 주어진 시간의 제약 하에서 노동시간과 여가시간의 분배를 통해 소득이 결정되기 때문에 미시경제학에서의 소비자선택의 최적화 방법을 동원해서 근로자의 노동시간 선택을 최적화할 수 있다.

〈그림 5-4〉에서 노동시간과 소득에 대한 선호체계와 임금선을 볼 수 있다. (I)은 여가와 소득 간의 선호체계를 나타내는 무차별곡선이고, 가로축은 노동과 여가의 관계를 나타내며, 세로축은 소득을 나타낸다. 소득과 여가는 모두 정상재로서 무차별곡선은 원점에 볼록한 형태를 띠고 있으며, 우측 상방으로 이동할수록 효용은 더욱 커진다.

한편, (II)에는 두 개의 시간당 임금선이 나타나 있다. 먼저 가로축에서

그림 5-4

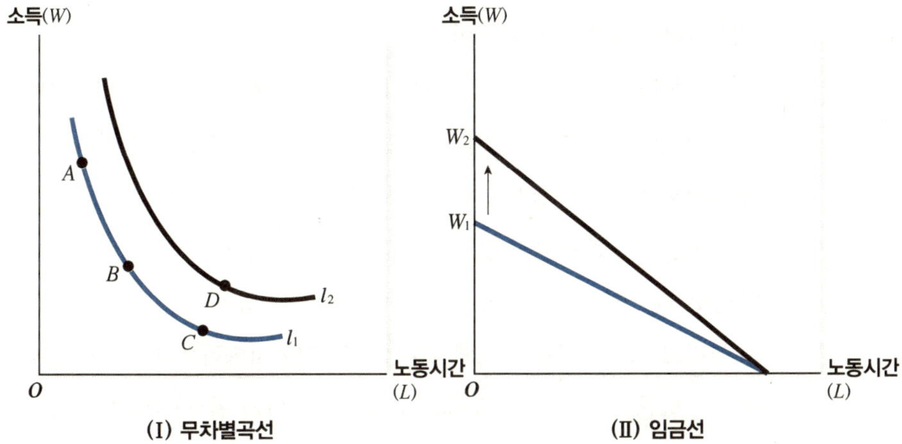

소득–여가 간의 선호와 임금선

(I)은 여가와 소득 간의 선호체계를 나타내는 무차별곡선이고, 가로축은 노동과 여가의 관계를 나타내며, 세로축은 소득을 나타낸다. 소득과 여가는 모두 정상재로서 무차별곡선은 원점에 볼록한 형태를 띠고 있으며, 우측상방으로 이동할수록 효용은 더욱 커진다.

노동시간이 많아질 경우 원점에 가까워지며, 노동시간을 줄일 경우 우측으로 이동하며, 소득은 자연스레 줄어들기 때문에 우하향하는 임금선을 도출할 수 있다. 우선 노동시장에 참가할 때 만약 전시간을 노동시간으로 공급하게 되면 W_1만큼의 소득을 얻을 수 있다. 따라서 곡선의 기울기는 노동시장에서 얻을 수 있는 시간당 임금 혹은 임금률(wage rate)이 된다. 만약 이 근로자가 진급을 하면 동일한 노동시간당 임금의 상승으로 인해 임금선은 W_2로 이동하게 될 것이다.

〈그림 5-4〉를 좀 더 자세히 살펴보자. 먼저 (I)은 소득과 여가 간에 존재하는 개인의 주관적인 선호 내지 대체관계를 나타낸다. 이는 보통재화 간의 주관적 선호관계를 나타내는 무차별곡선의 성질인 한 점에서의 기울기는 노동에 대한 소득과 여가 사이에 존재하는 한계대체율(marginal rate of substitution)을 의미한다. 이 한계대체율은 바로 노동공급자가 주관적으로 평가하는 시간당 임금이라고 할 수 있으며, 이것을 가계 내에서의 임금률

(wage rate) 혹은 요구임금률(asking wage rate)이라고도 한다. 그리고 (II)에서 본 시간당 임금은 일정한 노동시간으로 사용될 때 노동시장에서 객관적으로 실현될 수 있는 임금률이 된다.

이제 근로자는 노동과 여가에 대한 시간분배에 대한 선택의 문제에 직면하게 되는데, 최적화의 문제는 바로 무차별곡선과 임금선이 접하는 한 점에서 결정되며, 그에 따라 소득 또한 결정될 것이다.[6] 결론적으로 개인의 노동공급시간은 바로 주관적 선호와 시장에서 평가되는 객관성에 의해 정해지게 되는데, 일반적으로 시간당 임금이 상승하게 될 경우 노동자는 노동공급시간을 늘리고 여가시간을 줄이게 된다. 그렇다면 지속적으로 시간당 임금이 상승하게 되면, 과연 노동공급시간이 계속 늘어나게 될까? 아니면 시간당 임금의 상승으로 노동공급시간을 줄이고 여가를 선호하게 될까? 이에 대한 문제는 바로 노동과 여가의 소득에 따른 소득효과(wealth effect)[7]와 대체효과(substitution effect)에 따라 달라진다.

설명의 편의를 위해 그래프를 이용하여 설명하도록 하겠다. 〈그림 5-5〉에서 (I)과 (II)의 경우가 제시되어 있다. 시간당 임금의 변화는 무차별곡선의 우측 이동을 유발하게 된다는 전제 하에 (I)은 시간당 임금의 상승으로 노동시간이 감소하는 경우이며, (II)는 노동시간이 증가하는 경우이다.

〈그림 5-5〉의 (I)에서는 시간당 임금의 증가에 따라 임금선이 l_1에서 l_2로 이동함에 따라 무차별곡선과 만나는 점이 바뀌게 된다. 그로 인해 노동공급시간 L_1 수준 하의 시장에서 받을 수 있는 임금 W^*는 노동공급시간 L_2 수준에서 시장에서 받을 수 있는 임금 W^{**}로 바뀐다. 여기서 임금률 상승은 실질소득의 상승을 일으키고, 여가가 열등재화가 아니라면 여가에 대한 소비가 늘어나게 됨에 따른 소득효과가 발생하게 된 것이다. (II)의 경우도 마찬가지로 소득효과에 의해 L_1에서 L_2'으로 여가에 대한 사용이 증가함을 알 수 있다. 그러나 대체효과도 발생하게 된다. 대체효과라 함은 시간당 임금의 상승

6. 미시경제학에서 소비자선택의 최적화에 대해 자세히 기술되어 있기 때문에 추가적으로 설명하지 않겠다. 보통 정상재 x와 y에 대해 선택의 문제와 위의 노동시간과 소득의 문제는 동일하기 때문이다. 독자들 스스로 그래프를 그려 확인해보길 바란다.

7. 혹은 income-effect라고도 한다.

그림 5-5

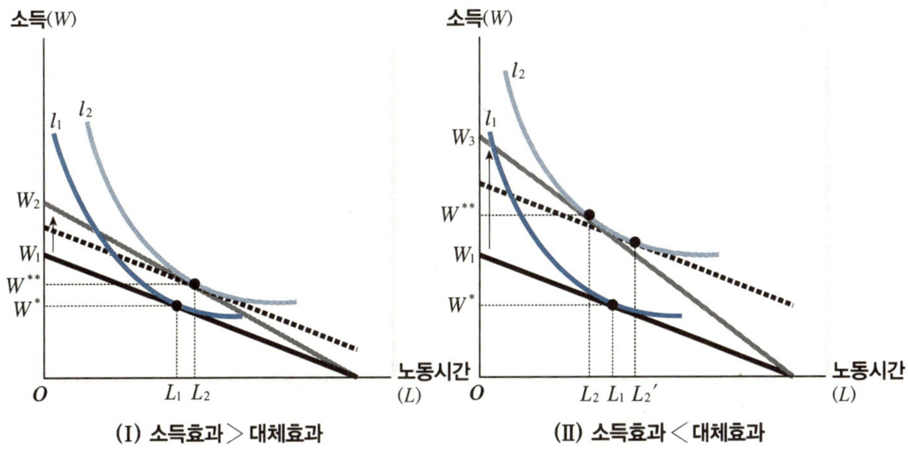

시간당 임금변화에 따른 노동공급시간의 변화

(I)에서는 시간당 임금의 증가에 따라 임금선이 l_1에서 l_2로 이동함에 따라 무차별곡선과 만나는 점이 바뀌게 된다. 그로 인해 시장에서 받을 수 있는 임금은 변하게 된다. 여기서 임금률 상승은 실질소득의 상승을 일으키고, 여가가 열등재화가 아니라면 여가에 대한 소비가 늘어나게 됨에 따른 소득효과가 발생하게 된 것이다. (II)의 경우도 마찬가지로 소득효과에 의해 L_1에서 L_2'으로 여가에 대한 사용이 증가함에 따라 대체효과가 발생하는 경우를 보이고 있다.

에 따라 여가의 기회비용이 그 전보다 증가하였기 때문에 상대적으로 여가를 줄이려고 하는 것을 말한다. (I)의 경우에서는 대체효과가 0의 값을 가지는 것이고 (II)의 경우 L_2'에서 L_2의 크기만큼 발생하게 된다.

〈그림 5-5〉에서 (I)과 (II)를 비교해보면 (I)은 소득효과가 대체효과보다 크기 때문에 여가시간을 늘리는 행위를 보이는 반면, (II)의 경우는 대체효과가 소득효과보다 커 여가시간을 줄이고 노동공급시간을 늘리게 된다. 종합해보면, 무차별곡선 차이와 임금률의 차이에 따라 소득효과 및 대체효과는 다르게 나타나며, 그로 인해 소득 및 대체효과의 차이에 따라 노동공급시간은 상반된 결과를 가져오게 된다. 참고로 (I)의 경우 예를 들어보면 높은 연봉을 받는 CEO는 임금이 조금 오른다고 해서 노동시간을 더 늘리려고 하지 않을 것이라는 점을 생각해볼 수 있다. 반대로 (II)의 경우는 개도국에서 일용직 근로자에게 정규직으로의 전환과 그에 따른 추가적 보상을 주겠다는

그림 5-6

후방굴절형 공급곡선

소득효과가 대체효과를 압도하게 될 때, 이런 경우 후방굴절형의 노동공급곡선이 나타나게 될 수 있다.

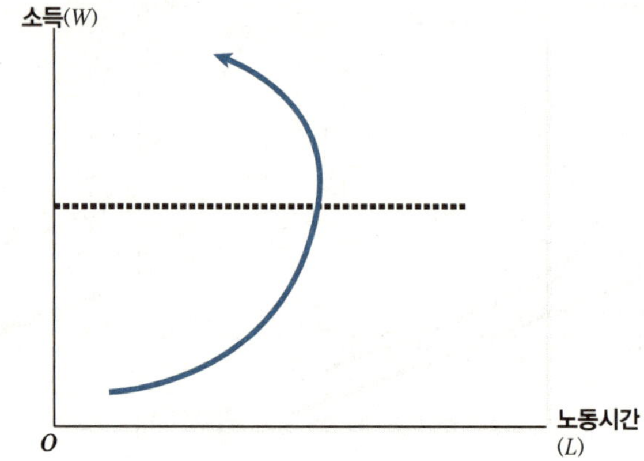

제안이 왔을 때, 그것을 받아들임에 따라 추가적 노공공급시간이 늘게 되는 것으로 설명할 수 있겠다. 즉, 임금 상승에 따른 노동공급시간의 변화는 개인적 주관과 자신의 처지에 따라 달라질 수 있다는 것이다.

이를 일반화해보면 자신의 임금수준이 낮은 상태라면 시간당 임금의 상승은 여가의 기회비용을 높임으로써 여가를 줄이고 노동공급시간을 늘리게 할 것이다. 반대로 임금수준이 높고 여유로운 상태라면 시간당 임금의 상승은 노동공급시간을 늘리게 하는 유인을 가지지 못하며, 오히려 여가를 늘리게 할 것이다. 즉, 소득효과가 대체효과를 압도하게 된다. 이런 경우 흔히 지적되는 후방굴절형의 노동공급곡선이 나타나게 될 것이다. 그러나 아무리 임금률이 높아진다고 하여도 노동시간이 감소되는 경우는 드물 것이고, 대부분 1일 8시간 등과 같이 일정한 시간을 일하고자 할 것이며, 다만 상대적으로 연중휴가 및 주말휴가 등을 장기간 갖고자 하는 경향을 가질 것이기 때문에 노동공급곡선은 우상향하는 기울기를 가진다고 할 수 있다.

1.4.2 실질임금과 노동공급

실질임금은 어떤 노동자가 일하기 위해 포기해야 하는 여가 한 단위에 대한 대가로 받는 실질소득의 양을 말한다. 이는 노동공급량을 결정하는 중요한 요인이다. 실질임금의 상승은 두 가지 경로를 통해 노동공급결정에 영향을 미친다. 첫째, 실질임금이 상승하면 한 시간을 더 일해서 얻는 이익이 증가하기 때문에 노동자로 하여금 노동공급을 증가시키도록 유도한다. 노동자가 좀 더 높은 보수에 반응해 노동공급을 늘리는 현상을 노동공급량에 대한 실질임금 상승의 대체효과(substitution effect of a higher real wage)라고 한다. 둘째, 실질임금의 상승은 노동자를 더 부유하게 하는 효과가 있는데, 종전과 같은 양의 노동을 하고도 더 높은 실질임금을 받을 수 있기 때문이다. 부유해진 사람은 여가를 즐길 수 있는 경제적 여유가 생겼기 때문에 그 결과로 노동공급은 적어진다. 노동자가 부유해짐으로써 노동공급이 줄어드는 경향을 노동공급량에 대한 실질임금 상승의 소득효과(income effect of a higher real wage)라고 한다. 실질임금 상승의 대체효과와 소득효과는 반대로 작용함을 유의해야 한다. 즉, 대체효과는 노동공급량을 늘리는 경향이 있고, 소득효과는 노동공급량을 줄이는 경향이 있다.

1.4.3 총노동공급

총노동공급은 국민경제 안에 있는 모든 사람의 노동공급을 합친 것이다. 한 개인의 현재 실질임금이 상승할 때 그 개인의 노동공급량이 증가하는 것처럼, 총노동공급도 국민경제의 실질임금이 상승할 때 증가한다. 국민경제에서 실질임금의 상승이 총노동공급의 증가를 유도하는 데는 두 가지 이유가 있다. 첫째, 실질임금이 올라갈 때 이미 취업상태에 있는 사람들은 초과근무를 하거나 시간제 근무에서 전일제 근무로 바꾸려 할 것이고, 혹은 부업을 하면서 노동공급시간을 늘릴 것이다. 둘째, 좀 더 높은 실질임금은 현재 취업상태에 있지 않은 사람들을 구직에 나서게 유도할 수도 있다. 이처럼 실질임금이 높아지면 사람들로 하여금 더 많이 일하도록 유도하기 때문에, 총노동공급곡선은 우상향의 기울기를 갖는다.

현재의 실질임금 외에도, 노동의 양을 변하게 하는 요인들은 총노동공급곡선을 이동시킨다. 예를 들어 한 나라의 노동연령인구가 증가했거나 사회적, 법적 환경이 변화해 노동연령인구의 더 많은 부분이 노동력에 편입된다면 총노동공급 역시 증가한다. 반면, 부가 증가하거나 기대 미래 실질임금이 상승하면 노동자들의 경제적 여유가 증가하여 여가를 더 즐길 수 있기에 총노동공급은 감소한다.

1.5 노동시장의 균형

노동시장은 여타 시장과 마찬가지로 수요와 공급에 의해 균형이 결정된다. 노동시장에서 기업이 지불하는 임금은 노동의 한계생산가치와 일치해야 하며, 완전경쟁시장에서 생산물가격과 같아지게 되는 점에서 기업은 노동자를 고용하려고 할 것이다. 즉, 하나의 국민경제 또는 하나의 직종에 있어서 노동력의 수요와 공급이 주어질 때 균형임금과 균형고용량이 결정되는 것이다. 그리고 경쟁시장 하의 노동시장의 균형이 달성될 경우 하나의 직종 내지 하나의 국민경제 전체는 생산효율 측면과 근로자들의 만족 측면에 있어서 모두 최적의 상태에 있다고 할 수 있다.

첫째, 생산효율면에서 볼 때, 모든 근로자의 임금은 동일하며 그와 같은 노동력을 고용하는 각 기업은 모두 한계생산물가치와 임금을 일치시키는 수준에서 노동을 고용하고 있다. 그런데 모든 근로자에게 적용되는 임금은 동일하므로 모든 기업의 각각의 생산수준에서 각 기업의 한계생산물가치도 모두 같을 수밖에 없다. 따라서 이것은 자원을 가장 효율적으로 사용하는 방법이 되며, 생산을 극대화하는 것이다.

둘째, 근로자들의 만족면에서도 최적 조건은 달성된다. 왜냐하면 두 가지 이종 직종에 대하여 모든 사람들은 각자의 선호체계를 가지고 있고, 직종 선택의 자유와 구직활동상에 장애가 전혀 없다고 할 때, 어떤 근로자가 한 직종을 선택하고 다른 직종을 선택하지 않음은 선택하지 않은 직종이 자신의 효용을 극대화하지 못하기 때문이다. 이런 경쟁시장 하의 균형은 역시 근로

그림 5-7

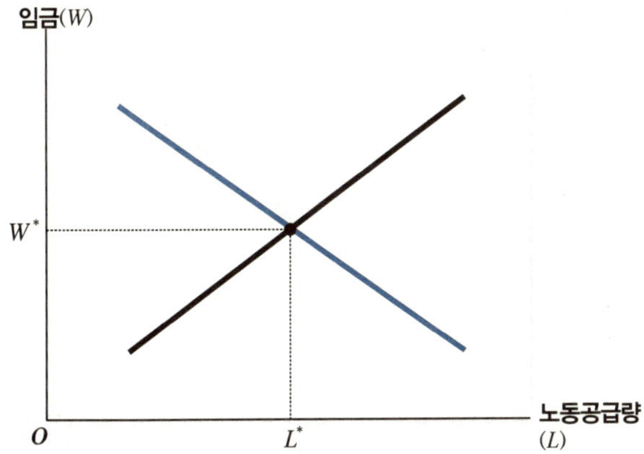

노동시장의 균형
노동력의 수요와 공급이 주어질 때 균형임금과 균형고용량이 결정되는 것이다. 그리고 경쟁시장 하의 노동시장의 균형이 달성될 경우 하나의 직종 내지 하나의 국민경제 전체는 생산효율 측면과 근로자들의 만족의 양면에 있어서 모두 최적의 상태에 있다고 할 수 있다.

자에게도 최대 만족을 주는 것이라고 설명될 수 있다.

1.5.1 노동수요곡선의 이동

노동수요곡선의 이동을 유발하는 요인으로는 크게 기술의 변화, 최종생산물가격의 변화, 노동 이외의 타 생산요소의 가격변화를 들 수 있다. 기술변화는 노동의 한계생산가치의 증가를 유발시키기 때문에 기존보다 더 많은 산출량을 가질 수 있고, 최종생산물의 가격은 앞에서 본 바와 같이 한계생산물가치가 증가하기 때문에 명목임금의 상승을 유발하다. 이를 종합하면 〈그림 5-8〉과 같이 수요곡선이 우측으로 평행이동함으로써 고용의 증가 및 임금의 상승을 유발한다.

1.5.2 노동공급곡선의 이동

노동공급에 영향을 미치는 요인으로는 급격한 인구의 증가가 일어났을 경우를 들 수 있겠다. 이를 더 세부적으로 설명해보면, 독자들이 즐겨보는 유명한 드라마에서 인기를 끌던 직종은 그 당시 그 시장에 노동공급을 상승시

그림 5-8

노동수요곡선의 이동과 새로운 균형

노동수요곡선의 이동을 유발하는 요인으로는 크게 기술의 변화, 최종생산물가격의 변화, 노동 이외의 타 생산요소의 가격변화를 들 수 있다.

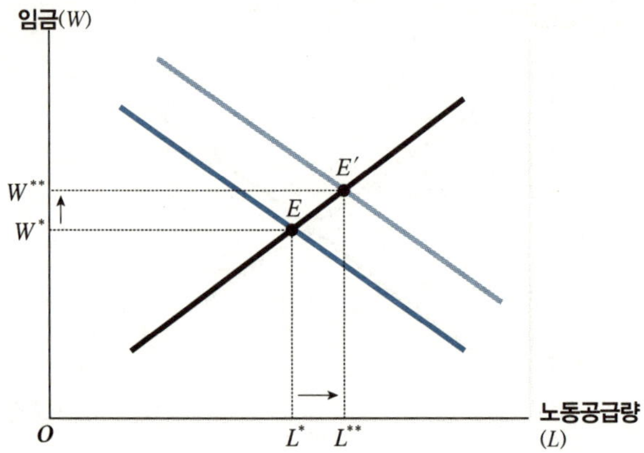

킨다. 예를 들어 최고의 인기를 끈 의료 드라마가 있었다고 하자. 이는 단기적으로 의과대학에 입학할 학생들을 증가시키고, 장기적으로 의과대학에서 배출되는 인원이 증가하게 될 것은 자명하다. 이렇듯 노동시장에서 공급곡선의 이동을 일으키는 요인에 변화가 발생하여 공급곡선이 우측으로 이동했을 때, 이는 시장에서 어떻게 평가될까?

우선 노동공급곡선의 우측 이동으로 인해 노동시장에서 초과공급이 발

그림 5-9

노동공급곡선의 이동과 새로운 균형

노동공급에 영향을 미치는 요인으로는 급격한 인구의 증가가 일어났을 경우를 들 수 있겠다.

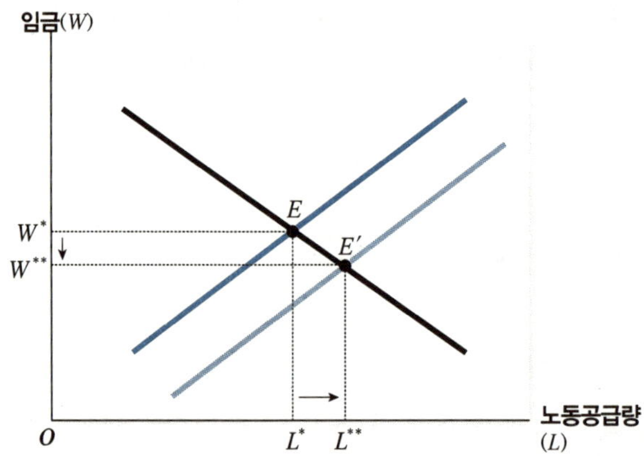

생하게 된다. 기업은 풍부해진 노동시장에서 더 싼 임금으로 더 많은 노동력을 수요하려고 할 것이다. 따라서 임금은 종전보다 하락하고, 고용수준은 증가하게 된다. 그리고 고용의 증가에 따라 노동의 한계생산은 감소하게 되고, 한계생산가치 역시 감소하게 된다.

1.6 임금의 결정[8]

1.6.1 노동과 임금과 소득

경제학에서 노동이라는 용어는 생산직 및 비생산직 근로자, 전문직 종사자, 그리고 직접 사업체를 운영하는 동시에 노동을 공급하는 소규모 사업체 소유자 모두를 포함하는 것이다. 임금은 고용주들이 노동에 대해 지불하는 가격이다. 임금은 시간당 보수, 연봉, 보너스, 영업 수당, 저작권 사용료 등과 같이 직접적인 금전적 보수뿐만 아니라 유급휴가, 건강보험, 연금 등과 같은 부가 급여의 형태를 띠기도 한다. 그리고 임금률은 노동 서비스 한 단위에 대해 지불된 보수라고 볼 수 있다.

명목임금은 일 또는 연 단위로 받는 화폐의 액수이고, 실질임금은 명목임금으로 근로자가 취득할 수 있는 재화와 서비스의 양을 의미한다. 즉, 실질임금은 명목임금의 구매력을 표현하며, 명목임금과 구매된 재화와 서비스의 가격에 따라 결정된다.

1.6.2 완전경쟁 노동시장

완전경쟁 노동시장에서는 수많은 기업이 동일한 숙련도에 있는 수많은 노동자들의 노동을 채용하기 위해 서로 경쟁하기 때문에 누구도 시장임금률을 통제하지 못하는 요소시장이다.

노동에 대한 시장수요는 개별 기업의 노동수요곡선을 수평적으로 합하

8. 최광 외 공역(2013) 참조.

여 총노동수요곡선 또는 시장노동수요곡선을 얻을 수 있다. 이는 일반적인 수요곡선의 형태(우하향)와 동일하다. 공급측면에서는 모든 근로자는 직장을 얻기 위해 경쟁한다. 모든 유형의 노동공급곡선은 우상향하는데, 이는 사용자 집단이 더 많은 근로자를 채용하기 위해서는 더 높은 임금을 지불해야 함을 의미한다. 노동자를 고용하기를 원하는 기업은 다른 구직 기회로부터 이들을 유인하기 위해 더 높은 임금을 지급하여야 한다. 쉽게 말해, 다른 노동시장에서 임금이 일정하다고 가정할 때 특정한 노동시장에서 더 높은 임금을 지급하면 더 많은 근로자들이 이 노동시장에 노동 서비스를 제공하게 된다. 이는 일반적 공급곡선처럼 우상향하는 형태를 띠며, 우리는 이를 시장노동공급곡선이라고 부른다.

완전경쟁 노동시장에서는 시장노동수요곡선과 시장노동공급곡선이 교차하는 점에서 균형임금률과 고용수준이 결정된다. 시장에는 많은 기업이 있기 때문에 각각의 기업은 해당 유형 노동의 가용한 총공급량에서 매우 적은 부분만을 고용하게 되고, 따라서 어떤 기업도 개별적으로 임금률에 영향을 끼칠 수 없다. 따라서 개별 기업이 직면하고 있는 공급곡선은 완전 탄력적이다. 쉽게 말해, 주어진 시장임금률에서 많든 적든 원하는 만큼의 근로자를 고용할 수 있는 것이다.

각각의 개별 기업은 노동자를 한계수입생산과 한계요소비용이 같아지는 점에 도달하는 수준까지 고용함으로써 이윤을 극대화 또는 손실을 최소화할 것이다. 개별 경쟁기업에 대해 특정 요소의 시장가격이 주어져 있다면 해당 요소의 한계비용(*MRC*)은 일정하며, 이 경쟁기업이 구매하기로 한 모든 단위에 대해 적용되는 해당 요소의 시장가격과 일치한다. 따라서 근로자 한 사람이 추가적으로 고용될 때마다 기업의 총요소비용은 정확히 고용된 근로자의 임금률만큼 증가한다. 따라서 완전경쟁 노동시장의 기업은 임금률이 *MRP*와 같아지는 점에서 근로자를 고용함으로써 이윤을 극대화한다.

1.6.3 수요독점 모형

앞에서 논한 완전경쟁 노동시장에서 개별 고용주들은 매우 적은 양의 노동을 고용하기 때문에 임금률에 영향을 미칠 수 없다. 기업들은 각자 많든 적든 필요한 만큼의 노동을 고용할 수 있다. 하지만 노동시장이 수요독점(monopsony)인 경우에는 상황이 달라진다. 여기서 수요독점이란 특정 제품, 서비스, 생산요소에 대하여 단 하나의 구매자만이 존재하는 시장구조이다. 이 상황에서는 근로자들이 지리적으로 이동성이 없거나 다른 직장을 찾기 위해서는 새로운 숙련을 습득하여야 하기 때문에 수요독점 기업을 위해 일하는 것 이외에는 별다른 직장의 선택이 없다. 따라서 해당 기업이 지불해야 하는 임금률은 이 기업이 채용한 근로자의 수에 따라 바로 변화하기 때문에 임금 결정자(wage maker)이다.

독점에서 흔히 나타나듯이 수요독점력도 다양한 수준에서 존재한다. 순수수요독점에서는 단일한 고용주가 노동시장에서 노동을 채용하기 때문에 수요독점력이 극대화된다. 이는 하나의 지배적인 기업에 전적으로 의존하고 있는 몇몇 중소도시에서 찾아볼 수 있다. 다른 경우에는 서너 개의 기업들이 각각 특정 시장에서 노동공급의 상당 부분을 고용하며, 따라서 어느 정도의 수요독점력을 갖는다. 더구나 이들이 암묵적이거나 공개적인 협의 하에 채용을 실시한다면 수요독점력을 대폭 강화할 수 있다.

1.6.4 노동조합의 세 가지 측면

지금까지는 완전경쟁시장 하에서 근로자들 자신의 노동 서비스를 판매하기 위해 서로 경쟁한다고 가정하였다. 그러나 어떤 노동시장에서는 근로자들이 노동조합을 결성하여 자신들의 노동 서비스를 집단적으로 판매한다. 노동조합이 없었더라면 경쟁적이었을 노동시장에서 노동조합이 결성되면 이 노동조합은 통상적으로 비교적 많은 수의 사용자들을 대상으로 교섭을 진행한다. 노동조합은 다양한 목적을 지니고 있지만, 가장 중요한 목적은 임금 인상이다. 노동조합이 이러한 목적을 추구하는 데에는 여러 가지 방식이 존재한다.

1) 수요진작 측면

노동조합의 관점에서 볼 때 조합원에 대한 수요를 늘리는 것은 매우 바람직하다. 수요가 증가하면 임금은 높아지고, 더 많은 일자리가 창출될 것이기 때문이다. 노동조합은 자신들이 생산에 기여하는 재화나 서비스에 대한 수요를 늘림으로써 자신에 대한 노동수요를 늘릴 수 있다. 이에 있어 정치적 로비는 중요한 도구가 된다. 이외에도 노동조합은 다른 투입요소의 가격을 변화시킴으로써 조합원에 대한 수요를 늘릴 수 있다. 또한, 노동조합은 때때로 보완적으로 사용되는 요소의 가격을 낮추거나 인상을 억제하는 정책을 지지함으로써 조합원들에 대한 수요를 늘리려 한다. 노동조합원들의 노동과 다른 요소가 보완적이라면 이 다른 요소에 대한 가격이 하락하면 산출효과에 의해 노동조합원에 대한 수요는 증가하게 된다.

2) 노동공급 배제적 측면

노동조합은 노동공급을 줄임으로써 임금 상승을 촉발시킬 수 있으며, 다년간 조직화된 노동은 이를 실현하기 위한 정책을 선호해왔다. 게다가 어떤 근로자들은 노동조합에 가입할 수 있는 근로자의 수를 제한하기 위해 고안된 기법을 채택하였다. 직종별 노동조합(craft union)이 바로 그 경우인데, 이러한 형태의 노동조합의 조합원들은 주로 특수한 숙련을 보유한 사람들이다. 이들은 고용주로 하여금 노동조합원만 채용할 것에 동의하도록 강제하며, 이를 통해 노동공급에 대하여 사실상 완전한 통제권을 행사한다. 그리고 회원수를 제한하는 정책을 취함으로써 노동공급을 인위적으로 제한하고자 한다. 이는 공급을 감소시키기에 임금률을 인상하는 결과를 낳으며, 이른바 배제적 조합주의(exclusive unionism)를 구성한다. 직종별 노동조합은 근로자들을 조합으로부터 배제하고, 그 결과 노동공급으로부터 배제함으로써 임금률의 인상을 가져온다.

3) 포괄적 측면

대다수의 노동조합은 노동조합 가입을 제한하는 대신 모든 근로자들의 조직화를 추구한다. 자동차나 철강 근로자들의 경우에 나타나는 산업별 노동조합(industrial unions)이 특히 이러한 경우이다. 이러한 형태의 노동조합은 산업 내의 모든 비숙련, 반숙련, 숙련 근로자들을 조합원으로 두고자 한다. 조합원들이 고용주가 대체인력을 찾기 힘든 숙련 기능근로자들로 구성되어 있는 경우 노동조합이 배제적이 되는 것은 일리가 있다. 그러나 노동조합이 비숙련 및 반숙련 노동자들을 조직화하려 할 때 배제적이 되는 것은 어려운 일이다. 고용주들은 파업을 막기 위해 비숙련 또는 반숙련 조합원 근로자들을 비조합원 근로자로 쉽게 대체할 수 있다. 반대로 거의 모든 근로자들을 회원으로 포함하는 산업별 노동조합은 기업들로 하여금 자신들의 임금 요구에 응하도록 강한 압력을 가할 수 있다. 이들 노동조합은 법적으로 파업권을 보유하고 있기 때문에 기업에 대하여 노동공급을 완전히 차단하겠다고 위협할 수 있다. 그리고 실제 파업은 바로 이러한 기능을 한다. 게다가 거의 대부분의 근로자들을 조합원으로 두고 있기 때문에 단기에 새로운 무노조 기업이 생겨나 노동조합의 현존 기업에 대한 요구사항을 약화시키는 것은 어렵다.

〈그림 5-10〉은 이런 포괄적 조합주의(exclusive unionism)를 보여주고 있다. 포괄적 산업별 노동조합은 노동공급을 통제하기 위해 거의 모든 근로자들을 조직화함으로써 경쟁시장의 임금을 균형인 W_c보다 높은 수준인 W_u와 같은 수준의 임금률을 강제할 수 있다. 이러한 임금률 W_u는 〈그림 5-10〉의 $\overline{ae}$구간에서 노동공급을 완전 탄력적으로 만든다. 만약 기업이 이 범위 내에 있는 근로자를 고용하기를 원한다면 노동조합이 제시한 임금률을 지불하여야 할 것이다. 만약 기업이 이러한 임금 인상 요구를 거절하기로 결정한다면 노동조합은 노동을 전혀 공급하지 않을 것이며 기업은 파업에 직면할 것이다. 만약 기업이 파업보다 더 높은 임금을 지불하는 것이 낫다고 판단한다면 고용을 Q_c에서 Q_u로 줄일 것이다. 개별 고용주는 노동조합의 임금 요구안을 받아들임으로써 노동조합 임금률 W_u에서 임금 수용자가 된다. $\overline{ae}$구간에서 노동의 공급은 완전 탄력적이므로 해당 구간에 대해 한계요소비용은 임금

그림 5-10

포괄적 또는 산업별 조합주의

포괄적 산업별 노동조합은 노동공급을 통제하기 위해 거의 모든 근로자들을 조직화함으로써 경쟁시장의 임금을 균형인 W_c보다 높은 수준인 W_u와 같은 수준의 임금률을 강제할 수 있다.

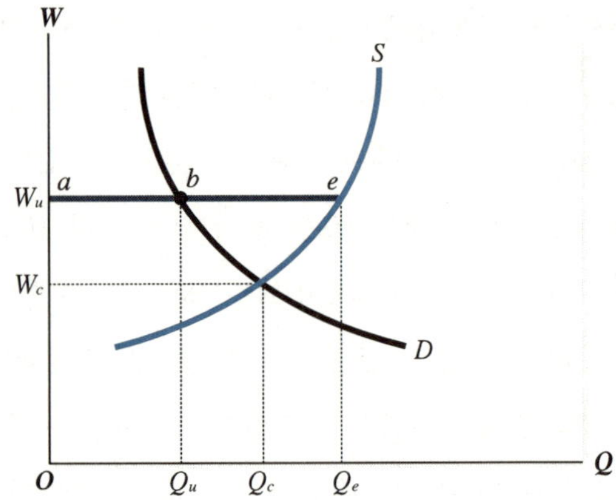

률 W_u와 동일하다. 노동공급곡선(S) 위의 e점으로부터 W_u의 임금수준에서 Q_e만큼의 근로자가 고용되기를 원하고 있음을 알 수 있다. 그러나 노동수요곡선(D) 위의 b점이 가리키는 바와 같이 단지 Q_u만큼의 근로자가 고용된다. 그 결과 $Q_e - Q_u$만큼, 즉 $\overline{eb}$만큼의 노동초과공급이 발생한다. 노동조합이 없는 완전경쟁 노동시장에서 실업 근로자들의 초과공급이 발생하면 임금이 하락한다. 하지만 포괄적 노동조합이 존재하는 경우 이러한 임금 하락은 노동자의 집단행동으로 인해 발생하지 않는다. 개별 근로자들은 W_u보다 낮은 임금으로 일할 수 없으며, 고용주들은 그보다 낮은 임금을 지불할 수 없기 때문이다.

1.7 실업[9]

지금까지 다룬 노동시장 모형은 노동시장이 균형상태에 있을 때 현행 임금 하에서 일할 의사가 있는 모든 노동자는 일자리를 얻을 수 있다는 가정 하에 다루어졌다. 하지만 현실에서는 일하기를 원하는 모든 사람에게 실제로

9. 이병락 옮김(2007) 참조.

일자리가 주어지는 것은 아니다. 실업이 존재한다는 것은 언제든지 사회의 노동력 자원 중 일부는 상품 및 서비스 생산에 적극적으로 참여하지 못하고 있다는 것을 의미한다.

1.7.1 실업의 구분

실업이 존재하는 이유 중의 하나는 노동자와 직업을 적절히 연결시키는 데 시간이 걸리기 때문이다. 모든 노동자는 서로 다른 기호와 능력을 지니고 있고 각각의 직업들은 서로 다른 특성을 가지고 있다. 더구나 직장을 구하려는 노동자와 일자리에 관한 정보가 불완전하며 노동자의 지리적 이동도 즉각적으로 이루어질 수 없다. 이런 이유 때문에 적절한 직업을 찾는 데는 시간과 노력이 필요하며, 이로 인해 구직률이 낮아지게 된다. 각 직업들은 서로 다른 기술을 요구하며 다른 수준의 임금을 지불하므로 실직자들은 제일 처음 받은 구직 제의를 수락하지 않을 수 없다. 노동자들이 직업을 구하는 데 걸리는 시간 때문에 발생하는 실업을 마찰적 실업(frictional unemployment)이라 한다. 이 마찰적 실업은 변화하는 경제환경 속에서 불가피하다. 시간이 지남에 따라 상품수요가 변화하고, 그에 따라 그 상품을 생산하는 노동에 대한 수요도 변화한다. 이 과정에서 산업 간 또는 지역 간 수요구성의 변화를 부문 간 이동(sectoral shift)이라 한다. 부문 간 이동은 언제나 발생하고 노동자들이 이동하는 데 시간이 걸리므로 마찰적 실업은 언제나 존재한다. 부문 간 이동이 마찰적 실업을 일으키는 유일한 이유는 아니다. 이밖에 기업이 도산하거나 노동자의 업적이 수준 미달이거나, 특정 분야 기술이 더 이상 필요하지 않을 경우 노동자들은 생각하지 못했던 실업에 직면하게 된다. 노동의 공급과 기업들 사이에 노동에 대한 수요가 변화하는 한 마찰적 실업은 불가피하다.

많은 공공정책들은 마찰적 실업을 낮추어 자연실업률을 감소시키려 한다. 정부의 고용정책 당국은 일자리와 노동자를 좀 더 효율적으로 연결시키기 위해 일자리에 관한 정보를 알려준다. 이외의 다양한 계획들이 구직률을 상승시킬 경우 자연실업률이 낮아질 것이다. 의도치 않게 정부의 계획이 마찰적 실업의 규모를 증대시키는 경향이 있다. 이러한 예 중 하나가 실업보험

(unemployment insurance)이며, 이 제도 하에서 실업자들은 직장을 잃은 후 일정 기간 동안 임금의 일부를 받을 수 있다. 실업보험은 실업으로 인한 경제적 곤란을 완화시키므로 마찰적 실업을 증대시켜 자연실업률을 상승시킨다. 실업보험 수당을 받고 있는 실업자들은 새로운 직업을 찾는 데 덜 적극적이며 조건이 좋지 않은 취업 제안을 거절할 가능성이 높고, 따라서 구직률이 낮아진다. 뿐만 아니라 실업보험이 소득의 일부를 보상해주기 때문에 노동자들은 직업의 지속성 보장에는 덜 관심을 갖게 되고, 이는 실업률 상승으로 이어진다.

실업보험이 자연실업률을 상승시킨다고 해서 이 정책이 바람직하지 않다는 것을 반드시 의미하지는 않는다. 이 제도는 노동자들의 소득에 관한 불확실성을 감소시키는 장점이 있다. 더구나 조건이 맞지 않는 제안을 거절할 수 있게 되어 노동자와 일자리가 보다 잘 연계될 수 있다. 실업보험 시행으로 인한 편익 및 비용을 분석하는 일은 향후 많은 연구가 필요한 분야이다.

1.7.2 산출량과 실업률의 관계 : 오쿤의 법칙

고용변화는 단기 산출량의 변화를 유발한다. 고용이 감소하고 실업이 증가할 때, 일하는 사람의 숫자가 줄어들고 결론적으로 생산된 상품과 서비스의 양이 감소하는 결과가 나타난다. 이처럼 노동시장의 상태와 총산출량 사이에 존재하는 관계를 좀 더 정확하게 제시하기 위해 경기적 실업의 개념을 사용할 수 있다.

실업률의 변화가 총산출량에 미치는 정량적 영향은 오쿤의 법칙으로 설명된다. 이것은 오쿤(A. Okun)이 처음 말한 것으로 경험법칙이다. 오쿤의 법칙(Okun' s law)에 의하면 실업률이 1%p 증가하면 국민경제의 완전고용 수준 산출량과 실제 산출량 간의 격차가 2%p 증가한다. 이를 식으로 표현하면 다음과 같다.

$$\frac{\bar{Y}-Y}{\bar{Y}} = 2(u-\bar{u}) \tag{5.7}$$

식 (5.7)의 좌변은 완전고용 산출량($\bar{Y}$)에서 실제 산출량(Y)이 미달하는 격차를 완전고용 수준 산출량($\bar{Y}$)의 백분율로 표현한 것이다. 그러므로 식 (5.7)은 잠재적 산출량과 실제 산출량 간의 백분율 격차는 경기적 실업률의 2배와 같다는 것을 나타내고 있다.

그러면 실업률이 1%p 증가하면 오쿤의 법칙에 따라 산출량이 2%p 감소하는 이유는 무엇일까? 경기적 실업이 증가하면 산출량을 결정하는 다른 요소들, 즉 노동을 제공하는 사람들의 수와 노동의 평균생산성 역시 떨어지므로 이런 요소들의 복합적인 작용으로 실업률 증가가 확대된다.

오쿤의 법칙은 변화된 형태로도 표현할 수 있다. $\frac{\Delta Y}{Y}$를 산출량의 성장률이라 하고 Δu를 실제 실업률의 연간 변화분이라고 할 때, 다음이 성립한다.

$$\frac{\Delta Y}{Y} = 3 - 2\Delta u \tag{5.8}$$

식 (5.8)은 실업이 증가할 때, 실제 산출량은 완전고용 수준 산출량(잠재 산출량)의 평균성장률인 3%보다 느리게 증가함을 의미한다. 이 식을 오쿤의 법칙의 성장률 형태라 부르며, 이는 자연실업률이 일정하다는 가정을 전제로 한다.

1.7.3 실업 임금 경직성의 원인

경직적 실질임금이 실업의 원인이라면, 기업이 현재 지급하고 있는 실질임금이 노동수요와 노동공급을 일치시키는 시장청산 실질임금보다 더 높아야 한다. 그러나 만약 실질임금이 노동자를 유인하는 데 필요한 수준보다 더 높다면, 왜 기업은 현재의 임금을 단순히 낮춤으로써 노동비용을 절약하지 않는 것일까?

이에 대해 다양한 설명이 제시되어 왔다. 먼저, 최저임금법과 노동조합 계약처럼 임금을 높게 유지시키는 법적 및 제도적 요인을 들 수 있다. 하지만 이런 제도가 구축되어 있지 않은 곳이 많기에 절대적인 이유가 될 수는 없다. 다음으로, 기업의 교체비용(turnover costs) 혹은 새로운 노동자를 고용하고 교육하는 것과 관련된 비용을 줄일 수 있다는 것이다. 마지막으로, 좋은 보수를 받는 노동자는 열심히 그리고 효율적으로 일하고자 하는 높은 동기를 가질 수 있다는 것이다. 만약 고임금 노동자를 모두 유인할 수 있다고 하더라도, 높은 임금을 지불함으로써 기업은 더 높은 이익을 얻을 수 있기 때문이다. 노동자의 생산성은 근로자들이 받는 실질임금에 의존하며, 따라서 기업은 시장청산 수준보다 높은 임금을 지불할 수 있다는 것이 효율성 임금모형(efficiency wage model)의 요점이다.

1.7.4 효율성 임금모형

노동자의 생산성은 실질임금에 의존하는가? 또는 높은 보수를 받는 노동자가 더 생산적일까? 정답은 이중적 측면을 가지고 있기 때문에 '예', '아니오' 모두 다 맞다.

'예' 라는 대답에서는 좋은 대접을 받는다고 느끼는 노동자가 더 열심히, 더 효율적으로 일할 것이라는 생각에 기반을 두고 있다. 고용주가 자신을 공정하게 대하고 있다고 믿는 노동자는 일을 더 잘함으로써 고용주에게 보답할 것이라고 생각한다.

반대로 '아니오' 의 측면에서는 임금결정의 회피(shirking)모형으로 불리는 경제모형에 기반을 두고 있다. 이에 따르면 노동자가 어떤 특정한 일을 하는 데 필요한 최저금액만 받는다면, 그가 일을 잘하지 못했을 때 해고될 가능성에 대해 관심이 크지 않을 수 있다. 결국 노동자가 일하도록 유도하는 데 필요한 최저금액만 지불하면, 노동자는 직장이 없을 때보다 직장에 대해 행복감을 크게 느끼지 못할 수 있다. 이러한 경우 노동자가 일을 천천히 하고 의무를 회피하려는 경향이 커질 수 있으며, 고용주는 회피의 비용을 부담하든지 아니면 관리자가 업무를 감독하는 일을 잘하도록 더 높은 급여를 주든지 선택해야 한다. 그와는 대조적으로 높은 임금을 받는 노동자는 자신의 직장을 유지하는 데 더 큰 가치를 둘 것이며, 게으름으로 인해 해고당하지 않도록 더 열심히 일할 것이다.

선물교환 동기와 회피모형은 둘 다 직장에 대한 노동자의 노력이 그들이

그림 5-11

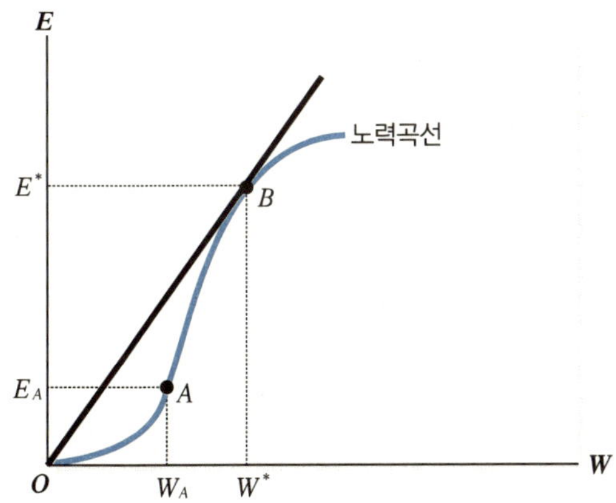

효율성 임금의 결정

실질임금과 노력수준의 관계를 표시한 것이 노력곡선이다. 실질임금 W는 가로축에서, 그리고 노력수준 E는 세로축에서 측정되고 있다. 노력곡선은 O, A, B점을 지나며 실질임금이 높을수록 노동자는 더 열심히 일할 것을 선택한다.

받는 실질임금에 의존한다는 것을 뜻한다. 그래프로 볼 때 실질임금과 노력수준의 관계는 〈그림 5-11〉의 노력곡선(effort curve)과 같다.

실질임금 W는 가로축에서, 그리고 노력수준 E는 세로축에서 측정되고 있다. 노력곡선은 O, A, B점을 지나며 실질임금이 높을수록 노동자는 더 열심히 일할 것을 선택한다. 그러므로 노력곡선은 우상향하는 기울기를 가지며 S자 형태를 갖는 것으로 가정한다. 가장 낮은 실질임금 수준에서 노동자는 거의 어떠한 노력도 하지 않으며, 노력은 실질임금이 증가함에 따라 아주 완만하게 증가한다. 높은 실질임금 수준에서는 그래프의 가파르게 상승하는 부분에서 나타나는 것처럼 노력은 급격히 증가한다. 노동자가 아무리 동기부여를 받더라도 현실적으로 초과할 수 없는 노력수준이 있기 때문에 그래프는 실질임금이 아주 높은 수준에서는 평평하게 된다.

1.7.5 효율성 임금모형에서의 고용과 실업

효율성 임금모형에 따르면, 실질임금은 노력을 극대화하는 수준에서 움직이지 않는다. 지금부터 노동시장에서 고용과 실업은 어떻게 결정되는지 알아보자.

그림 5-12

효율성 임금모형에서의 노동의 초과공급

효율성 임금은 오로지 노력곡선에 의해 결정되기 때문에 W^*로 고정된 것으로 간주한다. 이때 기업의 노동수요는 $\overline{N}$이며 A점으로 설명된다. 그러나 W^*의 실질임금에서 노동자가 공급하고자 하는 노동은 NS_1이고, 이것은 기업의 노동수요보다 많다.

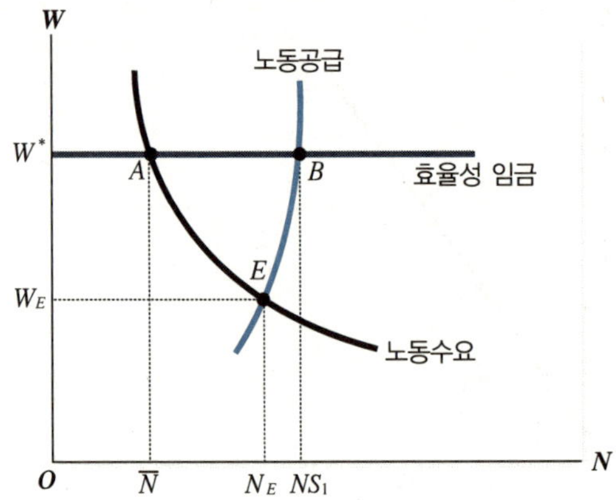

효율성 임금이 있을 때, 노동시장의 모양은 〈그림 5-12〉와 같다. 효율성 임금은 오로지 노력곡선에 의해 결정되기 때문에 W^*로 고정된 것으로 간주한다. 이때 기업의 노동수요는 $\overline{N}$이며 A점으로 설명된다. 그러나 W^*의 실질임금에서 노동자가 공급하고자 하는 노동은 NS_1이고, 이것은 기업의 노동수요보다 많다. 효율성 임금에서 노동공급은 노동수요보다 크며, 따라서 고용수준은 기업의 노동수요, 즉 $\overline{N}$와 같이 결정된다. 효율성 임금은 W^*에서 움직이지 않으므로 외부충격이 없으면 이 경제의 고용수준은 $\overline{N}$에 무한정 머물게 된다. 이 모형의 가장 흥미로운 측면은 실업에 대한 새로운 설명을 제공하고 있다는 것이다. 임금이 필요한 만큼 충분히 조정되고 경제가 기술적으로 완전고용에 있다 하더라도, 노동의 초과공급은 $NS_1-\overline{N}$, 다시 말해 $\overline{AB}$만큼 여전히 존재한다는 것이다.

여기서 왜 실업자는 실질임금을 낮춤으로써 일자리를 얻으려 하지 않는가? 고전학파 모형에서와는 달리 효율성 임금의 노동시장에서는 고용주가 노동자를 고용하려고 하지 않기 때문에, 더 낮은 임금에서 일하려는 사람들이 실질임금을 내릴 수는 없다. 더 낮은 임금에서 일하려는 사람들은 높은 효율성 임금을 받는 노동자보다 노력을 충분히 발휘하지 않는다는 것을 고용주는 알고 있기 때문이다. 따라서 〈그림 5-12〉의 노동의 초과공급은 무한정 지속될 것이다. 그러므로 효율성 임금모형은 비록 직업과 노동자 간 불일치가 없다고 하더라도 실업은 존속될 것이라는 것을 함축하고 있다.

토의과제

01. 노동시장의 경제적 의의를 설명하시오.

02. 노동시장의 수요를 결정하는 요인에 대해서 설명하시오.

03. 노동수요가 결정되는 과정을 한계생산물을 들어 설명하시오.

04. 노동수요의 탄력성의 정의와 탄력성을 조정하는 요인에 대해 설명하시오.

05. 노동공급시간이 결정되는 과정에 대해 설명하시오.

06. 노동공급 측면에서 여가와 근로의 관계를 설명하시오.

07. 노동시장의 균형조건을 설명하시오.

08. 노동수요곡선과 노동공급곡선의 이동과정에 대해 설명하시오.

09. 완전경쟁 노동시장에서 균형을 도출하는 과정을 설명하시오.

10. 수요독점 모형에서 균형을 도출하는 과정을 설명하시오.

11. 경제에서 노동조합의 역할과 세 가지의 노동조합 모형에 대해 각각 설명하시오.

12. 산출량과 실업률 간의 관계를 일컫는 법칙과 그 내용을 설명하시오.

13. 효율성 임금모형에서 고용과 실업이 결정되는 과정에 대해 설명하시오.

핵심단어

생산요소
생산요소수요의 한계생산성 이론
한계수입생산
한계요소비용
소득분배의 한계생산성 이론
노동수요
한계생산물 체감법칙
한계생산가치
한계수입생산물
노동수요곡선
총노동수요
노동수요의 탄력성
노동공급
여가
한계대체율
소득효과
대체효과
총노동공급
노동시장 균형
후방굴절형 공급곡선
명목임금
실질임금
완전경쟁 노동시장
노동수요곡선
노동공급곡선
수요독점 모형
노동조합 모형
수요진작 모형
배제적 또는 직종별 노동조합 모형
포괄적 또는 사업별 노동조합 모형
실업
마찰적 실업
경기적 실업
오쿤의 법칙
효율성 임금모형
노력곡선

제2절 노동정책의 메커니즘

2.1 정책의 개요

노동정책은 경제활동의 주요 요소라고 할 수 있는 노동력이라는 자원의 효율적 배분을 촉진하면서 노동수입의 주체가 되는 국민들의 생활안정과 복지의 향상을 도모하고, 노동비용의 주체가 되는 기업들을 지원할 수 있는 모든 정책의 총칭이다.

노동정책에는 여러 가지 형태가 있다. 국가는 노동시장에 대하여 고용을 증대시키거나 노동력 공급을 적정 수준에서 유지하는 등의 정책을 수행한다. 국가는 노동자와 자본가 사이의 대립으로 발생하는 사회적 갈등을 완화하기 위하여 노동자가 자본가와 대등한 관계에서 교섭할 수 있도록 법적 · 제도적 장치를 마련하기도 하며, 교섭력이 약한 소규모 업체의 노동자를 위하여 최저임금이나 노동시간 등 노동에 대한 최소한의 기준을 정하기도 한다. 또한, 노동자가 노동의 과정에서 발생할 수 있는 질병이나 손해에 대하여 안심하고 일할 수 있도록 하는 산업재해보험제도나 의료보험제도 등을 실시한다.

최근에는 높아지는 청년실업, 대졸자 실업의 증가로 인하여 노동정책이 주로 고용정책, 일자리창출정책에 집중되고 있는 추세이다. 따라서 정부는 기업의 지속적 성장을 지원하여 인력의 수요를 창출하는 경제환경을 조성하는 데 정책의 초점을 맞추고 있다. 특히 최근에는 기업들이 신규인력 채용보다 경력사원 채용을 선호하기 때문에 상대적으로 취업이 어려운 신규인력과 취업취약 계층의 일자리 확보를 위한 정부의 고용관리 정책이 필요한 실정이다.

2.2 노동시장과 총공급곡선

총공급(aggregate supply)은 총수요와 같이 재화와 서비스, 그리고 물가 수준의 관계를 나타낸다. 총수요는 실물시장과 화폐시장의 균형으로 설명될 수 있는 반면, 총공급은 재화 및 용역을 공급하는 기업과 생산물을 만들어낼 수 있는 힘을 가진 노동자와의 균형으로 설명될 수 있다. 즉, 노동시장의 균형에 따라 결정되는 균형임금과 고용수준은 직접적인 생산물시장에 영향을 미치는 것은 아니지만 생산요소로서 생산물시장에 간접적으로 영향을 미쳐, 균형국민소득에 영향을 미칠 수 있는 것이다. 즉, 총수요를 구성하는 부분과 총공급을 구성하는 부분이 서로 다르고, 이 총공급과 총수요가 교차함으로써 균형 물가 및 소득이 결정되는 것이다. 이 총공급은 기업의 입장에서 볼 때, 장기적으로 신축적인 가격을 유지할 수 있지만 단기적으로 비신축적인 가격을 유지하므로 총공급곡선은 고려하는 기간에 따라 다른 형태를 띠게 된다.

2.2.1 수직적인 총공급곡선

고전학파에 의해 설명된 총공급곡선으로 경제가 장기적으로 어떻게 운영되는지를 설명하기 때문에 고전학파 모형에서의 장기 총공급곡선이라고 불린다. 고전학파에 의하면 한 경제의 생산량은 자본 및 노동의 고정된 양과 기술에 의존한다고 하였으며, 생산량은 물가수준에 영향을 받지 않는다고 가정한다. 이는 명목변수인 화폐에 의한 물가의 변동은 실질변수인 생산량에 영향을 미치지 못한다는 화폐 중립설에서도 설명된 것이다. 그리고 노동시장은 물가에 따른 임금이 신축적으로 변동하기 때문에 항상 균형임금과 고용수준이 도출된다고 주장한다. 만약 물가가 하락하게 될 경우를 가정해보자. 물가가 하락할 경우 노동시장의 완전한 정보로 인해 노동수요자와 노동공급자는 물가로 인한 임금의 변화를 예상하게 된다. 따라서 물가의 하락에 따라 수요곡선이 하방으로 이동하며 명목임금 수준의 하락으로 인해 노동공급곡선 역시 하방으로 이동하게 된다. 이는 실질임금에 아무런 영향을 미치지 못함과 동시에 고용수준 또한 아무런 변화가 없기 때문에 총공급곡선이 물가에

그림 5-13

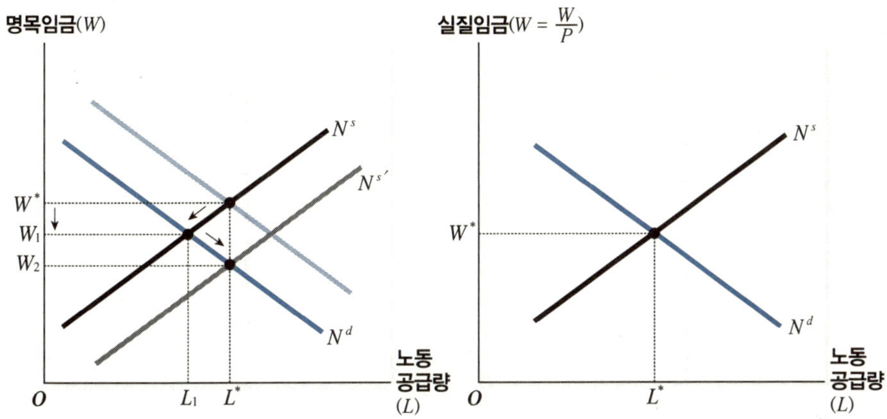

물가의 변화에 따른 실질임금 관계

물가가 하락할 경우 노동시장의 완전한 정보로 인해 기업의 노동수요자와 근로자의 노동공급자는 물가로 인한 임금의 변화를 예상하게 된다. 따라서 물가의 하락에 따라 수요곡선이 하방으로 이동하며 명목임금 수준의 하락으로 인해 노동공급곡선 역시 하방으로 이동하게 된다.

대해 수직선의 형태로 존재하게 되는 것이다.

〈그림 5-13〉의 좌측 그림을 보면 물가의 하락에 따라 실질임금이 높아진다. 이는 기업의 노동수요곡선이 아래로 이동하는 것을 유발하고, 따라서 W_1의 명목임금과 당초 L^*만큼의 고용수준보다 줄어든 L_1에서 결정된다. 이 $L^* - L_1$만큼은 실업으로 나타나게 되며, 노동공급자는 높은 임금을 받기보다 오히려 현재의 임금수준에서 유지 혹은 하락된 금액을 받더라도 일을 하려고 한다. 따라서 노동공급곡선을 하방으로 이동시켜 원래의 고용수준 L^*를 유지하며 W_1보다 낮아진 임금수준인 W_2에서 노동시장의 균형은 결정된다. 그리고 물가가 하락한 만큼 명목임금이 하락하기 때문에 실질임금에는 변화가 없게 되는 것이다. 그렇다면 물가의 변화와 관계없이 생산물을 만들기 위해 공급되는 노동량, 고용수준은 일정하기 때문에 총공급곡선은 물가와 관계가 없으며, 수직선의 형태로 나타나게 된다. 여기서 총공급과 총수요곡선이 만나는 점은 완전고용 수준 하의 자연산출량이 된다.

〈그림 5-14〉를 통해 수직적 총공급곡선 하에서 통화정책을 통해 통화

그림 5-14

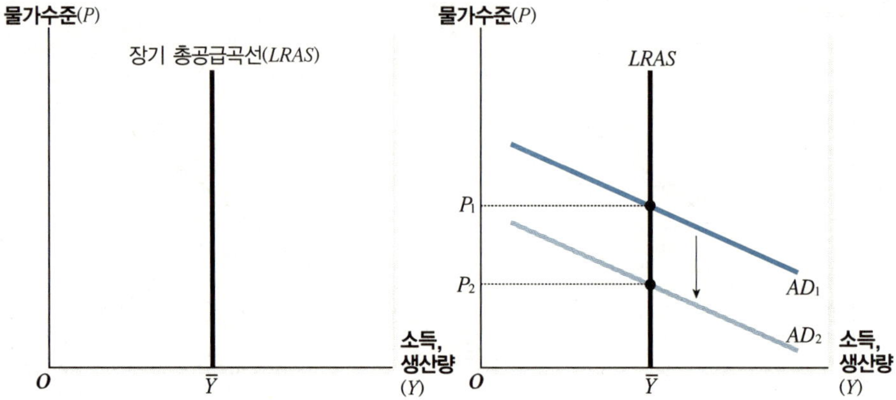

고전학파의 총공급곡선과 이분법

긴축정책으로 인해 총수요가 하방으로 평행이동을 하고, 그 결과 물가수준이 P_1에서 P_2로 하락할 뿐이며 생산량에 아무런 영향을 미치지 못함을 알 수 있다.

량을 줄여 긴축정책을 사용할 경우를 살펴보자. 이때 긴축정책으로 인해 총수요가 하방으로 평행이동을 하고, 그 결과 물가수준이 P_1에서 P_2로 하락할 뿐이며 생산량에 아무런 영향을 미치지 못함을 알 수 있다.

즉, 수직적인 총공급곡선은 생산량이 통화공급과 독립적이라는 것을 의미하므로 고전학파의 이분법을 만족시킨다고 할 수 있다. 이 장기적인 생산량 수준 $\bar{Y}$를 생산량의 완전고용 또는 자연수준이라 한다. 이는 한 경제 내 자원이 완전히 고용된, 좀 더 현실적으로 말하면 실업이 자연실업률 상태에 있을 때의 생산량 수준을 의미한다.

2.2.2 수평적인 총공급곡선

고전학파 모형과 수직적인 총공급곡선은 오직 장기에만 적용된다는 점을 비추어볼 때, 단기적으로는 일부 가격이 비신축적 경향을 가지므로 이를 반영시킬 필요가 있다는 점에서 케인즈학파는 다음과 같이 주장한다. 먼저 노동공급은 기업에 의해 수요되는 수준에서 공급자와 수요자 간 계약으로 이루어지며, 이 계약에 의해 일정 기간 동안 일정한 임금이 지불되게 된다. 그리고 노동자는 물가에 대한 정보가 부족하다는 한계가 존재한다고 본다. 쉽게 말해, 물가의 변동을 자신의 의사결정에 충분히 반영하지 못하는 화폐에 대한 환상을 가지고 있다는 것이다. 즉, 일정한 기간 동안 계약을 통해 확정적인 임금수준 하의 물가변동은 오직 기업의 수요에 의해 균형고용량이 결정되게 하는 것이다. 그리고 단기적으로 물가의 변동에 따라 새로운 가격 목록표를 제작할 때 드는 비용이 존재한다는 메뉴비용(menu cost) 개념을 도입하여 설명한다. 이러한 내용을 토대로 명목임금의 하방 경직성이 존재함을 들면서, 물가수준이 단기적으로 고정됨에 따라 인플레이션의 압력은 없으며, 따라서 명목임금과 실질임금은 같다고 가정한다. 즉, 단기적으로 물가수준이 고정되어 있는 상태에서 생산은 그 국민경제가 수요하는 만큼 결정된다는 것이다. 예를 들어 모든 기업들이 가격 목록표를 인쇄하여 사용하고 새로운 목록표를 만들어 사용하는 데 많은 비용이 드는 경우를 가상해보자. 이런 경우 모든 가격은 미리 결정된 수준에 고정되어 있다. 이런 가격수준에서 기업들은 고객들이 구입하고자 하는 만큼 판매하며, 이 수요량을 생산할 수 있는

그림 5-15

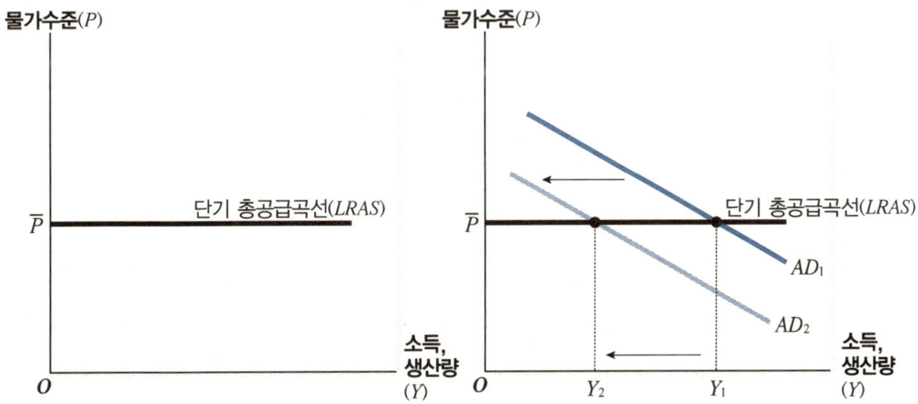

케인즈학파의 총공급곡선과 총수요정책의 효과

물가수준이 단기적으로 고정됨에 따라 인플레이션의 압력은 없으며, 따라서 명목임금과 실질임금은 같다고 가정한다. 즉, 단기적으로 물가수준이 고정되어 있는 상태에서 생산은 그 국민경제가 수요하는 만큼 결정된다.

만큼의 노동만을 고용하게 된다. 따라서 단기적으로 물가수준이 고정되어 있으므로 총공급곡선은 수평선 형태로 나타나게 된다는 것이다.

〈그림 5-15〉에서 보면 단기 총공급곡선은 물가(가격)의 비신축성으로 인해 수평선의 형태를 취하고 있다. 만약 이때 고전학파에서 적용한 통화조절에 따른 긴축정책을 시행해도 같은 결과가 나타나게 될까? 그림을 통해 알 수 있겠지만 해답은 '아니다' 이다. 가격의 반응에 따라 시장에서 즉각적인 반응이 일어나지 않기 때문에 총수요의 감소는 생산량의 감소로 나타난다.

즉, 모든 가격은 미리 결정된 수준에 고정되어 있고, 기업들은 고객들이 구입하고자 하는 만큼 판매한다. 이 수요량을 생산할 수 있는 만큼의 노동만을 고용하게 되는 과정을 살펴볼 때 고객들이 구입하고자 하는 양이 감소한다면 고용이 줄어들게 되고, 그로 인해 산출량이 줄어들 수밖에 없다. 따라서 경제는 불경기를 경험하게 된다.[10]

2.3 우상향하는 네 가지 총공급곡선 모형 및 필립스곡선

그러나 단기적으로 수평형태의 총공급곡선을 도출하기 위한 가정에 대해 여러 경제학자들이 강도 높게 비판해왔다. 즉, 가격이 단기적으로 고정되어 있고, 따라서 인플레이션의 압박도 없으며, 그로 인해 명목임금과 실질임금이 같아지게 된다는 것은 현실적으로 불가능하다는 것이다. 그리고 장기에서의 고전학파의 가정인 완전한 정보에 대한 문제 역시 비판을 받게 되었다. 양측의 이런 가정의 문제를 적절히 해결함으로써 다음 네 가지 모형인 비신축적 임금모형과 가격모형, 노동자오인 모형, 그리고 불완전정보 모형을 통해 우상향하는 단기 총공급곡선이 도출되었고, 현재까지 적극적인 지지를 받고 있는 상황이다. 이 네 가지 모형은 일부 세부사항에 대해 상이한 면이 있으나 중요한 면에서는 상호 연계되어 있다. 즉, 무엇이 단기공급곡선과 장

10. 재정 및 통화정책 부분에서 충분히 설명된 바이다. 즉, 유휴 실업자가 넘쳐나는 상황에서 물가는 고정되어 있기 때문에 수요는 감소하고 기업의 판매는 줄게 되어 실업자가 발생되는 순환적 메커니즘을 반대로 이용해보면 정부에 의해 재정 및 통화정책을 통해 단기적으로 총수요를 증가시키면 승수효과와 함께 생산량 및 소득의 증대를 꾀할 수 있다는 점을 알 수 있을 것이다.

기공급곡선을 구별할 수 있게 하는지에 관한 공동의 논제를 가지고 있으며, 단기공급곡선이 우상향한다는 공통의 결론에 도달하고 있다.

2.3.1 비신축적 모형

비신축적 임금모형(sticky-wage model)은 비신축적 명목임금이 총공급에 미치는 영향을 설명해준다. 명목임금이 비신축적인 경우, 물가수준이 상승하면 실질임금이 낮아져 노동이 저렴해진다. 이 과정에서 기업은 더 많은 노동을 고용하며, 이는 생산량 증대로 이어진다. 여기서 물가수준과 생산량이 정의 관계인 것은 명목임금이 조절될 수 없는 기간 동안 총공급곡선이 상향한다는 의미이다.

노동자와 기업 양측은 목표실질임금 w와 물가수준에 대한 기대 P^e에 기초하여 명목임금 W를 결정한다. 즉, 양측이 설정한 명목임금은 다음과 같다.

$$W = w \times P^e \tag{5.9}$$

명목임금이 결정된 후, 노동을 고용하기 전에 기업들은 실제물가 수준 P를 알게 되므로, 실질임금은 다음과 같다.

$$\frac{W}{P} = w \times \left(\frac{P^e}{P}\right) \tag{5.10}$$

위의 두 식에 의하면 실제물가 수준이 기대물가 수준과 다를 경우 실질임금은 목표실질임금으로부터 벗어난다. 실제물가 수준이 기대치보다 높을 경우 실질임금은 목표치보다 작아지며, 실제물가 수준이 기대치보다 낮을 경우 실질임금은 목표치보다 커진다.

비신축적 임금모형에서는 고용은 기업의 노동수요량에 의해 결정된다고 가정한다. 따라서 우리는 기업의 고용결정을 노동수요함수라고 할 수 있다.

$$L = L^d\left(\frac{W}{P}\right) \qquad (5.11)$$

식 (5.11)에 의하면 실질임금이 낮아질수록 기업의 고용규모는 증가한다. 노동수요곡선은 일반수요곡선의 모양과 일치하고 노동생산함수는 일반공급곡선의 모양과 일치한다.

결론적으로 명목임금이 비신축적이므로 기대하지 않은 물가변화는 실질임금을 목표실질임금에서 벗어나게 하며 실질임금의 변화는 고용량과 생산량에 영향을 미친다. 총공급곡선은 식 (5.12)와 같다.

$$Y = \overline{Y} + \alpha(P - P^e) \qquad (5.12)$$

따라서 물가수준이 기대물가 수준에서 벗어나면 생산량은 자연율 수준에서 벗어난다.

2.3.2 노동자오인 모형

비신축적 모형과는 달리 노동자오인 모형(worker-misperception model)에서는 임금이 자유롭고 신속하게 변동하여 노동의 공급과 수요를 일치시킨다. 여기서는 노동자들이 일시적으로 실질임금과 명목임금을 혼동하기 때문에 물가수준에 기대하지 않은 변화가 일어날 경우 노동공급에 영향을 미치게 된다. 이 모형의 두 가지 요소는 노동공급과 노동수요이다.

$$L^d = L^d\left(\frac{W}{P}\right) \qquad (5.13)$$

$$L^s = L^s\left(\frac{W}{P^e}\right) \qquad (5.14)$$

노동수요곡선은 식 (5.13), 노동공급곡선은 식 (5.14)와 같다. 이 식에 의하면 노동공급량은 노동자들이 기대하는 실질임금에 달려 있다. 노동자들은 명목임금(W)은 알고 있으나 전반적인 물가수준(P)은 알지 못하며, 노동자들이 공급규모를 결정할 때는 기대실질임금을 고려한다.

$$\frac{W}{P^e} = \frac{W}{P} \times \frac{P}{P^e} \tag{5.15}$$

식 (5.15)는 기대실질임금을 나타내며, 이는 실제실질임금($\frac{W}{P}$)과 변수($\frac{P}{P^e}$)의 곱이다. $\frac{P}{P^e}$는 물가수준에 대한 노동자들의 오인을 측정하며, 1보다 큰 경우 물가수준은 노동자들이 기대한 것보다 높으며 1보다 작은 경우 물가수준은 기대보다 낮다. 무엇이 노동공급을 결정하는지 알아보기 위해 $\frac{W}{P^e}$를 식 (5.14)에 대입하면 결과는 다음과 같다.

$$L^s = L^s\left(\frac{W}{P} \times \frac{P}{P^e}\right) \tag{5.16}$$

노동공급량은 실질임금과 물가수준에 대한 노동자오인에 의존한다. 노동시장의 균형을 생각해보면 하향하는 노동수요곡선과 상향하는 노동공급곡선이 만나는 점에서 임금이 조절되어 공급과 수요가 균형을 이룬다. 여기서 노동공급곡선의 위치 및 노동시장의 균형은 노동자오인 $\frac{P}{P^e}$에 의존한다.

물가수준 P가 상승할 경우 해당 경제의 반응은 노동자의 변화 기대 여부에 달려 있다. 기대를 하였다면 P^e는 P에 비례하여 상승하며, 이 경우 노동자들의 예상은 정확하므로 노동의 공급도 노동에 대한 수요도 변하지 않는다. 명목임금이 물가와 동일한 규모로 증가하므로 실질임금과 고용수준은 불변한다. 반대로 노동자들이 인지하지 못할 때 물가가 상승하면 P는 상승하지만 P^e는 불변이다. $\frac{P}{P^e}$가 증가하면 노동공급곡선은 우측으로 이동하며, 이는 실질임금을 낮추고 고용수준을 증대시킨다. 다시 말해, 노동자들은 물가수준이 실제보다 더 낮다고 믿고, 이에 따라 실질임금은 실제보다 더 높다고 믿게 되며, 이런 오인으로 인해 노동자들은 노동의 공급을 증대시킨다. 기업들은 노동자들보다 더 많은 정보를 갖고 있어 실질임금이 하락하였음을 인지하고 있다고 가정한다. 따라서 기업들은 더 많은 노동을 고용하고 더 많이 생산한다.

노동자오인 모형을 요약하면 물가가 기대한 물가수준을 벗어날 경우 노동공급이 변화하며, 이로 인해 기업의 생산량이 변화한다.

2.3.3 불완전정보 모형

불완전정보 모형(imperfect information model)은 시장은 청산되고 단기 및 장기 공급곡선은 가격에 관한 일시적 오인 때문에 서로 상이하다고 가정한다. 그러나 노동자오인 모형과는 달리 기업이 노동자보다 더 많은 정보를 가지고 있다고 가정하지 않는다.

이 모형에서는 공급자와 수요자를 구분하지 않는다. 즉, 공급자가 각각 단일 상품을 생산하는 동시에 많은 상품을 소비한다고 가정한다. 상품의 수가 많기 때문에 공급자는 생산하는 물품의 가격은 검토하지만 소비하는 물품의 가격은 알 수 없다. 불완전한 정보 때문에 그들은 전반적인 가격수준의 변화와 상대가격의 변화를 혼돈하게 된다. 이는 생산량을 결정하는 데 영향을 미쳐 물가수준과 생산량 사이의 단기적인 관계 변화로 이어진다.

쉽게 말해, 공급자는 본인이 공급하는 것의 명목가격을 이용하여 평가한 상대가격과 전반적인 물가수준에 대해 기대를 하게 된다. 만일 생산품을 포함한 경제의 모든 가격이 상승할 경우, 공급자가 이런 가격변화를 기대하고 있었다면 상대가격에 대한 평가는 불변이다. 따라서 산출량 또한 변하지 않는다. 반면, 가격상승을 기대하지 않았을 경우, 생산품의 가격이 상승했다면 생산자는 해당 생산품의 가격만이 상승했는지 혹은 다른 가격 또한 상승했는지 확신하지 못한다. 합리적으로 추론한다면 두 경우 모두 조금씩 같이 일어난다고 볼 수 있다. 즉, 생산품의 상대가격이 다소 상승하였다고 추론하고, 공급자는 산출량을 늘릴 것이다.

요약하면, 불완전정보 모형에 따를 경우 가격이 기대가격을 초과하면 공급자들은 생산량을 증대시키게 된다.

2.3.4 비신축적 가격모형

비신축적 가격모형(sticky price model)은 수요변화에 따라 기업들이 가격을 즉각적으로 조절할 수 없다는 사실에 기초한다.

먼저 기업이 받기를 바라는 가격은 전반적인 물가수준과 총생산량 변수에 의존한다. 따라서 기업이 받기를 원하는 가격은 다음과 같다.

$$p = P + a(Y - \overline{Y}) \tag{5.17}$$

p : 기업이 받기 원하는 가격

P : 전반적인 물가수준

$Y - \overline{Y}$: 자연율에 대한 총생산량의 규모

양수인 매개변수 a는 기업이 받기 원하는 가격이 총생산량 수준에 어떻게 반응하는지 나타낸다. 지금부터 두 가지 형태의 기업이 있다고 가정하자. 먼저 일부 기업은 신축적인 가격을 유지하여 언제나 상기 방정식에 따라 가격을 결정한다. 다른 기업들은 비신축적인 가격을 유지하고 향후 경제조건에 대한 기대에 기초하여 미리 가격을 발표한다. 비신축적인 가격을 유지하는 기업들은 다음 식에 따라 가격을 설정한다.

$$p = P^e + a(Y^e - \overline{Y^e}) \tag{5.18}$$

식 (5.18)에서 e는 변수의 기대치를 의미하고, 우리는 논의의 단순화를 위해 이 기업들은 생산량이 자연율 수준에 있을 것으로 기대한다고 가정한다. 따라서 마지막항 $a(Y^e - \overline{Y^e})$는 0이 되고, 기업의 가격은 다음과 같이 결정된다.

$$p = P^e \tag{5.19}$$

즉, 비신축적인 가격을 유지하는 기업들은 다른 기업들이 설정할 것이라

기대하는 수준에 기초하여 가격을 결정한다. 그리고 우리는 전반적인 물가수준을 식 (5.20)을 통해 구할 수 있다.

$$P = sP^e + (1-s)[P + a(Y - \overline{Y})] \qquad (5.20)$$

여기서 s는 비신축적인 가격을 유지하는 기업이 차지하는 비율이고 $(1-s)$는 신축적인 가격을 유지하는 기업이 차지하는 비율이다. 첫 번째 항은 비신축적인 가격을 유지하는 기업들의 가격을 해당 비율로 가중한 것이고, 두 번째 항은 신축적인 가격을 유지하는 기업들의 가격을 가중한 것이다. 여기서 양편에서 $(1-s)P$를 감하면 다음과 같다.

$$sP = sP^e + (1-s)[a(Y - \overline{Y})] \qquad (5.21)$$

여기서 양변을 s로 나누어 전반적인 물가수준을 구할 수 있다.

$$P = P^e + \left[\frac{(1-s)a}{s}\right](Y - \overline{Y}) \qquad (5.22)$$

따라서 전반적인 물가수준은 기대물가 수준과 생산량 수준에 의존한다.

2.3.5 종합적인 시사점

지금까지 단기 총공급곡선의 기울기가 우상향하는 이유를 설명한 모형을 종합해보면 장기의 자연율 하에서 단기적으로 얼마나 벗어나는가는 바로 물가수준과 기대물가 수준의 차이에서 도출해낼 수 있다. 이 모형들이 서로 양립할 수 없는 것은 아니라는 점을 명심해야 한다. 한 모형을 받아들이고 다른 모형을 배제할 필요가 없다. 현실은 상기 네 가지 가정을 모두 포함하고 있으며, 이들 모두 단기 총공급의 행태에 영향을 미치기 때문이다. 즉, 총공급에 관한 네 가지 모형은 가정 및 분석과정의 차이가 있지만 총생산량에 대해 의미하는 바는 유사하다.

그림 5-16

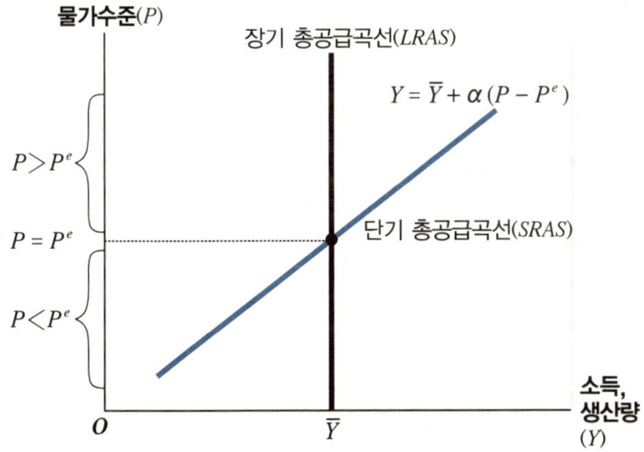

장기 총공급곡선과 단기 총공급곡선

장기 총공급곡선과 물가수준과 기대물가수준의 차이에 따른 단기 총공급곡선을 나타내고 있다. 여기서 단기 총공급곡선은 주어진 기대 P^e에 대해 도출되었으며 P^e가 변화함에 따라 곡선이 이동한다는 점을 확인할 수 있을 것이다.

식 (5.12)에서는 생산량이 자연율에서 벗어나는 것을 물가수준이 기대수준에서 벗어나는 것과 연계시킨다. 물가수준이 기대된 물가수준보다 낮을 경우 높은 생산량이 자연율을 초과하게 된다. 반면에 물가수준이 기대된 물가수준보다 낮은 경우 생산량이 자연율에 미치지 못하게 된다. 〈그림 5-16〉은 식 (5.12)를 그래프로 나타낸 것으로 장기 총공급곡선과 물가수준과 기대물가 수준의 차이에 따른 단기 총공급곡선을 나타내고 있다. 여기서 단기 총공급곡선은 주어진 기대 P^e에 대해 도출되었으며 P^e가 변화함에 따라 곡선이 이동한다는 점을 확인할 수 있을 것이다.

이제 총수요를 고려해보자. 만약 기대하지 않는 통화팽창에 따라 총수요의 기대하지 않는 증가가 일어난다면 경제는 어떻게 반응할까? 〈그림 5-17〉을 살펴보면 쉽게 설명될 수 있다. 단기적으로 균형점은 점 A에서 점 B로 이동하며 총수요가 증가함에 따라 실제물가 수준은 P_1에서 P_2로 인상된다. 이런 물가수준의 상승을 기대하지 못하였기 때문에 기대된 물가수준은 여전히 P_2이며 생산량은 Y_1에서 자연율 $\bar{Y}$를 초과한 Y_2로 증가한다. 이처럼 총수요가 기대하지 않게 팽창되는 경우 경제는 호황을 경험하게 된다.

그러나 이런 호황이 영원히 지속되는 것은 아니다. 장기적으로 기대물가 수준이 상승하여 실제와 같아지면 단기 총공급곡선이 위쪽으로 이동한다.

그림 5-17

총수요의 변화와 단기적인 변동

단기적으로 균형점은 점 A에서 점 B로 이동하며 총수요가 증가함에 따라 실제물가 수준은 P_1에서 P_2로 인상된다. 이런 물가수준의 상승을 기대하지 못하였기 때문에 기대된 물가수준은 여전히 P_1이며 생산량은 Y_1에서 자연율 $\overline{Y}$를 초과한 Y_2로 증가한다.

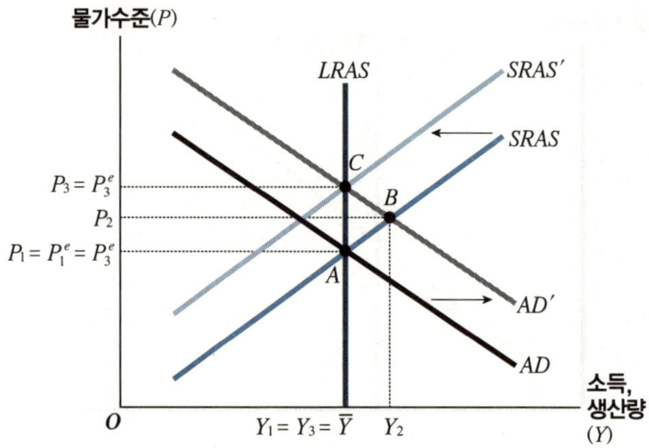

기대물가 수준이 P_2에서 P_3로 상승하면 경제의 균형점은 점 B에서 점 C로 이동한다. 실제물가 수준이 P_2에서 P_3로 인상되면 생산량은 다시 자연율 $\overline{Y}$가 되도록 Y_2에서 Y_3로 감소하게 된다. 즉, 장기적으로 경제는 생산량의 자연율 수준으로 돌아가지만 물가수준은 상승하게 되는 것이다. 이 네 모형의 가장 큰 장점은 장기적인 화폐의 중립성과 단기적인 화폐의 비중립성이 완벽하게 양립할 수 있다는 점이며, 통화정책의 단기적 정치화가 가능해진다는 점이다. 즉, 단기적인 비중립성은 점 A에서 점 B로의 이동으로 나타날 수 있으며, 장기적인 화폐 중립성은 점 A에서 점 C로의 이동으로 나타나게 된다. 물가수준에 대한 기대를 조절함으로써 화폐의 단기 및 장기효과를 조화시킬 수 있다.

2.3.6 총공급곡선으로부터 필립스곡선의 도출

필립스곡선(Phillips curve)에 따르면 인플레이션율은 기대인플레이션, 자연율을 벗어난 실업(경기순환적 실업), 그리고 공급충격에 의존한다. 이 요소는 식 (5.23)으로 나타낼 수 있다.

$$\pi = \pi^e - \beta(u - u^n) + v \qquad (5.23)$$

π : 인플레이션

π^e : 기대인플레이션

$u - u^n$: 경기순환적 실업

v : 공급충격

여기서 β는 경기순환적 실업에 대한 인플레이션의 반응을 나타낸다. 경기 순환적 실업을 나타내는 항 앞에 마이너스 부호가 있으며, 이는 실업이 증가하면 인플레이션이 하락하는 경향이 있다는 것을 의미한다.

필립스곡선을 나타내는 식은 총공급방정식으로부터 도출할 수 있으며, 총공급방정식은 식 (5.24)와 같이 표현할 수 있다.

$$P = P^e + \left(\frac{1}{\alpha}\right)(Y - \overline{Y}) \qquad (5.24)$$

식 (5.25)에서 물가수준을 변화시키고 단기 총공급곡선을 이동시키는 외생적인 충격, 예를 들어 유가변동과 같은 것을 나타내기 위해 우변에 공급충격(v)을 추가하면 다음과 같다.

$$P = P^e + \left(\frac{1}{\alpha}\right)(Y - \overline{Y}) + v \qquad (5.25)$$

식 (5.25)에서 물가수준을 인플레이션율로 전환시키기 위해 양변에 지난해 물가수준(P_{-1})을 감하면 다음과 같다.

$$(P - P_{-1}) = (P^e - P_{-1}) + \left(\frac{1}{\alpha}\right)(Y - \overline{Y}) + v \qquad (5.26)$$

좌변은 현재 물가수준과 지난해 물가수준의 차로 인플레이션(π)을 의미하고, 우변의 $(P^e - P_{-1})$은 기대물가 수준과 지난해 물가수준의 차로 기대인플레이션(π^e)을 의미한다. 따라서 이를 대체하면 다음과 같다.

$$\pi = \pi^e + \left(\frac{1}{\alpha}\right)(Y - \overline{Y}) + v \qquad (5.27)$$

마지막으로 오쿤의 법칙에 관한 설명에 따르면 생산량이 자연율로부터 벗어나는 것은 실업이 자연율에서 벗어나는 것과 역의 관계에 있다고 한다. 즉, 생산량이 자연율보다 높으면 실업은 자연실업률보다 낮다. 이 관계를 다음과 같이 나타낼 수 있다.

$$\left(\frac{1}{\alpha}\right)(Y - \overline{Y}) = -\beta(u - u^n) \qquad (5.28)$$

오쿤의 법칙이 의미하는 관계를 이용하여 $\left(\frac{1}{\alpha}\right)(Y - \overline{Y})$ 대신에 $-\beta(u - u^n)$으로 대체하면 다음과 같은 식을 도출할 수 있다.

$$\pi = \pi^e - \beta(u - u^n) + v \qquad (5.29)$$

이처럼 총공급방정식으로부터 필립스곡선 방정식을 도출할 수 있다.

2.3.7 인플레이션과 실업의 단기적 상충

통화 또는 재정정책을 통해 총수요에 영향을 미칠 수 있는 정책 입안자는 필립스곡선에서 어떤 선택을 할 수 있을까? 그는 총수요를 확대시켜 실업을 낮추고 인플레이션을 높이거나, 총수요를 억제시켜 실업을 높이고 인플레이션을 낮출 수 있다. 즉, 총수요를 조절하여 단기 필립스곡선에서 인플레이션과 실업의 적절한 혼합을 선택할 수 있는 것이다. 여기서 단기 필립스곡선은 기대인플레이션에 의존한다. 기대인플레이션이 상승하면 이 곡선은 위쪽으로 이동하여 정책 입안자의 선택이 불리하게 된다. 즉, 인플레이션이 어떤 실업수준에 대해서도 상승하는 것이다. 〈그림 5-18〉은 이 상충관계가 어떻게 의존하는지를 보여준다.

사람들은 시간이 지남에 따라 인플레이션에 대한 기대를 조절하기 때문에 인플레이션과 실업 사이의 상충관계는 단기적으로만 유지된다. 정책 입

그림 5-18

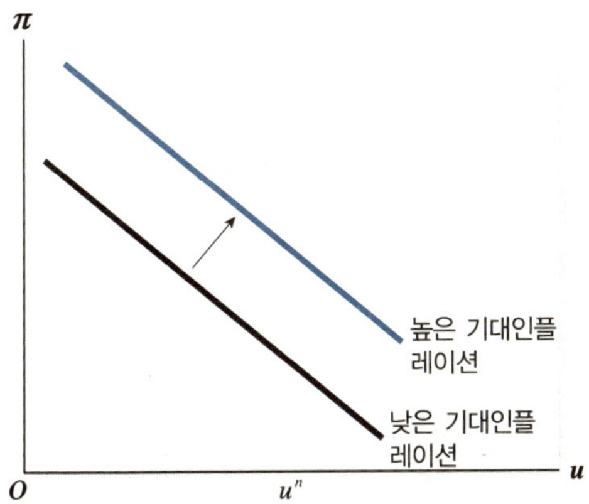

단기적 상충관계의 이동

기대인플레이션이 상승하면 이 곡선은 위쪽으로 이동하여 정책 입안자의 선택이 불리하게 된다. 즉, 인플레이션이 어떤 실업수준에 대해서도 상승하는 것이다.

안자는 인플레이션을 기대인플레이션 이상으로 영원히 유지할 수 없다. 궁극적으로 기대는 정책 입안자가 선택한 인플레이션율에 적응하게 된다. 장기적으로 고전학파의 이분법이 적용되고 실업은 자연율 수준으로 돌아오며 인플레이션과 실업 사이의 상충관계는 존재하지 않게 된다.

2.4 노동 근로소득 증가와 장단기 정책효과

지금부터 근로소득 증가에 대한 단기와 장기의 정책효과에 대해 알아보자.

〈그림 5-19〉의 왼쪽 그래프에 따르면, 먼저 소비가 증가하면 *IS*곡선이 *IS*에서 *IS*′로 이동한다. 이는 $Y = C(Y-T) + I(r) + G$에서 *C*가 증가함에 따라 도출되는 결과이다. 이 현상을 오른쪽 그래프에서 살펴보면 *AD*곡선이 *AD*에서 *AD*′으로 우측상방으로 이동하게 되는 것이다. 단기에는 균형점이 *A*점에서 *B*점으로 이동하게 되며 시간이 지남에 따라 장기가 되면 *B*점에서 *C*점으로 이동하게 된다. 여기서 발생하는 P_0에서 P_2로의 가격 상승은 왼쪽의 그래프에서 $LM(P_0)$곡선이 $LM(P_2)$로 이동하는 결과를 낳게 되며, 이는 통화공급의 실질가치가 낮아진 데서 비롯한다. 다시 말해, $\frac{M}{P} = L(r, Y)$에서 *P*가

그림 5-19

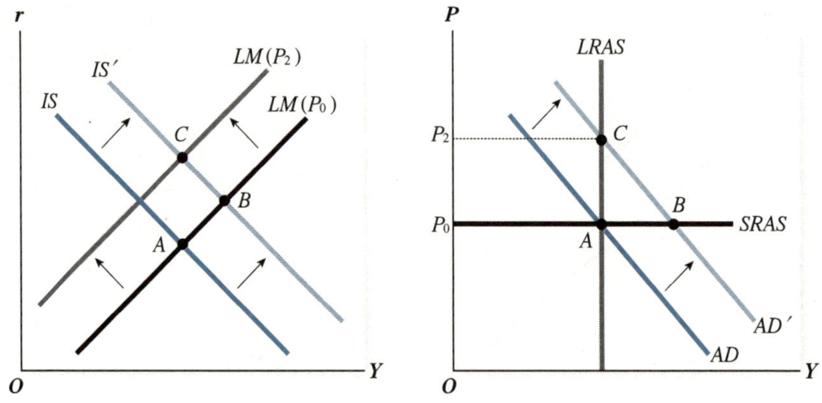

근로소득의 증가와 장단기 정책효과

단기에는 균형점이 *A*점에서 *B*점으로 이동하게 되며 시간이 지남에 따라 장기가 되면 *B*점에서 *C*점으로 이동하게 된다. 여기서 발생하는 P_0에서 P_2로의 가격 상승은 왼쪽의 그래프에서 $LM(P_0)$곡선이 $LM(P_2)$로 이동하는 결과를 낳게 되며, 이는 통화공급의 실질가치가 낮아진 데서 비롯한다.

증가함에 따라 실질가치가 낮아진 것이다. 그래서 결론적으로 양쪽 그래프에서 보았을 때 단기에는 *A*점에서 *B*점으로 균형점이 이동하지만, 장기에는 *C*점이 균형점으로 귀결된다.

이 결과를 정리해보면, 총산출량이 단기에는 *A*점에서 *B*점으로 이동함에 따라 증가하지만 장기에는 변화가 없다. 물가는 단기에는 변화가 없지만 오른쪽 그래프를 참고하면 장기에는 상승하게 된다. 이자율은 단기, 그리고 장기에 모두 상승하지만 장기에 발생하는 상승률이 보다 큰 것을 알 수 있다.

2.5 주요 노동정책 이슈

2.5.1 고용안정정책

고용안정정책은 주로 비자발적 실업, 즉 구조적 실업이나 경기적 실업에 의해 발생하는 고용문제를 해결하기 위해 추진된다. 소득이 필요하고 근로의사를 가진 노동력이 구조적 실업에 빠져 실업률이 높아지게 된다면 사회적 분위기와 경기침체의 원인이 되기도 하기 때문이다. 고용안정정책은 단순히 실업문제나 일자리창출, 사회소외계층 지원 등에 국한되지 않고, 사회의 생산능력에 따라 완전고용이 가능하도록 구조적 측면에서 고용을 안정시키도록 지원하는 정책이라 할 수 있다.

따라서 고용안정정책은 정부에 의하여 큰 밑거름이 그려지게 되며, 고용노동부의 주관 하에 세부적인 정책이 결정된다고 볼 수 있다. 또한, 구조적 측면에서 선진화된 노동시장이 가능하도록 정책을 펼치게 되며, 예상치 못한 경기침체가 발생하였을 때 그에 대비할 수 있도록 임시로 고용을 늘리는 정책 또한 고용안정정책이다. 고용안정정책의 세부사항으로는 일자리정책, 고용보험정책, 직업능력개발정책, 비정규직 정책, 사회소외계층(여성 · 고령자 · 장애인) 지원정책, 노사관계협력정책, 근로개선정책, 산재예방보상정책 등이 있다.

2.5.2 실업급여정책

실업급여정책이란 근로자가 실직한 경우 일정 기간 동안 급여를 지급하여 실직자 및 그 가족의 생활안정을 도모하고 근로자가 새로운 직업에 재취업할 수 있도록 지원하는 정책을 의미한다. 여기서 실업급여정책에 해당하는 근로자는 고용보험법 제8조에 따르면 월 근로시간이 60시간(주간 근로시간 15시간) 이상에 해당되는 근로자만 해당하기 때문에 실질적으로 수혜비율은 50%가 되지 않는 실정이다.[11]

실업급여정책이 필요한 이유는 일할 능력과 의사가 있음에도 불구하고 일자리를 갖지 못한 실업자에게 소득지원이 없을 경우, 실업자 및 가족에게

11. 한국고용정보원과 통계청에 따르면 2008년 실업자 중 구직급여 수급자는 35.3%이고, 2009년 3월에는 45.2%로 증가되었으나 증가의 배경에는 신규 구직급여 신청자의 증가와 함께 장기 실업자 중 많은 사람들이 비경제활동인구로 전락했기 때문으로 볼 수 있으며, 절반 이상의 사람들이 수혜를 받지 못하고 있다.(채구묵, 2009, "실업급여가 실업, 경제활동 참가 및 경제성장에 미치는 영향 : OECD 19개국의 자료를 이용하여", 『사회복지정책』, 36(4) 참조.)

경제적 어려움을 초래하여 생활상의 위기를 초래할 뿐만 아니라 가족해체, 범죄, 자살 등 사회적 문제를 초래할 수 있기 때문에 국가에서는 실업급여정책을 실시하고 있다.

하지만 실업자 소득보장제도는 막대한 재원이 소요되고 실업 및 경제성장에 부정적인 영향을 미칠 수 있다는 의견이 있기 때문에 실질적인 영향에 있어서 학자들 간 찬반 의견이 대립되고 있다. 관대한 실업급여제도가 실업 및 경제성장에 부정적인 영향을 미친다고 주장하는 학자들은 몇 가지 논리에 의하여 이를 설명하고 있다.[12]

관대한 실업급여에 대해 반대하는 논의들을 살펴보면, 첫째, 관대한 실업급여는 근로의욕을 약화시켜 구직활동의 적극성을 감소시키고, 둘째, 실업에 대한 두려움을 줄이고 노동조합과 피고용자로 하여금 완전고용에 이를 수 없는 수준까지 임금 인상을 요구하도록 할 가능성이 많으며, 셋째, 개인들로 하여금 고용 또는 노동시장 외에서 실업상태에 직면할 가능성이 많고, 넷째, 기업의 노동비용을 증가시켜 기업의 투자의욕 및 경쟁력을 약화시키고 기업의 축소 · 도산을 야기해 고용 감소, 실업 증가를 초래하여 결국 경기침체로 이어진다고 설명하고 있다.

반면에 관대한 실업급여정책이 실업 및 경제성장에 긍정적인 영향을 미친다고 주장하는 학자들은, 첫째, 미시적인 면으로 실업자에 대한 경제적 지원 및 직업교육 기회를 제공하고, 구직자와 구인을 요하는 직업 간의 일치도를 높일 수 있는 충분한 기간을 제공함으로써 생산요소인 노동력의 유지와 향상에 기여한다고 주장한다.[13] 둘째, 거시적인 면으로 불황기에 재정지출을 늘려 유효수요를 증가시킴으로써 경제 활성화에 기여한다는 것이다.[14] 이렇듯 실업급여정책이 실업 및 경제성장에 미치는 영향에 대한 이론 및 연구결과도 다르게 나타남에 따라 학자들 간의 합의점이 도출되지 않는다고 볼 수 있다.

관대한 실업급여정책이 개인의 생산성 향상 및 경제성장으로 이어지도

---

12. Okun, 1975 ; Burtless, 1987 ; Sjoberg, 2000, 2008 참조.
13. Estevez-Ave, Iversen and Soskice, 2001 ; Mares, 2007 참조.
14. Keynes, 1973 ; Pressman, 2002, 2003 참조.

록 하기 위해서는 적극적 노동시장정책이 선행되어야 한다. 실업자가 본인의 적성과 능력에 맞는 직업을 구하거나 새로운 직업에 필요한 지식 및 기술을 습득하도록 하기 위해서는 직업교육훈련, 취업알선 등 적극적 노동시장정책이 활성화되어야 할 것이다. 관대한 실업급여정책의 장점은 실업기간 동안 소득보장을 해주면서 직업교육훈련을 통해 신기술을 습득하여 본인의 능력과 적성에 맞는 직업에 재취업할 수 있도록 한다는 점이다. 과학기술의 급속한 발전에 따른 산업구조 개편에 의해 발생하는 실업자에게 새로운 산업에서 요구하는 지식 · 기술을 습득하여 재취업하도록 하기 위해서는 그러한 지식 · 기술을 제공할 수 있는 직업교육훈련제도, 취업알선제도가 마련되어야 한다.

2.5.3 일자리창출정책

일자리창출정책은 정부에서 직접적으로 고용안정 및 실업률을 해소할 수 있도록 근로자의 안정된 직업과 함께 기업의 고용을 지원하는 정책이라 볼 수 있다. 2009년 기준으로 추진되고 있는 주요 일자리창출정책으로는 '녹색 뉴딜 및 신성장동력 사업', '청년층 인턴사업', '사회적 일자리 확충 및 사회적 기업 육성' 등이 있으며, 특히 이명박 정부의 경우 '4대강 살리기 사업'을 통하여 일자리창출계획을 강조한 바 있다.

이와 같은 일자리창출정책이 성공하기 위해서는 제한된 재원을 효과적으로 투입해야 할 필요성이 있다. 즉, 비용효과성을 극대화할 수 있는 정책을 선정해야 하며, 일자리 위기 계층에게 일자리를 제공해주고, 경제성장과 삶의 질 그리고 사회적 형평성을 제고해줄 수 있는 사업의 집행이 필요하다.

우선적으로 정책대상집단(일자리 위기 계층) 파악이 중요하며, 청년층, 비정규직, 자영업자 등의 일자리창출을 우선적으로 시행해야 할 것이다. 또한, 정책 대상사업의 선정에 있어서 소비적인 사업보다는 투자적인 사업, 즉 미래지향적 관점에서의 사업 선정이 필요하다. 그리고 삶의 질 제고를 위해서는 국토 · 환경의 보전을 함께 이룰 수 있는 정책이 되어야 할 것이다. 마지막으로 재정비용의 최소화를 위하여 재정부담이 단기적으로 발생하는 사업과 함께, 지속적으로 운영비용이 많이 발생하는 사업보다 초기투자비용이 많이 들더라도 운영비용이 적게 드는 사업을 시행해야 할 것이다. 특히 민간부문 경제활동 구축(crowding-out) 등 민간부문의 경제활동을 저해하는 사업이 되어서는 곤란할 것이다.

2.5.4 양성평등정책

우리나라의 경우 사회관념 및 구조상 남성 위주의 노동시장이 형성되어 왔는데, 점차 사회 의식수준 향상으로 인하여 남녀 고용평등의 당위성이 지속적으로 높아지고 있다. 따라서 고용노동부와 여성가족부는 지속적으로 양성평등 고용정책을 시행해왔다.

남녀 고용평등과 일 · 가정 양립 지원에 관한 법률은 헌법 제11조 제1항의 법 앞의 평등과 제32조 제4항의 고용 · 임금 및 근로조건에 있어서의 남녀평등 및 제36조 제2항의 모성보호를 위한 국가의 노력을 규정하고 있는 헌법정신에 따라 남녀의 평등한 고용기회 및 대우를 보장하는 한편, 근로여성의 직업능력 개발을 통한 지위향상과 복지증진을 도모하는 것을 목적으로 두고 있다.

여성취업 장애요인인 임신 · 출산 · 가사 등에 의한 이직방지 대책마련을 위하여 고용상 성차별을 해소하고 남녀가 동등하게 경제 · 사회 활동에 참여할 수 있도록 여성의 가사 · 육아부담을 완화하고 모성보호 수준을 국제기준에 부합되도록 하며, 나아가 직장과 가정의 양립 지원정책을 지속적으로 추진해나가는 것을 목표로 두고 있다. 남녀 고용평등 외에도 직장여성에 대한 생리휴가, 산전후휴가, 유사산휴가, 임산부 보호 등의 제도가 포함되어 있는 모성보호법 또한 시행되고 있다.

하지만 이와 같은 양성평등정책은 제도로 고용상 차별을 금지하는 데 국한되어 있고, 구조적으로 여성의 노동훈련 및 양성 간 동등한 경쟁이 가능하도록 지원하는 것에 대해서는 미흡하다고 볼 수 있다. 무엇보다 사회적으로 맞벌이 부부가 늘어나는 것에 대한 육아정책 또한 미비하다고 볼 수 있으며 육아 휴직 시 대체인원 및 복직문제 또한 남아 있는 과제라고 볼 수 있다.

2.5.5 최저임금제

우리나라뿐만 아니라 대부분의 OECD 국가들이 최저임금제를 시행하고 있다. OECD 국가들의 평균임금 대비 최저임금의 비율이 2000년 35.5%, 2005년 36.4%, 2008년 37.4%로 지속적으로 상승하고 있는 추세이며, 중위값 기준으로 각각 42.2%, 43.7%, 45.9%로 상승하고 있다.[15] 한국도 2000년 22.0%에서 2008년 32.0%로 개선되고 있으나 OECD 19개 회원국 중 16위로 낮은 수준이다. 한국보다 낮은 국가는 일본(30.4%), 체코(30.0%), 미국(25.4%)인 것으로 나타났다.

노동시장이론에 나타난 것처럼 최저임금의 상승은 실업을 증가시키기 때문에 고용과 생계비를 안정시킬 수 있는 적절한 수준의 최저임금 설정이 매우 중요한 문제이다. 어느 수준이 적절한지는 그 사회의 경제수준과 고용상태를 고려하여 선정하는 것이 중요하다. 하지만 원칙적으로 초과노동공급이 발생하고 노동자보다 고용주가 더 큰 힘을 갖고 있으므로 사회에서는 최저임금제가 지켜지지 않는 문제도 발생한다.

통계청의 '경제활동인구조사 부가조사'에서 법정 최저임금 미달자는 2007년 3월 이후 200만 명(전체 노동자의 12.0%) 수준을 유지하고 있는 것으로 나타났다. 이에 대하여 정책 입안자는 "최저임금이 비현실적으로 높기 때문"이라고 주장할 수 있으나, OECD 평균으로도 최저임금이 높은 수준이 아니라는 것을 감안했을 때, 최저임금 수준의 결정을 실제 기업이 지키고 있는지에 대한 관리 · 감독이 소홀하기 때문인 것으로도 볼 수 있다. 대부분의 기업들은 최저임금제를 지키지 않는 것이 자기에게 더 유리하기 때문에 할 수만 있다면 최저임금제를 지키지 않으려고 할 것이다.

즉, 최저임금제의 수준에 대한 논의도 필요하지만 무엇보다 중요한 것은 효과적인 법의 집행이라는 것에 있겠다. 최저임금법이 효과적으로 집행되기 위해서는 첫째, 최저임금 신고절차를 간소화하고, 둘째, 최저임금 준수 입증책임을 노동자가 아닌 사용자가 부담하며, 셋째, 최저임금 위반 적발 즉시 과

15. 김유선(2012), "최저임금제 개선방향 : 최저임금 수준 현실화와 엄정한 법 집행" 참조.

그림 5-20

최저임금제

최저임금의 상승은 초과노동공급을 유발하게 되어, 실업을 증가시키기 때문에 고용과 생계비를 안정시킬 수 있는 적절한 수준의 최저임금 설정이 매우 중요한 문제이다.

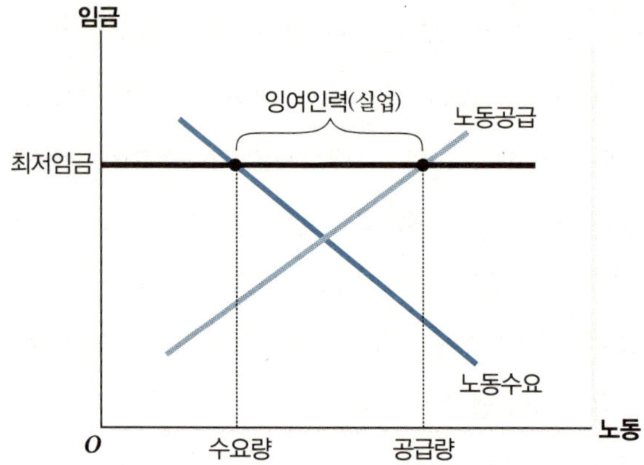

태료를 부과하고, 넷째, 최저임금 체불액은 고용노동부가 먼저 지급한 뒤 채불사업주에게 대위권을 행사하고, 마지막으로, 최저임금 전담 근로감독관을 선정하는 등의 법제도 개선과 함께 정책을 시행해야 할 것이다.

2.5.6 임금피크제

임금피크제란 근속연수에 따라서 일정한 시기에 이르면 그때의 연봉을 기준으로 임금을 줄여가는 대신 정년을 보장하거나 연장하여 근무를 할 수 있도록 하는 제도이다. 일반적으로 근로자가 경험을 쌓을수록 생산성이 증가하기에 더 높은 임금을 받는 것은 당연하다. 하지만 이는 개별 근로자의 성과보다는 연령 또는 근무기간과 같은 연공서열에 따른다는 노사 간의 암묵적 계약의 결과일 수 있다. 고령화가 촉진되면 연공임금체계의 기업들은 전반적인 생산성 저하가 불가피하고, 이에 많은 기업들은 효율성 차원에서 고령자를 해고하려는 유인이 크게 된다. 동시에 저출산 현상으로 기업이 양질의 젊은 인력을 채용할 수 없는 노동력 부족 현상에 직면할 때, 기업들은 양질의 고령인력의 계속적 채용 혹은 재채용에 관심을 가지게 된다. 이런 요인으로 인해 생산성과 임금의 측면에서 균형을 유지하려고 하고, 결론적으로 임금피크제가 대두된 것이다.

임금피크제는 크게 세 가지 유형이 있다. 첫째, 정년연령을 기업이 보장하는 것을 전제로 정년 전 일정 연령부터 임금을 조정하는 정년보장형이다. 이는 2003년 신용보증기금을 시작으로 한국컨테이너부두 공단 및 대한전선 등 일반 기업에서 많이 도입하고 있는 모델로서 노사가 윈윈(win-win)할 수 있는 형태라고 일컫는다. 왜냐하면 기업은 노사갈등을 회피하고 저렴한 인건비로 숙련된 인력을 계속 활용할 수 있고, 동시에 절감된 비용을 재원으로 신규채용을 통해 고용의 유연성을 확보하며, 종업원은 비록 임금이 삭감되지만 정년까지 고용이 보장됨에 따라 해고의 위험을 피할 수 있기 때문이다. 둘째, 정년연장형이다. 이 유형은 사업주가 근로자에게 미리 정한 정년을 연장하는 것을 전제로 임금을 조정하는 제도이다. 예를 들어 정년이 60세 미만인 기관은 현 정년을 60세로 연장하면서 연장된 정년이 되기 3∼5년 전부터 임금을 감액조정하게 된다. 즉, 정년을 연장하는 대신 정년연장 기간만큼 정년 전의 임금을 조정하는 방식이다. 이 유형은 근로자의 정년 이후 급격한 소득 감소를 완화하는 효과가 있으며 대우조선해양, 수출입은행 등에서 도입하고 있다. 마지막으로, 정년이 된 근로자를 일정 조건 하에서 고용을 연장하는 대신 임금을 조정하는 고용연장형이 있다. 이는 한국에서는 생소하지만 일본에서는 일반화되어 있다. 이는 임금피크제의 동기가 다른 데서 비롯하는데 우리나라는 기업 내부의 노동 유연안정성 차원에서 임금피크제를 도입한 반면, 일본은 고령사회에 따른 생산인력 확보 차원에서 도입했기 때문이다.

2.5.7 인턴제

지금부터 현재 시행되고 있는 네 가지 종류의 인턴제에 대해 논해보려고 한다. 첫째, 중소기업 취업인턴제이다. 이는 미취업 청년에게 중소기업의 인턴십 과정을 통해 정규직으로의 취업 가능성을 제고하고 기업에게는 인건비 일부를 최대 1년간 지원하는 사업이다. 이 과정을 통해 경력부족으로 취업에 애로사항을 겪는 청년층의 직무능력을 배양하고 채용난을 겪는 중소기업의 인력 미스매치를 해소하는 것이 주요 목적이다. 이 사업은 벤처기업 지원업종, 지식기반서비스업, 문화콘텐츠 분야 기업 등 다양한 기업을 대상으로 진행되고 있다.

둘째, 공공기관 인턴제이다. 이는 미취업 청년을 대상으로 정부 차원에서 인턴십 과정을 제공해 향후 양질의 일자리에 취업할 수 있는 역량과 자질을 갖출 수 있도록 기회를 제공하거나 정규직 채용 절차의 일환으로 시행하는 사업이다. 이는 2014년 신규 도입되었으며 현재 12개 공공기관에서 시범 운영 중이다.

셋째, 해외 진출을 희망하는 청년에게 해외 산업현장 실무경험을 제공하는 해외인턴제이다. 한국 청년들이 취업무대를 세계로 확장하고 해외 기업 등에서 다양한 인턴 경험을 통해 실무 경력을 쌓는 기회를 제공하여 글로벌 감각과 해외취업 역량을 강화시킬 수 있는 프로그램이다. 현재 교육부와 고용노동부에서 진행하는 한미 취업연수 프로그램을 비롯하여 12개 분야의 다양한 프로그램이 진행되고 있다.

마지막으로, ODA(공적개발원조) 인턴제이다. 청년인재를 ODA의 전문가로 키우는 것을 목표로 하여, ODA 사업에 참여하는 국내외 기관 및 기업, NGO 단체 등 각종 사업수행기관들에게 실무적인 사업수행 경험을 체득하게 하고, 장기적으로 ODA 전문인력으로의 성장 기반을 구축할 수 있도록 하는 제도이다. 출국 전 ODA 관련 교육을 지원하며 6개월에서 1년 기간으로 활동하게 된다. 예를 들어 KOICA 해외사무소 청년인턴이 있다.

2.5.8 기타 청년일자리정책

앞에서 말한 다양한 정책 외에도 일학습병행제, 청년고용할당제, K-move, 지역맞춤형 일자리창출 지원, Work-net 등 다양한 청년일자리정책이 시행되고 있다.

일학습병행제란 학교를 다닐 때뿐만 아니라 졸업을 한 후에도 계속해서 취업준비를 하는 청년들을 위해 생긴 제도이다. 이는 학교 교육과 취업을 연결시켜 학교를 다니면서 기업에서 원하는 직무역량을 길러 졸업과 동시에 취업을 할 수 있는 제도이다. 일학습병행제는 학위연계형과 자격연계형으로 나누어지고, 학교와 기업이 연계하여 진행하는 단기 현장실습과는 달리 최소 6개월부터 최대 4년 동안 진행하는 제도이기에 좀 더 고숙련된 청년 근로자를 구할 수 있다. 현재 우리나라는 독일의 것을 그대로 들여오지 않고 우리나라의 현실에 맞게 정책을 수립하였기에, 이 제도는 청년일자리정책 중 성공적으로 자리를 잡아가고 있다.

청년고용할당제란 청년실업 문제를 해결하기 위한 강력한 정책 중 하나로, 공기업 및 공공기관에서 매년 고용 정원의 3% 이상을 35세 미만의 미취업 청년으로 고용하게 하는 제도이다. 이를 시행한 공공기관과 지방공기업은 조세 감면이나 보조금을 지급받는 등 금전적 혜택을 누릴 수 있다. 이 정책은 벨기에의 정책에서 따온 것이나, 국내 현실에 맞게 적용하지 못하여 기업의 반발과 청년의 호불호가 갈리는 편이다. 따라서 사실상 실패한 정책이라고 보는 시선이 존재한다.

K-move란 청년층의 해외취업을 지원하기 위한 사업의 일종이다. 앞에서 말한 해외인턴 사업이 K-move의 일종이며 이외에도 해외취업에 성공한 후 일정 기간 동안 근속하는 경우 장려금을 제공하는 해외취업성공장려금, 맞춤형 교육을 제공하고 비용을 지원하는 맞춤형 해외취업 연수 프로그램 등이 있다.

지역맞춤형 일자리창출 사업이란 청년들을 위한 일자리창출과 중소기업의 일자리 미스매치 완화를 위해 추진되고 있는 사업이다. 지역의 청년들의 고용창출과 인적 자원을 개발하기 위해 지자체가 함께 협력하여 지역의 고용과 관련된 비영리법인단체와 다양한 관계를 구성하여 일자리창출 사업을 제안하고 일자리창출 등에 효과가 클 것으로 판단하는 사업을 따로 선출하여 그 사업에 대한 투자나 관리, 감독을 추진하는 사업이다.

마지막으로 Work-net은 고용노동부와 한국 고용정보원이 함께 운영하고 있는 공공취업포털 사이트이다. 워크넷을 통해 구직자는 일자리 정보검색을 하여 적합한 일자리가 있다면 바로 입사지원이 가능하고, 없다면 구직등록을 한 후에 자기소개서나 이력서를 작성하여 적합한 기업을 찾는다. 이 사이트는 우리나라에서 가장 다양하고 많은 구인, 구직정보를 기재하고 있으며 고용부와 고용정보원의 체계적 검증을 통한 취업정보를 게시하고 있기에

타 사이트보다 구직자들에게 큰 인기가 있다.

토의과제

01. 노동공급곡선과 총공급곡선의 관계를 설명하시오.

02. 총공급곡선이 장기와 단기에 다른 차이가 나는 근본적인 이유를 설명하시오.

03. 고전학파의 화폐 중립설은 무엇이며, 그리고 이때 총공급곡선은 어떤 형태를 띠며, 이때 나타내는 산출량은 어떤 개념이며 무엇을 뜻하는지 설명하시오.

04. 케인즈학파의 단기 총공급곡선이 수평이 되는 요인을 서술하시오.

05. 총공급곡선에 관한 네 가지 모형의 종류를 각각 언급하고 그 내용을 설명하시오.

06. 총공급곡선으로부터 필립스곡선을 도출하는 과정을 설명하시오.

07. 근로소득 증가에 대한 장, 단기의 정책효과에 대해 설명하시오.

08. 현재 이슈화되고 있는 다양한 노동정책의 의의와 경제적 시사점을 설명하시오.

핵심단어

노동정책	총공급	총공급곡선
비신축적 모형	노동자오인 모형	불완전정보 모형
비신축적 가격모형	필립스곡선	고용안정정책
실업급여정책	일자리창출정책	양성평등정책
최저임금제	임금피크제	인턴제
일학습병행제	청년고용할당제	K-move
지역맞춤형 일자리창출 지원		Work-net

부록 노동관련 주요 지표[16]

1. 경제활동참가율

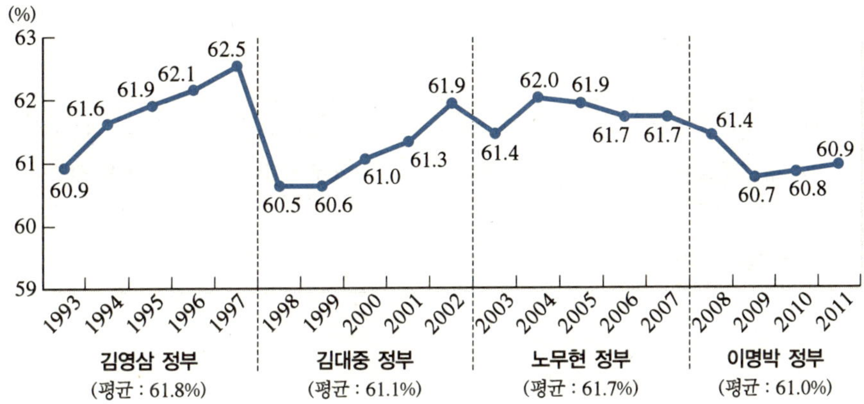

주 : 경제활동참가율은 15세 이상 인구 중 경제활동인구(취업자 + 실업자)가 차지하는 비율

16. 출처 : 최광 외 공역(2013).

2. 실업률

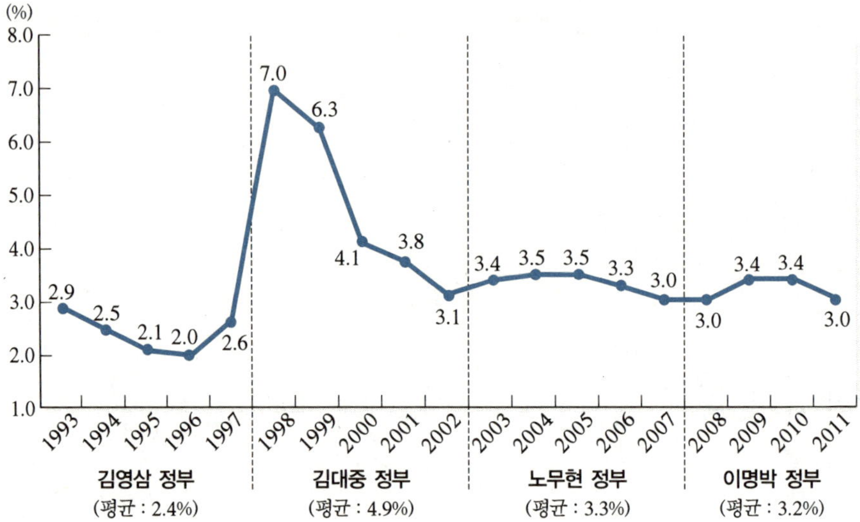

주 : 실업률은 실업자가 경제활동인구에서 차지하는 비율

3. 고용률

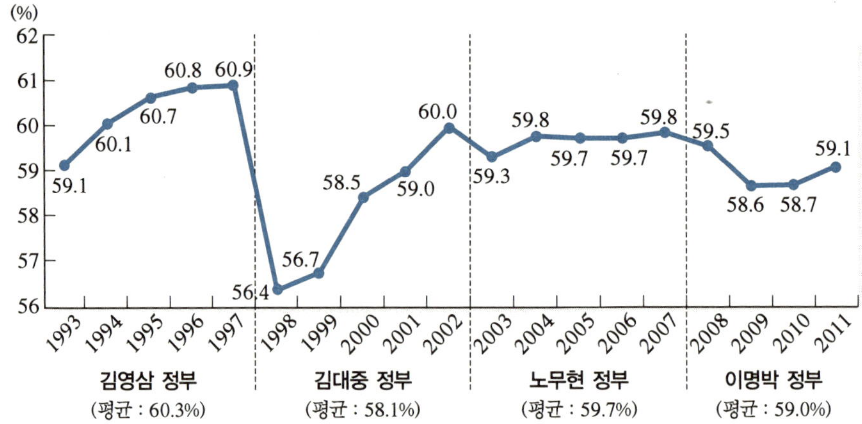

주 : 고용률은 만 15세 이상 인구 중 취업자가 차지하는 비율

4. 지니계수, 소득5분위 배율, 상대적 빈곤율

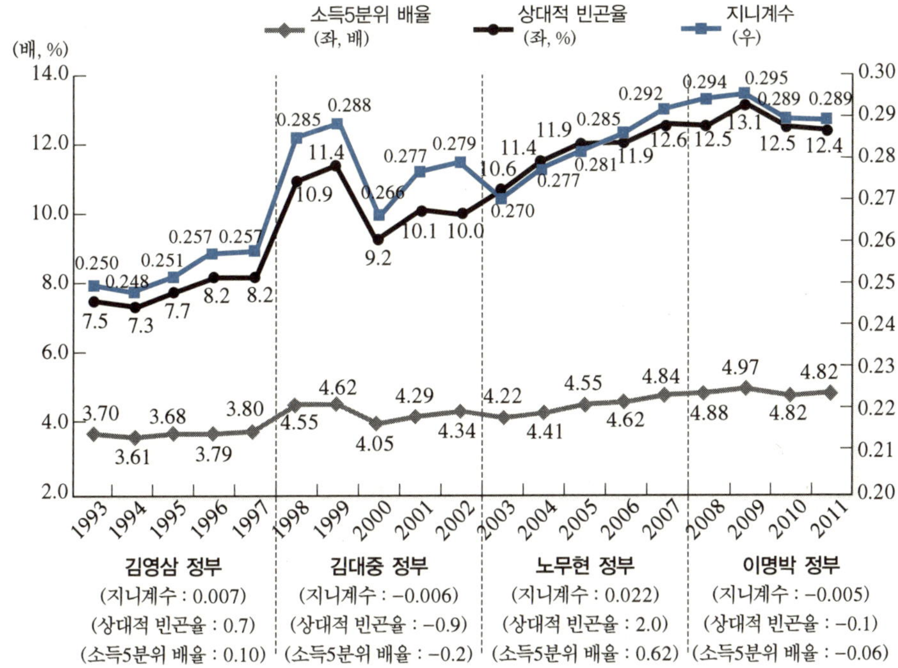

5. 명목 임금상승률과 명목 경제성장률

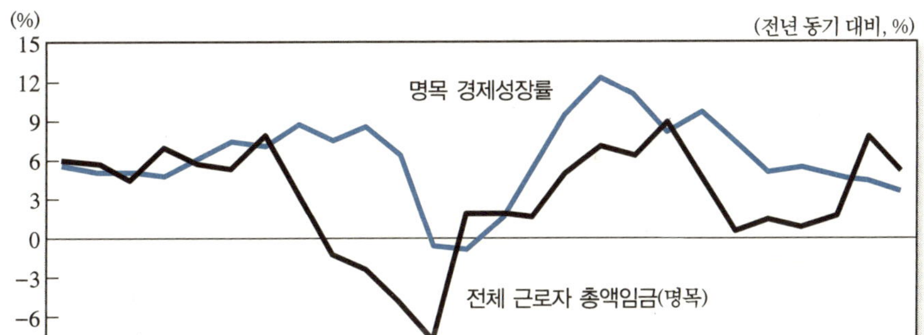

개방경제정책

chapter six

6

제1절 개방경제의 이해

1.1 국제수지계정[1]

국제수지계정(balance of payments accounts)은 한 국가의 국제교역에 대한 기록이다. 자금이 국내로 들어오는 흐름을 수반하는 모든 거래는 대변항목(credit item)이며, 밖으로 나가는 흐름을 수반하는 모든 거래는 차변항목(debit item)으로 음의 부호로 기입된다는 것을 알아야 한다.

1.1.1 경상계정

경상계정(current account)은 국가 간 일방적 이전지출과 함께 정상적으로 생산된 재화와 서비스에 대한 한 국가의 무역을 측정한다. 이는 재화와 서비스의 순수출, 해외순소득, 일방적 이전지출로 나누어진다.

먼저 재화와 서비스의 순수출은 수출에서 수입을 뺀 값을 의미하며, 여기서는 순수출이 재화와 서비스, 두 가지로 분류된다. 예를 들어 A국가가 B국가의 자동차를 구매하면 A국가의 입장에서는 재화의 수입으로, B국가의 입장에서는 재화의 수출로 기록된다. 이외에 국제적으로 교역되는 서비스는 관광, 보험, 교육, 금융서비스 등이 있다. 예를 들어 한 가족이 타국에서 휴가를 보낸다면 숙박, 음식, 관광 등에 대한 그 가족의 지출은 본국의 경상계정에서 관광여행 서비스의 수입이고, 타국의 입장에서는 관광여행 서비스의 수

1. 박성휘 외 옮김(2012) 참조.

출이 된다.

해외순소득(net income from abroad)은 해외로부터 수취한 소득에서 다른 국가들의 거주자들에게 지급한 소득을 뺀 값과 같다. 이는 해외순수취요소소득(net factor payments from abroad)과 거의 동일한 개념이다. 한 국가로 유입되는 소득수취는 경상계정에서 대변항목이며, 해외에서 일하는 해외 거주자로부터 받는 임금과 해외의 자산으로 취득하는 투자소득의 합으로 구성된다. 투자소득은 이자지급, 배당금, 특허권 사용료 등을 포함한다. 반대로 한 국가 밖으로 유출되는 소득지급은 경상계정에서 차변항목이며, 국내에서 노동하는 체류 외국인에게 지불하는 임금과 그 국가 자산의 외국소유자에 대한 지급의 합으로 구성된다.

마지막으로 일방적 이전지출(unilateral transfers)은 재화, 서비스 혹은 자산의 구매와 상관없이 한 국가에서 다른 국가로의 지급이다. 예를 들어 공식적인 해외원조 혹은 한 국가의 거주자가 다른 국가에서 생활하는 가족 구성원에게 주는 금전적인 선물을 들 수 있다. 일방적 이전지출은 음의 값을 띠고, 이는 한 국가가 다른 국가에 대해 순증여자(net donor)라는 사실을 의미한다.

경상계정에서 모든 대변항목의 합에서 모든 차변항목의 합을 빼면 경상수지(current account balance)의 값을 구할 수 있다. 경상수지가 양수이면, 즉 대변항목의 값이 차변항목의 값을 초과하면 그 국가는 경상수지흑자를 갖는다. 반대로 경상수지가 음수이면, 즉 차변항목의 값이 대변항목의 값을 초과하면 그 국가는 경상수지적자의 상태이다.

1.1.2 자본 및 금융계정

실물 혹은 금융자산을 포함하는 국제교역은 자본 및 금융계정(capital and financial account)에 기록되며, 이는 자본계정과 금융계정으로 구성된다. 자본계정(capital account)은 채무탕감이나 이민자들의 이전지출과 같은 국가 간 자산의 일방적 이전지출을 포함한다. 자본수지(capital account balance)는 한 국가로 일방적 이전지출된 자산의 순흐름을 측정한다. 한 국가에서 유입되고 유출되는 자산의 흐름을 포함하는 대부분의 거래는 금융계정(financial account)에 기록된다. 본국이 자산을 타국에 매각하면, 이러한 거래는 본국에 자본유입(financial inflow)으로, 그리고 본국의 금융계정에는 대변항목으로 기록된다. 반대로 본국이 해외의 자산을 매입하면 이 거래는 본국으로부터의 자본유출(financial outflow)을 포함한다. 또한, 이는 자금이 본국 밖으로 유출되기 때문에 본국의 금융계정에는 차변항목으로 기록된다.

금융수지(financial account balance)는 자본유입(대변항목)의 값에서 자본유출(차변항목)의 값을 뺀 값과 동일하다. 한 국가의 거주자가 외국인으로부터 매입하는 자산에 비해 외국인에게 더 많은 자산을 매각한다면, 금융수지는 양수이고 금융계정흑자를 창출한다. 마찬가지로 본국의 거주자가 외국인에게 매각하는 자산에 비해 외국인으로부터 더 많은 자산을 매입한다면, 금융수지는 음수이고 금융계정적자가 생겨난다. 자본 및 금융수지(capital and financial account balance)는 자본수지와 금융수지를 합한 값이다.

금융계정거래의 한 부분인 공식지불준비자산의 거래는 따로 분리가 되어 있다. 이러한 거래는 국가의 통화공급을 결정하는 공식적인 기관인 중앙은행에 의해 수행된다는 점에서 기타 금융계정 거래와 차이가 있다. 중앙은행이 소유한 공식지불준비자산(official reserve assets)은 국내의 통화 혹은 유가증권과는 달리 국제적 지급을 행하는 데 사용할 수 있는 자산이다. 오늘날 중앙은행의 공식지불준비로는 정부발행증권, 외국은행의 예금 및 국제통화기금(IMF)이 발행하는 특별 자산 등을 포함한다. 중앙은행은 지불준비자산을 공개시장에서 매입하거나 매각함으로써 그들이 보유하고 있는 공식지불준비자산의 양을 변동시킬 수 있다. 국제수지라고도 불리는 공식적 결제잔고(official settlements balance)는 한 국가의 공식지불준비자산의 순증가이다. 1년 동안 지불준비자산의 순보유량이 증가한 국가에서는 국제수지흑자가 발생하고, 지불준비자산의 순보유량이 감소한 국가에서는 국제수지적자가 발생한다.

1.1.3 경상계정과 자본 및 금융계정 간의 관계

국제수지계정은 경상계정과 자본 및 금융계정 간의 밀접한 관계를 의미한다. 측정상의 문제로 발생하는 오류를 제외하면, 매 기간 경상수지와 자본 및 금융수지의 합은 반드시 0이 되어야 한다. 즉, 식 (6.1)이 성립한다.

$$CA + KFA = 0 \tag{6.1}$$

CA : 경상수지
KFA : 자본 및 금융수지

모든 국제교역은 국가 간 재화, 서비스 또는 자산의 교환을 포함하기 때문에 식 (6.1)은 성립한다. 이러한 교환의 두 상대는 경상수지와 자본 및 금융수지의 합($CA + KFA$)에 대해 항상 상쇄하는 효과를 가지고 있다. 따라서 경상수지와 자본 및 금융수지의 합은 반드시 0이 된다.

하지만 실질적으로 국제교역을 측정할 때 생기는 문제점들로 인해 위의 관계가 정확하게 유지되지 않고 있다. 경상수지와 자본 및 금융수지를 합이 0인 이론적인 값에 도달하기 위해 이상의 합에 더해져야 하는 금액을 통계적 오차(statistical discrepancy)라고 한다.

1.1.4 순해외자산과 국제수지계정

순해외자산은 토지나 자본스톡과 같은 국내의 물적 자산과 함께 한 국가의 국부를 구성하는 일부분이다. 한 국가의 순해외자산의 총가치는 두 가지 방법으로 인해 변동할 수 있다. 첫째, 내국인이 보유한 외국회사 주식의 가치가 증가하거나 외국인이 소유한 국내 토지의 가치가 감소함에 따라 현재의 해외자산과 해외부채의 가치가 변동할 수 있다. 둘째, 한 국가가 새로운 자산을 취득하거나 혹은 새로운 해외부채가 생길 때 변동할 수 있다.

매 기간 한 국가가 취득하는 새로운 해외자산의 순금액은 경상계정흑자와 일치한다. 예를 들어 한 국가의 재화와 서비스의 수출이 수입에 비해 100

억 원 더 많다고 가정하면 100억 원의 경상계정흑자가 생겨난다. 이때 그 국가는 이러한 100억 원을 해외자산을 취득하거나 해외부채를 줄이기 위해 반드시 사용한다. 이 경우 우리는 그 국가가 100억 원의 순해외대출을 갖는다고 말한다. 한 국가가 외국인으로부터 차입하는 한 가지 중요한 방법은 외국기업이 자본재를 구입하거나 시설을 구축할 때 발생한다. 이는 외국인 직접투자(foreign direct investment)로 알려져 있다. 예를 들어 일본의 혼다 자동차회사가 우리나라에 새로운 자동차 생산시설을 건설한다면, 이 회사는 외국인 직접투자에 종사한다. 그 시설은 우리나라에 건설되지만 일본인 자금에 의해 조달되었기 때문에 우리나라에서는 외국인 소유의 자산 증가와 함께 자본 및 금융수지의 증가로 이어진다. 외국인 직접투자는 외국인이 우리나라의 회사나 투자자들의 유가증권을 획득하는 포트폴리오 투자와는 다르다.

식 (6.1)은 경상계정과 해외자산의 수취 간의 관련성을 강조한다. $CA + KFA = 0$이기 때문에 한 국가가 경상계정흑자 상태이면 그 국가는 동일한 자본 및 금융계정적자를 반드시 기록해야 한다. 결국 자본 및 금융계정적자는 그 국가의 순해외자산 보유량이 증가한다는 사실을 의미한다. 마찬가지로 경상계정적자는 자본 및 금융계정흑자와 그 국가의 순해외자산 보유량이 감소한다는 사실을 의미한다.

1.2 국제무역이 수출 및 수입국에 미치는 효과

1.2.1 국제무역 수출국에 미치는 효과

국제무역이 없을 경우 국내에서 공급과 수요는 〈그림 6-1〉과 같이 균형을 이루게 된다.

철강시장을 예로 들어보자. 철강시장에서 국내의 수요와 공급에 따라 균형가격과 거래량이 결정되고 청색으로 표시된 $\triangle AEP^*$는 소비자잉여를 나타내고, 회색으로 표시된 $\triangle EBP^*$는 생산자잉여를 나타낸다. 따라서 국가간 무역이 없을 경우 총잉여는 소비자잉여와 생산자잉여를 합한 것($\triangle ABE$)이 된다. 여기서 만약 세계 시장의 철강가격이 자국 내 균형가격보다 높다고

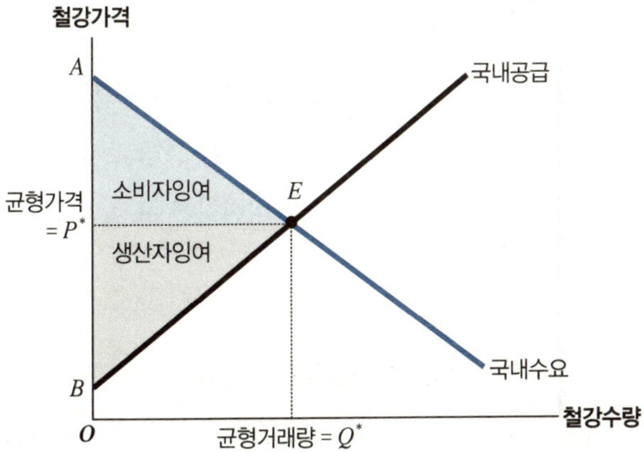

그림 6-1

국제무역이 없는 경우의 균형

국제무역이 없을 경우 균형은 국내에서 공급과 수요에 의해 달성된다.

한다면 이 나라는 상대적으로 다른 나라에 비해 생산비용이 낮고 공급가격이 낮기 때문에 더욱 공급량을 늘려 수출하려고 할 것이다. 이를 그래프로 나타내면 〈그림 6-2〉와 같다.

그림에서 철강시장에서 세계균형가격이 국내균형가격보다 높은 P'에 설정되어 있기 때문에 공급자들은 공급량을 Q_1만큼 늘리게 된다. 그리고 상승한 가격에 대해 국내 수요자들은 지불가격에 대한 수요량이 당초 균형거래

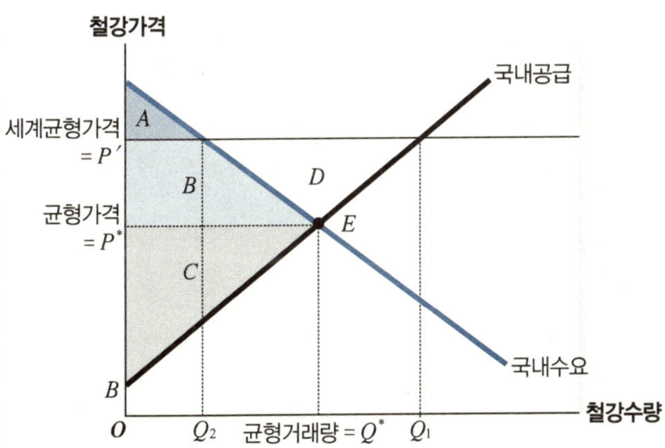

그림 6-2

국제무역이 수출국에 미치는 효과

철강시장에서 세계균형가격이 국내균형가격보다 높은 P'에 설정되어 있기 때문에 공급자들은 공급량을 Q_1만큼 늘리게 된다. 그리고 상승한 가격에 대해 국내 수요자들은 지불가격에 대한 수요량이 당초 균형거래량에서 줄어든 Q_2에서 수요량을 결정하게 된다.

량에서 줄어든 Q_2에서 수요량을 결정하게 된다. 이렇게 되면 수출물량은 (Q_1-Q_2)가 된다. 여기에서 수출로 인한 또 다른 변화는 소비자와 생산자 잉여에서 나타난다. 즉, 당초 소비자 잉여분이었던 B가 생산자의 잉여로 이전되고, 수출에 따른 새로운 잉여분 D가 역시 생산자잉여로 속하게 된다. 즉, 소비자잉여는 줄어들고 생산자잉여는 증가하게 된다. 그리고 사회적 총잉여는 당초보다 증가한다. 소비자 및 생산자의 잉여변화를 표로 나타내면 〈표 6-1〉과 같다.

표 6-1 국제무역 적용 후 수출국의 잉여변화

	교역 이전	교역 이후	변화
소비자잉여	$A+B$	A	$-B$
생산자잉여	C	$B+C+D$	$B+D$
총잉여	$A+B+C$	$A+B+C+D$	$+D$

1.2.2 국제무역이 수입국에 미치는 효과

국제무역을 하게 되었을 때 수출국이 존재한다는 것은 수입국이 존재한다는 의미이다. 즉, 세계시장가격이 한 나라의 국내시장가격보다 높다는 것

그림 6-3

국제무역이 수입국에 미치는 영향

철강시장의 세계균형가격(P')이 한 나라의 국내균형가격(P^*)보다 낮기 때문에 국내 철강시장의 공급자들은 Q_1만큼 공급하려 할 것이고, 국내 철강수요자들은 세계의 낮은 가격으로 Q_2만큼 구입하려고 할 것이다. 따라서 수입량은 (Q_2-Q_1)만큼이 된다.

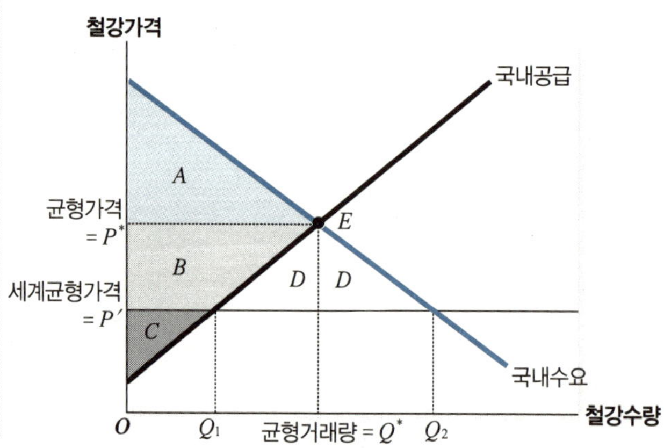

은 그로 인해 수출이 발생함에 따라 그 물량을 싸게 구입할 나라가 존재한다는 것을 의미한다. 이런 관점에서 볼 때, 수입국에서의 국내시장가격은 세계시장가격보다 높다는 것을 의미한다. 세계시장가격이 낮기 때문에 싼 물건을 구입해 국내에서 비싸게 되팔 수 있음을 시사한다. 이런 상황을 그래프로 나타내면 〈그림 6-3〉과 같다.

〈그림 6-3〉을 보면 철강시장의 세계균형가격(P')이 한 나라의 국내균형가격(P^*)보다 낮기 때문에 국내 철강시장의 공급자들은 Q_1만큼 공급하려 할 것이고, 국내 철강수요자들은 세계의 낮은 가격으로 Q_2만큼 구입하려고 할 것이다. 따라서 수입량은 (Q_2-Q_1)만큼이 된다. 수출국에서 보았던 것처럼 초기의 총잉여분은 D크기만큼 증가됨을 알 수 있다. 즉, 수입으로 인해 당초 ($A+B+C$)만큼의 국내의 후생이 D만큼 증가된 모습을 볼 수 있다. 이는 수입으로 인해 공급물량이 기존보다 더 많아짐에 따라 사회적 총잉여분이 증가했기 때문이다. 여기서는 수출국과 반대로 소비자의 잉여가 당초 A에서 ($A+B+D$)로 증가하고, 생산자의 잉여는 ($B+C$)에서 C로 감소되었으며, 사회적 총잉여는 D만큼 증가하였다. 이를 표로 나타내면 〈표 6-2〉와 같다.

표 6-2 국제무역 적용 후 수입국의 잉여변화

	교역 이전	교역 이후	변화
소비자잉여	A	$A+B+D$	$B+D$
생산자잉여	$B+C$	C	$-B$
총잉여	$A+B+C$	$A+B+C+D$	$+D$

1.3 개방경제 하에서의 균형국민소득 결정

개방경제 하에서의 균형국민소득 결정식은 다음 식과 같다.

$$Y=C+I+G+NX \tag{6.2}$$

식 (6.2)에서 국민소득은 소비와 투자, 정부지출, 그리고 순수출로 구성되어 있다. 여기서 순수출은 수출에서 수입을 뺀 값($NX = EX - IM$)이 된다. 즉, 국내에서 사용되는 모든 재화와 서비스는 국내에서 생산되는 재화와 서비스, 그리고 해외에서 생산된 재화와 서비스로 구성될 수 있다. 개방경제에서는 타 국가와의 교역을 통해 수입 또는 수출이 발생함에 따라 순수출이 결정되고, 이것이 국민소득에 영향을 끼치게 되는 것이다. 반면, 폐쇄경제모형 하에서의 균형국민소득 결정은 한 나라 안에서의 국내공급과 국내수요에 의해 결정될 것이다. 하지만 개방경제 하에서는 국가 간 교역을 통해 순수출이 국민소득에 영향을 끼치는 내생변수가 되고 이것들이 균형을 이루게 된다.

1.3.1 개방경제 하에서의 자본의 이동

개방경제를 도입하기 전에 보다 논의를 쉽게 이끌기 위해 폐쇄경제 하에서 균형국민소득을 결정하는 조건식을 도출한 후, 이를 개방경제에 적용하여 설명하고자 한다.

폐쇄경제 하에서의 균형국민소득 결정모형은 다음의 식과 같다.

$$Y = C + I + G \tag{6.3}$$

식 (6.3)을 변형하면 식 (6.4)와 같이 고쳐 쓸 수 있다.

$$Y - C - G = I \tag{6.4}$$

식 (6.4)가 의미하는 바는 총소득에서 소비와 정부지출을 뺀 것이 투자와 같아져야 함을 의미한다. 그리고 가계는 소득을 가지고 세금을 납부한 다음 소비와 저축을 하기 때문에 식 (6.5)와 같이 나타낼 수 있다.

$$Y - C - T = S \tag{6.5}$$

식 (6.4)와 (6.5)에서 정부재정 지출의 수단이 세금이기 때문에 재정지출의 증가분은 곧 세금의 증가분이 된다. 따라서 같은 의미로 사용될 수 있고, 이는 식 (6.6)과 같이 쓸 수 있다.[2]

$$I = S \tag{6.6}$$

식 (6.6)은 가계나 기업 그리고 정부의 저축부분은 투자로 모두 이어짐을 의미하고, 이것이 균형국민소득을 결정하는 조건식에 해당된다. 그리고 식 (6.6)을 식 (6.4)에 대입하면 $Y-C-G=S$로 쓸 수 있고 좌변에 세금을 더하고 빼면 식 (6.7)로 나타낼 수 있다.

$$(Y - C - T) + (T - G) = S \tag{6.7}$$

식 (6.7)에서 $(Y-C-T)$는 민간저축 부문이 되고 $(T-G)$는 정부저축 부문이 된다. 정부저축의 경우 흑자재정으로 전환이 되어 있는 상황이어야 가능하다는 점을 유의해야 한다.

그렇다면 개방경제 하에서 균형국민소득을 결정하는 조건식은 어떻게 될 것인가? 개방경제 하에서의 균형국민소득 결정식은 식 (6.2) 및 (6.8)과 같다. 식 (6.3)과 비교해보면 수출과 수입의 차이를 나타내는 순수출 NX가 포함되어 있을 뿐이다. 상기 폐쇄경제 하에서와 마찬가지로 식을 전개해보면 개방경제 하에서의 균형국민소득을 결정하는 조건식을 식 (6.8)로 나타낼 수 있다.

$$(Y - C - G) - I = NX \tag{6.8}$$

식 (6.8)의 좌변에서 $Y-C-G=S$로 나타낼 수 있기 때문에 다시 다음과 같이 나타낼 수 있다.

---

2. 보다 논의를 편하게 하기 위해 다음과 같이 식을 전개한다. 보통 거시경제학 책에서는 저축을 $(I-S)+(T-G)=0$으로 표시한다. 이 식에서도 마찬가지로 $I=S$, $G=T$를 만족한다.

$$S - I = NX \tag{6.9}$$

식 (6.9)가 의미하는 것은 국가의 총저축분에서 투자된 부분을 제외하면 무역수지가 됨을 의미한다. 또한, 이는 경제의 대내균형과 대외균형의 관계를 보여주는 것이다.

1.3.2 저축과 투자의 관계

$(S-I)$의 크기에 따라 여유분 및 부족분이 해외로 유출되거나 국내로 유입되기 때문에 이를 순해외투자라고 할 수 있다. 결과적으로 순수출(수출-수입)은 저축과 투자의 차이와 같아야 한다는 것인데, 이는 3가지의 상황을 보여줄 수 있다.

먼저, ① $S-I>0$이라면 국내저축이 국내투자보다 크기 때문에 이자율이 타국보다 상대적으로 낮아지게 되고 이자율이 낮은 곳에서 높은 곳으로 자본은 항상 이동하기 때문에 자본이 해외로 유출되게 된다. 자본의 유출로 인해 순해외투자는 증가하게 되고 이는 무역수지의 흑자가 됨을 나타낸다. 물론 실질환율이 고려되지 않는 조건을 포함하고 있다.

다음으로, ② $S-I<0$이 된다면 국내저축이 국내투자보다 작다는 것이다. 국내투자가 국내저축보다 크다면 자본을 해외에서 빌려와 국내투자를 해야 하기 때문에 자본의 유입이 발생된다. 바꾸어 말하면, 이자율이 세계균형이자율보다 높기 때문에 자본의 유입이 일어나게 되는 것이다. 또한, 자본의 유입으로 인해 순해외투자는 감소하게 되고, 이는 무역수지가 적자가 됨을 나타낸다.

마지막으로, ③ $S-I=0$의 경우인데, 이는 자본의 유입과 유출이 같다는 것을 나타낸다. 국내이자율과 세계균형이자율이 같기 때문에 자본의 이동에 균형을 이룬다는 것이다. 즉, 변동성은 있으나 균형을 이룬다는 것을 의미한다.

이를 그래프로 나타내면 〈그림 6-4〉와 같다. 그림에서 세로축은 이자율을 나타내고 가로축은 저축과 투자를 나타낸다. 즉, 이자율에 관해 저축과

그림 6-4

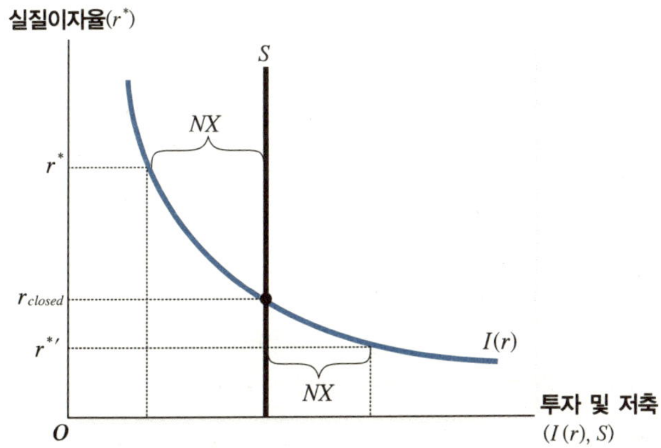

개방소국경제에서의 저축과 투자

세로축은 이자율을 나타내고 가로축은 저축과 투자를 나타낸다. 즉, 이자율에 관해 저축과 투자의 두 가지 곡선이 도출 가능하다. 이자율에 대해 투자는 감소함수의 관계를 가지기 때문에 원점에 우하향하는 곡선으로 표시할 수 있다.

투자의 두 가지 곡선이 도출 가능하다. 이자율에 대해 투자는 감소함수의 관계를 가지기 때문에 원점에 우하향하는 곡선으로 표시할 수 있다. 그리고 저축은 이자율과 관계없이 소득에서 소비 및 정부지출분을 제한 것으로서 외생적으로 주어지기 때문에 수직선의 형태를 띤다.

여기서 실질이자율은 세계 균형이자율을 뜻한다. 폐쇄경제 하에서 자국 균형이자율을 뜻하는 r_{closed}와 세계 균형이자율(r^*, $r^{*\prime}$) 간의 차이가 날 경우 앞서 살펴본 것처럼 자본의 이동이 발생된다.

세계 균형이자율이 자국 균형이자율보다 클 경우($r^* > r_{closed}$) 자본은 수익률을 더욱 많이 제공하는 곳으로 이동하기 때문에 자본이 해외로 이전되게 된다. 이는 순해외투자가 증가하게 됨을 의미하고, 국내저축이 국내투자보다 많음을 나타낸다. 따라서 무역흑자를 기록하게 된다. 그리고 세계 균형이자율과 자국 균형이자율이 같아지는 점에서 자본의 이동은 멈추게 된다. 한편, 반대로 세계 균형이자율이 자국 균형이자율보다 작을 경우($r^* < r_{closed}$) 국내로 자본의 유입이 일어나게 되고 무역적자를 기록하게 된다. 이는 국내투자가 국내저축보다 크기 때문이다. 이 역시 자본의 이동이 멈출 때에는 자국 균형이자율과 세계 균형이자율이 같아지게 된다. 여기서 중요한 것은 이자율의 차이에 따라 자본의 유입 및 유출이 일어나서 국내저축과 투자의 차

이만큼을 가짐으로써 개방경제의 국민소득모형에 균형을 이끌어낸다는 것이다.

1.4 환율[3]

1.4.1 환율의 기본개념

보다 현실적인 대외경제를 분석하기 위해서는 앞서 도입한 무역수지에 환율을 추가하여야 한다. 즉, 경제순환에 있어서 대내와 대외로 나누었을 경우 대외경제활동에 중요한 변수가 되는 것이 환율이기 때문이다. 환율이라 함은 서로 다른 나라 화폐 간의 교환비율(exchange rate)로 정의된다. 환율은 각기 다른 나라의 상대적 화폐의 교환비율로 이해할 수 있다. 예를 들어 우리나라의 주요 무역상대가 미국과 일본이라고 한다면 각 나라의 경제력 차이로 인해 우리나라의 각 상대국별 화폐가치의 교환비율은 달라진다. 그러나 이 세 나라 사이에 환율의 어떤 법칙이 존재해야 한다. 예를 들어 원-달러 환율이 1$-1,200원이라고 하고 원-엔화 환율이 100￥-1,200원이라면, 엔-달러 환율은 1$-100￥이 되어야 한다. 그렇지 않으면 화폐 간의 재정거래(arbitrage)가 일어나기 때문이다.

그리고 환율은 구매력평형과 이자율평형을 이루어야 한다. 구매력평형은 일물일가법칙에 의해 재화의 이동이 완전히 자유롭게 이동함을 전제하기 때문에 그에 맞추어 환율이 일정한 수준에서 정해져야 한다는 것이다. 예를 들면 맥도날드 햄버거를 사는데 동일한 내용물을 가진 햄버거가 1개에 1$이고 우리나라에서는 1개에 1,200원 한다면 환율은 1달러에 1,200원이 되어야 한다. 만일 환율이 이와 크게 다를 경우에 재정거래가 발생하고, 이런 재정거래는 오래 유지될 수 없기 때문에 원래의 수준으로 다시 돌아가게 된다. 이렇듯 각국 화폐의 실질구매력이 평형을 이루는 수준에서 환율이 결정된다는 것을 구매력평형이라고 한다. 게다가 환율은 장기적으로 수송비, 내국세,

3. 박성휘 외 옮김(2012) 참조.

관세, 기타 무역장벽 등을 고려한 구매력평형이 이루어지는 수준에서 결정되게 된다. 이자율평형은 일물일가법칙을 자본시장에 적용하여 국가 간 자본이동이 완전히 자유롭다고 가정한다면 자본비용인 이자율도 국가 간 평형을 유지해야 한다는 것이다.

자국의 이자율을 r_0라고 하고 타국의 이자율을 r_1이라고 하자. 자국에서 원금 P만큼을 예금하면 1년 뒤 받게 되는 금액은 $P(1+r_0)$가 된다. 이 원금 P를 외국에 투자하게 될 경우 환율의 적용을 받게 되어 원금은 $\left(\frac{P}{e_0}\right)$가 되고 1년 뒤 받게 될 금액은 $\left(\frac{P}{e_0}\right)(1+r_1)$이 된다. 이는 1년 뒤에 환율을 적용하여 원래의 자국화폐로 환산해야 하기 때문에 1년 뒤의 환율을 e_1이라 한다면, 1년 후 받게 되는 $\left(\frac{P}{e_0}\right)(1+r_1)e_1$이 되고, 이는 $P(1+r_0)$와 같아져야 한다. 따라서 이를 전개하면 식 (6.10)과 같아진다.

$$r_0 = r_1 + \frac{e_1 - e_0}{e_0} \tag{6.10}$$

식 (6.10)이 의미하는 바는 국내이자율과 국제이자율은 예상되는 환율 상승률만큼 차이를 지니게 된다는 것이다. 그리고 이 식이 성립할 때 이자율 평형이라고 할 수 있다. 물론 이것도 국가위험도, 투자수익률의 차이 및 조세율의 차이 등을 고려한 후에 성립하는 관계라는 것을 알아야 한다.

1.4.2 명목환율

세계 대부분의 국가는 각국의 독자적인 통화를 보유하고 있다. 이런 다양한 통화 중, 두 통화 간의 환율은 명목환율에 따라 거래된다. 두 통화 간의 명목환율(norminal exchange rate) e_{nom}은 자국통화 한 단위당 외국통화를 얼마나 많이 구매할 수 있는가를 나타낸다. 명목환율은 단순하게 환율(exchange rate)이라고 하며, 대체로 실질이나 명목이라는 표현 없이 환율을 언급한다면 명목환율을 의미하게 된다.

환율은 하루 사이에도 변할 수 있고, 불변하는 것이 아니다. 즉, 변동환율제도(flexible-exchange-rate system) 또는 유동환율제도(floatingexchage-rate system) 하에서 환율은 공식적으로 고정된 것이 아니라 외환시장에서의 수요와 공급의 변화에 의해 끊임없이 움직인다. 변동환율제도에서 특정 국가의 경제나 정책의 변화는 다양한 통화 간의 수요와 공급에 영향을 끼친다.

특정 국가의 통화가치가 항상 변동환율제도에 의해서 결정되는 것은 아니다. 과거 상당 기간 동안 세계 각국들은 고정환율제도(fixed-exchange-rate system)를 공식적인 환율제도로 사용했다. 일반적으로 고정환율제도 하에서 통화 간 공식적인 교환비율은 중앙은행이 자국통화를 고정된 환율로 구매하고 판매하고자 하는 약속에 의해 보장된다. 현재 세계 주요 선진국들이 고정환율제도를 사용하고 있지 않지만, 많은 개발도상국들은 아직까지 고정환율제도를 사용하고 있다. 이렇게 환율을 고정하는 이유는 환율변동을 억제해 수출입 가격의 급격한 변동을 줄여 자국 내 통화가치를 유지하기 위해서이다.

1.4.3 실질환율

명목환율이 개별 통화의 구매력을 의미하는 것은 아니다. 개별 통화의 구매력은 자국재화와 외국재화 간의 상대가격을 적용하여 자국재화로 얼마나 많은 외국재화를 교환해 얻을 수 있는가를 의미하는 실질환율(real exchange rate)로 구할 수 있다.

일반적으로 실질환율은 양국의 상대가격과 명목환율에 밀접하게 연관이 되어 있다. 실질환율 e는 자국재화 1단위로 교환해 얻을 수 있는 외국재화의 양을 의미한다. 따라서 실질환율의 일반적인 공식은 식 (6.11)과 같다.

$$e = \frac{e_{nom} P}{P_{For}} \tag{6.11}$$

e_{nom} : 명목환율

P_{For} : 외국화폐로 측정된 외국재화의 가격

P : 국내화폐로 측정된 자국재화의 가격

1.4.4 절상과 절하

명목환율 e_{nom}이 하락한다면 1,000원으로 교환할 수 있는 외국통화의 양이 적어진다. 이는 원화의 명목절하(nominal depreciation) 또는 '원화의 약세' 라고 표현된다. 반대의 경우를 살펴보면, 명목환율 e_{nom}의 상승은 원화의 명목절상(nominal appreciation)이 되며, 이는 '원화의 강세' 가 되는 것이다. 절상이나 절하라는 용어는 변동환율제도에서 사용되는 용어이며 고정환율제도에서는 정부의 정책변화로 환율이 변동할 경우, 절하 대신에 평가절하(devaluation), 절상 대신에 평가절상(revaluation)이라 표현한다.

한편, 실질환율 e가 상승하면 실질절상(real appreciation)으로 표현되며, 이는 동일한 자국재화로 더 많은 외국재화를 교환할 수 있다는 것을 의미한다. 실질환율 e의 상승은 자국재화에 대한 외국재화의 상대가격이 상승하여 발생한 현상이기 때문이다. 실질환율이 떨어진다면, 자국재화의 동일한 양으로 외국재화를 구매할 수 있는 상대적인 양도 감소하는데 이를 실질절하(real depreciation)라 한다.

1.4.5 실질환율과 순수출

실질환율은 국내재화와 외국재화의 상대가격을 나타낸다. 이 실질환율에 따라 자국과 외국의 시장 안에서 소비자들이 국내재화의 수요를 결정하게 되기 때문에 실질환율과 순수출은 밀접한 관계를 가지고 있다.

예를 들어 실질환율이 높은 경우를 가정하자. 이 경우 국내재화 1단위당 비교적 많은 단위의 외국재화를 구매할 수 있다. 국내에서 생산된 자동차의 가격이 국내통화로 표시된 외제 자동차가격의 2배인 경우, 국내 수요자는 훨씬 저렴한 외제 자동차를 구매하게 될 것이고, 자동차의 수입수요는 증가할 것이다. 반대로 외제 자동차 수요자는 국내산 자동차가 그들의 자동차보다 더 비싸다는 것을 알게 된다면 국내산 자동차의 구입을 원하지 않을 것이다. 따라서 많은 자동차가 수입됨에 따라 국내의 자동차 순수출은 감소하게 되고, 궁극적으로 순수출은 적자를 기록할 것이다. 반대의 경우에는 순수출

그림 6-5

J곡선

그래프의 처음 부분은 실질환율이 절하되어 순수출이 감소하는 것을 나타낸다. 즉, 단기에는 실질환율이 절하될 때 순수출은 증가하기보다는 감소한다. 이는 실질환율 절하 시 수입품에 대해 더 많은 국내재화를 지불해야 하기 때문이다. 시간이 지남에 따라 실질환율의 하락은 수출 증가와 수입 감소로 연결되어 순수출을 증가시키게 된다.

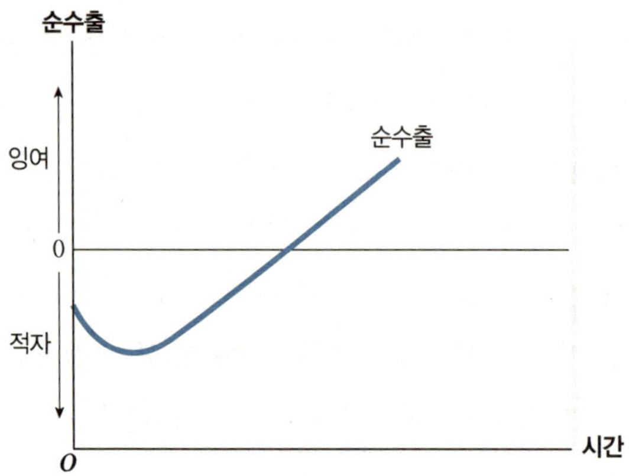

이 증가할 것이다.

일반적으로 수출과 수입에 영향을 주는 조건이 일정하다면 실질환율이 상승할 때 국내 순수출이 감소하게 된다. 이러한 수출과 수입의 반대요소들은 수요에 영향을 끼친다. 실질환율은 재화와 서비스의 상대가격이므로, 실질환율이 상승할 경우 해외 수요자와 국내 수요자가 자국제품의 수요를 줄이고 해외제품의 수요를 늘리기 때문에, 자국제품의 생산이 감소하고 외국제품의 생산이 증가하므로 순수출이 감소한다. 하지만 단기적으로는 상대가격의 변화에 수출업자와 수입업자가 얼마나 빠르게 적응하느냐에 따라 그 효과가 다르게 나타날 수 있다.

〈그림 6-5〉는 전형적으로 특정 국가의 순수출에 실질환율 상승이 어떻게 반응하는지를 보여준다. 그래프의 처음 부분은 실질환율이 절하되어 순수출이 감소하는 것을 나타낸다. 즉, 단기에는 실질환율이 절하될 때 순수출이 증가하기보다는 감소한다. 이는 실질환율 절하 시 수입품에 대해 더 많은 국내재화를 지불해야 하기 때문이다. 시간이 지남에 따라 실질환율의 하락은 수출 증가와 수입 감소로 연결되어 순수출을 증가시키게 된다. 실질환율

그림 6-6

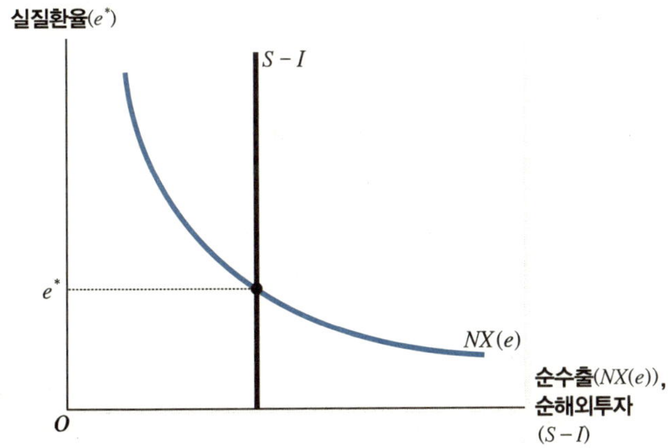

실질환율, 순수출, 순해외투자의 관계
실질환율에 대해 감소함수의 형태를 취하는 순수출과 수직선의 형태를 보이고 있는 순해외투자가 만나는 점에서 실질환율이 결정된다.

절하로 인한 순수출의 전형적인 반응곡선을 J곡선(J curve)이라고 하는데, 이는 순수출의 그래프가 시간에 따라 J자의 형태로 나타나기 때문이다. 따라서 이 분석은 기타 조건이 일정할 때 장기간에 나타나는 현상을 나타낸다. 실질환율의 절하로 순수출이 증가하고, 실질환율의 절상으로 순수출이 감소한다는 가설이 비록 단기에는 유효하지 않더라도, 장기에는 잘 적용된다.

결론적으로 순수출과 실질환율은 부(-)의 관계를 가지고, 무역수지와 실질환율 또한 부(-)의 관계를 가진다. 한편, 실질환율은 국내저축과 투자에 영향을 미치는 변수가 아니기 때문에 순해외투자($S-I$)는 수직선 형태가 된다. 이런 실질환율과 순수출, 순해외투자의 관계를 그래프로 나타내면 〈그림 6-6〉과 같다.

〈그림 6-6〉에서 볼 수 있듯이 실질환율에 대해 감소함수의 형태를 취하는 순수출과 수직선의 형태를 보이고 있는 순해외투자가 만나는 점에서 실질환율이 결정된다.

1.4.6 환율의 결정

변동환율제도 하에서 환율은 끊임없이 변동하고, 고정환율제도 하에서

그림 6-7

달러의 공급과 수요

미국의 수출과 자산에 대한 해외수요가 증가하면 외환시장에서 달러수요가 증가하고, 미국달러 환율 역시 상승한다. 마찬가지로 미국인이 외국상품이나 자산에 대한 수요를 줄인다면 외환시장에서 달러가 적게 공급되므로 미국달러의 가치가 상승하게 된다.

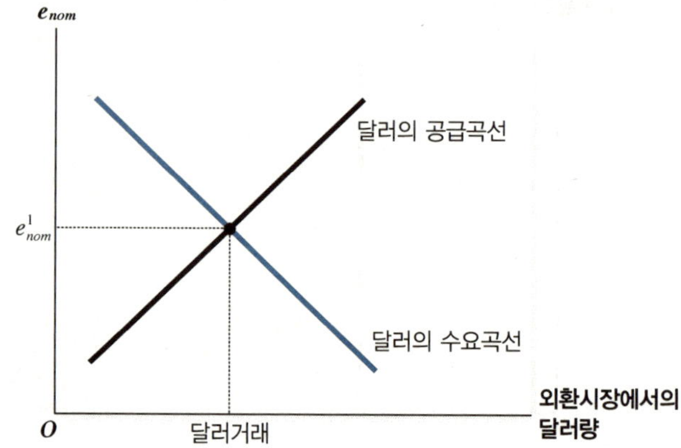

도 장기간 고정되어 있다가도 때에 따라 큰 폭으로 평가절하되거나 평가절상되기도 한다. 지금부터 수요-공급 이론을 바탕으로 변동환율제도 하에서의 환율의 결정에 대해 살펴보고자 한다. 분석의 편리성을 위해 명목환율에 초점을 맞추고, 가격수준이 불변이라 가정하며, 명목환율에·대한 모든 결론을 실질환율에도 적용한다.

〈그림 6-7〉은 외환시장에서의 달러의 수요와 공급을 보여준다. 가로축은 달러의 양적인 수요와 공급을 나타내며 세로축은 다른 통화에 대한 달러의 가치 또는 명목환율 e_{nom}을 나타낸다. 외환시장에서 달러를 공급한다는 것은 다른 국가의 통화와 달러를 거래한다는 것을 의미한다. 달러가치의 균형점은 달러의 수요와 공급이 일치하는 e^1_{nom}점이다.

〈그림 6-7〉은 달러나 다른 통화의 가치가 결정되는 요인을 설명하고 있다. 달러의 수요는 일반적인 재화와 서비스의 수요와는 다르다. 경제주체가 달러 그 자체가 갖고 있는 고유한 가치 때문에 달러를 필요로 하는 것이 아니라 그것으로 무엇을 살 수 있는가를 고려하는 과정에서 달러가치를 평가하게 된다. 미국에 대한 수출과 자산에 대한 해외수요가 증가하면 외환시장에서 달러수요가 증가하고, 미국달러 환율 역시 상승한다. 마찬가지로 미국인이 외국상품이나 자산에 대한 수요를 줄인다면 외환시장에서 달러가 적게

공급되므로 미국달러의 가치가 상승하게 된다.

1.4.7 환율의 거시경제적 결정요인과 순수출

국내외 실질생산과 실질이자율의 변동이 환율과 어떻게 연결되어 있으며, 순수출에 미치는 영향이 어떠한지 알아보자. 논의의 편리상 국내외 물가는 불변이며 명목환율과 실질환율이 동일하다고 가정하자.

기타 요소가 변하지 않을 때, 국내생산 혹은 국내소득이 증가하면 환율과 순수출은 어떻게 변할 것인가? 만일 자국의 소득이 증가하면 소비자는 수입을 포함한 모든 상품의 소비를 늘릴 것이다. 따라서 국내생산(소득)이 증가하면 기타 요소가 일정할 때 순수출(수출－수입)은 감소하게 된다. 수입이 증가함에 따라 내국인은 외환이 좀 더 필요해지므로 외환시장에 국내통화를 더 많이 공급하게 된다. 이러한 자국통화의 공급증가는 통화가치 하락을 유발해 환율을 절하시킨다. 이때 발생하는 무역상대국의 소득 증가는 외국의 전반적인 소비자의 재화나 용역의 수요를 증가시키기 때문에, 국내 수출품 수요 역시 증가하게 된다. 이처럼 외국소득의 변화는 국내소득의 변화와 정반대 효과를 일으키게 된다.

실질이자율이 환율에 미치는 효과를 고려하기 위해 국내실질이자율이 상승하는 경우를 가정하자. 이 경우 국내 금융자산은 국내외에서 고수익을 찾는 투자자에게 매력적인 상품이 된다. 국내의 통화가 국내자산을 구매하는 데 사용된다면, 국내실질이자율의 상승은 외환시장에서 국내통화 공급을 감소시키고 수요를 증대시키게 된다. 따라서 환율은 절상하게 된다.

국내실질이자율의 상승은 순수출에 직접적인 영향을 주지는 못하지만 환율을 통해 간접적인 영향을 끼친다. 즉, 이자율의 상승은 환율의 상승을 통해 국내 수출상품의 가격을 인상시키므로 수입품의 상대가격을 낮추게 된다. 반대로 해외실질이자율의 변화는 국내실질이자율의 변화 효과와 반대로 나타난다. 외국의 실질이자율이 상승한다면 이는 매력적인 투자처가 될 것이고, 국내외 투자자는 해외자산을 구매하기 위해 외환시장에서 자국의 통화를 공급하고 외환을 구입한다. 같은 이유로 외국의 투자자는 자국통화를 적게 수요하게 되므로 결국 국내통화의 공급 증가와 수요 감소는 환율의 절하로 나타나게 된다. 이러한 환율의 절하는 해외실질이자율의 상승에 의해 유발된 것으로 자국의 국내 순수출을 상승시킨다.

토의과제

01. 국제수지계정의 정의와 구성요소에 대해 설명하시오.

02. 국제수지계정에서 경상계정과 자본 및 금융계정 간의 관계와 순해외자산과의 상관관계에 대해 설명하시오.

03. 개방경제환경에서 균형국민소득을 결정하는 조건을 설명하시오.

04. 개방경제환경에서 자본의 이동을 결정하는 환경 및 조건을 설명하시오.

05. 국제무역이 수출국과 수입국에 미치는 효과에 대해 그래프를 이용하여 각각 서술하시오.

06. 환율의 정의와 적합한 환율의 성립조건에 대해 설명하시오.

07. 명목환율과 실질환율을 비교, 설명하시오.

08. 실질환율과 순수출의 상관관계에 대해 설명하고, 이 관계를 설명하는 그래프를 그리시오.

09. 환율결정 과정을 수요-공급 이론을 통해 설명하시오.

10. 국내외 거시경제적 요인(실질생산, 실질이자율)이 환율과 순수출에 어떻게 영향을 미치는지 그 과정을 설명하시오.

핵심단어

국제수지계정	대변	차변
경상계정	순수출	해외순소득
일방적 이전지출	경상수지	자본 및 금융계정
자본 및 금융수지	공식지불준비자산	공식적 결제잔고
통계적 오차	순해외자산	순해외대출
외국인 직접투자	개방경제	균형국민소득
개방소국경제	세계 실질이자율	저축
투자	개방대국경제	환율
재정거래	명목환율	실질환율
변동환율제도	고정환율제도	명목절하
명목절상	평가절하	평가절상
실질절하	실질절상	J곡선

제2절 개방경제정책의 메커니즘

2.1 대외경제정책의 의의 및 목표

2.1.1 의의

대외경제정책이란 한 나라의 대외경제관계에 영향을 주는 정부의 모든 행위를 말한다. 대외경제관계란 국가 간의 상품, 자본 및 노동력 등의 서비스에 관련되는 거래를 의미한다. 즉, 우리가 알고 있는 '무역' 을 대외경제로 표현한 것이다. 이런 대외경제 간 관계가 발생하는 이유는 각 국가에서 생산되는 모든 재화 및 서비스의 생산가격이 다르기 때문이라는 기본적 아이디어를 전제로 한다. 만약 이 세상의 모든 나라에서 같은 상품을 생산하며, 또한 생산가격까지 같다면 대외경제 간 관계, 즉 무역이 발생할 필요가 없다. 서로 다른 생산가격을 나타내는 나라에서 활동하는 상인들은 이런 생각을 할 것이다. '싸게 생산되는 지역에서의 생산물을 구입하여 비싸게 생산되는 지역에서 되팔면 이윤이 남지 않을까?' 이러한 단순한 개념을 행위로 옮긴 것이 차익거래(arbitrage)가 되는 것이다. 이런 차익거래 행위는 오랜 기간 동안 지속되어 왔으며, 이는 국가 간의 거래행위를 증가시키는 결과로 이어졌다. 국가 간의 거래행위 증가는 상호의존성의 증대를 가져왔다. 또한, 이로 인한 대외경제행위가 국민경제에서 차지하는 비중이 더욱더 커지게 되었다.

2.1.2 목표

대외경제정책의 목표는 국제수지의 균형, 즉 대외균형을 달성하는 것에 있다. 이런 국제수지 균형은 경상수지, 기초수지 및 종합수지 간의 균형 여부를 판단한다. 경상수지라 함은 재화와 용역의 국가 간 흐름을 나타내는 것으로서 실물경제의 대외경쟁력을 뜻한다. 또한, 기초수지는 경상수지와 나라의 결제능력을 의미하는 장기자본수지를 더한 것을 말한다. 마지막으로 종합수지는 기초수지와 총괄적인 대외 지불능력을 나타내는 단기자본수지를 합한 것을 말한다.

2.2 개방경제 하에서의 정책이슈

2.2.1 개방소국경제에서의 저축과 투자[4]

지금부터 저축과 투자와 국제무역과 대출 사이의 관련성에 대해서 살펴보자. 규모가 작아서 세계 실질이자율 수준에 영향을 미칠 수 없는 경제인 개방소국경제(small open economy)를 먼저 살펴보자. 여기서 세계 실질이자율(world real interest rate)이란 개인, 기업 및 정부가 다른 국가와 차입과 대출을 행하는 시장, 즉 국제자본시장에서 통용되는 실질이자율이다. 개방소국경제에서 발생된 저축과 투자의 변화가 세계 실질이자율에 미치는 영향은 미미하므로 이는 고정된 값으로 가정한다. 그리고 경제의 거주자들이 국제자본시장에서 고정된 값으로 가정한 세계 실질이자율(r^w) 수준에서 차용과 대출이 이루어진다고 가정하자.

〈그림 6-8〉은 개방소국경제의 저축 및 투자곡선을 보여준다. 폐쇄경제에서 재화시장의 균형은 곡선이 교차하는 E점에서 달성되지만 개방경제에서는 바람직한 국민저축이 바람직한 투자와 동일할 필요는 없다. 이 경제에서 균형점인 b%보다 높은 고정된 세계이자율 c%에 직면한다면, 바람직한

4. 박성휘 외 옮김(2012) 부분인용.

그림 6-8

자본유출과 국제무역

이 경제에서 균형점인 b%보다 높은 고정된 세계이자율 c%에 직면한다면, 바람직한 국민저축은 바람직한 투자보다 클 것이다. 이 초과분은 해외자산을 매입하기 위해 사용될 수 있다.

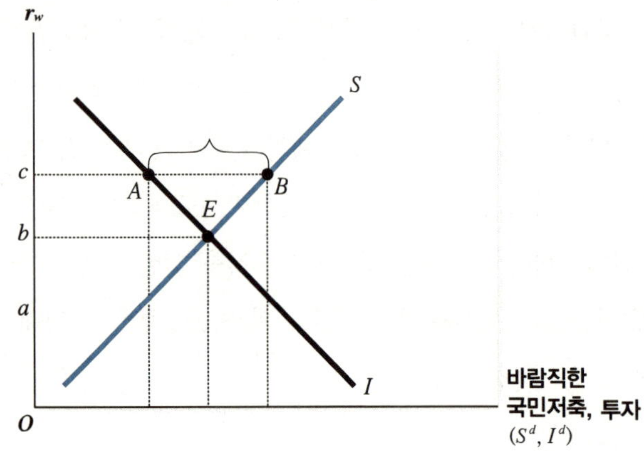

국민저축은 바람직한 투자보다 클 것이다. 이 초과분은 해외자산을 매입하기 위해 사용될 수 있다. 이러한 자본유출이 국민저축의 초과분을 모두 사용하기 때문에 불균형은 존재하지 않는다. 이상의 경우와 달리 세계 실질이자율이 a%라고 가정하면, 이는 〈그림 6-9〉와 같다.

〈그림 6-9〉의 경우에는 바람직한 투자가 바람직한 국민저축을 초과하므로 투자를 희망하는 기업은 국제자본시장에서 차액인 $\overline{CD}$ 만큼을 차입해야

그림 6-9

자본유입과 국제무역

이 경제에서는 바람직한 투자가 바람직한 국민저축을 초과하므로 투자를 희망하는 기업은 국제자본시장에서 차액인 CD만큼을 차입해야 한다.

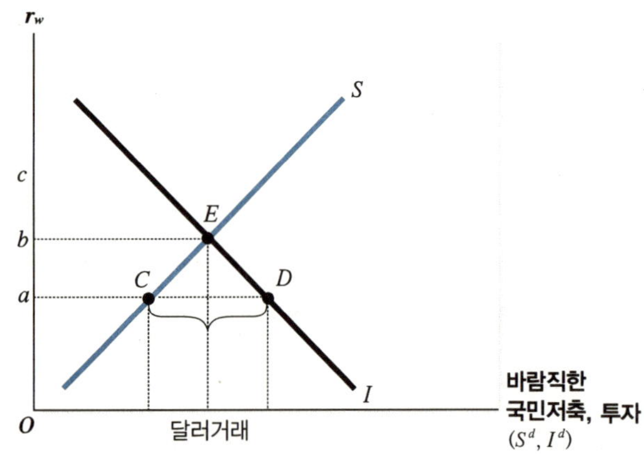

한다. 이 경우에도 바람직한 국민저축이 바람직한 투자와 순해외대출을 합한 값과 같아지기 때문에 균형이라고 볼 수 있다. 즉, 순해외대출이 그 국가의 바람직한 국민저축과 바람직한 투자의 차이와 동일하면, 개방소국경제는 세계 실질이자율의 어떤 값에 대해서도 재화시장의 균형을 달성할 수 있다.

1) 개방소국경제에서의 경제적 충격의 효과

우리는 저축-투자 그래프를 개방소국경제에서 다양한 형태의 경제적 교란의 영향을 결정하는 데 사용할 수 있다. 이하에서는 여러 국가에서 빈번히 발생하는 두 가지 예를 살펴보자.

■ 예시 1 : 일시적인 부정적 공급충격

어떤 개방소국경제에서 일시적으로 생산량을 감소시키는 가뭄이 발생하였다고 가정하자. 이 가뭄이 그 국가의 저축, 투자 및 경상계정에 미치는 영향은 〈그림 6-10〉에 나타나 있다.

초기의 저축곡선과 투자곡선은 각각 S^1과 I^1이며, 세계 실질이자율 r_w 수준에서 초기의 순해외대출은 $\overline{AB}$이다. 일시적인 가뭄은 소득의 일시적 감소

그림 6-10

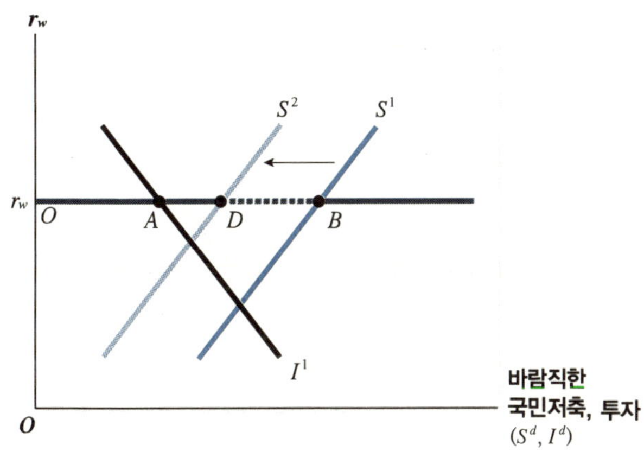

개방소국경제 하에서의 일시적인 해로운 충격

일시적인 가뭄은 소득의 일시적 감소를 초래하며, 이는 저축의 감소를 유도하므로 저축곡선은 S^1에서 S^2로 이동한다. 공급충격이 일시적이라면, 자본의 기대 미래 한계생산물은 변동하지 않는다. 결과적으로 바람직한 투자는 변동하지 않기 때문에 투자곡선은 이동하지 않는다.

를 초래하며, 이는 저축의 감소를 유도하므로 저축곡선은 S^1에서 S^2로 이동한다. 공급충격이 일시적이라면, 자본의 기대 미래 한계생산물은 변동하지 않는다. 결과적으로 바람직한 투자는 변동하지 않기 때문에 투자곡선은 이동하지 않는다.

새로운 균형에서 순해외대출과 경상계정은 $\overline{AD}$로 줄어든다. 그 국가는 덜 저축하기 때문에 경상계정은 줄어들고, 따라서 이전처럼 해외에 많이 대출을 할 수 없게 된다. 결국 순해외대출과 경상수지 모두 감소하게 되는 것이다.

■ 예시 2 : 자본의 기대 미래 한계생산물의 증가

기술혁신으로 현재 자본투자의 기대 미래 한계생산물 MPK^f가 증가한다고 가정하자. 개방소국경제에 미친 영향은 〈그림 6-11〉에 나타나 있다. MPK^f의 증가는 국내기업이 보유하려는 자본스톡을 상승시키기 때문에 모든 실질이자율 수준에서 바람직한 투자가 상승한다. 따라서 투자곡선은 I^1에서 I^2로 이동한다. 경상계정과 순해외대출은 $\overline{FB}$로 줄어든다. 여기서 경상계정이 하락하는 이유는 본국에서 자본을 형성할 때 더 많은 이윤을 창출하므로 그 국가의 생산량에서 더 많은 부분이 국내투자로 흡수되고, 이로 인해 해외로 대출할 수 있는 양이 줄어들기 때문이다.

그림 6-11

개방소국경제 하에서의 기술혁신

기술혁신의 증가는 국내기업이 보유하려는 자본스톡을 상승시키기 때문에 모든 실질이자율 수준에서 바람직한 투자가 상승한다. 따라서 투자곡선은 I^1에서 I^2로 이동한다. 경상계정과 순해외대출은 $\overline{FB}$로 줄어든다.

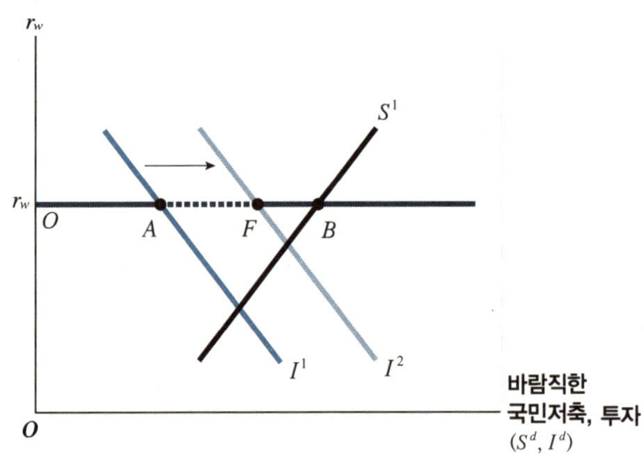

2.2.2 개방대국경제에서의 저축과 투자

개방소국경제 모형은 세계 실질이자율이 고정되어 있으나 현실에서는 주요 경제의 저축과 투자형태가 세계 실질이자율에 영향을 미칠 수 있다. 지금부터 개방소국경제의 분석을 개방대국경제(large open economy), 즉 세계 실질이자율에 영향을 미칠 수 있는 충분히 큰 경제의 경우에 적용해보자.

논의에 앞서 세계는 국내경제와 외국경제라는 두 개의 큰 경제로 구성된다고 가정하자. 〈그림 6-12〉는 이 경우에 적용되는 저축-투자 그래프이고 이 곡선들은 개방소국경제의 곡선들과 동일하다. 개방대국경제에서 세계 실질이자율은 한 국가에 의한 바람직한 국제대출이 다른 국가에 의한 바람직한 국제차입과 일치하는 조건에 의해 설정된다.

〈그림 6-12〉를 보면 세계 실질이자율이 b%일 때, 본국의 바람직한 국민투자는 바람직한 저축을 초과하고 이에 대해 외국에서 차입을 해야 한다.

그림 6-12

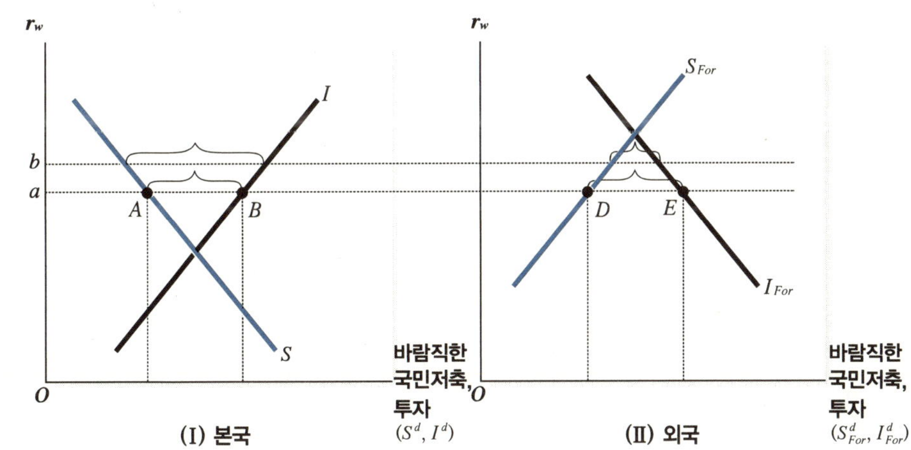

두 개방대국경제를 이용한 세계 실질이자율의 결정

세계 실질이자율이 b%일 때, 본국의 바람직한 국민투자는 바람직한 저축을 초과하고 이에 대해 외국에서 차입을 해야 한다. 세계 실질이자율이 a%일 때, 본국에 의한 바람직한 국제대출은 $\overline{AB}$이고, 이는 외국의 바람직한 국제차입인 $\overline{DE}$의 크기와 동일하다. 따라서 균형 세계 실질이자율은 a%이다.

같은 이자율에서 외국에서 차입을 희망하는 금액을 보면 본국에서 필요로 하는 것보다 적기 때문에 b%는 국제자본시장에서 균형 실질이자율이 아니다.

세계 실질이자율이 a%일 때, 본국에 의한 바람직한 국제대출은 $\overline{AB}$이고, 이는 외국의 바람직한 국제차입인 $\overline{DE}$의 크기와 동일하다. 따라서 균형 세계 실질이자율은 a%이다. 동등한 표현으로, 이자율이 a%일 때 본국의 경상계정흑자는 외국의 경상계정적자와 동일하다. 따라서 바람직한 국제대출이 바람직한 국제차입과 반드시 동일해야 한다는 것은 대출 국가(경상계정흑자)로부터의 재화와 서비스의 바람직한 순유출이 차입 국가(경상계정적자)로의 재화와 서비스의 바람직한 순유입과 반드시 동일해야 한다는 것과 같은 의미이다.

2.2.3 국내의 재정정책

개방소국경제에서는 세계이자율이 고정되어 있음으로 인해 투자의 양 또한 변하지 않는다. 따라서 저축의 양이 감소하면 순자본흐름과 순수출 모두 감소하게 된다. 이는 〈그림 6-13〉에서 볼 수 있다. 여기서 저축을 감소시키는 요인으로는, 예를 들어 정부지출의 증가 혹은 세금의 감소 등을 들 수

그림 6-13

국내의 재정정책

국내 재정정책의 변화(G의 증가 혹은 T의 감소 등)로 인한 효과는 결론적으로 투자의 변화량은 없으며, 저축의 변화량과 순수출의 변화량은 일치하고, 이는 음의 값을 띠게 된다.

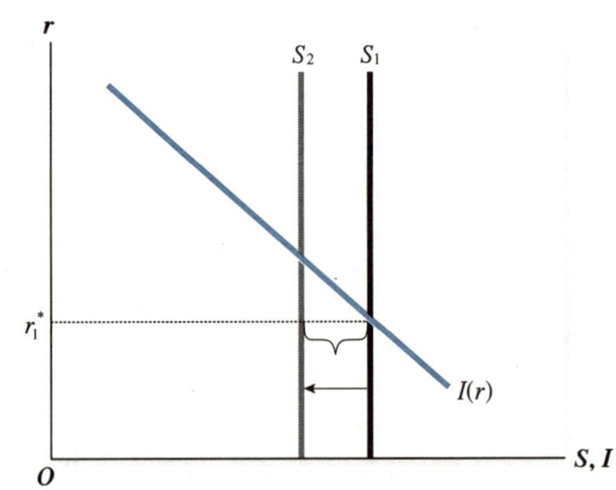

그림 6-14

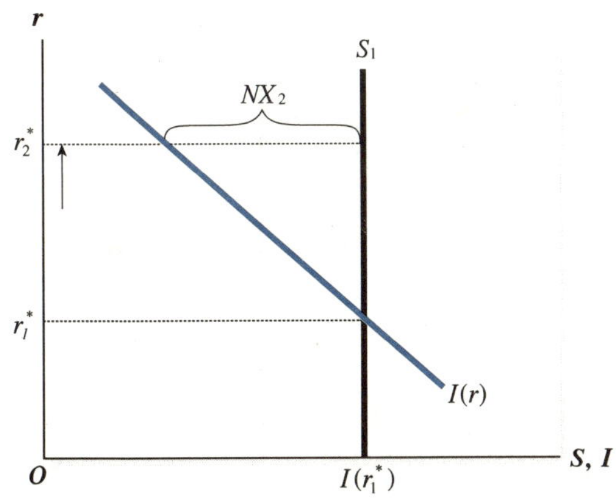

해외의 재정정책

해외에서의 확장적 재정정책은 세계이자율을 상승시킨다. 세계를 하나의 폐쇄경제로 볼 때, 만일 다른 국가에서 확장재정정책을 펼친다면, 이는 저축의 감소를, 그리고 세계이자율의 증가를 유발한다.

있다. 결론적으로 투자의 변화량은 없으며, 저축의 변화량과 순수출의 변화량은 일치하고, 이는 음의 값을 띠게 된다.

2.2.4 해외의 재정정책

결론을 먼저 이야기하자면 해외에서의 확장적 재정정책은 세계이자율을 상승시킨다. 〈그림 6-14〉를 보면 r^*는 세계 투자시장에서의 저축과 투자에 따라 결정된다. 그리고 I^*는 모든 국가의 투자의 합을 의미하며 S^*는 모든 국가의 저축의 합을 의미한다. 세계를 하나의 폐쇄경제로 본다면 앞서 말했듯 이 두 곡선의 교점인 r_1^*가 적정이자율이 되는 것이다. 이 상황에서 만일 다른 국가에서 확장재정정책을 펼친다면, 이는 S^*의 감소를, 그리고 r^*의 증가를 유발한다.

증가된 세계이자율은 개방소득경제에서 투자의 감소를 유발한다. 따라서 투자시장에 대한 요구 또한 줄어든다. 국가의 저축인 투자시장의 자금은 변하지 않고, 이는 해외 자금시장으로의 유출을 증가시킨다.

그림 6-15

투자수요의 변경
만약 기업의 투자수요가 증가한다면, 이는 국내에서의 충족을 벗어나 해외에서 빌려옴으로써 해결할 수 있다. 그 결과 순자본유입 및 순수출의 하락이 투자 증가분만큼 발생하게 된다.

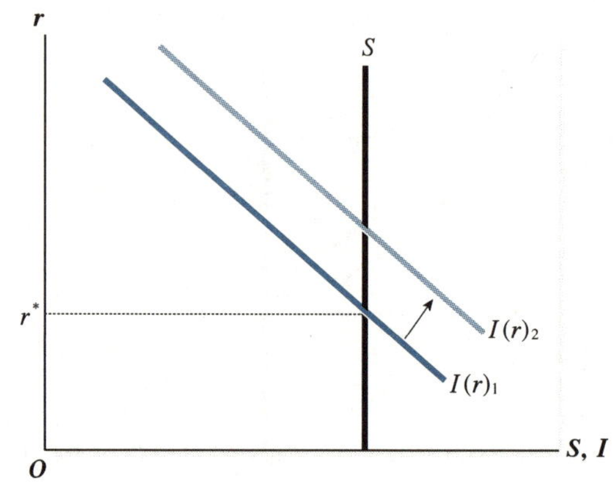

2.2.5 투자수요의 증가

폐쇄경제와는 달리, 개방경제에서는 투자가 자금의 공급에 의해 결정되지 않는다. 따라서 만약 기업의 투자수요가 증가한다면, 이는 국내에서의 부족분을 해외로부터 자본을 유입해야 됨을 시사한다. 이는 순소득의 감소를 유발하고, 따라서 우리는 〈그림 6-15〉에서 보듯이 순자본유입 및 순수출의 하락이 투자 증가분만큼 발생하는 것을 볼 수 있다.

2.3 개방경제에서의 경상수지와 환율 간 상관관계

2.3.1 개방소국경제

개방소국경제에서 경상수지와 환율 간의 상관관계를 살펴보자. 앞에서 말했듯이 개방소국경제에서 국내이자율은 세계이자율에 의해 결정된다. 이와 같은 상황에서 국내정부가 정부구매 증가 또는 조세 삭감과 같은 팽창적 재정정책을 실시하면 G의 증가로 인하여 총저축 $S(=Y-C-G)$는 감소할 것이고 순자본유출$(S-I)$ 또한 감소하게 된다. 이를 그림으로 표현하면 〈그림

그림 6-16

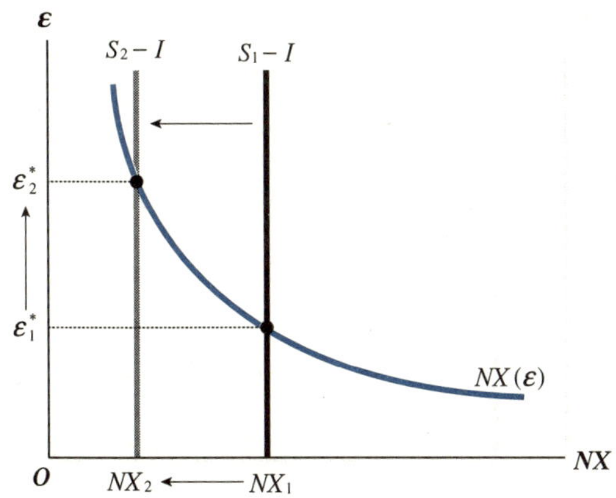

국내의 팽창적 재정정책이 실질환율에 미치는 영향

국내정부가 정부구매 증가 또는 조세 삭감과 같은 팽창적 재정정책을 실시하면 G의 증가로 인하여 총저축 $S(=Y-C-G)$는 감소할 것이고 순자본유출$(S-I)$ 또한 감소하게 된다.

6-16〉과 같다.

그림에서 나타난 것처럼 정부구매가 증대되면 순자본유출$(S-I)$이 감소하여 좌측으로 이동하여 해외에 투자될 자국통화의 공급을 감소시킨다. 공급이 감소하면 균형실질환율이 ε_1에서 ε_2로 상승하여 자국통화의 가치가 상승한다. 따라서 자국의 재화와 서비스는 상대국에 비해 상대적으로 비싸지기 때문에 수출이 감소하고 수입이 증대한다. 결과적으로 경상수지(NX)는 감소하게 된다.

하지만 국내정부가 아닌 외국정부가 팽창적 재정정책을 실시할 경우 결과는 다르게 나타난다. 예를 들면 세계이자율에 영향을 미칠 수 있는 미국정부가 확대재정정책을 실시할 경우, 이와 같은 변화는 세계저축을 감소시키고 세계이자율을 상승시킨다. 세계이자율의 상승은 국내투자를 감소시키기 때문에 순자본유출$(S-I)$은 증가하여 우측으로 이동한다. 그에 따라 해외에 투자될 자국 통화공급이 증가하므로 균형실질환율은 하락하게 된다. 즉, 자국통화의 가치는 하락하고 국내상품의 가격이 외국상품에 비해 하락하므로 수출이 증가하고 수입이 감소한다. 따라서 경상수지(NX)는 증가하게 된다.

마지막으로 투자계획이 변화하는 경우를 살펴보자. 국내의 투자환경 여건이 좋아져서 국내의 투자수요가 증가할 경우 순자본유출$(S-I)$은 감소하

그림 6-17

해외의 팽창적 재정정책이 실질환율에 미치는 영향

미국정부가 확대재정정책을 실시할 경우, 이와 같은 변화는 세계저축을 감소시키고 세계이자율을 상승시킨다. 세계이자율의 상승은 국내투자를 감소시키기 때문에 순자본유출($S-I$)은 증가하여 우측으로 이동한다.

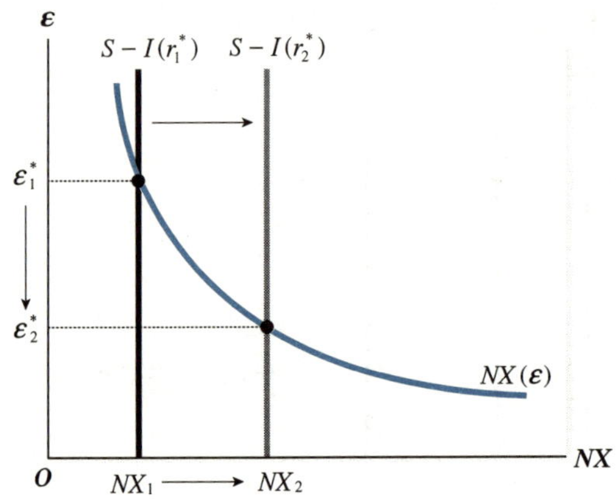

그림 6-18

투자수요의 증대가 실질환율에 미치는 영향

국내의 투자환경 여건이 좋아져서 국내의 투자수요가 증가할 경우 순자본유출($S-I$)은 감소하여 좌측으로 이동할 것이고, 그에 따라 실질환율은 상승하고 경상수지는 감소할 것이다.

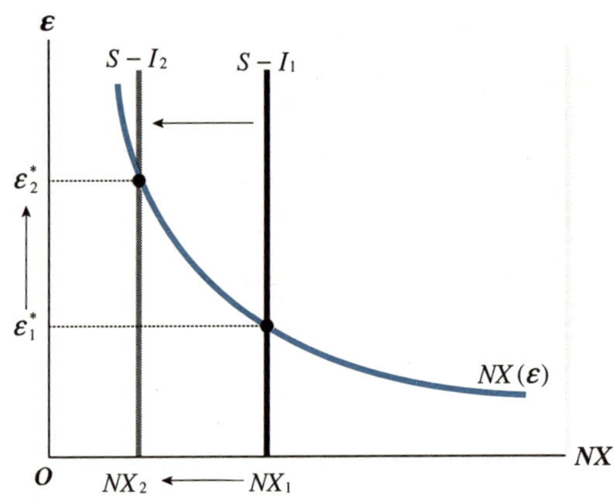

여 좌측으로 이동할 것이고, 그에 따라 실질환율은 상승하고 경상수지는 감소할 것이다. 이를 그림으로 나타내면 〈그림 6-18〉과 같다.

2.3.2 개방대국경제

우리나라와 같은 경우는 개방소국경제 모형을 적용시킬 수 있지만, 미국과 같이 자국의 투자가 세계이자율에 영향을 미칠 수 있는 대국의 경우는 개방소국경제 모형을 그대로 적용하기가 어렵다. 개방소국경제와 개방대국경제의 주요한 차이점은 순자본유출의 행태가 다르다는 것에 있다. 개방대국경제의 순자본유출(CF : Cash Flow)은 자국이자율 r과 부의 관계에 있으며, CF는 자국경제가 세계 금융시장에서 대부 제공국인가 또는 차용국인가에 따라 음이 될 수도 있고 양이 될 수도 있다. 순자본유출에 대한 식은 다음과 같이 나타낼 수 있다.

$$CF = CF(r) \tag{6.12}$$

개방대국경제에서 저축 S는 국내투자 I에 대한 재원조달과 순자본유출 CF에 대한 재원조달로 사용된다. 이를 다음과 같이 나타낼 수 있다.

$$S = I + CF \tag{6.13}$$

여기서 저축은 생산량 수준, 재정정책, 소비함수에 의해 고정되며 국내투자 및 순자본유출은 모두 국내 실질이자율에 의존하므로 다음과 같이 확장할 수 있다.

$$\overline{S} = I(r) + CF(r) \tag{6.14}$$

대부자금시장에서 대부자금의 공급은 저축(좌변)이며, 수요는 국내투자에 대한 수요와 해외투자에 대한 수요(순자본유출)의 합(우변)이 된다. 이자율은 공급과 수요를 일치시키기 위해 조절된다.

그리고 순자본유출과 무역수지 간의 상관관계는 $NX = S - I$로 나타낼 수 있는데, NX는 실질환율의 함수이고 $CF = S - I$이기 때문에 이를 대입하면 다음과 같은 외환시장 균형식을 나타낼 수 있다.

$$NX(\varepsilon) = CF \tag{6.15}$$

그림 6-19

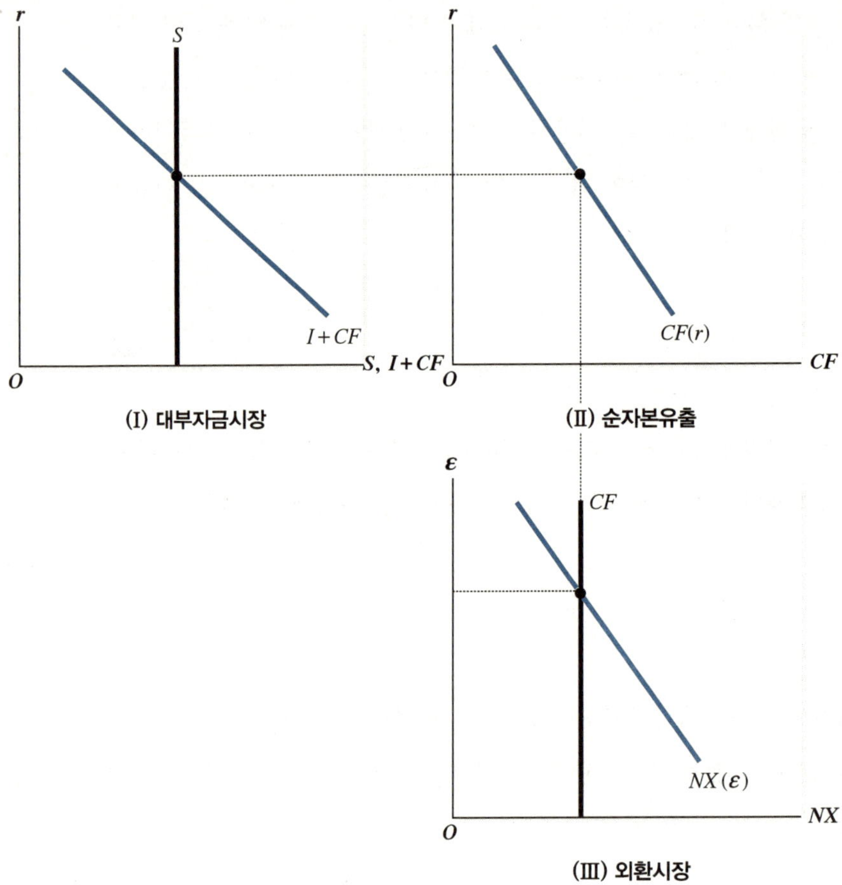

개방대국경제 하에서의 균형

개방대국경제에서는 국내저축과 투자, 순자본유출(*CF*), 경상수지(*NX*) 간 국내이자율에 의해서 상호관계를 가지게 되며, 이는 또한 실질환율을 결정짓게 된다.

이와 같은 상황에서 개방대국경제 하의 대부자금시장, 순자본유출, 외환시장의 균형에 의하여 실질이자율(r)과 실질환율(e)이 결정된다. 이와 같은 관계를 그림으로 나타내면 〈그림 6-19〉와 같다.

즉, 개방대국경제에서는 국내저축과 투자, 순자본유출(*CF*), 경상수지(*NX*) 간 국내이자율에 의해서 상호관계를 가지게 되며, 이는 또한 실질환율을 결정짓게 된다.

2.4 먼델-플레밍(Mundell-Fleming) 모형

정부의 개방경제정책은 여러 실물변수의 조정을 통하여 총수요, 물가 등의 영향에 관심을 가지기 때문에 먼델-플레밍 모형을 도입하여 개방경제 환경을 정의하고 모형 내에서 정부의 정책이 가지는 효과를 살펴보도록 하겠다.

2.4.1 모형의 가정

먼델-플레밍 모형은 *IS-LM*모형을 개방경제로 확장시킨 것이다. 이 모형 또한 총공급이 완전 탄력적이어서 물가가 고정되어 있는 가운데 총수요에 의해 균형국민소득이 정해진다는 *IS-LM*모형의 가정을 따르고 있다. 조금 더 자세히 가정을 살펴보도록 하자.

먼저 먼델-플레밍 모형은 *IS-LM*의 방정식으로부터 출발한다. 이는 식 (6.16), (6.17)과 같다.

$$IS : Y = C(Y-T) + I(r^*) + G + NX(e) \tag{6.16}$$

$$LM : \frac{M}{P} = L(r^*, Y) \tag{6.17}$$

이 식에서 이자율 r^*는 국내이자율과 세계이자율이 같다고 가정한다. 다를 경우 국내저축과 국내투자의 차이가 생기고, 또한 순수출이 지속적으로 변화하기 때문에 국내와 세계의 이자율이 같다고 가정함으로써 초기의 경제 환경을 균형으로 놓고 분석하기 위함이다. 마찬가지로 물가수준은 단기에 고정되어 있다. 즉, 단기에는 명목이든 실질이든 물가는 같게 된다. 물가의 고정과 함께 화폐의 공급은 중앙은행에 의한 정책변수로서 고정되어 있다고 본다. 이러한 가정은 결국 이자율이 아닌 환율에 대해 LM^*곡선을 수직선으로 존재하게 한다.

2.4.2 *IS**곡선의 도출

IS^*곡선의 도출을 위해 케인즈의 교차도표를 이용한다. 여기서 우리의 분석대상이 되는 것은 소비, 투자, 그리고 정부지출이 아닌 실질환율에 연계된 순수출이다. 이런 순수출의 변화에 따른 총소득 및 총수요의 변화가 목적이다. 그런 순수출에 영향을 미치는 것은 바로 실질환율이다. 이 실질환율에 따라 IS^*곡선 도출이 가능하게 됨을 우리는 알 수 있다. 먼저 케인즈의 교차도표에서 실제 판매와 계획된 판매의 정도에 따라 균형국민소득 결정모형의 식을 도출하도록 하겠다.

〈그림 6-20〉에서 실제 판매와 계획된 판매가 만나는 점에서 균형을 이룬다. 실제 판매와 계획된 판매가 서로 다르다면 경제주체는 변화를 통해서 균형에 도달하려고 할 것이기 때문이다.[5] 이러한 이유로 균형국민소득 결정모형은 식 (6.15)로 설명될 수 있다. 여기서 순수출에 영향을 주는 실질환율이 상승하였다고 가정해보자. 실질환율의 상승은 순수출을 감소시키기 때문

그림 6-20

케인즈의 교차도표
실제 판매와 계획된 판매가 만나는 점에서 균형을 이룬다. 실제 판매와 계획된 판매가 서로 다르다면 경제주체는 변화를 통해서 균형에 도달하려고 한다.

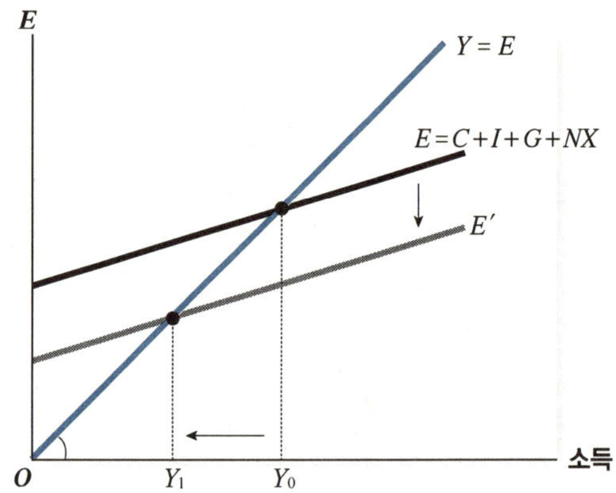

5. 만약 계획된 판매가 더욱 크다면 재고량이 많다는 의미이고, 이는 기업이 투자와 고용을 줄인다는 뜻이다. 즉, 실업이 증가해 가계의 소비가 감소하고, 그에 따라 총수요는 감소하게 되어버린다. 더욱 자세한 내용은 재정정책의 부분으로 다시 돌아가 공부할 수 있도록 하자.

그림 6-21

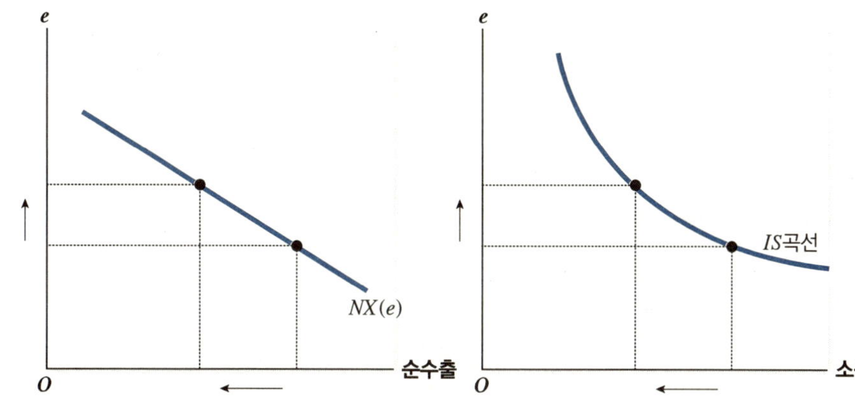

⇨ *IS*곡선의 도출

실질환율의 상승은 순수출을 감소시키기 때문에 총소득을 감소시키게 된다. 결국 실물시장을 대표하는 IS^* 곡선 역시 실질환율 상승으로 인해 총소득이 감소하는 감소함수의 형태를 취하게 된다.

에 결국 총소득을 감소시키게 된다. 결국 실물시장을 대표하는 IS^*곡선 역시 실질환율 상승으로 인해 총소득이 감소하는 감소함수의 형태를 취하게 되는 것이다. 이를 표현하면 〈그림 6-21〉과 같다.

〈그림 6-20〉과 〈그림 6-21〉에 의해 순수출의 변화에 따라 계획된 판매를 하방으로 이동시킴으로써 실제 판매와 만나는 점에서 국민소득은 감소된 상태에서 균형을 이루게 된다. 이로써 식 (6.16)을 통해 IS^*곡선을 도출하면 개방 실물경제 하에서의 실질환율과 소득의 관계를 규명 짓는 것으로써 실물시장에서의 균형을 나타낸다.

2.4.3 *LM**곡선의 도출

화폐 및 금융시장의 균형을 나타내는 *LM*곡선에 대한 기본적인 가정은 *IS*곡선에서와 같다. 여기서 개방경제로 전환되면서 이자율 수준에 따라 화폐 및 금융시장의 변동이 일어날 것이다. 그러나 가정에 의해 세계이자율과 국내이자율이 동일하다고 하였기 때문에 개방경제 하에서 LM^*곡선의 도출

그림 6-22

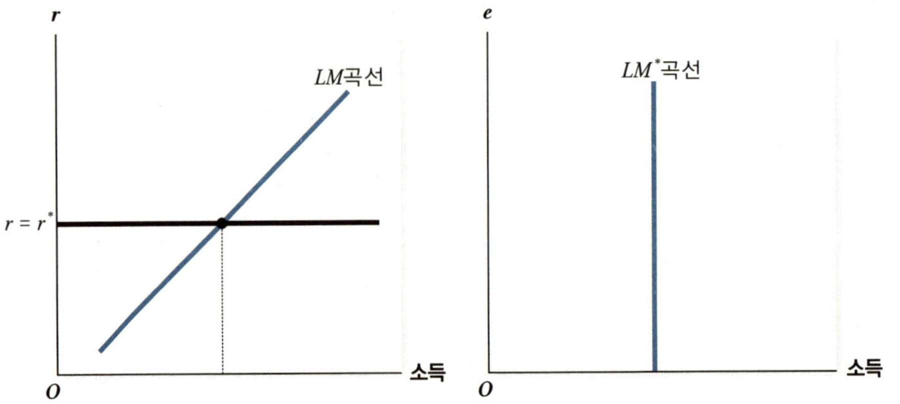

LM*곡선의 도출

화폐시장과 금융시장의 균형을 나타내는 *LM*곡선은 세계이자율과 국내이자율이 같고, 이는 소득에 대해 일정 수준의 이자율로 고정되어 있음을 말한다.

이 용이해진다. 〈그림 6-22〉를 보자. 화폐시장과 금융시장의 균형을 나타내는 *LM*곡선은 세계이자율과 국내이자율이 같고, 이는 소득에 대해 일정 수준의 이자율로 고정되어 있음을 의미한다. 이는 물가가 고정되어 있다고 가정할 경우 피셔의 방정식을 적용하면 기대인플레이션이 존재하지 않기 때문에 실질이자율과 명목이자율이 같아짐을 전제한다.

실질이자율과 명목이자율이 같고 이것이 세계이자율과 같아짐과 함께 통화공급 또한 중앙은행에 의해 고정된 상태를 가정하기 때문에 이자율은 소득에 대해 완전 탄력적인 값을 가지게 된다. 이자율은 화폐시장의 조정을 일으키는 변수이므로 이자율이 고정되어 있다면, 이는 실질환율과 총수요의 관계에서 실질환율의 변화가 화폐시장을 통한 총수요를 변화시킬 수 없음을 의미하게 된다. 중요한 것은 자국 혹은 타국의 화폐가치가 총수요에 영향을 미칠 수 없음을 시사하고 있는 것이다. 즉, 실질환율의 변화는 화폐시장에서 어떠한 영향도 미칠 수 없기 때문에 LM^*곡선은 수직선의 형태로 존재하게 되는 것이다.

그림 6-23

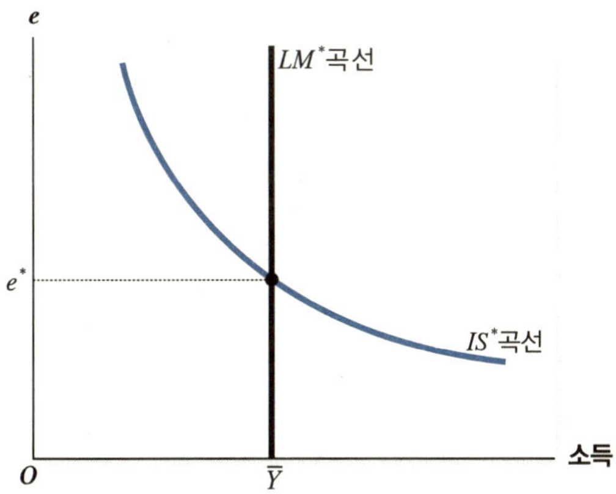

먼델-플레밍 모형
IS^*와 LM^*곡선이 만나는 점에서 균형실질환율이 결정되고 균형국민소득 또한 결정되게 된다.

2.4.4 균형

이제 IS^*-LM^*곡선을 함께 적용하면 〈그림 6-23〉으로 나타낼 수 있다. 〈그림 6-23〉에서 IS^*와 LM^*곡선이 만나는 점에서 균형실질환율이 결정되고 균형국민소득 또한 결정되게 된다.

2.5 고정환율제도 하에서의 재정 및 통화정책

고정환율제도는 중앙은행이 이미 결정된 가격으로 외국통화에 대해 국내통화를 팔 준비가 되어 있는 제도로 이미 정한 환율수준을 지속적으로 고정시켜 통제하는 방식을 말한다. 즉, 외부의 경제환경이 바뀌더라도 정부가 정한 환율수준을 그대로 적용하는 것을 말한다.

먼저, 원-달러 환율시장을 가정하여 고정된 자국의 환율보다 세계균형환율이 높게 설정되어 있는 경우를 생각해보자. 우리나라의 입장에서 세계균형환율을 고정환율 수준으로 낮추기 위해 달러를 사들이기 시작할 것이다. 환율의 불균형으로 인해 환차액이 발생하게 되고, 재정거래인이 보다 높은 가격으로 달러를 팔아 차익을 남기려는 행동을 하게 될 것이다. 그리고 우리

그림 6-24

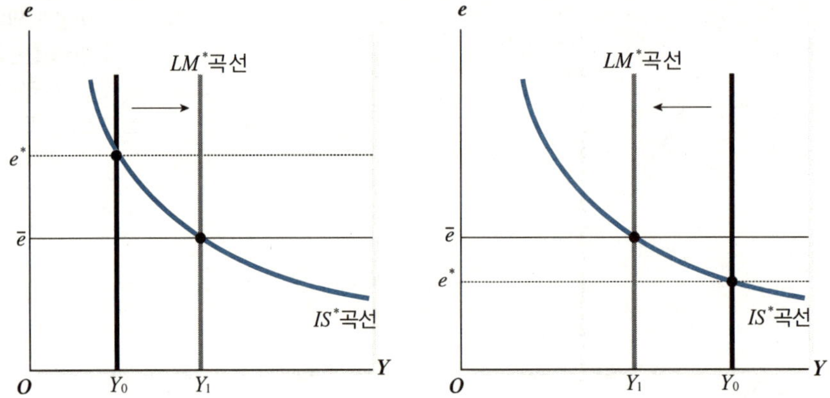

세계균형환율 > 국내고정환율 **세계균형환율 < 국내고정환율**

고정환율제도 하에서의 환경

세로축에서 세계균형환율은 e^*이고 국내고정환율은 e이다. 세계균형환율이 고정환율보다 높게 형성되어 있을 경우 한국은행은 재정거래인으로부터 달러를 사들여 국내 외환보유고를 높이게 되고, 그로 인해 LM^*곡선이 우측으로 이동하다가 세계균형환율과 고정환율이 같아지는 점에서 이동을 멈추게 됨을 보여준다.

나라는 달러매입을 통해 외환시장의 외환공급량이 증가하게 되어 LM^*곡선은 우측으로 이동하게 된다. 이런 이동은 세계균형환율이 국내환율과 같아지는 점까지 계속되고, 소득은 증가하게 된다.

반대로, 세계균형환율이 국내환율보다 낮게 측정되어 있는 경우를 상정해보자. 이 경우 역시 환차액이 발생한다. 한국은행은 세계균형환율의 수준을 자국수준으로 끌어내리기 위해 달러를 팔기 시작한다. 반면, 재정거래인은 미래의 재정거래의 기대로 인해 달러를 매입하게 된다. 그로 인해 외환보유고가 감소하기 시작하고, 이는 LM^*곡선을 좌측으로 이동시키게 된다. 이런 이동은 세계균형환율이 국내고정환율 수준과 같아지는 점까지 계속되고, 국민소득은 감소하게 된다. 이를 그래프로 나타내면 〈그림 6-24〉와 같다. 세로축에서 세계균형환율은 e^*이고 국내고정환율은 $\bar{e}$이다. 세계균형환율이 고정환율보다 높게 형성되어 있을 경우 한국은행은 재정거래인으로부터 달러를 사들여 국내 외환보유고를 높이게 되고, 그로 인해 LM^*곡선이 우측으로 이동하다가 세계균형환율과 고정환율이 같아지는 점에서 이동을 멈추게 됨을 보여준다. 그리고 세계균형환율이 고정환율보다 낮게 형성되어 있는 경우는 그 반대로 해석하면 될 것이다.

이렇듯 고정환율제도는 자국의 환율이 일정 수준으로 고정되어 있기 때문에 세계균형환율이 어느 위치에 해당하는가에 따라 소득 증가 및 감소의 방향이 달라진다. 이런 환경 하에서 확장적 재정정책 혹은 통화정책을 사용하면 어떻게 될까? 개방경제 하의 가정에서 볼 수 있듯이 환율수준이 고정되어 있는 상황이라면 통화는 일정 수준에서 지속적인 균형을 이루려는 성질을 가지기 때문에 통화정책의 사용보다는 재정정책을 사용하는 것이 훨씬 더 실효성을 가지는 정책수단이 될 것이다. 이에 대해 그래프를 이용하여 설명해보자.

2.5.1 고정환율제도 하에서의 확장적 재정정책

우선 확장적 재정정책을 사용하게 되면 IS^*곡선을 우측으로 평행이동시키게 된다. 그로 인해 초기 형성되어 있던 LM^*곡선과 만나는 점에서 새로운 환율 e^*를 만들어내게 된다. 그러나 환율은 정부나 중앙은행에 의해 고정된

그림 6-25

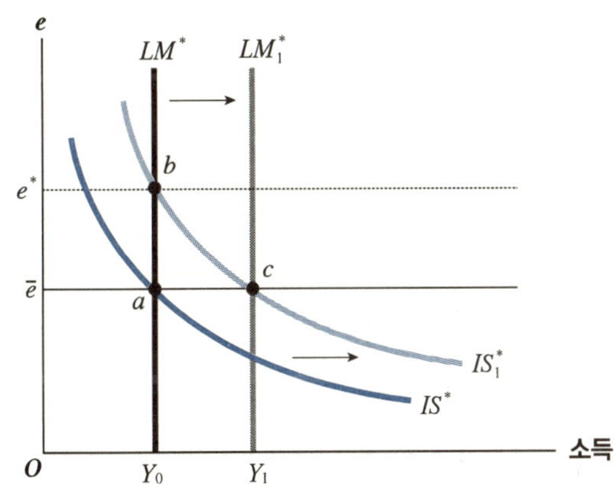

고정환율제도 하에서의 확장적 재정정책

초기 IS^*와 LM^*가 만나는 점 a에서 균형실질환율과 총수요가 결정된다. 이후 재정정책에 의해 IS^*가 IS_1^*로 이동하게 됨에 따라 새로운 균형점 b에서 고정환율보다 높은 균형환율이 결정되고, 그로 인해 중앙은행이 달러를 사들이면서 외환보유고가 증가함에 따라 LM^*가 LM_1^*로 이동한다.

환율 $\bar{e}$를 유지하려고 하기 때문에 환율 사이에 괴리가 발생하고, 그에 따라 재정거래의 기회가 발생한다. 따라서 재정거래인은 달러를 팔기 시작하고 중앙은행은 고정된 환율수준으로 회귀하기 위해 달러를 사들이기 시작한다. 따라서 국내의 외환보유고가 증가하기 시작하면서 LM^*곡선을 우측으로 이동시키게 되고, 이런 이동은 고정된 환율수준과 만나는 점까지 계속되게 될 것이다. 그로 인해 총수요 및 총소득은 증가하게 된다. 〈그림 6-25〉에서 보면 초기 IS^*와 LM^*가 만나는 점 a에서 균형실질환율과 총수요가 결정된다. 이후 재정정책에 의해 IS^*가 IS_1^*로 이동하게 됨에 따라 새로운 균형점 b에서 고정환율보다 높은 균형환율이 결정되고, 그로 인해 중앙은행이 달러를 사들이면서 외환보유고가 증가함에 따라 LM^*가 LM_1^*로 이동한다.

2.5.2 고정환율제도 하에서의 확장적 통화정책

이제 고정환율제도 하에서 확장적 통화정책 시행으로 인한 정책변화를 살펴보도록 하자. 우리는 통화정책을 살펴보기에 앞서 고정환율제도 환경에 대한 분석을 하였다. 분석을 통해 알 수 있는 것은 LM^*곡선의 이동은 단지

그림 6-26

고정환율제도 하에서의 확장적 통화정책

외환보유고를 늘려가기 시작하면 LM^*곡선이 우측으로 이동한다. 그러면 고정된 환율수준보다 낮은 수준의 균형환율이 형성되고, 이는 결국 LM^*곡선으로 하여금 다시 좌측으로 이동하게 하는 압력으로 작용하여 다시 원점으로 돌아가게 된다.

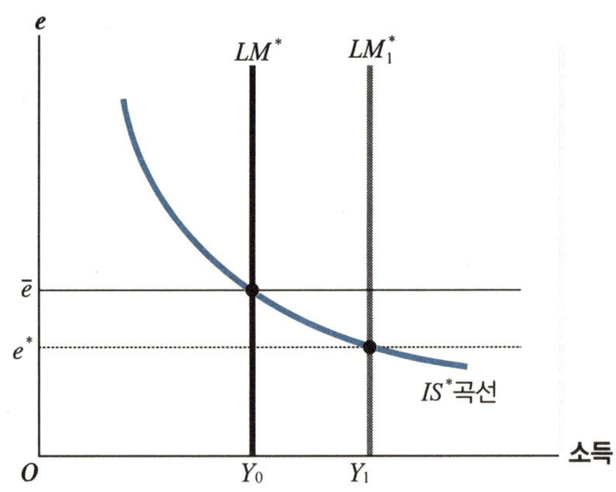

새로운 환율수준을 형성하도록 하여 재정거래의 기회를 창출하지만 결국 원점으로 다시 돌아오게 된다는 것이다. 즉, 외환보유고를 늘려가기 시작하면 LM^*곡선이 우측으로 이동한다. 그러면 고정된 환율수준보다 낮은 수준의 균형환율이 형성되고, 이는 앞의 <그림 6-25>에서 세계 균형이자율보다 국내고정환율이 큰 경우와 같다는 것을 쉽게 알 수 있을 것이다. 결국 이 환율 차이는 LM^*곡선으로 하여금 다시 좌측으로 이동하게 하는 압력으로 작용하게 되고 LM^*곡선은 다시 원점으로 돌아가게 된다. 이를 <그림 6-26>으로 표현할 수 있다.

2.6 변동환율제도 하에서의 재정 및 통화정책

2.6.1 변동환율제도 하에서의 확장적 재정정책

이제 환율의 변동성에 대해 정부나 중앙은행의 관여가 전혀 없는 변동환율제도를 살펴보기로 한다. 시장에서 외화에 대한 수요와 공급 상황에 따라 자유롭게 환율이 결정되도록 허용하는 제도가 변동환율제도이다. 이럴 경우 앞에서의 고정환율제도와는 전혀 다른 시장상황에 직면하게 된다. 즉, 환율의 변동성에 대한 제재를 가하지 않기 때문에 재정정책 또는 통화정책 사용 시 그 효과가 고정환율제도와는 다르게 나타난다.

먼저 변동환율제도 하에서 확장적 재정정책의 효과를 살펴보자. 재정지출의 증가로 인해 IS^*곡선은 우측으로 이동하여 IS^*_1가 된다. 따라서 LM^*곡선과 만나는 점이 a에서 b로 이동함에 따라 환율수준이 b로 바뀌고 소득에는 변화가 없게 된다. 조금 더 쉽게 설명하기 위해 먼저 폐쇄경제를 생각해보자. 폐쇄경제 하에서 정부재정 지출의 증가는 총소득을 증가시키고, 그에 따른 이자율 역시 상승하게 된다. 이 시점에서 개방경제환경으로 다시 전환해보면 이자율이 높아짐에 따라 자본의 유입이 일어나게 되고, 이는 세계 균형이자율과 같아지는 점까지 계속된다. 이는 다시 이자율을 하락시키는 역할을 할 것이고, 원래의 균형이자율로 돌아오는 점까지 구축효과가 발생하기 때문에 소득수준의 변화는 0이 되게 된다. 이상의 설명을 그래프로 그려보면

그림 6-27

변동환율제도 하에서의 확장적 재정정책

재정지출의 증가로 인해 IS^*곡선은 우측으로 이동하여 IS_1^*가 된다. 따라서 LM^*곡선과 만나는 점이 a에서 b로 이동함에 따라 환율수준이 b로 바뀌고 소득에는 변화가 없게 된다.

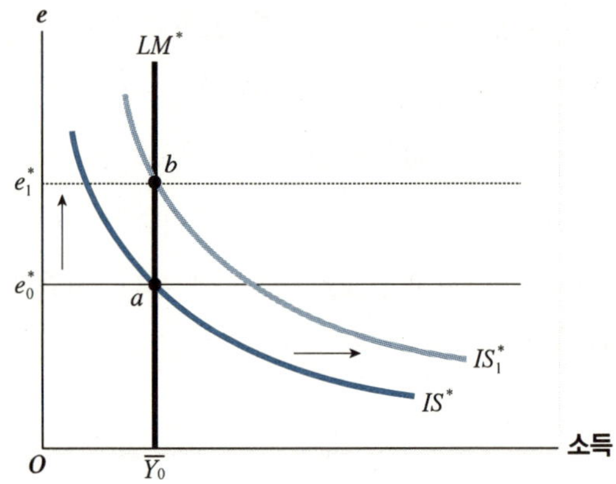

〈그림 6-27〉과 같다.

2.6.2 변동환율제도 하에서의 확장적 통화정책

변동환율제도 하에서 확장적 통화정책을 실시하게 되면 LM^*곡선이 우측으로 평행이동하여 LM_1^*가 된다. 이 평행이동된 LM^*곡선과 기존의 IS^*곡선이

그림 6-28

변동환율제도 하에서의 확장적 통화정책

LM^*곡선이 우측으로 평행이동하여 LM_1^*가 되면, 평행이동된 LM^*곡선과 기존의 IS^*곡선이 만나는 점에서 균형실질환율과 총수요가 결정된다.

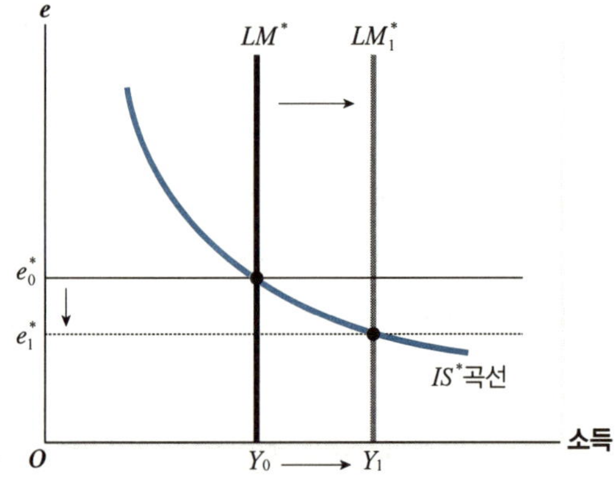

만나는 점에서 균형실질환율과 총수요가 결정된다. 〈그림 6-28〉을 보면 환율은 e_0^*에서 e_1^*로 하락하게 되고 총수요는 Y_0에서 Y_1으로 증가하게 된다.

2.6.3 소규모 개방경제에서의 재정 및 통화정책의 효과

지금까지의 분석내용을 종합해보면, 고정환율제도 하에서 재정정책은 균형국민소득을 증가시키는 매우 효과적인 수단이 될 수 있다. 이는 재정지출의 증가가 환율의 상승을 유발하지만 정부 혹은 중앙은행이 인위적으로 환율을 일정 수준으로 떨어뜨리기 위해 통화공급을 증가시키게 됨에 따라, 이자율이 하락하고 투자가 증가하게 되어 총소득이 늘어나는 결과를 가져오게 된다. 반대로 통화정책은 아무런 효과를 가져오지 못한다.

한편, 변동환율제도 하에서 재정정책은 환율만 상승시켜 오히려 무역수지의 적자를 유발할 가능성을 보여준다. 반면, 통화정책은 환율을 떨어뜨리고 그로 인해 실물시장에서 수출경쟁력을 높여 무역수지를 개선함에 따라 순수출을 증가시켜 총소득을 증가시키는 경로를 보여준다. 이렇듯 환율제도가 어떤 환경에 처해 있는가에 따라 재정 및 통화정책의 효과가 달라짐을 유의해야 한다.

2.7 주요 대외경제정책 이슈

2.7.1 대외채무와 경상수지

경상수지(CA: current account balance)는 재화와 서비스의 수출과 수입 간 차이($EX-IM$)를 의미하며, 한 국가의 수입이 수출을 초과하는 상황을 경상수지적자, 수출이 수입을 초과하는 상황을 경상수지흑자라고 부른다.

경상수지는 대외채무의 규모와 방향에 영향을 미칠 수 있다. 한 국가가 수출에 비해서 더 많은 양을 수입할 때, 그 국가는 경상수지적자를 겪을 가능성이 높으며, 그에 따른 필요한 자금을 조달해야 할 것이다. 즉, 한 국가가 경상수지적자를 가지고 있으면, 적자액만큼 대외채무를 증가시켜야 할 것이다.

그림 6-29

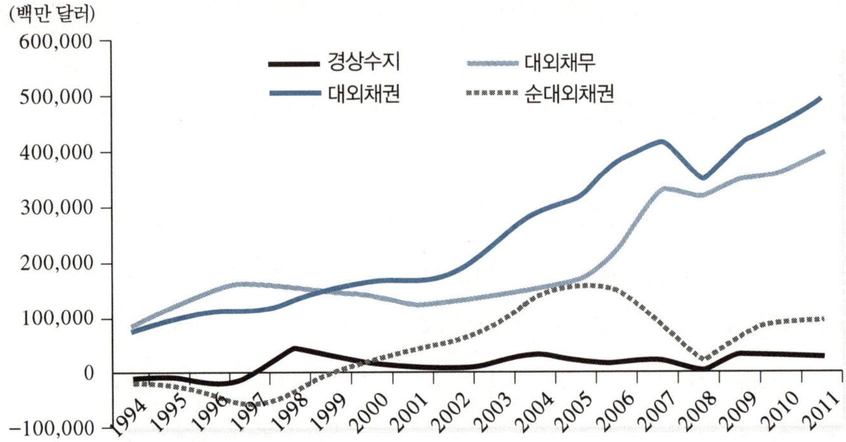

우리나라의 경상수지와 순대외채권(1994~2011년)

경상수지가 적자로 나타났던 1994년부터 1997년까지 순대외채권 또한 적자로 나타났으며, 경상수지가 흑자로 나타났던 1998년 이후부터 순대외채권 또한 흑자로 나타나고 있음을 볼 수 있다.

반대로 경상수지흑자를 가지고 있는 국가는 외국에 필요한 금액을 조달할 것이기 때문에 흑자액만큼 대외채권이 증가하게 될 것이다. 대외채권과 대외채무의 격차를 통하여 순대외채권(대외채권 - 대외채무)을 구할 수 있으며, 이는 한 국가가 가지고 있는 순 해외 부의 양을 의미한다. 즉, 한 국가의 경상수자와 그 국가의 순 해외 부의 변화는 일치한다고 볼 수 있다.

〈그림 6-29〉를 통하여 우리나라의 경상수지와 순대외채권 간의 상관관계를 살펴보면 위에서 언급한 부분이 실증적으로 나타나고 있음을 볼 수 있다. 경상수지가 적자로 나타났던 1994년부터 1997년까지 순대외채권 또한 적자로 나타났으며, 경상수지가 흑자로 나타났던 1998년 이후부터 순대외채권 또한 흑자로 나타나고 있음을 볼 수 있다. 그리고 절대값뿐만 아니라 기울기의 방향성 또한 유사하다는 것을 봤을 때, 경상수지와 순대외채권 간 상관관계가 높아보인다.

이처럼 경상수지 흑자 혹은 적자에 따른 자금의 필요방향에 의해서 대외채무의 방향 또한 결정되고 있는 것이기 때문에 국가 대외채무의 위험성을 감소시키기 위해서는 경상수지의 안정화가 선행되어야 할 것으로 판단할 수 있다.

2.7.2 FTA의 경제적 시사점

FTA는 자유무역협정(Free Trade Agreement)의 약자로 국가 간 상품의 자유로운 이동을 위해 모든 무역장벽을 제거하는 협정을 의미한다. 가장 대표적인 예로 유럽연합(EU)과 북미자유무역협정(NAFTA)이 있으며 최근에는 단일국가 간 FTA를 맺는 협정이 확대되고 있는 추세이다. 우리나라의 경우 1998년 11월 대외경제조정위원회에서 FTA 체결을 추진하기 시작하여 2004년 4월 1일부터 최초의 FTA인 한-칠레 FTA가 발효되었고, 2006년 3월 2일에는 한-싱가포르 FTA, 2006년 9월 1일 한-유럽자유무역연합(EFTA) FTA, 2007년 6월 한-ASEAN(동남아시아국가연합) FTA가 체결되었다. 최근에는 2010년 12월 한-미 FTA 추가협상이 타결되었고, 인도, 일본, 멕시코, 캐나다와 협상 및 체결준비 중이며, 중국과의 FTA도 추진을 준비하고 있다.

이와 같은 자유무역협정의 체결은 관세에 의해서 손실되는 부분을 후생으로 바꿀 수 있다는 장점을 가지고 있다. 관세는 생산자와 소비자의 경제적 동기를 왜곡시켜 순손실을 야기하는데, FTA의 체결은 자유무역을 가능하게 하여 이러한 왜곡을 제거하고 국민후생을 증가시킨다. 또한, FTA를 통하여 규모의 경제를 실현시키는 것 또한 가능하다. 보호된 시장은 생산을 국제적으로 분할할 뿐만 아니라, 경쟁을 줄이고 이윤을 증가시킴으로써 너무 많은 기업이 보호된 산업에 진입하게 한다. 좁은 국내시장에 기업의 수가 너무 많으면 각 기업의 생산규모는 비효율적이 된다. FTA의 또 다른 이점으로는 기업가에게 수출하거나 수입품과 경쟁할 새로운 방법을 모색할 동기를 부여함으로써 기존의 관리무역제도보다 더 많은 학습과 혁신 기회를 제공한다는 점을 들 수 있다.

반면에 자유무역이 시행되면 국민후생이 감소한다는 의견이 있다. 외국의 수출가격에 영향을 줄 수 있는 대국의 관세부과는 수입가격을 낮추고, 교역조건을 개선시키는 이득을 가져온다는 것이다. 하지만 대부분의 소국은 세계시장에서 그들의 수입이나 다른 나라로의 수출이 세계가격에 영향을 거의 주지 못하기 때문에 이와 같은 교역조건 개선론이 실질적으로 미치는 영향은 미비하다고 볼 수 있다.

토의과제

01. 대외경제정책의 의의와 목표를 설명하시오.

02. 개방경제 하에서의 자본의 이동조건을 구체적으로 설명하시오.

03. 개방소국경제 하에서의 저축과 투자의 역할을 설명하시오.

04. 개방소국경제 하에서의 확장재정정책의 효과를 설명하시오.

05. 개방소국경제에서 저축과 투자, 그리고 국제무역과 대출 사이의 관련성에 대해 설명하시오.

06. 저축-투자 그래프를 이용하여 개방소국경제에서 발생하는 경제적 충격의 효과에 대해 설명하시오.

07. 개방소국경제 하에서의 국내 재정정책의 효과를 설명하시오.

08. 개방소국경제 하에서의 해외 재정정책의 효과를 설명하시오.

09. 개방소국경제 하에서 투자수요가 발생했을 때의 효과를 설명하시오.

10. 개방소국경제에서의 경상수지와 환율 간 상관관계에 대해 설명하시오.

11. 개방대국경제에서의 경상수지와 환율 간 상관관계에 대해 설명하시오.

12. 먼델－플레밍모델과 기본 $IS-LM$모형의 차이점이 무엇인지 설명하시오.

13. 먼델－플레밍 모델에서의 IS^* 및 LM^*곡선의 도출과정을 설명하시오.

14. 먼델-플레밍 모델에서 도출되는 변수는 무엇인지 설명하시오.

15. 고정환율제도 하에서의 재정 및 통화정책의 효과를 긴축과 확장으로 구분하여 설명하시오.

16. 변동환율제도 하에서의 재정 및 통화정책의 효과를 긴축과 확장으로 구분하여 설명하시오.

17. 대외채무와 경상수지 간 관계와 경제적 시사점을 그래프를 통해 설명하시오.

18. FTA의 의의 및 경제적 시사점을 설명하시오.

핵심단어

대외경제정책	먼델－플레밍 모형	고정환율제도
변동환율제도	대외채무	FTA

부록 개방경제 관련 주요 지표[6]

1. 무역규모와 무역수지

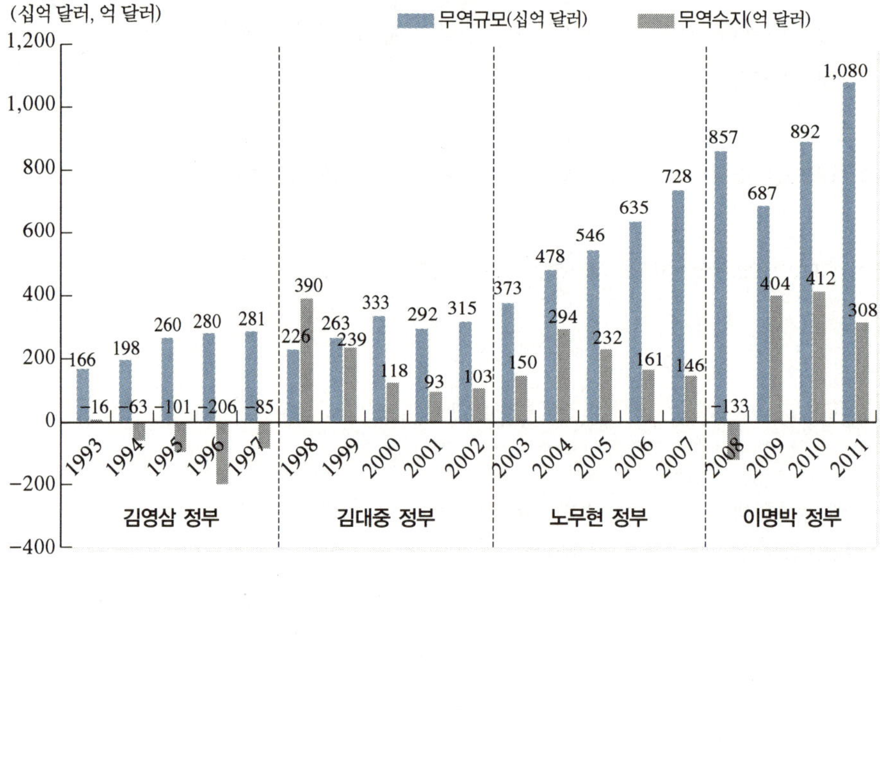

6. 출처 : 최광 외 공역(2013).

2. 경상수지 추이

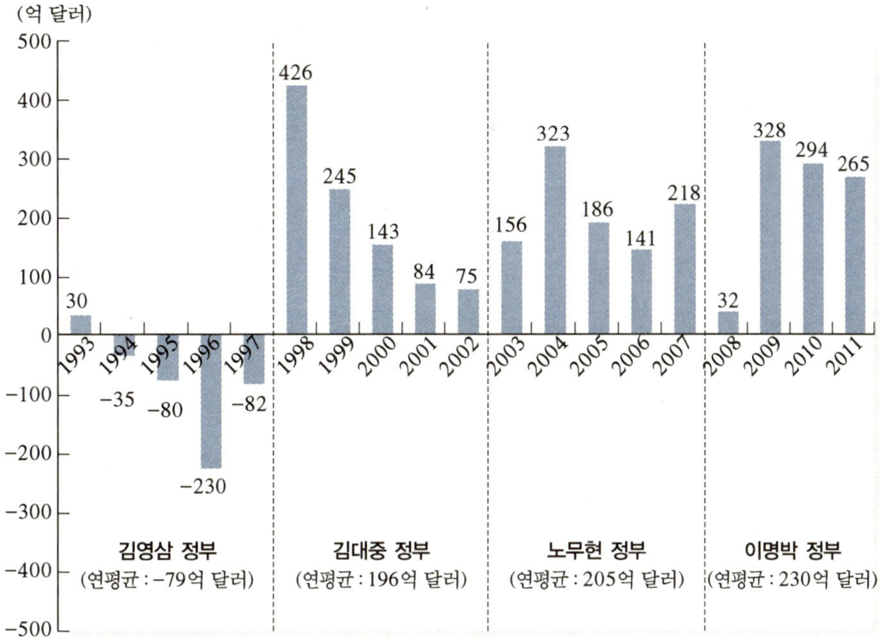
(억 달러)
500
400
300
200
100
0
−100
−200
−300
−400
−500
30
−35
−80
−230
−82
426
245
143
84
75
156
323
186
141
218
32
328
294
265
1993
1994
1995
1996
1997
1998
1999
2000
2001
2002
2003
2004
2005
2006
2007
2008
2009
2010
2011
김영삼 정부
(연평균 : −79억 달러)
김대중 정부
(연평균 : 196억 달러)
노무현 정부
(연평균 : 205억 달러)
이명박 정부
(연평균 : 230억 달러)

경제성장정책

chapter seven

7

제1절 경제성장의 개요

1.1 경제성장(Economic Growth)의 개념

장기적으로 한 나라의 생활수준은 그 나라의 재화와 서비스 생산 능력에 따라 달라진다. 한 나라에서 시간이 흐름에 따라 생활수준이 상승하거나 하락하는 것도 바로 이 생산능력의 변화에 기인한다. 만약 단기적으로 생산을 위한 투입요소를 어떤 특정 산업에 집중할 경우, 그 산업은 비약적으로 성장할 수 있다. 그러나 장기적으로 보면 이런 투입요소의 양적 팽창은 경제성장을 이끌어갈 원동력이 되지 못한다. 투입요소뿐만 아니라 그 산업에 대한 수요 및 투자의 증가, 기술진보 그리고 교육 등과 같은 여러 요인이 상호작용하여 생산능력에 변화를 주기 때문이다. 결국 경제성장은 단기적 투입요소의 양적 증가와 함께 장기적 투입요소의 질적 향상이 어우러져야 함을 의미하고 있다. 이렇듯 경제성장이란, 보다 장기적인 관점에서 시간이 흐를수록 경제의 총량규모가 지속적으로 증가 혹은 팽창해나가는 현상을 말한다. 이런 총량규모는 대표적으로 실질국민소득, 즉 실질GDP이기 때문에 경제성장을 측정하는 방법은 다음 식 (7.1)과 같다.

$$\text{실질경제성장률} = \frac{\Delta \text{실질GDP}}{\text{실질GDP}} \tag{7.1}$$

식 (7.1)에서 의미하는 실질경제성장률은 기준연도와 시간이 지난 뒤의 실질GDP의 변동이라는 것을 알 수 있다. 또한, 실질경제성장률은 명목경제성장률에서 물가상승률을 제거한 것으로도 측정가능하다. 앞에서 언급하였듯이 경제성장의 배경에는 생산, 소비, 투자, 교역량, 고용 등의 실질거시경제변수의 지속적 성장이 있어야 가능하다.

이렇듯 우리가 경제성장에 관해 관심을 갖는 이유는 바로 성장률이 나라 경제 총량규모의 장기적인 추세를 보여주는 것이기 때문이다. 그리고 국민소득은 그 나라의 국민 각자가 원하는 대로 사용할 수 있는 재화의 총량을 나타내기 때문에 경제복지의 중요한 척도가 된다. 이는 경제가 성장하면 쓸 수 있는 재화와 서비스의 총량이 증가함과 아울러 종류가 다양화되고 품질이 향상되므로, 경제성장은 생활의 질도 향상시키는 결과를 가져오게 된다. 그리고 경제가 성장하면 경제복지가 꾸준히 증진됨으로써 국민 1인당 국민소득의 지속적인 증가가 가능하다.

한 국가가 소유하는 노동 및 자본 같은 생산요소의 생산성 및 기술 등의 진보 혹은 퇴보는 국민소득에 영향을 주어 나라마다 소득수준이 차이나게 한다.

세계 여러 나라의 1인당 실질GDP의 차이는 극명하게 나타난다. 선진국과 최빈국의 평균소득 차이는 작게는 10배에서 크게는 20배까지 차이가 난다. 그리고 평균소득과 생활수준의 차이는 결국 생산성(productivity)의 격차에 기인한다. 이런 생산성의 차이를 유발하는 결정변수는 무엇인가?

결론적으로 생산요소가 생산성을 결정한다고 할 수 있다. 생산요소(factors of production)는 재화와 서비스의 생산에 사용되는 투입요소로 정의되며, 생산요소를 구성하는 요소로는 물적 자본(physical capital), 인적 자본(human capital), 사언사원(natural resources), 기술지식(technological knowledge)이 있다. 물적 자본에는 설비, 장비, 건물, 사회간접자본 등이 있고, 인적 자본으로는 교육 및 훈련을 예로 들 수 있다. 여기서 자본(capital)의 개념은 만들어진 생산요소로서 과거 생산활동의 산출물로 해석될 수 있다.

한편, 자연자원의 경우 이것이 직접적으로 생산성을 결정하는 요소로 보기는 어렵다. 반면, 기술지식은 생산성에 직접적 영향을 주어 경제규모를 팽창시키는 역할을 한다. 기술지식은 기술진보의 형태로써 생산단가를 감소시키거나 부가가치 창출을 유도하여 더 높은 수준의 산출량을 달성할 수 있게 한다. 예를 들어 컴퓨터를 1대 생산할 때에 드는 비용이 60만원이라고 할 때, 기술진보가 생산공정의 변화를 가져오면 1대 생산비용이 60만원 이하로 떨어질 수 있다. 이렇듯 생산요소는 생산성을 결정하게 되는 중요한 요인이 된다.

1.2 경제성장에 대한 정형화된 사실

칼도(Kaldor, 1961)는 다음과 같은 경제성장의 전형적 사실들에 대해 정리하였다. 그에 따르면 노동생산성은 계속해서 증가하는 경향을 지니며, 국민소득뿐 아니라 인구 증가를 감안한 1인당 소득 역시 시간이 지남에 따라 증가함을 의미한다. 그리고 자본과 노동의 비율인 1인당 자본축적량 역시 시간의 흐름에 따라 꾸준히 증가하는 모습을 보인다. 또한, 자본에 대한 수익률은 일정한 수준을 유지한다. 이는 자본을 생산과정에 투입하였을 때 획득하는 수익률이 장기적으로 보았을 경우 증가하거나 감소하지 않는다는 것이다. 게다가 자본-생산량계수($\frac{K}{Y}$)는 각 나라마다 일정한 수준에 머물러 있기 때문에 자본과 총생산량은 장기적으로 같은 속도로 증가한다는 것이다. 자본-생산량계수의 역수는 자본생산성($\frac{Y}{K}$)이기 때문에, 자본-생산성계수가 일정하다는 것은 자본생산성이 일정함을 의미한다. 마지막으로 노동과 자본의 상대적 소득분배율이 일정하다는 것이다. 소득의 원천을 노동소득과 자본소득으로 구분할 때, 총소득에서 노동소득 혹은 자본소득이 차지하는 상대적 비중은 장기적으로 보아 일정한 값을 지니며 변하지 않는다고 하였다.

로머(Romer, 1990)는 칼도의 정형화된 내용을 아래와 같이 수정 · 보완하였다. 먼저 대외무역량과 경제성장률 간에 양의 상관관계가 존재한다고 밝혔다. 즉, 대외무역량의 성장속도가 높은 나라일수록 경제성장률도 높다는 것이다. 그리고 인구증가율과 소득수준은 음의 상관관계를 가진다고 주장하였다. 우리나라를 예로 들어보면 소득수준이 낮았던 때보다 지금의 인구 증가율이 매우 낮음을 알 수 있다. 즉, 경제성장을 통해 부유한 국가로 진입할 경우 인구 증가 속도가 낮으며 가난한 나라의 경우 출산율이 매우 높아 인구 증가율이 높다. 그 밖에 요소투입량으로 산출량의 증가를 모두 설명하지 못한다는 점과 노동과 같은 생산요소는 숙련도와 관계없이 소득수준이 높은 지역이나 국가로 이동하는 경향을 보인다는 점을 설명하였다.

이렇듯 위에서 열거한 사실은 현재까지 알려진 연구결과에 비추어볼 때

그림 7-1

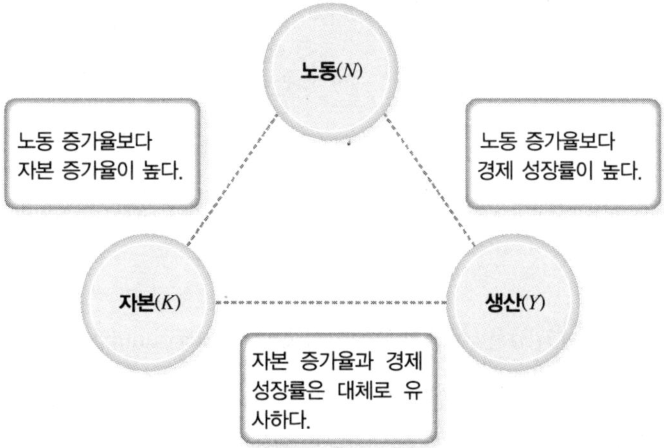

칼도의 정형화된 사실

칼도(Kaldor, 1961)에 의하면, 노동생산성은 계속해서 증가하는 경향을 지니며, 국민소득뿐 아니라 인구 증가를 감안한 1인당 소득 역시 시간이 지남에 따라 증가함을 의미한다. 그리고 자본과 노동의 비율인 1인당 자본축적량 역시 시간의 흐름에 따라 꾸준히 증가하는 모습을 보인다. 또한, 자본에 대한 수익률은 일정한 수준을 유지한다. 마지막으로 노동과 자본의 상대적 소득분배율이 일정하다.

경제성장의 특징을 잘 설명해주고 있다고 할 수 있다.

1.3 경제성장의 원인[1]

한 경제 내에서 생산요소와 생산량 간의 관계는 식 (7.2)와 같다.

$$Y = AF(K, N) \tag{7.2}$$

식 (7.2)는 총생산량 Y가 자본 K와 노동 L, 생산성 A의 함수라는 사실을 나타낸다. 만약 생산요소와 생산성이 일정하다면 생산량 또한 일정하다. 생산량이 증가하려면, 생산요소 투입량의 증가 또는 생산성의 향상이 일어나거

1. 박성휘 외 옮김(2012) 참조.

나 양자가 동시에 일어나야 한다. 생산량 증가율과 생산요소 및 생산성 증가율 간의 관계는 식 (7.3)과 같다.

$$\frac{\Delta Y}{Y} = \frac{\Delta A}{A} + a_K \frac{\Delta K}{K} + a_N \frac{\Delta N}{N} \tag{7.3}$$

$\frac{\Delta Y}{Y}$: 생산량 증가율, $\frac{\Delta A}{A}$: 생산성 증가율

$\frac{\Delta K}{K}$: 자본투입의 증가율, $\frac{\Delta N}{N}$: 노동투입의 증가율

a_K : 생산의 자본탄력도, a_N : 생산의 노동탄력도

식 (7.3)은 성장회계방정식(growth accounting equation)이라고 불리며, 식 (7.2)의 증가율 형태이다. a_K와 a_N은 각각 자본과 노동량이 1% 증가함에 따라 발생하는 생산량의 백분율 증가를 의미한다. 그리고 이는 0과 1 사이의 숫자로서 역사적 자료를 이용해 추정한다.

1.3.1 성장회계

식 (7.3)에 의하면 생산량 증가는 생산성 증가, 자본투입량의 증가, 노동투입량의 증가에서 기인한다. 성장회계(growth accounting)는 생산량 증가를 유도하는 원인들의 상대적 중요성을 실증적으로 측정한다. 성장회계는 다음과 같은 순서에 입각해서 측정하게 된다.

① 특정 기간의 생산량증가율($\frac{\Delta Y}{Y}$), 자본 증가율($\frac{\Delta K}{K}$) 및 노동 증가율($\frac{\Delta N}{N}$)의 자료를 확보한다. ② 역사적인 자료를 이용해 자본 및 노동의 생산탄력도인 a_K와 a_N의 값을 측정한다. ③ 경제성장에 대한 자본의 기여분 $\frac{a_K \Delta K}{K}$와 경제성장에 대한 노동의 기여분 $\frac{a_N \Delta N}{N}$을 계산한다. ④ 경제성장의 원인이 되는 자본 증가 혹은 노동 증가가 아닐 경우 총요소생산성(total factor productivity) A의 증가에 기인한다. 생산성 변화율($\frac{\Delta A}{A}$)은 식 (7.4)를 통해 계산한다.

$$\frac{\Delta A}{A} = \frac{\Delta Y}{Y} - a_K \frac{\Delta K}{K} - a_N \frac{\Delta N}{N} \tag{7.4}$$

식 (7.4)는 성장회계방정식인 식 (7.3)에서 $\frac{\Delta A}{A}$를 좌변으로 옮긴 것이다. 따라서 성장회계방정식은 생산성의 변화를 투입량의 변화로는 설명되지 않는 부분인 잔차항(residual)으로 다룬다.

1.4 국민소득 : 생산과 분배[2]

가장 중요한 거시경제변수는 일국의 재화 및 용역의 총생산량을 측정하는 국내총생산(GDP)이다. GDP의 중요성을 알아보기 위해 1인당 GDP를 살펴보면, 1인당 GDP 수준이 높은 국가들은 상대적으로 낮은 국가들에 비해 모든 면에서 더 많은 것을 향유하고 있다. GDP 규모가 크다고 일국의 모든 국민이 행복해질 수는 없지만, 행복에 대한 최선의 비결일 수 있다고 생각한다.

무엇이 GDP를 결정하는지, 누가 생산으로부터 소득을 취득하며 노동자 및 자본 소유주에게 얼마나 분배되는지, 누가 경제의 생산물을 구입하는지와 같은 질문에 답하기 위해서는 경제 내 다양한 부분들이 어떻게 상호작용하는지 검토하여야 한다. 순환경로를 이용하여 경제주체 간 상호작용을 설명하고자 한다. 이 순환경로는 실제 경제가 작동하는 메커니즘이며, 경제주체인 가계, 기업, 정부 사이의 연결관계이고 화폐가 경제 내 다양한 시장을 통해 이들 사이에 유통되는 과정이다. 경제 내 상호작용을 설명하기 위해 기업에서부터 시작하면 우선 무엇이 생산수준을 결정하는지 검토하고 생산요소시장을 통해 소득이 어떻게 가계에 분배되는지 살펴보아야 한다. 가계는 소득의 얼마만큼을 소비하고 얼마만큼을 저축하는지 검토하여야 한다. 가계 소비를 위한 재화 및 용역의 수요뿐만 아니라 투자 및 정부구매로부터의 수요를 논의하여야 한다. 마지막으로 소비, 투자, 정부구매의 합계인 재화 및 용역의 수요와 재화 및 용역의 공급이 어떻게 균형을 이루는지 유통경로를 이용하여 분석하여야 한다.

---

2. 이병락 옮김(2007) 참조.

1.4.1 재화 및 용역의 생산

한 경제의 재화 및 용역 생산량, 즉 GDP는 생산요소라고 하는 투입요소의 규모와 투입요소를 생산으로 전환시키는 능력인 생산함수에 의존한다.

1) 생산요소

생산요소(factors of production)는 재화와 용역을 생산하기 위해 사용되는 투입요소로서, 가장 중요한 두 가지 요소는 자본과 노동이다. 자본은 K로 나타내며, 건설 노동자의 중장비, 회계사의 계산기와 같이 노동자가 사용하는 일련의 수단이다. 노동은 L로 나타내며, 일하는 데 소비한 시간을 의미한다. 여기서는 이 생산요소들을 주어진 것, 즉 경제는 주어진 자본량과 노동량을 가지고 있는 것으로 가정하며, 이는 $K=\overline{K}$, $L=\overline{L}$와 같이 표현한다. 또한, 분석의 단순화를 위해 자본과 노동 모두가 고용되었다고 가정한다.

2) 생산함수

이용 가능한 생산기술은 주어진 자본량 및 노동량으로 얼마만큼 생산할 수 있는가를 결정한다. 경제학자들은 생산함수(production function)를 이용하여 생산요소와 생산물 간의 기술적인 관계를 나타낸다.

$$Y=F(K, L) \tag{7.5}$$

식 (7.5)에서 Y는 생산량을 나타내며 이 식은 생산량이 자본량과 노동량의 함수라는 점을 보여준다. 생산함수는 자본과 노동을 생산으로 전환시키는 이용 가능한 기술을 나타낸다. 상품을 생산하는 보다 나은 방법을 발명한 경우 동일한 자본량 및 노동량으로 더 많은 양을 생산할 수 있다. 그러므로 기술의 변화는 생산함수를 변화시킨다.

많은 생산함수는 규모에 대한 수확불변(constant returns to scale)이란 속성을 가지고 있다. 모든 생산요소가 동일한 백분율로 증가할 때 생산량도 동일한 백분율만큼 증가하는 경우, 이 생산함수를 규모에 대한 수확불변이라고 한다. 이 경우 자본 및 노동이 10%p 증가하면 생산량도 10%p 증대된다. 제과점의 예를 들면 생산함수가 규모에 대한 수확불변일 경우, 장비량 및 노동자 수가 2배로 증가하면 빵의 생산량도 2배로 증대되는 것을 의미한다.

3) 재화 및 용역의 공급

생산요소 및 생산함수가 함께 경제의 생산량을 의미하는 재화 및 용역의 공급량을 결정한다는 사실을 살펴보았다. 이를 수학적으로 표현하면 식 (7.6)과 같다.

$$\begin{aligned} Y &= F(\overline{K}, \overline{L}) \\ &= \overline{Y} \end{aligned} \tag{7.6}$$

앞서 우리는 자본 및 노동의 공급과 기술이 고정되어 있다고 가정하였으므로 생산량 또한 $\overline{Y}$ 수준에서 고정된다.

1.4.2 생산요소에 대한 국민소득의 분배

경제의 총생산량은 총소득과 같다는 것은 모두 알고 있을 것이다. 그런 면에서 생산요소와 생산함수 간 상호관계를 통해 재화 및 용역의 총생산량을 결정한다고 할 수 있다.

소득분배를 이해하기 위해서는 요소시장을 알아야 한다. 여기서는 국민소득이 생산요소들 사이에 어떻게 분배되는지에 관하여 분배의 신고전학파 이론이라 불리는 현대적 이론을 살펴보고자 한다.

1) 요소가격

국민소득의 분배는 요소가격에 의해 결정된다. 요소가격(factor price)은 노동자가 취득한 임금, 자본 소유주가 취득한 임대료처럼 생산요소에 지급된 금액이다. 〈그림 7-2〉에서 보듯이 각 생산요소가 제공한 서비스의 대가로 받는 가격은 해당 요소의 공급과 수요에 의해 결정된다.

그림 7-2

생산요소가격 결정
하향하는 요소 수요곡선과 수직적인 공급곡선의 교차점에서 균형 요소가격이 결정된다.

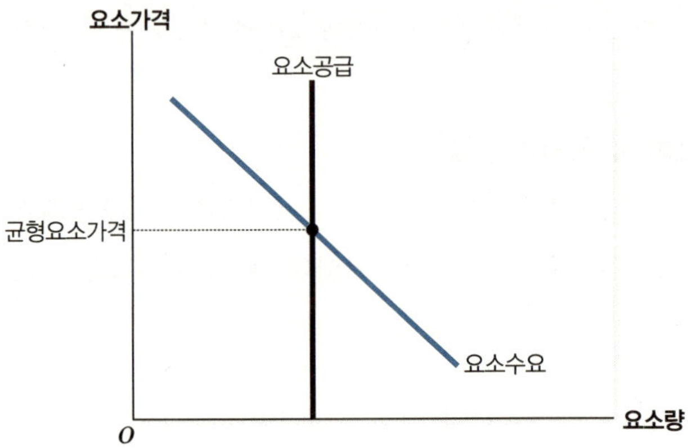

경제의 생산요소는 고정되었다고 가정하였으므로 〈그림 7-2〉의 공급곡선은 수직선이 된다. 하향하는 요소 수요곡선과 수직적인 공급곡선의 교차점에서 균형요소가격이 결정된다.

2) 경쟁상태 하에서 기업이 직면하는 결정

전형적인 기업에 대한 가장 간단한 가정은 경쟁상태(competitive)에 있다는 것이다. 경쟁상태 하에 있는 기업은 시장규모에 비해 상대적으로 규모가 작아서 시장가격에 거의 영향을 미치지 못한다. 따라서 경쟁상태 하의 기업은 생산품 및 요소가격을 주어진 것으로 본다.

생산함수에 관한 식은 앞에서 본 식 (7.5)와 같다. 여기서 더 많은 기계를 투입하거나 노동자가 더 많은 시간을 노동하는 경우 기업은 더 많은 양을 생산할 수 있다.

기업은 가격 P로 생산물을 판매하고 임금 W로 노동자를 고용하며 R로 자본을 임대한다. 여기서 가계가 경제의 자본량을 소유한다고 가정하기에, 가계는 노동을 공급하는 것처럼 자본을 임대하며 기업은 두 가지 생산요소 모두를 소요하고 있는 가계로부터 이를 얻을 수 있다.

기업의 목적은 이윤극대화이다. 이윤은 수입에서 비용을 제한 것으로 기업 소유주가 생산비를 지불한 후 가지는 부분이다. 이를 정리하면 식 (7.7)과 같다.

$$\begin{aligned} \text{이윤} &= \text{수입} - \text{노동비용} - \text{자본비용} \\ &= PY - WL - RK \end{aligned} \tag{7.7}$$

이윤이 생산요소에 어떻게 의존하는지 알아보기 위해 Y 대신에 생산함수 $Y = F(K, L)$을 대입하면 다음과 같다.

$$\text{이윤} = PF(K, L) - WL - RK \tag{7.8}$$

식 (7.8)로부터 이윤은 생산물가격 P, 요소가격 W와 R, 요소량 L과 K에 의존한다는 것을 알 수 있다. 경쟁상태 하의 기업은 생산물가격과 요소가격을 주어진 것으로 간주하고 이윤을 극대화시키는 노동과 자본량을 선택한다.

3) 요소에 대한 기업의 수요

기업은 이윤을 극대화하는 수준에서 고용량과 임대할 자본량을 결정한다. 여기서 이윤을 극대화하는 고용량과 자본량을 어떻게 찾아낼 수 있을까?

기업이 고용규모를 확대하면 할수록 생산량은 증대한다. 노동의 한계생산물(marginal product of labor)은 자본량은 일정하다고 보고 기업이 노동을 한 단위 더 투입함으로써 얻게 되는 생산량의 증가분을 의미한다. 이 한계생산물은 노동량이 증대됨에 따라 감소하게 되는데, 우리는 이를 한계생산물체감(diminishing marginal product)이라고 부른다.

경쟁상태 하에서 이윤극대화를 추구하는 기업이 노동 고용규모의 증대 여부를 결정하려는 경우 기업은 이런 결정이 이윤에 미치는 효과를 고려할 것이다. 따라서 고용규모를 증가시킬 경우, 생산규모의 증대로 인한 수입 증대와 임금지불에 따른 비용 증대를 비교하게 된다. 노동이 1단위 증가하면 생산량이 MPL만큼 증가하고 생산물 1단위 가격은 P이므로 증가되는 수입은 $P \times MPL$이 된다. 노동 1단위 증가로 인한 비용은 임금 W이다. 따라서 노동 1단위 증가로 인한 이윤의 변화는 다음과 같다.

$$\Delta \text{이윤} = \Delta \text{수입} - \Delta \text{비용} \qquad (7.9)$$
$$= (P \times MPL) - W$$

식 (7.9)에 따라 기업은 증대된 수입 $P \times MPL$이 W를 초과하면 노동의 고용 증가로 이윤이 증대될 것이라는 점을 인지한다. 그러므로 노동 고용의 증가가 이윤을 발생시키지 않을 때까지, 즉 증대된 수입과 임금이 같아지는 점으로 MPL이 하락할 때까지 노동 고용규모를 증가시킬 것이다. 즉, 기업의 노동수요는 식 (7.10)과 같다.

$$P \times MPL = W \qquad (7.10)$$

이를 다시 정리하면 식 (7.11)과 같다.

$$MPL = \frac{W}{P} \qquad (7.11)$$

식 (7.11)에서 $\frac{W}{P}$는 화폐가치보다 생산량 단위로 측정한 노동에 대한 보수인 실질임금(real wage)이다. 이윤을 극대화하기 위하여 기업은 노동의 한계생산물이 실질임금과 같아지는 점까지 고용하게 된다.

자본의 경우도 이와 같다. 이윤을 극대화하기 위해 $MPK = \frac{R}{P}$에서 임대할 자본량을 결정하게 된다. 요약하면, 경쟁상태 하에서 이윤극대화를 추구하는 기업은 노동의 고용규모와 자본의 임대규모를 단순한 규칙에 따라 결정한다. 즉, 요소의 한계생산물이 감소하여 실질요소가격과 같아질 때까지 기업은 각각의 생산요소를 수요한다.

4) 국민소득의 분배

경제의 모든 기업들이 경쟁상태에 있고 이윤극대화를 추구할 경우 각 생산요소는 생산과정에 투입된 한계생산물에 해당하는 대가를 지급받게 된다. 각 노동자에 대한 실질임금은 MPL과 같으며 자본 소유주에 대한 실질 임대 가격은 MPK와 같다. 따라서 총실질임금은 $MPL \times L$이며 총실질임대료는 $MPK \times K$가 된다.

기업이 각 생산요소들에게 지불한 후 남은 소득은 기업 소유주의 경제적 이윤(economic profit)이 된다.

$$\text{경제적 이윤} = Y - (MPL \times L) - (MPK \times K) \tag{7.12}$$

국민소득 분배를 분석하고자 하므로 식 (7.12)를 재정리하면 식 (7.13)과 같다.

$$Y = (MPL \times L) + (MPK \times K) + \text{경제적 이윤} \tag{7.13}$$

식 (7.13)에서 보듯이 총소득은 노동에 대한 보상, 자본에 대한 보상 그리고 경제적 이윤 등으로 분배된다.

경제적 이윤은 얼마나 될까? 생산함수가 규모에 대한 수확불변의 속성을 가진다면 경제적 이윤은 0이 되어야 한다. 생산요소에 대해 지불하고 나면 아무것도 남지 않으며, 이는 오일러의 정리로부터 도출 가능하다. 즉, 생산함수가 규모에 대해 수확불변인 경우 식 (7.14)와 같다.

$$F(K, L) = (MPK \times K) + (MPL \times L) \tag{7.14}$$

각 생산요소가 한계생산물에 따라 대가를 받는다면 이런 요소 지급의 합계가 총생산량이 된다. 즉, 규모에 대한 수확불변, 이윤극대화, 경쟁 모두가 경제적 이윤이 0이 된다는 것을 의미한다.

경제적 이윤이 0이라면, 경제 내 이윤의 존재는 회계적 이윤(accounting profit)으로 설명 가능하다. 회계적 이윤의 정의는 식 (7.15)와 같다.

$$회계적이윤 = 경제적이윤 + (MPK \times K) \quad (7.15)$$

규모에 대한 수확불변, 이윤극대화, 경쟁 등의 가정 하에서 경제적 이윤은 0이 된다. 이제는 경제 내의 소득이 기업으로부터 어떻게 가계로 분배되는가에 대한 답을 할 수 있을 것이다. 각 생산요소에 한계생산물에 해당하는 보상을 지불하고 나면 총생산량은 0이 된다. 총생산량은 자본과 노동 각각의 한계생산성에 따라 분배된다.

1.4.3 재화 및 용역에 대한 공급과 수요의 균형

우리는 어떻게 재화 및 용역의 유통과정들이 균형[3]을 이룬다고 확신할 수 있을까? 다시 말해, 소비, 투자, 정부구매의 합이 생산량과 같아지게 하는 것은 무엇일까? 우리는 여기서 공급과 수요가 균형을 이루는 데 결정적인 역할을 하는 것이 이자율이라는 것을 알 수 있다.

이자율의 역할을 분석하는 데는 두 가지 방법이 있다. 하나는 이자율이 재화 또는 용역의 공급과 수요에 어떤 영향을 미치는지 검토해보는 것이다. 다른 하나는 이자율이 대부자금의 공급과 수요에 어떤 영향을 미치는지 살펴보는 것이다. 이 두 가지 방법은 동일한 동전의 양면과 같다.

1) 재화 및 용역시장의 균형

재화 및 용역의 수요에 관한 균형식을 정리하면 다음과 같다.

$$
\begin{aligned}
Y &= C + I + G \qquad (7.16)\\
C &= C(Y-T)\\
I &= I(r)\\
G &= \overline{G}\\
T &= \overline{T}
\end{aligned}
$$

3. 폐쇄적인 경제환경을 가정한다.

식 (7.16)에서 보듯이 경제 생산량에 대한 수요는 소비, 투자, 정부구매에서 비롯된다. 소비는 가처분소득, 투자는 실질이자율에 각각 의존하며 정부구매 및 세금은 재정정책 입안자에 의해 결정되는 외생변수이다.

재화 및 용역의 공급에 대해 살펴보면, 생산요소와 생산함수가 경제에 공급되는 생산량을 결정한다는 사실을 알고 있다. 이는 식 (7.17)과 같다.

$$\begin{aligned} Y &= F(\overline{K}, \overline{L}) \\ &= \overline{Y} \end{aligned} \tag{7.17}$$

식 (7.16)과 식 (7.17)을 결합하기 위해 소비함수와 투자함수를 국민소득계정 항등식에 대체시키면 (7.18)과 같은 식을 도출할 수 있다.

$$Y = C(Y - T) + I(r) + G \tag{7.18}$$

변수 G와 T는 정책에 의해, 생산량 Y는 생산요소와 생산함수에 의해 각각 고정되어 있으므로 식 (7.18)을 식 (7.19)처럼 변형할 수 있다.

$$\overline{Y} = C(\overline{Y} - \overline{T}) + I(r) + \overline{G} \tag{7.19}$$

식 (7.19)는 생산량의 공급이 소비, 투자, 정부구매의 합인 수요와 일치함을 보여준다. 여기서 이자율 r은 사전에 결정되지 않은 유일한 변수이고, 이것이 핵심적인 역할을 수행하게 된다. 즉, 이자율은 재화에 대한 수요와 공급이 일치하도록 조절되어야 한다. 이자율이 상승할수록 투자는 감소하고, 이에 따라 재화 및 용역에 대한 수요 $(C + I + G)$도 감소한다. 이자율이 너무 높은 경우 투자수준이 낮아져 생산량에 대한 수요가 공급에 미달한다. 반대로 이자율이 너무 낮은 경우 투자수준이 높아져 수요가 공급을 초과하게 된다. 결국 균형이자율 하에서 재화 및 용역에 대한 수요와 공급이 일치하는 것이다.

토의과제

01. 경제성장의 정의와 의의, 그리고 경제성장을 측정하는 방법에 대해 설명하시오.

02. 경제성장의 원인을 수식을 통해 설명하시오.

03. 성장회계방정식에 의한 생산량 증가의 원인을 단계별로 설명하시오.

04. GDP와 분배 간의 관계에 대해 설명하시오.

05. 요소가격이 결정되는 과정을 그래프를 이용해 설명하시오.

06. 기업의 고용량을 결정하는 과정과 이에 따라 국민소득이 분배되는 과정을 설명하시오.

07. 재화 및 용역의 공급과 수요가 균형을 이루는 것에 있어서 이자율의 역할을 설명하시오.

핵심단어

경제성장	실질GDP	생산요소
물적 자본	인적 자본	자연자원
기술지식	성장회계방정식	잔차항
생산요소	자본	노동
생산함수	요소가격	경제적 이윤
회계적 이윤		

제2절 경제성장정책의 메커니즘

2.1 경제성장정책의 의의

경제성장정책이란 경제성장에 영향을 주는 요소인 노동, 자본, 기술진보 이외에 구조적, 제도적, 환경적 요인 등이 필요에 따라 충분히 공급되고 잘 조화될 수 있게 하여 적정 경제성장이 지속적으로 이루어질 수 있게 하는 경제정책의 한 분야이다. 여기서 적정 성장은 물가나 무역수지와 같은 거시경제변수에 교란을 주지 않고, 생산가능인구의 증가를 흡수할 수 있는 적정한 수준의 경제성장을 말한다. 그리고 적정 성장은 잠재성장을 초과할 수 없다. 왜냐하면 잠재성장은 어떠한 인플레이션 압력도 없이 그 나라 경제가 달성 가능한 최대 경제성장이기 때문이다.

그러나 이런 경제성장정책은 여타 다른 정책과의 상충관계를 가진다. 왜냐하면 경제성장이 높아지게 됨에 따라 물가 같은 경제변수와 상충관계에 놓이는 경우가 있기 때문이다. 따라서 경제성장을 어느 수준까지 달성할 것인지 고려할 때 상충관계를 따져보아야 함은 두말할 나위가 없다. 따라서 경제성장과 일반적으로 상충관계에 놓이는 거시경제변수에 대해 살펴보자.

먼저 물가에 대해 살펴보도록 하자. 경제성장은 인플레이션의 압력을 수반한다. 특히 성장률이 잠재성장률을 초과하게 될 경우 인플레이션의 갭에 의해 인플레이션이 발생하게 된다. 이는 고도 경제성장을 위한 정책시행이 투자 확대로 귀결되고, 이는 소득 증대와 수요 증대로 이어지기 때문이다. 따라서 성장정책은 성장률을 잠재성장률 아래로 두도록 해야 한다. 그러나 경제성장이 반드시 물가 상승으로 귀결되는 것은 아니다. 2004년 중국은 9.5%의 높은 경제성장을 기록했음에도 불구하고 인플레이션에 대한 문제가 없었다는 점이 그 예라고 할 수 있다. 이처럼 고성장임에도 불구하고 인플레이션이 없는 상태를 골디락스(goldilocks)[4]라고 한다.

다음으로 경제성장은 소득분배와 상충관계를 가진다. 경제성장의 목적은 국민의 복지향상임을 우리는 알고 있다. 즉, 경제성장을 통해 축적된 부(富)가 골고루 모든 사람에게 돌아갈 수 있도록 해야 하는데, 경제성장정책을 실시하면서 불공정한 분배를 보이는 경우가 있다. 왜냐하면 경제성장을 촉진하기 위해서는 불균형성장정책을 선택할 수밖에 없기 때문이다. 불균형성장정책은 중요한 산업에 우선순위를 두어 자원을 한곳에 집중시켜 우선적으로 개발하는 정책을 말한다. 특정 산업에 높은 투자를 유도함에 따라 그 산업의 성장률이 타 산업에 비해 높아지게 되고, 이는 소득의 격차를 유발하게 하는 원인이 되며 결과적으로 불공평한 분배문제가 발생하게 되는 것이다. 그러므로 성장정책을 추진함에 있어서 유의해야 할 사항은 공평한 분배가 될 수 있도록 유의하여야 한다.

이밖에도 생활의 질과 상충관계가 존재한다. 경제성장은 자연자원을 파괴하고 오염물질을 배출하기 때문에 자연환경을 손상시키게 된다. 경제성장이 높아진다는 것은 자연환경의 파괴를 복구하기 위한 자연정화 비용이 증가한다는 것이기 때문에 경제성장의 의미를 무색하게 한다. 따라서 경제성장정책은 단순히 양적 성장이 아닌 삶의 질을 포함한 자연환경을 중시하는 성장정책이 되어야 한다.

2.2 경제성장정책의 목표

경제성장을 위한 정책은 그 의의에 부합되는 방향으로 설정되어야 할 필요가 있다. 즉, 경제환경에 따라 목표는 크게 적정 경제성장, 완전고용, 물가안정, 국제수지 균형, 적정한 소득분배 및 자원의 효율적 배분 등으로 나눌

4. 골디락스는 영국 동화책 『골디락스와 곰 세 마리』(*Goldilocks and the three bears*)' 에 나오는 소녀의 이름이다. 금발머리 소녀인 골디락스는 어느 날 숲 속을 걷다가 곰이 끓여놓고 나간 '뜨겁고, 적당하고, 차가운' 온도의 수프 중에서 적당한 온도를 선택해 허기진 배를 채우고 기뻐했다는 데에서 유래되었다. 즉, 경제가 뜨겁지도, 차갑지도 않은 상태인 인플레이션이 없는 고성장을 상징하는 말로 쓰여지게 되었다.

수 있다. 어느 하나를 우선순위에 두고 목표를 진행하면 상충되는 관계에 있는 거시변수가 희생되는 것을 받아들일 수밖에 없다. 예를 들어 경제 성장을 최우선의 목표로 둔다면 물가안정이 희생되어야 하고, 물가안정이 최우선의 목표가 된다면 그 반대인 경제성장 및 완전고용 등이 희생될 수밖에 없다는 것이다.

경제성장을 목표로 하는 정책을 실행할 경우, 적정 경제성장 수준으로 목표를 설정할 필요가 있다. 물론 나라마다 정치적 환경요소가 달라 적정 경제성장 수준보다 높은 경제성장을 추구할 경우가 있지만, 결국 급속한 성장에는 부작용이 따르기 마련임을 인지한다면 그것이 최선의 선택은 아님을 알 수 있다. 만약 경제성장률이 잠재성장률을 넘어서게 된다면 물가불안, 수지악화, 분배왜곡 등의 문제를 드러내기 때문이다. 따라서 경제안정을 우선적으로 고려하며 잠재적 성장률을 달성할 수 있는 정책을 펼쳐야 할 필요가 있다.

여기서 경제안정은 경기안정과 물가안정을 의미한다. 경기는 경제 전체의 활동수준이 증대 혹은 수축하는 현상을 말한다. 그러므로 생산활동이 활발하고 물가가 높지 않으며 자연실업률 수준에 있다면 경기가 좋다고 하고, 그 반대의 경우엔 경기가 나쁘다고 할 수 있다. 그리고 물가의 안정은 효율적 경제활동을 정착시키고 소득분배 측면에서 공평함을 실현시키기 위해 필요하다.

2.3 경제성장 모형

솔로우 모형(Solow growth model)으로 불리는 외생적 경제성장 모형은 저축, 인구성장이 시간의 흐름에 따라 생산량 및 성장에 어떤 영향을 미치는지를 보여주는 모형이다. 그리고 기술진보는 발생되지 않는다고 보기 때문에 경제성장을 설명하기 위해 저축과 인구성장을 외생변수로 이용하여 모형을 설명하고 있음을 알 수 있다.

2.3.1 경제성장의 작동과정

솔로우 모형은 고전학파의 경제모형에 대한 가정을 그대로 따른다. 먼저 노동공급량은 실질임금과 관계없이 단순 인구 수와 같다는 것이다. 즉, 경제 구성원들은 실질임금과 관계없이 매기 1단위의 노동을 공급한다고 전제한다. 이는 인구 증가가 경제성장 모형에 어떤 유의미한 결과를 가져올 것이라는 사실을 직관적으로 알 수 있는 대목이다.

이제 임의의 시점 t에서 볼 때, $(t-1)$기의 변수들은 이미 실현된 외생변수로서 이미 알고 있는 것이다. 따라서 생산함수를 결정하는 노동과 자본의 공급량은 $(t-1)$기에 이미 정해져 있는 변수들에 증가율을 곱하거나 더한 값과 같아질 것이다. 즉, $(t-1)$기의 노동의 공급량이 N^s_{t-1}로 정해져 있을 경우 $(t-1)$기에서 t기 사이의 인구의 증가율을 n으로 둔다면 N^s_t는 다음 식 (7.20)과 같이 표현할 수 있다.

$$N^s_t = (1+n)N^s_{t-1} \tag{7.20}$$

그리고 t기의 자본공급량은 $(t-1)$기에 알 수 있는 K_{t-1}에 투자된 부분을 더한 값인 I_{t-1}과 같아지게 된다. 이를 식으로 표현하면 다음과 같다.

$$K_t = K_{t-1} + I_{t-1} \tag{7.21}$$

그리고 노동시장에서는 노동의 수요량과 노동의 공급량이 같고, 노동수요함수에서 실질임금을 결정하게 된다. 또한, 식 (7.20)과 (7.21)에 의해 t기 자본량과 노동량을 알 수 있기 때문에 총생산함수에 의해 t기의 총생산 Y_t가 결정된다. 총생산함수에 의해 고용량, 총생산, 실질임금이 결정된다는 것은 고전학파와 같은 내용임을 알 수 있다. 그리고 총생산함수에 의한 소득이 결정되면 소비함수에 의한 당기소비 C_t와 저축함수에 의한 당기저축 S_t가 결정된다. 저축에서 감가상각 δK_t를 뺀 만큼 신투자 I_t가 일어나게 된다. 신투자로 인해 $(t+1)$의 자본량은 다음 식 (7.22)와 같다.

$$K_{t+1} = K_t + I_t \tag{7.22}$$

식 (7.22)는 t기보다 $(t+1)$기의 자본량이 I_t만큼 많음을 나타낸다. 그리고 $(t+1)$기의 노동공급량이 주어지게 되면 자본량과의 관계를 토대로 위와 같은 메커니즘을 거쳐 변수들의 시간경로를 구할 수 있다. 즉, 노동공급량이 결정되면 그 이후 노동수요량, 실질임금, 총생산, 소비, 저축, 신투자 등이 차례로 결정되게 된다. 이제 총생산함수를 1인당 생산함수로 바꾸는 것에 대한 설명이 필요하다. 이를 설명하기 위해 다음과 같은 가정을 한다.

먼저 생산함수는 수익불변 생산함수(constant returns to scale)를 가정한다. 왜냐하면 기술진보가 일어나지 않기 때문에 투입요소 대비 산출량은 항상 일정해야 하기 때문이다. 노동과 자본을 투입요소로 하는 생산함수를 나타내면 다음과 같다.

$$Y = F(K, L) \tag{7.23}$$

식 (7.23)의 생산함수에서 수익불변을 가정하기 때문에 식을 다음과 같이 표현할 수 있다.

$$zY = F(zK, zL) \tag{7.24}$$

식 (7.24)는 산출량을 만들기 위해 투입되는 요소 K, L에 대해 z를 곱할 경우 수익불변의 가정에 의해 산출량은 z배만큼 증가하게 된다는 것이다. 그리고 경제의 모든 수량들은 노동인구의 규모에 대한 상대적 분석이 가능하기 때문에 z를 $\frac{1}{L}$로 놓게 될 경우 다음과 같은 (1인당) 축약형 생산함수를 구할 수 있다.

$$\frac{Y}{L} = f(\frac{K}{L}, 1) \tag{7.25}$$

식 (7.25)에서 보면 1인당 산출량은 1인당 자본량의 함수로 나타나는데,

규모에 대한 수익불변을 적용할 경우 노동자 수로 측정한 경제규모는 1인당 산출량과 1인당 자본량 사이의 관계로 표시할 수 있다. 이는 경제의 규모를 1인당 개념으로 전환하여 설명할 수 있다는 것을 의미한다. 이제 1인당의 규모로 재구성하기 위해 총생산함수를 다음과 같이 소문자 기호를 이용해 표현해보면 1인당 생산량은 $y=\frac{Y}{L}$이고, 자본량은 $k=\frac{K}{L}$가 된다. 그리고 1인당 생산함수는 다음 식 (7.26)과 같이 표현할 수 있다.

$$y=f(k) \quad \text{단, } f(k)=F(K, 1) \tag{7.26}$$

식 (7.26)은 〈그림 7-3〉에서 보는 것처럼 생산함수를 보여준다.

이 생산함수는 1인당 자본량(k)이 1인당 생산량을 어떻게 결정하는가를 보여준다. 생산함수의 기울기는 자본의 한계생산을 의미한다. 즉, 자본(k)이 1단위만큼 증가할 경우 생산량(y)은 MPK단위만큼 증가한다. 이는 1인당 자본량이 1단위 증가하는 경우 증대되는 1인당 생산량을 나타낸다. 따라서 이를 수학적 기호로 나타내면 다음 식 (7.27)과 같다.

$$MPK=f(k+1)-f(k) \tag{7.27}$$

그리고 곡선의 형태가 우상향하면서 뒤로 갈수록 평평해지는 것은 자본의 한계생산물 체감의 법칙 때문이다. 자본량이 적은 노동자는 추가적으로 투입되는 자본 1단위가 상대적으로 많은 자본을 가진 노동자보다 매우 유용하게 쓰이기 때문에 많은 생산량을 가져온다. 반대로 자본량이 많은 노동자의 경우 상대적으로 많은 자본을 가지기 때문에 자본 1단위가 추가적으로 투입되더라도 생산량의 증가는 그다지 크지 않다.

다음으로 솔로우 모형에서 제시되고 있는 것은 균형국민소득의 지출 및 배분과정이다. 정부부문과 순수출을 제외한 실물부문의 경제모형이다. 즉, 솔로우 모형은 소득에 대한 지출을 재화의 수요를 위한 소비와 투자로 구분하고 있다. 이는 1인당 생산량 y는 1명의 노동자가 소비하거나 투자된 부분으로 구성되어 있다. 이를 식으로 표현하면 다음 식 (7.28)과 같다.

그림 7-3

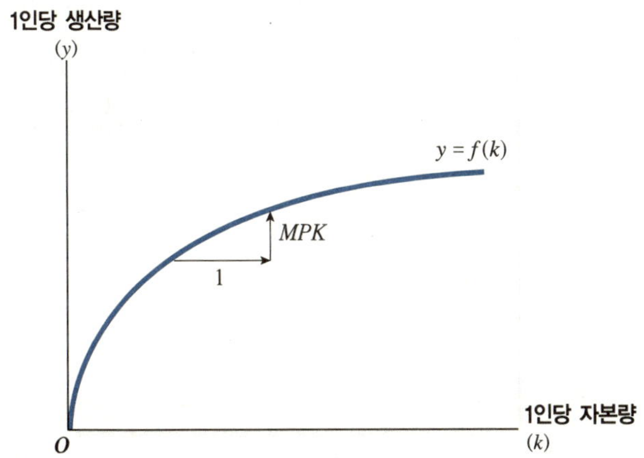

1인당 생산함수
생산함수는 1인당 자본량(k)이 1인당 생산량을 어떻게 결정하는가를 보여준다. 생산함수의 기울기는 자본의 한계생산을 의미한다.

$$y = c + i \qquad (7.28)$$

식 (7.28)에서 1인당 생산량은 1인당 소비와 투자로 구성되어 있다. 먼저 소비는 사람들이 매년 벌어들이는 수입인 소득에서 일정 부분 s를 저축하고 나머지 부분을 소비한다고 가정한다면, 이 소비를 식 (7.29)와 같은 함수로 나타낼 수 있다.

$$c = (1 - s)y \qquad (7.29)$$

식 (7.29)에서 소비함수에서 s는 저축률을 나타내며, 이 값은 0과 1 사이의 값을 가진다. 만약 소득부분이 모두 저축으로 이용된다면 s값은 1을 가지게 되며 소비부분은 0의 값을 가지게 된다. 한편, 식 (7.29)를 (7.28)에 대입해보면 1인당 총생산에 대한 소비함수가 투자에 의미하는 바를 알 수 있게 된다.

$$y = (1 - s)y + i \qquad (7.30)$$

$$i = sy$$

식 (7.30)에서와 같이 투자는 저축과 같아진다. 즉, 저축률 s는 또한 투자에 할당되는 생산량의 비율을 나타낸다. 따라서 지금까지 가정을 살펴보았을 때, 일정하게 주어진 1인당 자본량 k에 대한 생산함수 $y=f(k)$가 생산량을 결정하고, 저축률 s는 소비와 투자에 대한 생산량의 할당을 결정함을 알 수 있다. 이는 솔로우 모형의 두 가지 주요한 구성요소가 된다.

2.3.2 자본량의 균형

자본량은 어느 시점에서 경제의 생산량을 결정하는 주요한 요소임과 동시에 시간의 흐름에 따라 자본량의 변화를 가져옴으로써 경제성장을 유도하는 요인이다. 그리고 작동과정에서 볼 수 있듯이 자본량에 영향을 미치는 것은 투자와 자본량에 대한 감가상각이다. 투자는 새로운 설비에 대한 지출로서 자본량을 증대시키고, 감가상각은 이미 존재하는 자본의 마모 또는 소멸 정도를 나타내며 자본량을 감소시키기 때문이다. 이 자본량에 영향을 미치는 투자와 감가상각의 작용으로 인해 자본량은 어느 수준에서 균형점을 가지게 된다. 이에 대해 자세히 살펴보도록 하자.

식 (7.30)에서 투자 i는 sy와 같다고 한 점을 이용하여 y를 생산함수로 대체하면 1인당 투자를 1인당 자본량의 함수로 다음 식 (7.31)로 나타낼 수 있다.

$$i=sf(k) \tag{7.31}$$

식 (7.31)은 새로운 자본축적 i와 이미 존재하고 있는 자본량 k를 서로 연결시키고 있다. 이를 그림으로 표현하면 〈그림 7-4〉와 같다.

〈그림 7-4〉는 어떤 수준의 자본량 k에 대해 생산함수에 의한 생산량의 결정을 보여준다. 그리고 생산량이 결정된 후 소비와 투자가 어떻게 나누어지는가를 보여준다. 즉, 자본량이 k_0로 주어져 있을 경우 생산함수에 의해 생산량은 y_0가 되고 a점에서 b점의 거리를 뺀 부분만큼이 소비가 되고, b점 이하가 투자부분이 된다. 이를 일반화해본다면 1인당 자본량 k가

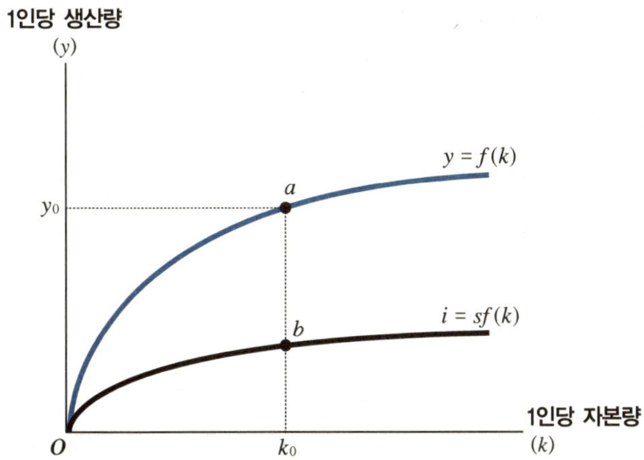

그림 7-4

1인당 생산량, 소비 그리고 투자

자본량이 k_0로 주어져 있을 경우 생산함수에 의해 생산량은 y_0가 되고 a점에서 b점의 거리를 뺀 부분만큼이 소비가 되고, b점 이하가 투자부분이 된다.

정해지면 생산량은 $f(k)$가 되고, 투자는 $sf(k)$가 되며, 소비는 $f(k) - sf(k)$가 된다.

이제 자본량에 대한 감가상각 부분을 포함시켜보자. 감가상각은 자본량에 대해 일정 비율로 δ가 매년 마멸된다고 가정하면 δ는 감가상각률이 된다. 예를 들어 공장의 기계가 25년 동안 사용할 수 있다면 감가상각률은 매년 4%가 된다. 이는 감가상각률 δ가 0.04가 됨을 말한다. 이럴 경우 매년 감가상각

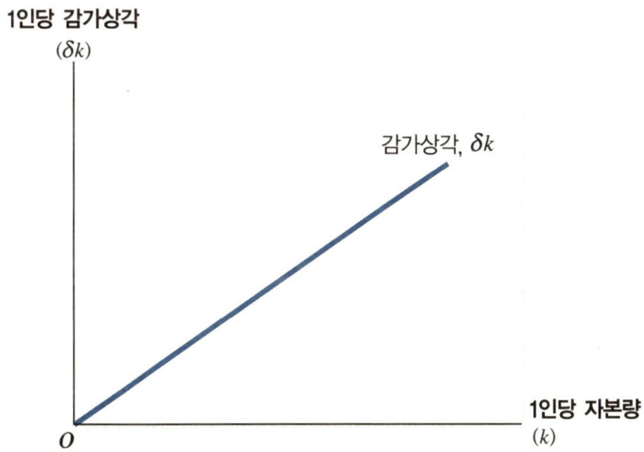

그림 7-5

1인당 자본량에 대한 감가상각

자본량의 변화와 투자는 정의 관계를 가지고 감가상각은 부의 관계를 가진다.

되는 자본량은 δk[5]가 된다. 이를 그림으로 나타내보면 〈그림 7-5〉와 같다.

자본량의 변화에 대한 투자와 감가상각이 미치는 영향을 살펴보면 투자의 증가는 자본량을 증가시킨다. 증가된 자본량에 대해 감가상각률이 적용되어 감가상각은 더욱 커지게 되고, 자본량의 마멸은 증가된다. 따라서 자본량의 변화와 투자는 정의 관계를 가지고 감가상각은 부의 관계를 가진다. 이를 식으로 표현하면 다음과 같다.

$$\Delta k = i - \delta k \tag{7.32}$$

식 (7.32)에서 자본량의 변화는 t년도와 $(t+1)$년도 사이의 자본량 변화를 의미한다. 한편, 여기에 식 (7.31)을 대입하면 자본량의 변화를 다음과 같이 고쳐서 쓸 수 있다.

$$\Delta k = sf(k) - \delta k \tag{7.33}$$

식 (7.33)은 자본량의 변화에 대한 투자와 감가상각의 관계를 나타낸 것

그림 7-6

1인당 자본량에 대한 투자와 감가상각

투자와 감가상각이 만나는 점에서 자본량의 변화는 더 이상 일어나지 않는 상태, 즉 균형상태에 도달하게 된다. 이 균형상태에서 1인당 자본량은 k^*로 정해진다.

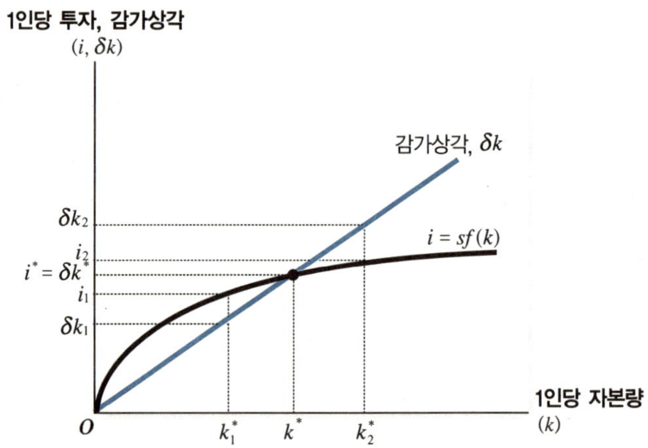

5. 자본량의 일정 비율 δ는 매년 마멸되어 사라지기 때문에 감가상각은 자본량에 비례한다.

이다. 그리고 이를 그래프로 나타내보면 〈그림 7-6〉과 같다.

〈그림 7-6〉을 보면 투자와 감가상각이 만나는 점에서 자본량의 변화는 더 이상 일어나지 않는 상태, 즉 균형상태에 도달하게 된다. 이 균형상태에서 1인당 자본량은 k^*로 정해진다. 그리고 투자와 감가상각은 같아진다. 이는 경제가 이런 자본량 k^*를 갖고 있는 경우 자본량을 변화시키는 두 요소인 투자와 감가상각이 균형을 이루기 때문에 시간이 지나도 변화하지 않음을 의미한다. 따라서 k^*를 자본의 안정상태(steady-state) 수준이라고도 한다.

만약 자본량이 균형을 이루지 못하는 수준인 k_1^*와 k_2^*가 되었을 경우를 보자. 자본량이 균형자본량 k^*보다 부족한 수준인 k_1^*로 결정되어 있을 경우는 투자가 감가상각을 초월하고 있기 때문에($i_1 > \delta k_1$), 시간이 지남에 따라 자본량은 생산량 $f(k)$를 따라 계속 증가하게 되어 균형상태인 k^*에 도달하게 된다. 이와 상반되게 자본량이 균형자본량 k^*보다 높은 수준인 k_2^*로 결정되어 있을 경우는 감가상각이 투자를 초월하고 있기 때문에($i_2 < \delta k_2$), 자본량이 감소하여 다시 균형상태로 근접하게 된다. 이렇듯 장기적 측면에서 균형상태로 회귀하여 안정상태를 이루게 될 것이다. 즉, 안정상태는 경제의 장기균형을 의미한다.

이제 저축률이 상승할 경우 1인당 자본량에 어떤 영향을 미치는지 알아보자. 식 (7.33)에서 저축률 s의 상승은 $sf(k)$의 값을 높이게 됨으로써 1인당 자본량은 증가하게 될 것이다. 이를 그래프로 나타내면 〈그림 7-7〉과 같다.

〈그림 7-7〉에서 초기 저축률이 s_1일 경우 투자는 $sf(k)$로 주어지고, 그로 인해 정상상태의 자본량은 k_1^*로 주어져 있다고 하자. 그리고 저축률 s_1과 자본량 k_1^*에서 투자량은 정확히 감가상각량을 상쇄한다. 이후 저축률이 s_2로 상승하게 되면 곡선 $sf(k)$를 위로 상승시킨다. 저축률이 상승하면 투자는 증가하나 자본 및 감가상각은 불변이 되고, 이는 투자가 감가상각을 초과한다고 볼 수 있다. 즉, 〈그림 7-7〉은 이전의 정상상태 k_1^*에서 자본량과 생산량이 높은 새로운 정상상태 k_2^*에 경제가 도달할 때까지 자본량은 계속 증가하게 됨을 보여주고 있다.

솔로우 모형에서 저축률은 경제성장을 위해 중요한 변수라는 시사점을 제공해준다. 결론적으로 저축률이 지속적으로 증가하게 될 경우 자본량의 증가로 인해 경제는 높은 생산수준을 유지할 수 있고, 반면 저축률이 그 자리

그림 7-7

저축률 상승이 1인당 자본량에 미치는 영향

저축률 s의 상승은 $sf(k)$의 값을 높이게 됨으로써 1인당 자본량은 증가하게 된다.

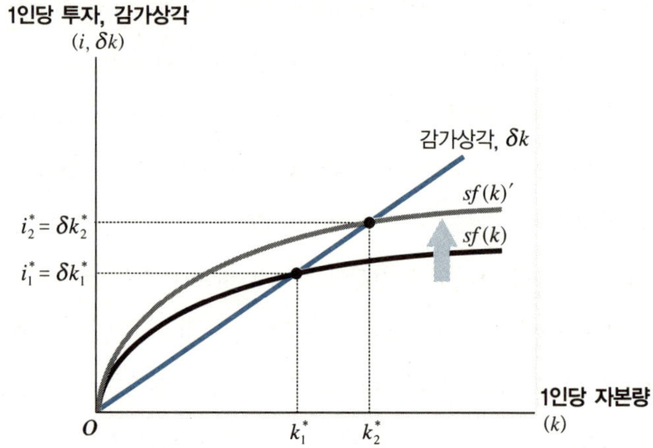

에 머물거나 감소할 경우 자본량의 불변 및 감소로 인해 보다 낮은 수준의 생산을 가질 수밖에 없다는 것이다. 다시 말해, 높은 저축률은 높은 경제성장을 달성할 수 있게 하고, 낮은 저축률은 상대적으로 낮은 경제성장 혹은 후퇴를 경험하게 될 것임을 보여준다. 이런 솔로우의 모형은 재정정책을 비판하게 하는 이유가 된다. 재정정책 부분에서 보았듯이 재정정책이 국가 총저축을 감소시켜 저축률이 하락하게 되면 오히려 경제가 성장이 아닌 후퇴를 하게 될 수 있는 여지를 줄 수 있기 때문이다.

한편, 높은 저축률은 높은 경제성장으로 귀결되지만, 이는 일시적으로 작용할 뿐이다. 저축률의 증가가 성장률을 높이는 것은 경제가 새로운 균형상태에 도달할 때까지만 도움을 준다. 경제가 높은 저축률을 유지할 경우 대규모 자본량과 높은 생산량 수준을 유지할 수 있으나 영원히 높은 성장률을 유지하지는 못한다는 것이다. 게다가 저축률이 높을수록 경제성장에 도움을 준다는 사실을 안다고 하더라도 경제규모가 왜 각기 다른 것인가에 대한 의문을 설명할 수 없다. 이는 각 국가별 금융시장의 발전 정도, 문화적 차이, 정치적 안정성 등의 여러 요인에 의해 설명될 수 있는 부분일 것이다. 그럼에도 불구하고 이런 저축이 성장에 미치는 영향을 이해할 수 있는 메커니즘을 제공한다는 데 큰 의의가 있다. 실제로 우리나라의 경우도 비약적인 성장을 하는 데 있어서 다소 인위적으로 저축을 높여 성장을 주도한 것을 볼 수 있다. 한국전쟁 이후 초기 자본량이 낮은 상태에 있었지만 높은 저축률로 인해 안정상태의 자본량은 높은 수준이 되었다. 이로 인해 근대 한국의 압축성장이 가능할 수 있었다.

2.3.3 자본의 황금률 수준(golden rule level of capital)

앞에서 솔로우 모형을 통해서 투자율과 감가상각에 의한 1인당 자본량의 정상상태를 살펴보았다. 그리고 저축률과 경제성장에 미치는 영향을 살펴보았다. 이 분석을 통해 저축률이 높을수록 높은 경제성장을 유도한다는 점을 확인하였다. 만약 일국의 저축률 수준이 100%라고 한다면, 즉 벌어들이는 모든 소득을 저축하고 소비가 전혀 이루어지지 않는다고 가정한다면 이는 정말 좋은 것일까? 지금부터는 솔로우 모형에서 최적의 자본량이 무엇인지를 분석하고자 한다. 즉, 어떤 자본의 정상상태를 가지는 저축률에서 각 개인들의 경제적 복지를 가장 높은 수준으로 유지할 수 있는가에 대해 정책 당국자는 관심을 가질 수밖에 없다.

이제 정책 당국자가 한 경제의 저축률 수준을 일정하게 유지하는 것이 가능하다고 가정해보자. 이때 정책 당국자는 저축률의 정상상태를 결정한다. 왜냐하면 저축률을 일정 수준으로 유지할 수 있기 때문이다. 이 경우 정책 당국자는 어떤 수준의 정상상태를 선택해야 할까? 이때 정상상태를 선택하는 정책 당국자의 목표는 각 개인의 복지를 극대화하는 데 있다. 그러나 각 개인들은 경제의 자본량 혹은 생산량에 관해 관심이 없고, 오히려 재화 및 용역수준에만 관심을 가진다. 또한, 효용함수가 명시적으로 나와 있지 않기 때문에 자본축적의 최적 수준을 결정하는 기준을 정상상태의 1인당 소비를 극대화하는 자본축적 수준에서 찾으려고 할 것이다. 이 경우 소비를 극대화하는 1인당 정상상태 자본량 k를 자본의 황금률 수준이라 말할 수 있으며, k^*_{Gold}로 표시하도록 하자.[6]

---

6. Edmund Phelps, "The Golden Rule of Accumulation : A Fable for Growthmen," *American Economic Review* 51, 1961, p.682~643.

정책 당국자는 한 경제에서 1인당 자본량이 황금률 수준에 놓여 있는가를 어떻게 판단할 수 있을까? 이 물음에 답을 하기 위해 우리는 정상상태의 1인당 소비를 결정해야 한다. 그로 인해 어떤 정상상태 하에서 가장 높은 수준의 소비가 가능한지를 정책 당국자는 알 수 있게 된다. 이제 가정에 의해 변형된 균형국민소득을 결정하는 식 (7.28)을 재정리해보자.

$$c = y - i \tag{7.34}$$

식 (7.34)에서 소비는 소득에서 투자된 부분을 뺀 부분에 해당된다. 그리고 정상상태에서 소비수준을 찾고 있기 때문에 생산량과 투자에 정상상태의 생산함수[7]와 감가상각[8]을 대입한다. 이때 식 (7.35)를 도출할 수 있다.

$$c^* = f(k^*) - \delta k^* \tag{7.35}$$

식 (7.35)에 따르면 정상상태의 소비는 생산량에서 감가상각을 뺀 부분이 된다. 그리고 안정된 상태에서 자본의 증가에 따른 생산량의 증가를 가져오지만 그와 상반되게 자본에 대한 감가상각이 커지기 때문에 소멸되는 자본을 대체하기 위해 더 많은 자본량이 사용됨으로써 소비는 감소하게 된다. 이제 식 (7.35)를 그래프로 나타내면 〈그림 7-8〉과 같다.

〈그림 7-8〉에서 황금률 k^*_{Gold}에 미치지 못하는 자본량 k를 가지고 있을 경우, 즉 k^*_{Gold}보다 왼쪽에 위치한 자본량 k의 증가는 감가상각보다 많은 생산량을 증가시켜 소비가 증가한다. 즉, 황금률 왼쪽 구간에서는 자본의 한계생산력이 자본이 소멸되는 감가상각보다 크기 때문에 소비가 증가하게 된다. 다시 말해, 생산함수곡선의 기울기가 감가상각을 나타내는 곡선의 기울기보다 가파르기 때문에 두 곡선의 차이가 증가하는 것이다. 반대로 자본량이 황금률 k^*_{Gold}보다 많은 경우, 즉 k^*_{Gold}보다 오른쪽에 k가 위치하고 있을 때, 자본

---

7. 정상상태의 1인당 생산량은 $f(k^*)$이며, k^*는 정상상태의 1인당 자본량이 된다.
8. 정상상태에서 자본량은 변하지 않기 때문에 투자는 감가상각과 같다. 식 (7.32)에서 Δk가 0이기 때문에 $i = \delta k$가 됨을 쉽게 알 수 있다.

그림 7-8

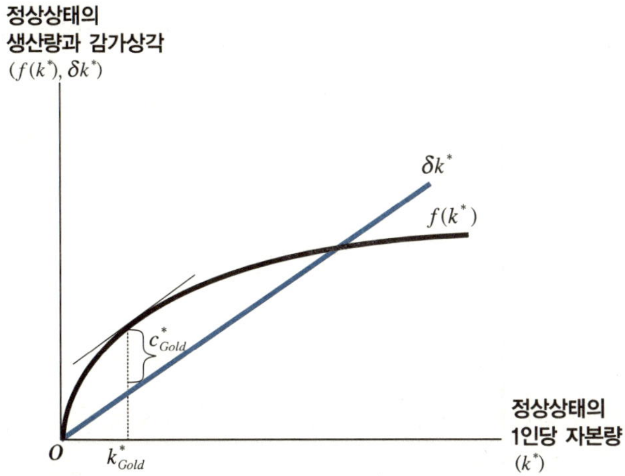

자본의 황금률 수준
황금률 k^*_{Gold}에 미치지 못하는 자본량 k를 가지고 있을 경우, 즉 k^*_{Gold}보다 왼쪽에 위치한 자본량 k의 증가는 감가상각보다 많은 생산량을 증가시켜 소비가 증가한다.

량의 증가는 소비를 감소시키게 된다. 즉, 자본의 한계생산이 체감함에 따라 기울기가 평행하게 되고 감가상각의 기울기보다 더 작은 기울기를 가지게 됨에 따라 소비는 감소하게 되는 것이다. 이는 자본량의 증가에 따라 생산량의 총량은 증가하나 한계적으로 늘어나는 증가분은 감소하게 되고, 이와 맞물려 자본량의 증가는 감가상각을 더욱 증가시킴으로 인해 발생한다. 즉, 감가상각이 되는 부분을 상쇄시키기 위해 생산량을 더욱 많이 활용해야 됨에 따라 소득에서 소비부분이 줄어들 수밖에 없는 것이다.

따라서 황금률 수준에서 생산함수와 감가상각의 기울기가 같아지는 점에서 소비가 최대화됨을 알 수 있다. 이는 자본의 한계생산이 감가상각률과 같아져야 함을 나타내고, 이를 식으로 표현하면 다음과 같다.

$$MPK = \delta \tag{7.36}$$

식 (7.36)은 자본의 황금률 수준에서는 자본의 한계생산물에서 감가상각을 뺀 값이 0이 되어야 함을 의미한다. 따라서 정책 당국자는 한 경제의 황금률 자본량을 도출하기 위하여 이 조건을 사용할 수 있다.[9] 그리고 간단한

9. 황금률 조건을 $MPK - \delta = 0$으로 변형할 수 있다.

미분법을 사용하면 황금률 조건을 도출할 수 있다. $c^* = f(k^*) - \delta k^*$에서 c^*를 극대화하는 자본량 k^*를 구하기 위해 k^*로 c^*를 미분한 값을 0으로 둘 때 극대값을 가진다.

$$\frac{dc^*}{dk^*} = f'(k^*) - \delta$$
$$f'(k^*) - \delta = 0 \tag{7.37}$$

식 (7.37)에서 좌변의 $f'(k^*)$는 자본의 한계생산물이기 때문에 $f'(k^*) = MPK$로 나타낼 수 있고, 따라서 $MPK - \delta = 0$으로 표현할 수 있다.

그리고 소비를 극대화하는 황금률 수준에서 저축률 수준을 찾을 수 있다. 〈그림 7-8〉에서 황금률 수준을 만족하는 자본의 한계생산물과 감가상각률이 같아지는, 즉 생산곡선 상의 한 점에서의 기울기가 감가상각률과 같아지는 점에서 수직으로 곡선을 그을 때 만나게 되는 감가상각곡선 이하의 부분이 최적의 저축률이 된다. 다시 말해, 황금률 수준을 가능케 하는 저축률을 나타낼 수 있게 된다. 이를 그림으로 나타내면 〈그림 7-9〉와 같다.

〈그림 7-9〉는 자본의 황금률 수준에 도달하게끔 저축률이 설정되어 있는 경우의 정상상태를 나타낸다. 저축률이 만약 그림에서보다 높은 경우, 다

그림 7-9

황금률 수준 하의 저축률

저축률이 만약 그림에서보다 높은 경우, 정상상태의 자본량이 너무 많다고 할 수 있으며, 이는 상대적으로 소비를 감소시켜 앞에서 제시한 황금률의 조건을 만족시키지 못하게 된다.

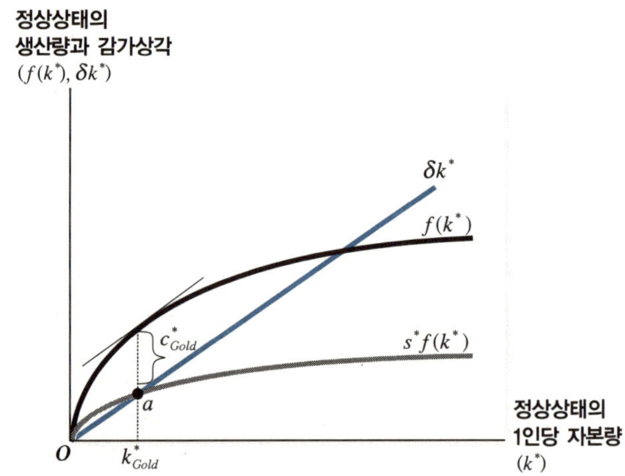

시 말해 곡선 $s^*f(k^*)$가 더 상향조정된 곡선을 가지고 있을 경우, 정상상태의 자본량이 너무 많다고 할 수 있으며, 이는 상대적으로 소비를 감소시켜 앞에서 제시한 황금률의 조건을 만족시키지 못하게 된다. 이와 상반되게 저축률이 그림에서보다 낮은 경우, 정상상태의 자본량이 너무 적다고 할 수 있다. 그리고 이는 상대적으로 소비의 증가와 저축률의 감소로 인해 경제성장이 지연되는 결론으로 귀결된다. 그러나 우리는 경제가 자동적으로 황금률의 정상상태로 접근하지 않는다는 점을 알아야 한다. 황금률처럼 특정한 안정상태의 자본량을 선택하는 것은 특정한 저축률을 선택하는 것을 의미할 뿐인 것이다.

정책 당국자가 황금률 수준을 알고 있다고 가정할 경우, 자국의 자본량이 어느 위치에 있는가에 따라 저축률 조정을 통해 황금률 수준으로 도달할 수 있다. 첫 번째로 만약 자국의 자본이 황금률 수준보다 낮은 상태에 놓여 있을 경우에 정책 당국자는 저축률을 높여 자본이 황금률 수준으로 도달하도록 할 것이다. 저축률이 증가함에 따라 소비는 단기적으로 줄어들고 투자는 증가하게 된다. 그로 인해 증가된 투자가 자본량을 증대시키며, 자본이 축적됨에 따라 생산량, 소비, 투자는 점진적으로 증가하여 소비가 최대화되는 황금률 수준의 정상상태를 가지게 될 것이다. 또한, 후생수준은 초기의 소비 감소

그림 7-10

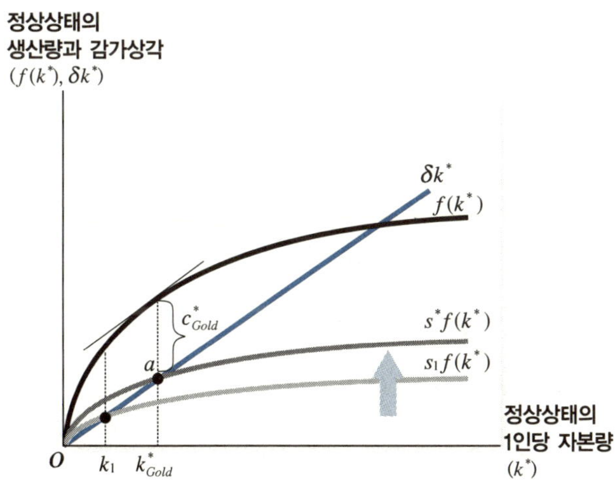

과소자본일 경우 황금률 수준으로 도달하는 과정

자국의 자본량 k_1은 황금률 수준보다 낮은 상태이다. 여기서 저축률을 상승시킴으로써 투자곡선은 상승하게 된다. 결국 $MPK = \delta$를 만족하는 황금률 수준으로 도달하게 된다.

가 있지만 궁극적으로 황금률 수준에서 소비가 최대화되기 때문에 결국 후생수준은 높아짐을 알 수 있다. 이를 그래프로 나타내면 〈그림 7-10〉과 같다.

그림에서 자국의 자본량 k_1은 황금률 수준 k^*_{Gold}보다 낮은 상태이다. 여기서 저축률을 상승시킴으로써 $s_1^* f(k^*)$의 곡선은 $s^* f(k^*)$로 올라가게 된다. 그리고 위에서 설명한 과정을 따라 결국 $MPK = \delta$를 만족하는 황금률 수준으로 도달하게 된다.

이와 반대로 정책 당국자가 자국의 자본량이 황금률 수준보다 많은 정상상태임을 알게 되었을 경우를 상정해보자. 이 경우 정책 당국자는 자본량을 줄이기 위해 저축률을 감소시키는 정책을 시행해야 한다. 저축률이 감소하기 시작하면 소비는 단기적으로 점차 증가하고 투자는 감소하게 된다. 감소된 투자가 자본량을 감소시키며, 그로 인해 생산량, 투자는 점진적으로 감소하여 소비가 최대화되는 황금률 수준의 정상상태를 가지게 될 것이다. 또한, 소비수준이 이전의 정상상태보다 커지기 때문에 후생수준은 높아짐을 알 수 있다. 이를 그래프로 나타내면 〈그림 7-11〉과 같다.

소비수준은 이전의 정상상태와 비교해보았을 때, 새로운 정상상태로 돌아가는 과정에서 더욱 높아짐을 알 수 있다. 그리고 자본수준이 황금률보다 높은 경제에서는 저축률을 감소시키는 정책이 매우 효율적임을 알 수 있다.

그림 7-11

과대자본일 경우 황금률 수준으로 도달하는 과정

저축률이 감소하기 시작하면 소비는 단기적으로 점차 증가하고 투자는 감소하게 된다. 감소된 투자가 자본량을 감소시키며, 그로 인해 생산량, 투자는 점진적으로 감소하여 소비가 최대화되는 황금률 수준의 정상상태를 가지게 될 것이다.

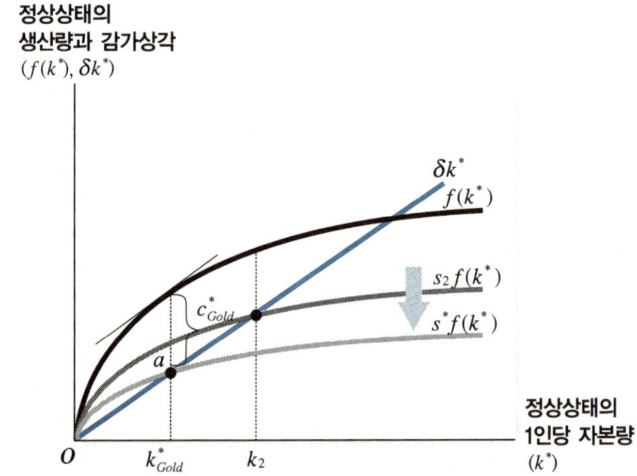

그 이유는 정책을 사용하기 전보다 소비수준이 더욱 증가됨으로써 후생이 증가되었기 때문이다.

한편, 정책 당국자는 시간의 흐름에 대한 고려를 해야 할 필요가 있다. 이는 적용범위가 현재세대에서 미래세대로의 전환이 되기 때문이다. 예를 들어 경제가 황금률 수준에 미달하는 경우 저축률을 높이기 위해 현재세대의 소비를 감소시켜야 하고, 이에 대한 혜택은 미래세대가 누릴 수 있기 때문이다. 즉, 자본축적의 증대 여부를 결정해야 할 정책 당국자는 서로 다른 세대 간의 복지를 선택하는 데 있어서 이해가 상충되는 문제에 직면하게 된다. 바꾸어 말하면, 전적으로 정책 당국자의 주관적 견해에 따라 달라질 가능성을 내포하고 있는 것이다. 만약 장래세대보다 현재세대에 더욱 중점을 두는 정책 당국자라면 앞의 예시에서 황금률 수준으로 돌아가기 위한 저축률을 높이는 정책을 사용하지 않을 것이다. 반대로 미래세대에 비중을 더 두거나 혹은 현재와 미래세대 간의 균등한 비중을 두는 정책 당국자의 경우 황금률 수준으로 도달하는 결정을 내릴 것이다. 그러나 기본적으로 황금률의 개념이 바로 최적의 정상상태를 말하기 때문에, 현재나 미래세대에 균등한 비중을 두고 정책을 사용해야 한다.

2.3.4 인구성장

솔로우 모형에서 사용한 자본의 축적만으로 지속적 경제성장을 설명하기에는 한계가 존재한다. 저축률의 일시적 상승은 결국 일시적 성장을 불러오게 하지만, 앞에서 본 것처럼 장기적인 자본의 정상상태를 가지는 속성에 의해 그 수준에서 머무를 수밖에 없는 것이다. 따라서 우리가 처음 가정한 인구 증가가 경제성장에 어떤 영향을 미치는가를 알아볼 필요가 있다. 인구는 식 (7.20)과 같이 일정한 비율로 증가한다고 가정한다.[10] 이렇게 일정한 비율로 인구가 증가한다고 하면, 이는 자본의 정상상태에 어떤 영향을 미치게 될까?

---

10. 인구 증가율을 소문자 n으로 두기로 하자.

이를 해결하기 위하여 투자 및 감가상각과 함께 인구 증가가 1인당 자본량에 미치는 영향을 분석해보아야 한다. 직관적으로 인구가 증가하게 되면 정상상태에 놓인 자본을 나누어 사용해야 하기 때문에 결국 1인당 자본량은 줄어들게 될 것이다. 노동자 수가 증가하기 때문에 1인당 자본은 감소하게 되는 것이다. 바꾸어 말하면, 자본량의 변화와 음의 관계를 보이는 것이 감가상각률뿐만 아니라 인구의 증가도 있다. 이를 식으로 표현하면 다음과 같다.

$$\Delta k = i - (\delta + n)k \tag{7.38}$$

식 (7.38)은 새로운 투자, 감가상각, 인구 증가율이 1인당 자본량에 미치는 영향에 대한 관계식을 나타낸 것이다. 새로운 투자 i는 자본규모를 증가시키는 반면, 감가상각률 δ와 인구 증가율 n은 자본규모를 감소시킨다. 그리고 $(\delta + n)k$는 1인당 자본량 k를 일정 수준으로 유지하기 위해 필요한 투자량을 말한다. 그리고 균형을 이루는 투자 $(\delta + n)k$는 현재 있는 자본의 감가상각 δk와 새로운 노동력에 자본을 제공하기 위해 필요한 자본량 nk, 이 두 가지 모두를 포함한다. 종합해보면 감가상각은 자본의 소멸에 따라 k를 감소시키고, 인구 증가는 1인당 공급되는 자본량이 줄어듦에 따라 k를 감소시킨 것이다.

이제 앞에서 한 것과 동일한 절차를 통해 식 (7.38)을 변형해보면 다음과 같다.

$$\Delta k = sf(k) - (\delta + n)k \tag{7.39}$$

식 (7.39)는 1인당 자본의 정상상태 수준을 결정하는 것으로서 식 (7.33)에서 인구 증가를 고려한 것일 뿐이다. 그리고 현재 n은 이미 주어진 것으로서 앞으로 인구 증가의 효과를 판단하기 위한 기준점과 같다고 해석될 수 있다. 이때 1인당 자본 k는 불변하며 경제는 k^*에서 정상상태를 가짐을 〈그림 7-12〉에서 확인할 수 있다.

그림에서 자본량 k가 k^*보다 큰 경우 투자는 균형을 이루는 투자보다 작

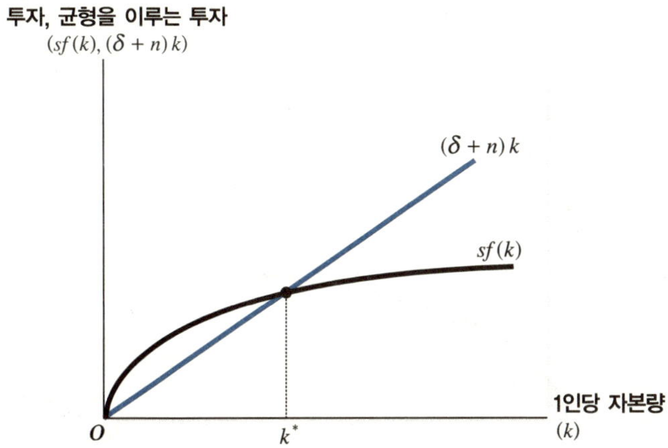

그림 7-12

인구 증가를 고려한 1인당 자본의 정상상태

자본량 k가 k^*보다 큰 경우 투자는 균형을 이루는 투자보다 작아져 k가 하락하고, 반대로 k가 k^*보다 작은 경우 투자는 균형을 이루는 투자보다 커져서 k가 증가한다.

아져 k가 하락하고, 반대로 k가 k^*보다 작은 경우 투자는 균형을 이루는 투자보다 커져서 k가 증가한다. 안정상태에서 1인당 자본에 대한 변화를 일으키는 투자의 정의 효과는 그로 인해 발생되는 자본량의 증가분에 대한 감가상각과 인구 증가의 부의 효과를 동시에 일으켜 결국 정상상태로 회귀하게 되는 것이다. 따라서 k^*에서 $\Delta k = 0$이 되며, $i^* = \delta k^* + nk^*$가 된다. 그리고 경제가 정상상태에 놓일 경우 투자는 두 가지의 목적을 가지게 된다. 투자의 일부는 감가상각된 자본을 대체시키며, 나머지는 새로운 노동자들에게 정상상태의 자본을 공급한다는 것이다.

여기서 다음 해의 인구 증가 비율에 따라서 노동자 수가 증가하게 될 경우를 보자. 인구의 증가로 인해 균형을 이루는 투자의 기울기가 변화한다. 즉, 인구성장률이 증가됨에 따라($n_1 < n_2$) 정상상태의 자본량은 감소하게 된다. 따라서 솔로우 모형에 따르면 인구 증가율이 상대적으로 높을 경우 1인당 자본량이 낮아지고 소득수준도 낮아진다. 다시 말해, 인구 증가율이 높을 경우 정상상태의 1인당 자본량 수준을 감소시킴에 따라 1인당 생산량을 감소시킨다.

한편, 인구 증가는 자본의 황금률 수준을 결정하는 기준에 영향을 미친다. 1인당 소비를 극대화하는 황금률 수준을 확인하기 위해 식 (7.34)를 이

그림 7-13

인구 증가의 효과
인구성장률이 증가됨에 따라($n_1 < n_2$) 정상상태의 자본량은 감소하게 된다. 따라서 솔로우 모형에 따르면 인구 증가율이 상대적으로 높을 경우 1인당 자본량이 낮아지고 소득수준도 낮아진다.

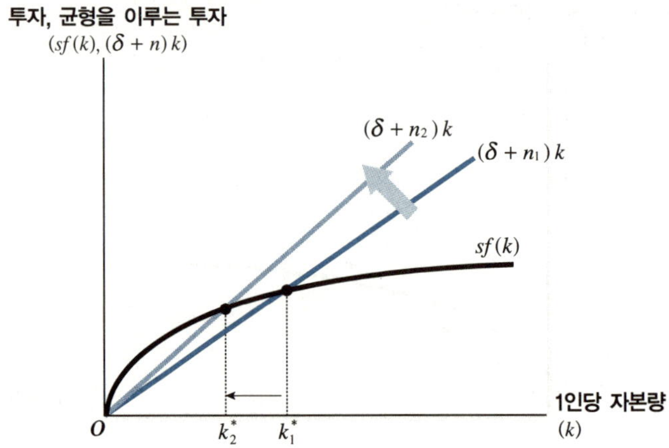

용해보자. 여기서 정상상태의 생산량은 $f(k^*)$이고 균형을 이루는 투자가 $(\delta + n)k^*$이기 때문에, 이를 식 (7.34)에 대입하면 소비를 극대화하는 황금률 조건을 찾을 수 있다.

$$c^* = f(k^*) - (\delta + n)k^* \tag{7.40}$$

$$\frac{dc^*}{dk^*} = f'(k^*) - (\delta + n) \tag{7.41}$$

$$f'(k^*) - (\delta + n) = 0 \tag{7.42}$$

$$MPK = \delta + n \tag{7.43}$$

먼저 식 (7.40)은 정상상태의 소비를 나타낸다. 정상상태의 소비를 극대화하기 위한 자본량을 구하기 위해 식 (7.40)을 k^*로 미분한 값을 0으로 두면 식 (7.42)와 같이 나타난다. 여기서 $f'(k^*)$는 자본의 한계생산물과 같기 때문에 MPK로 바꾸어 쓸 수 있고, 따라서 식 (7.43)이 도출된다. 식 (7.43)은 소비를 극대화하는 k^*_{Gold}를 나타낸다. 이를 그래프로 나타내면 〈그림 7-

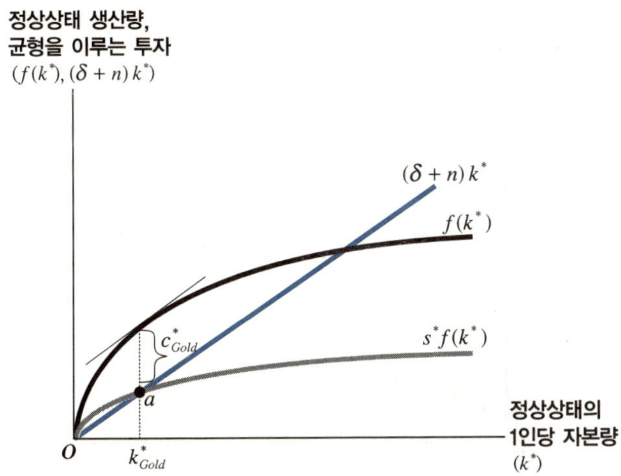

그림 7-14

인구 증가가 고려된 자본의 황금률 수준

만약 인구 증가율이 높아지게 될 경우, 자본의 한계생산물의 크기가 높아져야 함을 나타내고, 이는 생산함수의 한 점을 좌측으로 이동시켜야 함을 나타낸다. 결국 1인당 생산량 수준을 낮춤으로써 소득수준이 낮아지게 되는 것이다.

14〉와 같다.

그리고 황금률의 정상상태에서는 자본의 한계생산물에서 감가상각을 빼면 인구 증가율이 된다. 이는 식 (7.40)을 변형해보면 $MPK - \delta = n$으로 표현되는 것에서 알 수 있다. 여기서 큰 시사점을 알 수 있다. 만약 인구 증가율이 높아지게 될 경우, 자본의 한계생산물의 크기가 높아져야 함을 의미하고, 이는 생산함수의 한 점을 좌측으로 이동시켜야 함을 나타낸다. 결국 1인당 생산량 수준을 낮춤으로써 소득수준이 낮아지게 되는 것이다.

〈그림 7-15〉에서 인구 증가로 인해 $(\delta + n_1)k^*$곡선이 $(\delta + n_2)k^*$로 이동하고, 그로 인해 황금률의 조건이 바뀌게 된다. 따라서 소비를 최대화하는 자본의 황금률은 k^*_{Gold}에서 $k^{*\prime}_{Gold}$으로 바뀌게 되고, 1인당 생산량은 감소하게 되는 것이다. 이와 같은 과정을 통해서 인구 증가율이 높은 지역이 그렇지 않은 지역보다 상대적으로 부유할 수밖에 없는 이유를 설명할 수 있다.

예를 들어 중국의 경우, 높은 경제성장률을 보이고 있지만 그와 함께 높은 인구 증가율로 인해 1인당 GDP의 규모는 2003년 기준으로 $4,990밖에 되지 않는다. 이렇듯 인구 증가율이 증가할 경우 1인당 생산량이 줄어들기는 하지만 인구 증가율에 따른 총자본 및 총생산량은 n의 비율로 증대한다. 왜냐하면 인구 증가를 고려한 정상상태에서 1인당 자본과 1인당 생산량은 변하

그림 7-15

인구 증가율의 증가로 인한 생산량의 감소

인구 증가로 인해 황금률의 조건이 바뀌게 된다. 따라서 소비를 최대화하는 자본의 황금률 수준이 바뀌게 되고, 1인당 생산량은 감소한다.

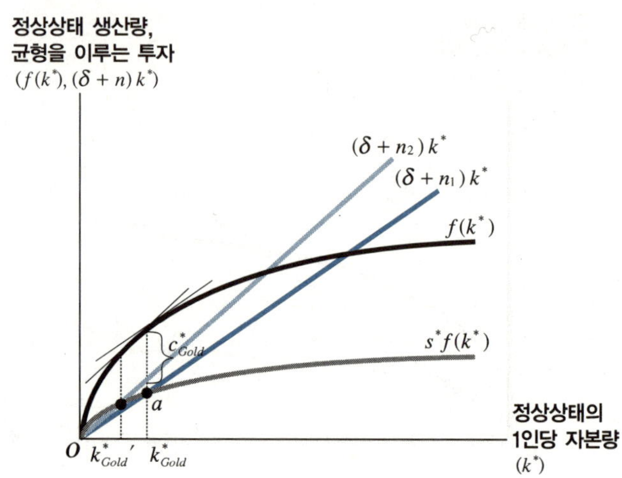

지 않는데 이를 총생산으로 옮길 경우 노동의 공급은 매기 일정하게 주어지기에 이들이 생산해내는 총량은 증가하게 된다는 것이다. 그러나 이것은 생활수준의 지속적 상승을 설명할 수 없고 총생산량의 지속적 증대를 설명할 뿐이다. 따라서 우리는 지속적 상승을 설명하기 위해 기술진보라는 개념을 도입하게 된다.

2.3.5 기술진보

솔로우 모형 분석을 통해서 일정 비율로 인구가 증가할 경우 총생산량이 증가한다는 점을 설명할 수 있으나, 인구 증가율이 높아질 경우 오히려 1인당 생산량을 낮추어야 하기 때문에 저성장상태가 지속된다는 것을 알 수 있다. 이는 인구 증가로만 경제성장을 설명하기에 한계가 있다는 것을 의미하고, 따라서 우리는 기술진보를 솔로우 모형에 도입할 필요가 있음을 알게 된다. 기술진보를 포함시키기 위해 총자본(K) 및 총노동(L)을 총생산량(Y)과 연계시키는 생산함수를 이용하여 기존의 생산함수 $Y = F(K, L)$을 $Y = F(K, L \times E)$로 변형시킨다.

여기서 E는 노동의 효율성(efficiency of labor)을 의미하는 변수이다. 노동의 효율성은 생산방법에 관한 지식의 발전에 의존하게 되고, 이는 지식수준이 발전함에 따라 노동의 효율성이 높아지게 되는 구조를 가진다. 예를 들어 과거에는 동사무소에서 업무가 모두 손으로 처리되었는데 현재는 컴퓨터로 인해 보다 업무를 효율적으로 처리할 수 있게 되었다. 이는 노동의 효율성이 증대되었음을 보여주는 것이다. 그리고 $(L \times E)$는 노동자의 수와 각 노동자의 효율성을 고려하여 측정한 효율적 노동자 수를 의미하는 것이다. 그리고 새로운 생산함수를 따를 경우 총생산과 자본이 효율적인 노동자의 수에 의존함을 의미하게 된다. 게다가 노동의 효율성이 증가하게 되면 노동자가 증가한 것과 같은 효과를 가질 수 있다. 이제 노동의 효율성이 일정한 비율 g로 증가한다고 가정하자. 예를 들어 노동효율성의 증가율 g가 0.02인 경우 노동의 각 단위는 매년 2% 더 효율적이 되고, 이는 노동력 L이 2%p 증가한 것처럼 생산량이 증대됨을 의미한다.

기술진보는 노동을 증가시키는 효과를 가지기 때문에 인구 증가의 경우와 유사해진다. 이 경우 효율적 노동자 1인당 자본을 $k = \frac{K}{(L \times E)}$로 표시하고, 효율적 노동자 1인당 생산량을 $y = \frac{Y}{(L \times E)}$로 나타낼 수 있다. 그리고 효율적 노동자 1인당 생산함수는 $y = f(k)$가 된다. 여기서 유의해야 할 점은 지금까지 노동의 효율성 E값이 1로 일정하다고 가정하였기 때문에, 즉 기술진보를 고려하지 않고 솔로우 모형을 논의에 따라 분석하였다는 것이다. 그러나 노동의 효율성 E가 증가할 경우 효율적 노동자 1인의 노동효율성이 증가한다는 점을 유의해야 한다.

솔로우 모형에 기술진보를 고려할 경우 시간이 지남에 따른 자본량 k의 변화는 다음과 같이 나타낼 수 있다.

$$\Delta k = sf(k) - (\delta + n + g)k \qquad (7.44)$$

식 (7.44)에서 좌변의 자본량의 변화는 투자 $sf(k)$에서 균형을 이루는 투자 $(\delta + n + g)k$를 뺀 것과 같다. 이는 인구증가만 포함된 것과 달리 효율적 노동자의 1인당 자본이 $\frac{K}{(L \times E)}$이기 때문에 기술진보율 g가 포함되게 된다. 즉, 기술진보에 의해 창출된 효율적인 노동자에게 자본을 제공하는 gk가 필

그림 7-16

기술진보를 고려한 솔로우 성장모형

기술진보를 포함시키더라도 정상상태의 분석은 크게 달라지지 않는다. 그러한 원인은 바로 기술진보가 일어날 경우 n의 비율로 이루어지는 인구 증가와 동일한 효과가 있다고 보기 때문이다.

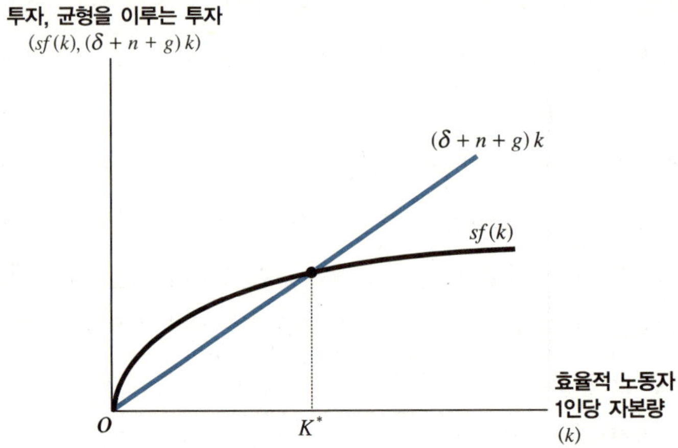

요한 것이다.[11] 여기서도 $\Delta k = 0$의 조건을 만족하는 정상상태의 자본량 k^*를 찾을 수 있고, 이는 경제의 장기균형을 나타낸다.

〈그림 7-16〉에서 보듯이 기술진보를 포함시키더라도 정상상태의 분석은 크게 달라지지 않는다. 그러한 원인은 바로 기술진보가 일어날 경우 n의 비율로 이루어지는 인구 증가와 동일한 효과가 있기 때문이다. 다시 말해, 그림에서 k는 효율적인 노동자 1인당 자본량을 의미하므로 기술진보로 인한 효율적인 노동자 수의 증가는 k를 감소시키게 된다. 결론적으로 경제가 정상상태에 존재하기 위해 투자의 증가는 감가상각, 인구 증가, 기술진보로 인해 자본량 k의 감소로 정확하게 상쇄시켜야 되기 때문이다. 또한, 기술진보로 인해 노동자 1인당 생산량은 정상상태에서 성장률 g만큼 늘어나게 되며 경제의 총생산량은 $n+g$의 비율만큼 증가하게 된다. 여기서 기술진보가 있기 때문에 노동자 1인당 생산량이 지속적으로 증가할 수 있고, 이로써 지속적인 성장을 설명할 수 있는 것이다. 결론적으로 솔로우 모형에서 오직 기술진보만이 지속적인 생활수준의 향상을 설명할 수 있는 것이다.

기술진보의 추가로 인해 황금률의 기준도 인구 증가의 추가와 마찬가지로 수정되어야 한다. 앞에서 전개하였던 논리를 그대로 적용하면 효율적인

11. 여기서 효율적인 노동자는 실제 노동자 1인당이 아님을 유의해야 한다.

노동자 1인당 정상상태의 소비는 다음 식 (7.45)와 같이 나타낼 수 있다.

$$c^* = f(k^*) - (\delta + n + g)k^* \tag{7.45}$$

그리고 다음의 조건이 만족될 경우 정상상태에서 소비는 극대화되고 자본의 황금률 수준을 찾을 수 있게 된다.

$$MPK = \delta + n + g \tag{7.46}$$

식 (7.46)은 자본의 한계생산물이 투자 $sf(k)$에서 균형을 이루는 투자 $(\delta + n + g)$의 비율과 같아질 때, 소비가 극대화되는 자본의 황금률 수준을 찾을 수 있다는 것을 의미한다. 그리고 식 (7.46)을 변형하면 $MPK - \delta = n + g$로 나타낼 수 있고, 자본의 황금률 수준에서 자본의 순한계생산물$(MPK - \delta)$은 총생산량의 성장률$(n + g)$과 같다. 그러나 실제 경제에서는 인구 증가와 기술진보가 모두 발생하기 때문에 황금률의 정상상태보다 자본이 과대 혹은 과소한가의 여부를 판단하는 기준으로 이를 사용하는 것이 바람직할 것이다.

2.3.6 솔로우 모형의 시사점

솔로우 모형은 현실 문제를 단순화함으로써 급속도로 경제발전을 이룩한 국가들에 대한 설명을 가능케 하는 장점을 가진다. 앞에서 언급한 바와 같이 전쟁 직후 자본량이 매우 적었던 나라들(독일, 일본, 한국 등)이 어떻게 눈부신 경제성장을 이룩했는지는 저축률, 인구 증가, 기술진보 등의 외생변수에 그 답이 있다고 결론지을 수 있고, 또 이는 사례분석을 통해 증명되기도 하였다.[12]

---

12. Edmund Phelps, "The Golden Rule of Accumulation : A Fable for Growthmen," *American Economic Review* 51, 1961, p.638～643.
Rovert Summers and Alan Heston, Supplement(Mark 5.6) to "The Penn World Table(Mark5) : An Expanded Set of International Comparisons 1950～1988," *Quartely Journal of Economics*, 1991, p.327～368.

그러나 간편한 솔로우 모형에도 여러 가지 한계점이 존재한다. 먼저, 국가 간 성장률의 격차가 시간의 흐름에 따라 수렴될 것이라는 것은 맞지 않는다. 실례로 부유국가와 빈국 간의 격차는 쉽게 좁혀지지 않는다. 이는 국가마다 저축률과 투자율이 상이하기 때문이고, 각 나라별 경제적 환경 차이에 기인하기도 하지만 정치적 환경 차이에 기인하기도 한다. 예를 들어 전쟁, 혁명, 쿠데타가 빈번히 발생하는 국가에 있어서 저축률은 낮을 수밖에 없다. 그리고 정치기구의 발달이 미약하여 부패 정도가 심한 경우, 저축률이나 투자율은 낮은 경향을 보인다.

다음으로, 저축률과 소득수준 간의 인과관계가 명확하게 나타나지 않는 점도 들 수 있다. 소득수준이 높기 때문에 저축률 혹은 투자율이 상승한다고 볼 수 있다는 것이다. 즉, 저축률과 1인당 소득수준 사이에 상관관계는 있으나 이것이 국가의 부유 정도를 결정짓는 요인으로 결정하기에는 어려움이 따른다는 것이다.

또한, 기술진보에 있어서도 문제점을 가진다. 솔로우 모형에서는 기술진보가 외생적으로 주어진다고 본다. 다시 말해, 기술진보를 결정짓는 요인에 대한 설명력이 떨어지는 것이다. 게다가 지식의 전파 등에 따른 기술적 외부효과의 존재로 인해 당초 솔로우 모형이 제시한 것보다 기술진보에 의한 경제성장이 훨씬 클 수 있음을 지적하기도 하였다.[13] 예를 들어 컴퓨터를 더 생산하기 위한 공장의 신설보다 부가가치가 높은 소프트웨어를 공급하기 위한 단지 조성이 기술적 외부효과가 크다면 정부는 소프트웨어 단지 조성에 대한 투자를 촉진하는 정책을 사용해야 한다는 것이다.

마지막으로, 미시경제학적 기초가 없는 자의적인 모형이라는 점이다. 1인당 벌어들이는 소득을 어떻게 사용하는가는 전적으로 소비자의 효용체계와 맞물려 돌아간다. 그러나 솔로우 모형에서는 평균소비성향이 한계소비성향과 같다고 가정하기 때문에 소비자 최적화에 의한 소비의 극대화를 찾아내지 못한다.

이렇듯 여러 한계점으로 인해 솔로우 모형에서 발전된 내생적 성장이론

13. Paul Romer, "Crazy Explanations For the Productivity Slowdown," *NBER Macroeconomics Annual* 2, 1987, p.163~201.

이 대두되고 있다.

2.4 내생적 성장이론(endogenous growth theory)[14]

솔로우 모형의 경우 오직 기술진보만이 지속적인 성장을 유도한다고 설명한다. 그리고 기술진보는 외생변수로 주어져 있는 것이기 때문에 기술진보를 결정하는 요인에 대한 설명이 부족한 것이 한계점이라고 밝힌 바 있다. 따라서 경제성장 과정을 완전히 이해하기 위해서는 솔로우 모형뿐만 아니라 기술진보를 설명할 수 있는 모형이 필요하며, 이는 내생적 성장이론에 의해 시도되고 있다. 이는 솔로우 모형에서 기술진보를 내생적 변수로 가정하지 않기 때문이다.

이제 내생적 성장이론을 설명하기 위해 다음과 같은 단순한 생산함수를 생각해보자.

$$Y = AK \tag{7.47}$$

식 (7.47)에서 좌변의 Y는 생산량이고, 우변의 A는 자본 1단위에 대해 산출되는 생산량을 나타내는 상수이며, K는 자본량이라고 한다면, 이 생산함수는 기존의 솔로우 모형에서 가정한 자본의 한계수확 체감 성질을 갖고 있지 않음을 의미한다. 즉, 얼마나 많은 자본이 이미 투입되어 있는지 관계없이 자본 1단위가 추가적으로 투입되면 생산량 A단위가 추가적으로 산출된다는 것이다. 바로 이 점이 솔로우 모형과 차이가 나는 점이다. 이제 이 생산함수에 대해 이전처럼 소득의 일정 부분 s가 저축 및 투자된다고 가정하면 자본축적을 이전에 사용한 방정식인 식 (7.33)과 유사하게 나타낼 수 있다.

$$\Delta K = sY - \delta K \tag{7.48}$$

---

14. 내생적 성장이론에 관한 기본개념을 가르치는 교과서는 다음과 같다. Charles I. Jones, *Introduction to Economic Growth*, New York : Norton, 1998.

식 (7.48)에 의하면 한 경제에서 자본량의 변화는 투자에서 감가상각을 감한 것과 같다. 여기에 생산함수 $Y = AK$를 적용하면 다음과 같은 관계를 가지는 식을 유추할 수 있다.

$$\frac{\Delta Y}{Y} = \frac{\Delta K}{K} = sA - \delta \tag{7.49}$$

식 (7.49)에서는 생산량의 성장률이 어떻게 결정되는가를 보여준다. 즉, $sA > \delta$를 만족하는 동안에는 외생적 기술진보에 대한 가정이 없어도 한 경제의 소득이 지속적으로 성장한다는 것을 알 수 있다. 이처럼 생산함수의 약간의 변화를 통해 경제성장에 대한 예측을 극적으로 다르게 가져갈 수 있는 것이다.

솔로우 모형에서는 저축이 일시적인 성장에 영향을 주지만 자본의 한계수확 체감으로 인해 경제는 궁극적으로 성장이 외생적 기술진보에만 의존하는 정상상태에 머물 수밖에 없다고 본다. 이는 빈국이 부유국으로 결국 수렴하게 되는 현상을 설명하는 기초로 작용하기도 했다. 이와 반대로 내생적 성장모형에서 저축과 투자는 지속적인 성장의 동력이 된다는 것이다. 여기서 우리는 한 가지 질문을 가질 필요가 있다. 과연 경제성장에 있어서 자본의 수확 체감의 가정을 포기해야 하는 것이 합리적인가? 이 물음에 대한 답변으로는 생산함수를 구성하는 자본 K에 대한 해석에 따라 달라질 수 있다는 것이다. 만약 자본이 전통적 견해와 같이 경제의 공장 및 설비 규모 등만을 포함한다고 할 경우 수확체감을 가정하는 것이 맞다. 즉, 각 근로자마다 10대의 컴퓨터가 주어진 경우에 1대의 컴퓨터가 주어진 경우보다 근로자들이 10배 생산적일 수는 없다는 것이다. 반면, 이 자본을 구성하는 요소를 폭넓게 해석하여 지식까지도 포함시킬 경우 자본의 한계수확 체감은 맞지 않고, 수확 불변 혹은 체증까지도 존재할 수 있다고 해석한다. 지식의 경우 새로운 지식의 발견은 재화 및 용역을 생산하는 것에 큰 영향을 미친다. 이는 지식에 대한 자본축적이 긍정적 외부효과를 발생시켜 한 경제의 생산함수에서 자본의 한계수확 불변 혹은 수확 체증을 유도한다는 것이다.

이에 대해 다음과 같은 함수를 가정해보자.

$$Y = EK^{0.5}L^{0.5} \qquad (7.50)$$

식 (7.50)은 총생산함수를 나타내며, 여기서 $E = \alpha(K^*)^\beta$는 긍정적 외부성에 의해 결정되는 생산성으로 K^*는 개별 기업의 자본축적지수로서 정상상태를 이루는 자본량으로 해석할 수 있다. 현실에서 예를 들어본다면 기업의 평균 자본량으로 대변될 수 있다. 그리고 지식에 대한 긍정적 외부성을 가져야 하기 때문에 α, β값은 양의 값을 가져야 한다. 이와 관련해 직관적으로도 지식을 통한 새로운 지식이 창출되어 개별 기업의 생산에 영향을 주기 때문에 이 값이 음의 값을 가질 수 없는 것이다. 이제 총생산함수의 양변을 L로 나누어 기업의 평균 자본량을 나타내는 K^*에 1인당 자본량 k를 대입하면 다음과 같은 1인당 생산함수가 도출된다.

$$y = \alpha(K^*)^\beta k^{0.5} = \alpha k^{\beta+0.5} \qquad (7.51)$$

식 (7.51)에서 β가 0.5와 같거나 이보다 큰 값을 가진다면 1인당 자본의 한계수확 불변 혹은 한계수확 체증이 발생할 수 있음을 시사한다. 즉, 지식을 자본의 한 형태로 보는 견해를 받아들일 경우 자본에 대한 수확 불변을 가정하는 내생적 성장모형이 장기적인 경제성장을 설명하는 데 더 적합하다고 할 수 있는 것이다.

이렇듯 장기적인 경제성장은 그 경제를 구성하는 노동자들로 하여금 경제적 복지를 결정하는 중요한 요소이다. 위에서 본 솔로우 모형과 최근의 내생적 성장모형은 저축, 인구성장, 기술진보가 일국의 생활수준과 이의 성장을 결정하는 것에 대해 어떻게 상호작용하는가를 보여준다. 이런 경제모형들은 신속한 성장을 이룰 수 있는 마술과 같은 방법을 제시하는 것이 아니다. 이를 기준으로 공공정책을 실행할 경우 '경제성장을 이룰 수 있는가, 이룰 수 없는가?' 에 대한 판단기준이 되는 이론적 틀을 제시할 뿐이다.

2.5 성장을 촉진하는 정책[15]

경제가 성장하는 데 필요한 근원 간의 관계를 규명하기 위해 솔로우 모형을 이용할 경우 경제정책을 판단하는 데 도움이 되는 정책이슈들을 살펴볼 수 있다.

2.5.1 저축률의 평가

솔로우 성장모형에 의하면 한 국가의 저축 및 투자 규모가 일반 국민들의 생활수준을 결정하는 주요 요소이다. 저축률은 자본과 생산량의 안정상태 수준을 결정하며, 특정 저축률이 황금률 안정상태를 가능하게 하며, 이때 1인당 소비와 경제적 복지가 극대화된다.

한 국가의 경제가 황금률 안정상태에 있는지 알아보기 위해서는 감가상각을 감한 자본의 한계생산물($MPK-\delta$)와 총생산량의 성장률($n+g$)을 비교하여야 한다. 황금률 안정상태에서 $MPK-\delta=n+g$는 성립한다. 경제가 황금률 안정상태보다 적은 자본을 갖고 운영되는 경우 한계생산물 체감에 따라 $MPK-\delta>n+g$가 된다. 이 경우 저축률이 증가하면 더 신속히 성장하여 더 높은 소비를 이룰 수 있는 안정상태에 도달할 수 있다. 이 상황에서는 정책입안자들이 저축률과 투자율을 증대시키려 할 것이며, 자본량의 증대에 경제정책의 우선권이 주어질 것이다. 반면, 경제가 황금률 안정상태보다 많은 자본을 갖고 운영되는 경우 $MPK-\delta<n+g$가 되며, 저축률이 낮아지는 것이 바람직하다.

2.5.2 저축률의 변화

한 국가의 경제를 황금률의 안정성에 도달시키기 위해서는 총저축을 증대시켜야 한다. 총저축이 증가하려면 공공저축, 민간저축, 또는 둘 다 증가

---

15. 이병락 옮김(2007) 참조.

하여야 한다. 성장을 증대시키려는 정책상의 논의 중 대부분은 어느 것이 가장 효과적인지에 집중된다.

정부가 총저축에 영향을 미치는 가장 직접적인 방법은 조세수입과 지출한 금액의 차이인 공공저축을 통해서이다. 정부의 지출이 수입을 초과하는 경우 정부는 재정적자를 영위한다고 한다. 재정적자가 발생하면 이자율을 상승시키고 투자를 구축한다. 이에 따라 자본량이 감소하면, 이는 장래세대에 대한 국가부채의 부담을 증대시키게 된다. 반대의 상황은 재정흑자 상황이며, 이는 국가부채를 상환하고 투자를 촉진한다.

정부는 또한 가계 및 기업의 민간저축에 영향을 미침으로써 총저축에 영향을 줄 수 있다. 특히 일반인이 저축하고자 하는 규모는 민간저축에 영향을 미침으로써 총저축에 영향을 줄 수 있다. 특히 일반인들이 저축하고자 하는 규모는 그 당시의 유인책에 의존하며, 이 유인책은 다양한 공공정책에 의해 영향을 받는다.

다만, 공공정책은 민간저축이 유인책에 어떻게 반응하는지에 관한 상이한 견해에 기초하고 있다. 특정 종류 계정의 저축총액을 증대시키기 위한 정책을 실시했을 때, 민간이 저축을 증대시킬지, 아니면 단순히 다른 계정에서 해당 계정으로 이체하여 민간저축은 증가하지 못하고 조세수입과 공공저축만 감소시킬 것인지는 민간의 행동에 달려 있는 것이다.

2.5.3 경제 내 투자의 배분

솔로우 모형에서는 한 종류의 자본만이 있다는 가정을 하였으나 실제로는 많은 종류의 자본이 있다. 기본적인 솔로우 모형은 물적 자본만을 포함하며, 노동의 효율성을 설명하지 않았지만, 인적 자본은 여러 면에서 물적 자본과 유사하다. 물적 자본처럼 인적 자본은 재화 및 용역을 생산할 수 있는 능력을 향상시킨다.

경제성장을 촉진하고자 하는 정책 입안자들은 어떤 종류의 자본이 가장 필요한지를 결정하여야 한다. 다시 말해, 어떤 종류의 자본이 가장 높은 한계생산물을 생산할 수 있는지를 결정하여야 한다. 자본의 한계생산물이 가장 높은 산업은 새로운 투자에 자금을 조달하기 위해 시장이자율 수준에서 가장 적극적으로 차용하려 할 것이다. 그리하여 정부는 자본을 효율적으로 분배하기 위해 시장에 의존할 수 있다.

때로는 정부가 적극적으로 특정 형태의 자본축적을 유도할 필요가 있다고 주장한다. 예를 들어 로봇을 설치하는 것이 새로운 제철소를 건설하는 것보다 기술적 외부경제가 더 크다면 정부는 로봇에 대한 투자를 촉진하는 투자촉진법을 시행하여야 한다. 이를 산업정책이라 한다. 이의 성공여부는 정부가 상이한 경제활동의 외부경제를 측정할 수 있는지, 그리고 이에 대해 정확한 유인책을 실시할 수 있는지에 달려 있다.

하지만 대부분의 경제학자는 두 가지 이유 때문에 산업정책의 시행에 대해 회의적이다. 첫째, 서로 상이한 부분의 외부경제를 측정하는 것은 매우 어려워 실제로 거의 불가능하며, 둘째, 정치 과정과 무관할 수 없다는 것이다. 잘못된 판단에 의해 정책이 수립되면 그 효과는 임의적이고, 정부가 내놓는 혜택이 외부경제 못지않게 정치적인 판단에 기초하기 때문이다.

2.5.4 기술진보의 촉진

솔로우 모형에 따르면 1인당 소득의 지속적인 성장은 기술진보로부터 기인하지만 이를 외생적인 것으로 판단하고 있다. 따라서 이는 기술진보의 결정요인을 정확히 설명할 수 없다.

이런 제한된 이해에도 불구하고 기술진보를 촉진시키기 위한 많은 공공정책이 시행되고 있으며, 대부분의 이런 정책들은 민간부문으로 하여금 기술혁신을 위해 자원을 투입하도록 유도하는 것이다. 예를 들어 특허제도는 새로운 상품의 발명자에게 일정 기간 독점권을 주고 있으며, 조세법은 기업들이 연구 및 개발에 투자하도록 면세기준을 설정하고 있다. 산업정책의 옹호론자들은 이처럼 정부가 보다 적극적인 역할을 하여야 한다고 주장한다.

2.5.5 기술과 훈련의 장려

경제성장의 중요한 요인 중 하나는 기술진보에 기인한다. 이는 노동자의 질을 향상시키기 위해 교육과 훈련을 통하여 경제성장을 위한 동력으로 사용하게 되는 것이다. 그러나 이를 위해서는 정부가 지출을 증대시켜 학교의 교육시설, 재훈련기관의 확충, 장학기금의 증대 등에 사용할 수밖에 없다. 이는 재정적자 정책을 사용할 가능성을 높이고 공공저축의 규모를 낮추는 결과로 이어져 성장을 둔화시킬 가능성을 내포한다. 그리고 생산의 증대로 인한 소득의 증대가 이루어졌을 경우에도 노동과 여가에 대한 선호체계가 바뀜으로써 노동시간의 감소를 가져올 것이고, 이는 경제성장에 반하는 결과를 가져오게 한다. 따라서 교육과 훈련을 장려하는 정책의 경우 노동력을 높이는 방법으로서 미숙련 노동자의 훈련 및 재훈련, 그리고 노동시장의 조직개선 등을 고려할 수 있을 것이다.

2.5.6 재산권 보호 및 정치적 안정

자유주의 시장경제에 있어서 재화 및 용역에 대한 재산권은 노동을 제공하는 큰 원인으로 작용한다. 이는 모든 재화가 공유지의 형태로 존재한다면 그 재화를 지키기 위해서 애써 노력하지 않을 것임을 '공유지의 비극'을 통해서 알 수 있다. 실례로 제2차 세계대전 이후 자유주의와 마르크스주의를 고수하던 나라들 사이에서 경제성장을 비교해보면 쉽게 알 수 있는 대목이라 생각된다. 마르크스는 자본에 대한 수익이 시간의 흐름에 따라 감소하고, 이것이 경제적 및 정치적 위기로 이어질 것이라 예측했는데 틀린 예측임을 명백한 실례에서 찾을 수 있다.

정치적 안정성은 한 나라의 저축률과 투자율에 영향을 미친다. 만약 한 나라가 지속적인 전쟁, 혁명, 쿠데타가 빈번히 발생한다고 가정해보자. 이러한 요소들은 자국 경제의 안정성에 심대한 영향을 미치기 때문에 사람들은 저축과 투자에 대한 비중을 둘 필요가 없게 된다. 어느 누군가 생산을 위해 공장을 지었는데 그 지역이 군사적 요충지로서 타 지역에 비해 접전지라고 가정한다면 어느 순간 폭격을 맞아 투자비용을 회수하기도 전에 망하게 될 것이다. 또한, 한 나라의 부패가 심할 경우에도 저축률이 낮은 경향을 보인다. 부패 정도에 비례하여 정치기구가 미발달해 있기 때문에 자본이 올바른 방향으로 쓰여지지 않게 된다. 따라서 한 나라의 정치적 안정성과 더불어 재산권이 얼마나 확보되는지에 따라 저축률, 투자율이 높거나 낮게 주어지게 된다.

2.5.7 무역촉진

한 나라의 생산요소에 영향을 미치는 자연자원이 부족한 경우 무역촉진정책이 경제성장에 큰 영향을 미친다. 우리나라의 경우 전쟁 이후 자본의 규모가 작은 상태에서 자연자원의 수준도 낮았기 때문에 수출주도형 경제발전 전략을 채택함으로써 괄목할 만한 성장을 일구어냈다. 경제성장 이론과 같이 폐쇄경제 하가 아닌 개방경제 하에서 균형국민소득에 영향을 미치는 변수로서 작용한다. 예를 들어 일국의 저축과 투자의 관계에 있어서 저축이 더 많은 경우 자본의 순유출을 가져오고, 이는 순해외투자의 형태로 결부되어 결국 해외에서 벌어들이는 소득이 국내로 들어오게 되어 경제의 규모를 증가시키게 하는 경로를 가지는 것이다.

또한, 이러한 경우 정부의 정책은 산업정책의 형태로 존재하게 된다. 왜냐하면 자원을 인위적으로 보다 효율적인 곳에 집중시킴으로써 대외경쟁력을 높이게 하여 경제성장을 유도할 수 있기 때문이다. 그러나 단기간 고성장을 이루는 장점의 이면에는 많은 문제점을 낳게 된다. 시장기능을 무시한 정치적 논리의 개입, 정경유착, 경제의 과도한 대외의존, 경제력의 대기업 집중에 의한 과도한 팽창과 부실기업의 양산 등을 들 수 있다. 따라서 단기적 안목에서 정책수단을 사용하기보다는 장기적 관점에서 정책수단을 사용해야 할 것이다.

2.5.8 인구성장의 억제

앞에서 본 솔로우 모형과 같이 인구성장이 경제의 총생산을 늘리게 하지만 결국 1인당 자본수준을 떨어뜨림으로써 소득수준을 낮추게 하고, 이는 저축률을 감소시킴에 따라 자본형성에 악영향을 미침을 보았다. 그리고 부유국과 빈국의 인구 증가율에 따른 저축률의 차이가 있음을 실제 사례를 통해서도 알 수 있다. 이는 소득수준이 높을수록 출산율이 낮고, 반대로 소득수준이 낮을수록 출산율이 높음과 관계있다. 여기에서 소득수준의 차이는 공업화와 관계가 있는데 근로자가 종사하는 업종에 따라 다른 형태를 보인다는 것이다. 즉, 소득수준이 낮을수록 농업의 종사자가 많고, 이는 단순히 삶을 영위하기 위한 식품의 생산에 주력하고 있음을 시사하며, 그로 인해 노동력이 귀중한 생산요소이기 때문에 출산율이 높은 것이다. 그리고 이는 자본이 상대적으로 부족하기 때문에 자본력을 노동력으로 대체하려고 하는 유인도 있는 것이다. 반대로 소득수준이 높을수록 2차 혹은 3차 산업의 종사자가 많고, 이는 노동과 자본의 결합으로 보다 더 높은 부가가치를 생산할 수 있기 때문에 소득이 더욱 증대된다. 이는 물가의 상승을 유발함에 따라 경제주체가 활동하는 환경을 더욱 고비용화함으로써 기존의 결혼과 자식에 대한 가치관을 변화시키고, 따라서 저출산으로 결론지어질 수 있는 것이다.

한편, 저출산으로 인해 고령화가 진행될수록 그것은 경제성장을 둔화시키는 작용을 한다. 어느 일정 연령을 지나서면 소득을 위한 생산활동을 하기보다는 남은 여생을 유복하게 보내기 위해 소비에 우선한 활동을 하게 됨으로써 저축률을 낮춰 성장을 둔화시키는 요인이 되는 것이다. 최근 들어 우리나라의 경우 저출산이 이어짐에 따라 성장동력 확보에 중점을 둔 출산장려 정책에 대한 비중을 점차 늘리고 있는 실정을 감안할 때 충분히 설득력이 있다고 판단된다. 따라서 인구성장의 억제정책은 개발도상국 혹은 저개발 국가에서 유용하게 쓰일 수 있으며, 소득수준이 높은 나라의 경우 저출산을 타개할 정책을 사용함이 필요할 것이다.

2.5.9 연구, 개발의 촉진

기술진보의 일부분으로서 연구 및 개발을 촉진하는 정책을 통해 경제성장을 높일 수 있다. 개별 기업의 경우 기술진보를 위한 R&D 부분의 투자확충을 통해 생산성을 높이고, 이는 결국 이익 증대로 이어지기 때문에 고용창출이나 경제성장 측면에서 꼭 필요한 수단이라고 할 수 있다. 이런 R&D 부분과 관련하여 지식을 예로 들어보면 지식은 공공재적 성향을 강하게 지닌다. 즉, 기술개발을 위해 드는 비용이 막대하지만 기술개발이 성공하면 다른 기업이 그 기술을 사용함에 따라 총생산성의 증가로 이어져 경제성장을 높일 수 있는 것이다. 그러나 그 기술을 개발한 개별 기업은 그 기술이 타 기업에 의해 쓰여지길 원하지 않는다. 따라서 특히 공공재적 성격이 강한 지식과 관련된 부분에 정부가 보조금을 줌으로써 기업의 부담을 줄이고, 출현된 기술이 다각도로 쓰일 수 있도록 배려해주는 역할을 할 필요가 있다.

한편, 개발도상국이나 저개발국가의 경우 거액의 비용이 드는 기술개발보다는 선진국에서 개발한 기술을 도입하는 것이 훨씬 유리할 수 있다. 우선 선진국 기술을 모방하여 선진국 수준에 도달한 후 자주적인 기술체계를 설립하거나 그 기술을 기반으로 더 높은 수준의 기술을 개발하는 것이 낫다는 것이다. 이런 형태를 취한 국가 중 높은 성장률을 보인 국가는 일본을 예로 들 수 있다. 이를 위해 해외 선진국의 기업을 유치하거나 프랜차이즈 혹은 라이센싱의 형태를 취하는 방법이 있다.

2.6 경제성장 관련 이슈

2.6.1 경제성장과 수렴

1) 개요

세계 각국의 경제가 시간의 흐름에 따라 수렴(convergence)하는가에 대한 많은 연구들이 진행되었다. 특히 빈국으로 출발한 경제가 부국으로 출발한 경제보다 지속적으로 더 빠르게 성장할 수 있을 것인가? 만일 그것이 가능하다면 빈국의 경제는 부국의 경제를 따라잡을 수 있으며, 이러한 속성을 학자들은 수렴(convergence)현상이라고 정의한다. 수렴이 발생하지 않을 경우 후발 국가들은 계속 빈곤한 상태로 남아 있을 가능성이 높다.

지역 경제 및 국가 소득수준의 수렴에 관한 연구는 절대적 수렴과 조건부 수렴 가설을 중심으로 진행되었다. 절대적 수렴(absolute convergence)을 이용한 연구는 신고전적 생산함수와 자본의 수확 체감의 가정으로 1인당 자본량 수준에 관계없이 경제는 균제상태에 도달한다고 주장한다. 또한, 1인당 생산량이 같다면 균제상태에서는 소득이 낮은 경제일수록 성장률이 높고 장기적으로 모든 경제의 소득이 동일 수준으로 수렴함을 밝혔다. 반면, 조건부 수렴(conditional convergence)은 개별 국가들의 균제상태는 상이하며, 각각의 균제상태로 수렴하는 차별성을 제시하였다.

2) 절대적 vs. 조건부 수렴 모형식

절대적 수렴(absolute convergence)은 소득이 낮은 지역의 성장이 소득이 높은 지역의 성장을 능가하여 장기적으로 지역들이 동일한 비율과 소득에 수렴하게 된다는 신고전학파 성장이론에 기초하고 있으며, Barro and Sala-i-Martin(1991)을 참고하면, 절대적 수렴 모형식은 다음 식 (7.52)와 같이 나타난다.

$$\frac{1}{t}\ln\frac{y(t)}{y(0)} = \alpha - \left(\frac{1-e^{-\beta t}}{t}\right)\ln y(0) + \varepsilon_{i,t} \qquad (7.52)$$

식 (7.52)에서 y는 1인당 지역생산을 의미하고, 추정된 $y(0)$의 계수인 $\frac{(1-e^{-\beta t})}{t}$를 통해서 해당 지역의 절대적 수렴가설 여부를 확인할 수 있다. Barro and Sala-i-Martin(2004)에서는 균제상태 (y_i^*)에서의 지역생산(y_i)을 $\ln y_i(t) = e^{-\beta t}\ln y_i(0) + (1-e^{-\beta t})\ln y_i^*$로 가정하고 있으며, 지역경제 성장률은 초기 지역생산($y(0)$)과 부(-)의 관계를 가지기 때문에 $\frac{(1-e^{-\beta t})}{t} < 0$이 성립할 경우 해당 지역은 지역소득에 β-수렴 현상이 발생되고 있음을 의미한다.

이와 같은 절대적 수렴식은 지역의 소득자료만을 이용하여 수렴성 분석이 가능하다는 점에서 분석의 용이함이 있지만, 이는 비슷한 경제의 성장패턴을 가진 지역분석에서만 유의하며, 비슷하지 않은 경제구조를 가진 지역들의 분석에서는 성립하지 않을 가능성이 높다. 솔로우 모형의 주요 가정은 균제상태의 노동자당 자본 k^*의 결정요인이 모든 경제에서 동일하다는 것인데, 이 가정은 비슷한 경제구조에서는 성립되지만, 경제 · 정치 · 사회적 특성의 차이가 크게 나는 넓은 범위의 나라들에서는 성립되지 않는다. 우리나라의 경우도 수도권과 비수도권, 그리고 앞의 현황에서 봤듯이 생산특화 지역과 소비특화 지역의 경우 다른 경제구조를 가질 것으로 예상되기 때문에 절대적 수렴식만으로 수렴성을 분석하기에는 한계가 있다고 볼 수 있다.

Mankiw et al.(1992)은 이와 같은 솔로우 모형의 분석적인 한계를 보완하기 위하여, 지역경제 성장률을 설명할 수 있는 변수로 지역의 물적 자본, 인적 자본과 함께 노동 증가율, 기술진보율, 감가상각률을 함께 고려할 수 있는 확장된 솔로우 모형(augmented solow model)을 제시하였고, Barro and Sala-i-Martin(2004)는 Mankiw et al.(1992)의 확장된 솔로우 모형을 적용한 조건부 수렴식을 제시하였는데, 이는 식 (7.53)과 같이 나타난다.

$$\begin{aligned}\ln y(t) - \ln y(0) = &-(1-e^{-\lambda t})\ln y(0) + (1-e^{-\lambda t})\frac{\alpha}{1-\alpha}\ln s_k \\ &+(1-e^{-\lambda t})\frac{\beta}{1-\alpha}\ln s_h^* \\ &-(1-e^{-\lambda t})\frac{\alpha}{1-\alpha}\ln(n+g+\delta) \qquad (7.53)\end{aligned}$$

식 (7.53)에서 y는 식 (7.52)와 마찬가지로 지역소득을 의미하고, S_k는 지역생산에 투입되는 물적 자본의 비율, S_h는 인적 자본의 비율, n, g, δ는 각각 인구 증가율, 기술진보율, 감가상각률을 의미한다. 따라서 초기 지역의 노동생산성에만 의존하는 절대적 수렴과는 달리 조건부 수렴을 이용하였을 때의 균제상태에서의 노동생산성은 초기 노동생산성, 자본투자비율 축적, 인적 자본 투자비율 축적, 노동 증가, 기술진보, 자본의 감가상각에 의해서 결정된다고 볼 수 있다.

3) 수렴속도

Barro and Sala-i-Martin(2004)을 참고하면 절대적 수렴의 속도는 〈그림 7-17〉과 같이 정해진다. 즉, 동등한 균제상태(k^*)와 동일한 기술수준을 가지고 있지만, I곡선과 II곡선은 다른 함수형태 $\frac{f(k)}{k}$를 가짐에 따라 저축곡선의 기울기는 다르게 된다. 이 기울기를 결정하는 것은 자본의 평균생산 $\frac{y}{k}$이며, II곡선의 경우 I곡선보다 더 늦게 감소하기 때문에 수렴속도는 $\Delta k_{\mathrm{I}} - \Delta k_{\mathrm{II}}$만

그림 7-17

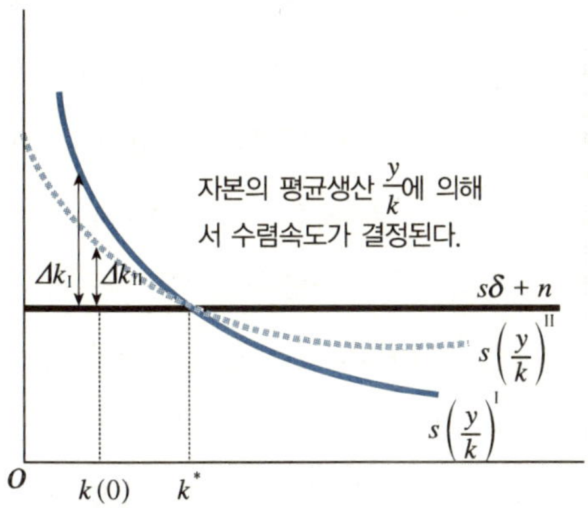

절대적 수렴의 속도
동등한 균제상태(k^*)와 저축률 s와 동일한 기술수준을 가지고 있지만, I곡선과 II곡선은 다른 함수형태를 가짐에 따라 저축곡선의 기울기는 다르게 된다.

그림 7-18

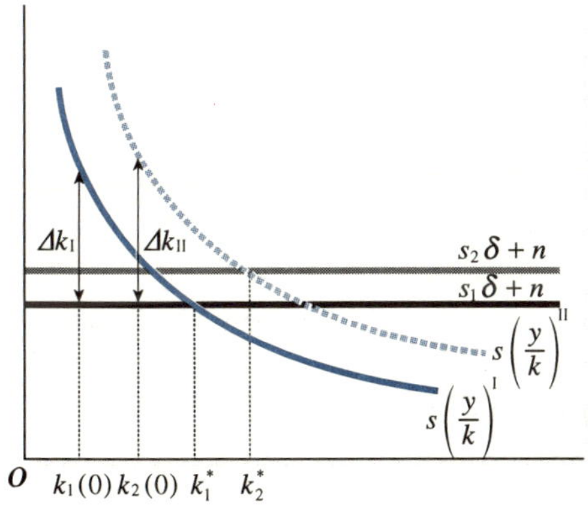

조건부 수렴의 속도
지역특성에 따라 나타나는 균제상태가 다르므로, 수렴속도 또한 다양한 요인에 의해서 정해진다.

큼 차이가 난다.

하지만 서로 다른 경제구조를 가정하는 조건부 수렴의 경우 각 지역마다 저축률, 감가상각, 기술수준에 따라 균제상태(k^*) 또한 달라지므로, 수렴의 속도 또한 〈그림 7-18〉과 같이 지역마다 다른 결정요인에 의해서 차별적으로 나타난다고 볼 수 있다. 그리고 수렴속도는 Barro and Sala-i-Martin(2004)에서 언급한 것처럼 식 (7.52)와 식 (7.53)에서 공통적으로 나타나는 $\ln y(0)$의 계수로 구할 수 있다. 즉, 절대적 수렴의 경우 추정된 계수값인 $\frac{(1-e^{-\beta t})}{t}$에서 β를 계산한 값이 절대적 수렴의 속도가 되며, 조건부 수렴의 경우 $(1-e^{-\lambda t})$에서 λ를 계산한 값이 조건부 수렴의 속도가 된다.

이와 같은 수렴속도 β는 절대적 수렴에서 일반적으로 균제상태 자본에 대한 비율($\frac{\hat{k}}{\hat{k}^*}$)에 반비례로 나타나게 된다. 이는 자본량이 균제상태에 가까워질수록 수렴속도 또한 하락하는 것을 의미한다. Barro and Sala-i-Martin(2004)에서는 다음과 같은 관계를 〈그림 7-19〉와 같이 나타내고 있다. 즉, 자본의 절대적인 양이 적을수록 수렴속도 또한 빠르게 나타나는 것이다. 조건부 수렴에서도 〈그림 7-19〉와 같은 관계를 따를 것으로 예상되나, 이는 절대적 자본량이 아닌 각 지역마다 다른 균제상태의 자본(k^*)의 비율을 의미하므로 자본의 절대값과의 관계에서는 〈그림 7-19〉와 같이 나타나지

그림 7-19

수렴속도(β)와 1인당 자본비율의 관계

자본의 절대적인 양이 적을수록 수렴속도 또한 빠르게 나타나는 것이다. 조건부 수렴에서도 아래와 같은 관계를 따를 것으로 예상되나, 이는 절대적 자본량이 아닌 각 지역마다 다른 균제상태의 자본(k^*)의 비율을 의미한다.

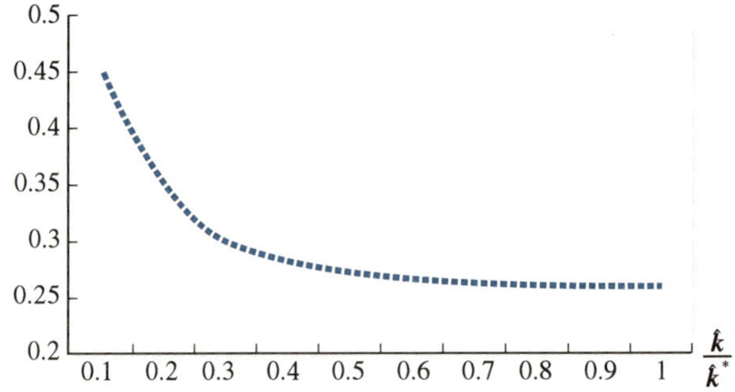

않을 것이다.

토의과제

01. 경제성장의 의의 및 결정요인을 설명하시오.

02. 경제성장정책의 목표 및 파급과정을 설명하시오.

03. 솔로우 모형의 전제조건 및 기본 경제환경을 설명하시오.

04. 솔로우 모형에서 인구성장(감소), 저축률 증가(감소)에 대한 효과를 각각 그래프를 통해 설명하시오.

05. 내생적 성장모형의 의의와 솔로우 모형과의 차별성을 설명하시오.

06. 경제성장을 촉진하는 다양한 정책에 대해 설명하시오.

07. 경제의 수렴현상을 절대적 수렴과 조건부 수렴으로 나누어 설명하시오.

08. 절대적 수렴과 조건부 수렴의 속도에 대해 비교, 설명하시오.

핵심단어

경제성장정책 골디락스 불균형성장정책
솔로우 모형 자본의 안정상태 자본의 황금률 수준
내생적 성장모형 수렴현상 절대적 수렴
조건부 수렴

제1절 시장 및 산업구조의 이해

제2절 산업정책의 파급 메커니즘

산업정책

chapter eight

8

제1절 시장 및 산업구조의 이해

1.1 기업과 생산비용[1]

1.1.1 경제적 비용

기업은 생산에 필요한 요소를 구입하기 위해 일정한 비용을 반드시 지불해야 하는데, 우리는 이를 경제적 비용이라고 부른다. 경제적 비용은 자원공급자들이 자원을 다른 곳에 사용하지 않도록 하기 위해 기업이 생산요소 공급자들에게 제공해야 하는 소득이다.

경제적 비용은 기업이 사용하는 모든 자원의 기회비용과 같다. 경제학자들은 이를 명시적 비용과 암묵적 비용이라고 한다. 명시적 비용은 기업이 소유하지 않은 자원을 구입할 때 상대방에게 지불하는 비용이다. 이런 비용은 분명한 현금거래를 포함하므로 명시적 비용이라 지칭하며, 이는 기회비용과 동일하다. 암묵적 비용은 이미 소유하고 있는 자원을 그 기업의 생산물을 만드는 데 사용할 때 발생하는 기회비용이다. 이 비용은 존재하지만, 명확히 나타나지 않으므로 암묵적 비용이라고 부른다. 기업의 경제적 비용은 명시적 비용과 암묵적 비용의 합이다.

$$\text{경제적 비용} = \text{명시적 비용} + \text{암묵적 비용}$$

1. 최광 외 공역(2013) 참조.

1.1.2 경제적 이윤

경제적 이윤이란 회계적 이윤에서 암묵적 비용을, 수입에서 모든 경제적 비용을 뺀 나머지이다. 회계적 이윤은 총판매수입에서 총명시적 비용을 뺀 이윤이며, 정상이윤과는 다른 개념이다. 정상이윤은 일반적으로 가장 가능성 있게 획득할 수 있는 전형적 수준의 이윤이다.

여기서 회계적 이윤과 경제적 이윤은 분명히 구별되어야 한다.

회계적 이윤 = 수입 – 명시적 비용
경제적 이윤 = 수입 – 명시적 비용 – 암묵적 비용

현재 사업으로부터 얻게 되는 수입에서 모든 경제적 비용을 차감한 경제적 이윤은 다른 사업을 통해 얻을 수 있는 경제적 이윤과의 비교를 통해 최선의 대안을 모색할 수 있다. 이 점을 일반화하면 경제적 이윤 0원은 중요한 경계선임을 알 수 있다. 만일 기업이 경제적으로 손실도 이익도 없는 상태가 되면(즉, 경제적 이윤이 0원이 되면), 기업가는 최선의 다른 대안의 사업에서 얻을 수 있는 이윤과 정확히 같은 정도의 이윤을 취득하고 있다는 것을 뜻한다. 즉, 기업가는 모든 명시적 비용과 암묵적 비용을 포함하여, 다른 사업을 통해 취득할 수 있을 것으로 기대되는 정상이윤 정도의 수입을 취득하고 있다. 따라서 현재의 사업을 다른 사업으로 바꿀 인센티브는 없다. 이러한 이유로 경제학자들은 분석의 초점을 회계적 이윤보다 경제적 이윤에 맞춘다.

1.1.3 생산비용

먼저 고정비용은 산출이 변하더라도 바뀌지 않는 비용들이다. 고정비용은 기업의 존재와 관련된 것들로서 산출이 0이더라도 지불해야만 하는 비용으로서 기업이 생산을 더 많이 하더라도 변하지 않는다. 임대비용, 기업의 부채에 대한 이자, 건물과 장비들에 대한 감가상각, 보험료 등과 같은 비용이다.

가변비용은 산출의 수준에 따라 변하는 비용이다. 원자재, 연료, 전력, 운송서비스, 대부분의 노동 그리고 이것들과 유사한 가변자원들에 대한 지불이 여기에 속한다. 가변비용은 산출이 증가할수록 감소한다. 하지만 일정 단위가 지나면 산출이 연속적으로 증가함에 따라 가변비용도 증가한다. 그 이유는 한계생산의 형태에 있다. 처음에는 한계생산이 증가하므로 산출이 연속적으로 증가하는 데 필요한 가변자원의 수량은 지속적으로 작아진다. 따라서 연속적으로 산출이 증가할 때 산출단위당 가변비용은 연속적으로 감소한다. 그러나 수확 체감 구간에 가면 한계생산은 감소하기 시작하고 연속적으로 산출단위를 더 많이 생산하기 위해 필요한 가변자원의 추가적인 수량은 점점 많아진다.

고정비용과 가변비용을 모두 합하면 총비용이 된다. 가변비용은 단기에 생산수준을 변경해서 통제되거나 변경될 수 있지만 고정비용은 기업가의 현재 통제범위 밖에 있다. 고정비용은 단기에 발생하고 산출수준과 상관없이 지불되어야 한다.

생산자에게 총비용은 중요하지만 단위당 비용 또는 평균비용도 동일하게 중요하다. 평균비용인 평균고정비용, 평균가변비용, 평균총비용은 각각의 비용을 산출량으로 나눈 값이다.

$$\text{평균고정비용}(AFC) = \frac{\text{총고정비용}(TFC)}{\text{산출량}(Q)}$$

$$\text{평균가변비용}(AVC) = \frac{\text{총가변비용}(TVC)}{\text{산출량}(Q)}$$

$$\text{평균총비용}(ATC) = \frac{\text{총비용}(TC)}{\text{산출량}(Q)} = \frac{TFC}{Q} + \frac{TVC}{Q} = AFC + AVC$$

마지막으로 한계비용(MC)은 산출 한 단위 더 생산하는 데 필요한 추가비용이다. MC는 각 추가적인 산출단위에 대하여 그 단위의 생산으로 발생하는 총비용의 변화이다.

$$MC = \frac{TC\text{의 변화}}{Q\text{의 변화}}$$

1.2 시장구조 및 형태

1.2.1 단기에서의 완전경쟁

우선, 완전경쟁시장에 대해 살펴보도록 하자. 완전경쟁적인 시장의 예를 현실에서 찾기는 쉽지 않다. 이런 완전경쟁시장에는 매우 많은 수의 기업, 동질적인 상품, 가격수용자인 기업, 기업의 진입과 퇴출의 자유로움이라는 네 가지 특징이 있다. 완전경쟁시장에서 개별 기업이 직면하는 수요는 시장가격에서 완전 탄력적이다. 하지만 이것이 시장수요가 완전히 탄력적이라는 뜻은 아니다. 분명히 시장수요는 우하향하는 모습을 보인다. 동일한 특정 재화를 생산하는 모든 기업들이 속한 전체 산업 측면에서 보면, 산업 전체의 산출량이 변함에 따라 시장가격은 분명히 변하기 때문이다. 개별 기업에게 있어서 시장가격은 고정되어 있기에, 완전경쟁적인 개별 기업이 직면하는 수요곡선은 수평선으로 나타난다.

단기 완전경쟁시장에서의 이윤극대화를 총수입 · 총비용 접근법에 의해 설명하고자 한다. 완전경쟁시장에서 기업은 가격수용자이기 때문에, 자신의 가격을 올리거나 내려서 이윤을 극대화할 수 없다. 해당 산업의 전체 시장에서 시장수요와 시장공급에 의해서 가격이 결정되기 때문에, 개별 기업이 통제할 수 있는 것은 자신의 생산량뿐이다. 그 결과, 완전경쟁적 기업은 경제적 이윤을 극대화하기 위해서 혹은 경제적 손실을 최소화하기 위해서 자신의 생산량 규모를 조정한다. 그리고 단기에서 기업은 생산설비를 갑자기 늘리거나 줄일 수 없기 때문에, 생산량을 늘리거나 줄이기 위해서 할 수 있는 일이라고는 원자재나 노동과 같은 가변생산요소를 조정하는 일뿐이다. 가변생산요소를 조정함으로써 이윤을 극대화하는 생산량을 달성하려는 것이다.

〈그림 8-1〉을 통해 그래프로 살펴보자. 〈그림 8-1〉을 보면 기업이 c개를 생산할 때 총수입이 총비용을 초과하는 금액이 가장 크다는 것을 알 수

그림 8-1

총수입 · 총비용 접근법

기업이 c개를 생산할 때 총수입이 총비용을 초과하는 금액이 가장 크다는 것을 알 수 있다. 따라서 이 지점이 이윤을 극대화하는 점이므로 기업은 c개를 생산해야 한다. 그리고 그림에서 총수입과 총비용은 a와 b, 두 군데에서 교차한다.

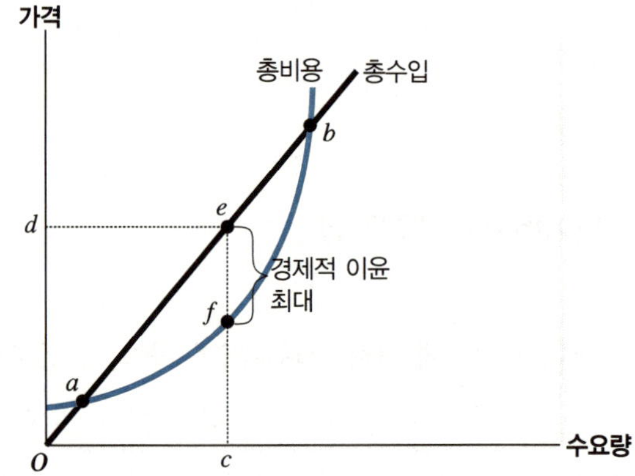

있다. 따라서 이 지점이 이윤을 극대화하는 점이므로 기업은 c개를 생산해야 한다. 그리고 그림에서 총수입과 총비용은 a와 b, 두 군데에서 교차한다. 첫 번째, a에서는 이 생산량에서 총수입은 정상이윤을 포함한 모든 비용을 부담하기에 충분하다. 하지만 경제적 이윤은 없는 상태이다. 이를 경제학에서는 손익분기점(break-even point)이라고 하는데, 기업이 정상적인 이윤을 얻지만 경제적 이윤까지는 얻지 못하는 생산량 수준을 뜻한다. b는 두 번째 손익분기점으로 이 지점을 지나가면 오히려 총비용이 총수입을 초과하여 이윤을 볼 수 없다. 이렇게 두 개의 손익분기점 사이에 위치한 생산량 수준은 모두 경제적 이윤을 얻을 수 있는 수준이다. 하지만 이 기업이 최대의 이윤을 얻는 곳은 총수입과 총비용 두 곡선들의 거리가 가장 먼 지점이다. 생산량이 c개인 지점이며, 이때 극대화된 이윤의 크기는 두 그래프의 차이만큼인 것이다.

1.2.2 장기에서의 완전경쟁

시장모형에서 기업의 진입과 퇴출은 장기에만 일어난다. 단기에는 시장에 참여하는 기업의 수가 정해져 있고, 각 기업이 공장의 규모도 고정되어 변경할 수 없다. 반면, 장기에는 기업들이 공장의 규모와 생산능력을 확장하거나 축소할 수 있는 시간이 충분하다. 더 중요한 점은 시장에 진입해 있는 기업의 수가 신규 진입과 퇴출을 통해 늘어나거나 줄어들 수도 있게 된다. 장기에서의 완전경쟁시장은 단기와 조건이 조금 다르다. 먼저 단기에서의 조정은 고려하지 않고, 오로지 기업의 진입과 퇴출에만 영향을 받는다. 그리고 동일 산업에 종사하는 모든 기업은 동일한 비용곡선을 가지며, 모든 산업은 비용불변의 산업이다.

장기에서 조정이 완료되고 나면 시장에서의 재화가격은 동일해지고 개별 기업은 최소의 평균총비용에서 생산한다. 이때 기업들은 이윤을 추구하고 손실을 기피한다는 것, 그리고 완전경쟁 하에서 기업들은 시장에서의 진입과 퇴출이 자유롭다는 것, 두 가지 기본 사실이 충족되어야 한다.

먼저 장기공급곡선의 특징은 무엇일까? 비용불변산업이라는 것은 산업이 확장 또는 축소되어도 자원의 가격에는 영향을 끼치지 않아 생산비용의 변화가 없다는 것을 의미한다. 〈그림 8-2〉에서는 장기에 기업의 진입과 퇴출이 개별 기업의 평균총비용곡선에 영향을 끼치지 않는다는 것을 의미한다. 이는 자원의 가격과 비용에 큰 변화 없이 산업의 확장과 축소가 일어날 수 있을 만큼 자원에 대한 산업 전체의 수요가 작을 경우에 해당된다. 따라서 비용불변산업의 장기공급곡선은 완전히 탄력적이며, 이는 수평선의 모습을 띤다.

그림 8-2

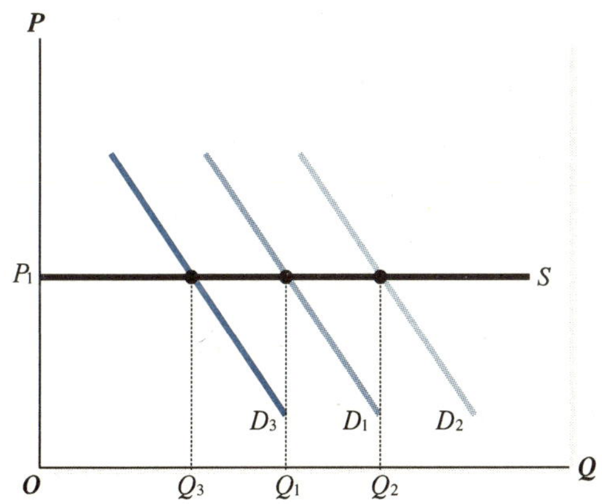

비용불변산업의 장기공급곡선

비용불변산업의 시장에서는 기업의 진입과 퇴출이 자원의 가격이나 재화의 단위가격에 영향을 미치지 못한다. 따라서 수요의 증가는 산출량을 증가시키지만 가격은 그대로이다.

왜냐하면 기업의 진입, 퇴출이 일어나면 시장 산출량이 변동하더라도 가격은 최초의 균형가격인 최소 평균총비용으로 다시 복귀하기 때문이다.

〈그림 8-2〉를 통해 알 수 있는 것처럼 비용불변산업의 시장에서는 기업의 진입과 퇴출이 자원의 가격이나 재화의 단위가격에 영향을 미치지 못한다. 따라서 수요의 증가($D_1 \rightarrow D_2$)는 산출량을 증가($Q_1 \rightarrow Q_2$)시키지만 가격은 그대로이다. 마찬가지로 수요가 감소하면($D_1 \rightarrow D_3$) 산출량은 감소($Q_1 \rightarrow Q_3$)되지만, 가격은 변함이 없다. 따라서 장기에서의 시장공급곡선(S)은 수평이고 완전히 탄력적이다.

1.2.3 순수독점

순수독점은 단일 기업이 밀접한 대체재가 존재하지 않는 상품의 유일한 공급자일 때를 의미한다. 이 상황에서는 기업이 가격책정자이며, 해당 산업으로 다른 기업의 진입이 봉쇄되어 있다. 또한, 차별화된 제품생산을 통해 비가격경쟁이 이루어진다.

순수독점의 경우 다른 기업의 진입이 봉쇄되어 있고 이런 요인을 진입장벽이라고 한다. 순수독점에서는 진입장벽이 강력하여 모든 잠재적 경쟁자들의 진입을 효과적으로 봉쇄한다. 진입장벽은 크게 4가지 형태로 구성된다. 첫째, 규모의 경제이다. 기업의 규모가 커짐에 따라 평균총비용이 하락하는데, 시장수요가 주어져 있다면 몇 개의 대기업 또는 극단적인 경우에는 단일 기업만이 낮은 수준의 평균총비용에 도달할 수 있다. 둘째, 특허와 면허이다. 정부가 기업이 발명한 것에 대해 배타적 권리를 보장해줌으로써 다른 기업의 진입을 막는다. 셋째, 필수자원의 소유나 통제이다. 쉽게 말해, 생산과정에 필요불가결한 자원을 소유하거나 지배함으로써 경쟁기업의 진입을 금지하는 것이다. 마지막으로, 가격설정과 전략적 요인이다. 규모의 경제가 크지 않거나 필수자원을 소유하지 않아 진입을 막지 못하더라도 독점기업은 산업에 진입하려는 경쟁자의 시도에 적절히 대응함으로써 진입을 봉쇄할 수 있다. 가격을 크게 낮추거나 광고를 늘리는 등 진입하려는 기업이 발을 못 붙이도록 하는 여러 전략적 행동을 취함으로써 진입장벽의 창출을 꾀할 수 있다.

순수독점기업과 완전경쟁기업 간의 결정적 차이는 시장의 수요측면에 있다. 완전경쟁기업은 시장의 수요와 공급에 의해 결정된 가격에서 수평인 완전 탄력적인 수요곡선에 직면하고 있다. 하지만 독점기업이 직면하는 수요곡선은 완전경쟁기업의 수요곡선과는 완전히 다르다. 순수독점기업은 그 자체로 산업이기에, 수요곡선이 시장수요곡선이 된다. 시장수요곡선이 완전탄력적이 아니기 때문에 독점기업의 수요곡선은 우하향한다.

이윤극대화를 추구하는 독점기업은 구체적으로 어떠한 가격 및 생산량 조합을 선택할까? 독점기업은 경쟁기업의 이윤극대화 때와 마찬가지의 행동방식을 따른다. 즉, 조업중단보다 생산하는 것이 낫다면 한계수입이 한계비용과 같아질 때까지 생산한다($MR = MC$). 그리고 완전경쟁에서 한계수입($= MR$)은 가격(P)과 동일하기 때문에 완전경쟁기업의 공급곡선은 이윤극대화 공식인 $MR(= P) = MC$를 적용하여 구할 수 있었다. 하지만 완전경쟁기업과는 달리 순수독점에서의 공급곡선은 존재하지 않는다. 독점기업의 경우 가격과 공급 간에 어떤 관계가 존재하지 않는다. 물론 독점기업도 경쟁기업과 마찬가지로 한계수입이 한계비용과 일치하는 점에서 생산량을 정한다. 하지만 독점기업의 한계수입은 가격보다 낮으며, 수요조건이 달라지면 생산량이 같더라도 가격이 다를 수 있다. 따라서 순수독점기업의 공급곡선은 존재하지 않는다.

순수독점기업이 경제적 이윤을 획득할 가능성은 완전경쟁기업보다 크다. 장기적으로 완전경쟁기업은 정상이윤만을 얻을 수 있다. 하지만 진입장벽이 존재하게 되면 독점기업이 누리는 경제적 이윤은 지속될 수 있다. 순수독점에서는 새로운 진입기업이 없어서 공급이 증가되지 않는데, 이로 인해 가격이 낮아지거나 경제적 이윤이 사라지는 일은 없다. 그러나 순수독점이라고 해서 항상 이윤이 보장되는 것은 아니다. 독점기업이라고 해도 소비자 기호의 변화로 자신의 생산물에 대한 수요가 줄어드는 것은 피할 수 없다. 뿐만 아니라 요소가격의 상승으로 인해 비용곡선이 상향 이동하는 것을 막을 수도 없다.

1.2.4 독점적 경쟁과 과점

먼저 독점적 경쟁의 특징은 비교적 많은 수의 판매자, 차별화된 제품, 그리고 진입과 퇴출의 용이성을 들 수 있다. 첫 번째와 세 번째 특징은 독점적 경쟁의 경쟁적 측면을 나타내고, 두 번째 특징은 독점적 특징을 나타낸다. 그러나 일반적으로 독점적 경쟁산업들은 독점적인 성향보다는 경쟁적인 성향이 더 강하다고 할 수 있다.

즉, 많은 수의 판매자로 인해 개별 기업들이 전체 시장에서 차지하고 있는 점유율은 비교적 낮으며, 이들이 시장가격에 미치는 영향은 제한적이다. 이로 인해 특정 기업이 산출량을 제어하고 가격을 설정하기 위하여 담합을 할 수 있는 가능성이 매우 낮다. 또한, 기업들 사이에 상호의존성을 느낄 수가 없고, 각각의 기업은 경쟁기업들이 취할 수 있는 대응을 고려하지 않고 스스로 가격을 결정한다. 개별 기업은 가격을 인하함으로써 판매량을 소폭 늘릴 수 있지만, 이러한 행동이 경쟁기업의 판매량에 미치는 영향은 거의 느낄 수 없는 수준이므로 경쟁기업의 대응을 촉발시킬 가능성은 매우 낮다. 또한, 이들 기업에서는 다양한 제품을 생산한다. 물리적 특성에서 차이가 나는 제품을 생산하거나, 소비자 서비스 수준 혹은 입지적 편리성에서 차이가 나기도 한다. 따라서 이들 상품에 대한 비가격경쟁이 치열하다.

과점은 소수의 기업들이 표준화된 또는 차별화된 제품을 판매하기 때문에 해당 시장으로의 다른 기업의 진입이 어려운 시장구조이다. 또한, 상호의존성의 존재로 인해 기업들이 제품가격에 제한적인 통제력만을 행사하며, 전형적으로 비가격경쟁이 이루어지는 시장구조이다. 이 상태에서는 기업의 수가 적기 때문에 가격에 대해 상당한 정도의 통제력을 지니는 것이다. 기업들이 표준화된(동질적인) 상품을 생산하는지 또는 차별화된 제품을 생산하는지에 따라 동질적 과점(homogeneous oligopoly)일 수도 있고, 차별화된 과점(differentiatied oligopoly)일 수도 있다. 과점시장의 가장 큰 특징은 전략적 행위(strategic behavior)와 상호의존성(mutual interdependence)이다. 전략적 행위는 다른 행위자의 반응을 고려하면서 자신의 이익을 추구하는 행위를 의미한다. 그리고 개별 기업의 이윤의 크기가 자신의 가격 및 판매 전략만이 아니라 경쟁사의 전략에도 의존하게 되는 상황을 상호의존성이라고 한다.

1.3 독과점적 기업행태 분석

지금부터는 산업에서 독과점적 기업의 행태를 살펴봄으로써 성과를 분석하고자 한다. 여기서는 독과점적[2] 기업이 사용하는 가격차별, 재판매가격 유지, 약탈가격 설정, 끼워팔기, 교차보조 등의 기업행동 형태를 확인해보고 그 효과에 대한 정부의 개입 여부를 논의해보고자 한다.

1.3.1 가격차별(price discrimination)

가격차별은 생산비가 같은 재화에 대해 누가, 언제, 얼마나, 어디서 구입하는가에 따라 기업이 다른 가격을 부과하는 것을 말한다. 같은 상품이라도 소비자에 따라 혹은 판매지역에 따라 그 가격이 달라지기도 한다. 예를 들어 우리가 쉽게 알 수 있는 현대자동차의 경우 우리나라에서 판매되는 가격과 미국이나 유럽 등지에서 판매되는 가격이 다르다. 그리고 영화를 볼 때 아침에 보는 조조할인된 가격과 저녁에 보는 가격도 차이가 난다. 이런 가격차별은 시장에서 어느 정도의 독점력을 가진 사업자에 의해 발휘된다. 즉, 가격차별은 완전경쟁시장이 아니기 때문에 발생되는 것으로, 독점적 사업자의 행동에 의한 시장구조의 변화를 가져오게 하는 유인이 된다.

1) 가격차별의 전제조건

판매자가 소비자에 대해 가격차별화를 실시하기 위해서 적어도 3가지의 조건을 만족시켜야 한다. 첫째, 완전경쟁시장에서의 조건인 다수의 공급자와 다수의 소비자가 아니라 소수의 공급자와 다수의 소비자가 전제되어야 한다. 즉, 이는 당연히 가격에 대한 통제권을 기업이 가지고 있음을 말한다. 왜냐하면 다수의 공급자와 소비자가 존재하게 되면 가격순응자(price taker)에

---

2. 보다 논의의 전개를 쉽게 하기 위해 독과점 기업은 독점기업을 우선적으로 생각하고, 복합기업, 과점형태의 기업 등을 모두 포괄하는 개념이다.

불과하기 때문에, 그 어떤 판매자도 가격차별을 실시하지 못한다. 둘째, 제품에 대한 수요의 가격탄력성을 그룹화할 수 있어야 한다. 만약 한 제품에 대해 소비자의 가격탄력성이 모두 같다면 가격차별화의 유인이 사라지기 때문이다. 반대로 한 제품에 대한 수요의 가격탄력성이 소비자별로 그룹화될 수 있다면 그룹별로 서로 다른 가격을 제공하여 생산자의 잉여를 높일 수 있기 때문이다. 마지막으로, 서로 다른 탄력성을 가지는 그룹에 제공되는 가격차별에 대한 중간 판매의 기회는 없어야 된다. 이는 낮은 가격으로 판매되는 제품을 구입하여 높은 가격으로 제품을 사는 곳에서 파는 행위가 제한되어야 한다는 것이다. 예를 들어 자동차가 미국과 한국에서 서로 다른 가격에 판매되더라도 중간 판매의 기회가 없기 때문에 가격차별화를 실시할 수 있는 것이다.

2) 가격차별화의 유형[3]

① 완벽한 가격차별(perfect price discrimination)[4]

공급자가 모든 소비자의 개별적인 최대지불용의를 완전하게 파악하고 있을 경우에 한해 공급자가 소비자에게 최대지불용의가격을 부과하는 것을 완벽한 가격차별이라고 한다. 이는 한 제품에 대해 소비자의 수요 가격탄력성이 다르기 때문에 그룹화될 수 없고, 따라서 공급자는 각기 다른 가격을 부과할 수 있는 것이다. 〈그림 8-3〉에서 독점기업이 일정한 가격($P_0 > MC = MR$)에서 공급수준 Q_0만큼 제공하고 있었다고 가정하자. 위의 상황을 기업이 인식하면 이 기업은 각 소비자들에게 차등된 가격으로 물건을 판매할 것이다. 이는 $P = MC$가 되는 점까지 차등가격을 부여한다. 쉽게 말해, 그림 안의 점선이 무수히 많다고 생각하면 각 생산량에 대한 가격을 차등하여 소비자에

---

3. 가격차별화를 완벽한(1단계) 가격차별, 2단계 가격차별, 3단계 가격차별로 구분하는 것은 A.C. Pigou에 의해 처음으로 분류되었다. 자세한 내용은 A.C. Pigou, *The Economics of Welfare*, London 참조.

4. L. Pepall이나 D. J. Richards에 의해 간단한 가격(two-part tariff)모형으로도 설명 가능하다. 보다 자세한 내용은 L. Pepall, D. J. Richards and G. Norman, *Industry Organazation : Contemporary Theory and Practice*, South-Western College Publishing, 1999 참조.

그림 8-3

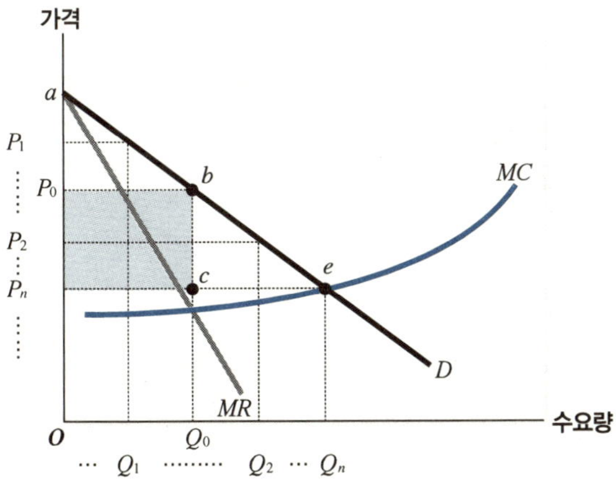

완벽한 가격차별의 효과

한 제품에 대해 소비자의 수요 가격탄력성이 다 다르기 때문에 그룹을 지을 수 없고, 따라서 공급자는 모두 각기 다른 가격을 부과할 수 있는 것이다.

게 판매한다고 쉽게 생각할 수 있다. 그렇다면 이 기업의 잉여는 어떻게 변할까? 완벽한 가격차별을 실시하지 않았을 경우 $\square P_0 bQ_0 O$가 생산자의 잉여분이 될 것이다. 그리고 사회적 후생손실이 발생한다. 그러나 가격차별을 실시하고 난 경우 단일가격 하에 소비자의 잉여부분을 모두 흡수할 수 있기 때문에 생산자잉여는 $\square P_0 bQ_0 O$에서 $\triangle aP_n e$로 늘어나게 된다. 그리고 $P = MC$가 되는 점까지 생산을 계속하기 때문에 사회적 후생손실은 없게 된다.

② 2단계 가격차별(second degree price discrimination)

완벽한 가격차별은 현실적으로 존재하지 않는다. 이는 기업이 대상 소비자의 가격탄력성을 모두 알아야 한다는 가정 하에 성립하기 때문이다. 그러나 현실세계에서는 기업이 소비자의 모든 정보를 알 수 없기 때문에 보다 현실적으로 접근된 2단계 가격차별에 대해 살펴보고자 한다. 2단계 가격차별은 완벽한 가격차별과 비슷하다. 하지만 소비자의 모든 정보를 알고 있다는 가정을 수정하여 그룹화할 수 있다고 가정함에 따라 그룹에 대한 생산량 수준과 그에 대한 가격을 차별할 수 있다. 보다 논의를 간단히 하기 위해 제품에 대한 지불용의가격을 가지는 소비자 그룹을 A, B라고 가정한다. 즉, 가

그림 8-4

2단계 가격차별의 효과

그룹의 수요량은 Q_0와 Q_1으로 놓을 수 있고, 그에 대한 가격은 P_0와 P_1으로 나타난다. A그룹은 Q_0만큼을 P_0의 가격으로 제공하고 B그룹은 Q_1만큼을 P_1의 가격으로 제공한다.

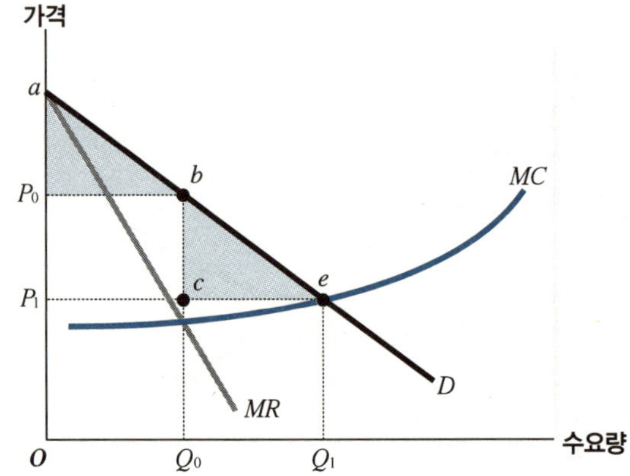

격차별을 하기 전의 독점가격 수준으로 구매하려는 그룹과, 기업이 $P=MC$ 수준까지 생산량을 늘릴 경우 기업의 이윤은 증가함을 아는 소비자의 그룹으로 나눌 수 있다. 〈그림 8-4〉에서 그룹의 수요량은 Q_0와 Q_1으로 놓을 수 있고, 그에 대한 가격은 P_0와 P_1으로 나타난다.

A그룹은 Q_0만큼을 P_0의 가격으로 제공하고 B그룹은 Q_1만큼을 P_1의 가격으로 제공한다. 그리고 그룹별 일정 가격수준에 맞게끔 제품을 제공하기 때문에 소비자의 잉여가 완벽한 가격차별과 달리 존재한다. 그 크기는 $\triangle aP_0b$와 $\triangle bce$의 면적에 해당된다. 반면, 기업은 완벽한 가격차별보다 잉여가 줄어든 $\square P_0bcP_1$의 면적만큼 된다.

그러나 가격차별이 실현되었기 때문에 완벽한 가격차별과 같이 생산수준이 Q_1으로 $P=MC$가 되어 자원이 효율적으로 배분되었음을 보여준다.

③ 3단계 가격차별(third degree price discrimination)

지금까지 본 완벽한 가격차별 및 2단계 가격차별은 동일 상품을 동일 시장에서 구매자의 경향에 따라 다른 가격을 부과했다고 볼 수 있다. 그러나 3단계 가격차별의 경우 소비자를 2개 이상의 다른 시장으로 완전히 분리시켜 놓고, 분리된 시장에 따라 각기 다른 가격을 부과하는 것을 말한다. 소비자들은 주로 나이, 소득수준, 노동수준, 거주지역 등에 따라 다른 시장으로 분리

된다. 이렇게 시장이 분리될 경우 시장에서 형성되는 수요곡선은 각기 다르게 나타난다. 왜냐하면 이 수요곡선은 제품에 대한 가격의 수요탄력성 역시 다르기 때문이다. 따라서 공급자 및 판매자는 각기 다른 가격을 책정함으로써 이윤을 증대시킬 수 있다.

여기서 기업은 각 시장에서 이윤극대화를 추구하게 될 것이다. 이 기업이 생산하여 공급하는 양이 정해져 있을 경우 이 기업은 어떤 방법으로 제품을 각 시장에 분배하여 총수입을 극대화시킬 수 있을까? 그 조건은 바로 각 시장의 한계수입을 일치시키는 것이다. 이를 식으로 표현하면 다음과 같다.

$$MR_A = MR_B \tag{8.1}$$

식 (8.1)에서의 조건이 성립하지 않으면 어떻게 될까? 만약 $MR_A > MR_B$가 될 경우 시장 B에서 제품을 빼내 시장 A에서 판매하면 총수입이 더욱 증가하게 된다. 반대로 $MR_A < MR_B$가 된다면 시장 A의 제품을 빼내서 시장 B에서 판매함으로써 총수입을 증가시킬 수 있게 된다. 이제 기업은 배분의 문제에서 생산의 문제에 직면한다. 즉, 얼마만큼을 생산해야 이윤을 극대화하는 조건이 되는지에 대해 생각하게 될 것이다. 결론적으로 기업의 이윤극대화 조건은 여기서도 그대로 적용된다. 정리하면, 한계수입과 한계비용이 같아지는 점에서 생산량을 결정할 때 이윤은 극대화할 수 있게 된다. 왜냐하면 한계수입보다 한계비용이 높은 경우는 생산을 한 단위씩 줄임에 따라 비용을 낮추고 그로 인해 상대적으로 한계수입이 상승함에 따라 이윤을 높일 수 있기 때문이다. 그리고 반대로 한계수입이 한계비용보다 높은 경우 생산을 높여 제품 1단위를 추가로 더 생산함으로써 이윤을 높일 수 있게 된다. 따라서 기업은 식 (8.2)와 같은 이윤극대화 조건을 가지게 된다.

$$MR_A = MR_B = MC \tag{8.2}$$

식 (8.2)를 만족하는 산출량과 두 시장의 배분 정도는 〈그림 8-5〉와 같이 나타날 수 있다. 시장 A와 B의 수요곡선은 가격탄력성이 다르기 때문에

그림 8-5

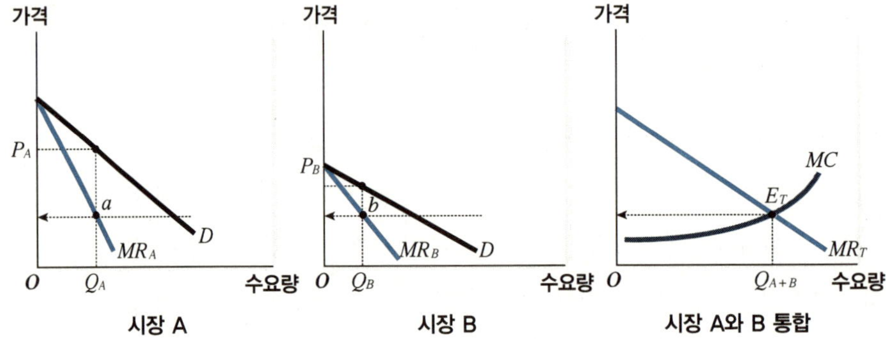

3단계 가격차별

시장 A와 B의 수요곡선은 가격탄력성이 다르기 때문에 서로 다른 기울기를 가진다. 이를 통해 서로 다른 한계수입곡선 MR_A와 MR_B를 구할 수 있다. 이 두 한계수입곡선을 수평으로 합하여 기업이 직면하는 한계수입곡선 MR_T를 도출할 수 있다.

서로 다른 기울기를 가진다. 이를 통해 서로 다른 한계수입곡선 MR_A와 MR_B를 구할 수 있다. 이 두 한계수입곡선을 수평으로 합하여 기업이 직면하는 한계수입곡선 MR_T를 도출할 수 있다. 그리고 그 기업의 한계비용곡선 MC와 만나는 점에서 이윤극대화점 E_T를 찾을 수 있다. 그리고 총산출량은 Q_{A+B}로서 A시장과 B시장으로 배분된다. 여기서 E_T점에서 수평으로 그은 선과 각 시장의 한계수입곡선이 만나는 점 a와 b에서 공급량 Q_A와 Q_B를 찾을 수 있고, 또한 가격 P_A와 P_B를 가진다. A시장에서는 P_A 가격으로 Q_A만큼 공급되고, B시장에서는 P_B의 가격으로 Q_B만큼 공급되어, 각기 다른 가격과 산출량으로 공급됨을 알 수 있다. 이와 같이 그래프를 통해 산출량의 결정 및 각 시장으로의 배분과정이 식 (8.2)를 만족함을 볼 수 있다.

한편, 시장 A의 가격이 시장 B에 비해 높다는 것을 알 수 있다. 이는 시장이 분리되는 것이 수요의 가격탄력성과 연관이 있음을 시사한다. 즉, A시장의 가격탄력성이 B보다 더 비탄력적이라는 것이다. 가격과 한계수입 사이에서 다음과 같은 식을 도출할 수 있다.

$$TR = P \times Q \tag{8.3}$$

$$MR = \frac{dTR}{dQ} = P + Q\frac{dP}{dQ} = P + P\frac{Q}{P} \times \frac{dP}{dQ} = P - \frac{P}{e}$$

단, $e = -\frac{dQ}{dP} \times \frac{P}{Q}$

식 (8.3)을 통해 $MR = P\left(1 - \frac{1}{e}\right)$로 나타낼 수 있고, 이를 식 (8.1)에 적용해보면 다음 식 (8.4)와 같이 나타낼 수 있다.

$$P_A\left(1 - \frac{1}{e_P^A}\right) = P_B\left(1 - \frac{1}{e_P^B}\right) \tag{8.4}$$

따라서 탄력성이 더 낮은 A시장이 B시장보다 당연히 가격이 더 높아야 함은 두말할 나위가 없다. 이와 유사한 시장을 예로 들어보면, 전화요금의 경우 수요탄력성이 높은 밤 시간보다 수요탄력성이 낮은 낮 시간이 더 높다. 그리고 극장 요금도 수요탄력성이 높은 아침 시간보다 수요탄력성이 낮은 저녁 시간이 더 높다. 이런 것들이 모두 3단계 가격차별화의 예에 해당한다고 볼 수 있다.

3) 가격차별화의 효과

가격차별화의 효과에 대해 자원의 효율성 측면과 소득재분배에 대한 측면으로 분석해보자. 우선 효율성 측면에서 독점기업이 $P > MC = MR$의 이윤극대화 조건에서 $P = MC = MR$의 조건으로 변화됨에 따라 완벽한 가격차별과 2단계 가격차별 모두 사회적 총후생이 증가됨을 알 수가 있다. 그러나 3단계의 가격차별의 경우 효율성의 효과는 애매모호하다. 즉, 3단계의 가격차별화가 획일적인 단일가격 책정 때보다 생산량을 증대시켜 자원의 효율적 배분을 달성한 것인지를 파악하는 것은 불가능하다. 이는 단일가격 설정으로 인해 그 가격에 대한 수요가 불충분하여 기업의 이윤이 보장되는 어떤 생산도 할 수 없을 경우, 3단계 가격차별을 실시하면 자원의 효율적 배분은 어느 정도 달성될 수 있기 때문이다. 예를 들면 소득수준이 낮은 시골마을에서 의사의 진료행위에 대한 단일적 가격획정이 이루어지면 소득수준이 낮은 주민들은 진찰을 받지 않을 것이고, 그로 인해 개업하는 의사가 없을 것이다. 그러나 그 마을에 소득수준이 높은 사람에게 높은 진료비를 받고, 그 이외의 사람에게 낮은 진료비를 받는다면 의사들은 그 마을에서 개업하려고 할 것이다.

한편, 소득재분배와 관련하여 차등하게 부여된 가격은 단일가격보다 공급 및 생산자로 하여금 더욱 높은 수준의 이윤을 얻게 된다. 즉, 앞에서 본 것처럼 소비자의 잉여분이 생산자에게로 이전됨에 따라 공급자에게 소득을 재분배시킨다. 그러나 이런 가격차별화가 좋은 것인지 나쁜 것인지는 다분히 주관적 가치판단의 문제이며 일반적인 의견일치를 얻을 수 있는 문제는 아니다. 다수의 경제학자들은 가격차별화로 인해 증가된 독점기업의 이윤이 일반 대중으로 재분배되어야 사회후생이 증대된 것이라고 본다. 즉, 3단계 가격차별화의 경우 수요탄력성이 낮고 가격이 높은 시장에 존재하는 고소득자에게서, 수요탄력성이 높고 가격이 낮은 시장에 존재하는 저소득층으로 소득재분배가 일어나기 때문에 가격차별화는 사회후생을 증대시킨다고 한다.[5]

이런 가격차별화의 효과는 자연독점의 규제에 관해서도 시사점을 제공한다. 만약 정부가 자연독점기업에 대한 가격규제를 할 경우 기업의 손실부분은 정부의 보조금을 통해 메꾸어 줄 수밖에 없다. 이는 조세부담을 증가시키고, 결국 사회적 총후생은 감소하게 된다. 만약 이 기업이 가격차별화를 실시할 경우 정부의 보조가 없이도 초과이윤 획득 및 자원의 효율적 배분이 가능하게 된다.

〈그림 8-6〉의 경우 높은 가격에서도 지불용의가 있는 사람에게 높은 가격을 받고, 낮은 가격에 지불용의가 있는 사람에게 낮은 가격을 받는다. 이로써 기업은 초과이윤을 달성하고 최적생산을 이룰 수 있으며, 자원의 효율적 배분 또한 달성 가능해진다. 즉, 〈그림 8-6〉에서 보면 회색으로 색칠된 자연독점기업의 손실부분을 청색으로 색칠된 초과이윤으로 상쇄하고도 초과이윤을 보전 가능하게 된다. 따라서 가격차별화는 생산량을 확장시켜 자원의 효율적 배분을 개선시킨다. 그렇다면 이런 가격차별화는 시장의 경쟁

---

5. Joan Robinson, *The Economics of Imperfect Competition*, London : Macmillan, 1993, p.204.

그림 8-6

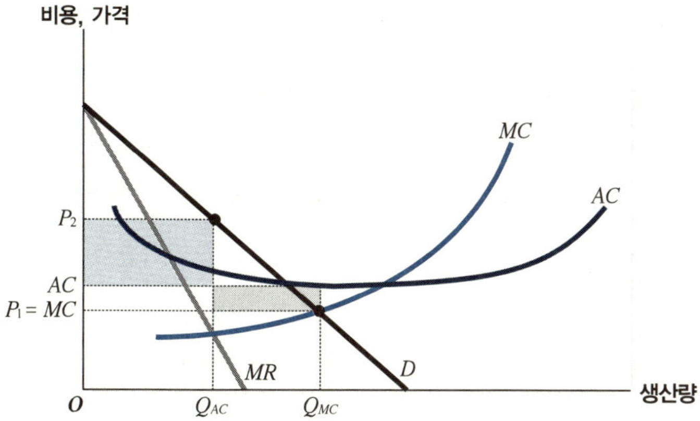

자연독점기업의 가격차별화

높은 가격에서도 지불용의가 있는 사람에게 높은 가격을 받고, 낮은 가격에 지불용의가 있는 사람에게 낮은 가격을 받는다. 이로써 기업은 초과이윤을 달성하고 최적생산을 이룰 수 있으며, 자원의 효율적 배분 또한 달성 가능해진다.

구조를 변화시키는가? 이는 독점기업이 가지는 행태에 따라 달라진다. 이런 행태는 주로 시장경쟁을 위축시키는 경향이 강하게 나타난다. 왜냐하면 기업은 시장구조가 독점적이 될수록 자신의 이윤극대화에 유리한 입장에 설 수 있기 때문이다.

시장지배력을 가지는 사업자는 재판매가격 유지, 판매지역 제한, 배타적 거래, 총괄구매계약, 끼워팔기, 약탈가격 책정, 교차보조, 상호구매 등의 행태를 보인다. 이를 통해 과점기업은 독점기업화하거나 독점기업은 지위확보를 한다. 따라서 정부는 기업의 행태로 인해 발생되는 시장의 불공정거래 행위에 대한 규제가 필요한 것이다.

1.3.2 약탈가격 책정

약탈가격 책정은 어느 한 시장에서 시장지배력이 높은 독점적 지위자의 경우 잠재적인 기업이 시장에 들어올 가능성을 배제시키기 위해 사용되는 독점기업 행태의 일부이다. 이는 독점력이 높은 기업이 일반적으로 자금력[6]에

6. 충분한 자금가설(deep pocket hypothesis)이라고 불리며, 보다 자세한 내용은 Corwin D. Edwards, "Conglomerate bigness as a source of power", in the National Bureau of

서 우위에 있기 때문에 생산비용보다 낮은 가격으로 시장에 제공함으로써 잠재기업을 배제시키는 방법이다.[7] 즉, 독점기업이 잠재기업의 생산비 혹은 자신의 생산비보다 낮은 가격으로 제품을 공급함으로써 그 시장에 진입을 금지시키거나 잔존하는 소규모 기업으로 하여금 이탈하게 하는 효과를 가져온다. 그 후에는 자신이 독점력을 높임으로써 시장에서 지위를 확보함에 목적을 둔다. 물론 단기적으로 생산비 이하로 제품을 공급함에 따라 독점기업의 손실이 발생할 수도 있으나 독점력이 생긴 후에 장기적으로 가격을 상승시켜 초과이윤 확보를 통한 이윤을 높일 수 있다. 만약 이 기업이 장기적으로 약탈가격 책정을 통해 손실이 발생할 경우, 이 기업은 다른 산업이나 지역에서 벌어들이는 이윤으로 보정해야 지탱할 수 있다. 예를 들면 복합기업에서 문제시되는 교차보조가 이에 해당된다고 할 수 있다.

〈그림 8-7〉을 보면 독점기업이 직면한 수요곡선은 D이고 한계수입과 한계비용은 각각 MR_D와 MC_D이다. 원래 이 기업은 P_m가격에 Q_m만큼을 공급해야 한다. 여기서 독점기업 이외에 이 산업에 존재하는 기업 혹은 잠재적으로 진입 가능한 기업은 최저 P^*의 가격을 받아야 하지만 독점기업이 P_m이 아닌 P_1가격으로 제품을 제공함에 따라 기업이 퇴출되게 하거나 진입을 못하게 하는 효과를 준다.

이러한 약탈가격 책정을 행사한 기업 중 가장 유명한 경우를 소개하도록 하겠다. 미국의 스탠더드오일(Standard Oil)은 1870년과 1899년 사이에 미국 정유산업의 시장점유율을 90%나 차지하는 대규모 복합기업이었다. 이 회사는 자신과 경쟁을 하고 있는 지역에는 매우 낮은 가격을 부과함으로써 경쟁상대의 기업으로 하여금 퇴출하도록 하였고, 반면 경쟁자가 없는 지역의 경우 높은 독점가격을 책정하였다. 경쟁자가 없는 지역에서 발생하는 독점이윤을 약탈가격 책정지역에 보조함으로써 약탈가격 책정을 경쟁기업들이 퇴출되거나 합병을 요구할 때까지 계속하였다. 기업이 이러한 약탈가격 책정을 쓰게 되는 유인으로는 과시효과(demonstration effect)가 있는데, 이는

Economic Research Conference Report, *Business concentration and price policy*, Princeton : Princeton University Press, 1995를 참조하라.

7. 이를 과점기업으로 확대하면 진입봉쇄 전략과 같은 맥락으로 생각할 수도 있을 것이다.

그림 8-7

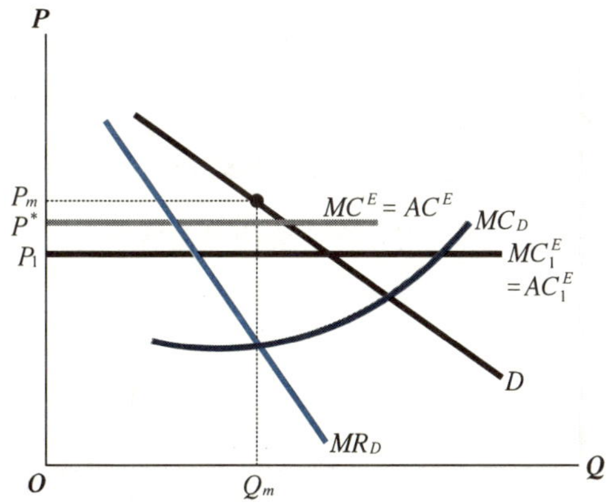

약탈가격 책정

독점기업이 직면한 수요곡선은 D이고 한계수입과 한계비용은 각각 MR_D와 MC_D이다. 원래 이 기업은 P_m가격에 Q_m만큼 공급해야 한다. 여기서 독점기업 이외에 이 산업에 존재하는 기업 혹은 잠재적으로 진입 가능한 기업은 최저 P^*의 가격을 받아야 하지만 독점기업이 P_m이 아닌 P_1가격으로 제품을 제공함에 따라 기업이 퇴출되게 하거나 진입을 못하게 하는 효과를 준다.

약탈가격 책정으로 인해 다른 시장의 기업들로 하여금 신중한 행동을 하게 한다. 이는 앞에서 설명했듯이 기존 기업을 퇴출시키고 진입예정 기업의 진입을 금지시키는 효과 이외에, 이 기업이 복합기업으로서 타 시장에서 약탈가격책정을 할 가능성을 보여줌으로써 다른 시장에 상존하는 기업들이 선불리 공격적 시장행위를 하지 못하도록 하는 방지효과도 발휘한다.

1.3.3 교차보조(Cross-subsidizing)

교차보조는 약탈가격 책정을 하는 시장을 비롯하여 복합기업에게 있어서 타 산업에 비해 이윤이 시원찮은 경우에 독점이윤이 보장되는 산업으로 하여금 보조를 하는 행위를 말한다. 즉, 한 업종의 판매수입이 그 상품의 생산비에 미치지 못할 경우에 발생되는 손실분에 대해 다른 업종의 초과이윤으로부터 보조해주는 것을 말한다. 따라서 교차보조는 한 산업에서 독점적 위치를 점하면서 동시에 여러 산업에 다각화되어 있는 복합기업에게만 해당된다. 이런 복합기업은 교차보조를 하더라도 다각화된 산업에서 발생하는 손해와 이윤을 비교하면 손해가 작다. 예를 들어보면 우리나라의 경우 통신회사들이 초기에 저렴한 가격으로 3G서비스를 제공하면서 그 손실분을 타 계열사로부터 보조받은 경우를 들 수 있다.

이런 교차보조는 두 가지 가능성에 대해 서로 다른 효과를 가지게 한다. 만약 교차보조되는 시장에서 시장점유율이 높은 독점력을 가지고 있다면, 보조를 통해 자신의 지위를 고수함으로써 시장을 보다 비경쟁적으로 변화시킨다. 반면, 복합기업이 새로운 시장에 진출하거나 혹은 치열한 경쟁이 존재하는 시장에 이미 투입된 경우, 즉 매우 낮은 점유율을 가지고 있는 경우에는 교차보조를 통해 오히려 시장을 경쟁적으로 만들 수 있다. 이런 교차보조는 손해를 보는 산업으로 초과이윤이 이동함으로써 교차보조를 받는 상품에는 자원이 과잉 배분되고 교차보조를 하는 상품에는 자원이 과소 배분되는 비효율성을 가져올 수도 있다.

1.3.4 상호구매(reciprocal buying)

상호구매는 복합기업이 생산하기 위해 사들이는 원재료를 파는 기업에게 자신의 생산품 중의 일부를 구매하게 하는 행위를 말한다. 따라서 기업 간에 서로 구매자가 되거나 판매자가 될 수 있다. 예를 들어 A기업이 a_1을 생산하기 위해 B기업의 b_1이라는 원자재를 필요로 한다. 그리고 기업 B는 b_2를 생산하기 위해 A기업의 a_2라는 원자재를 필요로 한다. 따라서 기업 A는 기업 B로 하여금 자신의 a_2에 대해 구매해줄 것을 요구할 수 있다. 이렇게 협의된 구매를 상호구매라 한다. 특히 여러 업종에 관여하고 있는 대규모적인 복합기업의 경우 이런 상호구매의 전략을 활용할 가능성이 높다.

상호구매가 발생될 수 있는 환경적인 조건은 다음과 같다. 첫째로, 복합기업들이 시장별 과점구조를 형성하고 있어야 한다. 그리고 가격경쟁이 한계에 도달하여 비가격경쟁이 치열한 시장이어야 한다. 이들에게 가격경쟁은 더 이상 무의미하여 원자재 구입을 위해 상호구매를 활용함으로써 생산단가를 낮출 수 있기 때문이다. 둘째로, 생산자들이 초과설비를 가지고 있고, 이를 가동시키기 위해 비가격경쟁을 통해 더 많은 주문량을 얻어낼 필요가 있다. 불황일 때 유휴설비가 많아지는 것처럼 호황일 경우 상호구매는 더욱 줄어들게 된다. 셋째로, 기업 간에 상호보완적 거래가 있어야 한다. 즉, A기업은 B기업에게 판매하는 상품이 있고, B기업 또한 A기업에게 판매하는 상품이 있어야 함을 말한다. 마지막으로, 동일 시장에서 기업의 규모가 비대칭적일수록 상호구매가 일어날 가능성이 높다. 대규모 복합기업과 소규모의 전문기업이 존재할 경우 상호구매의 가능성이 높아진다.

이런 상호구매의 효과는 가격, 품질, 서비스 등의 모든 조건이 동일할 경우 판매량을 재분배하는 효과를 가진다. 따라서 배분의 효율성은 약화되지 않는다. 그러나 경우에 따라 상호구매는 문제를 발생시킨다. 만약 기업들이 상호구매에 대한 타성에 젖어 가격할인의 노력을 게을리 하게 되면 경쟁적인 가격결정이 이루어지지 않게 된다. 또한, 상호구매로 인해 가격이 최저가격보다 높게 정해지게 되면 가격의 기능에 왜곡을 일으켜 자원의 효율적 배분을 방해하고 사회후생은 감소하게 된다. 게다가 복합기업과 그 외의 기업들 간의 시장교섭력이 복합기업에 치우쳐 있다면 상호구매는 전문기업을 희생시켜 대규모 기업의 시장점유율을 더욱 증가시키고, 이로 인해 독점력이 상승하여 사회적 후생이 줄어들 가능성이 있다.

1.3.5 수직적 거래제한

수직적 거래제한이라 함은 제품이 생산되어 소비자에게 이전되는 과정에서 기업은 판매자와 판매자 간의 수평적 거래보다 판매자와 소비자 간의 수직적 거래에 제한을 두는 것이다. 이는 시장거래를 비경쟁적으로 만들어 독점력을 유지하려고 하는 데서 비롯한다. 서로의 이해관계를 달리하는 판매자와 구매자 간의 거래에서 판매자가 공급에 제한을 두게 되면 구매자는 불리할 수밖에 없어진다. 즉, 수직적 거래당사자들 중 어느 한쪽이 다른 한쪽에게 특정한 거래유형을 강요한다든지 당사자 간의 합의에 의해 특정 거래유형을 가질 때 이를 수직적 거래제한이라고 한다. 이런 수직적 거래제한은 보통 생산자와 유통업자 간에 일어나는 경우가 일반적이다. 수직적 거래제한이 이루어졌을 경우 최종소비자의 후생변화에 영향을 끼친다. 이런 수직적 거래제한으로는 재판매가격 유지, 판매지역 제한, 끼워팔기 등을 들 수 있다.

1) 재판매가격 유지(resale price maintenance)

대부분의 상품은 생산자로부터 최종소비자에 이르기까지 여러 유통구조를 거친다. 재판매는 상품이 생산자에서 유통업자에게 판매되고 난 뒤 다시 최종소비자에게 판매됨을 일컫는다. 이 과정에서 생산자가 미리 가격을 책정하여 유통업자에게 재판매에 대한 영향력을 행사하는 것을 재판매가격 유지라고 한다. 예를 들면 우리가 슈퍼에서 일상적으로 살 수 있는 물건들을 보면 가격이 정해져 있음을 볼 수 있다. 이는 생산과정에서 출하가격을 표시하는 것이 아닌 재판매가격을 생산자가 미리 정하여 표시함을 의미한다.

이런 재판매가격 유지가 실시되는 것은 생산업자가 각 판매단계의 가격을 미리 결정함으로써 각 판매단계에서 이루어질 수 있는 가격담합을 더욱 용이하게 해주는 담합 보조수단이 될 수 있다. 만약에 생산업자들이 담합에 참가하고 있으면서 재판매가격 유지를 실시하고 있을 경우, 재판매가격 유지 위반은 바로 생산자 담합협정을 위반한 것으로 포착되어 보복을 받게 되기 때문이다. 예를 들면 재판매가격 유지가 실시되고 있는 상황에서 특정 유통업자의 시장점유율이 증가하면 이것은 유통업자가 재판매가격 유지를 위반하고 할인판매의 행위를 하고 있다고 간주할 수 있다. 게다가 이러한 할인판매의 배경을 보면, 생산자로부터 담합가격 이하의 낮은 가격으로 유통업자가 공급받고 있다고 할 수 있다. 따라서 재판매가격 유지를 어기는 것이 포착되면 이것은 생산업자 간 담합협정을 어기는 행위로 간주할 수 있는 것이다.[8]

〈그림 8-8〉은 재판매가격 유지가 발생했을 경우 소비자의 후생변화를 보여준다. 먼저 생산자의 한계비용이 MC_M이고, P_0가격을 받고 유통업자에게 상품을 넘긴다. 상품을 P_0로 산 유통업자는 최종판매자에게 넘기기 위해 판촉비용을 $P_1 - P_0$만큼 소비하고 있기 때문에 이 유통업자는 정상이윤만 벌고 있는 셈이 된다. 그리고 상품시장에는 P_1의 가격으로 Q_1만큼 공급된다. 여

---

8. 그 외에 판매촉진가설이 있는데, 보다 자세한 내용은 Lester G. Telser, "Why sound manufactures want fair trade?", *Journal of Low & Economics*, Vol.3, 1960 참조.

그림 8-8

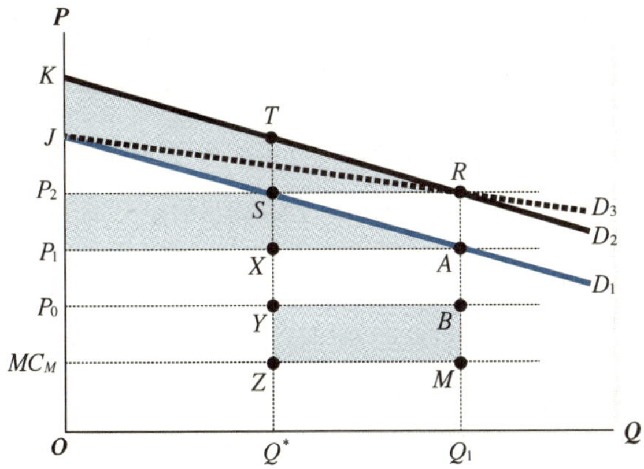

재판매가격의 후생효과

생산자의 한계비용이 MC_M이고, P_0가격을 받고 유통업자에게 상품을 넘긴다. 상품을 P_0로 산 유통업자는 최종판매자에게 넘기기 위해 판촉비용을 $P_1 - P_0$만큼 소비하고 있기 때문에 이 유통업자는 정상이윤만 벌고 있는 셈이 된다. 그리고 상품시장에는 P_1의 가격으로 Q_1만큼 공급된다.

기서 생산자는 □MC_MP_0BM만큼의 초과이윤을 벌게 된다. 그러나 만약 유통업자들로 하여금 판매촉진을 위해 재판매가격 유지를 실시하고자 한다. 그렇다면 생산자가 유통업자에게 초과이윤을 보장해주어야 하기 때문에 당초 유통업자가 P_1의 가격에서 제공하던 제품을 P_2로 재판매가격 유지를 해준다고 하자. 그렇게 되면 유통업자는 $P_2 - P_1$만큼의 초과이윤을 가질 수 있고, 이는 유통업자로 하여금 최종소비자에게 더욱 많은 판촉비용을 들여 제품을 팔려고 할 것이다.[9] 이로 인해 최종소비자의 수요가 변화하게 된다. 그리고 수요가 변화하는 정도에 따라 후생은 증가 혹은 감소, 그리고 중립적으로 변하게 된다. 그림에서 소비자 수요곡선이 D_1에서 우측으로 상승된 가격만큼 평행이동하게 되어 D_2가 되는 경우, D_2로의 이동에 따른 소비자잉여의 감소분 □P_2P_1AS와 증가분 □$JKRS$가 정확히 일치하기 때문에 후생중립적 재판매가격 유지라고 한다. 한편, 재판매가격 유지로 인해 유통업자의 판촉활동

9. 만약 재판매가격 유지가 시행되고 난 후에 유통업자가 최종소비자에게 특별한 서비스를 더 제공하지 않고 초과이윤을 그대로 받아들이게 되면, 공급량은 Q_1에서 Q^*로 줄어듦에 따라 생산자의 이윤 역시 □$YZMB$만큼 줄어들게 된다. 이 경우 생산자는 재판매가격 유지를 시행할 필요가 없음은 두말할 나위가 없다.

이 소비자의 가격에 대한 수요탄력성을 변화시켜 D_3로 이동하게 되면 소비자잉여 감소분 □P_2P_1AS가 잉여의 증가분 △JRS보다 크기 때문에 후생 감소 재판매가격 유지가 된다. 마지막으로, 그림에는 표시되어 있지 않으나 수요곡선이 상승된 가격분보다 더 크게 우측으로 이동할 경우 후생 증가 재판매가격 유지가 된다. 즉, 결과적으로 재판매가격 유지가 실시될 경우 소비자의 탄력성이 변화되는 정도와 가격 상승분만큼 이동하는가의 여부에 따라 후생 정도는 달라진다는 것이다.

이런 재판매가격 유지는 소비자로 하여금 획일화된 가격책정으로 인해 선택의 범위를 좁히고, 앞에서 본 바와 같이 상품의 가격을 상승시키며, 유통업자 간의 경쟁을 제한할 뿐 아니라 대체상품 사이의 경쟁도 제한할 수 있다.

2) 판매지역 제한(territorial restraint)

만약 생산업자가 유통업자의 영업에 공간적 제한을 두게 되는 경우에 수직적 판매제한이 된다. 판매지역 제한이 실시되면 동일 회사의 제품들은 같은 지역에서 경쟁하지 못한다. 이는 그 기업에 대한 지역 독점적 파워를 가지게 된다. 예를 들면 주류시장을 들 수 있다. 각 지역별 주류회사가 해당 지역에서만 판매 가능하기 때문에 지역독점력을 가지게 된다. 그러나 만약 그 지역에서 해당 상품을 생산하는 기업이 많을 경우 기업 간의 경쟁은 더욱 치열해진다. 그러나 특수한 경우인 대구도시가스와 같이 단일 품목에 단일 회사가 존재한다면 완전한 지역독점기업이 되어버린다.

한편, 판매지역 제한이 실시되는 이유로는 담합가설과 판매촉진가설이 그 바탕에 있다. 담합가설에 의하면 각 단계별 수평적 담합을 유지해주는 수단으로 사용될 수 있다는 것이다. 즉, 생산업자 간 혹은 유통업자 간 수평적 담합이 있을 수 있고, 이들 관계를 안정적으로 관리해주는 보조수단이 된다고 보는 것이다. 한편, 판매촉진가설에 의하면 유통업자들의 적극적인 판매활동은 새로운 시장수요를 창출하여 생산업자 또한 유리하기 때문에 실시한다는 것이다. 이런 판매촉진 활동은 유통업자로 하여금 비용을 지불하게 하고, 이는 제품의 가격을 상승시키는 요인이 된다. 그리고 과다한 판매촉진을 하는 경우 그렇지 않는 유통업자로 하여금 무임승차의 문제를 일으킨다. 예를 들어 컴퓨터의 경우 영업활동을 많이 하는 영업자에게 교육을 받은 소비자는 그보다 덜 활동하는 영업자가 제시하는 저렴한 가격의 컴퓨터를 구입할 수 있기 때문에 무임승차의 문제를 가진다고 보는 것이다. 그러나 각 유통업자 간 할당된 지역에서 사업활동을 하게 될 경우 무임승차의 문제가 발생하지 않게 된다. 그리고 이러한 판매촉진 활동은 더욱 증가하게 된다.

3) 끼워팔기(tying arrangement)

끼워팔기는 여러 상품을 생산하는 생산자가 판매를 할 때 한 상품을 판매하면서 다른 상품을 부수적으로 제공하거나 혹은 다른 상품을 보다 낮은 가격에 제공하는 것을 말한다. 예를 들면 마트에서 용량이 큰 우유에 작은 우유를 덤으로 붙여 판매하거나, 컴퓨터를 판매할 때 본체와 모니터 이외에 키보드나 마우스, 프린터기를 묶어서 판매하는 경우 등이 이에 해당한다고 볼 수 있다.[10] 이런 끼워팔기는 주상품과 종상품의 구분이 분명하고 종상품이 주상품에 끼워져 팔리기 때문에 끼워팔기라고 불린다. 그리고 판매자와 수직적 거래관계에 있는 구매자의 구매조건을 제약하는 거래계약이기 때문에 수직적 거래제한에 속하지만 앞의 경우와 달리 구매자가 유통업자가 아닌 최종소비자인 경우가 대부분이다. 이는 최종소비자로 하여금 원치 않는 상품까지 같이 구매를 할 수밖에 없다는 점에서 강제거래에 해당된다.

이런 연계판매를 실시하는 이유로는 다음과 같은 것이 있다. 먼저, 주상품과 종상품의 품질을 최대화시키기 위함이다. 예를 들어 복사기의 경우 가장 잘 복사할 수 있는 복사용지가 주상품과 종상품으로 묶여 있다면, 이는 주종상품의 품질을 최대화시킬 수 있는 것이다. 주종상품이 각각 판매되고 타회사제품과 연계될 시에 발생 가능한 품질 저하를 막기 위함인 것이다. 그리고 이런 품질 저하를 막기 위한 방편의 이면에는 비용절감의 효과를 노리는 경우가 있다. 만약 프린트기가 고장이 나서 고객서비스를 신청하여 점검자가 방문할 경우 이 방문자가 복사용지와 잉크를 배달해준다면 배달비용을 절감할 수 있는 것이다. 따라서 이 복사기 회사는 복사기에 복사지와 복사잉크

---

10. 엄밀히 말하면 끼워팔기와 묶어팔기는 다르지만 비슷한 개념으로 간주하겠다.

를 끼워팔기하는 형태를 취함으로써 경제성을 활용하려고 할 것이다.

다음으로, 주상품의 독점력이 있을 경우 이를 이용해 종상품의 판매량을 높이기 위함이다. 프린트기가 독점력을 가지고 있는 반면, 복사용지 산업은 경쟁적 환경에 놓여 있다면 끼워팔기를 이용하여 복사용지 산업의 독점력을 높일 수 있다. 그리고 독점력을 가진 기업이 가격차별화를 실시하기 위한 수단으로 사용이 가능하다는 것이다. 예를 들어 복사기가 절실히 필요한 사람과 그렇지 않은 사람을 구분하는 기준으로 복사용지 및 잉크를 끼워 팔아봄으로써 높은 가격에도 구매를 하는 사람에게는 복사기가 절실히 필요한 사람으로 인지하고 보다 높은 가격을 부여하고, 그렇지 않은 사람에게는 낮은 가격을 부여할 수 있기 때문이다. 이때 잉크 및 복사용지는 종상품으로서 복사기의 사용빈도를 측정하는 수단이 될 수 있다.

마지막으로, 끼워팔기는 정부의 가격규제를 피하기 위해 사용될 수 있다. 만약 주상품인 복사기가 독점 인정으로 인해 가격규제가 실시되고 있을 경우, 가격규제를 받지 않는 종상품인 복사용지나 잉크를 독점상품과 연계해 판매함으로써 주상품의 가격은 규제가격 이하로 낮추고 대신 종상품의 가격을 경쟁가격 이상으로 높게 측정할 수 있는 이점이 있다. 이때 판매자는 규제받는 주상품의 가격을 올리지 못하지만 규제를 받지 않는 종상품의 가격은 올릴 수 있기 때문에 정부의 가격규제를 교묘히 빠져나갈 수 있게 된다.

토의과제

01. 경제적 비용과 경제적 이윤의 정의와 도출방법에 대해 설명하시오.

02. 총비용의 구성요소에 대해 설명하고 각각의 비용에 대해 정의하시오.

03. 단기에서의 완전경쟁의 정의와 이윤극대화 과정을 2가지로 설명하시오.

04. 장기에서의 완전경쟁의 정의와 특징에 대해 설명하시오.

05. 순수독점에 대해 설명하고, 완전경쟁 상태와 비교, 설명하시오.

06. 순수독점 상태에서 기업의 이윤극대화 가격 및 생산량을 도출하는 과정에 대해 설명하시오.

07. 독점적 경쟁과 과점에 대해 각각 자세히 설명하시오.

08. 가격차별의 의의 및 시장에 미치는 파급효과가 무엇인지 설명하시오.

09. 가격차별의 전제조건 및 유형별 효과 및 경제적 시사점을 설명하시오.

10. 약탈가격 책정의 의의 및 시장에 미치는 효과를 설명하시오.

11. 교차보조의 의의 및 시장에 미치는 효과를 설명하시오.

12. 상호구매의 의의 및 시장에 미치는 효과를 설명하시오.

13. 재판매가격의 의의 및 시장에 미치는 효과를 설명하시오.

14. 판매지역 제한 및 끼워팔기의 경제적 시사점을 설명하시오.

핵심단어

생산비용	경제적 비용	명시적 비용
암묵적 비용	경제적 이윤	회계적 이윤
정상이윤	고정비용	가변비용
총비용	평균비용	평균고정비용
평균가변비용	평균총비용	한계비용
완전경쟁시장	손익분기점	순수독점
독점적 경쟁	과점	가격차별
완벽한 가격차별	2단계 가격차별	3단계 가격차별

약탈가격	과시효과	교차보조
상호구매	수직적 거래제한	재판매가격 유지
할인판매	판매지역 제한	끼워팔기
가격규제		

제2절 산업정책의 파급 메커니즘

2.1 산업정책의 의의

산업정책이란 정부가 산업의 생산활동에 직접적으로 개입하여 시장에 의한 자원배분에 영향을 주는 모든 행위로 정의된다. 이를 구체적으로 보면, 관세 · 금융 및 조세 등을 통하여 정부가 직접 시장에 개입하여 자원배분을 함으로써 경제성장과 국제경쟁력 강화를 추구하고, 동시에 규제 및 조정을 통하여 특정 산업의 생산 및 투자활동에 대해 개입하는 것이다. 이러한 정부의 직접적인 개입은 바로 시장실패를 보정하거나 동태적 비교우위를 확보하기 위한 전략적 정책체계를 의미하는 것이다. 이는 구조정책 혹은 조정정책, 그리고 산업전략 등의 용어와 혼용하여 사용하기도 한다. 특히 시장실패의 경우, 자원배분의 기능은 시장이 완전경쟁일 경우 소비자와 생산자로 이루어진 시장에 의해 자연스럽게 이루어진다. 이와 달리, 불완전경쟁으로 존재하는 시장이 대부분을 차지하고 있기 때문에 정부가 산업정책을 통해 적절한 규제와 감독을 행함으로써 사회적 후생을 증진하기 위함이다. 예를 들어 전기사업과 관련하여 이를 사적 기업에게 맡기면 독점기업으로서 가격을 올리고 전력생산량을 줄임으로써 이윤극대화를 추구하게 될 것이다. 그러나 전기는 공공재 및 필수재적 성격으로서 사회적 총생산량을 높여 후생을 높여야 하는 것이다. 즉, 사적 기업의 이론으로는 설명되지 못하는 재화에 속한다. 이처럼 자원의 비효율적 배분을 원천적으로 봉쇄하기 위해, 그리고 시장실패를 방지하기 위해 산업정책을 사용하게 된다.

이러한 산업정책은 산업조직에 대한 연구에 의해 발전되어 왔다. 산업조직론은 각 산업에서 자유롭고 공정한 경쟁이 잘 이루어질 수 있는 조건이 무엇이며, 어떻게 이 조건을 달성할 것인가에 대해 분석하는 경제학의 한 분야이다. 여기에서는 산업별 시장구조 연구를 통해 시장성과를 살피는 연구자들을 하버드학파로 분류하며, 대표적인 학자로는 베인(J. S. Bain)이 있다. 그리고 기업의 행동에 의한 성과를 연구하는 부류를 시카고학파로 구분한다. 어떤 분석방법이든 간에 시장을 보다 경쟁적으로 만들기 위해 시장에 인위적인 힘을 가해주어야 한다고 설명한다.

2.2 산업정책의 배경

산업정책을 실시하게 되는 이론적 배경으로는 바로 시장실패를 들 수 있다. 시장실패가 발생하였다는 것은 시장에 존재하는 환경 및 생산구조, 시장구조 등에 의해 경쟁적 환경이 비경쟁적 환경으로 변화되어 자원이 비효율적으로 배분됨을 의미한다. 특히 이런 비효율적인 시장으로 변화하는 데 주로 큰 역할을 하는 것이 기업이기 때문에, 그에 대한 정부의 적절한 감독 및 규제를 통해 시장실패 정도를 완화하고자 하는 것이다. 완전경쟁의 성립을 방해하는 요소에 대해 살펴보자.

2.2.1 외부효과

외부효과(external effect)라 함은 경제활동에 따라 다른 사람에게 의도하지 않은 혜택이나 손해를 주면서도 그 대가를 지불하지 않는 것을 말하는데 외부성이라고도 한다. 즉, 시장의 테두리 안에서 존재하지 않고 시장의 테두리 밖에 머무르게 된 혜택이나 손해를 말하는 것으로, 이는 이로운 것과 해로운 것으로 나타난다. 생산활동이나 소비활동에서 이로운 외부효과를 외부경제(external economy)라고 하고, 해로운 외부효과를 외부불경제(external diseconomy)라고 한다. 이런 외부경제 및 불경제가 시장실패를 가져오는 이유는 보통 사회적으로 필요로 하는 양보다 더 많거나 적게 생산 및 소비되기 때문이다. 예를 들어 오염물질을 배출하는 기업이 있고 그 주위에 고기를 잡는 어부가 있다고 하자. 오염물질의 배출을 많이 할수록 기업의 이윤은 더욱 증가한다. 그러나 오염물질의 배출로 인해 주위의 고기를 잡는 어부는 어획량이 감소한다. 이에 따라 시장의 어떤 기능도 거치지 않고 손해가 발생하게 된다. 이러한 사정에 대해 기업이 어떤 제재도 받지 않는 경제환경에 놓여 있다면, 기업은 어부의 손해에 대해 어떤 대가도 지불할 필요가 없게 된다. 따라서 어떤 제재가 없는 경우 기업은 사회적으로 필요한 적정 수준의 오염배출보다 더 많은 오염을 배출할 유인을 가지게 된다. 반대로 독감예방접종의 경우를 보자. 독감예방을 위해 주사를 맞아야 하는 소비자는 그 주사를 맞을 수도 있고 맞지 않을 수도 있다. 많이 맞을수록 감기에 걸릴 확률이 낮아져 보다 나은 사회생활이 가능하게 될 것이다. 그러나 맞지 않더라도 사회생활이 가능하기 때문에 시간을 들여 맞으려고 하지 않을 것이다. 그래서 사회적으로 필요한 양보다 적게 생산되고 소비되기 때문에, 보조금을 통해 소비 및 생산량을 증가시키려고 하는 것이다.

이제 그래프를 통해서 외부경제 및 불경제에 대해 논의해보도록 하자. 그래프를 상정할 때 가로축을 생산량, 세로축을 가격이라고 하면 수요곡선은 소비자가 만족하는 효용 정도를 표시한 것으로서 편익에 해당할 수 있을 것이다. 더 정확히 표현하면 사적 한계편익(PMB : private marginal benefit)으로 대변된다. 왜냐하면 생산량 한 단위 변화에 따른 지불용의가격으로서 추가적으로 지불하고자 하는 가격으로 표현할 수 있기 때문이다. 또한, 개별 사적 한계편익에 외부경제에서 발생한 편익을 더한 것을 사회적 한계편익(SMB : social marginal benefit)이라 할 수 있다. 반면, 개별 기업이 가지는 공급량은 결국 공급할 때 드는 비용이 될 것이고, 이는 사적 한계비용(PMC : private marginal cost)이 된다. 마지막으로 사회 전체적으로 드는 비용은 사회적 한계비용(SMC : social marginal cost)으로 정의될 수 있다.

1) 외부경제와 피구의 보조금[11]

이제 외부경제에 대해 분석해보자. 외부경제에서는 사적 한계편익 수준

11. 외부경제의 발생은 생산과 소비측면에서 분석 가능하다. 대부분의 공공경제학에서 다루는 것이 생산에 대한 접근이기 때문에 여기서는 소비에 대한 접근법을 사용한 것이다. 서론에서 말한 바와 같이 예방접종과 같은 경우 이는 소비의 측면에서 해석이 가능하다는 점을 명

이 사회적 한계편익 수준보다 낮게 형성된다. 왜냐하면 이 사적 한계편익은 외부경제에서 나타나는 편익을 포함하고 있지 않기 때문이다. 따라서 사회적 한계편익은 사적 한계편익에 외부편익을 더한 것이 되어야 한다. 그리고 외부경제의 발생으로 인해 사적 한계비용이나 사회적 한계비용은 같게 된다. 개별 경제주체의 입장에서 사적 한계비용과 사적 한계편익이 만나는 점이 균형가격과 산출량을 결정한다. 그러나 이는 외부편익을 포함하는 것이 아니기에 그것을 포함한 사회적 한계편익과 사적 한계비용이 만나는 점에서 이루어져야 한다. 그 결과, 산출량은 증가하고 가격 또한 상승한다. 이 가격 상승 부분에 대해 정부가 보조금을 제공한다면, 자연스럽게 산출량을 사회 적정 수준으로 끌어올릴 수 있게 된다. 〈그림 8-9〉를 보면 보조금을 통해 사적 편익을 사회적 편익수준으로 끌어올림과 동시에 외부편익을 가격체계에 내부화함을 알 수 있다. 이를 피구의 보조금이라고 한다.

그림 8-9

외부경제와 피구의 보조금

보조금을 통해 사적 편익을 사회적 편익수준으로 끌어올림과 동시에 외부편익을 가격체계에 내부화시킴을 알 수 있다.

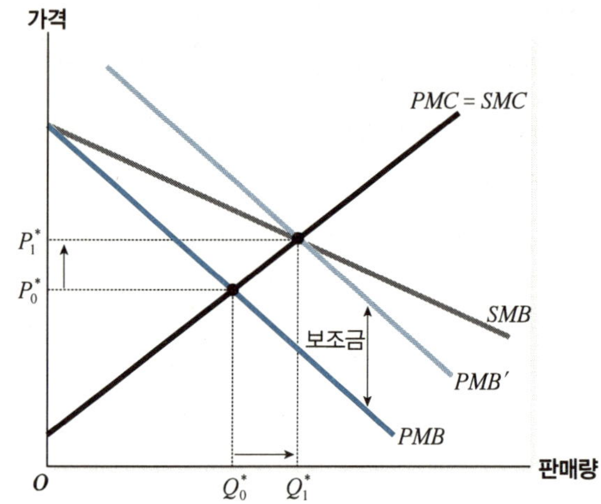

심하길 바란다. 반대로 공급의 측면이라고 한다면 양로원이나 고아원 등을 들 수 있겠다. 개인이 운영하기에 사적 한계비용이 사회적 한계비용보다 높기 때문에 공급량이 적을 수밖에 없다. 그래서 정부의 보조금을 통해 사적 한계비용을 사회적 한계비용 수준으로 떨어뜨려 공급량과 가격을 높일 수 있는 것이다. 이에 대한 그래프는 각자 그려보기 바란다.

2) 외부불경제와 피구의 조세

이제 외부불경제가 발생하는 경우를 살펴보자. 담배의 경우, 담배를 소비함으로써 느끼는 사적 편익보다 그 담배연기로 인해 발생하는 많은 사람들의 사회적 편익은 낮은 수준에서 형성될 수밖에 없다. 이럴 경우 정부는 세금을 통해 흡연자에게 가격 압박을 가하여 사회적 편익수준으로 낮출 수 있을 것이다. 〈그림 8-10〉에서 보는 바와 같이 사적 한계편익은 사회적 한계편익보다 높게 설정되어 있다. 사적 한계편익과 비용곡선이 만나는 점에서 초기 균형가격과 생산량이 나타난다. 이는 외부불경제에서 나타난 감소된 편익분을 포함하지 않기 때문에 사회적 한계편익과 비용곡선이 만나는 점에서 더욱이 낮은 산출량과 가격이 책정되어야 한다. 이를 적용해보면 담배에 조세를 부과함으로써 소비를 감소시킨다. 그에 따라 자연스럽게 수요가 줄어들게 되면 공급량도 줄어들고, 가격도 하락하는 메커니즘을 보여주는 것이다. 이는 외부경제와 마찬가지로 조세를 통해 외부효과를 내부화할 수 있음을 보여준다. 이를 피구의 조세라고 한다.

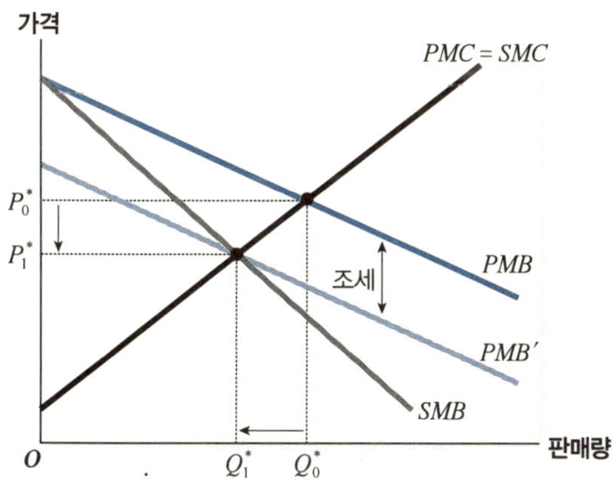

그림 8-10

외부불경제와 피구의 조세

사적 한계편익은 사회적 한계편익보다 높게 설정되어 있다. 사적 한계편익과 비용곡선이 만나는 점에서 초기 균형가격과 생산량이 나타난다.

3) 공유지의 비극

일반적으로 시장경제에서 재화의 수요는 그에 상응하는 대가를 지불해야 한다. 그리고 그 재화를 소유한 자는 재산권을 가진다. 재산권이란 어떤 자원의 사용에 대한 그 소유주의 배타적인 권리를 말한다. 대부분의 사적재화의 경우 이에 해당하지만 공공재화의 경우 재산권을 행사하지 못하는 것이 일반적이다. 일반적으로 재산권은 보편성, 배타성, 이전성, 강제성 등의 요건을 충족해야 한다. 보편성은 모든 자원이 보편적으로 사적 소유가 되어야 하고 그 소유권이 명확히 정립 가능해야 함을 의미한다. 배타성은 자원으로부터 발생되는 모든 편익과 비용은 그 소유자에게 돌아가야 함을 말한다. 다음으로 이전성은 자발적 합의에 의해 소유주 간 이전이 가능해야 한다는 것이다. 마지막으로 강제성이라 함은 다른 사람에 의한 침해로부터 재산권이 안전하게 보호되어야 하고, 침해에 대해서는 강제적인 조치를 가해야 한다는 것이다. 이런 재산권이 중요한 이유는 재산권이 없는 공공재 혹은 공유자원의 경우, 일반 사적 재화와 달리 경합성은 있지만 배제성이 없는 재화로서 문제가 될 수 있다. 예를 들어 목초지의 경우 공유자원으로서 방목을 할 때 원하는 사람 누구나 무료로 사용할 수 있으나, 그 공유자원의 소비에 있어서 경합성이 발생하게 된다. 즉, 한 사람이 공유자원을 사용하면 다른 사람이 제한을 받게 된다는 것이다.

결국 시장경제에서 재산권은 자원의 가치 하락이 소유자의 손실로 귀결됨에 따라, 소유자가 이를 방지하기 위해 그 자원을 효율적으로 사용하게 해준다. 그러나 재산권이 잘 정의되지 않은 공공재 및 공유자원의 경우, 자원이 비효율적으로 배분될 수 있음을 보여줄 수 있다. 앞에서 예를 든 목초지와 관련하여 재산권이 잘 정의되지 않은 재화에 대해 비효율적 자원배분의 가능성을 살펴보도록 하자.

공유자원의 형태로 존재하는 목초지의 경우, 목축업자들은 가축을 사육함에 있어서 그것을 자유롭게 사용할 수 있다. 그러나 이 목초지의 재산권이 잘 정의되어 있지 않기 때문에 사회적으로 적정한 수준보다 더 심하게 훼손될 수 있다. 즉, 가축을 기르는 데 있어서 더 많은 목초를 먹임으로써 양질의 가축을 기를 수 있기 때문이다. 이런 상황에서 목초지를 관리하는 데 드는 비

그림 8-11

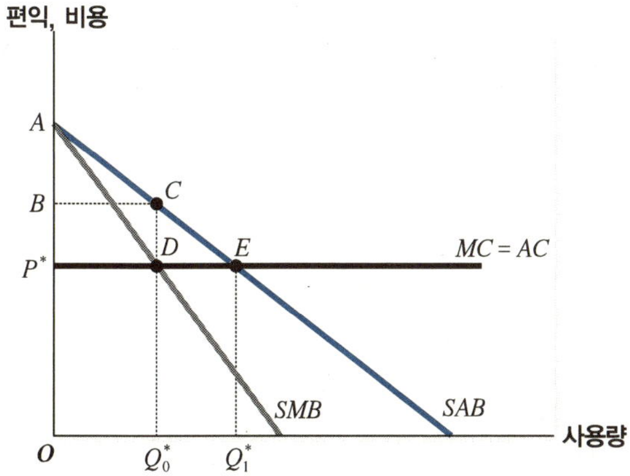

공유지의 비극
사회적 한계편익은 추가적으로 한 단위를 사용할 때마다 가축의 질이 향상되어 편익이 높아지지만, 반대로 목초지의 훼손에 따라 가축이 성장하는 정도가 줄어들게 되므로 우하향하는 곡선으로 나타난다.

용은 시간에 비례하기 때문에 평균적으로 일정한 비용을 가진다. 그러면 그에 대한 한계비용도 평균비용과 동일하게 나타나게 된다.

그리고 사회적 한계편익은 추가적으로 한 단위를 사용할 때마다 가축의 질이 향상되어 편익이 높아지지만, 반대로 목초지의 훼손에 따라 가축이 성장하는 정도가 줄어들게 되므로 우하향하는 곡선으로 나타난다. 따라서 사회적 평균편익곡선은 사회적 한계편익곡선보다 위에 놓이게 된다. 이를 그래프로 나타내면 〈그림 8-11〉과 같다.

이때 이 목초지의 사회적 최적 사용량은 사회적 한계편익과 사회적 한계비용이 일치하는 Q_0^*이다. 이때의 순편익은 □$BCDP^*$가 된다. 여기서 개별 목축업자는 편익이 비용을 넘어서 순편익이 존재하기 때문에 사회적 최적 수준인 Q_0^*를 넘어서 계속 사용하게 될 것이다. 만약 이 목초지에 재산권이 확립되어 있다면, 구역별 재산권을 가진 경제주체는 목초지 한 단위를 사용할 때마다 BP^*만큼 사용료를 받아 목초지의 최적 사용량인 Q_0^*를 유지하려고 할 것이다. 그로 인해 경제적 지대(순편익분) □$BCDP^*$만큼을 확보하게 될 것이다. 그러나 재산권의 미확립으로 경제적 지대까지 없애는 것을 공유지의 비극이라고 한다.

이런 공공재 및 공유자원에 대해 재산권이 적절하게 정의될 경우, 정부

그림 8-12

코오즈의 협상을 통한 외부성 제거

가로축은 오염배출량, 세로축은 오염배출행위에 대한 편익과 비용을 나타낸다. 한계편익은 오염이 배출됨에 따라 줄어들 것이고, 한계비용은 오염 증가에 따른 정화비용이 증가하기 때문에 증가함수의 형태를 띠게 된다.

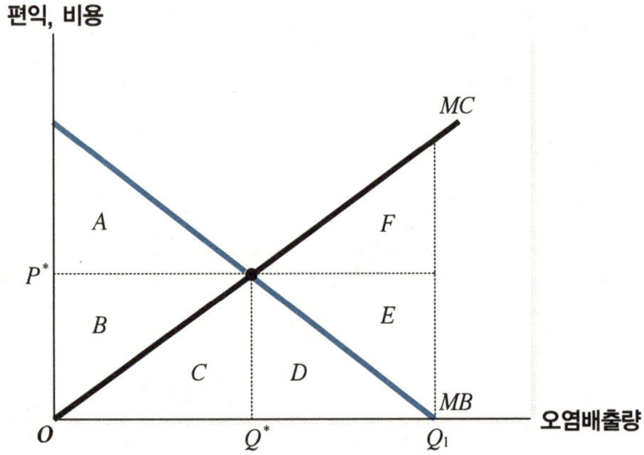

의 간섭 없이도 협상을 통해 적절히 외부성의 문제가 해결되고 효율적인 자원배분을 달성할 수 있다. 이를 코오즈(R. coase, 1960)의 정리라고 한다. 이런 재산권이 정의된 경우 협상을 통해 외부성을 어떻게 해결하는지 살펴보자. 먼저 오염물질을 배출하는 화학공장과 근방에 고기를 잡는 어부가 있다고 가정하자. 그리고 맑은 물에 대한 재산권이 누구에게 있든지 화학공장과 어부 간의 협상을 통해 어떻게 오염배출이 사회적 적정량 수준으로 이루어지는지 살펴보자. 〈그림 8-12〉를 보면 가로축은 오염배출량, 세로축은 오염배출행위에 대한 편익과 비용을 나타낸다. 한계편익은 오염이 배출됨에 따라 줄어들 것이고, 한계비용은 오염 증가에 따른 정화비용이 증가하기 때문에 증가함수의 형태를 띠게 될 것이다.

여기서 한계편익과 한계비용이 만나는 점에서 적정 오염배출 수준인 Q^*가 결정된다. 우선 화학공장이 물에 대한 재산권을 가지고 있다고 하면, 이는 곧 물을 오염시킬 수 있는 권리를 가지게 되는 것이다. 그러면 화학공장은 총편익을 극대화하기 위해 Q_1에서 생산하게 될 것이다. 이 경우 어부는 화학공장이 오염배출 수준을 Q_1에서 Q^*로 줄인다면 그 대가를 $(D+E+F)$만큼 지불할 용의가 있다. 그리고 화학공장은 Q_1에서 Q^*만큼으로 줄일 경우 D만큼의 보상을 원할 것이다. 따라서 양자 간에 협상을 통해 $(E+F)$만큼을 나누어 갖는다면, 어느 누구도 손해를 보지 않고 오염수준을 Q^*로 줄이는 것이 가능해진다. 결론적으로 앞에서 서술한 바와 같이 재산권이 어느 누구에게 있든 간에 협상을 통해 적정한 오염수준이 달성 가능해진다.

그러나 이러한 코오즈의 정리에도 문제점이 있다. 첫째로, 코오즈 정리가 성립하기 위한 전제조건 자체가 모순이라는 것이다. 즉, 비용과 편익에 대한 모든 정보를 협상 당사자들이 가지고 있어야 한다는 것이다. 이는 현실적으로 불가능하고, 어느 한쪽이 정보를 더욱 많이 가지고 있을 경우 이를 이용하여 더 많은 이익을 보려고 하기 때문이다. 둘째로, 협상비용이 무시할 정도로 적어야 한다는 것인데, 이 역시 실제로 협상의 과정에서 무시할 수 없을 정도의 비용이 들어가기 때문에 맹점으로 지적된다. 이렇듯 외부성을 피구의 조세 및 보조금을 통해 내부화하는 방법이 훨씬 효율적이기 때문에 정부의 정책수단으로 사용되고 시장실패를 방지한다는 의의를 가진다.

2.2.2 규모의 경제

규모의 경제라 함은 생산량, 공장규모 및 기업규모가 증가함에 따라 단위 생산비용이 감소하는 경제환경을 의미한다. 즉, 단위당 생산비가 가장 낮아지는 규모까지 규모의 경제가 나타난다. 예를 들어 컴퓨터를 1년에 100만 대 생산하는 규모까지 단위당 생산비가 계속 하락한다면, 컴퓨터 회사는 연 100만 대 생산규모까지 규모의 경제가 존재한다. 그리고 우리나라의 컴퓨터 수요가 200만 대라고 하고 참여기업이 4개라고 한다면 연 100만 대까지 규모의 경제가 존재하기 때문에 자연스럽게 2개의 기업만 있어도 된다. 이러한 규모의 경제는 시장구조의 중요한 결정요인이 되는데, 시장구조의 변화가 불완전경쟁을 유발하고 이것이 시장실패의 요인이 된다.

규모의 경제는 크게 두 가지로 나뉘는데, 기술적 규모의 경제와 금전적 규모의 경제이다. 기술적 규모의 경제는 상품, 공장, 기업기준 규모의 경제로 분류된다. 각각 생산량의 증가, 공장규모의 증가, 공장 수의 증가에 따라 평균 생산비의 감소를 가져온다. 생산단가의 하락으로 시장에 보다 싼 가격으로 공급할 수 있고, 이는 기업의 매출 증가를 가져온다. 그 결과 시장 점유율이 높아짐과 동시에 시장지배력이 생기게 된다. 그리고 금전적 규모의 경제는 자금조달 시 대기업의 경우 중소기업보다 더 낮은 이자를 지불하고, 더 많은 자금을 조달할 수 있기 때문에 발생한다. 대기업이 투자에 유리한 위치를 점유하고, 그로 인해 신제품 생산 등에 더욱 효율적으로 접근할 수 있게 함으로써 시장지배력을 가지게 된다. 이후 지배력을 이용하여 초기 평균비용을 만회하기 위해 가격 상승과 산출량을 제한하게 되면 후생은 감소하고 자원의 효율적 배분도 이루어지지 못하게 된다.

또한, 규모의 경제가 최대로 발휘될 수 있는 생산규모 중에서 가장 작은 생산규모를 최소효율규모(MES : minimum efficient scale)라 한다. 초기고정비용이 하락하는 산업에서 다수의 기업에 의한 생산보다는 한 기업이 생산할 때 생산비용이 최저가 된다. 자원의 효율적 배분의 측면 및 기업의 비용최소화를 통한 이윤극대화 측면에서 효율성이 극대화되기 때문에 자연스럽게 한 기업만 존재하게 되는 것이다. 〈그림 8-13〉에서 최소효율규모는 A점이다. 만약 A점을 만족하는 기업이 하나인데, 두 개의 기업이 존재하게 된다면, 두 기업은 각각 $\overline{OA}$ 사이의 어떤 점에서 생산하게 되며 생산비용은 기업이 하나일 때의 경우보다 더 높게 된다. 그리고 이를 규모에 대한 수확체증이 나타나는 구간이라고 할 수 있다. 한편, $\overline{AB}$의 구간은 규모에 대한 보수불변이 되고 B점 이후로는 규모의 비경제, 즉 규모의 수확체감이 나타난다. 규모의 비경제가 나타나는 이유는 단일 상품의 생산량을 계속 증가시킬 경우 일정 시점이 지나면 노동 혹은 자본의 한계생산성이 체감하기 때문이다. 이는 임금이나 지대의 상승을 유발하며 평균생산비에 영향을 미쳐 규모의 비경제를 유발하게 된다. 예를 들어 공장규모가 확장될수록 점점 더 먼 지역으로부터 노동자를 확보해야 하는 기업은 노동에 소요되는 임금에다 통근비용과 같은 암묵적 비용의 상승이 겹쳐 임금의 상승을 유발하게 되어 더 높은 임금을 지불해야 한다. 따라서 공장규모가 어느 범위를 넘어서서 더 확장될 경우 평균생산비는 증가하게 되고 규모의 비경제가 나타나게 된다.

그렇다면 이 규모의 경제에 대한 측정은 어떻게 할까? 먼저 생산비 접근법을 들 수가 있다. 생산비 접근법은 장기 평균비용곡선의 모양을 측정하여 규모의 경제를 파악하는 방법이다. 이 방법은 평균비용과 한계비용의 비율

그림 8-13

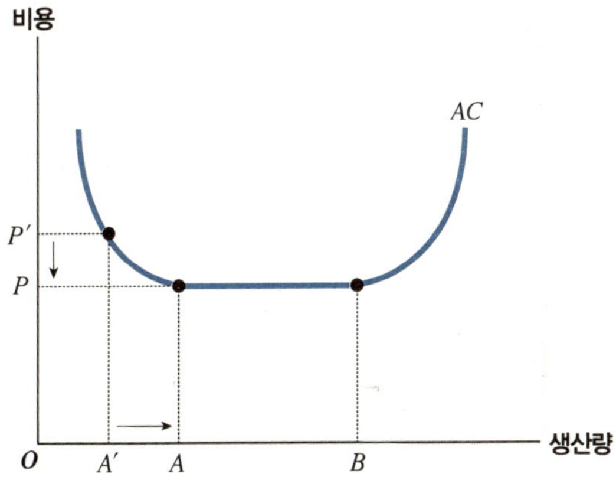

평균비용곡선과 규모의 경제

최소효율규모는 A점이다. 만약 A점을 만족하는 기업이 하나인데 두 개의 기업이 존재하게 된다면, 두 기업은 각각 $\overline{OA}$ 사이의 어떤 점에서 생산하게 되며 생산비용은 기업이 하나일 때의 경우보다 더 높게 된다.

을 S로 두고 그 크기를 확인하여 규모의 경제를 측정하는 방법이다. 〈그림 8-14〉에서와 같이 한계비용은 평균비용의 최저점을 통과하기 때문에 규모에 대한 보수가 어떤가에 따라 값은 달라진다. 여기서 규모의 경제가 발생함은 수확체증이 일어난다는 것이고, 또한 보수가 증가한다는 것은 평균비용이 한계비용보다 높은 경우를 말한다. 그렇게 되면 평균비용과 한계비용의 비

그림 8-14

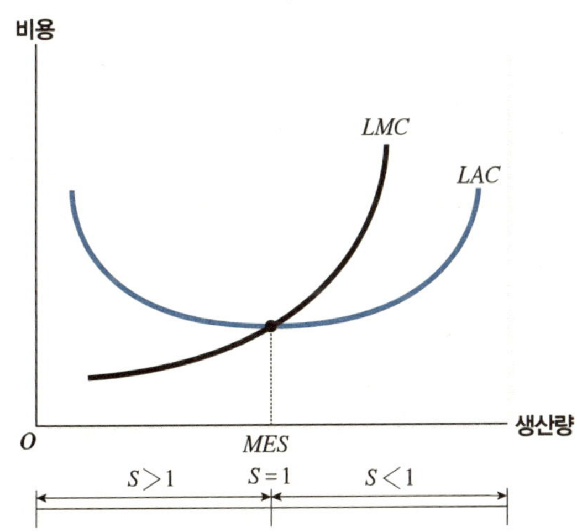

생산비 접근법에 의한 규모의 경제 측정

평균비용과 한계비용의 비율을 S로 두고 그 크기를 확인하여 규모의 경제를 측정하는 방법이다.

율인 S가 1보다 크게 된다. 그리고 규모에 대한 수확불변의 경우, 한계비용과 평균비용이 같아지는 지점이기 때문에 S는 1이 된다. 마지막으로 규모에 대한 수확이 체감하면 한계비용이 평균비용보다 높은 경우를 말하며, 이는 S가 1보다 작게 된다. 이 방법은 이론적으로 간단하지만 실제로 한계비용 및 평균비용을 측정하는 데 어려움이 따른다. 즉, 생산량과 단위당 생산 사이의 관계를 측정하기 위해 필요한 생산량, 생산요소의 사용량, 생산요소의 가격 등의 자료수집이 용이하지 못하다. 설사 수집이 되었다고 하더라도 그 자료의 신뢰성의 문제가 제시될 가능성이 있다.

또 다른 방법으로 조지 스티글러(George Stigler)(*The economies of scale*, 1968)에 의해 제안된 것으로 생존자 검정법이 있다. 이는 공장들을 규모별로 여러 단계로 분류하고, 그 중에서 어떤 규모의 기업이 가장 번창하는지 찾아보는 것이다. 생존 혹은 번창하는 기업은 적정 규모를 가진 기업이고, 그 반대의 기업은 적정 규모를 가지지 못한 기업이라고 보는 논리이다. 이런 방법을 통해 규모의 경제를 비롯하여 기업 및 산업 환경이 직면한 모든 문제를 포함했을 때, 생존 및 번창하는 적정 규모의 기업이 존재할 수 있다. 그러나 이는 시간의 흐름에 따라 생존의 유형이 변할 수 있다는 점을 내포하지 못한다. 뿐만 아니라 생존기업의 규모와 비생존기업의 규모를 구분하는 기준에도 주관적 견해가 상당히 내포되어 있기 때문에 분석자의 의도에 따라 다른 결과가 나타날 수 있다. 따라서 이 생존자 검정법은 다른 방법들을 보완하기 위해 사용되는 것이 적절하다.

이와 같은 유사한 산업의 예를 들어보면 사회간접자본 형성과 관련된 산업을 들 수 있다. 보통 상수도, 전기, 통신 등과 같이 초기고정자본 비용(설비투자 부문)이 과다하게 드는 사업은 다수의 사업자의 참여보다는 한 사업자의 형태를 취하면서(정부 주도 하 공기업 형태) 비용을 최소화한다. 이렇게 초기고정자본 비용이 과다하게 드는 점은 결국 하나의 진입장벽의 형태가 되고, 국내 시장규모에 비해 최소효율 생산규모 그 자체가 크면 해당 산업은 자연스럽게 독과점화된다. 또한, 시장의 선두 진입자는 초기고정자본 비용을 회수하기 위해 고정비용보다 높은 수준에서 높은 가격-적은 공급량을 결정할 가능성이 높고, 그로 인해 사회적 후생이 감소하는 결과가 초래된다. 그러나 이런 사회간접자본이 공공재 및 필수재적 성격으로 말미암아 정부의 가격규제, 수익률 규제 등을 통해 공급량을 늘리고 기업 손실부문을 보조금 형태로 지불하여 후생의 손실부문이 최소화되도록 하는 데 정부정책의 의의를 둔다.

2.2.3 진입장벽

시장실패를 유발하는 요소로 진입 및 퇴출장벽이 있다. 진입장벽의 경우 여러 가지 요인에 의해 생성된다. 첫째로, 앞에서 기술한 규모의 경제와 관련해 자연적 형성요인이 있다. 시장 선두진입자가 가지는 규모에 비해 작은 규모로 진입하려는 잠재기업은[12] 비용 측면에서 경쟁열위에 놓인다. 자연적으로 잠재기업의 진입을 제한하게 하는 요인이 작용하는 것이다. 이는 시장을 불완전경쟁으로 존재하게 하여 자원이 효율적으로 배분되지 못하게 한다. 둘째로, 제품 차별화에 의한 진입장벽이 생길 수 있다. 실질적 제품 차별화는 생산기술, 원료 등의 차별성에 기인하고 이미지 차별화는 소비자들의 상표에 대한 충성도에 기인하는 것으로 나타난다. 이런 기업의 제품 차별화에 의해 형성된 진입장벽은 기존 사업자로 하여금 시장 점유 및 지배력 차원에서 높은 경쟁적 우위를 확보 가능하게 한다. 셋째로, 생산비 조건에 의한 진입장벽을 들 수 있는데, 기존 기업이 그 시장에서 구축해 놓은 환경이 잠재기업 보다 낫기 때문에 자본조달이 용이하다거나 생산기술의 배타적 활용이 가능하다는 것이다. 특히 생산요소시장에서 장기적 공급계약에 의해 생산요소의 공급을 장기적으로 독점하고 있다면 잠재기업의 진입이 어려울 것이다. 그리고 신규기업의 진출로 인해 생산요소가격이 상승하게 되었을 경우, 신규진입기업은 많은 생산비를 부담하게 되어 진입에 대한 매력을 잃게 될 것이다. 이를 학습효과라고 한다. 기존의 기업이 오랜 기간 동안의 생산활동을 통해 터득한 경험, 지식, 노하우(know-how) 등에 의해 생산비를 낮출 수 있다면, 새롭게 시장에 진입하고자 하는 신규기업에 비해 유리한 입장에 서게 되어 단위 생산비용이 체감하게 되며 생산비 상에서 우위에 서게 되는 것을

12. 잠재기업이라 함은 현재는 그 산업에서 경쟁활동을 하고 있지 않지만 잠재적으로 그 산업에 진입할 가능성을 가지는 기업을 말한다.

가리킨다. 반면, 퇴출장벽의 경우, 매몰비용이 과다하게 드는 사업의 경우 기업이 퇴출 시 회수불가능 금액이 높아지게 되어 그것이 곧 진입장벽으로서의 역할을 하게 되는 것을 말한다. 예를 들어 초기자본비용(예 : 설비투자)이 과다하게 드는 산업의 경우 잠재기업이 산업에 뛰어들게 할 요인을 없애는 장벽의 역할을 한다. 뿐만 아니라 퇴출 시에 회수불가능한 매몰비용이 크기 때문에 시장 선두사업자나 독점사업자로 하여금 잠재기업과의 경쟁환경에서 우위를 가지게 하고, 그 산업의 경쟁 정도를 낮아지게 하고 결국 사회적 후생손실을 불러일으키게 하는 요인이 되는 것이다.

2.2.4 불완전성

불완전성에 대해 우리는 세 가지를 동시에 고려해야 한다. 이는 경쟁, 시장, 정보이다. 먼저, 불완전경쟁의 경우를 살펴보도록 하자. 시장실패는 자원이 효율적으로 분배되지 못하는 것이다. 다시 말해서, 자원이 효율적으로 분배되는 시장은 바로 완전경쟁시장이다. 완전경쟁시장에서는 수많은 소비자와 생산자가 존재한다. 따라서 이들은 모두 가격순응자(price-taker)로서 생산물의 조절을 통해 가격을 조정할 수 없을뿐더러, 가격은 추가적 한 단위 생산비용인 한계비용과 정확히 일치하여 효율적인 자원배분을 달성한다. 그러나 불완전경쟁시장에서는 생산자가 가격에 영향을 미칠 수 있다. 따라서 한계비용보다 가격을 높게 설정함으로 말미암아 사회적 후생이 감소하고, 이는 자원이 비효율적으로 배분됨을 보여주는 것이다. 이와 같이 불완전경쟁시장에서 정부의 역할은 공정거래법, 독과점 금지법 등을 통해 시장의 경쟁 정도를 높일 수 있도록 하는 것이다.

다음으로, 불완전시장을 들 수 있다. 완전경쟁시장이 효율적이기 위해서는 모든 재화에 대한 시장이 존재해야 한다. 몇몇 재화에 대한 시장이 존재하지 않게 되면 그 재화에 대한 가격이 형성될 수 없다. 가격이 성립되지 않음은 시장의 효율조건을 만족하지 못하게 된다. 물론 이때의 시장은 물질적으로 존재하는 시장을 떠나서 시간에 의한 불확실성, 불확실한 사건이 발생했거나 하지 않았을 때를 나타내는 모든 것을 포함한다. 즉, 불안정한 공급에 직면한 석유의 가격은 시간에 따라 달라지고, 호황과 불황에서의 임금이 서로 다름을 말한다. 전자는 선물시장이 필요할 것이고, 후자는 보험시장이 필요하게 된다. 이런 시장은 보통 존재하기 어려운데, 그 이유는 역선택(adverse selection)[13]과 도덕적 해이(moral hazard)[14] 때문이다. 이런 정보의 비대칭성으로 인해 발생되는 시장실패를 완화시키기 위해 정부는 정보공개 등의 수단을 사용한다. 예를 들면 금융실명제도나 부동산거래신고제도, 아파트 분양가 공개 등을 들 수 있겠다.

마지막으로, 불완전한 정보에 의한 시장실패이다. 완전경쟁시장에서는 존재하는 모든 사람들이 완전한 정보를 가지고 있다는 것을 가정한다. 그러나 현실에서 개인은 선택을 하기 위해 필요한 정보를 획득하는 데 많은 시간과 비용이 들고, 정보 자체를 구할 수 없는 경우도 있다. 이처럼 정보가 완전하지 않은 경우 비효율적 자원배분이 초래될 수 있다. 앞에서 설명한 바와 같이 시장이 존재하지 않기 때문에 발생될 정보의 비대칭성에 의해, 또는 이미 존재하는 시장에서 각 경제주체가 가지는 정보의 비대칭성에 의해 정보가 왜곡되고 소비자 및 생산자가 비효율적 자원배분이 된 상태에서 선택하게 됨으로써 사회적 총후생이 감소할 수밖에 없는 경로를 가지는 것이다. 예를 들면 중고차 시장, 보험시장, 증권시장에서의 내부자거래가 있다. 따라서 정보는 정부가 모든 사람에게 추가적인 비용 없이 비경합성, 비배제성을 가질 수 있는 공공재로서의 성격을 가질 수 있도록 해야 한다. 이를 위해 정부는 정보를 수집, 처리, 배포할 수 있으며, 또한 시장에서 과대광고를 규제하여 그릇된 정보로 인한 자원배분의 왜곡을 막을 수 있도록 해야 한다. 만약 광고로 인해

---

13. 자기에게 유리하게 하려고 상대편에게 불리한 것을 고르는 일. 공급자와 수요자가 갖고 있는 정보가 각각 다르기 때문에 발생하는 경제현상이다. 예를 들어 보험계약을 할 때 주로 보험금을 탈 가능성이 큰 사람이 자신에게 유리한 보험을 선택함으로써 보험회사의 편에서는 불리한 조건을 선택하게 되는 경우가 해당한다.

14. 보험계약자·피보험자 또는 보험수취인의 부주의·고의 등 도덕적 요소에 기인하는 보험사고의 발생률이 증대하거나 손해가 확대될 염려가 있는 위험으로서 모럴리스크(moral risk)라고도 하며 물적 위험(物的危險 : physical hazard)에 대응하는 말이다. 가령 화재보험 계약자 중에 방화(放火)한 전력자(前歷者)가 있거나 자동차보험 계약자 중에 사고 경력이 많은 자가 있을 경우에는 모럴해저드가 있다. 최근 보험 이용자 중에는 불건전한 이용자가 늘어나 모럴해저드가 증가하고 있다.

잘못된 정보를 그대로 의사결정에 반영하게 될 경우 어떻게 자원배분의 왜곡을 가져오는지 그래프로 살펴보자.

1) 위임의 오차[15]

제품의 잘못된 정보로 인해 의사결정을 하게 될 경우, 예를 들어 과대광고를 할 경우, 그 기업의 제품을 소비자가 그대로 인식하게 되어 더욱 많은 수요를 가져오게 한다. 따라서 〈그림 8-15〉에서 수요곡선이 우측으로 평행이동하게 되고, 그 제품의 가격이 P_0라고 한다면 수요량은 Q_0에서 Q_1으로 증가하게 된다. 이때 원래의 소비자의 잉여는 D곡선 아래의 면적이어야 하지만 D'으로 이동함에 따라 잉여수준이 더 커진 것처럼 보인다. 그러나 이는

그림 8-15

위임의 오차
수요곡선이 우측으로 평행이동하게 되고, 그 제품의 가격이 P_0라고 한다면 수요량은 Q_0에서 Q_1으로 증가하게 된다. 이때 원래의 소비자의 잉여는 D곡선 아래의 면적이어야 하지만 D'으로 이동함에 따라 잉여수준이 더 커진 것처럼 보인다.

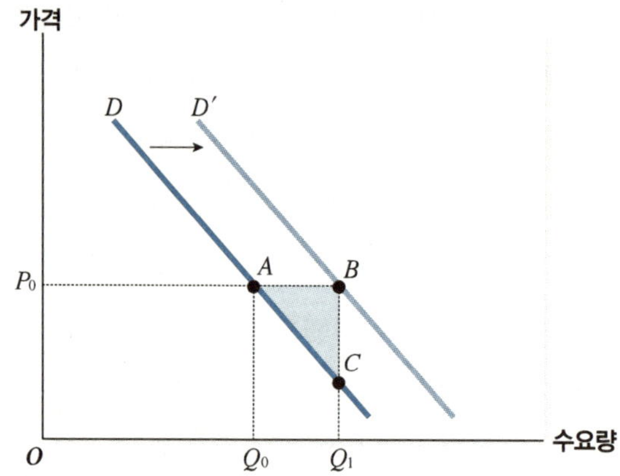

15. 광고는 정보를 제공하지만 광고를 통해 전달되는 정보는 소비자보다는 생산자에게 유리하게 편향되어 있는 경우가 많으며 소비자가 광고내용의 진실성을 파악하게 될 때는 이미 구매행위가 일어난 후이다. 만약 소비자가 어떤 제품에 대하여 실제 이상으로 높은 평가를 하고 구매하였다면 구매자의 평가는 물론 광고의 영향을 받은 것이며, 제품의 진실한 특성에 대하여 잘못된 정보를 전달받은 것이다. 이와 같이 광고로 인해 잘못된 정보를 가지고 소비자가 구매하게 되는 것을 위임의 오차 또는 구매착오라고 한다. 즉, 광고내용을 그대로 믿고 구매하였으나 실제 재화의 품질과 특성은 기대 이하인 경우이다. 따라서 구매착오는 부족한 또는 부정확한 정보를 바탕으로 이루어진 구매행위에서 비롯되며 특정한 재화에 자원을 과잉배분하게 만든다.

불완전정보로 인한 자원배분의 왜곡이 발생하여 커진 것이기에 자원의 과잉분배로 볼 수 있다. 따라서 정보의 왜곡으로 인해 구매함으로써 지불 가능한 비용인 □ABQ_1Q_0에서 실제정보를 받았더라도 감수하는 비용이 되는 □ACQ_1Q_0를 제외한 △ABC만큼이 후생손실분이라 할 수 있다.

2) 누락의 오차

위임의 오차와는 반대로 과소광고로 인해 정보가 누락되어 원래 구매량보다 적게 구매하게 되는 경우를 누락의 오차라고 한다. 이 역시, 광고가 제품의 정보를 완전하게 포함하여 소비자의 제품구매에 대한 의사결정이 합리적인 경우가 되지 않고 정보의 누락으로 인해 소비자의 제품구매에 대한 의사결정에 왜곡이 일어나는 경우가 되어 사회적 후생손실을 유발한다. 〈그림 8-16〉을 통해 얼마만큼의 후생손실을 가져오는지 살펴보자.

정보의 누락으로 인해 소비자는 완벽한 정보에 따른 의사결정 수준, 즉 원래의 수요곡선 D보다 적은 수요를 가지기 때문에 D'으로 좌측으로 평행이동하게 된다. 그로 인해 제품의 가격 P_0와 만나는 점에서 수요량 역시 Q_0에서 Q_1으로 감소하게 된다. 원래의 수요곡선 상에서 Q_1의 수요량을 가질 경우 지불용이한 비용인 □CBQ_0Q_1에서 실제정보를 받았을 때 부담할 수 있는 비

그림 8-16

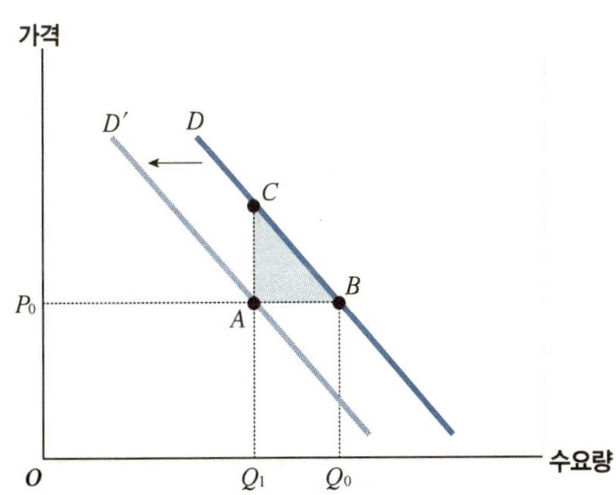

누락의 오차

정보의 누락으로 인해 소비자는 완벽한 정보에 따른 의사결정 수준, 즉 원래의 수요곡선 D보다 적은 수요를 가지기 때문에 D'으로 좌측으로 평행이동하게 된다. 그로 인해 제품의 가격 P_0와 만나는 점에서 수요량 역시 Q_0에서 Q_1으로 감소하게 된다.

용 □ABQ_0Q_1을 제한 △ABC만큼이 후생손실분이라고 할 수 있다.

2.3 산업정책의 수단

2.3.1 보조금

보조금은 정부가 재정에서 특정한 경제활동에 대해 일정 금액을 무상으로 지원해주는 것으로서 기술개발 지원, 수출촉진, 지역개발, 사양산업 지원, 고용안정 등의 목적을 지닌다. 1980년대의 경우 기술개발 지원과 수출촉진을 위해 사용했으나 1997년 외환위기 이후로 사양산업의 보호 혹은 고용안정, 그리고 지역균형개발 등을 위해 사용하고 있다. 특히 유치산업의 육성과 사양산업의 보호를 목적으로 사용되는 보조금은 생산요소가격에 영향을 미쳐 평균생산비용을 낮춘다. 따라서 이는 자국산업의 국제경쟁력 확보의 수단으로 사용된다. 그리고 사양산업에 대한 보조금은 사회적 구조조정비용을 어느 정도 줄이는 효과를 가진다. 그러나 이런 보조금의 정책수단은 그 원천이 세금으로 충당되기 때문에 미래세대로 부담을 전이시키는 부정적 영향을 가져온다. 그리고 보조금을 받는 해당 산업의 기업가로 하여금 구조조정이나 기술혁신을 위한 유인을 가지지 못하게 함으로써 지연의 결과를 가져온다. 게다가 지속적인 보조금 지급은 기업의 독창적인 투자활동을 둔화시킨다. 또한, 현실적으로 기업에 대한 지원은 반드시 정부개입을 수반한다.

2.3.2 환율적 수단

환율을 정책적 수단으로 쓰는 것은 환율의 변동이 수출과 수입에 상당한 영향을 미치기 때문이다. 실제로 환율의 변동은 자국의 통화가치가 실제가격 이하로 평가절하(과소평가)되거나 실제가격 이상으로 평가절상(과대평가)되면 산업의 국제경쟁과 수출에 영향을 미친다. 자국의 통화가치가 평가절하 혹은 과소평가가 될 경우 상대적으로 타국에 비해 저렴해진다는 것이다. 이는 동일 상품의 시장가치가 자국에서 더욱 저렴해지기 때문에 가격경쟁력이 발생한다. 타국에서는 자국에서 생산되는 동일 상품의 가격이 더욱 저렴하다는 것을 알고 있기 때문에 수입을 하여 마진을 남기려고 할 것이고, 이는 자국의 동일 상품에 대한 수출의 증가로 이어지게 되는 것이다. 반대로 평가절상 혹은 과대평가가 이루어지면 이는 자국의 통화가치가 타국에 비해 비싸진다. 따라서 타국에서 생산되는 동일 제품을 수입하여 마진을 남기려고 하기에 무역수지가 악화되는 결과로 이어진다.

우리나라의 경우 국가계획에 의해 경제발전을 급속도로 이룬 국가이자 동시에 부존자원이 부족하여 가공에 의한 무역을 통해 성장을 이룬 나라이기 때문에 환율에 영향을 많이 받았다. 그래서 환율안정을 위해 고정환율제도를 사용하였다. 그러나 환율을 고정시키기 위해서는 외환보유고가 일정 수준 이상으로 충분해야만 했다. 이러다 보니 외환을 관리 및 유지하기 위한 비용이 과다하게 발생하는 문제점을 갖게 되었다. 또한, 환율수준을 지속적으로 낮게 유지할 경우 산업구조조정이나 기술혁신, 그리고 생산성 향상을 위한 노력을 지연시킨다. 이런 여러 가지 문제점에 직면한 정부는 변동환율제도로의 변화를 꾀했다. 이는 외환보유고를 적게 유지해도 되는 장점이 있었으나, 환율의 변동이라는 외생적 충격을 방어할 수 있는, 즉 대처능력이 떨어지는 문제점이 있다. 이와 맞물려 개방화 압력에 의해 실물시장을 비롯한 금융시장을 개방하게 되었고, 단기로 외국자본을 빌려와 장기로 갚아나가야 하는 상황에서 변동환율제도는 악영향을 줄 요인이 충분하였다. 왜냐하면 장기에서는 환율의 변동 정도가 어느 정도인지 모를 뿐만 아니라 원-달러의 환율 상승이 크게 나타날 경우 지불해야 하는 금액이 기하급수적으로 증가하기 때문이다. 이로 인해 지불능력이 고갈되어 결국 외환위기를 맞이하게 되었던 것이다. 예를 들어 한 회사가 외국자본을 단기로 1억 원을 빌려왔다. 그때의 원-달러 환율이 1,000원이었다고 하자. 계산의 용이를 위해 이자는 없다고 하고 만약 환율이 1년 뒤 1,300원이 되었다고 하면, 이 회사가 지불해야 할 금액은 1억 3천만 원으로 이자비용을 제외하더라도 3천만 원의 손해를 볼 수밖에 없는 것이다. 만약 차입금이 200억 원이라면 60억 원의 손해를 보게 된다. 이러한 변동관리제도의 위험성을 인식한 우리나라 정부는 관리변동환율제도로 변화를 꾀하게 된 것이다. 이와 같은 환율제도의 변화는 환율이라는 외생적 충격에서 각 제도마다 자생적 방어능력이 어떤 부분에서든 무너지기 마련이었기 때문이다. 지금에 와서는 정부가 환율시장을 하나의 고유한 시장으로 보고 수요와 공급에 의해 결정이 가능하도록 맡기는 추세로 가고 있고, 이는 정부의 개입을 최소화하는 방향으로 나아가고 있다.

2.3.3 수요관리적 수단

정부 혹은 이에 준하는 공공기관이 제품의 구매자로서 수요관리 측면에서 산업정책을 실시하는 것을 말한다. 저개발 및 개도국의 경우 자본집약적 성향보다 노동집약적 성향이 강하게 나타난다. 이는 저렴한 임금수준으로 인해 선진국 등에서 사양산업으로 치부되는 산업이 저개발국에서는 유용하게 운용될 수 있는 여건을 제공한다. 이 과정에서 정부는 자본을 보다 효율적으로 사용하기 위해 몇몇 자국기업에게 강력한 지원을 하여 국가소득을 증대시키려고 한다. 그리고 정부는 사회간접자본의 형성을 위해 재정지출을 확대하는데, 이 과정에서 정부는 기업으로부터 구매를 해야 한다. 정부의 구매를 위해 공급하는 기업은 몇몇 기업으로 압축될 수밖에 없고, 자연적으로 그 기업은 지속적인 이윤확보 구조를 확립하기 위해 정부에게 강력한 로비를 하게 된다. 그로 인해 그 기업은 정부에게 공급하는 것을 일종의 보장된 시장으로 간주하고 독점화를 꾀한다. 그로 인해 불공정거래행위를 일삼으며 시장지배력을 유지하려고 하는 문제를 낳게 된다.

수요관리적 수단으로서 가격프리미엄제도가 있다. 이는 기술집약 상품의 개발을 지원하기 위해 정부가 제품을 구매할 때, 실제원가 이상의 프리미엄을 얹은 높은 가격으로 구매하는 것이다. 이는 제품 개발자가 신제품개발 초기에 부담해야 하는 자금 부담을 경감해주는 효과를 준다. 그러나 이런 수요관리적 수단과 관련해 '우루과이 라운드' 등을 거치면서 국제협정에 의해 국제적 경쟁제한이라고 판단하여, 이 협정에 가입한 국가는 산업정책의 한 수단으로서 상당한 의미를 상실하게 되었다.

2.3.4 입법적 수단

특정 산업을 육성하거나 산업구조조정을 원활하게 하기 위해 임시조치법 등의 특별입법조치를 통해 산업정책을 실시하는 것을 말한다. 예를 들면 우리나라의 경우 지역 간 소득격차를 줄이기 위한 국가균형개발특별법이나 과거 섬유산업육성법, 조선공업육성법 등이 있다. 이런 입법조치에 의한 산업정책을 가장 효율적으로 사용한 국가로는 일본이 있다. 일본은 급격한 비교우위 변화나 석유파동 등에 의한 외부적 충격요인에 적절히 대응하여 산업정책의 효율성을 높인 것으로 평가된다. 그 예로 1970년대까지 산업별 임시조치법을 통해 기계공업진흥(1956), 전자공업진흥(1957), 항공기산업진흥(1961) 등이 대표적이다. 그 후 석유파동을 겪으면서 기능별 임시조치법을 발효하여 사양산업이나 구조적 불황업종의 구조조정, 중소기업대책, 특정불황지역대책 및 고용대책 등을 제정하였다. 그러나 이러한 배경에는 한 집권당의 장기적 집권과 함께 입법부와 행정부의 긴밀한 관계가 있었다. 하지만 비교적 탁월한 성과를 보여주는 임시조치법의 남발이 지속될 경우, 사양산업 종사자가 구조조정과 관련 없이 자신의 이익을 위해 사용될 경우, 그 폐해는 고스란히 국민에게 돌아가게 되므로 조심해야 할 필요가 있다.

2.3.5 비전 제시

정부가 산업이 나아가야 할 미래의 비전을 제시해줌으로써 민간기업의 투자나 생산활동을 산업정책이 목표하는 방향으로 유도하는 것을 말한다. 이러한 정부의 비전 제시는 투자와 수요에 있어 밀접하게 상호 결합되어 있는 산업군에 있어서 보다 효과적인 산업정책 수단으로 쓰일 수 있다. 예를 들면 철강산업과 철강을 수요하는 자동차 및 선박산업, 섬유산업과 섬유기계산업의 관계 등이다. 그러나 포터(M. Porter, 1990)에 의하면 정부가 내세우는 비전에서 특정 산업이 전략산업으로 선정되었다면, 이는 정부가 이 산업을 지원하겠다는 암시성을 포함하고 있기 때문에 직접적 정부의 지원 없이 그 비전 제시 자체만으로도 민간기업의 투자를 그 산업으로 끌어들이는 효과를 가진다. 이런 비전 제시는 중앙정부에 의하든 지방정부에 의하든 특정 산업의 강력한 투자를 유발하여 혁신 클러스터로 발전할 수 있는 원동력이 된다.

2.3.6 기타

산업정책을 달성하는 방법으로 정부의 비공식적인 행정지도(informal administrative guidance)를 이용할 수 있다. 이는 조정, 권고, 지침 등의 다양한 표현으로 나타낼 수 있고, 우리나라나 일본, 프랑스와 같이 정부와 기업간의 긴밀한 관계가 형성되어 있을 경우 보다 효율적으로 발휘된다. 특히 일본의 경우, 통산성의 행정지도는 1950~60년대 고도성장이나 1970년대 구조조정시기 산업의 합리화나 생산조정의 유효한 수단으로 사용되었다.

한편, 정부가 재정 등을 이용하여 특정 경제활동에 정책적으로 금융지원을 해주는 것을 정책금융이라고 한다. 이런 정책금융 수단은 보통 보조금과 같은 의미로 해석하면 이해가 빠를 것이다. 정책적으로 금융지원을 통해 기술개발 촉진, 수출촉진, 특정 산업부문의 보호 등의 효과를 볼 수 있다. 이런 금융지원의 방법은 이중금리제도를 운용하여 정책금융에 대해 낮은 이자율을 적용하거나 혹은 각종 기금을 형성하는 것이다. 우리나라의 경우 기술개발을 위한 공업발전기금, 중소기업의 구조조정과 창업지원을 위한 중소기업구조조정기금 등이 있다. 그러나 이런 정책금융도 개방화 압력에 의해 산업정책의 수단으로서 제약을 받을 수밖에 없다. 왜냐하면 이중금리제도 자체가 금융시장의 자율화 및 국제화 추세와 배치되기 때문이다.

다음으로는 산업부문 간 자금흐름의 조정을 들 수 있다. 이는 정책금융(보조금)과 달리 정부가 자금의 흐름을 조정하는 것을 말한다. 예를 들어 비제조업 산업에서 제조업 산업으로 집중시킬 수 있고, 그러한 방법으로는 금융기관의 제조업에 대한 의무대출비율제도나 서비스업에 대한 대출억제제도 등을 사용한다. 그러나 이런 방법 역시 금융시장의 자율화로 인해 정부의 통제력이 약화됨으로써 정부 개입의 여지는 줄어들고 있다.

또한, 정부가 산업구조조정을 위해 특정 산업에 대한 투자를 할 경우, 해당 기업에게 세제를 감면해주는 세제적 수단 또한 존재한다. 이것은 기업으로 하여금 투자를 하게 할 유인으로 작용하며, 정부의 입장에서는 해당 산업으로의 투자를 유도할 수 있는 장점이 있다. 예를 들면 경제자유구역을 들 수 있다. 이 지역에 진출하는 기업에게 세제혜택을 줌으로써 기업 진출의 장려 및 외국인투자 장려 등의 효과를 동반한다. 그러나 이런 세제혜택의 경우 어느 일정 시점까지 제한할 필요가 있다. 왜냐하면 지속적으로 이루어질 경우 정부의 조세수입 감소나 정부 의존적 기업문화 형성 등의 부작용을 수반하기 때문이다. 우리나라의 경우도 조세감면임시조치법으로 제한적 성격을 분명히 하고 있다.

마지막으로 규제적 수단을 들 수 있다. 정부가 직접 민간의 경제활동에 개입하여 특정 행동을 제한하여 자원을 강제적으로 배분하는 것이다. 이런 경우 정부가 시장에 직접적으로 개입함으로써 시장기구의 작동을 정지시킬 수 있다는 점에서 강력하고 직접적인 수단일 수도 있지만, 정부실패를 유발할 가능성도 있다. 따라서 직접적 정부개입이 필요한 산업을 분류하여 거기에 대한 정확한 기준을 제시할 수 있어야 한다. 예를 들면 독과점금지 및 불공정거래행위 규제, 최저임금제도, 이중곡가제도 등을 들 수 있다.

2.4 반독점 정책과 규제[16]

2.4.1 반독점법

반독점법의 근본 목적은 독점화를 방지하고, 경쟁을 촉진하며 자원배분의 효율을 달성하는 것이다. 많은 사람들이 이러한 목적의 추구가 가치 있다는 점에 대해 동의할 것이다.

정부는 독점기업의 시장지배력을 견제하기 위해 다양한 독점금지 및 경쟁촉진 정책수단을 동원한다. 그렇다면 독점기업에 대한 정책이 왜 필요한가? 독점기업은 사회적 최적 생산량보다 적게 생산하여 가격을 올리고 그로 인해 초과이윤을 획득하여 이윤극대화를 하려고 한다. 그로 인해 소비자는

16. 최광 외 공역(2013) 참조.

피해를 볼 수밖에 없고, 만약 그 재화가 필수재인 경우 문제는 심각해질 수 있기 때문이다. 독점기업의 이윤극대화로 인해 자원은 비효율적으로 배분되고, 이것이 경제적 순손실을 낳게 됨으로써 시장실패가 발생하게 되는 것이다. 이런 독점시장의 폐해를 방지하기 위한 정부의 정책이 어떤 방향으로 이루어지는지 살펴보자.

정부는 독점기업의 시장지배력을 견제하기 위해 다양한 독점금지 및 경쟁촉진 정책수단을 동원한다. 독점기업이 발생하는 이유로는 앞에서 언급한 시장실패의 요인이 되는 규모의 경제, 진입장벽, 기업 합병 등을 들 수 있다. 이런 요인은 시장지배력을 지속적으로 유지하여 독점기업의 위치를 고수하게 해준다. 또한, 시장구조가 독점이거나 과점이거나를 떠나 한 시장에 어떤 한 기업이 높은 지배력을 가진다면 과점형태의 구조라고 할지라도 독점기업과 유사할 것이다. 따라서 시장지배력에 대한 분석과 함께 시장구조의 분석 방법을 설명하고 독점금지법 및 경쟁촉진의 내용 및 함의를 도출하고자 한다.

1) 시장지배력

흔히 사전적 의미의 지배력은 어떤 사람이나 집단, 조직, 사물 등을 자기의 의사대로 복종하게 하여 다스리는 힘을 뜻한다. 이런 지배력 개념을 시장으로 확장해보면 동일 및 동종 업종 안의 산업에서 한 기업의 시장점유율을 비롯해 매출점유율 등이 타 기업에 비해 과도하게 높을 경우, 예를 들면 사업자가 오로지 하나 혹은 둘일 경우, 시장 구조적 측면에서 타 기업과의 경쟁에서 우위를 점하기 때문에 그 기업 자신의 의지대로 시장을 좌지우지하는 경향을 보이는 현상을 말한다. 이런 시장지배력은 독점력으로 표현되기도 하는데, 어떤 시장에서 높은 독점력을 갖는 기업은 그 시장을 지배한다고도 볼 수 있다.

한편, 한 기업의 시장지배력을 평가하는 기준을 알아보자. 지배력 평가를 위해 우선 시장구조에 대한 이해를 가져야 한다. 예를 들면 이론적으로는 하나의 산업에 2개의 사업자가 존재한다면 독점시장은 아니다. 그러나 현실상 두 개 혹은 여러 기업이 영업활동을 하는 상황일지라도 한 기업에 의해 주도적으로 이루어지며 지배하고 있다면 그 시장에서는 경쟁이 전혀 이루어지지 않는다. 독점력이란 시장가격을 높게 측정할 수 있는 판매자의 힘을 말한다. 이는 다수의 소비자와 소수의 판매자가 존재하기 때문에 발생되는데, 이런 독점력을 측정하는 데 러너지수(Lerner index)가 많이 사용된다. 러너지수는 가격이 한계생산비를 어느 정도 초과하여 책정되고 있는지를 나타내주는 성과지수이다. 이러한 러너지수는 식 (8.5)와 같이 정의된다.

$$L = \frac{P - MC}{P} \tag{8.5}$$

여기서 P는 가격, MC는 한계비용이다. 완전경쟁시장에서는 $P = MC$이기 때문에 러너지수는 0이 된다. 독점력이 존재한다면 $P > MC$이고 독점력 크기가 클수록 P와 MC의 차이는 더욱 커진다.

2) 지배력 평가기준

① 시장구조 측정 지수

■ 상위 대기업군의 시장집중률(concentration ratio)

시장집중률은 상위 대기업군이 차지하는 시장 내의 비율을 의미하고 다음과 같은 식으로 정의된다. 여기서 CR_m은 m개의 상위 대기업군이 차지하는 시장집중률, S_i는 i기업의 시장점유율, m은 집중률 측정에 사용된 대기업의 수이다.

$$CR_m = \sum_{i=1}^{m} S_i, \quad \frac{m}{n} \leq CR \leq 1 \tag{8.6}$$

만약 $m = 3$이라면 S_1은 제일 큰 기업이 차지하는 시장점유율, S_2는 두 번째로 큰 기업의 시장점유율, S_3는 세 번째로 큰 기업이 차지하는 시장점유율을 말한다. 만약 이 시장에 3개 이하의 기업이 존재한다면 $CR_3 = 1$이 된다. 반대로 이 시장에 3개 이상의 기업이 존재하면서 각 기업의 시장점유율이 모두 똑같다면 $CR_3 = \frac{3}{n}$이다. 그러므로 CR_3는 1과 $\frac{3}{n}$ 값을 가진다. 우리나라에서는 주로 상위 3사의 시장집중률을 측정하여 시장구조를 판단하고 있다.

CR_3의 값이 1에 가까워질수록 시장의 독점도가 높은 과점시장으로 볼 수 있다. 반대로 CR_3의 값이 작을수록 이 시장은 경쟁적 시장이 된다.

■ 허쉬만-허핀달 지수(Hirschman-Herfindahl index)

HHI로 표시되는 허쉬만-허핀달 지수는 독점력이 큰 기업일수록 높은 가중치가 주어지도록 고안된 지수로서 다음과 같은 식으로 정의된다.

$$H = \sum_{i=1}^{n} S_i^2, \quad 0 \le H \le 1 \qquad (8.7)$$

HHI는 각 기업의 시장점유율 S_i가 S_i^2값을 가짐에 따라 시장점유율이 큰 기업에게 큰 가중치가 주어지도록 되어 있다. 그리고 시장 내에 모든 기업인 n개 기업의 시장점유율을 포함하여 계산하도록 되어 있다. 시장에 오직 하나의 기업만 존재 시 $H=1$이고, 이 시장은 순수독점시장이 된다. 기업의 수가 점점 증가함에 따라 기업이 가지는 점유율이 균등할 경우 H값은 낮아지고, 반대로 점유율이 어느 한 기업으로 치중될 때에는 H값이 높아진다.

■ 그 밖의 평가기준

그 밖에 엔트로피 지수나 로젠블루 지수, 지니 계수 등이 쓰이나 비교적 활용 정도가 적기 때문에 개괄적 설명만 하도록 하겠다. 엔트로피 지수는 E로 표시되며 E값이 클수록 그 시장은 경쟁적 시장이 되고, 반대로 E값이 작을수록 독점적 시장이 된다. 로젠블루 지수의 경우 R로 표시되며 R값이 크면 독점적 시장에 가깝고, 반대로 R값이 작으면 그 시장은 경쟁적 시장에 가깝게 된다. 마지막으로 지니계수는 기업들의 크기가 불균등하게 분포되어 있는 정도를 나타내주는 계수인데, 지니계수의 값이 크면 그 시장은 독점적 시장이 되고, 그 값이 작으면 경쟁적 시장에 가깝다. 그러나 지니계수는 하나의 커다란 단점이 있는데, 만약 시장에 2개 내지 3개의 기업만 존재하고 그 크기가 균등하다면 지니계수의 값은 0이 될 것이다. 그렇다고 하더라도 이 시장을 경쟁적 시장으로 볼 수는 없다. 만약 이들이 서로 담합하면 이 시장은 오히려 독점력이 높은 과점시장이 될 것이다. 이상 5가지의 평가기준은 시장구조를 파악하는 데 그 근원이 있다. 즉, 시장구조를 파악하여 시장 경쟁 환경의 정도를 평가함으로써 그 시장이 독과점 형태의 시장인가 경쟁시장인가를 파악한다는 것이다. 그리고 이런 5가지의 평가기준은 제각기 장단점을 가지고 있다. 그리고 어느 한 가지 방법만으로는 시장집중 상황을 완벽하게 나타내지 못한다. 더군다나 이 방법들은 또 다른 중요요소인 정성적 측면의 진입장벽, 수직적 시장구조 등에 대해서는 아무런 정보를 제공해주지 못한다. 여러 방법들이 종합적으로 사용될수록 시장구조를 가능한 한 정확하게 파악할 수 있을 것이다.

3) 독점금지법과 경쟁촉진의 내용

우리나라는 1970년대 초부터 경제성장과 더불어 경제규모가 커지고, 동원경제체제[17]를 이용하여 몇몇 기업이 독과점적 대기업으로 변모하게 됨에 따라 독과점적 산업구조가 새로운 문제로 대두되기 시작했다. 따라서 우리나라 정부는 1980년 '독점규제 및 공정거래에 관한 법률' 을 제정하여 독과점문제에 대해 적극적인 시장개입을 하게 되었던 것이다. 이런 독점금지법은 선제적인 방법과 사후적 규제방법으로 나누어진다. 두 개 이상의 기업 간의 결합으로 인해 시장의 구조가 독과점적으로 변할 경우를 예상하여 기업결합 시 심사를 하는 경우 선제적 방법이 될 수가 있다. 반대로 어느 기업이 여러 요인에 의해 독점력이 크게 높아져 사회적 후생에 악영향을 미친다고 판단할 경우 기업을 분할시키는 제도 및 명령은 사후적 규제방법이 될 수 있다. 그러나 대부분 선제적 방법을 통해 시장지배력을 감소시키고 시장을 경쟁화하는 방법에 초점을 맞추기 때문에 기업결합에 대한 심사에 치중하여 설명하고자 한다.

기업은 규모의 경제 및 진입장벽의 형성으로 인해 독과점화되기도 하지만 일정한 시장지배력을 가진 기업이 행하는 기업결합으로 인해 시장구조를 독과점화하기도 한다. 즉, 기업결합은 지배력 강화를 가져오게 된다. 기업결

17. 관치금융과 유사하나 조금 다른 개념으로 일본에서 제2차 세계대전 직후 퇴화된 경제를 급속도로 끌어올리기 위해 일시적인 강제적 저축을 통해 마련된 자금을 대기업의 육성에 투입해 규모의 경제 효과 및 자원의 효율성 극대화를 가져왔던 체제로서 우리나라의 경우 박정희의 군사정부에 의해 사용되었다.

합의 유형을 살펴보면 수평, 수직, 혼합 결합의 형태를 지닌다. 수평결합은 같은 종류의 상품을 생산하는 회사들끼리 합병하는 것이고, 수직결합은 판매자와 구매자의 관계에 있는 회사들끼리 합병하는 것이며, 혼합결합은 수평도 아니고 수직도 아닌 형태의 기업합병을 말한다. 이런 기업결합의 동기는 흡수되는 기업과 흡수하는 기업의 측면으로 나누어 설명될 수 있다. 흡수되는 기업의 경우 기업의 존속, 기존 사업의 정리, 세금지출 감소, 위험부담 감소 등에 의해 설명된다. 반면, 흡수하는 기업의 경우 독점력을 높이거나 주식가격을 상승시켜 자본이득을 얻고자 하는 행위, 그리고 투기적 동기[18]에 의해 설명된다. 이런 합병은 기업이 규모의 경제 및 연구개발 관련 보완적 작용을 하게 함으로써 기업의 생산에 대한 효율성을 제고시킬 수 있는 여지를 제공하지만, 독점력 상승에 따라 일반 소비자를 대상으로 하는 후생부문에 있어서 악영향을 가져올 수 있는 단점이 있다. 따라서 기업결합 심사 시 효율성 상승으로 인한 후생 증가와 독과점화로 인한 후생 감소를 잘 판단하여 결정해야 한다.

2.4.2 반독점정책 : 쟁점과 효과

법률의 효율성은 법원이 법률을 어떻게 해석하고 정부가 법집행을 얼마나 활발하게 하느냐에 달려 있다. 특히 두 가지 문제가 법률해석에서 가장 큰 쟁점이었다. 첫 번째 쟁점은 반독점정책이 독점적 행위에 초점을 맞추어야 하는가 아니면 독점적 시장구조에 초점을 맞추어야 하는가에 관한 것이다. 두 번째 쟁점은 반독점 사건에서 시장의 범위를 어떻게 정할 것인가에 관한 것이다. 이 쟁점에 대해 구조주의자와 행동주의자의 견해는 완벽히 대조된다.

구조주의자들의 가정에 따르면 시장점유율이 매우 높은 기업들은 독점기업처럼 행동한다. 따라서 시장점유율이 매우 높은 기업을 반독점정책의

18. 주식시장에서의 기업 정보는 매우 불안정하기 때문에 어떤 기업이 장기적 잠재력에 비해 과소 및 과대평가될 가능성을 가진다. 과대평가된 기업이나 정확하게 평가된 기업이 그 가치가 과소평가된 기업을 낮은 가격에 매입함으로써 장기적 잠재력을 낮은 가격에 확보해 두려는 투기적 동기를 갖게 됨을 일컫는다.

대상으로 삼는 것은 정당하다. 이들에 따르면 산업구조를 변화시키는 것, 예를 들어 독점기업을 여러 개의 조그만 기업으로 분할하는 것이 이들의 행위를 개선시키고 시장의 성과를 개선시킨다. 반면, 행동주의자들은 시장구조와 기업의 행동 그리고 시장성과 사이의 관계가 미약하며 불분명하다고 단언한다. 그들이 느끼기에 독점화되었거나 고도로 집중된 산업은 아마도 기술적으로 앞서 있으며 품질이 개선된 상품을 합리적으로 공급하는 등 좋은 실적을 보이고 있다. 기업이 사회에 훌륭하게 기여하면서도 반경쟁적인 관행을 전혀 따르지 않고 있다면, 시장점유율이 매우 높다는 이유만으로 반독점법 위반이라고 비난해서는 안 된다. 이러한 높은 시장점유율은 기술이나 상품의 우월성, 규모의 경제로 초래된 것일 수 있다. 효율적이고 기술이 뛰어나며 경영이 잘 이루어지고 있는 기업을 반독점법으로 처벌해야 할 이유가 없다고 보는 것이다.

법집행의 적극성의 차이가 반독점소송의 전체적인 빈도에 차이를 가져다주었다. 이런 법집행의 적극성은 정치철학에 의해 달라지는데, 이 철학은 시장경제와 정부개입의 타당성에 대한 입장 차이에서 비롯된다. 적극 개입 입장에 따르면 어떤 경우에는 경쟁이 부족하여 배분의 효율을 달성할 수 없으며 소비자나 경쟁기업에 공정성을 보장할 수도 없다. 때때로 기업은 시장을 지배하기 위하여 경쟁자에게 불법적인 술책을 쓴다. 또 다른 경우에는 경쟁자들이 담합을 하기도 하고 독점력을 높이기 위해 합병을 하기도 한다. 이런 불법적인 관행을 저지하기 위해, 또 독점을 방지하기 위해서 적극적이고 엄격한 반독점법 집행이 필요하다고 본다. 이러한 정부개입을 통해 시장경제의 생존력과 활력이 유지되며 사회는 후생수준을 높일 수 있는 것이다. 이에 비해 자유방임 입장에 따르면 반독점 개입은 대부분 불필요하며 특히 독점과 관련해서는 더더욱 불필요하다. 또한, 경쟁을 장기의 동태적 과정으로 보고 있고, 이 과정에서 기업은 시장의 지배권을 얻기 위하여 서로 투쟁한다. 기업은 일부 시장에서 기술혁신이나 뛰어난 사업기술로 경쟁에 성공하여 시장을 독점화한다. 따라서 정부는 독점기업을 분쇄하려고 노력해서는 안 되며 오히려 장기적 관점에서 경쟁이 작동하도록 지켜보아야 한다고 주장한다.

반독점정책은 기업이 내적 확장을 통하여 합법적으로 달성한 독과점을 해체하거나 합법적으로 독과점에 이르는 것을 저지하는 데는 효과를 발휘해 오지 못하였다. 하지만 이것이 반독점법에 허점이 있다는 것을 의미하지는 않는다.

2.4.3 산업규제

반독점법이 전제하고 있는 것은 독점이 등장하는 것을 막거나 기존의 독점을 해체하는 것이 사회에 이익이라는 것이다. 이제는 산업의 독점이 경제적으로 불가피한 특수한 경우를 살펴보자.

자연독점이란 규모의 경제가 커서 여러 경쟁기업보다 단일 기업이 전체 시장에 공급하는 것이 평균총비용을 낮출 수 있는 경우를 말한다. 명백하게 자연독점에 해당하는 경우는 상대적으로 드물지만, 지역전력, 상수도, 천연가스 공급자와 같은 많은 공익사업체가 자연독점의 조건을 갖추고 있다. 이때 정부는 두 가지 선택이 가능하다. 하나는 공적 소유이고 다른 하나는 공적 규제이다. 공적 규제는 산업규제라고도 한다. 공적 규제에서는 정부가 독점기업이 부과하는 가격을 규제한다.

산업규제의 경제적 목적은 공익기반 규제에 있다. 이 이론에 따르면 산업규제가 필요한 이유는 자연독점기업이 독점가격을 부과하지 못하도록 하여 소비자와 사회에 손해를 끼치는 것을 막기 위해서이다. 이를 통해 자연독점에 따른 평균총비용의 감소라는 이익의 일부를 사회가 최소한 누리면서 독점을 규제하지 않았을 때 나타나는 생산량 감소와 가격 상승을 피해보자는 것이다. 경쟁이 적합하지 않거나 아예 실현될 수 없을 때에는 사회가 독점을 허용하거나 때에 따라서는 장려할 필요가 있다. 그러나 가격은 규제하여야 한다. 자연독점이 달성할 수 있는 규모의 경제, 즉 낮은 단위비용 덕분에 소비자들이 이익을 볼 수 있도록 규제의 구조를 정해야만 한다.

2.4.4 사회규제

1960년대 초에 새로운 형태의 규제가 출현하였다. 이러한 사회규제가 관심을 쏟고 있는 것은 재화와 서비스의 생산여건, 생산이 사회에 미치는 영향 그리고 재화 자체의 물리적 성질 등이다.

사회규제와 산업규제 사이에는 차이점이 있다. 첫째, 사회규제는 산업규제보다 훨씬 많은 기업을 대상으로 한다. 사회규제는 흔히 모든 산업에 일괄적으로 적용되며 산업규제에 비해 생산자에게 직접 영향을 준다. 둘째, 사회규제가 일상의 생산과정에 간섭하는 정도는 산업규제에 비해 훨씬 심하다. 산업규제는 요금, 비용 및 이윤 등에 초점을 맞추지만, 사회규제는 흔히 생산물의 디자인, 고용조건 및 생산방식 등을 좌우하게 된다. 마지막으로, 사회규제는 산업규제가 약화되고 있던 바로 그 기간 동안 급속하게 확대되었다. 1970년과 1980년 사이에 미국 연방정부는 20개에 달하는 새로운 사회규제 기구를 창설하였다.

경제학자들은 사회규제의 필요성에 대해서는 동의한다. 하지만 현재의 사회규제 수준이 최적인가에 대해서는 의견이 엇갈린다. 사회규제의 한계편익이 한계비용을 초과한다면 사회규제가 적정 수준에 미달한 것이다. 그리고 한계비용이 한계편익보다 크다면 사회규제가 과다한 것이다. 하지만 불행하게도 사회규제의 한계비용과 한계편익을 측정하는 것이 항상 쉽지만은 않다. 그래서 흔히 사회규제에 대한 논쟁에서 경제적 비용편익 분석만이 아니라 그 이상으로 정부의 적정 크기와 역할에 대한 이데올로기가 중요한 역할을 하고 있다.

2.4.5 가격규제

공공규제[19]의 일환으로서 시장실패의 대표적인 예인 자연독점산업에 대한 정부의 규제를 들 수 있다. 자연독점산업에서는 시장수요의 범위 내에서 규모의 경제가 존재하기 때문에 독점화가 불가피하지만 대부분 일상재 및 필

---

19. 공공규제는 민간소유기업인데도 불구하고 가격, 진입, 퇴출, 업무영역, 상품의 품질, 정보공개, 공해예방 등의 많은 기업활동 영역에 정부가 개입하여 기업의 자유로운 경제활동을 규제하는 것을 말한다. 이런 공공규제는 주로 공익사업부문에 많이 적용되고 있고, 그 예로서 수송, 전기, 가스, 수도, 전화 등이 있다.

수재로서 소비자가 사용해야 할 필요한 부분만큼 보장을 해주어야 하기 때문에 규제를 가할 수밖에 없는 것이다. 그리고 자연독점산업의 규제방법 중에 대표적인 방법이 바로 가격규제이다. 수익률 규제라고도 불리는 이 방법은 가격규제를 통해 독점시장을 완전경쟁 시장화하려는 목적을 가지고 있다. 즉, 가격을 한계비용 수준으로 강제적으로 규제함에 따라 독점기업이 가지는 폐해를 제거하고 사회적 후생을 최대화함을 큰 목표로 둔다는 것이다. 여기서 두 가지의 방법이 사용 가능한데 그에 대해 알아보도록 하자.

1) 가격을 한계비용으로 설정

먼저 가격을 한계비용으로 설정한 경우를 살펴보자. 가격이 한계비용과 같아지는 점에서 결정된다는 것은 완전경쟁시장에서 기업의 이윤극대화 조건과 같기 때문에 사회적 총후생은 최대화될 수 있다는 것을 의미한다. 그러나 여기에는 기업측면에서 큰 문제를 가져다준다. 이 기업의 이윤극대화는 독점시장에서 이윤극대화의 조건인 $P > MC = MR$인 점에서 결정되어야 함에도 불구하고 그렇지 못하다. 게다가 초기 평균비용이 하락하는 상황은 한계비용이 그보다 낮은 점에서 결정된다는 것이다. 한계비용과 시장수요곡선이 만나는 점에서 가격이 결정된다면 한계비용과 평균비용의 차이만큼 이 기

그림 8-17

자연독점산업의 가격규제

한계비용과 시장수요곡선이 만나는 점에서 가격이 결정된다면 한계비용과 평균비용의 차이만큼 이 기업은 손해를 볼 수밖에 없는 것이다. 청색으로 색칠된 부분만큼이 기업의 손해라고 할 수 있다.

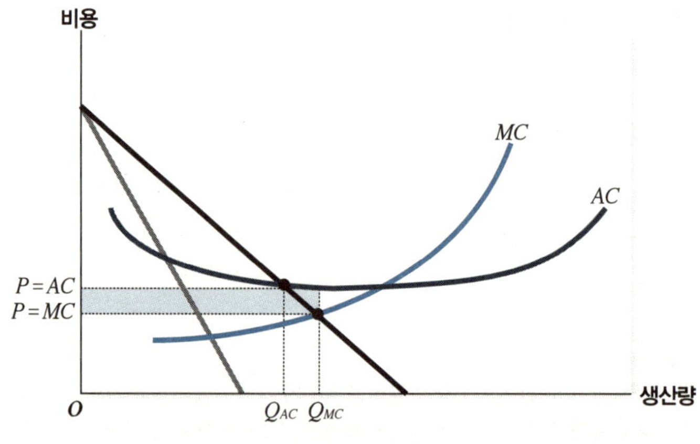

업은 손해를 볼 수밖에 없는 것이다. 〈그림 8-17〉을 보면 청색으로 색칠된 부분만큼이 기업의 손해라고 할 수 있다. 이런 기업의 손실부분을 정부가 보조금을 통해 해결할 수도 있다.

2) 가격을 평균비용으로 설정

위에서 한계비용과 가격을 같게 설정할 때 발생하는 기업의 손실분을 보장하기 위한 하나의 방편이 가격을 평균비용이 되는 점에서 결정하는 방법이다. 이 경우 기업은 독점이윤을 가지지 못하는 상태에서 손실도 발생하지 않는다. 그러나 이 경우 생산량이 Q_{MC}에서 Q_{AC}로 줄어들게 된다. 즉, 자원이 비효율적으로 배분됨을 말한다. 왜냐하면 가격이 한계비용과 같아지는 점이 자원이 효율적으로 배분되는 점이기 때문이다.

이제 가격규제를 한계비용으로 설정한 경우와 평균비용으로 설정한 경우 각각의 특징을 살펴보자. 우선 한계비용으로 설정한 경우 기업의 손실이 발생하기 때문에 정부는 보조금을 지급해야 한다. 이는 암묵적으로 경제적 순손실을 유발할 가능성을 보여준다. 왜냐하면 손실부분이 보조금으로 지급된다는 것은 세금을 이용한다는 것이 되고, 조세정책 부분에서 보았듯이 세금의 부과는 경제적 순손실을 발생시킨다. 그로 인해 국민의 후생은 감소하게 된다. 반면, 가격을 평균비용으로 설정한 경우 기업의 손실부분은 없지만 산출량의 감소로 한계비용 설정의 경우보다 자원이 비효율적으로 배분된다. 이렇듯 양자 간에 장점과 단점이 있기 때문에 정부는 이 모두를 해결할 수단이 필요한데, 현재 복수가격제도를 채택하고 있다. 전기산업을 예로 들면, 심야전기는 낮에 쓰는 전기보다 싸고, 가정용보다는 공업용 전기료가 저렴하다. 이 경우 위의 두 가지 문제를 해결하면서 특정 소비자를 보호하는 효과도 가질 수 있다.

2.4.6 국유화

국유화는 민간기업에게 독점권을 주고 가격을 규제하는 대신 정부가 직접 독점기업을 소유하는 것을 말한다. 이는 자연독점 혹은 민간시장경제에서 시장실패가 크게 발생할 경우 채택하는 강력한 정책수단이다. 특정 산업의 일부를 국유화할 수 있고, 전부를 국유화해 정부가 독점할 수도 있다. 예를 들면 철도청과 같은 직접적인 정부기관이 있고, 한국산업은행, 한국전력공사, 한국가스공사 등과 같이 정부가 기업의 일부를 소유하는 형태도 있다.

이런 국유화의 목적은 우선적으로 공공의 이익을 추구하기 위해서이고, 산업의 경영성과를 향상시키기 위해서이기도 한다. 이 목적을 달성하기 위한 전략으로는 3가지를 꼽을 수 있다. ① 공기업으로 하여금 사기업의 표준이 되도록 하는 전략, ② 사기업의 행동을 제재하기 위한 수단으로 공기업을 사용하는 전략, ③ 특정 산업 전부를 국유화하여 공공독점을 실현함으로써 정부가 이 산업을 자유자재로 통제하려는 전략으로 볼 수 있다. 그러나 국유화의 경우 *X*-비효율성[20]으로 인해 비용을 최소화[21]하려는 의지나, 이윤을 극대화하려는 경쟁심리가 없기 때문에 효율성이 떨어진다. 그리고 관료의 부패 등으로 인해 부채규모가 증가하게 되면 정부실패가 발생할 가능성이 있다.

2.4.7 자유방임

독점에 대해 자유방임적인 태도를 가져야 한다는 주장이 있다. 즉, 정부개입은 불필요하다는 것인데, '보이지 않는 손(invisible hand)'에 의한 효율적 자원배분이 자연스럽게 사회 전체의 후생을 극대화할 것이라는 주장이다. 그리고 독점의 폐해에도 불구하고 독점을 규제하는 많은 정책이 부작용을 초

---

20. *X*-비효율성은 기업 내부의 효율적 관리로 인해 단위당 생산비가 극소화될 때 달성되는 내부적 효율성이 최대화되지 못할 때 나타나는 효율성을 말한다. 이 *X*-비효율성의 크기는 다음과 같이 측정한다.

$$X\text{-비효율성} = \frac{\text{실제생산비} - \text{적정생산비}}{\text{실제생산비}}$$

이는 주어진 생산량을 달성하기 위해 소요된 실제 생산비가 내부적 효율성을 반영하는 적정생산비를 초과한 부분만큼을 나타내는 것이라 할 수 있다.

21. 가격이 항상 투자자본에 대하여 적정수익률을 보장해줄 수 있도록 규제된다면, 규제된 기업은 자본 이외의 생산요소인 노동 및 자본 등에 지출되는 비용을 최소화하려고 노력할 필요가 없을 것이다. 또한, 비록 이런 부문의 비용이 높을지라도 이 비용을 제하고 남는 부분이 투자자본에 대하여 적정수익률이 보장될 수 있도록 높은 가격책정이 허용되기 때문이다.

래하고 있다는 것이다. 시장실패가 자연적이라고 한다면 정부의 개입에 의한 부작용은 인위적이기 때문에 정부실패가 발생할 경우 시장실패에 의한 후생감소보다 더 많은 감소를 불러올 것이고, 회복하는 데 시간이 더욱 걸릴 수밖에 없다는 것이다. 이는 소수 관료층으로 이루어진 정부보다 다양한 다수의 경제주체로 구성된 시장이 한 산업에 있어서 잠재적인 경쟁력을 확보할 수 있을 뿐만 아니라 보다 많은 정보가 공개될 여지를 주기 때문에 실패가 발생할 경우에도 빠르게 회복 가능하다는 것이다. 따라서 독점산업에 대해서 아무런 정책을 취하지 않는 것이 나을 수도 있다고 주장한다. 그러나 대부분의 독점산업이 자연독점적인 형태를 띠고, 이런 자연독점산업은 사회간접자본의 형태로 존재하고 있기 때문에(여타 다른 산업에 비해 공익성이 매우 큰 산업이기 때문에) 필수재화로서 일정 수준 이상 공급이 필요하다. 효율성을 우선시할 것인가? 아니면 형평성을 우선시할 것인가? 이에 대한 대답은 다분히 윤리적이고 가치판단의 문제이기 때문에, 논의하기가 매우 어려운 주제이다.

2.5 주요 산업정책 이슈

2.5.1 규제완화정책

1) 규제완화정책의 의의

경쟁촉진정책이 독과점시장 형성 및 시장실패에 따른 사장손실(dead-weight loss)을 보전하기 위함이라면 규제완화정책은 과도한 정부규제에 의해 발생하는 정부실패를 보완하기 위한 정책이라 할 수 있다. 즉, 규제완화정책은 규제를 단순히 감소시키기 위한 목적보다 규제의 효율성을 높인다는 측면의 목표를 가지기 때문에 규제개혁(regulation reform)이라고도 불린다.

규제완화정책이 필요한 이유는 시장이 가지고 있는 본연의 경쟁 효율성을 증진시키기 위함이다. 즉, 경쟁촉진정책이나 규제완화정책 모두 경쟁의 효율성을 중요하게 생각하는 공통점을 가지고 있으나, 경쟁촉진정책은 정부가 공정한 관리자의 역할을 통하여 발생하는 경쟁 효율성을 추구하는 반면에 규제완화정책을 지지하는 사람들은 시장이 가지고 있는 보이지 않는 손에 의

한 경쟁 효율성이 정부가 행하는 것보다 훨씬 효율적이라고 보고 있다.

2) 우리나라 규제완화정책의 역사적 전개

① 규제강화기(1960~1979년)

1960년대 이후 경제개발계획에 의하여 추진된 정부주도의 경제성장발전정책으로 인하여 국가간섭주의적 경향이 높게 나타나기 시작하였다. 이와 같이 정부주도의 특정 부문 중심의 불균형경제성장정책으로 인해 모든 산업 부문에서 규제가 강화되는 시기였다. 여기서 나타나는 규제강화의 성격은 개발도상국 시기에 나타나는 경제력 집중을 강화하기 위한 규제강화로 최근의 유효경쟁 측면의 경제력 집중에 대한 규제와는 성격이 다르다고 볼 수 있다.

② 규제완화 도입기(1980~1987년)

1980년대 들어서 규제완화에 대한 논의가 시작되었다. 민간경제의 성장으로 인하여 기존의 계획경제에서 벗어나 시장의 기능에 맡기는 풍토가 조성되었으며, 특히 대외적으로도 미국 레이건의 공화당 정권, 영국 대처의 보수당 정권 등 보수정권에 의해 추진된 신자유주의 경제정책의 추진 풍토에 따라 우리나라도 규제완화정책을 추진할 수 있는 배경이 되었다.

③ 규제완화 확장기(1988~1992년)

1990년에는 국무총리를 위원장으로 하는 규제완화위원회가 구성되고 규제완화민간자문위원회가 설치되었다. 1990년에는 18개 산업에 대하여, 1991년에는 10개 산업에 대하여 규제완화정책이 결정되었다. 특히 이와 같은 규제완화정책의 배경에는 당시 동구권의 몰락과 구소련의 개방 · 개혁이라는 세계사적인 변화로 인하여 신자유주의 정책이 주도권을 잡으면서 더욱 강력한 추진력을 받게 되었다.

④ 규제완화 인프라 형성기(1993~1997년)

이와 같은 규제완화정책은 1993년 출범한 김영삼 정부가 추진한 세계화 정책으로 더욱 가속화되었다. 특히 WTO 출범에 따른 세계화는 국내 규제체계의 재정비를 강력히 요청하였다. 경제행정규제완화위원회(1993.5.), 행정

쇄신위원회(1993.5.), 기업활동규제심의위원회(1993.9.), 행정규제합동심의회의(1994.5.) 등의 기구가 규제완화를 위하여 왕성하게 활동을 하였다.

⑤ 규제개혁 시스템 정착기(1998～2002년)

행정규제기본법에 의하여 규제개혁위원회가 설치되어 본격적으로 활동한 것은 1998년 4월이다. 외환위기 극복을 위하여 대내외적으로 규제완화 요청이 강화되었고, 그에 따라 5년간 총 1,339개의 법령, 4,518건의 신설 및 강화규제를 심사하여 이 중 2,974건(64.8%)을 수용하고, 1,157건(25.6%)에 대해서는 개선을, 387건(8.6%)에 대해서는 철회를 권고하였다. 양적으로 많은 규제완화가 이루어졌고, 이와 같은 성과는 OECD 국가 중에서도 매우 뛰어난 것으로 평가받고 있다.

이와 같은 양적으로 획기적인 규제개혁의 성과 이외에 이 시기의 가장 두드러진 성과는 행정규제기본법의 본격적 시행을 통하여 규제개혁이 정부의 상설기구와 전담 공무원에 의한 정부 기능의 일부로 자리 잡게 되었다는 것이다. 그 결과 규제개혁은 다른 개혁과는 달리 개혁 기능 자체가 정부 기능의 일부로서 소위 '시스템에 의한 개혁' 으로서의 틀을 갖추게 되었다.

⑥ 규제개혁 시스템 관리기(2003～2007년)

IMF 이후로 양적인 규제완화가 지속되었지만 정부의 지속된 규제완화에도 불구하고 국민의 체감경기가 변하지 않았다는 비판이 지속됨에 따라 2003년부터는 규제개혁의 방향을 다음과 같이 전환하도록 시도하였다. 우선 규제품질의 개선을 목표로 설정하여 규제 건수가 아니라 규제의 내용과 절차를 개선하는 것을 중요시하였으며, 또한 규제개혁에 있어서 주체와 대상의 변화를 시도하여 생산자에서 수요자 중심의 제도운영을 강화하였다.

⑦ 규제개혁 성숙기 vs. 과잉규제 완화기(2008년 이후)

이명박 정부는 국정지표로 '활기찬 시장경제' 를 설정하고, 이를 위한 '과감한 규제개혁' 과 '제로베이스 규제개혁' 을 국정지표의 내용으로 제시하였다. 이와 같은 국정지표를 강력하게 추진하기 위하여 종래의 규제개혁 추진체계에도 변경을 가하였다. 대통령 직속의 국가경쟁력위원회를 통해 대통령이 직접 규제개혁 추진상황을 점검하고, 그 하부조직으로 규제개혁추진단이 실무를 뒷받침하도록 하였다.

이와 같이 이명박 정부는 규제개혁을 시장경제활성화의 수단으로 이해하였으며, 시장경제활성화를 통한 선진 일류국가의 건설을 위해서는 그동안의 규제개혁보다도 더욱 과감한 규제개혁을 추진하여야 한다고 보았다. 이명박 정부의 규제완화정책은 대표적으로 '금산분리 완화', '수도권 규제 완화'를 들 수 있다.

금산분리 완화정책은 외국자본의 국내은행 인수를 견제하기 위하여 기존 기업이 은행에 소유권을 가질 수 없었던 규제에 대한 완화를 의미한다. 하지만 국제 금융위기 이후 세계 각국이 금융규제와 감독을 강화하는 추세에 반하여 규제를 완화하는 것은 금융시스템의 불안을 가져올 수 있다는 반대의견이 있었다. 아직까지 경기침체가 지속됨에 따라 그 효과를 판단하기는 이르다고 볼 수 있다.

수도권 규제완화는 수도권 지역의 투기지역과 투기과열지구를 해제하거나, 수도권 산업단지 내 공장의 신설과 증설을 전면 허용한다는 등의 방침을 시행하였지만, 국토균형발전 정책에 위배된다는 반대의견에 부딪히기도 하였다.

3) 규제완화정책의 시사점

우리나라 규제완화정책의 역사적 전개에서 살펴본 바와 같이 그동안 규제 건수가 양적인 면에서 획기적으로 감소되었음에도 불구하고, 여전히 규제의 불합리성이 논의되고 있다. 규제가 양적으로 감소했지만, 규제의 질은 여전히 낮은 수준에 머물러 있기 때문이다. 따라서 규제개혁이 규제완화의 문제로만 보아서는 안 될 것이다.

규제문제에 관한 논의에서 2000년대부터 규제품질의 문제가 부각되기 시작하였다. 규제품질 문제는 주로 비용적 측면과 원칙적 측면에서 논의되고 있다. 비용적 측면에서 보면 경제적 비효율성이 나타나는 산업, 규제가 필요 없는 산업에 대한 규제는 나타나는 효과에 비하여 시행하는 데 드는 행정적 비용이 과다하기 때문에 지양해야 한다. 그리고 원칙적 측면에서 보면 투명성, 비례성, 책임성, 인과성, 목표성 등의 원칙을 충족시켜야 하기 때문에 규제는 대중의 지지, 집행 가능성, 용이성, 정치적 동기에 의해 과잉되지 않아야 하며, 비의도적 부작용을 최소화하고 규제의 비용과 효과 사이의 균형성 등의 요건을 충족시켜야 할 것이다.

2.5.2 보조금 지원정책

1) 보조금 지원정책의 의의

보조금이란 두 가지 측면에서 정의할 수 있다. 첫 번째는 소비자로 하여금 재화와 서비스를 완전경쟁 하의 사적 시장에서보다 낮은 가격에 구입할 수 있게 하며, 정부의 개입이 없을 때보다 생산자의 소득을 더 끌어올리는 기능을 수행하는 것이다.[22] 두 번째는 시장실패에 의해 발생한 것이다. 공해와 같은 부정적인 외부효과가 발생했을 때, 정부가 시장개입을 하지 않는다면, 이는 기업들에게 환경오염에 의해 추가적으로 발생할 비용을 전가하지 않는 것이다. 이 때문에 이 또한 보조금이라 할 수 있다. 즉, 보조금은 소비자 가격을 특정한 수준 이하로 유지시키는 모든 형태의 조치들을 포함하며, 또한 생산자 가격을 어떤 특정한 수준 이상으로 유지시키는 모든 형태의 조치들을 포함한다.

정책수단으로서의 보조금은 일종의 정책유인수단 혹은 정책순응수단으로 볼 수 있다. 즉, 보조금은 경제활동의 주체가 특정한 행동을 할 경우의 대가로 일정한 부의 제공을 약속하는 것으로, 경제활동주체로 하여금 보조금으로 주어지는 부를 계산하여 이를 획득하기 위하여 일정한 행동을 하도록 유도하는 제도적 장치이다. 또한, 보조금은 경제적 측면에서 다음과 같은 역할을 한다. 첫 번째로 시장이 자원배분에 있어서 가장 효율적으로 배분하지 못한 경우, 차선의 정책도구로서 현재의 인센티브 구조를 변화시킴으로써 시장의 불완전성을 상쇄하는 역할을 한다. 두 번째로 생산에 있어서 규모의 경제를 가능하도록 한다. 즉, 항공산업과 같은 규모의 경제가 확실히 적용될 수

---

22. Schwarz. Gred & B. Clements (1999), Government Subsidies, *Journal of Economic Surveys*, 13(2).

있는 분야에서 정부의 보조금 지원으로 인한 기업들의 합병으로 더 큰 수익을 창출하는 것이 가능하다. 세 번째로 소득배분의 변화, 고용증진 등 사회적 정책목적 달성 기능을 수행한다. 소비나 소득에서 더 형평성 있는 배분을 위하여 보조금을 활용하며, 특히 정부는 사회적 목적 달성을 위하여 보조금을 복지 분야에서 활용하고 있다.

2) 주요 분야별 보조금 지원정책

① 농업보조금

정부는 농업부문의 효율적인 구조개선과 지속적인 식량안보의 보장을 위해서 직접지불제의 보조금을 지급하고 있다. 직접지불제는 정부재정에서 개별 생산자에게 직접 지원되는 소득보조정책을 의미하고, 간접지불제는 시장가격의 지정을 통하여 소비자로부터 생산자에게 간접적으로 소득이 이전되는 정책을 의미한다. 이와 같은 직접지불제는 정부가 농가의 소득을 직접적으로 보조하기 때문에 농업생산물의 가격과 교역조건에 직접적인 영향을 미치지 않아 WTO 농업협정에서 감축대상 보조금에서 제외되어 최근 들어 새로운 농업보호수단으로 운용되고 있다.

② 장애인 고용 보조금

정부는 장애인의 의무고용제도를 채택함으로써 고용상 취약계층인 장애인의 고용기회를 넓히기 위해서 일정 수 이상의 근로자를 고용하는 사업주에게 의무적으로 장애인을 고용하도록 하면서 사업주에게 고용장려금을 지불할 수 있다고 규정하고 있다. 이러한 장애인고용촉진장려금은 장애인의 생산능력 저하에 따른 기업의 수요 감소에 대처하기 위한 노동시장의 적극적인 수요정책으로, 사업주에게 장애인고용장려금을 지급하는 것은 기업이 고용비용 감소를 통해 노동수요를 진작함으로써 장애인의 고용률과 소득을 증대시키고자 하는 의도를 내포하고 있다.

③ 환경보조금

정부는 환경오염이라는 외부불경제를 완화하고 환경개선이라는 외부혜택을 증대시키고자 경제적 유인수단으로서 보조금 제도를 시행하고 있다. 이러한 환경정책 분야에서 보조금 제도는 정부가 오염 배출자에게 오염방지 시설 및 설비에 대한 투자를 유도하기 위하여 배출량 감축 단위당 일정액을 보상해줌으로써 오염물질의 배출을 억제하려는 경제수단을 총칭하는 것으로 볼 수 있다.

④ 자치단체 재정지원 보조금

중앙 혹은 상위정부가 지방 혹은 하위정부에 대해 보조하는 재원으로서 지방교부세, 국고보조금 등은 중앙정부가 지방정부에게 제공하는 이전지출이기 때문에 모두 보조금이라고 할 수 있다. 또한, 이는 자치단체 간의 재정력 격차완화와 자치단체의 재원부족을 보충하는 재정조정수단으로 이용되기 때문에 지방재정조정제도라고도 한다. 지방자치단체는 자치적 업무를 수행하기 위하여 자체적으로 조달할 수 있는 지방세 수입과 세외수입으로 충당하는 것이 가장 바람직하나, 지역 간의 세원 불균형과 국세의 지방세 이양에 따른 예상된 세수의 엄청난 불균형을 해소하기 위하여, 지역적으로 골고루 분포되어 있는 세원은 지방세로 두고 일부 지역에 편중되어 있는 세원은 국세로 하여 취약한 지방재정을 보충해줄 수 있는 방안을 마련한 것이 이 지방재정조정금제도이다.

⑤ 연구개발 보조금

정부가 기업을 대상으로 연구개발 보조금을 지급하는 것은 이를 통해 기업의 연구개발 활동이 증진되기를 기대하기 때문이다. 예를 들어 기업이 이미 연구개발을 늘리고자 하는 의사가 있음에도 불구하고 유동성의 부족과 금융시장의 미발달 등 여러 가지 이유로 이를 실행하고 있지 못하는 상태라면 정부의 보조금이 촉매의 역할을 할 수 있다고 보아, 투자유인을 높일 수 있는 방안으로 보조금을 지급하고 있다.

⑥ 기타 : 민간단체 지원 보조금 등

정부는 사회단체의 자발적인 활동을 보장하고 건전한 민간단체로의 성장을 지원함으로써, 사회단체의 공익을 증진하고 민주사회 발전에 기여하고자 1999년부터 「비영리민간단체지원법」을 제정하고 2000년부터 이 법에 따라 사회단체에 대한 재정지원사업을 계속하고 있다. 이러한 민간단체를 대상으로 하는 실제 현금에 의한 보조금 이외에도 조세 및 대출 등 다른 방식으로도 지원이 이루어지고 있다. 정부를 대신하는 민간단체들의 정부서비스 제공이 점차 확대되어 감에 따라 민간단체를 대상으로 한 보조금이 더욱 확대되고 있다.

위에서 열거한 대표적인 보조금 이외에도 현재 각 부처별로 수많은 보조금이 지급되고 있는데, 수출보조금, 수산보조금, 통신 분야의 단말기 보조금, 항공기 보조금, 철강 보조금 등이 있다.

3) 보조금 지원정책의 시사점

보조금 제도가 효율적으로 운영되기 위해서는, 첫째, 의도한 수혜자 그룹을 지원하는 데 있어서 효과적이어야 하고, 둘째, 재정부담이 가능한 최소화되어야 하며, 셋째, 최소한의 비용으로 그 목표를 달성한다는 측면에서 효율적이어야 한다.

특정 보조금이 위에서 제시한 세 가지 조건을 모두 충족시키는지에 대한 지속적인 평가가 바탕이 되어야 할 것이다. 예를 들면 보조금의 목적이 사회빈곤층의 복지에 있을 경우, 해당 보조금의 지급 대상자에 대한 정보를 확실히 알아야 할 것이고 일반인이 부당한 방법으로 보조금을 취득하는 것을 방지해야 할 제도가 필요할 것이다. 이와 같은 방법으로는 빈곤층에 대한 현금보조, 식료품 쿠폰 지급 등의 방법이 있다.

또한, 보조금과 관련된 재정부담을 최소화하기 위해서는 우선 그 비용이 얼마인지를 정확히 파악해야 할 것이다. 보조금이 정부예산에서 직접 제공될 때 비용측정이 보다 용이할 것이고, 또한 개별 보조금 사업의 비용이 알려지게 되면 비용통제를 개선하려는 노력이 보다 신속히 진행될 수 있을 것이다.

즉, 보조금 제도는 현실적 측면에서 재정적 또는 준재정적 부담이 큰 정책이지만, 정책적 효과가 크게 나타나는 제도이기 때문에 정책의 수행에 있어서 정확한 검토와 피드백이 항상 필요하다고 볼 수 있다. 다양한 정책적 제도 보완을 통하여 자원배분의 효율성을 높이고 지속적인 경제적 부담의 측정과 효과적인 통제수단을 바탕으로 보조금 제도를 수행해야 할 필요성이 매우 높다.

토의과제

01. 산업정책의 의의와 이를 왜 실시해야 하는지에 대한 이유를 설명하시오.

02. 산업정책의 수단은 어떠한 것들이 있으며, 그 효과에 대해 설명하시오.

03. 외부효과를 정책적으로 다뤄야 하는 배경과 그렇지 않은 배경을 나누어 설명해 보고 각각의 문제점을 제시하시오.

04. 공유지의 비극이 발생하는 이유에 대해 설명하고, 이를 해결하는 이론의 명칭과 그 과정에 대해 설명하시오.

05. 규모의 경제를 정책적으로 규제해야 하는 이유와 자연독점을 규제하는 방법, 그리고 문제점을 적시하시오.

06. 진입장벽의 정의와 생성 이유에 대해 설명하시오.

07. 불완전성으로 인해 발생하는 세 가지 결과에 대해 각각 설명하시오.

08. 보조금지원정책의 의의 및 유형별 경제적 시사점을 설명하시오.

09. 반독점법의 의의와 제정이유에 대해 설명하시오.

10. 시장지배력의 정의와 이를 평가하는 다양한 기준에 대해 설명하시오.

11. 반독점정책의 두 가지 쟁점과 반독점법의 효과에 대해 설명하시오.

12. 산업규제와 사회규제를 각각 정의하고 비교 및 설명하시오.

13. 가격규제의 유형과 적용방법을 설명하시오.

14. 규제완화정책의 의의와 목적에 대해 설명하시오.

15. 우리나라 규제완화정책의 시대적 과정에 대해 설명하시오.

핵심단어

산업정책	외부효과	외부경제
외부불경제	사적 한계편익	사회적 한계편익
사적 한계비용	사회적 한계비용	공유지의 비극
코오즈의 정리	규모의 경제	기술적 규모의 경제
금전적 규모의 경제	최소효율규모	생산비 접근법
생존자 검정법	진입장벽	학습효과
불완전성	위임의 오차	누락의 오차
보조금	반독점법	시장지배력
러너지수	시장집중률	허쉬만-허핀달 지수
엔트로피 지수	로젠블루 지수	지니계수
기업결합	산업규제	탈규제
사회규제	가격규제	국유화
자유방임	규제완화정책	보조금 지원정책
농업보조금	장애인 고용 보조금	환경보조금
자치단체 재정지원 보조금	연구개발 보조금	민간단체 지원 보조금

찾아보기

사

지은이 | **박추환**

Western Illinois University, M.A(1995)
Pennsylvania State University, Ph.D(1999)
현) 영남대학교 경제금융학부 교수
전) 국회예산정책처 경제사업평가팀장, 한국전자통신연구원 선임연구원
국제지역학회 부회장

저서
『신지역경제이론 및 분석』, 진샘미디어(2012)
『신경제정책이론 및 분석』, 청목출판사(2013)
『경제학 이해』, 최광 외 공역, 생능출판사(2013) 외 국내외 다수 논문 게재

신 경제정책론

초판 1쇄 발행 2015년 12월 24일
초판 2쇄 발행 2017년 2월 10일

지은이 박추환
펴낸이 박기남
펴낸곳 **율곡출판사**
08590 서울시 금천구 가산디지털1로 84, 803호
전화 (代) 02) 718-9872/3
팩스 02) 718-9874
홈페이지 www.yulgokbooks.co.kr
이메일 yulgokbook@naver.com
등록 1989.11.10. 제2014-000031호
ISBN 978-89-97428-76-2 93320

정가 27,000원